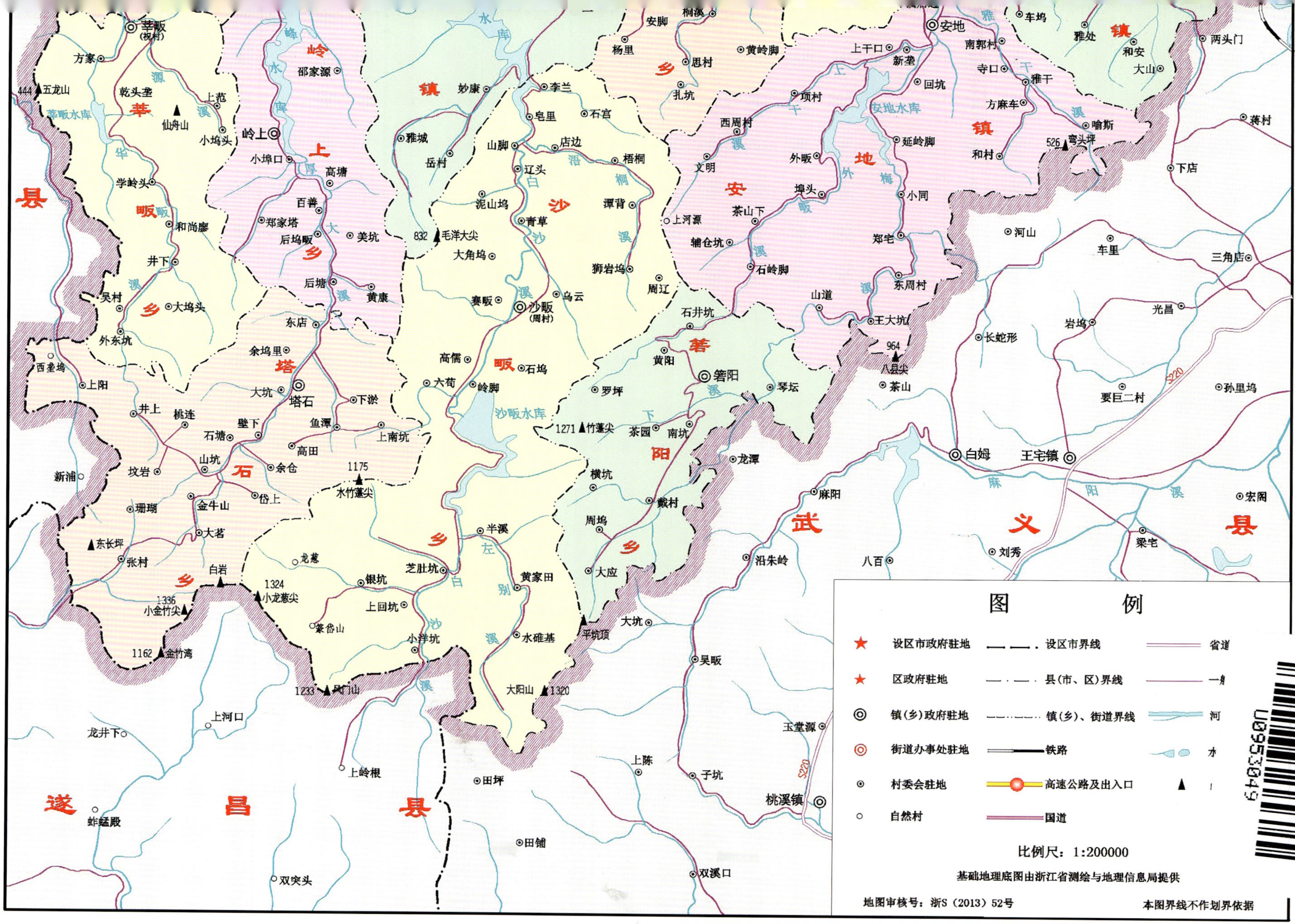
武义县
遂昌县
县
塔石乡
石
沙畈乡
上坦乡
箬阳乡
安地镇
岭上乡
莘畈乡
白沙溪
沙畈水库
安地水库
莘畈水库
塔石
沙畈
（周村）
箬阳
岭上
莘畈
（视村）
安地
白姆
王宅镇
桃溪镇
1271 竹蓬尖
1175 水竹蓬尖
1324 小龙葱尖
1336 小金竹尖
1162 金竹湾
1233 尖门山
大阳山 1320
832 毛洋大尖
964 八县尖
526 弯头坪
444 五龙山
仙舟山
东长坪
S220
图例
设区市政府驻地
区政府驻地
镇(乡)政府驻地
街道办事处驻地
村委会驻地
自然村
设区市界线
县(市、区)界线
镇(乡)、街道界线
铁路
高速公路及出入口
国道
省道
河
比例尺：1:200000
基础地理底图由浙江省测绘与地理信息局提供
地图审核号：浙S（2013）52号
本图界线不作划界依据
U0953049

婺城年鉴

（2014）

中国共产党金华市婺城区委员会
金华市婺城区人民政府 主办

金华市婺城区地方志编纂委员会 编

方志出版社
Publishing House of Local Records

图书在版编目(CIP)数据

婺城年鉴.2014 / 金华市婺城区地方志编纂委员会编.
--北京:方志出版社,2016.1
ISBN 978-7-5144-1927-6

Ⅰ.①婺… Ⅱ.①金… Ⅲ.①区(城市)—金华市—2014—年鉴 Ⅳ.①Z525.53

中国版本图书馆 CIP 数据核字(2016)第 027172 号

婺城年鉴(2014)

编　　者:金华市婺城区地方志编纂委员会
责任编辑:宁　芳　陈　效
出 版 人:冀祥德
出 版 者:方志出版社
地址　北京市朝阳区潘家园东里 9 号(国家方志馆 4 层)
邮编　100021
网址　http://www.fzph.org
发　　行:方志出版社发行中心
电话　(010)67110500
经　　销:各地新华书店
印　　刷:金华日报商务彩印有限公司
开　　本:889×1194　1/16
印　　张:24.5
字　　数:724 千字
版　　次:2016 年 1 月第 1 版　2016 年 1 月第 1 次印刷
印　　数:001-850 册
ISBN 978-7-5144-1927-6　定价:200.00 元

金华市婺城区地方志编纂委员会

《婺城年鉴(2014)》编辑室

编辑说明

1.《婺城年鉴(2014)》是由中共金华市婺城区委员会和婺城区人民政府主办，婺城区地方志编纂委员会编纂的综合性地方年鉴，是全面、系统记述2013年婺城区的自然、政治、经济、文化、社会等方面情况的年度资料性文献。

2.本年鉴采用分类编辑法。分为类目、分目、条目3个层次，以条目为主要载体，个别内容设有子目。为方便检索，不同层次的标题用不同的字号、字体和版式。索引采用条目检索，以笔画为序。

3.本年鉴记述年限为2013年1月1日至2013年12月31日。收录范围为婺城区(含委托婺城区管理)的机关部门、园区、乡镇、街道和企事业单位。

4.本年鉴中的“省”“市”“区”，指“浙江省”“金华市”“婺城区”。书中单位名称、专业术语首次出现时用全称，此后一般用简称。

5.本年鉴采用的文稿由区机关各部门、各乡镇(街道)和企事业单位提供，并经单位领导审阅。撰稿人姓名加括号列在栏目、分目或条目后面。

6.本年鉴中的数据均经有关部门核实，综合性数据以区统计局提供的统计年鉴为准。

7.组织机构及负责人名录由区委组织部及人大办、政协办提供。

8.本年鉴的编辑出版，得到全区各级领导和年鉴编撰人员的大力支持；金华市地名委员会办公室提供了金华城区图；区统计局提供了大量表格数据；照片除署名外，由各单位提供及《今日婺城》新闻部提供(宋佳骐、傅伟炎、姜景芳、陈婷、月映红、陈倩等人拍摄)，封面照片为叶爱莲提供，在此一并表示感谢。

2013年9月22日，省长李强(前左二)视察婺城电子商务创业园

2013年12月15日，公安部国保局政委殷治田(前左一)到婺城公安分局调研

2013年12月6日，中组部组织二局副巡视员张金豹(左二)到三江街道寺前皇社区调研服务型党组织建设工作

2013年6月8日，省委常委、省公安厅厅长刘力伟（右二）到婺城调研

2013年4月10日，副省长黄旭明（左一）到汤溪省级生态循环农业茶花区调研

2013年9月12日，副省长郑继伟（右一）到新世纪学校调研

2013年5月2日，市委书记陈一新（右二）考察仙源湖旅游度假区

2013年8月10日，市委书记徐加爱（前左一）到婺城区调研抗旱工作

2013年12月25日，市长暨军民（左五）检查梅溪水环境治理工作

2013 年 10 月 10 日，市人大常委会主任黄锦朝（前右三）考察水环境整治工作

2013 年 5 月 5 日，市政协主席郑金平（前左二）到寺平古村考察调研

2013 年 3 月 7 日，区委书记陈晓（中）到青阳洪村调研“三改一拆”工作

2013 年 3 月 26 日，区长王健（前右一）考察青年汽车集团公司

2013 年 10 月 29 日，区人大常委会主任张菲菲(前右二)到供销农超考察

2013 年 3 月 22 日，区政协主席施素珍（中）考察浙江信阳实业有限公司

2013 年 2 月 21 日，婺城区八届人大二次会议开幕

2013 年 3 月 20 日，区政协三届二次会议开幕

2013 年 2 月 25 日，区纪律检查委员会六届三次会议开幕

2013年2月19日，召开全区干部大会

2013年2月19日，区政协委员"三进三联三促"活动启动仪式

民革婺城区总支部年会

2013年11月28日，九三学社婺城区基层委员会换届选举

2013年3月20日，婺城公安分局参加全市机关“效能现场投诉、开门征集意见”活动

区检察院在“12·4”法制宣传日为市民提供法律咨询

2013年12月3日，婺城法院干警深入社区开展普法宣传

区工商分局开展“3·15”维权

2013年12月11日，区食品药品监督管理局举行过期药品回收活动

机关党员走进社区开展“走基层、送服务”系列活动

调解

2013年5月18日，在市人民广场开展“科技创新，美好生活”科技活动周

公交集团营运一公司开展“中国式过马路”交通治堵宣传活动

江南地税分局开展税收宣传月纳税咨询活动

婺城区春季人力资源招聘大会

汤溪地税分局为企业送上财税优惠政策手册

2013 年 10 月 28 日，二十家“闪超”便民店全城同开业

2013年3月9日，“山花烂漫·美丽婺城”系列活动开幕

2013年3月9日，婺城区“山花烂漫·美丽婺城”油菜花节启动

2013年3月9日，区第四届茶花节文化活动展演

2013年9月29日，第五届中国仙源湖桂花节“寻梦仙源湖 全城健步走”开幕式

2013年11月1日，婺城区首届与平安同行文艺汇演开幕

2013年3月27日，婺城区人口计生文艺演出在汤溪镇举行

2013年10月25日，婺城区第二届民俗文化艺术节启动仪式在乾西乡举行

2013年11月22日，婺城区第三届中小学婺剧演唱大赛开幕

2013 年 3 月 19 日，婺城区举办残疾人就业招聘洽谈会

2013 年 3 月 27 日，省残疾人艺术团“五进”活动塔石专场演出

2013 年 3 月 29 日，“多彩三月三”金华畲族文化风情展在汤溪镇鸪坞塔村举行

2013 年 7 月 30 日，塔石乡乡村旅游开游仪式文艺会演在余仓村举行 胡建文 摄

2013年4月27日，金华市第八届邻居节在南苑社区举行，其间为老人过生日

2013年11月30日，英雄孟祥斌塑像落成仪式在市区城南桥桥头举行　　邵益斌 摄

2013年9月13日，新城区举办首届广场嘉年华开幕式暨浙中乐园开工典礼晚会

陆利亚 摄

2013年8月12日，水上乐园开业

李丹 徐永吉 摄

2013 年 11 月起，3000 辆公共自行车在市区陆续投放使用

朱睦钧 摄

2013 年 12 月 8 日，在江北西市街金华首座人行天桥投入使用

朱睦钧 摄

江北商业区夜景

重建中的智者寺

汤溪镇上境
村刘氏宗祠

鼓楼里文化
创意创业园

2013 年 6 月 16 日，中国健身名山登山赛·金华山双龙洞赛区运动员出发瞬间

李纯刚 摄

2013 年 10 月 21 日，婺城区直机关老年体协在樱花公园举办老年人健身走活动

2013 年 3 月 7 日，区机关党员参加“万里扬”杯乒乓球赛

2013 年 5 月 16 日，金华首届校园国学节在柳湖小学开幕

2013 年 4 月 16 日，婺州外国语学校开展“中国梦·我做起”宣誓签名活动

罗店镇后溪河村成为金华市首个“浙江书法村”

罗店镇优生优育优教指导中心成立

峙垅湖风光

峙垅湖夜景

洪斌 摄

九峰胜景

洪斌 摄

金华金鼎织带有限公司

金华市精工工具制造有限公司生产车间

金华市梦娜纺织有限公司生产车间

甘蔗收割

晚稻收割

收获番薯

高山蔬菜

傅卫明 摄

汤溪镇九峰村新貌

莘畈乡大立元村远眺

白龙桥镇桐溪村

蒋堂镇蒋堂村

汤溪镇鸽坞塔社区服务中心

罗埠镇山下陈社区服务中心

竹马乡下张家社区服务与文化活中心

长山乡三村文化礼堂

琅琊镇泉口村文化礼堂

乾西乡湖头村文化礼堂

罗店镇后溪河村文化礼堂

汤溪镇中戴村文化礼堂

白龙桥镇郑岗山村文化礼堂

金华道情

婺州窑陶艺

剪纸

金华新火车站

金华老火车站

金华新汽车南站

金华老汽车南站

琅琊镇拆除违章建筑

新狮街道拆除违章建筑

罗店镇拆除违法建筑

目　录

婺城区政区图(封二)
婺城区城区图(封三)
编辑说明
图片专辑

特　辑

■坚定不移深化改革　加快推进转型升级
全面加快“两富”现代化婺城建设 …… 陈　晓 1
■政府工作报告 …… 王　健 9

专　辑

■2013年婺城区重点建设项目 …… 16
■2013年婺城区十项重点惠民实事 …… 20

大事记

1月 …… 22
2月 …… 23
3月 …… 23
4月 …… 24
5月 …… 24
6月 …… 25
7月 …… 26
8月 …… 26
9月 …… 27
10月 …… 28
11月 …… 28
12月 …… 29

概　况

■地理 …… 30
【位置面积】 …… 30
【地形地貌】 …… 30
■水情 …… 32
■水文 …… 32
■建置沿革 …… 32
■2013年末金华市婺城区行政区划及土地总面积 …… 33
■人口 …… 34
■资源 …… 34
【水资源】 …… 34
【矿产资源】 …… 36
【土地资源】 …… 37
【生物资源】 …… 37
【旅游资源】 …… 38
■组织机构及负责人名单 …… 38

中国共产党金华市婺城区委员会

综述 …… 46
【党的建设】 …… 46

【经济运行】…… 46
【重点项目】…… 46
【民生事业】…… 47
【区委常委会议】…… 47
【重要会议】…… 47
【文字综合工作】…… 48
■区委办公室工作 …… 48
【概述】…… 48
【秘书工作】…… 49
【值班工作】…… 49
【信息工作】…… 49
【调研工作】…… 49
【督查工作】…… 49
【机要保密工作】…… 50
【档案工作】…… 50
【党史研究】…… 50
■组织工作 …… 51
【概述】…… 51
【自身建设】…… 51
【干部队伍建设】…… 51
【基层组织工作】…… 51
【人才工作】…… 52
【培育“三有”狮子型干部队伍】…… 52
【“全科干部、全心服务”主题实践活动】…… 53
【村级组织换届】…… 53
■宣传工作 …… 54
【概述】…… 54
【区委中心组理论学习】…… 54
【“中国梦”宣讲】…… 54
【微型党课评比活动】…… 54
■精神文明建设 …… 54
【概述】…… 54
【区文明委会议】…… 55
【“草根奖”“最美婺城人”评选】…… 55
【“春泥计划”活动】…… 55
【创建省级示范文明城区活动】…… 55
【文明创建】…… 55
【文化艺术系列活动】…… 55
【农村文化礼堂建设】…… 56
■新闻传媒工作 …… 56
【概述】…… 56
【《今日婺城》创刊六周年公益活动】…… 57
【《婺城周末》创刊】…… 57
【新闻奖】…… 57
■统战工作 …… 57
【概述】…… 57
【政治协商制度建设】…… 57
【关爱帮扶】…… 57
【工商联建设】…… 57
【作风建设】…… 58
■民族宗教工作 …… 58
【概述】…… 58
【关注民生】…… 58
【“多彩三月三”活动】…… 59
【平安创建】…… 59
■政法委及综治工作 …… 59
【概述】…… 59
【综合治理】…… 59
【社会管理创新】…… 60
【维护社会稳定】…… 60
【执法监督】…… 60
【队伍建设】…… 61
■信访工作 …… 61
【概述】…… 61
【初信初访办理工作】…… 61
【信访案件催办督办】…… 62
【领导干部接访】…… 62
【信访积案专项治理】…… 62
■对台工作 …… 62
【概述】…… 62
■农村工作 …… 63
【概述】…… 63

■新农村建设 …… 63
【农村发展】 …… 63
【民生保障】 …… 63
【美丽乡村建设】 …… 64
【民主管理】 …… 64
【政策助农】 …… 64
■农村扶贫 …… 64
【概述】 …… 64
【产业扶贫】 …… 64
【金融扶贫】 …… 64
【异地搬迁】 …… 65
■老干部工作 …… 65
【概述】 …… 65
【政治待遇】 …… 65
【生活待遇】 …… 65
【“两个阵地”建设】 …… 65
【社会公益】 …… 66
■关心下一代工作 …… 66
【概述】 …… 66
【青少年教育】 …… 66
【城乡手拉手活动】 …… 66
【调查研究】 …… 66
【普法教育】 …… 67
【助学行动】 …… 67
【社会管理】 …… 67
【自身建设】 …… 67
【表彰鼓励】 …… 67
■直属机关党委工作 …… 67
【概述】 …… 67
【“双精”活动】 …… 67
【基层组织建设】 …… 67
【党建工作】 …… 68
【党员教育】 …… 68
【文化活动】 …… 68

中国共产党金华市婺城区纪律检查委员会

综述 …… 69
【六届区纪委三次全会】 …… 70
【会员卡专项清退活动】 …… 70
【居务监督】 …… 70
【优环境促发展活动】 …… 70
【整超概算之风】 …… 70
【整选风】 …… 70
【整苗木抢种之风】 …… 70
【村级“三务”公开信息平台建设】 …… 70
【重点工作问责】 …… 70
【“三治三问”】 …… 70
【作风效能明察暗访】 …… 71
【农村涉纪信访化解】 …… 71
【自身建设】 …… 71

金华市婺城区人民代表大会常务委员会

综述 …… 72
【区八届人大二次会议】 …… 73
【区人大常委会会议】 …… 73
【视察活动】 …… 74
【刑事诉讼法执法检查】 …… 75
【“关心母亲河溪，查找水污染源，恪尽代表职责”活动】 …… 75
【食品安全执法检查】 …… 75
【人大代表履职服务平台】 …… 76

金华市婺城区人民政府

综述 …… 77
【工业经济】 …… 77
【农业经济】 …… 78
【园区建设】 …… 78
【城乡建设】 …… 79
【生态建设】 …… 79
【科技管理】 …… 79
【教育文体事业】 …… 79
【卫生事业】 …… 80
【社会保障】 …… 80
【自身建设】 …… 80
【志鉴编纂】 …… 81
■区政府办公室工作 …… 81
【组织协调】 …… 81
【政务督查】 …… 81
【信息调研】 …… 81
【依法行政】 …… 82
【服务工作】 …… 82
【队伍建设】 …… 82
■机关事务管理工作 …… 82
【概述】 …… 82
【节能降耗】 …… 83
【安保工作】 …… 83
【服务保障】 …… 83
【公车管理】 …… 83
【公务接待】 …… 83
【食品卫生】 …… 83
【幼儿教育】 …… 83
【队伍建设】 …… 83
【作风建设】 …… 83
【廉政建设】 …… 84
■行政审批与服务 …… 84
【概述】 …… 84
【审批制度改革】 …… 84
【清理规范审批事项】 …… 84
【建设项目并联审批】 …… 84
【一审一核制改革】 …… 84
【投资项目审批代办】 …… 84
【村级便民服务中心】 …… 84
【公共资源交易】 …… 85
【业务培训】 …… 85
■侨务工作 …… 85
【概述】 …… 85
【千名侨商进园区】 …… 85
【基本侨情调查】 …… 85
【社区侨务工作】 …… 85
【华侨归国定居】 …… 85
【送温暖联谊活动】 …… 86
■住房公积金管理 …… 86
【概述】 …… 86
【住房公积金归集】 …… 86
【住房公积金提取】 …… 86
【住房公积金贷款】 …… 86
【住房公积金收益】 …… 86
【制度完善】 …… 86
【提升服务】 …… 86
【整改落实】 …… 87
【财务管理】 …… 87
【存折发放】 …… 87
【扩面宣传】 …… 87
【骗提防范】 …… 87
【劳务派遣】 …… 87
【文化活动】 …… 87

中国人民政治协商会议
金华市婺城区委员会

综述 …… 88

【区政协三届二次会议】…… 90
【区政协常委会议】…… 90
【提案工作】…… 90
【重点课题调研】…… 91
【文史资料】…… 91

民主党派　工商联

■中国国民党革命委员会金华市委员会婺城区总支部 …… 92
【概述】…… 92
【参政议政】…… 92
【社会服务】…… 92
【自身建设】…… 92
■中国民主同盟金华市婺城区总支部委员会 …… 93
【概述】…… 93
【参政议政】…… 93
【社会服务】…… 94
【自身建设】…… 94
■中国民主建国会金华市婺城区总支部委员会 …… 94
【概述】…… 94
【参政议政】…… 94
【调研活动】…… 94
【社会服务】…… 94
■中国民主促进会金华市委员会婺城区总支部 …… 94
【概述】…… 94
【参政议政】…… 94
【社会服务】…… 94
【组织建设】…… 94
■中国农工民主党金华市委员会婺城区总支部 …… 95
【概述】…… 95
【参政议政】…… 95
【社情民意】…… 95
【社会服务】…… 95
【获得荣誉】…… 95
■九三学社金华市婺城区基层委员会 …… 96
【概述】…… 96
【参政议政】…… 96
【社会服务】…… 96
【自身建设】…… 96
■婺城区工商业联合会 …… 96
【概述】…… 96
【参政议政】…… 96
【服务经济】…… 97
【感恩社会】…… 97
【自身建设】…… 97

群团组织

■金华市婺城区总工会 …… 98
【概述】…… 98
【作风建设】…… 98
【基层组织建设】…… 98
【维护职工权益】…… 98
【关爱职工】…… 99
【文体活动】…… 99
【劳模评选】…… 99
【创建和谐劳动关系】…… 99
【厂务公开】…… 100
■共青团金华市婺城区委员会 …… 100
【概述】…… 100
【青少年建功动员体系】…… 100
【青少年思想道德建设】…… 100
【青少年民生服务】…… 100
【维护青少年合法权益】…… 101
【组织建设】…… 101
少先队工作 …… 101
【概述】…… 101
【关爱留守獐及外来务工子弟活动】…… 101

【“小手拉大手交规齐遵守”队课】…… 102
【“通畅,让城市更美好”活动】…… 102
【“美德少年我争当”活动】…… 102
【“红领巾相约中国梦”】…… 102
【少先队活动课程建设】…… 102
【少年儿童组织建设和思想意识教育】…… 102
【农村少先队达标创建】…… 103
■**金华市婺城区妇女联合会** …… 103
【概述】…… 103
【来料加工】…… 103
【演讲比赛】…… 103
【“三项”活动】…… 103
【维权与帮扶】…… 103
【组织建设】…… 104
■**金华市婺城区文学艺术联合会** …… 104
【概述】…… 104
【组织建设】…… 104
【协会活动】…… 104
【文艺培训】…… 104
【创作成果】…… 105
【区作家协会】…… 105
【区美术家协会】…… 105
【区书法家协会】…… 106
【区戏曲家协会】…… 106
【区舞蹈家协会】…… 106
【区音乐协会】…… 107
【区摄影家协会】…… 107
【区老干部摄影协会】…… 107
【区诗词楹联学会】…… 108
【区丰子恺研究会】…… 108
【区民间文艺家协会】…… 108
■**金华市婺城区残疾人联合会** 109
【概述】…… 109
【省级爱心城区创建“回头看”】…… 109
【共享小康工程】…… 109
【康复工作】…… 109
【“爱心圆梦”助残行动】…… 109
【扶贫救助】…… 110
【社会保障】…… 110
【文体活动】…… 110
【维权工作】…… 110
【综合服务设施建设】…… 110
【组织建设】…… 110
■**金华市婺城区红十字会** …… 110
【概述】…… 110
【雅安地震捐款】…… 111
【器官捐献工作】…… 111
【救护员培训】…… 111
■**金华市婺城区归国华侨联合会** …… 111
【概述】…… 111
【组织建设】…… 111
【参政议政】…… 111
【送温暖活动】…… 111
【为侨服务】…… 111
■**金华市婺城区科学技术协会** …… 112
【概述】…… 112
【科普宣传】…… 112
【继续教育】…… 112
【老科学家进校园】…… 112
【科普示范】…… 112
【科普惠农】…… 112
■**婺城区婺剧促进会** …… 113
【概述】…… 113
【学生“触电”横店】…… 113
【“婺剧进校园”试点幼儿园验收】…… 113
【机构设置】…… 113
【婺剧助阵桂花节】…… 113
【区第二届民俗文化艺术节】…… 113
【区第三届中小学婺剧演唱大赛】…… 113
【乳品大王入行戏剧界】…… 113

园　区

■金华经济技术开发区 …… 115
【概述】 …… 115
【“两区”整合】 …… 115
【经济发展】 …… 115
【园区开发】 …… 115
【科技创新】 …… 115
【城乡建设】 …… 116
【环境整治】 …… 116
【社会事业】 …… 116
【自身建设】 …… 116
■婺城新城区 …… 117
【概述】 …… 117
【经济指标】 …… 117
【招商引资】 …… 117
【技改创新】 …… 117
【清闲促产】 …… 117
【工业项目】 …… 117
【商服项目】 …… 117
【城北三产】 …… 117
【公建项目】 …… 118
【基础设施】 …… 118
【征迁工作】 …… 118
【环境整治】 …… 118
【优化服务】 …… 118
■双龙风景名胜区 …… 119
【概述】 …… 119
【文化旅游活动】 …… 119
【重点工程】 …… 119
【配套工程建设】 …… 120
【景区规划】 …… 120
【拓展市场】 …… 120
【黄大仙文化研究会】 …… 120
【综合治理】 …… 120
■仙源湖旅游度假区 …… 120
【概述】 …… 120
【经济运行态势】 …… 120
【启动规划扩容】 …… 121
【基础设施】 …… 121
【招商引资】 …… 121
【旅游重点项目】 …… 121
【美丽乡村旅游】 …… 121
【宣传营销】 …… 121
■浙中信息产业园区 …… 122
【概述】 …… 122
【基地建设】 …… 122
【产业规划】 …… 122
【招商引“智”】 …… 122
【优化服务】 …… 123
【党建】 …… 123

法　治

■公安 …… 124
金华市婺城公安分局 …… 124
【概述】 …… 124
【“一点通”警务管理系统】 …… 124
【国保基层基础规范化建设】 …… 124
【维稳工作】 …… 125
【信息二维码管理】 …… 125
【构建大情报体系】 …… 125
【严打严防严管】 …… 125
【“信连心”活动】 …… 126
【警营文化建设】 …… 126
【管理体制调整】 …… 126
【基础设施建设】 …… 126
【十大案例】 …… 126
金华市公安局交警支队直属一大队 …… 127
【概述】 …… 127
【队伍建设】 …… 128

【交通安全管理执法】…… 128
【春运交通安全】…… 128
【交通事故隐患治理】…… 128
【城市交通治堵工程】…… 128
【随手拍】…… 129
【路口精细化管理】…… 129
金华市公安局交警支队直属三大队 …… 129
【概述】…… 129
【事故处理与防控】…… 129
【隐患排查治理】…… 129
【车辆安全管理】…… 130
【交通违法行为整治】…… 130
【交通安全宣传】…… 130
【摩托车送检下乡】…… 130
【执法规范化建设】…… 131
【从严治警】…… 131
金华市婺城区公安消防大队 …… 131
【概述】…… 131
【“五无”创建】…… 131
【消防安全专项整治】…… 131
【“网格化”管理】…… 132
【消防宣传社会化】…… 132
■检察 …… 132
【概述】…… 132
【服务大局】…… 132
【履行检察职能】…… 133
【执法规范化建设】…… 133
【检察队伍建设】…… 133
■法院 …… 133
【概述】…… 133
【审执工作】…… 134
【便民举措】…… 134
【保障诉讼权利】…… 134
【司法公开】…… 134
【服务中心工作】…… 135
【司法服务】…… 135
【诉讼衔接和司法确认】…… 135
【审务公开】…… 135
【司法廉洁】…… 135
【队伍建设】…… 135
■司法行政 …… 136
【概述】…… 136
【普法宣传】…… 136
【矛盾纠纷调处】…… 136
【社区矫正管理】…… 136
【法律服务】…… 136
【法律援助】…… 137
【队伍建设】…… 137

武　装

【概述】…… 138
【民兵整组】…… 138
【夏秋季征兵】…… 138
【参加防洪抢险演练】…… 139
【军民共建】…… 139

工　业

【概述】…… 140
【汽摩配】…… 141
【五金工量具】…… 141
【纺织服装】…… 141
【新型建材】…… 141
【食品加工】…… 141
【包装彩印】…… 142
【医药化工】…… 142

统计　物价　粮食

【概述】…… 143
【经济体制】…… 143

【经济与社会发展】…… 143
【优化投资结构】…… 143
【计划管理】…… 144
■统计工作 …… 144
【概述】…… 144
【农业统计】…… 144
【工业统计】…… 144
【批发零售业统计】…… 144
【固定资产统计】…… 145
【居民生活】…… 145
■物价管理 …… 145
【概述】…… 145
【定价机制】…… 145
【收费机制】…… 145
【价格监管】…… 145
【收费管理】…… 145
【价格认证】…… 145
■粮食工作 …… 145
【粮食购销】…… 145
【管理体制改革】…… 146
【粮储管理与中心库建设】…… 146

经济　贸易

■对外经贸 …… 147
【概述】…… 147
【对外贸易】…… 147
【利用外资】…… 147
【对外经济技术合作】…… 148
■商贸流通 …… 148
【商贸企业“下升上”】…… 148
【再生资源回收体系建设】…… 148
【农村现代流通体系建设】…… 148
【重点商贸流通项目建设】…… 149
■招商引资 …… 149
【概述】…… 149
【招商活动】…… 149
【经济技术协作】…… 150
【金华市第二届浙(婺)商创业创新大会】…… 150
■供销社 …… 150
【概述】…… 150
【农信担保】…… 150
【专业合作社建设】…… 150
【农产品流通体系建设】…… 150
【扶贫帮困】…… 151
【社有企业】…… 151
【和谐稳定】…… 151

教育　文化　体育

■教育 …… 152
【概述】…… 152
教育人事管理 …… 152
【教师招聘及培养】…… 152
【轮岗交流】…… 152
【职称评定】…… 152
义务教育 …… 152
【概述】…… 152
【学区调整方案】…… 153
【省教育质量综合评价抽测】…… 153
【教育教学基本功大赛】…… 153
【中小学生三大球赛】…… 153
【区第 28 届青少年科技创新大赛】…… 153
【改善办学条件】…… 154
特殊教育 …… 154
【“三残”儿童权益】…… 154
民办教育 …… 154
【概述】…… 154
幼儿教育 …… 154
【概述】…… 154
【幼教队伍建设】…… 154
【浙江省等级幼儿园评估】…… 154

中等职业教育 …… 155
【概述】 …… 155
【校企合作】 …… 155
【服务社会】 …… 155
【强化特色】 …… 155
成人教育 …… 155
【概述】 …… 155
教育科研 …… 155
【概述】 …… 155
【课题申报】 …… 156
【心理健康指导】 …… 156
学校简介 …… 156
【婺城中学】 …… 156
【汤溪二中】 …… 156
【十五中学】 …… 157
【青春中学】 …… 157
【柳湖小学】 …… 157
【宾虹小学】 …… 158
【汤溪小学】 …… 158
【胜利小学】 …… 159
【站前小学】 …… 159
【箬阳小学】 …… 159
【汤溪幼儿园】 …… 160
■文化 …… 160
【概述】 …… 160
群众文化 …… 160
【概述】 …… 160
【“山花烂漫·美丽婺城”】 …… 160
【人口计生文艺会演】 …… 161
【“庆三八 秀创意 展风采”T台赛】 …… 161
【“寻梦仙源湖全城健步走”活动】 …… 161
【区第三届中小学婺剧演唱大赛】 …… 161
【区第二届民俗文化艺术节】 …… 161
【区首届“与平安同行”文艺汇演】 …… 161
【元宵展演活动】 …… 161
【央视《星光大道》选手邵淑环回婺发布会】 … 161
【“送文化、送温暖进山区”系列活动】 …… 161
【中小学校排舞骨干编导培训】 …… 161
【迎新春茶话会活动】 …… 161
【“欢乐金华”百姓文化节——百姓才艺大赛婺城区选拔赛】 …… 161
【区首届企业文化(舞蹈)培训班】 …… 161
【获奖情况】 …… 162
文化市场管理 …… 162
【概述】 …… 162
【校园环境整治】 …… 162
【黑网吧取缔行动】 …… 162
【清源行动】 …… 162
【文物单位监管】 …… 162
【禁毒宣传】 …… 163
【消防安全监管】 …… 163
【队伍建设】 …… 163
图书事业 …… 163
【概述】 …… 163
【农家书屋建设】 …… 164
【区第九届未成年人读书节”活动】 …… 164
【送文化下乡】 …… 164
【图书流通点建设】 …… 164
非物质文化遗产保护 …… 164
【概况】 …… 164
【非遗申报】 …… 164
【非遗传承人培训与课题研究】 …… 164
【非遗宣传和保护】 …… 164
■文物工作 …… 165
【概述】 …… 165
【黄绍竑别墅维修工程】 …… 165
【考古发现明代古墓群】 …… 165
【第一次全国可移动文物普查】 …… 165
■体育 …… 166
【概述】 …… 166
竞技体育 …… 166
【概述】 …… 166

【承办省二体会】…………………………… 166
【组队参赛】……………………………… 166
学校体育 ……………………………… 166
【概述】…………………………………… 166
【体育赛事】……………………………… 166
群众体育 ……………………………… 167
【概述】…………………………………… 167
【体育创强】……………………………… 167
【体育赛事】……………………………… 167
老年体育 ……………………………… 167
【概述】…………………………………… 167
【创建成果】……………………………… 168
【组织网络】……………………………… 168
【老年健身活动】………………………… 168

科学技术

【概述】…………………………………… 169
■科技计划 …………………………… 169
【概述】…………………………………… 169
【科研项目】……………………………… 169
■科技创新 …………………………… 172
【概述】…………………………………… 172
【创新主体培育】………………………… 172
【研发机构】……………………………… 172
■科技合作 …………………………… 173
【概述】…………………………………… 173
【网上技术市场交易活动周】…………… 173
■科技成果 …………………………… 173
【概述】…………………………………… 173
■知识产权工作 ……………………… 173
【概述】…………………………………… 173
【知识产权宣传】………………………… 173
【专利示范和项目申报】………………… 173
【专利申请和授权量】…………………… 174

民　政

【概述】…………………………………… 175
【养老服务体系建设】…………………… 175
【城乡低保】……………………………… 175
【救灾救济】……………………………… 175
【医疗救助】……………………………… 175
【孤儿和困境儿童保障】………………… 175
【慈善活动】……………………………… 175
【优抚抚恤】……………………………… 176
【双拥共建】……………………………… 176
【退伍安置】……………………………… 176
【社区建设】……………………………… 176
【村(居)务管理】………………………… 176
【地名区域管理】………………………… 176
【殡葬管理】……………………………… 176
【社会组织管理】………………………… 176
【婚姻登记】……………………………… 176
【收养登记】……………………………… 176
【福利企业管理】………………………… 177
【老龄工作】……………………………… 177
【水库移民后期扶持】…………………… 177

财　政

【概述】…………………………………… 178
【财政收入】……………………………… 178
【民生保障】……………………………… 178
【发展经济】……………………………… 178
【财政改革】……………………………… 179
【乡镇财政】……………………………… 179
【财政监督】……………………………… 179
【队伍建设】……………………………… 179

劳动人事和社会保障

■人事编制 …… 180
【概述】 …… 180
【机构编制实名制数据库】 …… 180
【规范编外用工管理】 …… 180
■劳动就业 …… 180
【概述】 …… 180
【春季人力资源招聘大会】 …… 181
【区劳动争议联合调处中心】 …… 181
【职业技能比武大赛】 …… 181
■社会保障 …… 181
【概述】 …… 181
【被征地农民基本生活保障】 …… 181
【企退人员社会化管理服务】 …… 181

城乡建设

【概述】 …… 182
■建筑业 …… 182
【概述】 …… 182
■房地产 …… 183
【概述】 …… 183
【房地产交易】 …… 183
■市政建设 …… 183
【概述】 …… 183
【市政设施】 …… 183
【桥梁养护】 …… 183
【道路及给排水养护】 …… 183
【道路占、挖工程审批】 …… 183
■公用事业 …… 183
【燃气管理】 …… 183
【污水处理】 …… 184
【环境卫生】 …… 184
【小城镇建设专项资金】 …… 184
■园林绿化 …… 184
【概述】 …… 184

旅　游

【概述】 …… 185
【入境旅游】 …… 185
【国内旅游】 …… 185
【假日旅游】 …… 185
【旅游规划】 …… 185
【景区建设】 …… 185
【乡村旅游】 …… 186
【宣传促销】 …… 186
【行业管理】 …… 187
【旅游安全】 …… 187
【节会活动】 …… 187

交通运输

【概述】 …… 189
【重点工程】 …… 189
【项目攻坚】 …… 189
【路政执法】 …… 189
【规范管理】 …… 190
【便民服务】 …… 190
【作风效能】 …… 190
【文化品牌】 …… 191

农林　水利

■农村集体经济 …… 192
■农业 …… 192
【概述】 …… 192
【农业展销】 …… 193
【农业“两区”建设】 …… 193
【粮食生产】 …… 193

【油料生产】…… 193
【水果生产】…… 193
【蔬菜生产】…… 193
【棉花生产】…… 193
【茶叶生产】…… 193
【农产品质量安全监管】…… 194
【三品认证】…… 194
【农民专业合作社】…… 194
【薄弱村经济扶持】…… 194
【家庭农场】…… 194
【农民负担监管】…… 194
【土地承包及流转管理】…… 195
【畜牧生产】…… 195
【畜禽种业建设】…… 195
【畜禽标准化规模养殖示范场创建】…… 195
【规模场星级评定】…… 195
【后备母牛扶持政策】…… 195
【重大动物疫病防控】…… 195
【H7N9 禽流感疫情防控】…… 195
【牧业执法】…… 195
【生鲜乳专项整治】…… 195
【生态功能区畜禽养殖场整治】…… 195
【畜禽污染整治】…… 196
【生态循环农业基地建设】…… 196
【太阳能开发利用】…… 196
【农机化扶持】…… 196
【农机推广】…… 196
【农机安全监理】…… 196
【植物保护】…… 196
【土壤肥料】…… 196
【农业行政执法】…… 197
【农业植物检疫】…… 197
【农民信箱】…… 197
■林业 …… 197
【概述】…… 197
【生态公益林建设】…… 197
【绿化造林】…… 197
【花卉苗木】…… 197
【木本油料】…… 198
【林木采伐管理】…… 198
【林地保护】…… 198
【野生动物保护】…… 198
【山林纠纷】…… 198
【集体林权制度改革】…… 198
【林业有害生物】…… 198
【木材管理】…… 198
【森林消防】…… 198
【林政执法】…… 198
【行政审批】…… 199
【农林场】…… 199
■水利 …… 199
【概述】…… 199
【水利建设】…… 199
【水政水资源】…… 200
【水电建设和管理】…… 200
【水产生产】…… 200
【防汛抗旱】…… 200

卫 生

【概述】…… 202
【基础建设】…… 202
【公立医院改革】…… 202
【基本药物制度】…… 202
【公共卫生】…… 202
【疾病控制】…… 202
【妇幼保健】…… 203
【卫生监督】…… 203
【队伍建设】…… 203
【爱国卫生】…… 203

人口和计划生育

【概述】…………………………………………… 204
【宣传教育】……………………………………… 204
【行政许可项目审批】…………………………… 204
【利益导向机制】………………………………… 204
【出生人口性别比专项治理】…………………… 204
【计生协会工作】………………………………… 205
【优质服务】……………………………………… 205
【流动人口】……………………………………… 205
【队伍建设】……………………………………… 205

审 计

【概述】…………………………………………… 206
【财政“同级审”】………………………………… 206
【领导干部经济责任审计】……………………… 206
【政府投资审计】………………………………… 206
【民生资金审计】………………………………… 206
【审计整改】……………………………………… 206
【内部审计】……………………………………… 206
【审计管理】……………………………………… 207
【审计信息宣传】………………………………… 207
【队伍建设】……………………………………… 207

食品药品监督管理

【概述】…………………………………………… 208
【网格化监管】…………………………………… 208
【食品安全监管整治】…………………………… 208
【食品安全示范创建】…………………………… 208
【药械监管】……………………………………… 208
【药械专项检查】………………………………… 208
【“四品一械”稽查工作】………………………… 208
【宣传教育】……………………………………… 208
【依法行政】……………………………………… 209

安全生产监督管理

【概述】…………………………………………… 210
【执法监察】……………………………………… 210
【标准化建设】…………………………………… 210
【诚信机制建设】………………………………… 210
【宣传教育】……………………………………… 211
【涉氨企业专项整治】…………………………… 211
【推广“智慧安监”成果】………………………… 211
【创新安全管理体系】…………………………… 211

国土资源

【概述】…………………………………………… 212
【土地利用现状】………………………………… 212
【各地类变化情况】……………………………… 212
【耕地保护】……………………………………… 212
【节约集约用地】………………………………… 213
【土地出让】……………………………………… 213
【矿产资源开发利用】…………………………… 213
【矿产资源管理】………………………………… 213
【依法行政】……………………………………… 213
【基础建设】……………………………………… 214
【地质灾害防治】………………………………… 214

城乡规划

【概述】…………………………………………… 215
【规划编制】……………………………………… 215
【规划审批】……………………………………… 215
【美丽乡村建设】………………………………… 215
【信访维稳】……………………………………… 215
【测绘管理】……………………………………… 215
【规划服务】……………………………………… 215

环境保护

【概述】…… 217
【生态创建】…… 217
【环境整治】…… 217
【水环境治理】…… 217
【项目审批】…… 218
【执法检查】…… 218
【宣传教育】…… 218
【信访与建议】…… 218
【环境安全评级】…… 218

工商行政管理

【概述】…… 219
【服务经济】…… 219
【商标品牌注册】…… 219
【企业年检】…… 219
【广告市场监管】…… 219
【消费维权】…… 219
【专项整治】…… 220
【食品安全监管】…… 220
【提升工作效能】…… 220
【市场概况】…… 220
【个私企业】…… 220

质量技术监督

【概况】…… 222
【质量强区】…… 222
【创牌工作】…… 222
【标准化工作】…… 222
【食品安全监管】…… 222
【特种设备安全监察】…… 222
【工业产品区域监管】…… 223
【民生服务】…… 223
【宣传报道】…… 223

税 务

■国税 …… 224
【概述】…… 224
【落实税收政策】…… 224
【强化税收征管】…… 224
【推进依法治税】…… 224
【优化纳税服务】…… 224
【加强队伍建设】…… 224
■江北税务 …… 225
【概述】…… 225
【创建五星级办税服务厅】…… 225
【服务机制改革】…… 225
【队伍建设】…… 225
■江南税务 …… 225
【概述】…… 225
【税收征管】…… 226
【优化服务】…… 226
【队伍建设】…… 227
■汤溪税务 …… 227
【概述】…… 227
【加强税收征管】…… 227
【优化税收环境】…… 228
【税收宣传月及优质服务月活动】…… 228
【队伍建设】…… 229

城市管理

【概述】…… 230
【市容环境整治】…… 230
【创新管理模式】…… 230
【执法保障】…… 230
【队伍建设】…… 231

供电 移动 电信

■供电 …… 232
【概述】 …… 232
【供电】 …… 232
【设备检修】 …… 232
【电网建设】 …… 233
■移动 …… 233
【概述】 …… 233
【运营规模】 …… 233
【信息化产品】 …… 233
【班组管理】 …… 233
【工会慰问】 …… 233
【冬季百日安全行车活动】 …… 233
【首期手机教练智能课堂】 …… 233
■电信 …… 234
【概述】 …… 234
【"一去二化"战略】 …… 234
【市场化经营】 …… 234
【强渠计划】 …… 234
【服务客户】 …… 234
【8890 便民服务中心】 …… 234
【垃圾短信治理】 …… 234

金融 保险

■工商银行婺城支行 …… 235
【概述】 …… 235
【经营效益】 …… 235
【网点建设】 …… 235
【安全经营】 …… 235
【其他工作】 …… 236
■农业银行婺城支行 …… 236
【概述】 …… 236
【网点软转】 …… 236
【服务"三农"】 …… 236
【风险防控】 …… 236
【企业文化】 …… 237
■中国银行婺城支行 …… 237
【概述】 …… 237
【化解不良资产】 …… 237
【负债业务】 …… 237
【优化授信客户】 …… 237
【提高网点效能】 …… 237
【队伍建设】 …… 237
【企业文化】 …… 238
■建设银行婺城支行 …… 238
【概述】 …… 238
【信贷业务】 …… 239
【支持地方建设】 …… 239
【客户拓展与服务】 …… 239
【安全运营】 …… 239
【网点管理】 …… 240
【其他工作】 …… 240
■金华银行婺城支行 …… 240
【概述】 …… 240
【资产业务】 …… 240
【负债业务】 …… 241
【零售业务】 …… 241
【内控管理】 …… 241
【文明服务】 …… 241
■成泰农村合作银行婺城支行 …… 241
【概述】 …… 241
【业务工作】 …… 241
【特色服务】 …… 242
【拓展业务】 …… 242
【业务创新】 …… 242
【普惠金融】 …… 242
【廉政建设】 …… 242
■金华市婺城区万通小额贷款有限公司 …… 243
【概述】 …… 243

【业务创新】…… 243
【企业文化】…… 243
■金华市婺城区丰银小额贷款有限公司 …… 243
【概述】…… 243
【规范运作】…… 244
【风险防范】…… 244
【队伍建设】…… 244
■中国人民财产保险股份有限公司
金华市婺城支公司 …… 244
【概述】…… 244
【经营管理】…… 244
【服务创新】…… 244
【“三农”保险】…… 245
【企业文化】…… 245
【公益活动】…… 245
■中国人寿保险股份有限公司金华分公司 …… 245
【概述】…… 245
【业务发展】…… 245
【客户服务】…… 245
【合规经营】…… 245
【队伍建设】…… 246
【活动与公益事业】…… 246

街道 乡镇

■城东街道 …… 247
【概述】…… 247
【工业经济】…… 247
【重点工程】…… 247
【民生保障】…… 247
【宣传工作】…… 248
【为民服务】…… 248
【党建工作】…… 248
■城西街道 …… 249
【概述】…… 249
【经济工作】…… 249
【重点工程】…… 249
【“三改一拆”】…… 249
【城市管理】…… 249
【综治维稳】…… 249
【社会救助】…… 250
【人口计生】…… 250
【换届选举】…… 250
【干部管理】…… 250
■城中街道 …… 250
【概述】…… 250
【工业经济】…… 250
【财政税收】…… 250
【重点工程】…… 250
【宣传文化】…… 251
【民生事业】…… 251
【城市管理】…… 251
【文明创建】…… 251
【平安综治】…… 251
【安全生产】…… 251
【基层党建】…… 252
■城北街道 …… 252
【概述】…… 252
【经济工作】…… 252
【重点工程】…… 252
【“三改一拆”】…… 252
【城市管理】…… 252
【综治维稳】…… 252
【社会救助】…… 253
【人口计生】…… 253
【基层党建】…… 253
■新狮街道 …… 253
【概述】…… 253
【经济工作】…… 254
【“三改一拆”】…… 254
【重点工程建设】…… 254
【基础设施建设】…… 254

【城市管理】…… 254
【社会保障】…… 255
【计划生育】…… 255
【文教卫事业】…… 255
【综合治理】…… 255
【党建工作】…… 255
【群团工作】…… 256
【换届选举】…… 256
■江南街道 …… 256
【概述】…… 256
【重点工程】…… 256
【党建工作】…… 256
【计生工作】…… 257
【“三改一拆”】…… 257
【城市管理】…… 257
【综治信访】…… 257
【安全生产】…… 257
【统计工作】…… 257
【劳动保障】…… 257
■三江街道 …… 258
【概述】…… 258
【重点工作】…… 258
【“三改一拆”】…… 258
【城市管理】…… 258
【社会服务管理】…… 259
【信访维稳】…… 259
【计划生育】…… 259
【劳动保障】…… 259
【民政工作】…… 259
【经济工作】…… 259
【党建工作】…… 259
■西关街道 …… 260
【概述】…… 260
【党风廉政建设】…… 260
【重点工作】…… 260
【环境整治】…… 260
【社会治安综合治理】…… 260
【消防安全整治】…… 261
【劳动和社会保障】…… 261
【人口与计划生育】…… 261
【社会事业】…… 261
【组织建设】…… 261
■秋滨街道 …… 261
【概述】…… 261
【重点工程】…… 261
【“三改一拆”】…… 262
【环境整治】…… 262
【基层党建】…… 262
【村居建设】…… 262
【社会事业】…… 262
【文化生活】…… 263
【社会管理】…… 263
■罗店镇 …… 263
【概述】…… 263
【工业经济】…… 263
【农业经济】…… 263
【旅游经济】…… 264
【水利建设】…… 264
【林业管理】…… 264
【新农村建设】…… 264
【农村文化】…… 264
【民生工作】…… 265
【计划生育】…… 265
【综治工作】…… 265
【安全生产】…… 266
【重点工程】…… 266
【优化服务】…… 266
【组织建设】…… 266
■雅畈镇 …… 266
【概述】…… 266
【工业发展】…… 267
【农业农村工作】…… 267

【文化旅游】…… 267
【社会事业】…… 267
【组织建设】…… 268
■安地镇 …… 268
【概述】…… 268
【重点工作】…… 268
【经济发展】…… 268
【农家乐旅游】…… 269
【新农村建设】…… 269
【综治平安】…… 269
【社会保障】…… 269
【农村水利】…… 269
【社会事业】…… 269
【组织建设】…… 270
■白龙桥镇 …… 270
【概述】…… 270
【工业经济】…… 270
【农业经济】…… 270
【重点工程】…… 270
【集镇建设】…… 271
【新农村建设】…… 271
【综合治理】…… 271
【社会保障】…… 271
【文体教育】…… 272
【党政建设】…… 272
■琅琊镇 …… 272
【概述】…… 272
【经济发展】…… 272
【新农村建设】…… 272
【“三改一拆”】…… 273
【平安创建】…… 273
【社会事业】…… 273
【廉政建设】…… 274
■蒋堂镇 …… 274
【概述】…… 274
【工业经济】…… 274
【农业经济】…… 274
【重点工程】…… 274
【美丽乡村建设】…… 275
【社会保障】…… 275
【综合治理】…… 275
【基层党建】…… 275
■汤溪镇 …… 275
【概述】…… 275
【工业经济】…… 276
【农业经济】…… 276
【集镇建设】…… 276
【重点工程】…… 276
【农村文化】…… 276
【信访维稳】…… 277
【计划生育】…… 277
【组织建设】…… 277
■罗埠镇 …… 277
【概述】…… 277
【工业经济】…… 277
【农业经济】…… 277
【重点工作】…… 278
【新农村建设】…… 278
【集镇建设】…… 278
【综合治理】…… 278
【计划生育】…… 278
【民生保障】…… 279
【劳动保障】…… 279
【社会事业】…… 279
■洋埠镇 …… 279
【概述】…… 279
【工业经济】…… 279
【新农村建设】…… 279
【“三改一拆”】…… 279
【农业基础设施建设】…… 280
【社会保障】…… 280
【平安综治】…… 280

【换届选举】…… 280
■乾西乡 …… 280
【概述】…… 280
【工业经济】…… 281
【农业经济】…… 281
【新农村建设】…… 281
【重点工程】…… 281
【党建工作】…… 281
【文化宣传】…… 282
【综合治理】…… 282
■竹马乡 …… 283
【概述】…… 283
【工业经济】…… 283
【农业经济】…… 283
【基础设施建设】…… 284
【平安建设】…… 284
【新农村建设】…… 284
【重点工程】…… 284
【文化建设】…… 284
【社会事业】…… 285
【基层建设】…… 285
■长山乡 …… 285
【概述】…… 285
【工业经济】…… 285
【农业经济】…… 285
【基础设施建设】…… 285
【美丽乡村建设】…… 285
【重点工程】…… 286
【平安长山】…… 286
【党风廉政建设】…… 286
【社会事业】…… 286
■沙畈乡 …… 286
【概述】…… 286
【工业经济】…… 287
【农业经济】…… 287
【新农村建设】…… 287
【社会事业】…… 287
【“三改一拆”】…… 288
【平安沙畈】…… 288
【党风廉政建设】…… 288
【文化宣传】…… 288
■塔石乡 …… 288
【概述】…… 288
【工业经济】…… 289
【来料加工】…… 289
【特色农业】…… 289
【生态建设】…… 289
【山区旅游】…… 289
【基础建设】…… 289
【“三改一拆”】…… 289
【下山移民】…… 289
【民生事业】…… 289
【社会保障】…… 290
【基层组织建设】…… 290
■岭上乡 …… 290
【概述】…… 290
【主要经济指标】…… 290
【农业产业化】…… 291
【第三产业】…… 291
【合并设村】…… 291
【美丽乡村建设】…… 291
【“三改一拆”】…… 291
【解决遗留问题】…… 291
【计生工作】…… 291
【民生保障】…… 291
【劳动保障】…… 292
【扶贫工作】…… 292
【队伍建设】…… 292
【安置区建设】…… 292
■莘畈乡 …… 292
【概述】…… 292
【工业经济】…… 293

【农业经济】…… 293
【乡村旅游】…… 293
【重点工程】…… 293
【民生事业】…… 293
【社会保障】…… 293
【平安综治】…… 293
【人口与计划生育】…… 294
【异地搬迁】…… 294
【村级组织换届】…… 294
【基层组织建设】…… 294
【干部队伍建设】…… 294
【党风廉政建设】…… 294
■箬阳乡 …… 294
【概述】…… 294
【促农增收】…… 295
【新农村建设】…… 295
【工业经济】…… 295
【社会民生】…… 295
【中国计量学院开展新农村建设调研】…… 296
■苏孟乡 …… 296
【概述】…… 296
【农业经济】…… 296
【工业经济】…… 296
【征迁工作】…… 296
【“三改一拆”】…… 297
【新农村建设】…… 297
【社会事业】…… 297
【平安综治】…… 297
【组织建设】…… 297

附 录

■2011 年金华市婺城区国民经济和社会发展统计公报 …… 299
■全区农村基本情况 …… 301
■农林牧渔业总产值 …… 305
■农林牧渔业增加值 …… 306
■农村劳动力资源及主要行业分布情况 …… 307
■2013 年规模以上工业企业产销总值 …… 308
■工业企业能源购进、消费及库存 …… 321
■工业部门能源节约量 …… 322
■限上投资项目(单位)完成情况 …… 323
■限额以上批发和零售业法人商品购进、销售和库存综合表 …… 331
■社会消费品零售总额 …… 339
■国民经济产业结构 …… 339
■十强企业 …… 340
婺城区 2013 年度工业综合实力十强企业
婺城区 2013 年度区级财政贡献十强企业
婺城区 2013 年度亩产税收十强企业
婺城区 2013 年度工业特色产业十强企业
■婺城区 2013 年度纳税千万元以上企业 …… 340
■婺城区 2013 年产值超亿元企业 …… 341
■著名商标 …… 343
2013 年度婺城区获省级著名商标
2013 年度婺城区获市级著名商标
■名牌企业 …… 344
2013 年度婺城区浙江省名牌企业
2013 年度婺城区金华市名牌企业、名牌产品名称
■重要文件目录 …… 345
区委文件目录
区政府文件目录
■索引 …… 350
■撰稿人名单 …… 363

Content

Special ·· (1)
Special Collection ·· (16)
Events ·· (22)
Overview ·· (30)
The Wucheng District, Jinhua Committee of the Chinese Communist Party ························· (46)
The Wucheng District, Jinhua Commission for Discipline Inspection of the Chinese Communist Party ·· (69)
The Wucheng District, Jinhua Standing Committee ·· (72)
People's Government of Wucheng District, Jinhua ·· (77)
Wucheng District, Jinhua Municipal Committee of the Chinese People's Political Consultative Conference ·· (88)
The Democratic Parties, Association of Industry and Commerce ·· (92)
Social Organizations ··································· (98)
Development Zones ··································· (115)
Rule of law ·· (124)
Military Affais ··· (138)
Lndustry ·· (140)
Statistils,Price and Food Production ············ (143)
Economics and Trade ································· (147)
Education, Culture and Physical Culture ······ (152)
Science and Technology ···························· (169)
Civil Administration ··································· (175)
Finance ·· (178)
Labor and Personnel, Social Security ·········· (180)
Urban and Rural Construction ··················· (182)
Travel ·· (185)
Transportation ··· (189)
Agriculture and forestry, Waterworks ········· (192)
Health ··· (202)
Population and Family Planning ················ (204)
Audit ·· (206)
The Food and Drug Supervision and Administration ·· (208)
The Supervision and Administration of Production Safety ·· (210)
Land Resources ··· (212)
Urban and Rural Planning ························· (215)
The Environmental Protection ··················· (217)
Industrial and Commercial Administration ··· (219)
Quality and Technical Supervision ············· (222)
Tax Administration ···································· (224)
The Urban Management ···························· (230)
Power Supply, Mobile Communication and Telecommunication ·································· (232)
Banks and Insurance ································· (235)
Streets, villages and towns ························ (247)
Appendix ·· (299)

特　辑

坚定不移深化改革　加快推进转型升级
全面加快“两富”现代化婺城建设

（在区委六届六次全体（扩大）会议暨区政府八届四次全体会议上的讲话）

2014年1月16日

金华市婺城区区委书记　陈晓

同志们：

这次会议的主要任务是，认真学习贯彻中共中央十八大、十八届三中全会、中央经济工作会议、中央城镇化工作会议、中央农村工作会议和习近平总书记系列重要讲话精神，按照省市决策部署，回顾总结2013年各项工作，分析研判当前形势，研究部署2014年工作任务，动员全区上下进一步解放思想，凝心聚力，攻坚克难，坚定不移深化改革，加快推进转型升级，全面加快“两富”现代化婺城建设。

下面，根据区委常委会研究的意见，我主要讲四方面问题。

一、2013年工作简要回顾

去年以来，面对极其复杂的宏观形势，全区上下认真贯彻落实中央和省市的各项决策部署，以加快转变经济发展方式为主线，牢牢把握“稳中求进、跨越提升”的工作要求，扎实开展“经济转型提升年、有效投入提升年、城乡建设提升年”活动，集中精力抓发展，统筹兼顾促和谐，经济社会和各项事业呈现出良好的发展态势。预计全年实现地区生产总值258亿元，增长9%；固定资产投资112.6亿元，增长20%；自营出口10.4亿元，增长15%；财政总收入33.06亿元；城镇居民人均可支配收入35347元，农村居民人均纯收入13540元，分别增长9.6%、10.8%。

（一）开展“正风肃纪抓执行”活动，党的建设不断加强

区委常委会严守党的政治纪律，强化政治定力，深刻领会中央和省市各项决策部署，坚决抓好落实，在思想上和行动上与上级党委政府保持高度一致。深入开展“正风肃纪抓执行、攻坚破难促发展”作风建设九项系列活动，严格执行中央和省市关于改进工作作风、密切联系群众的各项规定，以作风建设作为打开工作局面的突破口，动真碰硬抓作风，重拳整治刹歪风，严肃查处违纪违法行为，机关效能和工作作风显著改善。高度重视意识形态领域工作，“中国梦”宣传教育深入人心。全面开展“全科干部、全心服务”活动，激励干部服务群众、攻难克坚、推动发展。狠抓“狮子型”干部队伍培育，面向急难险重一线选拔了一批乡镇（街道）主要领导、副书记、常务副乡镇长,一批作风过硬、工作出色的干部得到提拔重用,进一步树立"重实才、重实干、重实绩"的选人用人导向。继续深化基层党组织"五星争创"和党员"五星管理"活动,加强基层服务型党组织建设,进一步夯实党建工作基础。基本完成全区村级组织(社区)换届工作。加大人才引进力度,初步入选国家"千人计划"2名,有望实现本地申报入选"国千"零的突破。

(二)开展"经济转型提升年"活动,经济保持企稳向好

坚持实施"工业强区"不动摇,认真落实调结构、稳增长各项举措,经济运行总体平稳,发展质量效益向好。

工业生产平稳增长

全区195家规上企业实现总产值202.5亿元,同比增长8.2%;实现销售产值194.1亿元,增长7.2%,产销率95.9%;实现新产品产值79.1亿元,增长23.8%;实现利润总额8亿元,实现利税总额14.2亿元,企业效益持续好转。全年完成"个转企"430户,"小上规"60家。全面实施创新驱动发展战略,新认定市级以上高新技术企业11家、省科技型中小企业7家、省农业科技企业1家和省高新技术研发中心1家。我区被批准为浙江省知识产权示范创建区。

农业经济稳步发展

粮食播种面积和粮食总产实现双增长,单季晚稻亩产创全市新纪录。农业"两区"建设稳步推进,建成粮食生产功能区25个,新通过省级验收主导产业示范区1个、精品园2个。新增市级以上农业龙头企业6家。大力发展现代生态循环农业,狠抓畜禽养殖污染整治,畜牧业转型升级步伐加快。

第三产业快速发展

全年完成"下升上"60家。预计实现社会消费品零售总额242.7亿元,增长13%。浙中信息产业园实现扩容增效,入园企业达158家,预计全年交易额突破15亿元,获得"浙江省首批电子商务示范县(市、区)"称号。成功举办"山花烂漫在婺城"系列文化活动、"双龙之夏"文化旅游等节庆活动,全区共接待游客259万人次,增长19%。

(三)开展"有效投入提升年"活动,发展后劲显著增强

深入开展"百日服务""双千"等活动,狠抓重点项目建设,省、市、区重点建设项目进展顺利,均超额完成任务。坚持招商选资不动摇,全年新引进项目48个,实际到位内资48亿元。婺城新城区环中轴景观商业核心圈10个商服项目顺利推进,婺州城市广场二期、伟达·雷迪森酒店即将投入使用,新宇宏腾生活广场、尚格酒店、凯得商务大厦主体结顶,金华银行、瑞唐中心等项目加快建设。区人民医院、公安分局业务用房等公建项目正在加快实施。双龙风景区智者寺复建一期主体工程、尖峰山休闲公园提档扩建项目一期工程和霞客古道复建二期工程基本完成。仙源湖度假区基本完成开源、三联、安地镇南区块政策处理,水上运动中心、度假酒店等旅游项目加快推进。全面开展工业企业清闲促产专项行动,完成对延期开竣工、低效用地、闲置用地企业的调查摸底,积极落实处置方案,促进低效用地增产。继续推进土地节约集约专项行动,全年消化批而未供面积170.87公顷,收回盘活存量土地28.4公顷,用地空间得到优化。

(四)开展"城乡建设提升年"活动,民生事业持续改善

认真抓好"国卫"复审工作,大力推进精品城市创建,城市品位进一步提升。强势推进"三改一拆"行动,完成拆违面积102万平方米,超出市政府下达任务指标42万平方米,迎宾大道两侧整治取得重大突破,江北乡村大院、全家福饭店等违章建筑予以依法拆除。大力加强水环境综合整治,沙金兰水源涵养功能区整治成效明显,得到省市领导充分肯定,重拳整治"最差河流"——桐溪,积极打造"最美河流"——白沙溪。杭长客专征迁工作全面完成。金华江马海畈堤、虹路堤工程等水利设施进展顺利。琴南公路建成通车,西二环跨沪昆公铁立交桥建设进展顺利,完成联网公路21千米,农村公路大中修52千米。扎实推进以"花香婺城、幸福家园"为主题的美丽乡村建设,启动建设171个村,建成精品村10个、秀美村20个、洁美村133个,建成九峰古韵精品线和秀美南山精品线,启动桂花飘香精品线建设,发放来料加工费6.3亿元,进一步拓宽农民增收渠道,统筹发展的基础不断夯实。建成农村居家养

老服务照料中心41家，社会就业、社会保障和社会救助体系进一步健全。深入开展"激情婺城"、文化礼堂建设等系列文化活动，积极推进教育均衡区创建，基层医疗服务水平进一步提高，人口与计生工作继续走在全市前列，社会各项事业协调发展。不断加强和创新社会管理，全面深化"平安婺城""法治婺城"建设，稳步推进"网格化管理、组团式服务"工作，积极开展矛盾化解"三百三千"行动，加强社会治安防控体系建设，严厉打击各类刑事犯罪，扎实推进"六五"普法，切实维护社会稳定，实现"平安婺城"八连冠，并被省委授予创建法治县(市、区)工作先进单位。

同时，大力支持人大、政协及其常委会依法履行职能，巩固发展爱国统一战线，积极发挥各民主党派、工商联、无党派人士和工青妇等群团组织作用，高度重视党管武装、双拥工作，老干部、老龄、关心下一代、残疾人、慈善、援藏、民族宗教、外事侨务、对台、档案等工作得到进一步加强。

工作富有成效，发展鼓舞人心。这些成绩是在宏观环境复杂多变、矛盾困难错综复杂的情况下取得的，实属来之不易。这是上级党委、政府正确领导的结果，是全区干部群众同心同德、开拓进取的结果，也是广大老同志关心帮助、全社会支持配合的结果。在此，我代表区委常委会向全区广大干部群众表示衷心的感谢和崇高的敬意！

回顾一年来的工作，区委总揽全局、协调各方，坚强有力地发挥了领导核心作用；区政府认真履职、攻坚克难，务实高效地推进了各项工作；区人大、区政协围绕大局、发挥优势，积极主动地促进了中心工作的开展；各级各部门齐心协力、竞相争先，卓有成效地完成了预定目标任务。主要有以下工作体会：一是始终坚持以赶超发展确立奋斗目标。全区各层面坚定落实区委确定的决策部署，紧扣"两富"现代化婺城建设任务，干部群众精神饱满，攀高比强蔚然成风，赶超发展氛围日渐浓厚。二是始终坚持以改革创新增强发展动力。面对经济下行压力加大的严峻挑战，各级各部门创新突破不畏难、对上争取不嫌烦，在扩大有效投入、推进重点工程和重点项目建设、支持实体经济发展等方面采取了一系列针对性措施，保持了经济社会企稳向好态势。三是始终坚持以民生改善检验发展成果。牢固确立民生优先理念，注重站在群众的角度想问题、做决策，工作思路上突出为民，经济发展上突出富民，公共服务上突出惠民，社会管理上突出安民，切实提升群众幸福感，增进社会和谐度。四是始终坚持以优良作风保障发展成效。以开展"正风肃纪抓执行、攻坚破难促发展"活动为抓手，全区上下抢抓机遇的意识更加自觉，干事创业的责任更加明确，比学赶超的步伐更加坚定，充分展示了奋发有为、埋头实干的精神风貌。

在充分肯定成绩的同时，我们必须清醒地认识到，发展中还面临不少矛盾与问题：经济发展结构性矛盾仍较突出，推动经济转型升级的任务仍然艰巨；城乡环境面貌有待进一步改善，统筹城乡发展的力度还需要进一步加大；资源环境约束加剧，加强生态文明建设任务更加繁重；社会维稳压力依然较大，因征地拆迁、安置补偿等引发的上访时有发生，部分信访积案处置难度加大；少数党员干部的精神状态、创新意识、能力素质与科学发展的要求还不相适应；市区体制调整后的相关工作还需要进一步衔接与磨合，深化改革的任务还要进一步努力。对此，我们必须高度重视，采取有效措施，切实加以解决。

二、2014年面临的形势和工作思路

2014年是全面贯彻落实党的十八大和十八届三中全会精神的重要之年，也是全面深化改革、加快转型发展的关键之年。当前，世界经济仍将延续缓慢复苏态势，但经济走势依然错综复杂、充满变数。从国内来看，我国经济社会发展基本面长期趋好的态势没有变，经济持续健康发展的有利条件和积极因素仍然较多，但需求增长乏力、生产要素成本上升、行业产能过剩的问题还比较突出。中央经济工作会议明确了明年继续保持"稳中求进"工作总基调，强调勇于突破创新，以改革促发展、促转方式调结构、促民生改善，切实提高经济增长质量和效益。从婺城实际看，历届区委、区政府为我区加快发展夯实了坚实基础。近年来，通过实施了许多打基础、管长远的战略性举措，区域竞争力、影响力不断增强，干部群众思发展、谋发展的氛围更加浓厚，这些为我区科学发展、转型升级奠定了坚实的基础。我们既要看到形势好的一面,坚定发展信心,又要充分估计面临的风险和挑战,积极主动应对,努力争取最好的结果,确保圆满完成今年的各项工作任务。

2014年全区工作的指导思想是:认真贯彻落实党的十八大和十八届三中全会精神,牢牢把握"稳中求进、跨越提升"总基调,深化"经济转型提升年""有效投入提升年"和"城乡建设提升年"活动,更加注重转变经济发展方式,更大力度推进"精品城市"建设,更强决心建设生态文明,更实举措改善群众生活,着力稳增长、调结构、促改革,加快推进经济、政治、文化、生态、社会建设和党的建设,全面加快"两富"现代化婺城建设。

全区经济社会发展的主要预期目标为:

区属地区生产总值增长8.5%;地方财政收入增长9%;固定资产投资增长15%;社会消费品零售总额增长11%;自营出口增长7%;城镇居民人均可支配收入增长9%,农民人均纯收入增长10%;人口自然增长率控制在6‰以内;化学需氧量和二氧化硫、氨氮、氮氧化物等污染物排放量,万元生产总值能耗下降、城镇登记失业率等约束性指标均完成市定目标。

落实上述思路,实现上述目标,关键是要做到"四个强化":

一是必须强化解放思想、深化改革

十八届三中全会的召开,标志着我国改革开放进入新的历史时期,深化改革是大势所趋。最近召开的省委十三届四次全会和市委六届六次全会专题研究了全面深化改革工作,审议通过了《关于全面深化改革再创体制机制新优势的决定》。全区各级党组织和广大党员干部要把学习贯彻中央和省市全会精神作为一项重要政治任务,深刻领会全面深化改革的总目标和路线图,深刻领会全面深化改革的目的和条件,深刻领会全面深化改革的方向和重点,深刻领会全面深化改革的出发点和落脚点,深刻领会全面深化改革的经验和原则,深刻领会全面深化改革的主体和依靠,深刻领会全面深化改革的任务和举措。要把思想和行动统一到中央和省委、市委的决策部署上来,切实增强推进改革的自觉性、坚定性。要结合实际,积极主动抓好各项改革任务的具体实施,凡是中央确定的改革措施坚决执行,凡是省市提出的硬性改革任务坚决落实,凡是对婺城发展有利的改革事项坚决推进,凡是阻碍婺城发展的体制机制瓶颈坚决破解。解放思想、改革创新是婺城发展历程的宝贵经验。在当前复杂严峻的经济形势下,我们尤其要继续解放思想,坚定信心,增强迎难而上、克难攻坚的勇气,敢闯,敢试,敢为。要深化改革开放,坚持用开放的思维应对挑战,用发展的办法解决问题,用改革的举措化解矛盾,不断为发展注入新的活力。要全面深化改革,转变政府职能,推进政府机构改革和行政审批制度改革,对行政许可、审批和收费等进行全面清理,实行负面清单管理,积极推进"流程再造",建立健全并联审批、模拟审批和重点项目全程代理代办服务机制,再创体制机制新优势。

二是必须强化创新驱动、转型发展

创新是发展的不竭动力,转型是现实的迫切要求。要把加快转型升级作为支撑婺城发展的根本之策,深化"经济转型提升年"活动,优化产业结构,增强自主创新能力,提高经济增长的质量和效益,做到在发展中促转型,在转型中谋发展。要始终坚持创新驱动发展战略,以更大的决心和力度推进理念思路创新、体制机制创新和方式方法创新,推动现代服务业提速增效、新兴产业加快发展、传统产业挺进高端,牢牢占据新一轮发展的制高点。

三是必须强化民生优先、促进和谐

人民对美好生活的向往就是我们的奋斗目标。要加快实施一批重大民生工程,进一步完善城乡统筹、融合发展的公共服务机制和社会保障体系,不断提高城乡居民的生活品质,让发展成果更多更公平地惠及全区人民。稳定是发展的前提。切实强化责任意识,以深化"平安婺城"建设为抓手,以化解社会矛盾为主线,以夯实基层基础为重点,健全长效机制,强化工作措施,确保社会和谐稳定。

四是必须强化作风建设、优化环境

空谈误国,实干兴邦。区域之间的竞争,不仅是数据指标、经济规模的比拼,更是发展软实力、软环境的较量。要坚持抓服务、抓效率,大力加强机关效能建设,畅通服务渠道,完善服务机制,提高办事效率;坚持抓执行、抓落实,严格执行责任追究制度、督查制度，做到每项工作都有部署、有检查、有督促、有考核、有成效。始终以奋发有为的精神状态干事创业，以敢为人先的勇气开拓创新，以百折不挠的韧劲攻坚克难，努力创造经得起实践检验的新业绩。

三、2014 年主要工作任务

围绕上述目标要求，重点抓好以下四方面工作：

(一)抓调整、促转型，全力推进产业大提升

要坚定不移调结构，脚踏实地促转变，积极推动经济发展从要素驱动向创新驱动转变，推进三次产业互促共进，加快构筑现代产业体系。

1.提质增效发展新型工业

坚定不移实施“工业强区”战略，加快新型工业化进程，重点推进以汽摩配、五金工量具、新型建材等主导产业为主的产业集群发展，通过工业经济快速发展带动经济实力整体提升。培育扶持新能源、新材料、节能环保、高端装备制造等战略性新兴产业发展，带动区域工业经济转型升级。强力推进“四换三名”工程，加大对龙头骨干企业和高成长性、税源型中小企业培育力度，扎实抓好“个转企”“小升规”“规改股”“股上市”工作，不断提升产业层次。加快工业化与信息化深度融合，鼓励企业加大技改投入，实施市级以上重点技改项目 35 项，当年完成投入 12 亿元。推进工业重点项目建设，扩大投资规模，力争完成限额以上工业投资 24 亿元。狠抓创新能力提升，扎实推动企业研发平台和产业技术创新联盟创建，力争实施市级以上科技项目 45 项。全力支持高新技术企业发展，新增市级以上高新技术企业 8 家、民营中小型科技企业 10 家、高新技术研发中心 3 家。

2.提升发展现代服务业

深入实施“商旅兴区”战略，大力发展电子商务、现代物流、休闲旅游业，积极发展专业市场和传统商贸业，努力提升现代服务业水平。始终把网络经济作为“一号产业”来培育，把金华电子商务创业园打造成专业化、特色化的服务平台，大力提高对外招商吸引力。充分发挥国资作用，着力引进恒生科技园等一批品牌龙头项目，大力推动电商园二期、物流信息化等优质项目落地，加快推进云计算、合丰科技、云安阁、大学生创业园等项目建设。积极培育发展物流基地和物流龙头企业，推动物流业和制造业、商贸业联动发展。双龙风景区要将自身放在金华山旅游整体开发中来重点谋划，以智者寺复建为突破口，全力打响金华山“双龙胜景、大仙圣地、禅学中心、浙中凉都”四大品牌。以仙源湖度假区为核心推进婺城“大南山”区域旅游开发，努力打造成为“金华城市后花园”。依托四垄四溪五水库自然风光和古窑古庙古村落人文资源，打造统一品牌的南山生态旅游产业链，提升金华南山旅游整体开发水平。

3.加快发展高效生态农业

继续加大农业“两区”建设，大力推进土地流转和规模经营，不断提高农业综合生产能力。加强粮食安全生产能力建设，更加注重农产品质量和食品安全，注重生产源头治理和产销全程监管。做优做强优质稻米、花卉苗木、畜禽养殖等传统优势产业，稳步扩大农业特色产业基地规模。以农业工业化和经济生态化理念为指导，以绿色消费需求为导向，以全面合理开发利用各种农业资源为手段，大力发展生态农叶、品牌农业、休闲观光农业。围绕西南山区，做好茶业、毛竹、油茶、红豆杉等种植产业的培育发展。区级以上农业龙头企业达到 64 家，新增规范化专业合作社 8 家，通过龙头企业，充分进行项目包装，积极向上争取政策和资金扶持，发展农业大项目。

(二)抓投入、强保障，全力推进项目大突破

要始终把项目建设作为推动经济转型提升和增强婺城经济发展后劲的重中之重来抓，以“项目建设竞赛”和“工业竞赛”为载体，进一步加大招商引资力度，拓展优化发展空间，强化各类要素保障，着力提升项目建设水平。

1.狠抓项目建设

立足增量提质，突出重点抓招商。瞄准央企、跨国公司和行业龙头企业，努力引进一批资金投入大、科技含量高、带动能力强的大项目、好项目，拉长做大我区现有产业。开展“以商招商”，充分发挥婺商在北京、上海、深圳等地商会和龙头企业在外销售部的作用，最大程度参与区域经济合作交流。加快实施“浙(婺)商回归”工程，建立健全有利于在外婺城人根植本土、发展家乡的政策服务环境，促成项目回归、资金回流、技术回传、总部回迁。积极

实施项目带动战略,树立全区一盘棋的思想,严格项目联审,统筹项目安排,加快推进项目落地、开工和投产。对于在谈项目,要落实专人负责,主动衔接,积极沟通,切实提供全程优质服务,力争在谈项目早签约、早落地。对于已落地项目,要加大帮扶力度,强化服务和协调,帮助解决开工建设过程中遇到的困难和问题,增强项目业主开工建设的积极性和主动性。对于在建项目,要加强监督检查,及时分析和解决影响工程进度的资金、土地等方面的难题,切实加大项目推进力度,实现在建项目早竣工、早投产。

2.拓展发展空间

立足区情实际,根据区块特色和产业优势,科学编制好白龙桥镇与蒋堂镇之间的宾虹西路沿线产业带。婺城新城区要通过加快实施“东接、南连、西扩”发展战略,主动接轨金华主城,连接白龙桥老镇,推进以城带乡、融合发展。做好浙中物流园133.33公顷用地和郑岗山6.7平方千米控制性详细规划。加快蒋堂界首区块建设,稳步推进宾虹西路西延工业产业轴的有效布局,拓展工业和现代物流业发展新平台。双龙风景区要对金华山旅游进行整体策划提升,着力做好“儒释道”三教文化体验、山水景观整合提升文章,串点、连线、成圈、拓面,构建金华大旅游格局。仙源湖度假区要积极实施“北扩、南拓、东延”发展战略,实现扩容升级。浙中信息产业园要积极谋划“网络经济集聚区”建设,积极推进园区整合提升。

3.强化要素保障

积极创新土地、资金等节约集约利用方式方法,切实增强资源要素对经济发展的支撑能力。以清闲促产为抓手,以土地节约集约利用为重点,强力开展“四破”专项整治活动,即破“僵尸企业”、让规矩硬起来,破围墙圈地、让效能强起来,破低效用地、让效益好起来,破既得利益、让公信立起来,综合运用法律、行政、经济等手段,大幅度提高企业违规违法用地成本,着力提升资源要素节约集约利用水平。加强银政、银企合作,加大对企业的信贷支持和金融服务,拓展多元化投融资渠道,确保项目建设资金需求。加强高层次人才、创新型人才和急需紧缺专门人才的引进培育,强化人才与企业、市场的对接,着力抓好现代产业发展的人才支撑。继续深化行政审批制度改革,深入推进“阳光审批”,减少审批环节,降低行政成本,提高行政审批规范化水平。同时,通过组织企业赴劳务基地和技术院校开展对接活动,帮助企业解决用工难和技工缺等问题。

(三)抓联动、促融合,全力推进城乡大统筹

认真学习贯彻中央城镇化工作会议和中央农村工作会议精神,依托山水脉络等独特风光,让城市融入大自然,让婺城的乡村更美丽,让老百姓望得见山,看得见水,记得住乡愁。

1.着力打造精品城市

按照“规划精品化、建设精致化、管理精细化、设施现代化、环境生态化、形象个性化、产业高端化、行为文明化”的要求,启动省级示范文明城区创建工作,加快建设要素集聚明显、功能设施完善、城市管理到位、服务体系健全、个性特色鲜明的精品城市。加快推进江北老城区改造提升,扎实推进城中村改造,加快推进城北综合园区“退二进三”。举全区之力实施二七新村改造,按照“好中求快、能快则快,政府主导、市场运作,以区为主、市区联动,统筹兼顾、突出重点,齐心协力、攻破难题”的原则,加快安置房建设,推进二七新村改造。紧紧抓住国家推进新型城镇化发展的机遇,以更新的理念、更快的步伐统筹城乡建设,加快推进婺城新城区建设,不断提升“城市副中心”城市的功能、内涵和形象。继续做好中心区块规划提升,加快婺州城市广场、尚格酒店等商服项目的建设和城市基础设施建设,启动总部经济区块建设,加快新城老镇融合,进一步凝聚人气商气。要围绕“一镇一品”的要求,进一步优化空间结构、完善功能布局,加快建设公共服务和功能性载体,推进城镇特色化建设步伐。

2.加快建设美丽乡村

围绕建设“村点出彩、沿线美丽、面上洁净”的美丽乡村,深入开展美丽乡村竞赛活动,继续推进农村住房改造,加大农房改造示范村培育力度,扎实推进农村生活污水治理、垃圾治理、赤膊房治理和村庄绿化为重点的“三治一化”工作,提升“秀美南山”风景线,建成“桂花飘香”精品线,启动“茶花争艳”精品线,建设5个精品村、10个秀美村、57个洁美村。加强历史文化村落保护利用工作,延续乡村历史文脉，保留乡村原始风貌，慎砍树、不填塘、少拆房。要大力发展农村集体经济，实施好“富村五年计划”，切实提高农民收入。重点推进西南山区和下山搬迁安置区等农民的脱贫致富工作。积极开展中心村培育工作，统筹推进中心村道路、污水、绿化、文化等公共配套建设，落实卫生保洁、绿化养护、公共设施维护“三位一体”基础设施长效管理机制，有序引导人口向中心村集聚。

3.切实改善生态环境

要以“五水共治”为抓手，深入推进水环境综合整治，严格落实“河长制”和交接断面水质考核制度，强化饮用水水源保护，整治好最差溪流桐溪和回溪、通园溪，打造最美河流白沙溪。要坚持铁腕治污，以“零容忍”的态度，强化重点园区、重点行业的环境监管，严厉打击超标排污、违法偷排企业，有效遏制环境违法行为。大力开展农业面源污染治理，推进畜禽养殖污染整治和化肥农药减量增效工作，进一步减少农业污染排放总量。深入大气污染防治，抓好二环内“禁燃区”创建，加强废气治理，控制新增大气污染排放。以“无违建县(市、区)”创建和“无违建乡镇(街道)”创建工作为契机，继续强力推进“三改一拆”，深入开展卫片执法专项整治行动和“一户多宅”整治行动，继续加大对“四边三化”“水环境治理”等重点区域拆除力度。

(四)抓惠民、促和谐，全力推进民生大改善

要紧紧围绕更好地保障和改善民生、促进社会公平正义，深化社会体制改革，多办难事、实事、好事，让人民安居乐业，使社会和谐平安。

1.稳步提高社会保障水平

积极完善城乡统筹的就业服务体系，大力实施农村劳动力素质提升工程，继续实施各项就业创业帮扶政策，积极鼓励和支持社会各类群体自主创业和自谋职业。进一步扩大养老、工伤、生育、失业等社保覆盖面，加强城乡居民基本养老和医疗保险制度整合，统筹提高社会保障水平。实行统分结合的新型农村(社区)养老模式，加快安置房、公共租赁住房等保障性住房建设。健全社会救助体系，充分发挥区慈善总会作用，大力发展慈善事业，保障弱势群体权益。进一步重视双拥工作，努力争创省双拥模范区。

2.统筹推进社会事业发展

扎实推进“十大惠民实事工程”，承办好“8890”便民服务中心交办的各项工作，切实为老百姓排忧解难。进一步发展婺城教育事业，着力优化教育资源配置，加大名师培养力度，加快推进婺州外国语学校和荣光国际学校的建设，打响“学在婺城”教育品牌，推进教育现代化区发展。加快建设区人民医院，完善城乡社区卫生服务体系和卫生应急体系建设，重视卫技人才培养，努力提升基层医疗服务能力。进一步办好“激情婺城”“山花烂漫·美丽婺城”等节庆品牌活动，有序推进文化礼堂建设，打造群众的精神家园，开展好精神文明“草根奖”评选活动，进一步提升社会文明程度。广泛开展全民健身活动，加强体育设施建设，不断提升竞技体育水平。做好“单独”生育二孩政策相关工作，促进人口长期均衡发展。

3.全力维护社会和谐稳定

牢固树立“稳定也是政绩”理念，进一步落实维稳责任制，做优“平安报表”。扎实推进“社会治理创新竞赛”活动，健全完善重大决策社会风险评估制度，坚持和发展“枫桥经验”，探索创新有效预防和化解社会矛盾机制，深入开展“网格化管理、组团式服务”，加强特殊利益群体和重点人员稳控，强化矛盾纠纷的排查、调处、化解，推动社会治理向末端延伸。高度重视意识形态领域工作，加强网军队伍建设，健全网上舆情发现、研判、报送和应急处置机制，让网络空间清朗起来。深化“法治婺城”“平安婺城”建设，提高人防、物防、技防水平，始终保持对各类犯罪的高压态势，提升社会治安防控和应急管理水平，确保社会大局和谐稳定。深入开展食品药品、消防、交通安全等专项治理，落实安全生产责任，最大限度地预防和减少安全事故。

四、全面开展党的群众路线教育实践活动，以改革创新精神推进党的建设

深化改革、赶超发展，关键在党。坚持以开展党的群众路线教育实践活动为主线，全面深化“正风肃纪抓执行”活动，以改革创新精神推进党的建设，切实提高党的领导水平和执政能力。

(一)全面开展党的群众路线教育实践活动

群众路线是我们党的生命线。严格贯彻落实好中央和省市的决策部署，深入开展以为民务实清廉为主要内容的党的群众路线教育实践活动，以学习教育、听取意见为基础，以查摆问题开展批评为关键，以整改落实、建章立制为根本，集中解决群众反映强烈的形式主义、官僚主义、享乐主义和奢靡之风，解决群众反映强烈的切身利益问题，解决联系服务群众“最后一千米”问题。尊重群众首创精神，关心群众民生疾苦，更加主动地深入到基层一线调查研究、开展工作。切实用马克思主义中国化最新理论成果武装党员干部，大力开展干部教育培训，切实提高广大干部对中心工作、重点工作的理解力和执行力。

(二)以培育“两型”干部队伍引领赶超发展

干部队伍是事业成败的决定性因素。按照省委关于建设过得硬打胜仗队伍要求和市委倡导的“五个树立、五个反对”用人导向，围绕全区工作中心和大局，大力探索培育“善于敢闯敢试、勇于创新创业”的“狮子型”和重长效打基础的“黄牛型”“两型”干部队伍，加大培养力度，完善考核选拔机制，全力提升“两型”干部精神气，更好推进重大专项工作和攻坚克难任务的落实。强化基层干部队伍建设，对基层一线干部要高看一眼、厚爱一分，特别要注重在招商引资、征地拆迁、重点项目建设、“五水共治”“三改一拆”和信访维稳等一线培养、锻炼和选拔干部。充分发挥离退休老同志、“退二线”干部重要作用，加大女干部、年轻干部及党外干部的培养力度，注重调动各级各类干部的积极性、创造性。要下决心打通“下”的通道，让干不好、干不了的干部“腾岗挪位”。

(三)以固本强基为目标深化基层服务型党组织建设

基层组织强，人心就能凝聚，发展就有活力，大局就会稳定。强化乡镇(街道)党(工)委书记抓党建的责任意识，坚持和完善基层党建工作例会制度。继续深化“五星争创”活动，推进基层服务型党组织建设，严格党员日常教育管理，探索党员和党代表联系群众新途径，积极引导党员在基层一线发挥先锋模范作用。深化在职党员进社区活动，推行“微系列”服务组合，打造社区党建工作品牌。深化“全科干部、全新服务”活动，大力推行夜学夜读、夜访夜谈及驻夜等制度，扎实推进乡镇干部队伍建设。围绕提升服务意识，强化创业技能，着力打造“带富能力强、服务能力强”型村(居)干部队伍。深入开展“拓面提质”两项工程，全面加强“两新”组织党建工作，确保党的组织和工作保持有效覆盖。认真做好村级组织换届及后续工作，加强干部培训，深化创业承诺，积极为群众办实事做好事。

(四)以优良的党风政风推动工作落实

打铁还需自身硬。严格执行中央“八项规定”和省委“28条办法”、市委“25条意见”，把加强作风建设与解决经济社会发展中的实际问题结合起来，着力营造风清气正、亲民为民的良好氛围。按照作风建设年主题活动的总体要求，更加突出服务的主动性、超前性和创造性，把服务的质量体现在基层群众的幸福感和满意度上，把服务的成效体现在办大事、办成事上。认真制定落实《婺城区建立健全惩治和预防腐败体系2013——2017年工作细则》，进一步深化廉政风险防控机制建设，及时预判各种廉政风险，结合行业特点建立科学有效的廉政风险预警系统，实行风险防控动态管理，构建起廉政“防护网”。始终保持对腐败行为和不正之风的高压态势，加大违纪违法案件查办力度，以反腐倡廉的实际成效取信于民。

同志们，让我们更加紧密地团结在以习近平同志为总书记的党中央周围，在省委、市委的坚强领导下，以敢为人先的魄力，敢谋新篇的勇气，敢于担当的作风，开拓创新，实干进取，为全面加快“两富”现代化婺城建设而努力奋斗！

政府工作报告

2014年2月11日在金华市婺城区第八届人民代表大会第三次会议上

金华市婺城区人民政府区长 王 健

各位代表：

现在，我代表婺城区人民政府，向大会作政府工作报告，请予审议，并请政协委员和其他列席人员提出意见。

一、2013年工作回顾

2013年，我们在市委、市政府和区委的正确领导下，在区人大、区政协的监督支持下，紧紧团结和依靠全区人民，牢牢把握稳中求进的工作总基调，以经济转型提升年、有效投入提升年、城乡建设提升年为抓手，认真执行区八届人大二次会议决议，凝心聚力、克难攻坚、埋头苦干，较好地完成了各项目标任务。

（一）推动三产融合发展，综合实力明显增强

全区实现区属地区生产总值264.3亿元，增长8.9%；财政总收入33.1亿元，其中区级财政收入8.8亿元，增长15.2%；固定资产投资112.9亿元，增长20.4%；社会消费品零售总额242.1亿元，增长12.8%。

工业经济平稳增长。扎实开展“经济转型提升年”活动，实现工业总产值397.9亿元，增长11.5%，规上企业实现产值202.5亿元，增长8.2%。支柱产业加快发展，七大特色优势产业实现产值139.7亿元，增长5.2%，占规上工业总产值的69%。工业投入进一步加大，完成限额以上工业投资47.5亿元，增长20.2%。实施市级以上重点技改项目53项，完成技改投入11.5亿元。实现亿元企业55家，超5亿元5家、超10亿元1家。科技创新步伐加快，申报各级科技立项73项，新增市级以上高新技术企业11家，省市研发中心9家、科技型企业7家，新产品产值达79.1亿元，增长23.8%，被列入浙江省知识产权示范创建区。来料加工从业人员达4.7万人，发放加工费6.3亿元。

现代农业不断提升。粮食生产稳定增长。实现粮食播种面积23133.33公顷，总产量13.6万吨，单季晚稻最高亩产创全市新高。建成粮食生产功能区25个，面积1200公顷。现代农业园区建设扎实推进。安地桂花主导产业示范区和白龙桥生猪、罗埠中华鳖精品园通过省级验收，竹马杜鹃花精品园列入省级现代林业园区创建点。农业主体不断壮大。新增市级农业龙头企业5家、区级15家，家庭农场26家，农民专业合作社达1040家。水利建设稳步推进。中央财政追加拨付高效节水灌溉项目竣工，新增灌溉面积超万亩。完成市级农村饮用水项目10个。完成水库除险加固2座，整治山塘32座，治理河道12.5千米，白沙溪中小河流治理工程有序推进，石柱头电站即将建成发电。荣获省水利“大禹杯”铜奖、省农田水利标准化建设考核优秀单位等荣誉。

第三产业快速发展。网络经济集聚效应凸显，浙中信息产业园创新大厦建成启用，电信云计算项目落户婺城，合丰、云安阁等重点项目开工建设，入园企业增至158家，营业额超15亿元，被评为“浙江省首批电子商务示范区”。商贸流通服务业发展迅速，新增供销农超连锁店25家，促进农户增收1亿元。万象农业休闲观光园开工建设，西吴花卉苗木展示展销中心二期建成投用。农贸市场改造提升三年行动任务全面完成，创建省级文明示范市场4家。旅游业保持增长态势，全年接待游客258.7万人次，增长19%。推进乡村旅游品牌建设，塔石梯田入围“中国美丽田园”梯田景观十强。

（二）大力推进平台建设，园区呈现蓬勃生机

婺城新城区城市副中心功能日趋完善。水上交通应急指挥中心建成投用，婺州城市广场二期、新宇宏腾生活广场、伟达·雷迪森酒店、怡景商务大楼主体完工，浙中乐园、金华银行婺城支行、330国道改造工程开工建设。新建、续建商住房项目10个，建成商住房25万平方米。工业经济稳中有升，在建工业项目15个，竣工10个，投产8个；完成工业投入19.9亿元，增长20.9%；实现工业总产值192.9亿元、财政收入6.4亿元，分别增长14%和8.1%。双龙风景区建设扎实推进。开展景区游客服务中心和换乘中心项目规划修编，智者寺复建一期、尖峰山休闲公园扩建一期、霞客古道二期工程基本完工。实施景区环境整治，景容景貌明显改善。成功承办“2013中国健身名山登山赛”，荣膺“中国健身名山”称号。仙源湖度假区开发力度不断加大。开展首期区块控规修编和48平方千米提质扩容规划编制，基本完成安地镇南15.47公顷、开源三期3.8公顷等扩容区块政策处理。成功引进金华乐园项目，水上运动中心开工建设，动物园水族馆一期海狮表演馆建成营业。新建续建房产项目6个，建成商住房20万平方米。

(三)改革开放继续深化，发展活力持续增强

开展新一轮审批制度改革，清理规范行政审批事项，推行并联审批，一审一核率达70.3%。深化“两集中两到位”改革，审批事项进驻率达97.3%。现代服务业综合配套改革试点工作稳步推进。完成金西开发区与金华经济技术开发区的整合移交工作。区第二人民医院与水电十二局医院成功整合，县级公立医院改革全面铺开。“四换三名”工程扎实推进。实施腾笼换鸟、机器换人、空间换地、电商换市，开展清闲促产专项行动，收回闲置土地34.73公顷，消化批而未供面积170.87公顷。新增省级名牌1只、市级名牌6只、著名商标和知名商号6只。实现“个转企”440家，“下升上”60家，“小上规”58家。开展“有效投入提升年”活动，实施政府性投资项目113个，完成投资18.1亿元。实施省重点项目12个、市重点项目36个，分别完成投资14.8亿元和28.9亿元。引进浙(婺)商回归项目23个，到位资金17.4亿元，增长21.5%。引进内资项目149个，到位资金48亿元，增长24.5%。实现外贸进出口总额11亿美元，增长17.7%。引进国家、省“千人计划”各2人，市“双龙计划”5人。深圳婺城商会成立。人才保障用房建设有序推进，盘活人才租赁公寓2240平方米。

(四)城乡建设统筹推进，区域发展更趋协调

“三改一拆”强势推进。拆除违法建筑102万平方米，违建存量明显减少。改造旧住宅小区10.7万平方米、旧厂区14处12万平方米、城中村674户7.3万平方米，关停非法采砂场58家。二七新村改造有序推进，完成改造方案编制，拆除建筑2.1万平方米，启动安置房建设。城市治堵有序开展。增加停车设施36处，施划停车位2527个，石门路基本完工。重点建设项目加快推进。杭长客专婺城区段红线内征迁全面完成，婺剧院连接线完工，宾虹西路拓宽工程、二环跨沪昆公铁立交桥工程进展顺利。金千线改道工程和琴南公路竣工通车。完成联网公路21千米，农村公路大中修52千米，检修加固桥梁5座。完成蒋堂污水处理厂二期工程15千米管网铺设。溪洛渡电力工程、金衢丽天然气管网基本完成政策处理，天然气高压输配一期顺利施工。完成雅畈、琅琊、蒋堂三镇总体规划和上盛等16个村庄规划修编。城市管理水平不断提升。巩固创卫成果，顺利通过国家卫生城市复审。推进城市精细化管理，创建八咏楼等精品社区6个，取缔规范马路市场5个，修补背街小巷1.2万余平方米，补植绿化4万余平方米。美丽乡村建设扎实推进。启动建设171个村，建成精品村10个、秀美村15个、洁美村100个，美丽乡村精品线2条，农房改造2020户。山区扶贫全面推进，实施省级扶贫项目11个、市级26个。发放小额扶贫贷款6000余万元。乾西移民新村完成二期安置和三期主体工程，蒋堂移民新村启动建设。

(五)着力加强生态建设，城乡环境不断优化

全面开展水环境综合治理，出台“一河一策”整治方案，启动回溪、通园溪、白沙溪、桐溪等小流域专项整治。关停搬迁沙金兰水源涵养区畜禽养殖场95家、锯板厂49家，完成莘畈水库污染整治和湿地工程建设，饮用水源水质良好。农村环境整治力度加大，基本完成“双清”“四边三化”任务，完成109家规模畜禽养殖场排泄物综合治理。创建国家级生态镇1个、省级3个、市级1个，新增市级生态村52个，宜居环境明显改善。森林婺城建设深入推进。完

成平原绿化 346.67 公顷、山地造林 200 公顷、义务植树 150 万株,创建省级森林城镇 1 个、森林村庄 2 个、市级绿化示范村 52 个。节能减排力度加大。严格项目准入机制,印染、造纸、化工、电镀等重污染高耗能行业整治有序推进,电镀行业扫尾工作通过市阶段性验收,污染减排项目立项 31 个,减排效益明显。

(六)努力改善民生保障,社会保持和谐稳定

城镇居民人均可支配收入 35377 元, 增长 9.6%, 农村居民人均可支配收入 13573 元, 增长 10.8%。惠民实事有效落实。城镇新增就业 4490 人,失业人员再就业 2252 人。完成农村劳动力培训 4056 人。养老保险、医疗保险参保人数分别为 15.3 万人和 28.8 万人。被征地农民生活保障实现即征即保,企退人员社会化管理服务工作得到加强。政策性农村住房保险参保率达 99.3%。社会救助水平不断提高,发放救助款 3000 余万元。新建居家养老服务照料中心 43 家、星光老年之家 20 家,五保对象集中供养率达 98%。残疾人综合服务中心建成投用。社会各项事业蓬勃发展。义务教育均衡区创建活动扎实推进,完成新一轮学区布局调整,改造薄弱学校 7 所。义务教育质量稳步提升,职业教育免学费政策全面落实,乡镇中心幼儿园建设基本完成。获全省教育科学和谐发展业绩考核优秀。“激情婺城”文化活动精彩纷呈,举办大型活动 52 场,送戏下乡 140 场,文化走亲 10 场,建成文化礼堂 22 个。竞技体育再创佳绩,获省二体会团体总分一等奖。群众性体育广泛开展,创建小康体育村 50 个。优化公共卫生资源,创建规范化社区卫生服务中心 16 家,公共卫生服务能力进一步提升。强化社会综合治理,开展村级治安防范工作试点, 加强流动人口服务管理, 及时处置突发公共事件, 社会创新管理深入推进。开展食品安全“强网清源”集中行动,实现食品安全监管网络乡镇全覆盖。安全生产和消防安全形势稳定。计划生育工作走在全市前列。人民武装、拥军优属、文物保护、民族宗教、外事、侨台,以及工青妇、老龄、慈善、红十字、地方志、经济普查、侨情调查等各项工作都取得新成绩。

同时,政府自身建设不断加强。深入开展“正风提效促赶超,攻坚克难抓执行”主题实践活动、重大项目百日服务活动、“双千”活动,深化一企一策帮扶,企业难题解决率达 87.9%。贯彻党的群众路线,完善“两富”指导员工作制度,“8890”交办事项办理满意率达 93.2%。认真落实人大和政协监督视察决议、建议意见,做好重点工作报告和通报,认真办理人大代表建议意见和政协委员提案。严格执行八项规定,三公经费支出下降 15.9%。强化审计监督,加强政府性投资项目超概算管理,从严执行廉政制度要求,总体保持清正廉洁。

各位代表,回顾一年来的工作,矛盾与困难交织,风险与压力并存,成绩来之不易。这是市委、市政府和区委正确领导的结果,是区人大、区政协有效监督和大力支持的结果, 是全区人民齐心协力、共同奋斗的结果。在此,我代表区人民政府,向在各个岗位上辛勤劳动的全区人民,向给予政府工作大力支持的人大代表和政协委员,向各民主党派和人民团体、驻金部队和武警官兵以及社会各界人士致以崇高的敬意和衷心的感谢!

同时,我们也清醒地看到,在前进道路上还有诸多困难和问题,政府工作中还存在不少缺点和不足。具体表现在:综合实力仍然不强,平台建设需要拓展;自主创新能力有待提高,转型升级步伐仍需加快;“五水共治”任务艰巨,生态建设任重道远;二元结构依然明显,城乡统筹亟须加强;社会治理体系和能力需要进一步加强,政府服务水平必须加快提高。对这些问题,我们一定高度重视,紧盯不放,采取有效措施加以解决。

二、2014 年工作总体要求

2014 年是全面深化改革开局之年,也是婺城区加速转型的关键之年。新的一年,我们将迎来新的发展机遇。世界经济将会持续复苏,中央全面深化改革战略部署将释放政策利好,浙江深化改革推动的体制机制重大创新,投资环境的日益改善以及区内经济社会的持续好转, 将为婺城发展增添动力、活力。但必须清醒地看到,世界经济复苏仍然缓慢,国际金融危机影响具有长期性,不稳定、不确定因素较多,全球经济在较长时间内仍将处于低速增长状态。面对不断变化的形势与挑战,我们必须在防范风险中把握机遇,在保持增势中调整结构,在参与竞争中全面提升,坚定信心,克难攻坚,变不利为

有利,变被动为主动,变压力为动力,推动各项工作再上新台阶。

今年工作的总体要求:认真贯彻落实党的十八大、十八届三中全会和中央、省、市有关会议精神,深入实施“三个提升年”活动,以改革统揽全局,突出生态优先、创新引领、转型升级,坚持稳中求进、改中求活、转中求好,大力推进“五水共治”、产业升级,着力在狠抓落实上下功夫,在提质增效上见成效,在改善民生上出实招,推动经济持续健康发展与社会和谐稳定,加快“两富”现代化婺城建设。

综合考虑各种因素,2014年全区经济社会发展的主要预期指标建议为:地区生产总值增长9%;地方财政收入增长9%;固定资产投资增长20%;社会消费品零售总额增长12%;自营出口增长9%;农村居民人均可支配收入增长10%;城镇居民人均可支配收入增长9%;人口自然增长率控制在6‰以内;城镇登记失业率控制在4%以内;完成市政府下达的各项节能减排任务。

做好2014年政府工作,圆满完成上述目标任务,我们必须重点把握好以下几个方面:

(一)坚定不移地以推进改革开放为强大动力

坚持改革不停顿、开放不止步,大胆探索、勇于实践,用改革开放的办法解决前进中的矛盾和问题。全面实施上级确定的各项改革任务,构建充满活力、富有效率、更加开放的体制机制;加快政府职能转变,建设职能科学、结构优化、廉洁高效、人民满意的服务型政府。

(二)坚定不移地以建设生态文明为长远大计

树立尊重自然、顺应自然、保护自然的理念,把生态文明建设放在更加突出的位置。全力以赴推进“五水共治”,加快推进污水处理设施及管网建设,细化农业面源污染治理,加强饮用水源保护,完善防洪排涝设施,节约用水,保障水资源可持续利用,实现人与自然和谐相处。

(三)坚定不移地以加快转型升级为核心任务

着力推动增长动力由资源消耗为主向创新驱动为主转变、工业经济由传统产业主导向新兴产业主导转变。完善区域创新体系,更多地依靠科技创新促进经济发展。优化产业结构,推动产业集聚发展、融合发展、协调发展,着力提高经济运行的质量和效益,努力在发展中促转型,在转型中谋发展。

(四)坚定不移地以改善民生福祉为重要使命

坚持民生为本,树立强区惠民理念,深入推进城乡一体化发展,持续缩小城乡差距,实现城乡共同繁荣。做好就业创业、社会保障等工作,健全公共服务体系,着力解决群众最关心、最直接、最现实的利益问题,努力让全区人民学有优教、劳有厚得、病有良医、老有颐养、住有宜居,共同分享发展成果。

三、2014年主要工作

今年区政府将着力做好以下七项工作:

(一)着力深化重点领域改革,在增强发展活力方面取得新突破

围绕政府职能转变推进改革。深化行政审批制度改革,推行“三集中、三到位”。进一步优化审批流程,健全并联审批和多证联办工作机制,推进跨部门联合审批改革。推行权力清单制度,让权力在阳光下运行。开展政府机构改革,优化政府机构设置、职能配置、工作流程,完善决策权、执行权、监督权相互制约相互协调的行政运行机制。以整合监管职能和机构为重点,完成食品药品监督管理体制改革,推进卫生计生机构改革。

围绕资源要素高效配置推进改革。建立以企业亩产效益为核心的综合评价体系,对重点扶持类、整治提升类、落后淘汰类企业,在用地、用电、用水、信贷等方面实施差别化配置。开展“四破”专项整治,破僵尸企业、破围墙圈地、破低效用地、破既得利益,建立更高效、更公平、更可持续的资源要素配置机制。抓好“个转企”“下升上”“小上规”扶持,培育壮大各层次市场主体。完成第二土特产公司改制。拓宽政府购买公共服务领域和范围,着力抓好环卫、就医、居家养老等方面的政府购买社会服务尝试,不断规范购买行为,提高财政资金使用绩效。

围绕强化合作交流扩大开放。突出重点选好商,把优秀浙(婺)商作为重点对象,把世界、国内500强和央企作为主攻方向。建立项目评审制度,把好项目准入关,规范项目程序关。力争引进内资22亿元,浙(婺)商回归7亿元,外资1000万美元。发挥人才智库引领作用,力争引进国家、省“千人计划”各1人,市“双龙计划”项目3个以上。

(二)着力加快转型升级,在推动经济持续增长

方面取得新突破

推进工业做大做强。全面提升工业经济综合竞争力,力争完成限额以上工业投资25.6亿元,实现工业总产值320亿元、规上工业产值165亿元。大力推进工业结构优化调整,着力培育产业链长、产业层次高、带动发展能力强的主导产业。加大"两化"融合力度,发挥信息产业优势,推动工业企业转型发展,提高企业核心竞争力。倾力扶持中小企业,新增规上企业35家。加大清闲促产力度,提高闲置土地利用效率。深入实施"机器换人",进一步加大企业技改和科技创新力度,重点实施市级以上技改项目35个、市级以上科技项目50项,达成科技合作项目10项以上,认定市级以上高新技术企业10家、科技型中小企业7家。深入实施质量强区工程,促进企业量质同步增长,加强品牌培育和技术标准应用,力争产品达到国际先进标准验证12家以上,新增市级以上名牌7只、著名商标6只。

推进农业提质增效。继续抓好粮食生产,完成播种面积13133.33公顷,实现总产量6.5万吨。扎实推进农业两区建设,新建粮食生产功能区15个、面积733.33公顷,创建市级示范性粮食生产功能区1个,旱粮示范基地省级1个、市级10个。加快琅琊现代农业综合园区建设,基本建成长山蔬菜、白龙桥茶叶、雅畈仙缘土鸡、罗店花卉、琅琊花卉等5个现代农业精品园,建设休闲观光农业示范点2个。新增无公害农产品5个、绿色食品2个,新增无公害农产品、绿色食品、有机食品认证产地666.67公顷。加强农业主体培育,新增市级以上农业龙头企业2家,省、市示范性农民专业合作社各1家,市级强社名社1家,规范化合作社8家,家庭农场30家。

推进服务业集聚集群。坚持网络经济"一号产业"不动摇,以打造互联网产业集聚区为重点,加快推动西、北二环互联网产业集聚区落地。盘活闲置物业10万平方米,嵌入式发展网络经济。加快实施大学生创业园、电信云计算中心、合丰、云安阁等重点项目,推动信息产业规模化、品牌化、特色化。以花卉苗木、工业建筑业原材料集散为依托,推进物流业和专业市场发展。继续加强"农超对接"和农贸市场改造提升工作。加大旅游资源开发保护力度,整治提升山水景观,做大做优乡村旅游,实现年度游客接待量和营业收入增长15%以上。

(三)着力推进"五水共治",在改善生态环境方面取得新突破

铁腕推进"五水共治"。扎实推进治污水,全面开展黑河、臭河、垃圾河整治,年底消灭垃圾河,改善臭河、黑河水质。开展10条支流"一河一策"整治,落实"河长"责任制,打造最美河流白沙溪,整治最差河流桐溪和长湖。全面开展水环境长效保洁,省、市、区三级河道保洁实现全覆盖,11座小(一)型水库均实行洁水养鱼。继续开展非法采砂制砂专项整治。实施农村生活污水治理扩面提升工程三年行动计划,加强农村生产生活垃圾处理,全面开展畜禽养殖场污染治理,争取完成治理60家、关停133家、整改210家。扎实推进保供水,加大水源保护力度,继续加强沙金兰、莘畈、九峰等饮用水源涵养生态功能区建设,完成10个村的农村饮用水改造提升。扎实推进防洪水,完成水库除险加固2座、山塘整治5座。扎实推进排涝水,开工建设婺城新城区排涝站。扎实推进抓节水,实施"乌引"工程灌区渠系续建配套工程,新增节水灌溉面积133.33公顷以上。

开展大气污染综合防治。开展禁燃区建设,加快集中供热、油改气、煤改气工作,改善大气环境质量。继续推进重污染高耗能行业整治提升,促进污染物指标进一步下降。开展森林婺城创建,完成平原绿化233.33公顷、山地造林133.33公顷。创建市级以上绿化示范村12个、省级森林城镇1个。

(四)着力拓展产业发展平台,在加快园区建设方面取得新突破

做强婺城新城区主平台。加快与市中心的有效对接,实施双溪西路西延工程,启动婺江西路、人民西路西延等工程前期工作,完成宾虹西路拓宽工程。推动新城老镇联动发展,启动一批集镇基础设施建设项目。加快构建环中轴景观商业核心圈,推进汽车客运站二期等商服项目建设,婺州城市广场二期、雷迪森酒店、尚格酒店、浙中乐园投入运营。谋划宾虹西路沿线产业带。启动新城区总部经济区块建设,以建筑业总部入驻和浙(婺)商回归总部建设为重点,初步形成总部经济效应。新建、续建项目100个。

提升双龙风景区旅游新形象。推进金华山旅游

综合开发和保护。规划建设黄大仙祖宫——赤松宫景点道路,打造金华山旅游大环线。加快智者寺复建,完成智者寺二期工程。启动旅游接待服务中心建设,完成尖峰山休闲公园提档改造二期、黄大仙祖宫、尖峰路改造等工程,继续推进环鹿田水库景观带、浙中凉都等项目。进一步改善景区环境秩序,呈现旅游新面貌。

加快仙源湖度假区扩容升级。修编完善仙源湖48平方千米扩容规划,重点打造北部湿地田园度假区、南部山水风情体验区、东部汪家垅水库核心景区,推进南山休闲旅游发展。加快实施精品旅游项目和基础配套,水上运动中心建成投入运营,开工建设动物园水族馆二期、金华乐园一期,加快推进喜曼安地度假酒店、桂花山庄等旅游配套项目建设,完成金海、开源剩余7.33公顷土地政策处理和桂花街等路桥工程。

整合提升乡镇工业功能区。用足用好存量土地,增强开发建设能力,有效发挥乡镇工业功能区集聚产业、发展经济、促进小城镇建设的功能。探索建立乡镇工业功能区与园区的联动发展机制,加强两者之间的产业联系和产业配套,实行优势互补。重点推进蒋堂镇界首区块平台建设,推进园区和乡镇工业功能区联建共享,增强产业集群发展的承载功能。

(五)着力推进新型城镇化,在城乡统筹发展方面取得新突破

建设智慧交通。二环路跨沪昆公铁立交桥建成通车,有序推进330国道改建工程、衢江航运开发项目婺城区段工程、杭金衢高速婺城区段拓宽改造、金罗路、金竹路等项目,开工建设汤莘线婺城区段。完成联网公路14千米和农村公路大中修50千米。实施全路段信息采集、非现场治超等,建设全方位智能化的智慧公路。

加大集镇建设力度。完成雅畈、蒋堂、琅琊、竹马4个乡镇控规及古方等一批中心村的规划编制。推进道路、供排水、截污纳管等基础设施建设。乾西着力改善金兰中线、长湖沿线面貌,启动雅畈古街修缮工程,继续完善白龙桥临江和洞溪区块配套设施,规划建设罗店旅游特色一条街、花卉观赏一条街、八婺特色餐饮文化一条街,启动安地老镇区改造,提升改造安地、琅琊、蒋堂、雅畈等4个集镇垃圾中转站,启用蒋堂污水处理厂。

加强城市建设管理。以精品城市建设为目标,创建6个精品社区。深化"数字城管",加强兰溪门菜场、芙峰街、火车西站等重点区域环境整治。以"无违建县"创建为抓手,继续强力推进"三改一拆"工作。开展通园小区提档改造。启动上浮桥村下沿自然村、城西街道西郊村等5个城中村改造,力争建成安置房15万平方米。加快二七新村安置房建设,完成启动区块房屋征收。

深化美丽乡村建设。重点打造安地、雅畈区域"桂花飘香"精品线路,提升完善秀美南山风景线。创建精品村5个、秀美村10个,15%的行政村建成洁美村。开展最美村庄、最干净村庄、最脏乱村庄评比活动。加强历史文化村落保护利用,加快推进雅畈历史文化村落保护建设,建成历史文化村落保护点3个。开展农房改造示范村创建。

(六)着力保障和改善民生,在推进社会和谐稳定方面取得新突破

大力发展社会事业。坚持教育优先发展。通过全国义务教育基本均衡区评估验收,启动创建教育现代化区。规范优化学前教育,提升发展职业教育,支持民办教育健康发展。进一步优化学校布局,加大公办学校教师轮岗交流力度,推进教育均衡发展。继续办好"激情婺城"系列文化艺术节活动,开展文化走亲6场,送戏下乡125场。实施"两馆"开放,增强公共文化服务能力。争创市级文化示范村1个。积极备战第十五届省运会。开展卫生应急综合示范县创建,争创卫生强乡镇6个。增强重大疾病预防和突发公共卫生事件处置能力,提高公共卫生服务水平。大力支持民办医疗机构发展。落实"单独两孩"生育政策,促进人口均衡发展。

不断加强民生保障。积极促进创业就业,完成农村劳动力素质培训3000人,实现城镇新增就业4000人,帮扶失业人员再就业2000人。加快社会保障城乡一体化建设,推进城乡居民养老保险、城乡居民医疗保险、被征地农民生活保障、企业退休人员社会化管理服务四大惠民工程。继续做好政策性农业保险和农房保险。加快完善社会养老服务体系,新建居家养老服务照料中心70家。加快西南山区发展。实施山区经济发展规划,加强生产性基础设施建设,提升发展山区特色、优势产业。开展新一轮结对帮扶,推进村集体经济发展。继续做好小额扶贫贷款工作,争取组建资金互助社 2 个。加快地质灾害村、水源保护区重点村异地搬迁,完成乾西移民新村三期安置,蒋堂移民新村首期主体工程开工建设。

促进社会和谐稳定。深化平安婺城建设,推进平安乡镇(街道)、平安村(社区)、平安企业等系列创建活动,争取创建省级“平安区”。加强社会治安综合治理,依法严厉打击各类违法犯罪活动,提升群众安全感。开展抢栽抢建专项整治行动。继续开展信访积案化解,争取化解一批重复疑难信访案件,实现息诉息访。积极创新社会治理模式,有效防范各种风险与安全隐患的发生。开展社会管理创新百家示范单位创建活动。加强流动人口管理、重症精神病人管理、归正人员安置帮教等工作。以深入推进“无欠薪婺城”建设为契机,积极构建和谐劳动关系。加强食品药品安全监管,严格落实安全生产主体责任,加强防灾减灾救灾能力建设,做好突发公共事件应急处置,确保社会和谐稳定。

(七)着力加强自身建设,在提升政府工作水平方面取得新突破

坚持为民勤政。牢记全心全意为人民服务的宗旨,以党的群众路线教育活动为载体,以人民满意为标准,强化服务大局、服务基层、服务群众理念,大力整治办事效率低下、行政执法随意等不良风气,建立健全作风建设长效机制,提速工作节奏,提高服务质量,提升行政效能。

坚持科学理政。完善群众参与、专家咨询和集体决策相结合的行政决策机制,规范政府性投资项目人大审议制度,确保决策更加科学。加强门户网站建设,优化“8890”便民服务,扩大网上办事的范围和事项,完善重大事项和重点工作跟踪落实机制,提高行政管理水平。

坚持依法行政。巩固政府规范性文件清理成果,规范行政裁量权,强化行政执法监督,严格行政执法责任和过错追究制度。加强行政复议规范化建设,积极化解矛盾纠纷。自觉接受人大、政协和社会各界的监督,完善政府信息公开制度,推进行政权力公开透明运行。

坚持廉洁从政。严格落实党风廉政建设责任制,深化惩防体系建设,认真执行八项规定等廉政制度,有效控制政府运行成本。坚持用制度管权、管事、管人,强化全口径预算监管,抓好政府债务风险防范和债务化解。着力推进“阳光审计”,开展重点领域专项治理,加大违法违纪案件查处力度,营造风清气正的政务环境。

各位代表,展望新的一年,困难和挑战考验着我们,责任和使命激励着我们。让我们在市委、市政府和区委的正确领导下,紧紧依靠全区人民,同心同德,锐意进取,克难攻坚,奋力推进“两富”现代化婺城建设,不断谱写婺城人民生活新篇章!

专 辑

2013年婺城区重点建设项目

2013年婺城区省重点建设项目

表1 单位:万元

序号	项目名称	建设内容和规模	总投资
1	浙江万里扬变速器股份有限公司年产50万台乘用车变速器投资项目	新建厂房85000平方米,购置高效设备884台套,白龙桥定点屠宰场征用、搬迁。实现年产50万台乘用车变速器生产能力	62000
2	浙中信息产业园项目	市区1.5万平方米"新华创新基地"、城北综合区30亩"北辰电商基地"、新城区32.33公顷"婺星产业基地",其中科技创新大厦,建筑面积14128平方米	70000
3	金华市水上运动中心项目	总建筑面积为53076平方米(不含地下室10000平方米),将建成包含接待、室内水上娱乐、室外水上娱乐、温泉、快捷酒店、配套商业等多功能为一体的水上运动综合场馆	51792
合 计			183792

2013年婺城区市重点建设项目

表2 单位:万元

序号	项目名称	建设内容和规模	总投资
1	金华新兴产业集聚区金西分区集中供热热电联产项目	用地8.67公顷,新建2×15MW高温高压背压式汽轮发电机组及附属设施,购置3台130吨/小时高温高压循环流化床锅炉	46368
2	330国道婺城区段改建工程	一级公路,婺城区段全长21.9千米	76000
3	西二环跨沪昆铁路立交及接线工程	城市快速路,西二环跨沪昆铁路立交桥一座,全长1.645千米	21000
4	金华市新兴产业集聚区婺城汤溪至莘畈公路改建工程	本项目全长18.4千米,其中主线13.325千米、九峰支线5.075千米。汤溪至寺平路段及九峰支线按一级公路标准设计,长13.575千米;寺平至莘畈段按二级公路标准设计,长度4.825千米	56000

续表 2

序号	项目名称	建设内容和规模	总投资
5	婺城新城区基础设施建设工程	规划面积 89 平方千米，工业功能区规划总面积 22.7 平方千米，建设完成园区内道路路网、水电等基础设施	250000
6	金华新兴产业集聚区金西分区主干道一期工程	完成道路 23.27 千米及配套附属设施	46611
7	浙江金西经济开发区基础设施建设	完成区域内雨水、污水、自来水、天然气、电力、电信、热力、有线电视管线、土地平整等基础设施建设	150000
8	浙中五金科技产业园基础设施(一期)工程	用地面积 247.8 公顷，完成市政道路、雨水、污水、自来水、天然气、电力、电信、热力、有线电视管线、土地平整等基础设施建设	71402
9	浙江金西经济开发区九号路改扩建工程	总长 9500 米，道路宽度 40 米，城市主干道Ⅱ级，设计行车速度 50 千米/小时，沥青砼路面	16801
10	婺城区仙源湖旅游度假区基础设施建设	规划面积 9.8 平方千米，一期开发建设 2 平方千米	160000
11	金华市丰子恺学校建设(金西小学)	新建教学楼、行政楼、实验楼、宿舍楼及生活配套用房等 19727 平方米，配套活动区、道路、绿化、给排水、强(弱)电等附属设施	6017
12	婺城区第二人民医院	按二级甲等医院规模要求建设，项目用地面积 4.55 公顷，其中一期用地 2.67 公顷，总建筑面积 36578.03 平方米(未计人地下室及战时急救医院面积共 8031.46 平方米)	15977
13	金华新兴产业集聚区金西分区九峰生态温泉养生中心建设项目	建设温泉养生中心、温泉森林、养生庭院及配套附属设施，新增总建筑面积 104640 平方米	145249
14	金华恒瑞房地产开发有限公司婺州城市广场	规划总建筑面积 50 万平方米，建设大型超市、休闲娱乐、餐饮、家居装饰广场，以及高档办公、商务会所和高档住宅小区等	100000
15	浙江伟达置业有限公司伟达·雷迪森酒店	建筑面积 128354 平方米，由 25 层酒店、19 层写字楼及 10 层公寓式酒店组成	36000
16	中国电信云计算金华分中心项目	建设云计算平台，相当于 6 万台服务器的处理能力	70000
17	浙江康灵电器有限公司汽车单向器项目	用地 8.67 公顷，购置 RQ3-75-9 井式退火炉、液压机、数控车床、磨床等设备	47923
18	金华市旺达工贸有限公司汽车发动机及变速箱壳体项目	用地 8 公顷，建筑面积 96000 平方米，购置压铸机、机器人系统保温炉、立式加工中心、钻攻中心、气密检测机等设备	38681
19	金华市川豹车业有限公司新型三轮摩托车	用地 8 公顷，购置发动机测功机、减震器实验台、磁电机测试台等设备	37319
20	金华海丰实业有限公司高精度铜板带建设项目	用地 8.23 公顷，建筑面积 70536 平方米，购置二辊开坯轧机、四辊开坯轧机、六辊开坯轧机、自动超声波清洗机等设备	35000
21	浙江永通彩印包装有限公司彩盒项目	项目占地 4.2 公顷，新增厂房及附属设施，总建筑面积 82100 平方米	18000

续表 2

序号	项目名称	建设内容和规模	总投资
22	浙江明星金属制品有限公司不粘锅项目	项目占地 2.67 公顷,总建筑面积 33500 平方米	12911
23	金华双胞胎饲料有限公司绿色饲料建设项目	用地面积 6.67 公顷,总建筑面积 85000 平方米	29700
24	浙江金华欧翔电器有限公司集成环保灶项目	项目占地 3.33 公顷,新增厂房及附属设施总建筑面积 46000 平方米	14460

2013 年婺城区重点建设项目

表 3　　单位:万元

序号	项目名称	建设规模及内容	建设性质	总投资
	新城区(11)			584392
1	年产 100 万只汽车轮毂项目	用地 4.67 公顷,建筑面积 6 万平方米,购置铸造机、涂装线、卧式数控车床、三坐标测量仪等设备	续建	20000
2	年产 1200 万件各类服饰新建项目	项目用地 4.8 公顷,总建筑面积 75446.3 平方米,实现年产 1200 万各类服饰生产能力	续建	18596
3	年产 2000 台越野多功能混合动力车生产项目	总建筑面积 6.4 万平方米,添置关键设备,实现年产 2000 台越野多功能混合动力车生产能力	续建	19035
4	红树林品牌服装生产基地	红树林品牌服装生产基地	续建	13000
5	年产 200 万台节电智能家电项目	用地 7.56 公顷,建筑面积 5 万平方米,购置油压拉伸机、注塑机等设备	续建	30000
6	尚格假日大酒店	建设一座总面积 3 万平方米的准四星级宾馆、2.4 万平方米的高级住宅区	续建	28000
7	蓝湾·上林院	总建设面积 15.6 万平方米	续建	110000
8	金华御园	总建设面积 19.7 万平方米	续建	258000
9	临江工业区集中供热工程	管线总长 4.5 千米,供热负荷 38 吨/小时,整个供热管道采用支架敷设的方式进行	新建	2761
10	年产 1 万台智能型多功能插秧机建设项目	新增用地 4.66 公顷,总建筑面积 6 万平方米,达产后,实现销售收入 9.15 亿元,利税 1.73 亿元	新建	70000
11	浙江师范大学婺州外国语学校新校建设项目	用地 8.4 公顷,建设教学楼、实验楼、办公综合楼、图书馆、体育馆、宿舍楼、多功能厅、运动场等能满足 72 个教学班级约 3000 名师生教育教学及生活所需的项目设施	新建	15000

续表 3

序号	项目名称	建设规模及内容	建设性质	总投资
	双龙管委会(2)			260000
12	双龙风景旅游区开发建设	规划面积 79.7 平方千米,景点新建、复建,路网、电网、给排水管网等基础设施建设,以及生态环境建设等	续建	250000
13	浙中凉都	大盘天景区入口区块旅游接待、服务设施、森林游乐园及相关配套设施建设	续建	10000
	信息产业园(2)			47723
14	互联舆情监测平台项目	项目用地 1.38 公顷,将建设网站安全云监测运营平台,为各企业上下游产业链提供全面的安全电子商务解决方案。提供 7×24 小时实时网站安全云监测服务。	新建	27723
15	合丰服务外包产业园项目	建设占地 1.34 公顷的合丰服务外包产业园。项目建设面积 35000 平方米,其中,呼叫中心 16500 平方米、研发中心 6600 平方米、培训中心 8800 平方米、其他办公辅助用房 3100 平方米	新建	20000
	区农办(1)			24036
16	美丽乡村建设	全区行政村实施以"绿化、文化、洁化、美化"等为主要内容的美丽乡村建设	新建	24036
	区农林局(2)			12950
17	婺城区粮食生产功能区建设	建成粮食生产功能区 25 个,面积 1217.13 公顷。主要建设内容:完善农田基础设施建设,提升地力水平,创新机制。开展技术培训,建设高产示范方,推广新一代高产优质水稻良种,实施优质高产水稻良种集成配套生产技术	新建	2900
18	万象花卉莘畈现代农业生态园	1.园路、生态水路 40000 平方米;2.分离式智能太阳能取电、喷滴灌系统建设 66.67 公顷;3. 智能化连栋温室 30000 平方米;4.VIP 联盟田园景观展示 50 处;5.种植采摘园 96.67 公顷;6. 动物养殖园 6.67 公顷;7. 田园牧场 3.33 公顷;8.传统手工艺作坊 3200 平方米;9.游客接待中心 800 平方米;10.生态停车场 20000 平方米;11.农产品供销中心 2000 平方米	新建	10050
	区水务局(5)			32019
19	金华江治理工程	金华江马海畈堤应急加固 3.1 千米, 加固虹路堤 3.0 千米	续建	21500
20	白沙溪中小河流治理工程	白龙桥古方段堤防加固 5 千米、琅琊集镇段堤防加固 2.88 千米,高田滕和后金段堤防加固 4 千米	续建	4781
21	水库除险加固工程	加固大房垅、58 号两座小(二)型水库	续建	960

续表 3

序号	项目名称	建设规模及内容	建设性质	总投资
22	乌引灌区续建配套与节水改造工程	渠道防渗衬砌长度 10.01 千米，配套建筑物 14 处等	续建	2630
23	中央财政追加拨付小型农田水利设施高效节水灌溉项目	建设高效节水灌溉面积 675.33 公顷	新建	2148
区民政局(1)				1850
24	社会福利中心二期工程	建设面积 8759.06 平方米	新建	1850
蒋堂镇(5)				50643
25	蒋堂镇污水管网(二期)工程建设项目	建设污水收集管网 15.03 千米、泵站 1 座	续建	1850
26	蒋堂镇工业功能区界首区块(一期)基础设施建设项目	平整土地 50 万立方米，铺设道路、给水管线、雨水管线、污水管线、电缆，建造 10 千伏开闭所一座	续建	2793
27	年产 10 万盏 LED 路灯项目	用地面积 5.53 公顷，建筑厂房，购置设备，实现年产 10 万盏 LED 路灯生产能力	新建	23000
28	年产 3000 吨增强动物基体免疫力、提高肝肾功能中兽药的产业化开发建设项目	用地面积 2.4 公顷，建筑厂房，购置设备，实现年产 3000 吨增强动物基体免疫力、提高肝肾功能中兽药的产业化开发建设项目	新建	10000
29	年产 500 万套硅胶厨具用品项目	用地面积 3.13 公顷，建筑厂房，购置设备，实现年产 500 万套硅胶厨具用品项目	新建	13000
合　计		1013613		

2013 年婺城区十项惠民实事

1.社会保障方面：完成社会福利中心二期主体工程；建设城乡社区居家养老服务照料中心 20 家、星光老年之家 20 家；五保“三无”和低保对象医疗救助封顶线由 3 万元提至 4 万元；创建国家级综合减灾示范社区 1 个、省级综合减灾示范社区 3 个；新建 5 个避灾安置场所；政策性农村住房保险参保率达 98%以上。

2.医疗卫生方面：城乡居民基本医疗保险参保率保持在 95%以上，政策内住院补偿比例达到 70%以上；开工建设婺城区人民医院(筹)。

3.就业方面：建立完善区、乡、村三级就业服务网络，完成农村劳动力素质培训 4000 人，城镇新增就业人数 4000 人，实现失业人员再就业 2000 人，城镇登记失业率≤4%。

4.教育方面：免除职业中学农村学生、涉农专业和家庭经济困难城市学生的学费；继续实施农村困难学生爱心营养餐工程，每个学生每年补助 750 元；白龙桥、长山中心幼儿园建成并投入使用。

5.文化方面：建成 7 个乡镇文化站、3 个中心村体育广场；创建 1 个省级文化示范村、5 个市级文化示范村、3 个农村文化大舞台、50 个小康体育村；举办第四届“激情婺城”文化艺术节，开展文化走亲活动 10 场，送戏下乡 135 场；实施“春泥计划”100 个村；完成 5 处古建筑修缮保护。

6.生态建设方面：完成莘畈水库库区规模养殖场整治和水库生态湿地工程建设；完成 90 家畜禽养殖场排泄物治理；完成平原绿化面积 5200 亩，山地造林 3000 亩；创建市级以上森林村庄 50 个、省级森林城镇 1 个；完成 5 个乡镇农村公益性生态公墓建设；开工建设金西污水处理厂二期，力争完成主体工程；完成蒋堂污水管网二期工程并投入运行。

7.新农村建设方面：启动桂花飘香等2条美丽乡村精品线，完成九峰古韵、秀美南山2条美丽乡村精品线。全区30%的行政村建成美丽乡村，其中建成精品村10个、秀美村20个、洁美村120个；建成中心村2个、优秀历史文化村落2个、散落历史建筑保护点3个；实施农房改造2000户。

8.扶贫方面：实施“低收入农户收入倍增”计划，开展13个低收入农户集中村资金互助社试点；做好乾西移民新村二期安置，完成三期主体工程，启动蒋堂移民新村建设；实施水库移民后期扶持项目100个。

9.基础设施方面：汤溪至莘畈公路一期开工建设；新建农村联网公路15千米，完成农村公路大中修50千米；二环西路跨沪昆线公铁立交完成下部结构和接线路基工程；开工建设220千伏汤溪变、110千伏罗埠变；实施高效节水灌溉项目15个、市级小农水项目17个，完成水库除险加固2座，整治山塘8座，干堤加固3千米，河道治理4千米；建成15家供销农超连锁店，完成2家农贸市场改造提升工程。

10. 公共安全方面：开展食品药品安全专项整治，创建省级食品安全示范区；创建创新社会管理“百家示范单位”30家、乡镇(街道)规范化社会服务管理中心5家、村(社区)社会服务管理室30个。

大事记

1月

1月6日上午，市委书记陈一新一行到乾西乡调研文化艺术产业,区委书记陈晓陪同调研。

同日,个体工商户王淑珠获2012年度“全国先进个体工商户”荣誉称号,成为婺城区首个获此殊荣的个体工商户。

1月8日下午，召开推进惩防体系建设和落实党风廉政建设责任制检查反馈会，市委副书记、市长徐加爱代表市检查组反馈婺城区推进惩防体系建设和落实党风廉政建设责任制工作情况,区委书记陈晓汇报工作并作表态发言。

1月10日上午，市人大常委会主任黄锦朝、市政协主席郑金平等市领导到婺城开展春节慰问活动,区领导陈晓、王健、张菲菲、施素珍等参加慰问活动。

1月14日,区长王健主持召开区政府第十一次常务会议,会议听取了关于婺城区2012年国民经济和社会发展计划执行情况及2013年国民经济和社会发展计划(草案)的报告、关于婺城区2012年财政预算执行情况和2013年财政预算(草案)的报告、《政府工作报告》起草及意见征求情况,以及关于十件惠民实事安排建议的汇报。区领导潘云秋、朱利群等出席会议。

1月15日,区领导陈晓、朱利群、王金生一行到新城区调研企业发展情况，先后走访了莱恩农装、高文画材、豪庭家居等企业。

同日下午,区委书记陈晓主持召开区委常委会议,听取区公安分局、法院、检察院工作情况汇报。

1月16日上午，举行区领导班子2012年度总结和述职述德述廉会议。区委书记陈晓,区委副书记、区长王健分别代表区委、区政府领导班子作年度总结报告,并作个人述职述德述廉报告。其他区级领导干部分别以书面形式进行总结和述职述德述廉。

同日上午，举行婺城区2013年迎春茶话会,区委书记陈晓致新春祝词,区委副书记、区长王健主持茶话会。区四套班子领导参加茶话会。

同日下午,区委书记陈晓主持召开全区乡镇(街道)党(工)委书记抓基层党建工作述职会,并作重要讲话。

同日下午,区委书记陈晓、区委副书记、区长王健带领区党政代表团到金东区考察学习。

1月17日,区领导陈晓、王健、张菲菲、施素珍、张茹先、马金厅、杨寿根等分组走访慰问驻金部队、困难群众和敬老院,并代表区四套班子和全区人民向他们致以节日的问候和新春的祝福。

同日下午,最高人民法院副院长江必新、省高院院长齐奇到婺城区走访调研,并慰问婺北法庭干警。区领导陈晓、申瑞龙等陪同。

1月18日,由王槐荣、李英、章伟文联手创作的电影故事片《妈妈们的青春往事》首映式在省军区大礼堂隆重举行。

1月21日,举行区委六届四次全体(扩大)会议暨区政府八届二次全体会议。区委书记陈晓作题为《以党的十八大精神为引领,开创“两富”现代化都市核心区建设新局面》报告,区委副书记、区长王健主持会议。区四套班子领导出席会议。

同日，区委书记陈晓主持召开区委全委会议，审议并通过《关于认真学习贯彻党的十八大精神，全面加快“两富”现代化婺城建设的决定》。

1月24日上午，召开杭长客专婺城区段房屋征收推进会。区委书记陈晓作重要讲话。

同日下午，区委书记陈晓带领相关部门负责人走访慰问部分浙(婺)商，区领导朱利群陪同。

1月28日至2月17日，区领导陈晓、王健、张茹先、张旭辉、朱利群在区经合办相关负责人的陪同下，分三组走访慰问浙(婺)商。

1月30日上午，召开全区人口和计生工作会议。区委书记陈晓作重要讲话，区委副书记张茹先主持会议。

2月

2月4日下午，区委书记陈晓主持召开区委常委会，研究2012年度区岗位目标责任制考核、“四项竞赛”活动情况、各项先进单位及先进个人评比情况等有关事项。

2月5日上午，举行2012年度纳税千万元以上企业家座谈会，通报表彰38家纳税千万元以上企业。区委书记陈晓作重要讲话，区委副书记、区长王健主持会议。

2月16日上午，婺城区组织开展领导干部义务植树活动，区领导陈晓等参加植树活动。

同日，市长徐加爱到白龙桥镇郑岗山村、西园村调研新农村建设情况，区长王健陪同调研。

2月17日，副市长蔡健带领市相关部门负责人节前走访慰问婺城区部分农业合作社和种粮大户，副区长王金生陪同走访。

2月19日上午，在市文化中心召开全区干部大会，区委书记陈晓作题为《明确定位树信心，凝聚合力强执行，全面加快“两富”现代化都市核心区建设》的报告。区委副书记、区长王健主持大会。区四套班子领导参加会议。

2月20~22日，政协金华市婺城区三届二次会议胜利召开。

2月21~23日，婺城区八届人大二次会议胜利召开。

2月25日上午，召开中国共产党金华市婺城区第六届纪律检查委员会第三次全体(扩大)会议暨组织、宣传、统战工作会议。区委书记陈晓作重要讲话，区委常委、纪委书记何海彬作工作报告，区委副书记、区长王健主持大会。

2月27日，全省“助农增收送服务”暨春耕备耕服务月活动启动仪式在汤溪镇举行。区领导陈晓等参加活动仪式。

2月28日，区长王健主持召开区政府第十二次常务会议，会议听取了关于市区执法体制调整工作情况的汇报和关于确定婺城区再生资源回收利用体系项目建设主体的汇报，研究了2013年市区重点项目和政府性投资项目安排方案。区领导潘云秋、卢颐丰、王金生等参加会议。

3月

3月2日上午，区委书记陈晓到二七新村区块改造工程指挥部，专题调研二七新村改造建设工程。区领导杨寿根陪同调研。

3月5日上午，省委组织部副部长、省委“两新”工委书记庄跃成到浙中信息产业园调研“两新”党建工作开展情况。市委常委、组织部部长温暖，区领导陈晓等陪同调研。

3月5~7日，由省委教育工委书记、省教育厅厅长刘希平带队的省级机关“百组调研”工作组一行到婺城区调研经济社会各项事业发展情况。区领导陈晓、王健等陪同调研。

3月8日上午，召开女企业家协会第一次会员代表大会。区委书记陈晓作重要讲话。区领导王健、施素珍、张茹先、朱利群等参加会议。

同日上午，金西开发区召开干部大会。区委书记陈晓作重要讲话。区领导张菲菲、张旭辉等出席会议。

3月9日上午，婺城区举行“山花烂漫·美丽婺城”——茶花节、油菜花节、桂花节系列活动启动仪式。市、区领导陶诚华、张荣贵、蔡健、傅路红、陈晓、王健、张菲菲、施素珍、张茹先等参加启动仪式。

3月13日，省、市“双服务”专项行动组来区调研企业生产发展情况，副区长朱利群参加座谈会。

3月15日，婺城区召开经济运行形势分析会，区领导陈晓、潘云秋、朱利群等参加会议。

3月16日，中央电视台财经频道《生财有道》栏目组一行三人专程到婺城区,围绕花卉产业特别是茶花产业进行专题采访,婺城区委书记陈晓应邀参加节目录制。

3月18日,区长王健主持召开区政府第十三次常务会议,会议听取关于开展“三改一拆”工作方案的汇报和关于实施“富村五年计划”发展经济薄弱村集体经济实施意见制定情况的汇报,研究了2013年规下企业主要经济指标分解方案。常务副区长潘云秋,副区长朱利群、邵永华、卢颐丰、王金生、方锦瑞、孔月明出席会议。

3月24日,白沙溪沿江景观城防工程正式启动,市领导程子林、邵国强、徐增祥,区领导潘云秋、王金生出席启动仪式。

3月27日下午,区委书记陈晓主持召开区委常委会,研究区人才工作等有关事项。

3月29日上午,省民宗委副主任莫幸福,金华市副市长林丹军,市政协副主席、市委统战部部长吴志松到汤溪镇鸽坞塔村,参加“多彩三月三”金华畲族文化风情展暨婺城区第二届农家乐烹饪技艺大赛活动,区领导陈晓、张茹先等陪同参加。

同日下午,婺城区首家“两新”组织妇女联合会在万里扬集团成立。

4月

4月3日,召开“三改一拆”工作动员会,区领导王健、申瑞龙、许光明等参加会议。

4月9日上午,区委书记陈晓主持召开全区领导干部大会,民主推荐市管副职后备干部人选。区四套班子领导参加会议。

4月10日上午,副省长黄旭明带领相关部门负责人到婺城区调研粮食生产功能区和粮食专业合作社建设工作。省政府副秘书长陈龙、省水利厅副厅长徐国平、省农业厅总农艺师王建跃,市领导陶诚华、蔡健,区领导张茹先等陪同调研。

4月12日,召开国家卫生城市复审迎检工作动员会。区领导王健、许光明等参加会议。

4月14日下午,市委副书记、市长徐加爱带领有关部门负责人到婺城开展“清洁家园、美化社区”爱国卫生集中行动,并实施“会诊”城市环境管理及检查市政设施运行情况。副市长林丹军,区领导王健等参加活动并陪同检查。

4月15日,区委副书记、区长王健带队赴粤考察第113届广交会及招商活动。

同日下午,区委书记陈晓带领有关部门负责人,调研万象花卉莘畈现代农业生态园建设项目。

4月16日上午,省委政法委副书记、省综治办主任巫波伦一行到婺城调研平安建设工作。区领导张茹先、申瑞龙陪同。

4月18日下午,金西开发区召开金西国际养生温泉度假区项目研讨会,区领导陈晓、张旭辉,荷兰王氏企业发展集团主席王寿松、北京非凡博治投资管理有限公司总裁蔡廷如参加研讨会。张旭辉和王寿松、蔡廷如签订总投资6.9亿欧元的中华福园·金西国际养生温泉度假区项目战略合作框架协议。

4月22日,市委副书记、市长徐加爱带领相关部门负责人到婺城区检查春耕备耕及粮食生产工作。市、区领导蔡健、祝伦根、王健等陪同检查。

4月23日,市委副书记、市长徐加爱带领有关部门负责人专题调研金华山旅游综合开发工作,市、区领导林一心、陈晓等陪同调研。

4月25日上午,召开全区劳模表彰大会。区委书记陈晓作重要讲话。区委副书记、区长王健主持会议。区领导施素珍、张茹先等参加会议。

4月27日,召开防治动物H7N9禽流感工作暨农产品质量安全监管工作会议,副区长王金生参加会议。

5月

5月2日,区长王健主持召开区政府第十四次常务会议,会议听取了关于婺城区2013年深化行政审批制度改革工作方案制定情况的汇报、关于金华电子商务创业园设立“海信分园”和“电商一条街”筹备情况的汇报、关于市区城市交通拥堵治理情况的汇报,研究部署了H7N9禽流感防治工作。常务副区长潘云秋,副区长朱利群、邵永华、卢颐丰、王金生、方锦瑞、孔月明、达珍出席会议。

5月3日下午,区委书记陈晓主持召开区委常委会议,研究关于在急难险重一线培养锻炼干部的实施意见等有关事项。

5月8日下午，市领导金中梁、黄小杭，区领导陈晓、王健陪同省政府党组副书记、省政府顾问王建满一行调研“三改一拆”工作。

5月9日上午，区领导陈晓、王健陪同市领导陈一新、陶诚华、钟关华、蔡健，调研“三农”工作情况。

同日，浙中信息产业园区委员会正式成立，区领导杨寿根、朱利群出席揭牌仪式。

5月10日，召开全区领导干部大会。

5月12日，白汤下公路城市化改造工程获2012年度“全国市政金杯示范工程”称号。

5月13日上午，区领导陈晓、王健、杨寿根等陪同市领导陈一新、钟关华、金中梁、张荣贵，调研“三改一拆”工作。

5月15日，金华市第二届浙(婺)商创业创新大会在市文化中心召开，婺城区有5个项目签约，总投资额76.5亿元，其中金西经济开发区签约项目4个、浙中信息产业园签约项目1个。

5月17日，召开深化行政审批制度改革工作会议。区领导王健、潘云秋、邱开祥参加会议。

5月22日下午，金华军分区领导徐学清、杨龙溪，区领导陈晓、潘云秋等，陪同省委常委、省军区政委王新海，到婺城区检查指导国防后备力量建设和人民武装工作。

同日，由贵州省毕节市织金县县委书记崔英魁带队的织金县党政代表团一行到婺城区考察交流，区领导张茹先、张旭辉、朱利群等陪同调研。

5月23日上午，召开国家卫生城市复审迎检工作推进会。区委书记陈晓作重要讲话。区委副书记、区长王健主持会议。区领导潘云秋、蒋献忠等参加会议。

同日，区领导张茹先、张旭辉、朱利群、蒋献忠等陪同由贵州省毕节市织金县县委书记崔英魁带队的党政代表团一行到婺城区考察交流。

5月27日，区长王健主持召开区政府第十五次常务会议，会议听取了区食品药品安全网格化管理工作情况的汇报、关于婺城区慈善总会筹备情况的汇报和婺城区印染造纸化工行业整治提升工作实施方案制定情况的汇报。常务副区长潘云秋，副区长朱利群、卢颐丰、王金生、方锦瑞、孔月明、达珍，区长助理于贵生出席会议。

5月28日下午，区领导陈晓、申瑞龙陪同省委政法委副书记、维稳办主任刘树枝调研维稳及“排查整治、强基促稳”等专项工作。

5月30~31日，区领导陈晓、王健参加省委十三届三次全体(扩大)会议。

6月

6月3日上午，区委书记陈晓参加省委巡视组活动并代表婺城区作巡视整改工作情况汇报。

6月7日，区委书记陈晓主持召开区委常委会议，听取省委第四巡视组回访检查反馈意见等有关事项。

同日，婺城区代表团赴宁波参加“浙洽会”期间举行的金华市投资环境推介会暨项目签约仪式，签约外资项目2个，总投资4.8亿美元，协议外资4.55亿美元。副区长朱利群、达珍参加签约仪式。

同日下午，区委书记陈晓陪同省委副秘书长、信访局局长周维亮一行调研基层信访工作。

6月8日下午，市委常委、公安局局长毛善恩，区领导陈晓、吕会民、申瑞龙陪同省委常委、公安厅厅长刘力伟一行调研警务工作。

6月13日，区长王健主持召开区政府第十六次常务会议，会议听取了婺城区社会养老服务体系建设情况的汇报、婺城区政府投资项目责任追究暂行办法制定情况的汇报、婺城区安全生产情况及企业安全生产标准化建设激励机制商定情况的汇报。常务副区长潘云秋，副区长朱利群、邵永华、卢颐丰、王金生、方锦瑞、达珍出席会议。

6月21日上午，副市长蔡健，区领导陈晓、蒋献忠等陪同省水利厅厅长陈川一行，到婺城检查指导农业“两区”及水利建设工作。

6月24日，区委书记陈晓、区长王健到二七新村区块改造工程指挥部，听取指挥部工作情况汇报，研究部署下一步工作任务，区领导杨寿根、卢颐丰等参加调研。

6月26日，召开生态建设暨水环境治理工作会议。区领导王健、王国平等参加会议。

7月

7月2日，召开沙金兰水源涵养生态功能区整改工作任务交办会，区领导王健、张茹先、王金生出席会议。

7月3日上午，区委书记陈晓带领相关部门负责人，赴岭上乡、塔石乡调研经济社会发展情况。

7月5日上午，区党政代表团赴兰溪考察。下午，召开上半年园区工作汇报会，区委书记陈晓作重要讲话。区委副书记、区长王健主持会议。

7月8日上午，区领导陈晓、王健、张旭辉等陪同磐安县党政代表团到婺城考察。

7月9日，召开共青团七届二次全委(扩大)会议暨预防青少年违法犯罪工作会议，区领导张茹先出席会议。

7月17日，区长王健主持召开区政府第十七次常务会议，会议听取了关于婺城区水环境综合治理工作实施方案编制情况的汇报、关于《金华市婺城区畜禽养殖禁养区、限养区划分暂行规定》修订情况的汇报、关于婺城区开展工业项目“清闲促产”专项行动方案及相关政策制定情况的汇报。常务副区长潘云秋，副区长朱利群、邵永华、王金生、方锦瑞、孔月明、达珍、查志强出席会议。

同日，召开上半年乡镇(街道)、机关部门工作汇报暨经济形势分析会。区领导陈晓、王健作重要讲话。区委副书记张茹先主持会议。

同日下午，区领导陈晓、王健、蒋献忠陪同市委副书记、代市长暨军民一行到婺城调研。

7月16日，区委书记陈晓带领相关部门负责人赴金华电子商务创业园调研电子商务发展情况。

同日下午，区领导王健、潘云秋等陪同市委常委、常务副市长金中梁协调项目建设工作。

7月19日上午，区委书记陈晓主持召开区委常委会，听取区委六届五次全体(扩大)会议暨区政府八届三次全体会议方案和《关于全面实施创新驱动发展战略加快建设创新型城区的决定(讨论稿)》等事项的汇报。

7月26日上午，召开区委六届五次全体(扩大)会议暨区政府八届三次全体会议。区委书记陈晓作题为《全面实施创新驱动发展战略，加快推进婺城重点建设与赶超发展》报告，区委副书记、区长王健主持会议，区四套班子出席会议。

7月29~30日，区领导陈晓、张菲菲、施素珍、张茹先、徐劲松等走访慰问驻金部队和武警官兵。

7月31日，召开浙(婺)商创业创新信息库建设工作会议。副区长朱利群参加会议。

8月

8月5日上午，召开全区深化作风建设会议。区委书记陈晓作重要讲话。区委副书记、区长王健主持会议，区四套班子领导参加会议。

8月6日下午，区领导陈晓、王健参加市区重点项目建设暨克难攻坚活动推进会。

8月7日下午，区委书记陈晓带领相关部门负责人到莘畈乡召开沙金兰、莘畈水源涵养生态功能区专项整治推进会，并作重要讲话。区领导潘云秋等参加会议。

8月8日上午，省“十万浙商进百区”活动金华市浙商回归引进项目集中开工仪式暨今飞高新产业园奠基仪式在金西经济开发区举行。省委副书记王辉忠，市领导徐加爱、陶诚华、金中梁、张伟亚，区领导陈晓、王健、张旭辉等参加开工仪式。

8月12日上午，市政协主席郑金平到婺城区走访联系村，区政协主席施素珍陪同。

8月14日上午，召开全区防旱抗旱工作会议，区委副书记、区长王健作重要讲话。

同日，召开“个转企”“小上规”工作推进会暨“下升上”工作动员会，副区长朱利群、孔月明参加会议。

8月16日，市委书记徐加爱，副市长张伟亚，区委书记陈晓陪同副省长熊建平调研二七新村改造工作。

同日，区领导王健、朱利群、蒋献忠陪同市委副书记、代市长暨军民一行调研工业企业发展情况。

同日下午，召开区委常委会议，听取关于婺城区扶持建筑业快速健康发展若干意见制定等情况的汇报。

8月17日上午，省“千人计划”智汇金华网络经济峰会在婺城举行。省委组织部副部长、人才办主任姚志文，省海高会会长姚纳新，市委书记徐加爱，市委常委组织部部长温暖，区领导陈晓、王健、杨寿根、朱利群出席峰会。

8 月 19 日上午，市委书记徐加爱，市委副书记、代市长暨军民，政协主席郑金平，区委书记陈晓陪同全国政协副主席何厚铧到双龙风景区视察。

同日下午，区领导陈晓、张菲菲等陪同市人大常委会主任黄锦朝，市委常委、常务副市长金中梁、市人大常委会副主任林一心等视察婺城区“三改一拆”工作。

8 月 21 日上午，区领导陈晓、王健、张茹先等陪同市委副书记、代市长暨军民，副市长金中梁、蔡健、张伟亚，调研城乡环境整治情况。

8 月 22 日上午，区领导陈晓、王健陪同市委副书记、代市长暨军民到城北电子商务创业园调研网络经济发展情况。

8 月 24 日，区委副书记、区长王健陪同中国工程院院士、浙江大学滨海和城市岩土工程研究中心主任龚晓南等 6 位婺城籍院士、博士到婺城考察。

8 月 27 日，区领导陈晓、王健陪同金华市委副书记、代市长暨军民调研市区重点工程建设。

8 月 27~28 日，由省人大常委会副秘书长、研究室主任王强带队的省委法治创建工作考核组到婺城区检查 2012 年度法治建设工作。区领导陈晓、张菲菲、张茹先、吕会民等参加活动。

8 月 28 日，由婺城区 11 家农业合作社发起组建的新发粮食生产合作联社在汤溪镇派溪李村揭牌成立，副市长蔡健，副区长王金生出席揭牌仪式。

9 月

9 月 3 日，区长王健主持召开区政府第十八次常务会议，会议听取了关于婺城区建设项目推行并联审批的实施意见、关于加强历史文化村落保护利用的实施意见和关于婺城区农业面源污染整治工作方案制定情况的汇报。副区长邵永华、卢颐丰、王金生、方锦瑞、孔月明、查志强出席会议。

同日，区领导陈晓、朱利群、蒋献忠一行到婺城新城区调研重点项目建设情况。

9 月 4 日下午，区委书记陈晓参加铁路西客站改造工作汇报会。

9 月 5 日上午，召开清理闲置低效工业用地动员会，部署全区清理闲置低效工业用地专项行动。区委副书记、区长王健作重要讲话。区委常委、副区长朱利群参加会议。

9 月 7 日，召开庆祝第二十九个教师节表彰大会。副市长林丹军，婺城区领导陈晓、王健、张菲菲、张茹先、蒋献忠等出席大会。区委书记陈晓作重要讲话。

9 月 9 日上午，区委书记陈晓陪同金华市委书记徐加爱走访慰问东市街小学和金华四中。

9 月 12 日上午，副市长林丹军、区委书记陈晓陪同副省长郑继伟、省政府副秘书长李云林、省体育局副巡视员孔建军、省政府办公厅教文卫处处长吕伟强调研社会力量办学情况。

9 月 13 日上午，副市长林丹军，区委书记陈晓陪同省食品药品监管局局长朱志泉，到婺城区调研食品药品安全网格化管理以及食品安全“强网清源”行动工作。

9 月 22 日，市领导徐加爱、暨军民，区领导陈晓、王健陪同省长李强调研二七新村区块改造、浙中信息产业园等工作。

同日，召开第三次经济普查工作动员会，副区长朱利群参加会议。

9 月 24 日上午，区委书记陈晓带领相关部门负责人到琅琊镇、沙畈乡专题调研西南山区经济开发工作。

9 月 25 日，澳大利亚维多利亚州梅尔顿市市长凯西·麦德里克考察团一行到婺城区考察，区领导陈晓、王健会见了凯西·麦德里克一行，双方进行了友好洽谈和交流。

同日，印度尼西亚亚齐查雅县阿卜市市长一行到婺城区考察访问，副区长方锦瑞陪同。

9 月 27 日上午，召开双千亿投资及重点项目建设暨土地集约节约利用推进会。区委书记陈晓作重要讲话。区委副书记、区长王健主持会议。区四套班子领导参加会议。

9 月 26~28 日，区委副书记、区长王健带队赴永康市参加第三届中国国际贸易发展大会，签约 3 个项目,其中内资项目2个,总投资5.6亿元;外资项目1个,总投资4000万美元,合同利用外资1600万美元。

9月29日上午,举行第五届中国仙源湖桂花节——“寻梦仙源湖·全城健步走”活动。金华市副市长蔡健宣布启幕,区委书记陈晓致辞,区委副书记、区长王健主持仪式。

同日下午,区长王健、副区长方锦瑞带领区食安办、教育、农林、工商、质监、行政执法等部门负责人先后到五一路菜场、金华四中、世贸大饭店等地,开展国庆节前安全检查。

10月

10月11日下午,区领导陈晓、王健陪同市委副书记、代市长暨军民,市委常委、组织部部长温暖到白龙桥敬老院慰问。

10月12日,采云间茶叶公司总经理潘土荣获全国生态文明建设最高奖——2012绿色中国年度焦点人物。

10月14日上午,区委书记陈晓参加双龙风景区领导干部大会。

10月16日,区长王健主持召开区政府第十九次常务会议,会议听取关于婺城区水环境长效保洁实施方案制定情况的汇报、关于《婺城区莘畈水库饮用水水源保护生态补偿专项资金使用管理暂行办法》制定情况的汇报和关于婺城区印染产业转型升级专项规划编制情况的汇报。副区长朱利群、邵永华、卢颐丰、王金生、方锦瑞、孔月明、达珍、查志强,区长助理于贵生出席会议。

同日,代市长暨军民到婺城区调研重点行业污染整治工作,副市长傅利常,区领导王健、蒋献忠、查志强陪同调研。

10月18日上午,召开全区宣传思想工作会议暨区委理论中心组学习会议。区委书记陈晓作重要讲话。区委副书记、区长王健主持会议。会后,区领导陈晓、王健、张菲菲、施素珍等四套班子领导参加区慈善总会(筹)募捐活动。

10月21日,区长王健主持召开区政府第二十次常务会议,会议听取了关于区第二人民医院和水电十二局医院医疗资源整合情况的汇报。常务副区长朱利群,副区长邵永华、卢颐丰、方锦瑞、孔月明、查志强,区长助理于贵生出席会议。

10月23日上午,召开全区市区管理体制调整工作动员会议,传达贯彻市委、市政府市区管理体制调整工作动员大会精神,全面部署相关工作。区委书记陈晓作重要讲话。区委副书记、区长王健主持会议。

10月24日下午,区委副书记、区长王健参加后溪河浙江书法村授牌仪式。

10月30日上午,区委书记陈晓陪同省委教育工委书记、省教育厅厅长刘希平到柳湖小学调研。

10月31日,区委书记陈晓陪同市委书记徐加爱、副市长张伟亚调研白沙溪水环境整治工作。

11月

11月5日上午,召开全区村级组织(社区)换届动员部署会。区委书记陈晓作重要讲话,区领导傅显明、何海彬、吕贤等参加会议。

11月12日上午,召开区文明委工作会议。区委书记陈晓作重要讲话。区委副书记、区长王健主持会议。

同日下午,召开区委常委会议。研究全区村级组织换届工作等事项。

11月13日,区长王健主持召开区政府第二十一次常务会议,会议听取了关于《婺城区生产经营单位安全生产诚信管理实施办法》制定情况的汇报和关于《金华市婺城区山区群众异地搬迁规划(2013~2017)》《金华市婺城区山区经济发展规划(2013~2017年)》制定情况的汇报。常务副区长朱利群,副区长邵永华、卢颐丰、王金生、方锦瑞、孔月明、达珍、查志强出席会议。

11月18日,召开全区领导干部会议,陈晓介绍了党的十八届三中全会概况,传达了习近平总书记所作报告的主要精神以及中央决定的主要精神,会议传达了市委工作务虚会会议精神。区四套班子领导参加会议。

11月20日,区领导陈晓、王健、申瑞龙陪同市委副书记、代市长暨军民和市委常委、常务副市长金中梁调研尖峰山高尚休闲生活区开发建设工作。

11月22日，区台胞台属联谊会召开第三次代表大会。区委书记陈晓出席会议并作重要讲话。

11月26日，代市长暨军民到婺城区调研新农村建设和村级组织换届工作。副市长蔡健，区领导陈晓、王健、张菲菲、施素珍、傅显明等陪同调研。

11月30日，舍己救人英雄孟祥斌塑像落成仪式在市区城南桥头举行。

11月起，3000辆公共自行车在市区投放使用。

12月

12月2日上午，召开区委常委会议，传达贯彻学习省委十三届四次全会精神等事项。

12月4日上午，召开中国少年先锋队婺城区第四次代表大会，区委书记陈晓作重要讲话。区领导王健、张菲菲、施素珍等参加会议。

12月6日，召开“8890”便民服务台受理事项办理工作会议，区委副书记、区长王健作重要讲话。

12月8日，江北西市街金华首座人行天桥投入使用。

12月11日上午，新华社浙江分社社长朱国贤一行考察网络经济发展情况，市委书记徐加爱、区委书记陈晓陪同考察。

12月12日，举行十八届三中全会精神宣讲报告会，专题听取省委党的十八届三中全会精神宣讲团成员、省社科院党委书记张伟斌所作的《十八届三中全会精神》宣讲报告。区委理论学习中心组成员出席报告会。

12月19日，市委副书记、代市长暨军民调研2014年政府投资项目及教育工作，区委副书记、区长王健陪同调研。

12月20日上午，召开区委常委(扩大)会议，传达中央经济工作会议和中央城镇化工作会议精神。区领导陈晓、王健分别传达习近平总书记、李克强总理在两个会议上的讲话精神。

12月25日上午，区委书记陈晓带领相关部门负责人到仙源湖度假区等地调研全区重点项目建设工作。

12月28日，在深圳举行金华婺城商会成立大会暨婺城区投资环境推介会，区领导王健、吕贤等出席会议。

(朱德勤 朱艳萍 徐　意 朱睦钧 袁子官)

概　况

地　理

【位置面积】 婺城区地处浙江省中部，金华市中西部。东连金东区，南接武义县，西南与丽水市遂昌县接壤，西与衢州市龙游县毗邻，北与兰溪市交界。介于北纬28°44′~29°15′、东经119°18′~ 119°46′之间。东西长45千米，南北宽55千米。距省会杭州市135千米(径距)。土地面积1391.24平方千米，约占浙江省总面积的1.36%。婺城区是金华市辖区，金华市人民政府驻地，浙中城市群中心城市的核心区块。区人民政府驻宾虹西路2666号。

【地形地貌】 婺城区地处金衢盆地中段，地势西南与东北高，中部低。婺城区地跨浙西大复向斜与浙南变质地体两个Ⅱ级构造单元。由于两个构造单元地质历史演化截然不同，因而地层、岩性也不尽相同，大致以江山—绍兴深断裂为界，以北为江南地层区，以南为华南地层区。

江南地层区 属于扬子准地台的一部分，也称浙西台皱带，在地质历史时期经过一系列凹陷与隆起而形成目前的格局。一般地说，江南地层区在整个古生界，地壳下沉，接受沉积，有页岩、灰岩、砂岩等浅海相沉积建造，主要分布于金华山。进入中生界后，该区地壳褶皱上升，仅在局部凹陷带有陆相沉积建造，主要分布于金华山及金衢盆地北缘。中生代侏罗系后期，地壳运动加剧，形成大片火山岩覆盖和大量侵入岩。白垩系及其后期，地壳岩石经历了强烈剥蚀，在盆地北缘与南缘有红色砂岩沉积。新生界，又经燕山运动、喜马拉雅运动的影响，形成多峡谷小盆地、地面起伏较大的现代河谷地貌以及喀斯特地貌发育的特色。

华南地层区 属于华南地槽褶皱带一部分，也称浙东华夏褶皱带，在元古界有古老变质岩系和灰岩零星分布，主要出露于塔石乡一带。在中生界，该区属于稳定上升地区，整个地表都被火山岩系所覆盖。侏罗系后期，地壳运动进一步加剧，有大量的岩浆活动，形成大片火山岩系覆盖和大量侵入岩，后经强烈剥蚀。这些火山碎屑岩和熔岩，主要分布于金华南山和盆地盆底南侧斜坡地带。新生界期，华南地层区在喜马拉雅运动影响下，局部地区有玄武岩喷发和覆盖，从而导致该区多浅小盆地的现代河谷地貌和火山造岩地貌的特色。

以金华江为中轴，向两侧呈阶梯式分布。地形根据绝对和相对高度、坡度可分为山脉、丘陵、平原三种不同类型。

山脉 高低起伏，坡度较缓，绝对高度在500米以下，相对高度一般在200米以下的为丘陵。绝对高度500 ~1000米的为低山。绝对高度1000 ~3500米的为中山。绝对高度在3500米以上的为高山。低山面积162.89平方千米，占全区总面积的11.71%；中山面积33.98平方千米，占全区总面积的2.44%。

金华山 金华山又称长山，俗称北山。主要绵延于区境东北部罗店、竹马两乡镇的东北和北部。

金华山北连龙门山脉，由于墩头盆地的陷落和向东侵蚀，浦江盆地不断向西侵蚀，遂形成龙门山脉两头隔离、中间相连的格局。

金华山南坡，自兰溪市至金东区，伸展着一条长25千米、宽约1千米的石灰岩带，有大小溶洞50多个，有效面积大于10000平方米。这些溶洞洞景绮丽多姿，区境内可供旅游的有双龙、冰壶、朝真、桃源、仙瀑、二仙、讲堂等多个溶洞，其中双龙、冰壶、朝真三洞为国家级重点风景名胜区。

金华山西起兰溪市城区兰江东岸，东走经王大尖、白露尖、扁担岗，至兰溪市与婺城区界上的西坑岗。自此沿婺城区、兰溪市界东走6.5千米，经九龙山（海拔1245.2米），至金华城北东4度、距城15千米（方位、距离均以通济桥北堍为基点。下同）海拔1312米的大盘山，复东北走11.5千米，经武平山（亦名玉壶山）、双尖（城北东15度，距城16千米，高1017米）、螺蛳尖出区境，入金东区与兰溪市界上，续东走至兰溪、义乌、浦江三市县界上，北与龙门山北支相连，续东走，沿浦江、义乌边界至义乌市大陈江西岸，隔江与会稽山相望。以上为金华山干脉。

南山　区境内西南及南部诸山的统称，绵亘于塔石、沙畈、箬阳、莘畈、岭上、安地诸乡镇，呈西南—东北走向。由于新构造运动上升强烈，在流水侵蚀下，西南诸山谷深坡陡，多千米以上山峰（50余座）。是白沙溪、厚大溪诸溪与瓯江水系的松阳溪、宣平溪的分水岭。向东北延伸，山势渐趋平缓，多呈块状丘陵。

南山属仙霞岭余脉，经遂昌县华表坑，至棋盘石北入区界，分支沿婺城区、遂昌县界西北延伸为鹅卵石大岗，至金鸡头隔梨树源与塔石乡东长坪（1165米）相望。干脉沿婺城区、遂昌县界东北走3千米，过金竹湾，至区境内最高峰小金竹尖（1336米），复北走1千米，有龙坑尖（1328米），折东转东南走4千米，经白岩（1250米）至小龙葱尖（1324米），复走4.5千米，经风门山（1233米），出区界至遂昌县狮子岩，折东北至婺城区、武义县界上的龙潭背，自此沿婺城区、武义县界东北走，经大阳山（1320米）、大坞尖（1180米）、茶园头（1203米）和横岗岭（1048米），于林坑尖（1151米）入武义县，经龙门亭，至婺城区与武义县界上的八县尖（964.2米）、鲤鱼尖、宣家岭和高塘顶，隔武义江与武义县焦岩相望。

丘陵　海拔70~500米，坡度15~25度的丘陵面积364.46平方千米，占全区总面积的26.20%。主要分布于以下乡镇：

一、西起婺城区与龙游县界上，东至白沙溪左岸，南自莘畈乡、琅琊镇一线，北至浙赣铁路南北，包括汤溪镇中南部、琅琊镇北部、蒋堂镇大部、白龙桥镇西北部。地势呈南北走向，丘岗与溪谷相间。土壤以网纹红土发育而成的黄筋泥为主，面积约180平方千米，为全区最大的丘岗区。

二、西以白沙溪，北起山嘴头，东至雅畈镇西大路的三角地带，包括琅琊镇东北部、长山乡中北部、安地镇北部、雅畈镇中北部、苏孟乡及秋滨街道的中南部。多呈馒头状浑圆低丘地貌。大黄山一带为冰碛阶地，土壤以红紫色砂页岩发育而成的紫色土为主，面积约150平方千米。

三、自城北街道的洪源、杨梅山向西北，沿金兰北线，至竹马乡姜衙一线东北，包括城北街道北部、新狮街道和罗店镇南部、竹马乡东北部。多为自北而南的低岗与溪谷相间地形，其中杨梅山和洪源一带为冰碛阶地，冲沟由山顶向四周网状延伸。土壤以红沙土为主，面积约40平方千米。

平原　海拔70米以下，横向坡度一般小于10米，主要由江河冲积而成。面积约315平方千米，占全区面积22.64%。主要分布于以下三片：

一、三江冲积平原。东起东关大桥以下义乌江两岸，南自武义江左岸的雅畈镇，西至环城西路。包括城东、城中、江南、三江诸街道全部，城西、西关两街道东部，城北街道南部，雅畈、苏孟两乡镇的东北部。地势略有起伏，海拔多在45米左右，面积约90平方千米。

二、城西冲积平原。环城西路以西的金华江两岸。包括右岸的城西街道西部、乾西乡全部、竹马乡西南部。境内有乾溪、盘溪自东北向西南蜿蜒曲折流贯其间，并有西湖、下湖、长湖等金华江故道残迹湖。地势低平，海拔多在40米以下。左岸东起环城西路，西至西溪，北止于婺城区与兰溪市界。包括白龙桥镇全部、长山乡北部。地势低平，其中白龙桥镇雅苏，海拔31米，为全区最低点。漪溪、桐溪、白沙溪、西溪自南而北流贯其间，沿溪有大小不同的溪谷平原与平畈。面积约120平方千米。

三、衢江冲积平原。西起婺城区与龙游县界上，东北止于婺城区与兰溪市界上，东南大致沿浙赣线和黄路溪。包括洋埠、罗埠两镇全部，汤溪和蒋堂镇北部。有莘畈溪、厚大溪、黄路溪自南而北流贯其间。海拔多在40米左右。面积约105平方千米。

（朱睦钧）

水　情

2013年全区雨量总体偏少,各江河水位均未出现超警戒水位，水势平稳。7月、8月持续晴热高温少雨天气,造成近十年来最严重的高温干旱灾害,8月下旬受热带低压“苏力”和台风“潭美”影响,全区大部分地区旱情基本解除。全年降水量1313.3毫米，与2012年年降水量（1956.6毫米）相比，偏少32.9%;与多年平均降水量(1621.0毫米)相比,偏少19.0%。汛期平均降雨量840.1毫米,比2012年同期1087.9毫米偏少22.8%。降雨量主要集中在3月、4月、6月。其中,汛前(1月1日~4月14日)平均降水量316.3毫米,主汛期(5~9月)平均降雨量582.8毫米。 6月6日入梅 ,7月1日出梅，梅雨期25天。梅雨期平均降水量179.5毫米,同比减少7%。全区先后经历2次系统性强降雨过程，分别出现在6月6日15时~7日23时,6月26日4时~29日15时。外围影响婺城区的台风有13号“潭美”和23号“菲特”,影响较小。受局部强降雨、梅雨和台风等影响,全区主要江河水位有所上涨，均未超警戒水位,金华江金华站年最高水位出现在10月7日8时,水位34.01米。截至2014年1月1日8时,全区5座中型水库蓄水总量1.89亿立方米,平均蓄水率63.6%,比2013年1月1日8时2.3亿立方米减少0.41亿立方米。　(王　静)

水　文

2013年,婺城区结合省统一部署的山洪灾害县级非工程措施建设项目和中小河流水文建设项目,加强水雨情监测预警工作。全区自建5个简易雨量站、3个简易水位站、14个雨量自动遥测站、2个水位雨量自动遥测站、2个视频监控,更新6水雨情监测站。全区自建35处遥测站点,加上在全区范围内的市级水文监测站，计57处水雨情监测站点，平均22.9平方千米就有一个站点，达到山洪灾害防治县级非工程措施建设标准；在监测信息采集及预报分析决策基础上,通过确定山洪灾害预警指标、预警程序和方式(自动监测、群测群防),将预警信息及时、准确地传送到山洪灾害可能威胁的区域，使接收预警区域的人员根据山洪灾害防御预案，及时采取防范措施,最大限度减少人员伤亡,由于没有水文站和气象台,婺城区与金华市水文站签订了金华江、武义江的汛期报汛协议和洪水预报。同时,与市气象服务中心签订气象服务协议，及时提供气象和灾害性天气预报。通过水雨情遥测站监测和水文、气象信息传递,区防汛抗旱指挥部及时掌握全区水雨情,为防汛抗旱抢险工作提供决策依据。　(王　静)

建置沿革

金华市婺城区地域为禹贡扬州之地。春秋时属越国,其中原汤溪县地域属姑蔑国。战国楚威王七年(前333)灭越为楚地。秦王政二十五年(前222)置会稽郡乌伤、太(大)末县,其地分属两县。新莽建国元年(9)改乌伤为乌孝。东汉建武元年(25)复名乌伤,隶扬州。初平三年(192)分乌伤县西南地置长山县,为长山县县治,以境内长山而得名(长山或称常山,即金华山)。三国吴宝鼎元年(266)分会稽郡西南部置东阳郡,以地处穀水(今衢江)之东、长山之阳得名。郡治设长山县。南朝宋孝建元年(454)属东扬州。永光元年(465)仍属扬州。此后,东扬州五废五置,郡属相随。梁绍泰二年(556)就东阳郡置缙州。陈天嘉三年(562)省缙州复东阳郡,后改金华郡。隋开皇九年(589)改东扬州为吴州,废金华郡;改长山县为吴宁县;废太末县,分入吴宁、信安二县。十二年(592)吴宁县改称东阳县。十三年(593)废郡改置婺州,盖因“其地于天文为婺女之分野”而得名,为州治之所。十八年(598)东阳县更名金华县。大业元年(605)改吴州为越州。三年(607)废婺州复置东阳郡。唐武德四年(621)复称婺州。同年,以太末故地复置太末县,分金华县为金华、长山二县。八年(625)废长山县复入金华县，废太末县入信安县。垂拱四年(688)改金华县为金山县。神龙元年(705)复名金华县。天宝元年(742)改婺州为东阳郡。乾元元年(758)复称婺州。五代后晋天福四年(939)改称婺州武胜军。宋淳化元年(990)改称婺州保宁军。元至元十三年(1276)置婺州路,为路治。十四年(1277)于大云乡(今金华城区)置录事司。至正十八年(1358)朱元璋攻取婺州,改婺州路为宁越府。二十年(1360)改称金华府。明成化七年(1471)析金华、兰溪、龙游、遂昌四县边境之地置汤溪县,以附近有汤塘得名,属金华府。清沿明制,金华、汤溪二县仍属金华府。民国元年(1912)2月,废府,实行省、县两级制。民国3年(1914)5月,置金华道。民国16年(1927)4月,废道,直隶于省。民国21年(1932)6月,改设浙江省县政督察专员办事处第八区,9月改为浙江省行政督察专员办事处第六区。民国24年(1935)8月,改设兰溪区(公署兰溪)。民国25年(1936)2月,改为第四行政督察区,公署兰溪。民国36年(1947)10月,改为第五区。民国26年4月,移驻金华。民国32年(1943)5月,专署驻宣平县(今武义县)。民国36年(1947)10月,属第五区,专署驻衢县。民国37年(1948)4月,调整为第三行政督察区,驻金华。8月改为第八区。

1949年5月7日金华解放,8日汤溪解放,10日成立金华市军事管制委员会和汤溪县军事管制委员会,17日成立汤溪县人民政府,18日成立金华县人民政府,两县均隶属浙江省第八行政区。同年10月10日浙江省第八行政区改名金华专区,公署驻金华县。10月20日,析金华县城区建立金华市(县级)。1950年5月15日撤销金华市,并入金华县。同年9月27日,金华专区改称金华区。1951年7月20日复设金华市。辖3个镇公所,36个居委会。1953年5月21日金华市改为省辖市,仍由金华专员公署领导。1955年2月,金华区复称金华专区。1958年2月21日,撤销中共金华市委,归金华县委领导,保留市人委,市仍为一级行政机关。同年9月5日,撤销汤溪县并入金华县。1960年3月12日湖镇人民公社从衢县划归金华县。1962年12月22日,国务院批准撤销金华市,并入金华县。1968年4月,改金华专区为金华地区。1979年9月10日,国务院决定恢复金华市,未实施。1981年1月14日,国务院国批准撤销金华县,并入金华市,下辖3个街道,69个公社。1983年9月13日湖镇区划归龙游县管辖。

1985年5月15日,国务院批准撤销金华地区,金华市升为地级市,原县级金华市地域分设婺城区和郊区。7月26日,中共金华市委宣布将金华市城区和近郊13个乡划给婺城区。12月23日,撤销郊区,复置金华县。

1994年4月6日,中共金华市委、市政府作出婺城区机关部分部门与市机关合署办公的决定,除区人大和公安局、检察院、法院、人武部外,其余机构均纳入市、区合署办公体制。

2000年12月20日,国务院批准撤销金华县,设立金华市金东区,将原金华县雅畈等14个乡镇划归婺城区,原婺城区的仙桥、多湖、东孝3个乡镇划归金东区管辖。婺城区与市机关合署办公体制也随之结束,重新按照区一级党政机构的规范工作。

2013年10月,?根据市委、市政府《关于完善金华经济技术开发区和金西经济开发区管理体制的意见》,两个开发区成建制整合,管理机构实行“一块牌子、统一对外,一套班子、统筹管理”。同时,保留金华高新技术产业园区和金西经济开发区牌子。原由金华经济技术开发区、金西经济开发区托管的乡镇(街道)由整合后的金华经济技术开发区托管,包括三江街道、江南街道、西关街道、秋滨街道、苏孟乡、汤溪镇、罗埠镇、洋埠镇,面积253.86平方千米。

(袁子官)

2013年末金华市婺城区行政区划及土地总面积

2013年,婺城区辖9个街道、9个乡、9个镇,96个居民委员会(社区居委会),578个村民委员会。区域内有国家级金华市经济技术开发区、省级婺城新城区、浙江金西经济开发区(10月划归市经济技术开发区管理)、双龙风景区、仙源湖旅游度假区。其中金华市经济技术开发区辖1个乡、4个街道,48个居民委员会,38个村民委员会。浙江金西经济开发区辖3个镇,1个居民委员会,157个村民委员会。全区土地总面积1391.24平方千米。　(朱睦钧)

行政区划及土地总面积

表 4

乡镇名称	村民委员会(个)	居民委员会(个)	土地总面积(平方千米)
全区合计	**571**	**96**	**1391.24**
城东街道	–	5	2.99
城中街道	–	3	6.21
城西街道	–	5	1.66
城北街道	–	8	4.4
新狮街道	6	13	23.76
罗店镇	38	–	66.58
雅畈镇	37	–	74.33
安地镇	37	–	136.47
琅琊镇	30	–	93.07
蒋堂镇	35	–	54.29
竹马乡	16	–	19.58
长山乡	21	–	60.35
箬阳乡	14	–	60.38
沙畈乡	30	–	184.94
塔石乡	39	–	99.63
岭上乡	2	–	60.66
莘畈乡	11	–	73.04
婺城新城区小计	**60**	**13**	**117.26**
白龙桥镇	49	7	92.91
乾西乡	11	6	24.35
金西开发区小计	**157**	**1**	**168.8**
汤溪镇	72	1	106.36
罗埠镇	61	–	44.33
洋埠镇	24	–	18.11
市开发区小计	**38**	**48**	**82.85**
江南街道	–	7	3.03
三江街道	–	17	7.65
西关街道	–	7	4.57
秋滨街道	4	17	29.62
苏孟乡	34	–	37.98

(区统计局提供)

人　口

全区总人口 242028 户 627342 人。其中，男性 311667 人，占总人口的 49.68%；女性 315675 人，占总人口的 50.32%。总人口中非农业人口 289731 人，占总人口的 46.18%。城镇常住人口 16 万余人。登记流动人口 12 万人。金华市开发区人口 57755 户 149554 人。婺城新城区人口 32206 户 82400 人。金西开发区人口 36275 户 96264 人。

2013 年，全区出生 3058 人，人口出生率 8.02‰，同比下降 0.66‰。其中，计划内出生 2892 人，计划生育率 94.6%，出生人口性别比 103.53。人口死亡率 4.72‰，同比下降 0.59‰。人口自然增长率 3.29‰，同比下降 1.08‰。一孩人数 2136 人，二孩人数 2132 人。社会抚养费征收率 75.46%。

区属 60 周岁及以上老年人 75877 人，同比增加 5.32%，占全区总人口的 16.94%。百岁以上老人 7 人，年龄最大的 106 岁。 (朱睦钧)

资　源

【水资源】 婺城区江河属钱塘水系，有钱塘江一级支流衢江、二级支流金华江及其上游义乌江和支流武义江。流入以上四江的溪河，10 千米以上的 18 条。诸溪下游和四江沿岸，水网交织，水利称便，唯受地形和气候影响，溪河之水暴涨暴落，山丘易旱，水土流失比较严重，河床淤积，沙洲迭见。

金华江 义乌江与武义江于燕尾洲汇合后称金华江，亦称婺江、婺港。通济桥以上亦称双溪。唐严维诗“明月双溪水，清风八咏楼”，宋李清照《武陵春》“闻说双溪春尚好，也拟泛轻舟”均指此。

双溪西流，穿通济桥，过金虹桥、双龙大桥、河盘大桥，越橡皮坝至婺江大桥，转向西北流，经筱溪、石柱头，至雅苏北出境入兰溪市，至马公滩与衢江汇合后称兰江。

双溪西南别出为龙渎，穿过城南大桥，沿五百滩南缘西流，至河盘桥复入金华江。

金华江自燕尾洲至雅苏出区境，长 15 千米。河床宽 140~300 米，水深 1.7~4 米，比降 0.43‰。沿岸地势低平，水网交织，是全区水稻主要产区。有 10 千米以上溪流 6 条汇入：

玉泉溪 发源于苏孟乡西南部石人坑，北流经朱店过清江塘入湖海塘，出湖海塘至金华职业技术学院院区和茶花公园园区的金大塘和馒塘，复北流过湖海塘电站，沿磐安街北流，于西关汇入金华江，全长 14.5 千米。

漪溪 发源于长山乡猴岭，北流经上溪、石门，过白龙桥镇黄碧塘，于邵家埠头西北汇入金华江。长 16 千米。

桐溪 发源于长山、安地、沙畈三乡镇界上的太平尖，曲折北流，经桐溪、长山、邵村，过白龙桥镇龙蟠、怡村、塌水桥，于下潘家入金华江。长 22 千米。

乾溪 发源于罗店镇西湖，南流过鹿田水库，至前庄头，经后园、溪塍至乾西乡黄桥头，转西流经竹马乡谢村，转西南流，于坛里郑南入金华江。长 20 千米。

白沙溪 曾名白龙溪，发源于武义、遂昌两县界上的狮子岩。南流过门阵入沙畈乡小洋坑，续北流经芝肚坑至柿树岭入沙畈水库（中型），出沙畈水库，北流经岭脚、周村、山脚，于皂里入金兰水库，出水库经琅琊徐、高田塍，北流经新昌桥、白龙桥、临江，于后杜叉东入金华江。全长 65 千米，区境内长 55 千米。汇入白沙溪的支流有 2 条：银坑溪发源于沙畈乡与遂昌县界上的小龙葱尖，北转东流，经银坑，于黄坛井西入白沙溪，长 10 千米；左别溪发源于沙畈乡大坞头南与遂昌县界上，北转西流，经水碓基、黄家田，于半溪西入白沙溪，长 14 千米。

盘溪 发源于罗店镇九龙山，西南流过洞前，至西旺入双龙水库，出水库经罗店，至罗大门西南入竹马乡竹马馆，转西流入乾西乡，经栅川入兰溪市，于烟溪西入金华江。全长 17.5 千米，区境内长约 15 千米。

义乌江 为金华江之上游，亦称东港、义乌港，古称乌伤溪。源出磐安县龙鸟尖，经东阳、义乌、金东三区市，过东关大桥入区境，沿清风公园西流，过宏济桥，复西流于八咏公园、婺州公园与燕尾洲之间，至通济桥东与武义江汇合。义乌江自东关大桥入境至通济桥，长 2.22 千米，河床宽约 350 米，水深 1~6 米，比降 0.3‰，两岸公园和民居相间。区境内汇入义乌江溪流的有通元溪。

通元溪 发源于罗店镇盘前，南流经弹子下，过里宅入新狮街道山下吴水库（小型），出水库至山下曹，折东流至唐村南，复南流经沙溪、车头、道院塘，入城东街道，穿越浙赣铁路、人民东路，于清风龙头东汇入义乌江。长约 17 千米。

武义江 为金华江最大之支流，亦称永康江、永康溪、武义港。源出武义千丈岩，经缙云、永康复入武义县，于金东区焦岩东 2 千米处入区境，曲折西流，至寿溪转东北流，过国湖电站转北流，至竹园东转西流，接纳梅溪后沿苏孟乡北流，过豪乐、洪坞、李渔、金婺诸大桥，至燕尾洲与义乌江汇合。

武义江自焦岩入境至燕尾洲，长 25 千米，河床宽 100~300 米，水深 2~3 米，国湖以下比降 0.65‰，金东区横店以下河道几分几合，沿岸平原渐见，梅溪口以下平原连片，进入三江平原。汇入 10 千米以上溪流（不计右岸金东区汇入溪流）有：

寿溪 发源于雅畈镇与武义县壶山街道界上的鲤鱼尖，北流经大山、罗芳埠，于寿溪北入武义江。长 28.5 千米。

梓溪 发源于雅畈镇东坞南与安地镇界上，北流经下新屋、宜山，于雅畈北入武义江。长 14.5 千米。

梅溪 发源于箬阳、沙畈两乡与武义界上的平顶坑，东北流经瀛头至武义县龙潭，复东北流入箬阳乡，经琴坛至安地镇山道、黄泥岗转北流，经郑宅于小同北入安地水库（中型）。出水库经安地至苏孟，沿苏孟和雅畈两乡镇边界流至金桑园东南入武义江。长 54 千米。安地水库以上比降 10‰，以下 3.3‰。汇入梅溪的支流有 3 条：外畈溪发源于箬阳乡上罗坪，至安地镇外畈汇入安地水库，长约 14 千米；上干溪发源于安地镇与沙畈乡界上的横路山，东北流经文明、项村、上干口，于安地西南入梅溪，长 12 千米；雅干溪发源于安地镇与武义县界上的彭公尖东南麓，北流经和村、雅干、郭村，至下傅西北汇入梅溪，长 15 千米。

衢江 又称信安江，古称縠水。源出安徽省休宁县青芝埭尖。经开化、常山、衢州、龙游等县市，于洋埠西入境。沿洋埠、罗埠两镇和兰溪市游埠镇边界流，至罗埠镇后张北出区界入兰溪市，区界上长11千米，宽250~450米，水深3~6米，比降0.3‰，为婺城区与兰溪市之界河。沿江和汇入衢江的莘畈、厚大两溪下游有广阔的冲积平原，是全区水稻、棉花、甘蔗和淡水鱼主要产地。

莘畈溪 又名西源，亦称兰源。源出塔石乡青莲山，向北穿流于高山峡谷之中，经井上至莘畈乡井下，过学岭头注入莘畈水库(中型)，出水库经姓李，至祝村北入汤溪镇，复北流，经曹界、寺平，至中祝北穿越浙赣铁路入洋埠镇，北转东流于罗埠镇黄稍与厚大溪汇合。

莘畈溪原在洋埠镇下徐，穿万年桥后分两支，一支名鹅头颈，北流1千米入衢江，已堵塞。莘畈溪长43千米，上游水流湍急，出莘畈水库至洋埠镇盛村比降3.3‰，盛村至黄稍比降1.5‰。汇入莘畈溪的牛桥溪发源于汤溪镇里金坞东南，经戴家、牛桥，至萧家北入洋埠，于盛村北汇入莘畈溪。长12千米。

厚大溪 一名南源，又名塔石溪，源出塔石乡与遂昌县界上的白岩。曲折北流，经里大茗、山坑、塔石，于东店北入岭上乡。复北流，经岭上、黄岩孔、蒋畈，至汤溪镇陶寺，过厚大、蒋村、派溪李北入洋埠镇，于罗埠镇黄稍与莘畈溪汇合后转北流，至董家北注入衢江。全长57千米。自源头至厚大，水流湍急，两岸石岩嵯峨，比降10‰，厚大以下比降3.3‰。

【矿产资源】 婺城区主要金属矿产有锡、多金属、辉钼矿、铅锌矿和金等。非金属矿产有石灰岩、建筑石料、建筑砂砾、沸石、珍珠岩、萤石、砖瓦用页岩和花岗岩。

金属矿

锡 分布于南部的安地镇和村的仁坑垄、沙畈乡黄炫、箬阳乡岭后，有4个矿点，均属锡石—石英脉型高温热液矿床。20世纪60年代中期、80年代早期地质部门做过踏勘调查，规模偏小。

多金属 有安地镇和村、金岭庵，沙畈乡黄石玄、芝肚坑和塔石乡苏坑等5个矿(化)点。矿床成因属高中温热液及矽卡岩型，矿体呈脉状或透镜状，充填于花岗岩体节理中，个别产于岩体外接触带，规模小，品位低，无工业价值。

辉钼矿 位于沙畈乡银坑村，产于花岗斑岩中，呈细脉状充填于裂隙内，钼矿平均含钼0.04%，品位低，未开采。

铅锌矿 分布于沙畈乡银坑、塔石乡高田、南坑等地，有4处矿产地，矿床成因属高中温热液型，银坑为小型矿床，其余均为矿点或矿化点。银坑铅锌矿为一小型富铅锌矿，伴生铜钼及银，可综合利用，矿脉之主要地段已为前人采空。

金 仅有汤溪镇曹界一处，系地质部门于20世纪80年代初发现，规模小，品位低，无工业价值。

非金属矿

石灰岩 金华山南坡自兰溪市洞源至区境九龙长9千米，预测储量2亿吨。九龙、玲珑岩等处探明储量近5000万吨。

建筑石材 分布广，开采点多，重点分布在雅畈镇。采石层位主要为上侏罗纪西山头组熔结凝灰岩，石材质量以雅畈镇南干、铜山一带为最佳，常用于路基、房基或铁路道砟制作碎石等工程建筑。

建筑砂砾 分布甚广，主要分布在洋埠、琅琊、安地、汤溪、白龙桥镇等地的衢江、金华江、武义江、厚大溪、梅溪和白沙溪之低河漫滩或河床浅滩上，经大量开采之后，日益枯竭。

沸石、珍珠岩 分布在岭上乡黄岩孔一带，矿区范围达30平方千米，含丝光沸石和斜发沸石，矿化有5个层位，以第二层较佳(西山头组顶部)。矿层厚度10~50米，吸钾量5.95~15.5毫克/克，吸铵量54~186.2%毫克当量/100毫克，折合丝光沸石48%。沸石常伴珍珠岩，但膨胀系数较低。沸石与珍珠岩矿在小规模开发利用。

萤石 主要分布在安地镇喻斯、凤凰山，琅琊镇大岩和汤溪镇厚大一带。汤溪镇里金坞萤石矿(原金华县硐矿、双峰硐矿)探明储量103万吨，深部控制长700米，均厚度4.37米，平均品位60.38%。20世纪70年代开始，陆续开采，至2004年2月发生塌陷事故后，即予封井，结束采掘。琅琊镇大岩、安地镇凤凰山、于山垅、竹坞、荣坑、麻车、白峰、岩石背、枇杷弯、横栏下等10处小型矿山，除大岩硐矿、凤凰山硐矿储量超过10万吨外，其余矿点储量一般在3万~5万吨之间，安地镇所有萤石矿点于2006年结束采掘。雅畈下店、团盘岭，安地郑宅发现有萤石矿点。经多年开采，萤石资源已所剩无几。

砖瓦用页岩 分布在白龙桥、蒋堂、汤溪镇一带,储量丰富。

花岗岩 分布于南部沙畈乡、塔石乡一带,沙畈乡芝肚坑花岗岩矿于20世纪80年代做过勘查,当地曾作小规模开采。

【土地资源】 婺城区山地丘陵地质构造复杂,地层岩性多样,岩石种类繁多。主要成土母质有白垩纪方岩组的暗紫砂页岩、紫红砂页岩、砾岩、砂岩、石灰岩、第四纪的红色黏土、侏罗纪的凝灰岩、流纹岩及燕山运动晚期的花岗岩、花岗斑岩等。山地土壤分成红壤、黄壤、石灰岩土、紫色土4个土类、9个亚类、18个土属、43个土种。4大土壤中红壤占63%,黄壤占20%,紫色土占15%,石灰岩土占2%。红黄壤具有粘、酸、瘦等主要肥力特征,旱季保水性差,不适于作物高产,主要适于种植茶、竹、果等经济特产及玉米、甘薯等旱粮作物。

全区土地面积139123.92公顷,耕地面积29948.19公顷,园地7120.07公顷,林地74365.72公顷,草地561.37公顷,城镇村及工矿用地14688.80公顷,交通运输用地3459.07公顷,水域及水利设施用地7349.84公顷,其他土地1630.86公顷。

其中,全区国家所有土地17848.03公顷,集体所有土地121275.89公顷,与年初面积相比,国家所有土地增加97.92公顷,集体所有土地减少97.92公顷。

【生物资源】 婺城区生物资源丰富,气候温暖,适宜各种动植物生存。

植物资源 婺城区境属亚热带常绿阔叶林植被地带,按海拔可划分4类:海拔400米以下以马尾松和常绿阔叶林为主,主要由松、杉、茶、果等人工栽培树种和次生灌丛组成;海拔400~800米,以常绿阔叶林和杉木林、竹林为主,主要树种有松、杉、青岗、木荷、白砾、苦槠、石砾、枫香、浙江楠、大叶榆、牛筋树等;海拔800~1000米,以常绿落叶混交林和落叶阔叶林为主,主要树种有黄山松、柳杉、白栎、茅栗、化香、冬青、石楠、三尖杉、红花油茶等;海拔1000米以上以灌丛、草丛为主。

全区植被类型分阔叶林、针叶林、灌丛、草丛4个植被型组,常绿阔叶林、竹林、暖性针叶林、温性针叶林、常绿混交林、落叶混交林、落叶阔叶林、灌木林、草丛9个植被型和18个群系。植物种类有161科1500多种,其中森林树种83科439种,毛竹8属34种2变种2变型,草本植物约70科300余种,农作物品种资源800余种。

婺城区植物资源丰富,不计常年栽培的粮、棉、油、茶、果和野生的藻、菌、蕨、苔藓、地衣等种类在内的主要植物有148科971种,其中裸子植物门9科44种;被子植物门139科927种,其中双子叶植物纲113科761种,单子叶植物纲26科166种。有常见野生蔬菜39科68种。列为国家和省级重点保护的有南方红豆杉、银杏、金钱松、竹柏、福建柏、鹅掌楸、香果树、浙江楠、半枫落、榉树、花榈木、半枫荷、天竺桂、杜仲、凹叶厚朴、青檀、珙桐、短穗竹等近20种。东方红林场被列为浙江省"油桐育种程序系列研究"项目试验基地。

动物资源 区境内动物资源计92科340种。其中无脊椎动物5科35种;脊椎动物中,鱼类11科42种,两栖类6科18种,爬行类8科27种,鸟类40科137种,兽类22科81种。列为国家一级野生保护动物的有云豹、豹、黑麂、白颈长尾雉4种。国家二级野生保护动物有猕猴、穿山甲、豺、水獭、、小灵猫、原猫、鬣羚、鸳鸯、鸢、赤腹鹰、雀鹰、松雀鹰、红隼、领鸺鹠、斑头鸺鹠、草鸮、短耳鸮、白鹇、虎纹蛙等20种。列为国家三类保护动物的,有虎纹蛙、鸢、苍鹰、赤腹鹰、松雀鹰、普通、毛脚、勺鸡、灰鹤、草鸮(猴面鹰)、鵰鸮(猫头鹰)、黑熊、大灵猫、狸猫等。省级重点保护动物有狐、狼、貉、豹猫、鼬、獾、食蟹獴、豪猪、毛冠鹿、凤头鹧鸪、中白鹭、白鹭、夜鹭、四声杜鹃、大杜鹃、小杜鹃、姬啄木鸟、黑枕绿啄木鸟、斑啄木鸟、星头啄木鸟、三宝鸟、虎纹伯劳、牛头伯劳、红尾伯劳、棕背伯劳、红嘴蓝鹊、喜鹊、松鹊、黑枕黄鹂、眼镜蛇、五步蛇、滑鼠蛇、黑眉锦蛇、平胸龟等33种。省级一般保护动物的区境内普遍分布,其中兽类有刺猬、花面狸、黄鼬、黄腹鼬、狗獾、猪獾、华南兔、野猪、小鹿及翼手目所有种(23种)共32种。国家及省重点保护以外的所有鸟类均作为一般保护动物。爬行类有王锦蛇、乌梢蛇、劲棱蛇、紫灰锦蛇、灰鼠蛇、水赤链游蛇、赤链蛇、玉斑锦蛇、银环蛇、蝮蛇、烙铁头、乌龟、黄睐水龟、缘闭壳龟14种。两栖类有棘胸蛙和大蟾蜍2种。

婺城区畜牧业历史悠久，主要畜禽种类有猪、牛、羊、兔、鸡、鸭、鹅及蜂等。金华两头乌为地方优质品种。主要经济鱼类有青鱼、草鱼、鲢鱼、鳙鱼、鲤鱼、鲫鱼、鲴鱼、鳜鱼、鳇鱼、长春鳊、三角鲂、团头鲂、泥鳅、黄鳝和鲶鱼等30多种。

【旅游资源】 全区拥有国家AAAA级旅游景区1个、AAA级旅游景区1个、AA级旅游景区1个、国家级重点风景名胜区1个、省级旅游度假区1个、市级风景名胜区1个、省特色旅游村8个、省旅游特色经营点2个。

全区有全国重点文物保护单位4个分别是太平天国侍王府、天宁寺、法隆寺经幢和铁店窑遗址群；省级重点文物保护单位18个分别是八咏楼、汤溪城隍庙、金华府城隍庙、鹿田书院、七家厅、陈村桥、滕氏宗祠、汉灶窑址、白沙堰、石楠塘徐氏宗祠、寺平村乡土建筑、永康考寓、金华通济桥、宏济桥码头、方梅生故居、北山摩崖题记、邵飘萍旧居、台湾义勇队旧址；市级文物保护点112处，登录点719处，县(市)级文物保护单位48处。

(朱睦钧)

组织机构及负责人名单

中国共产党金华市婺城区委员会

书　记　陈　晓

副书记　王　健　傅显明(2013.10~　)

张茹先(女，~2013.10)

常　委　潘云秋(　~2013.09)

申瑞龙　贾献成(2013.02~　)

吕会民　何海彬

朱利群(女)　蒋献忠

徐劲松(2013.07~　)

杜建明(援藏,2013.07~　)

邵永华(2013.10~　)

吕　贤(2013.10~)

张旭辉　马金厅(　~2013.07)

杨寿根(　~2013.10)

委　员(按姓氏笔画排序)

王金生　方永富　卢颐丰

朱立工　吴见孙　吴志军

吴国建　沈兆春　张永伟

张菲菲(女)　陈旭日　陈凯进

罗政海　金发根　郑松有

钟春宏(畲)　施素珍(女)

倪玉奎　徐洪彬　唐振华

曹　斌　盛奇兵　舒理成

鲍昌顺　叶大荣(　~2013.07)

候补委员　傅得樟　严小俊(女)

傅水林　姜雍禄　杜金龙

汤云飞(女)　程建金(　~2013.03)

区委工作部门

办公室

主　任　盛奇兵

组织部

部　长　杨寿根(~2013.10)

吕　贤(2013.10~)

宣传部

部　长　蒋献忠

文明办

主　任　杜一鸣

统战部

部　长　曹　斌

侨　办

主　任　汪爱春(女)

民宗局

局　长　胡　云

政法委

书　记　申瑞龙(~2013.10)
傅显明(2013.10~)

政法委办
主　任　何　玮

综治委办
主　任　朱菊香(女)

维稳办
主　任　徐志成

老干局
局　长　郑慧光

关工委
主　任　黄海根

保密局
局　长　洪一政

区委、区政府信访局
局　长　金跃园

农业和农村工作办公室
主　任　倪玉奎

台湾工作办公室
主　任　戴红茹(女)

区直属机关工作委员会
书　记　钟春宏

区委两新工委
书　记　姜德进

区防范和处理邪教问题办公室
主　任　李　敏

《今日婺城》报
总　编　李　英

党史研究室
主　任　柯建洲

中国共产党金华市婺城区纪律检查委员会

书　记　何海彬
副书记　杜建明(~2013.07)　范跃成
常　委　楼国伟　洪国胜
俞玉园(女)　宋永党
委　员　王伟文　王会星　方顺彩
石柏校　李　刚　李　唯(女)
金跃园　徐建陆　黄东泳
曹云霞(女)　章旭升　蒋巧青

监察局
局　长　倪根棋(~2013.03)
杜建明(2013.03~)

金华市婺城区人民代表大会常务委员会

主　任　张菲菲(女)
副主任　许光明　朱志龙　诸晓东
王国平(女)　邱开祥　王喜军
委　员(按姓氏笔画排序)
王少华　·　王世梅(女)　方永林
吕炳祥　杨建中　李庆跃
李跃松　周卫中　郑以声
胡小英(女)　胡金泽　钟春宏
夏美丝(女)　唐　瑾　葛炳灶
傅学群　潘　刚　潘启桂

办公室
主　任　王少华

法工委
主　任　吕炳祥

财经工委

主　任　唐　瑾

农经工委

主　任　郑以声

教科文卫民侨工委

主　任　傅学群

城建环保工委

主　任　杨建中

代表工委

主　任　方永林

婺城区人民法院

院　长　张永伟

婺城区人民检察院

检察长　徐洪彬

婺城区人民武装部

政　委　马金厅(　~2013.04)
叶青松(2013.04~　)

部　长　徐劲松

金华市婺城区人民政府

区　长　王　健

副区长　潘云秋(　~2013.09)
朱利群(女)　邵永华
卢颐丰　王金生　方锦瑞
孔月明(挂职,2012.8~　)
查志强(2013.07~　)
王建良(2013.11~　)
达　珍(女,挂职,2013.04~　)

区长助理　于贵生(挂职,2013.05~11)

区政府工作部门

办公室

主　任　吴志军

区法制办

主　任　黄　坚

区外事办

主　任　叶秀春(女,　~2013.05)
缪明余(2013.05~　)

区应急办(流管办)

主　任　范锋鑫(　~2013.11)
黄晓华(2013.11~　)

区机关事务管理局(办)

局长(主任)　周文虎

区城管办

主　任　袁俊平

区招商局(经济合作办)

局　长　王会星

区行政服务中心

主　任　姜雍禄

区发展和改革局

局　长　郑松有

区统计局

局　长　季跃生

区物价局

局　长　刘根泉

区项目前期办

主　任　郭文群

区经济商务局
局 长 施群毅

区信息产业办
主 任 胡霞亮

区教育局
局 长 李 唯(女)

区文体局
局 长 郭梓军

区卫生局
局 长 钱学华

区科技局
局 长 杨春华

区民政局
局 长 李志友

区财政局
局 长 傅得樟

区司法局
局 长 章锦新

区人劳社保局
局 长 章旭升

区编办
主 任 雷可扬

区城建局
局 长 吴建林

区交通局
局 长 陈凯进

区农林局
局 长 陈维良

区水务局
局 长 吴国建

区人口和计生局
局 长 盛桂华

区审计局
局 长 傅水林

区安全生产监督管理局
局 长 俞文伟

区食品药品监督管理局
局 长 邵福龙

区供销社
主 任 徐乘胜

婺城公安分局
局 长 吕会民
政 委 毛秋洌

区风景旅游管理局
局 长 洪樟明

垂直管理部门

市国土资源局婺城分局
局 长 李晓峰

市规划局婺城分局
局 长 周德康

市环境保护局婺城分局
局 长 王加其
市工商行政管理局婺城分局
局 长 张 健

市质量技术监督局婺城分局
局　长　贾仁秋

市国家税务局婺城分局
局　长　王德生　胡红平

市地方税务局江北分局
局　长　詹锡根

市地方税务局江南分局
局　长　杨雨虹(女)

市地方税务局汤溪分局
局　长　施黔江

市城市管理行政执法局婺城分局
局　长　蒋震中

市住房公积金管理中心婺城管理部
主　任　张希玲(女)

中国人民政治协商会议
金华市婺城区委员会

主　席　施素珍(女)
副主席　邢水成　曹　斌
周春然　吴月华(女)
张琳鑫　楼存根
秘书长　王金宝
常　委(按姓氏笔画排序)
丁美国　丁晓伟　万秀兰(女)
丰献平　王文明　王和源
王春燕(女)　孔爱华(女)　叶　倩(女)
刘　央(女)　严亮奇　严振江
苏兵红　吴　晓　应堂亮
张　晟　张太木　陈　波
陈趋源　范锋鑫　周国忠
郑池爱(女)　郑荣光　郑艳球(女)
宗红艳(女)　徐建忠　郭晓雁(女)
唐金花(女)　盛基伟　缪雪荣
蔡祖华　戴美英(女)

办公室
主　任　丁美国

专工委办
主　任　苏兵红

提案委员会
主　任　郭晓雁(女)

经济与科技委员会
主　任　盛基伟

社会法治与港澳台侨委员会
主　任　杜建明

教育文化卫生体育与文史资料委员会
主　任　程建金(~2013.04)
沈根新(2013.04~)

城乡建设管理与生态环境保护委员会
主　任　倪玉奎

民主党派和工商联

中国国民党革命委员会金华市委员会婺城区总支
主　委　胡达之

中国民主同盟金华市委员会婺城区总支
主　委　郑艳球(女)

中国民主建国会金华市委员会婺城区总支
主　委　雷永金

中国民主促进会金华市委员会婺城区总支
主　委　张琳鑫

中国农工民主党金华市委员会婺城区总支
主　委　郑池爱(女)

九三学社金华市婺城区基层委员会
主　委　应堂亮

金华市婺城区工商联
主　席　盛基伟

群众团体

区总工会
主　席　周春然

团区委
书　记　胡小英(女)

区妇联
主　席　汤云飞(女)

区文联
主　席　陈锦章

区残联
理事长　王世梅(女)

区科协
主　席　洪健康

区红十字会
会　长　金建新

园　区

婺城新城区管委会
主　任　潘云秋(　~2013.05)
蒋献忠(2013.05~　)

浙江金西经济开发区党工委、管委会
书　记　陈　晓
主　任　张旭辉

金华双龙风景旅游区管委会
书　记　陈　晓
主　任　徐祝成

金华仙源湖旅游度假区党工委、管委会
书　记　贾献成
主　任　贾献成

浙中信息产业园管委会
主　任　朱利群(女，　~2013.12)
王建良(2013.12~　)

乡镇　街道

罗店镇
书　记　陈旭日
镇　长　王志勇

乾西乡
书　记　戴忠余
乡　长　赵建新

竹马乡
书　记　陈小华
乡　长　吴祝芳

雅畈镇
书　记　陈柏清
镇　长　程增发

安地镇
书　记　方剑平
镇　长　刘寿松

白龙桥镇
书　记　吴见孙
镇　长　包纯正

琅琊镇
书　记　严小俊(女)
镇　长　倪永洪

蒋堂镇

书　记　何　宪

镇　长　唐剑刚

汤溪镇

书　记　罗政海

镇　长　赵锡生

罗埠镇

书　记　陈伟明

镇　长　邵天加

洋埠镇

书　记　沃建滨

镇　长　陈威虎

长山乡

书　记　方向正

乡　长　陈　强

沙畈乡

书　记　郭凌燕(女,2013.01~　)

乡　长　郭凌燕(女,　~2013.11)

　　　　江少华(2013.11~　)

塔石乡

书　记　陈旭辉(　~2013.03)

　　　　沈剑峰(2013.03~　)

乡　长　方建东

岭上乡

书　记　倪红卫

乡　长　陈　英(女)

莘畈乡

书　记　朱立工

乡　长　沈剑锋(　~2013.03)

　　　　陈丽萍(女,2013.10~　)

箬阳乡

书　记　金卫忠

乡　长　陶顺法

城东街道

书　记　程继军

主　任　章爱芳(女,　~2013.09)

　　　　徐　彪(2013.09~　)

城西街道

书　记　缪明余(　~2013.05)

　　　　沈兆春(2013.05~　)

主　任　金建成

城中街道

书　记　赵建洪

主　任　张时达

城北街道

书　记　舒理成

主　任　陈蔚飞

新狮街道

书　记　朱建明

主　任　陶　迅

江南街道

书　记　沈樟有

主　任　唐　军

三江街道

书　记　黄彩虹(女,　~2013.11)

　　　　蔡于群(女,2013.11~　)

主　任　金重东

西关街道

书　记　蔡于群(女,　~2013.11)

　　　　肖利民(2013.11~　)

主　任　陈万春

秋滨街道

书　记　赵　平(　~2013.11)

黄彩虹(女,2013.11~　)

主　任　马福彬(2013.11~　)

苏孟乡

书　记　包上京

乡　长　朱华锋

金融　保险

中国银行金华市婺城支行

行　长　陈　果

中国工商银行金华市婺城支行

行　长　楼雪君(女)

中国农业银行金华市婺城支行

行　长　夏昌宾

中国建设银行金华市婺城支行

行　长　楼应飞

中国建设银行金华市金西支行

行　长　陈永明

金华银行婺城支行

行　长　许炳林

浙江金华成泰农村合作银行婺城支行

行　长　张卫军

中国人保金华市婺城支公司

经　理　方　凯

中国人寿金华分公司团体业务部

经　理　陈永建

万通小额贷款有限公司

总经理　朱智群

丰银小额贷款有限公司

总经理　傅秀娟(女)

供电　电信　移动　通信

婺城供电局客服中心

主　任　陈吉奂

中国电信金华分公司婺城分局

局　长　张　斌

中国移动婺城分公司

总经理　贾丽娟(女)

中国共产党金华市婺城区委员会

综　述

中共金华市婺城区委贯彻党的十八大精神和中央、省、市的各项决策部署,以加快转变经济发展方式为主线,把握“稳中求进、跨越提升”的工作要求,开展“经济转型提升年、投入提升年、城乡建设提升年”活动,集中精力抓发展,统筹兼顾促和谐,经济社会和各项事业呈现良好的发展态势。2013年,实现区属生产总值264.3亿元,增长8.9%;固定资产投资112.6亿元,增长20%;自营出口10.4亿元,增长15%;财政总收入33.01亿元,其中区级财政收入8.8亿元,增长15.2%。城镇居民人均可支配收入35377元,农村居民人均纯收入13573元,分别增长9.6%、10.8%。

【党的建设】 开展“正风肃纪抓执行”活动,党的建设不断加强。开展“正风肃纪抓执行、攻坚破难促发展”作风建设九项系列活动,执行中央和省、市关于改进工作作风、密切联系群众的各项规定,以作风建设作为打开工作局面的突破口,动真碰硬抓作风,重拳整治刹歪风,严肃查处违纪违法行为,机关效能和工作作风显著改善。重视意识形态领域工作,“中国梦”宣传教育深入人心。开展“全科干部、全心服务”活动,激励干部服务群众、攻难克坚、推动发展。狠抓“狮子型”干部队伍培育,面向急难险重一线选拔一批乡镇(街道)主要领导、副书记、常务副乡(镇)长,一批作风过硬、工作出色的干部得到提拔重用,树立“重实才、重实干、重实绩”的选人用人导向。深化基层党组织“五星争创”和党员“五星管理”活动,加强基层服务型党组织建设,夯实党建工作基础。基本完成全区村级组织(社区)换届工作。加大人才引进力度,初步入选国家“千人计划”2名,有望实现本地申报入选“国千”零的突破。

【经济运行】 开展经济转型提升年活动,经济保持企稳向好态势。坚持实施“工业强区”不动摇,落实调结构、稳增长各项举措,经济运行总体平稳,发展质量效益向好。工业生产平稳增长。全区195家规上企业实现总产值202.5亿元,同比增长8.2%;实现销售产值194.1亿元,增长7.2%,产销率95.9%;实现新产品产值79.1亿元,增长23.8%;实现利润总额9.3亿元,实现利税总额15.5亿元,企业效益持续好转。全年完成“个转企”440户、“小上规”58家。实施创新驱动发展战略,新认定市级以上高新技术企业11家、省科技型中小企业7家、省农业科技企业1家和省高新技术研发中心1家。婺城区被列入浙江省知识产权示范创建区。农业经济稳步发展,粮食播种面积和粮食总产实现双增长,单季晚稻亩产创全市新纪录。农业“两区”建设稳步推进,建成粮食生产功能区25个,新通过省级验收主导产业示范区1个、精品园2个。新增市级以上农业龙头企业6家。发展现代生态循环农业,狠抓畜禽养殖污染整治,畜牧业转型升级步伐加快。第三产业快速发展。全年完成“下升上”60家。实现社会消费品零售总额242.1亿元,增长12.8%。浙中信息产业园实现扩容增效,入园企业达158家,全年交易额突破15亿元,获得“浙江省首批电子商务示范县(市、区)”称号。成功举办“山花烂漫在婺城”系列文化活动、“双龙之夏”文化旅游等节庆活动,全区接待游客258.7万人次,增长19%。

【重点项目】 开展有效投入提升年活动,发展后劲显著增强。开展“百日服务”、“双千”等活动,狠抓重点项目建设,省、市、区重点建设项目进展顺利,均超额完成任务。坚持招商选资不动摇,全年引进内资项目149个,实际到位内资48亿元,增长24.5%。婺城新城区环中轴景观商业核心圈10个商服项目顺利推进,婺州城市广场二期、伟达·雷迪森酒店即将投入使用,新宇宏腾生活广场、尚格酒店、凯得商务大厦主体结顶,金华银行、瑞唐中心等项目加快建设。区人民医院、公安分局业务用房等公建项目正在加快实施。双龙风景区智者寺复建一期主体工程、尖峰山休闲公园提档扩建项目一期工程和霞客古道复建二期工程基本完成。仙源湖度假区基本完成开源、三联、安地镇南区块政策处理,水上运动中心、度假酒店等旅游项目加快推进。开展工业企业清闲促产专项行动,完成对延期开竣工、低效用地、闲置用地企业的调查摸底,落实处置方案,促进低效用地增产。推进土地节约集约专项行动,全年消化批而未供面积170.87公顷,收回盘活存量土地28.4公顷,用地空间得到优化。

【民生事业】 开展城乡建设提升年活动,民生事业持续改善。抓好"国卫"复审工作,推进精品城市创建,城市品位进一步提升。强势推进"三改一拆"行动,完成拆违面积102万平方米,超出市政府下达任务指标42万平方米,迎宾大道两侧整治取得重大突破,江北乡村大院、全家福饭店等违章建筑予以依法拆除。加强水环境综合整治,沙金兰水源涵养功能区整治成效明显,得到省、市领导肯定,重拳整治"最差河流"——桐溪,打造"最美河流"——白沙溪。杭长客专征迁工作全面完成。金华江马海畈堤、虹路堤工程等水利设施进展顺利。琴南公路建成通车,西二环跨沪昆公铁立交桥建设进展顺利,完成联网公路21千米,农村公路大中修52千米。推进以"花香婺城、幸福家园"为主题的美丽乡村建设,启动建设171个村,建成精品村10个、秀美村15个、洁美村100个。建成九峰古韵精品线和秀美南山精品线,启动桂花飘香精品线建设。发放来料加工费6.3亿元,拓宽农民增收渠道,统筹发展的基础不断夯实。建成农村居家养老服务照料中心43家、星光老年之家20个,社会就业、社会保障和社会救助体系进一步健全。开展"激情婺城"、文化礼堂建设等系列文化活动,推进教育均衡区创建,基层医疗服务水平进一步提高,人口与计生工作继续走在全市前列,社会各项事业协调发展。加强和创新社会管理,深化"平安婺城""法治婺城"建设,推进"网格化管理、组团式服务"工作,开展矛盾化解"三百三千"行动,加强社会治安防控体系建设,严厉打击各类刑事犯罪,扎实推进"六五"普法,维护社会稳定,实现"平安婺城"八连冠,并被省委授予创建法治县(市、区)工作先进单位。

【区委常委会议】 全年召开区委常委会13次(含扩大会议),每次讨论若干议题。其中,传达、学习中央、市委有关会议或文件精神9次(1次即1个议题,下同),研究讨论区委常委会工作、区委全会工作2次,区两会工作1次,区人大、政府、政协工作3次,党建和作风建设工作6次,纪检监察工作2次,组织人事工作12次,政法工作1次,宣传、统战工作2次,社会建设与管理工作6次,平安建设、信访维稳工作3次,财政工作1次,科技、教育、文化、卫生工作3次,管理体制机制调整优化工作3次,换届选举工作1次,评选先进工作2次,重点项目推进2次,二七新村区块旧城改造工作专题2次,其他专题工作4次。主要内容有:讨论通过《区委区政府关于改进工作作风密切联系群众的实施办法》《关于进一步加强乡镇街道干部队伍建设的实施意见》《婺城区2013年主要工业经济指标分解方案》《婺城区党政领导干部经济责任履行问题责任追究办法》《关于进一步加强党管人才工作的实施意见》《区领导联系重点人才和重大人才工作项目制度》等文件;研究区"两会"有关工作报告;研究讨论婺城经济社会发展重大事项;讨论决定各项工作考核办法;讨论决定人事任免;研究有关案件等。

【重要会议】 1月21日,召开区委六届四次全体(扩大)会议暨区政府八届二次全体会议,区委书记陈晓作题为《以党的十八大精神为引领,开创"两富"现代化都市核心区建设新局面》的报告。会议回顾总结2012年工作,研究部署2013年任务,审议通过《区委关于认真学习贯彻党的十八大精神,全面加快"两富"现代化婺城建设的决定》,动员全区上下进一步统一思想,加快推进经济转型升级,加快推进新型城市化,加快推进市区重点建设与赶超发展,开创"两富"现代化都市核心区建设新局面。

2月19日，召开全区干部大会，区委书记陈晓作题为《明确定位树信心、凝聚合力强执行，全面加快“两富”现代化都市核心区建设》的报告。会议要求深入学习贯彻党的十八大和省、市各级会议精神，进一步明确建设“两富”现代化都市核心区的定位，坚定加快婺城重点建设与赶超发展的信心，凝心聚力，攻坚克难，全面加快“两富”现代化婺城建设。

7月26日，召开区委六届五次全体(扩大)会议暨区政府八届三次全体会议，区委书记陈晓作题为《全面实施创新驱动发展战略，加快推进婺城重点建设与赶超发展》的报告。会议总结了上半年工作，部署了下半年任务，审议通过《中共金华市婺城区委关于全面实施创新驱动发展战略加快建设创新型城区的决定》，动员全区上下埋头苦干，创业创新，加快推进“两富”现代化都市核心区建设。

8月5日，区委召开全区深化作风建设大会，会议传达贯彻全市深化作风建设大会精神，通报全市深化作风建设大会涉及婺城区的典型案例，分析干部职工作风中存在的问题与不足，并部署下一步深化作风建设重点工作。

【文字综合工作】 围绕区委中心工作和领导关心、群众关注的热点难点，有重点、有计划、有针对性地组织开展专题调研活动，提高以文辅政的水平，为领导决策提供预案。提高公文质量，在公文的科学化、规范化、特色化、制度化方面下功夫，严把发文关、政策关、全局关、文字关、格式关，做到“重要文稿出精品、一般文稿出优质品、所有文稿出合格品”。全年围绕党的建设、工业强区、招商引资、项目建设、民生保障、攻坚克难等重点工作、重点工程，撰写领导讲话、工作报告等文稿140多万字，起草各类文件、通知、会议纪要等综合性材料200多个，撰写领导署名文章近10篇，保障区委各项工作的顺利进行。

(朱德勤)

区委办公室工作

【概述】 区委办公室以邓小平理论、“三个代表”重要思想和科学发展观为指导，紧紧围绕区委中心工作，创新工作载体，发挥参谋助手、综合协调、督促检查作用，不断提高服务水平，开创办公室工作新局面。

围绕中心工作，组织协调工作开展到位。加强了对区委重点工作和区重点建设项目中相关事项的协调，及时掌握各方面工作进展情况，主动向区委领导汇报，提出合理建议，研究制定切实可行的工作措施。对重大工作部署、重要会议、重大活动认真组织，多方协调，形成合力，抓好落实。围绕区委中心工作加大协调、督办力度，对区委常委会议、区委书记专题会议确定的事项及时进行督办，保证了政令畅通。

提升服务水平，区委日常工作运转高效有序。不断完善日常工作运行规程规范，始终把从严、从速、从精、从简办文办会作为办公室落实和促进区委各项工作决策的首要措施来抓。认真撰写文字材料，做到了精益求精、优质高效、领导满意，达到了以文辅政、传达精神、指导工作、促进落实的目的；及时办理机要文件，没有出现误事、误时、失密现象；精心组织会议，参与承办“两会”和以区委、区政府名义召开的各类会议外，组织各类协调会、工作会议，没有出现差错和纰漏；强化应急管理与信访接待工作，健全应急联动组织体系，实现区突发公共事件预警监测网络和信息直报体系全覆盖，突发事件应急处置能力得到提高。

注重信息调研，参谋作用得到有效发挥。围绕区委中心工作，抓住重点，关注热点，剖析难点，及时捕捉苗头性、倾向性问题，及时收集和上报信息，及时、准确、全面地为领导提供情况和决策依据。

加强自身建设，办公室形象有了全新提升。切实狠抓理论学习，不断提高政治思想素质，全办干部职工政治素质得到明显增强，班子成员解决和处理改革发展稳定中的重点、难点问题的思路、方法措施有了全面创新和提高。认真贯彻执行民主集中制，不断提高班子和队伍的凝聚力，形成了干部之间相互支持、积极配合，大事讲原则、讲党性，小事讲友谊、讲风格，落实制度不走样，执行程序不变通，履行职责不越位，一心一意干事业的良好局面。积极探索新形势下班子和队伍建设中遇到的新情况、新问题的解决方法，坚持定期召开碰头分析会，交流心得，研讨热点，有效地提高了领导和驾驭全局的能力，增强了工作的指导性和创造性。

（朱德勤）

【秘书工作】 发扬敬业为重、无私奉献的精神，围绕区委中心工作，强化服务责任意识，发挥参谋助手作用。系统地做好会务工作，坚持细致、严密、高效、得体的工作态度，按照领导的安排部署，做好每次会务工作。下发通知做到高效、及时，确保把通知发放到每位参会人员，要求各单位及时上报参会人员名单，把参会情况及时汇报领导。全年办理各种大小会务200余场，下发各类通知300余次。做好接访工作，秘书科是窗口科室，对所有来宾和来访人员做到礼貌热情，根据具体情况与相关领导和单位联系。对突发的上访事件，坚持顾全大局，耐心细致地劝解上访人员，并及时向领导反映情况，有效地防止了矛盾的激化。做好传真的上传下达工作，本着高效、准确的工作态度，及时把传真交予领导阅办，按照领导批示要求办理，做好传真的分类和保存，及时填写传真办理情况登记表，以便领导查阅。全年办理各类传真1000余件，做到高效快速地上传下达，未出任何差错。（施永红）

【值班工作】 区委、区政府总值班室围绕区委中心工作，牢固树立"值班室工作无小事"的思想观念，按照值班制度工作要求，认真填写值班记录，细致做好值班室工作，做到值班工作人员24小时在岗在位，做好各种信息的上传下达，确保信息往来畅通无阻。针对婺城区发生的重大或突发事件，值班人员及时掌握事件发生的时间、地点、事由、经过、伤亡情况或损害程度、目前状况等信息，严格按照值班工作程序迅速做好紧急事件的上报、传达等各项工作，协助领导处置紧急、突发事件，尤其是非工作时间紧急情况和信息的处理。做好区委重要会议通知等有关会务工作，全年发放全区性文件500余份、全区性会议通知100余次。安排每月法定节假日和双休日轮流值班表，值班人员恪尽职守，工作认真细致，力求不出差错，使区委、区政府值班室的"窗口"更加亮丽，信息往来更加畅通无阻，上传下达更加无误快捷。（洪志生）

【信息工作】 全年编写刊发区级《婺城信息》178篇、《专报》37篇，被省、市级《每日要讯》《专报》《每日汇报》《上报中办信息》《工作情况交流》等信息刊物采用100余篇。提高信息工作可操作性，坚持"服务领导、服务基层、服务群众"的信息工作宗旨，做到"既报喜又报忧"。结合抗旱、治水、"三改一拆"等重点工作，及时报送信息，反映情况，编写的《"三改一拆"后续面临四大问题》等18篇专报均得到区委主要领导批示，为推动工作起到积极的促进作用。提高信息工作的时效性，在思想认识、内容取向、运行机制等方面与办公室各科室加强沟通，大胆创新，积极探索，关注热点，剖析难点，捕捉亮点，在重大事件及突发性事件的报告方面，做到准确、及时、真实，严格按照规定时间报送。提高信息工作的针对性，着眼于为领导决策提供第一手资料，有针对性地开展信息工作。编写的《婺城区统筹基层资源拓展社会矛盾化解新路子》《婺城区实施三大工程全力打造Ⅰ类饮用水水源地》等信息在《浙江信息·工作情况交流》上采用，《五种途径培养狮子型干部》等6篇信息在《浙江信息·每日汇报》上采用，并得到市委主要领导的肯定和批示。

（叶巨擘）

【调研工作】 分析研究中央和省、市各项决策部署，围绕全区发展大局，对全区经济社会等方面重大问题进行调查研究。根据区委部署和安排，组织协调区机关（部门）和乡镇的调研力量，针对全区中心工作和热点、难点问题，进行专题调查研究，形成调研结果，多篇调研报告得到区领导肯定，并转化为领导讲话内容及政策文件精神。办好《调查与研究》刊物，总结和推广各级、各部门推进经济社会发展的好经验、好做法，及时为区领导决策提供参考，较好地发挥参谋助手的作用。全年各单位（部门）上报调研文章260篇，多篇文章得到区委、区政府主要领导批示。其中，市级《金华通讯》采用10篇，《金华日报》理论版采用7篇，区《调查与研究》刊物刊发85篇。（周江海）

【督查工作】 围绕区委中心工作，紧扣区委、区政府重大决策和重要工作部署，创新工作方法，加大督办检查力度，促进区委重大决策及重点工作部署贯彻落实。采取书面督查、现场督查、跟踪督查、突击督查、明察暗访等方式提高督查的针对性和实效性,全年发出督查通知单12期,编发每月工作要点12期,刊发督查通报65期,报送《督查专报》及各类反馈材料12次,树立了督查工作的权威和地位,起到良好的督查效果。对区委重要会议作出的决策或决议、年度主要工作任务、月度重点工作安排、重要政策性文件精神等,分解工作目标任务,适时开展决策督查。对决策落实中带有普遍性、倾向性、政策性的问题及时反馈,为区委决策提供服务。对年度重点惠民实事、重点建设项目和技改项目、经济运行目标管理、克难攻坚项目、美丽乡村建设等,开展专项督查,客观反映进展情况,提出督查建议和意见,促进目标任务的达成。坚持按照“批必查,查必果,果必报”原则,办理领导批示6件次,做到件件有着落、事事有回音。对其他经常性、随机性督查活动,发现问题及时向区委领导反馈报告,主动协调,狠抓落实,确保区委重要决策落实到位,取得实效。牵头研究制定全区机关部门、乡镇、街道工作目标责任制考核办法,并组织实施。

10月,督查室承担区“8890”便民服务平台职能。“8890”便民服务平台自2013年10月28日试运行以来,以“响应灵、服务灵、办事灵”为目标,做到事事有回应、件件有落实。截至年底,接到平台交办群众诉求件845件,在53家承办单位的重视和努力下,办结813件,其余32件正在办理中,办结率96.2%;在813件已办结的受理事项中,经市平台工作人员回访,诉求人表示满意的755件,满意率为92.9%。 (徐　胜)

【机要保密工作】 机要保密局在省、市机要保密部门的业务指导下,做好本职工作。机要工作比较特殊,不管在什么情况下都要随叫随到,做到及时、准确、安全,保证办文、办会的质量。每年超额完成《保密工作》杂志征订工作,2013年,做好“区党政高清视频会议系统”设备安装准备工作。参加省、市机要局召开的各种技术培训,接受保密工作检查,及时完成省、市机要保密工作中各类报表上报和工作任务布置。 (傅继跃)

【档案工作】 婺城档案办根据浙江省档案局《2013年全省档案工作要点》的通知精神和金华市档案局2013年档案工作要点和主要工作任务安排,全年档案重点工作有:开展婺城区机关、乡镇、街道规范化数字档案室创建;参与农村文化礼堂建设;参与“五个档案”业务指导工作;参与档案业务知识网上培训工作。同时,以创建全区进馆单位规范化数字档案室为主线,认真筹划,落实实施。3~4月,在确定全区全年工作任务前提下,分别召开婺城区协作组长会议和7个协作组会议,将全年档案工作任务进行部署。继续完成2012年度文书档案数字化登记备份工作。各单位完成照片档案、实物档案数字化,按要求建立室藏档案电子目录数据库和至少1个专题目录数据库,并编有3种以上电子编研成果。全区67家单位100%完成档案实体整理,97%完成档案数据化扫描。同时,完成46家规范化数字档案室创建工作。年底,区档案办年检小组对婺城区57家单位逐一进行年检考核。根据考核结果,评选出先进单位14家,先进个人14人。 (王俊男)

【党史研究】 加强党史资料征集、宣传教育、重要事件和重要人物纪念,以及胜迹遗址保护利用等工作,发挥党史工作以史鉴今、资政育人的作用。

5月9日,为纪念毛泽东“五九批示”50周年暨纪念陈双田同志,区委党史研究室在汤溪镇召开纪念座谈会。省委党史研究室副主任王祖强应邀出席会议并讲话,金华市委党史研究室主任吴因清、婺城区委副书记张茹先参加座谈会。座谈会由婺城区委常委、宣传部部长蒋献忠主持,《今日婺城》当天刊发特刊。

在金华市委党史研究室指导和帮助下,婺城区安地革命烈士陵园列入第一批15个金华市党史教育基地。

为丰富农村精神文化生活,打造农民群众的精神家园,加快推进文化强区建设,区委宣传部建立全区农村文化礼堂建设领导小组和工作指导组,区委党史研究室与区文明办、文体局、农办、文物办等部门配合,帮助各村挖掘历史文化,全程指导具体建设,各乡镇、村负责实施。

完成党史资政文章,论文《开发婺城革命遗址,为红色旅游服务》在《春秋》杂志上刊登。

继续做好婺城党史二卷资料收集工作,查阅1949年至1956年汤溪县委档案380卷、汤溪县政府档案106卷,1956年至1965年金华县委档案408卷,并做好资料复印。 (蒋　涛)

组织工作

【概述】 婺城区委组织部坚持以党的十八大和十八届三中全会精神为统领，在上级组织部门和区委的领导下，围绕区委工作大局，突出重点，开拓创新，统筹兼顾，狠抓落实，为加快推进“两富”现代化婺城建设提供有力的组织保证。

【自身建设】 培育优良工作作风，坚持部机关党员先锋承诺活动，开展“三走进三连心三推进”活动，组织全体党员赴社区报到，带头参加“党员公益日”、体验式蹲点调研，多方听取党员、干部、人才、群众的意见，推动群众路线教育先学先改。

营造良好工作氛围，深化部机关考核机制，完善“周一学习日”制度，举办组工干部演讲比赛、“老组工说给新组工听”系列组工论坛，鼓励组工干部结对帮带。成立部风部貌督查小组，邀请部机关退休干部、“两代表一委员”监督部机关干部的工作作风和廉洁自律情况。

打造阳光组工形象，利用“婺城先锋”微博平台，让组工干部学会在“玻璃房”中工作。至年底，“婺城先锋”编发微博8324条，开展微博互动活动65次，开设的《镇街最强音》《婺城青春有梦》等栏目，被省委组织部“之江先锋”转播，“乾西微播客”得到省委组织部原部长蔡奇的肯定。

【干部队伍建设】 重视推动换届后领导班子有序运行，由部领导带队，分5组深入37个机关部门和19个乡镇、街道开展领导班子运行分析工作，对班子运行存在问题的单位有重点、有针对性地开展指导帮扶，对干群反映较多的班子成员进行调整或诫勉谈话提醒，提高班子的凝聚力和执行力。

坚持从严管理，关爱干部队伍，加强干部动态考察和考核督促工作，选派组工干部、区管后备干部以及退出领导岗位干部到“三改一拆”、上浮桥工作组等重点工作一线，跟踪考察和督促干部发挥作用，先后对全区“三改一拆”中排名后三位的单位和25名表现一般的干部进行提醒约谈。

规范公务员管理工作，开展2012年占职数非领导职务申报和评定工作，评定占职数主任科员4人、副主任科员6人、法检正副科级审判员(检察员)7人。会同区人社局招录45名公务员或参照公务员管理事业单位干部。完成2013年度3名副团职军转干部安置工作。开展乡镇选任制公务员录用登记工作，先后完成4批次27人登记工作，1批次11人录用登记工作。做好党政领导干部兼任社会团体领导职务清理规范工作。

推进干部教育培训工作，重点做好区管领导干部集中轮训。围绕“三个提升年”工作目标，制定《婺城区2013年干部培训计划》，指导各专题培训班按计划有序开办，举办了第一期区管干部轮训班。深化领导干部学分综合考核制度，做好市管、区管干部学分制综合考核工作，对2012年度学分未合格的市管领导干部进行督学促学。配合市委组织部做好干部培训选调工作，完成市管领导干部进修班、中青班和乡镇(街道)书记培训班学员选调。

完善干部监督管理机制，全面推行“一报告两评议”制度，2名评议满意度偏低、干部群众意见集中的单位“一把手”调离原职，3人进行提醒谈话，限期改正。开展干部监督专项检查，会同纪检、审计、人事部门对4名离任的党委(党组)书记进行离任检查，对14个单位主要领导进行经济责任审计。制定规范中层干部选拔任用的实施意见，建立中层干部违规选任追究制度和乡镇、街道、机关部门中层干部选任方案联审制度，派驻干部监督员全程参与重点单位的中层干部选任工作，指导24个单位规范开展中层干部竞争性上岗工作，联合区纪委对11个区机关部门的中层干部选拔任用工作进行专项检查。推行“三明确、三把关、三同步”的工作方法，对全年拟提拔或转重要岗位的领导干部全部进行个人财产公示。

【基层组织工作】 开展基层党组织“五星争创”活动和党员“五星管理”工作，部署开展新一轮五星评定工作，制定《关于在全区乡镇(街道)开展“五星争创”活动的指导意见》。全区1025个基层党组织评出五星级基层党组织60个、四星级基层党组织215个、三星级基层党组织412个、二星级基层党组织299个、一星级基层党组织39个、五星级党员2117名、二星级党员257名、一星级党员13名。

牵头抓好经济薄弱村整顿转化工作，建立发

展村级集体经济联席会议制度,探索资源利用型、产业发展型、理财增值型、物业经济型和组织优化型等"五种发展类型,八条发展路子"富村模式,并按照各自特点分别成立5个富村帮扶指导小组,重点解决集体经济发展过程中的相关政策、资金、手续等问题。统筹做好2012年省财政专项资金扶持项目建设进度的跟踪督查,筛选上报省财政专项资金扶持项目10个,审核确定区级财政扶持项目80个。

开展乡镇(街道)党(工)委书记抓党建工作专项述职,全面推行乡镇党代会年会制度,试行街道党代会年会制度,实行党代表询问制度,强化乡镇(街道)党(工)委书记履职意识。做好党员发展管理工作,全年发展党员418名,完成162名退伍士兵党员档案审核、组织关系接转,下拨困难党员慰问费46.48万元、离任村主职干部补助费80.89万元、村主职干部基本报酬1535.91万元。通过短信提醒、月报工作情况、随机抽查等措施,消灭远程教育零登录站点,推进站点学用工作。

推进"两新"党建工作,健全"两新"工委领导体系,以"1+N"模式及时调整充实委员单位,并建立领导联系包片制度,由区委"两新"工委副书记、委员分片联系乡镇、街道和归口管理的重点组建单位。结合婺城区产业特点,推行以现代农业经济为重点的产业链党建、以网络经济为重点的商务圈党建等工作路径,先后成立莘畈农家乐协会党委、来料加工商会党委、信息产业园区党委等产业、行业、区域性党组织,基本实现"两新"组织党建工作"立体化"覆盖。开展"漫游青春"婺城青年文化巡礼活动等青年党建活动,推动园区党建、楼宇党建、市场党建、网络党建、巾帼党建等工作,在信息产业园区、婺城新城区和金西开发区建立5个党群服务中心。举办"两新"组织示范单位党组织书记培训班,抓好"两新"党建典型培育工作,确定有代表性的浙中信息产业园、莱恩集团、白龙桥商会等20家"两新"组织作为党建工作示范点,纳入区重点培育范围。

【人才工作】 按照"虚拟机构、实体运作"的原则,成立区招才局,制定《关于进一步加强党管人才工作的意见》和区领导联系重点人才、重大人才工作项目等制度,下发全区招才引智工作目标任务分解表,把目标任务落实到园区、乡镇(街道)和机关部门(单位),并首次将招才引智工作纳入年度目标责任制考核的加分项目。采取公开采购、项目建设与公房置换等方式,推进人才专项用房建设,盘活人才租赁公寓2240平方米,完成2批人才住房采购项目的公开招投标。

组织开展集中招商招才月活动,由区领导带队,分5个小组赴外招才引智。走访园区骨干企业60余家、重点人才130余人。承办"千人计划"智汇金华网络经济峰会,开展"婺城籍院士、博士婺城行"活动,推动浙中信息产业园网络经济人才平台建设。2013年,全区入选国家、省"千人计划"各2名,市"双龙计划"5人;指导创建省级重点企业研究院1家,引进青年科技人才3名,创建省级企业研发中心等高端平台5个;入选市"321"人才工程第二层次人选4名,入选省"151"人才工程第三层次人选1名。

建立大学生"村官"联席会议制度,制定实施《大学生村官量化积分考核办法(试行)》,采用"笔试+量化考核+面试"的形式,面向大学生村官招聘事业单位工作人员2批18名、社区专职工作者6名。采取择优选聘和公开选聘相结合的方式,新选聘大学生村官17名,继续开展大学生村官入企挂职锻炼活动。做好期满大学生村官有序流动工作。2013年,全区通过各种渠道流动大学生村官54名,流动率46.3%。

【培育"三有"狮子型干部队伍】 探索狮子型干部培养锻炼新途径,区委制定《关于在急难险重一线培养锻炼干部的实施意见》,先后从机关部门、乡镇(街道)和园区机关抽调234名干部,选配84名攻坚组组长、副组长充实到重点项目、信访维稳、经济建设等一线进行实践锻炼,探索委任攻坚克难组长、到重点工程指挥部挂职、包案办结疑难信访、服务园区两招两引、包村结对后进整顿等急难险重岗位培养锻炼干部的五种途径,围绕助推一线攻坚选拔配备"三有"狮子型乡镇党政"一把手"6人及后备干部29人,2名退二线干部因表现突出晋升非领导职务。

探索事业需要的好干部选拔新途径,拿出5个乡镇(街道)党(工)委副书记职位直接面向急难险重一线干部进行专项选拔,在选拔实施过程中重实才不唯身份、重实干不唯票数、重实绩不唯年龄,重点探索实行基层党委班子集体署名推荐、联系区领导署名推荐和区委委员署名推荐等领导干部“三级”署名推荐办法。全区100余名符合条件的区管干部参与选拔,最终选任的5名人选都是有乡镇管理处正职或派出所所长经历的一线干部骨干,提高了选人用人公信度。

探索狮子型干部实践培训新途径,从急难险重一线抽调56名干部骨干,举办“三有”狮子型干部专题培训班,通过狮子型干部说给狮子型干部听、做给狮子型干部看、带着狮子型干部干,让更多的干部到急难险重一线课堂经历锻炼、提升素质。4月,《浙江日报·内部参考》第57期以《针对急难险重岗位“无帅可选”窘境,婺城培养狮子型干部队伍》为题全面介绍婺城区的做法,省委领导对此高度关注,先后两次批示,并指派人员来婺专题调研,要求继续加大力度、提升质量、巩固成效。

【“全科干部、全心服务”主题实践活动】 开展全科培训,以打造全科实干型乡镇(街道)干部为目标,探索建立“集中充电、菜单培训、微博授课、轮值上课”四位一体培训模式,提高乡镇(街道)干部综合素质。集中充电期间,组织各乡镇、街道近三年新进干部140余人进行统一培训,由区委书记带头讲课,涵盖“老乡镇”现身说法、全科知识培训、学员交流发言三大内容,涉及如何当好乡镇干部、如何做好农村工作等10个专题,基本实现全科业务覆盖。同时,通过下发培训课件、开设微博课堂、干部轮值上课等形式,全方位加强干部素质培养。

深化周三服务日、全程代理服务、服务四项竞赛等三大服务载体,乡镇(街道)干部每周三下村接访,通过定时定点接访,与基层群众面对面交流,点对点回复群众诉求;推行以“项目服务、政策服务、代办服务、纠纷调解”为主要内容的“全程代理”便民服务制度,解决山区农民生产生活难题,化解矛盾纠纷;开展“工业发展、项目建设、社会管理、城乡建设”四项竞赛,引导乡镇(街道)干部投身“经济转型、有效投入和城乡建设”提升年活动。

强化督察指导,整合区两办、纪委、人社局等部门单位,组成5个督察组,以明察和暗访相结合的方式开展集中和随机督察,不定期反馈通报,并将督查结果作为年终考核的依据之一,进一步激发基层活力。

【村级组织换届】 2013年,全区村级组织换届试点安排在白龙桥镇、罗店镇鹿村和城东街道上浮桥社区等选情复杂的重难点乡镇和重难点村。至年底,全区村级组织换届任务基本完成,376个行政村经民主推荐选举产生新一届村“两委”委员2398名。其中,妇女委员530名,大学生“村官”38名。

贯彻“六先行”要求,把好准备关。针对极易影响村级组织换届的突出问题,贯彻调整配强乡镇党委书记先行、后进村整顿转化先行、创业承诺考评先行、清账理财先行、教育培训先行、排摸后备干部先行的“六先行”工作要求,对辖区内部分行政村矛盾问题较多仍未得到有效缓解的3名乡镇(街道)党(工)委书记进行调整或撤换,对49个情况相对复杂、矛盾问题较多的行政村进行整转,对可能存在底数不清、产权不明、突击处置集体财产等情况的47个重点村进行集中审计,对116名“二星级”以下村书记、主任进行重点培训,为村级组织平稳有序换届扫清障碍、打牢基础。

建立“四联系一汇报”制度,把好指导关。建立以区领导领衔联系、镇领导分级联系、“两富”指导员定点联系、工作组成员驻村联系和工作进展每日一报为主要内容的“四联系一汇报”制度。试点期间,区委书记、区长等9位领导带头联系结对,面上铺开后,区四套班子31位领导全部联系结对乡镇和村(居)。各乡镇(街道)党(工)委构建乡镇(街道)换届工作分级联系体系,所有区农村“两富”局级指导员每周到村时间不少于1天,联村干部每日驻村时间不得少于8小时,各乡镇(街道)党(工)委每天下午召开一次换届工作进展情况例会,强化组织指导和沟通协调。

出台六项举措,把好选纪关。出台强化选风选纪情况排摸、加大政策纪律宣传引导、落实换届纪律选前谈话、实行换届纪律选前承诺、开展选风选纪明察暗访、严厉打击违法违纪行为等六项举措,加大政策宣传及对贿选拉票等违法违纪行为的防范和打击力度,确保换届风清气正。换届期间,各乡镇、街道累计召开选情分析会124次,发现并纠正贿选苗头28起,解决问题86个,会同区纪委等部门单位,累计查处5起9人的贿选和破坏选举案件。

(胡怡雯)

宣传工作

【概述】 宣传思想文化战线紧扣区委、区政府中心工作,把握正确导向,为全面推进婺城“两富”建设提供强有力的思想保证和舆论支持。

思想引领扎实有效,以群众路线教育实践活动为契机,组织干部学习党的十八大精神和习近平总书记重要讲话精神,要求党员干部严格遵守党风廉政建设的各项规定,开展十八大精神和“中国梦”宣讲活动。做好区委理论中心组学习服务工作,抓好学习型党组织建设。开展“学习贯彻十八大,建设‘两富’现代化婺城”微型党课讲稿、视频评选活动。发挥自身优势,编制“中华文化系列论丛”一套10本。

舆论引导氛围良好,围绕“三个提升年”“三改一拆”、治水治污、美丽乡村建设等重大主题、重大活动开展各项主题宣传。开展对外宣传,中央电视台专栏报道2次,《浙江日报》刊登外宣稿件30篇。其中头版头条1篇,报道婺城区治水工作的做法和成效。对78名新闻发言人、70名骨干网评员开展业务培训,制定《婺城区突发公共事件和热点问题舆论引导工作协调机制》。深化网络信息监看值班制度,加强舆情分析、编报,编发《舆情快报》46期《舆情周报》48期。

文化建设重点突出,以农村文化礼堂建设为重点,推进文化强区建设。举办第四届“激情婺城”文化艺术系列活动。

文明创建稳步推进,全区109家省、市级文明单位开展“亮牌子、树形象、展风采”活动,在醒目位置摆放宣传牌,公布监督电话,接受群众的监督。开展“最美婺城人”选树活动,树立道德标杆,弘扬新风正气。以整合和新建相结合的方式,确立44个道德讲堂建设试点。推进“春泥计划”工作,全区“春泥计划”实施村455个,占全区行政村总数的80%,为农村未成年人营造良好的成长环境。

【区委中心组理论学习】 全年举行中心组理论学习12次,先后安排学习贯彻十八届三中全会精神、“中国梦”、《浙江省违法建筑处置规定》、国防形势教育、UPG之云融资云计算等专题理论学习,采取自学、集中学习研讨、聘请知名专家教授作辅导报告等形式。在《今日婺城》理论版上发表全区领导干部理论文章52篇,编发《理论信息参考》13期。

【“中国梦”宣讲】 发挥区委兼职讲师团、法律法规宣讲团、国学宣讲团、“草根”宣讲团等团队作用,借助专家讲坛、婺州讲坛、金西论坛、市民大讲堂等平台,开展“中国梦”宣讲活动,全年开展宣讲300余场,受教育群众2万余人次。

【微型党课评比活动】 开展“学习贯彻十八大,建设‘两富’现代化婺城”微型党课讲稿、视频评选活动,收到参评教案202个、视频51个,选出教案类一、二、三等奖26个,视频类10个。

(何文斌)

精神文明建设

【概述】 婺城区以建设社会主义核心价值体系为根本,坚持围绕中心,服务大局,贴近实际,贴近生活,贴近群众,改革创新,为实施“十二五”规划,推动全区科学发展、跨越提升,加快建设现代化核心城区提供思想保证、精神动力、舆论支持和文化条件。

开展公民思想道德建设实践活动,展示“草根奖”人物风采。2013年是金华市第三届道德模范评选年,在全市21名道德模范候选人中,全区占4个名额。围绕“寻找最美浙江人,争做最美浙江人”活动主线,在全区选树一批“最美妈妈”“最美计生人”“最美政法干警”,将他们的先进事迹编撰成系列丛书,下发到机关、乡镇、村、社区、学校、企业等各个层面。推进“道德讲堂”建设,全区确定44个“道德讲堂”试点,正在积极筹建中。借助“结对共建”“激情婺城”“婺剧下乡”“农家书屋”等多种载体,推动农村“种文化”活动;借助“社区共建”载体,推进社区文化建设。开展送文化、送文明进企业、进农村、进学校、进社区活动，推动城市社区与农村开展文化文明结对互助活动。推动“两富”现代化新农村建设，上报乾西乡等2家“两富”建设先进镇，白龙桥镇虹路村等12个“两富”建设先进村(示范村)，参加全市“两富”创建争创评比。开展省级示范文明城区创建活动，做好具体分工及任务部署，建立对新申报的文明单位培训制度，注重对各类文明单位创建的指导。同时，做好各级文明单位、文明村镇、文明社区的申报和复评、升级工作。全区创建省级文明单位15家、市级文明单位109家、区级文明单位247家；省级文明村镇14家、市级文明村镇75家、区级文明村镇219家。重视未成年人思想道德建设，根据省、市文明办要求，2013年“春泥计划”覆盖率已达80%。稳步推进乡村学校少年宫建设，强化中小学生文明礼仪教育。会同区教育局、团区委、关工委开展“知行合一”中小学生文明礼仪主题教育系列活动。开展文明“小喇叭”和“小啄木鸟”“人人争当文明礼仪好少年”雏鹰争章、“文明礼仪 善美金华”征文、“文明礼仪之歌”创作比赛暨《文明礼仪手册》传递仪式等活动。

【区文明委会议】 11月12日，婺城区召开文明委工作会议，总结全区精神文明建设情况，部署下步工作。会议提出做好精神文明建设工作的几点要求，审议文明单位考核验收情况。

【“草根奖”“最美婺城人”评选】 把历届评选出的132位“草根”民星、17名“婺城最美妈妈”、5名“婺城最美计生人”、20名“婺城最美政法干警”，通过《今日婺城》人物专栏陆续进行报道，将“婺城最美人物”的先进事迹编撰成系列丛书，下发到机关、乡镇、村、社区、学校、企业等各个层面，充分展示其道德风采。

【“春泥计划”活动】 婺城区新增200个“春泥计划”实施村，至年底，全区“春泥计划”覆盖率达到80%，并在扩面实施的同时，加大对各级“春泥计划”先进村(社区)的考评，全年评选出区级“春泥计划”先进村(社区)35个、“春泥计划”工作优秀辅导员31名。设立“春泥计划”专项经费，实行专款专用。每个“春泥计划”实施村启动经费1000元，先进村奖励经费5000元。投入10万余元制作“春泥计划”相关资料，发放《春泥计划指导手册》455册、台账记录本455本、“春泥计划”制度牌455套和“春泥计划”LOGO(商业标志)455个。同时，编撰《婺城区“春泥计划”工作纪实》一书，并制作了“春泥计划”专题片。

【创建省级示范文明城区活动】 严格对照《浙江省示范文明城市(县城、城区)测评体系》的标准，开展自我测评。召集区有关部门、单位召开迎接2013年城市文明程度指数测评工作会议，主要对全区迎接2013年城市文明程度指数测评做具体的工作分工及任务部署，并做好相关整治工作。9月，市文明办将测评反馈以文件形式下发，区文明办针对反馈意见进行再次梳理和查漏补缺。同时，配合国家卫生城市复查小组做好相关工作，多次发动区机关部门到共建社区参与整治活动。

【文明创建】 区文明办编制下发《文明创建工作指导手册》，明确文明创建的标准、重点和操作规程，使全区文明创建工作规范化、科学化、制度化。2013年，全区创建成效明显，金师附小争创国家级文明单位；沙畈乡、罗店镇后园村等30家村镇争创市级文明村镇；区水务局等8家单位争创市级文明单位；城东街道旌孝街社区等8家社区争创市级文明社区。 (孙　苗)

【文化艺术系列活动】 3月9日，“山花烂漫·美丽婺城”——茶花节、油菜花节、桂花节系列活动正式启动。婺城区发挥区域资源优势，以农业两区建设和美丽乡村建设为抓手，加大农业投入，促进农业产业化经营，农业主导产业和特色产业得到发展壮大。自2009年以来，连续成功举办了四届桂花节、三届茶花节和油菜花节，推进花卉苗木产业转型升级，促进观光休闲农业、旅游产业健康发展，实现农业持续增效、农民持续增收和农村面貌持续改善。“山花烂漫·美丽婺城”品牌文化活动的成功打造，提升了婺城的知名度与美誉度。

婺城区秉承“整合品牌、节俭办节”的原则，科学整合桂花节、茶花节和油菜花节等节庆活动，成功举办第四届“激情婺城”文化艺术系列活动。活动期间，举办了“山花烂漫·美丽婺城”品牌文化系列活动；开展“油画婺城花乡行”活动、“寻景金西览秀色”摄影比赛、“魅力仙源湖”摄影展、婺城区第二届中小学婺剧演唱大赛、婺城区戏剧展演等52场大型专项艺术活动，为婺城百姓展示才艺搭建平台，丰富了百姓文化生活。

4月27日,金华市区第八届邻居节在江南街道南苑社区开幕,70名独居老人欢聚一堂,集体过生日,社区工作人员给老人们分发了水果蛋糕。在邻居节期间,南苑社区的居民举行亲子运动会、大合唱、家电维修便民服务、敲开邻居门等活动,加深了邻里间的沟通与交流,增进了友谊。社区志愿者到社区新增加的8名独居老人家中,与他们结成帮扶对子。

【农村文化礼堂建设】 自年初启动文化礼堂建设以来,与美丽乡村建设相结合,注重资源整合,彰显地方特色,构筑美好精神家园。2013年,全区建成23家文化礼堂,其中金西三镇10家。各文化礼堂陆续开展各类礼仪活动、宣讲活动以及丰富多彩的文化活动。 (章丽华)

新闻传媒

【概述】 区新闻传媒中心(以下简称中心)围绕区委、区政府中心工作,坚持强重点、重基层、大手笔的宣传思路,宣传全区各项重大决策部署和重点工作,报纸、电视、网络三大平台合力唱响"婺城好声音"。

重大主题宣传有声有势。中心在报纸《今日婺城》、电视《婺城新闻》、婺城新闻网三大平台上开设《学习贯彻十八大,创造两富新业绩》等专栏,反映各地、各部门学习贯彻党的十八大精神的认识体会和实际行动。在宣传报道中做到策划先行,合力作战,借梯登高,形成宣传舆论的"高地",采用新闻加评论的"组合拳"形式,配发一系列评论员文章,为"三改一拆""国卫复审迎检""婺城治水" 等重点工作摇旗呐喊。在《今日婺城》开设《贯彻全区干部大会、创造两富新业绩》《来自二七新村区块改造工程的报道》《赶超发展,浙中崛起》新城区十年系列报道,以及《婺城治水》等20多个专栏,为全区崛起争先、赶超发展营造浓厚的舆论氛围。

三大平台影响力持续提升。中心开展"影响力提升年"活动,提出争创全省最具影响力媒体的战略目标,在推进媒体影响力提升上进行一系列有益探索和尝试。中心加强栏目品牌的培育,推出《新春记者走基层》品牌专栏,鼓励记者深入基层,深入乡村,深入群众,采写一批富有时代精神的优秀作品。在《今日婺城》上办好《今日视点》专栏,反映乡镇、部门的中心工作,让具有典型经验的工作方法,以新闻形式奉献给全区广大读者。办好"民生"版,注重服务性和可读性,把群众关心的热点、难点,当作新闻采访的重点。《婺城周末》还组织 "婺城人文地理"系列采访活动,全面梳理婺城的历史人文。

新闻队伍建设稳步推进。中心打造一支"政治可靠、业务精通、团结协作、作风过硬"的队伍,党员干部和中层骨干发挥模范带头作用,保质保量完成新闻宣传任务。中心制定《婺城区新闻传媒中心各部(室)工作流程》,对三大平台的采编流程细化并责任到人。完善每日编辑、记者值班制度,规范评报制度,实行采编人员轮流评报制。开展影响力提升年论坛活动,总结和交流实践经验,加强理论研究,提升办报、办网、办栏目水平。开展"季度之星"评比,完善采编人员 "竞赛榜"制度,深化记者、编辑的"师徒帮带",通过请进来、走出去的形式,学习先进地区的新闻采编经验。

网络阵地建设整合创新。中心加强婺城新闻网建设,促进报、网、视资源优化整合和互动,婺城新闻网连续2年获浙江在线支站创新奖。先后策划《"三改一拆" 建设美丽婺城》《呵护生命水源——沙金兰水源涵养生态功能区整治纪实》等多个网络新闻专题,跟踪报道重点工作的最新进展。联手金华广电广众网,开展婺城区"三改一拆"在线访谈,邀请区领导和相关乡镇部门负责人在线解读政策,回答网友关注的问题。开展"婺城区作家、摄影家沙金兰采风活动"和"婺城新闻网网友沙金兰体验行"等体验采风活动。加强舆情监控,完善专职监管和协调处置机制。编发《舆情快报》44期,《舆情简报》48期,有效应对多起重大网络舆情事件。

对外宣传提升婺城形象。中心推进"善美婺城"对外宣传工作,全年在中央、省、市各级新闻媒体刊播外宣稿件300多篇。婺城新闻网开展 "建设善美婺城·共筑中国梦"主题宣传活动,制作"大学生志愿者助推婺城农村文化礼堂建设""婺城区最美妈妈”“婺城区最美政法干警”等5个网上专题。开展茶花节、油菜花节、桂花节“三花烂漫”节庆主题对外宣传活动和“激情婺城”宣传活动，展示婺城精彩文化底蕴、自然生态、人文景观和发展成就。

【《今日婺城》创刊六周年公益活动】 中心于《今日婺城》创刊六周年之际，开展《今日婺城》民生新闻回访慰问、走访慰问敬老院、关注山区留守儿童、关爱外来民工、贫困助学公益行动、帮扶残疾人等系列公益活动。通过搭建关爱平台、创新救助方式，诚邀社会各界人士积极参与。此次活动参与单位和个人用于公益行动的资金达30万元，取得良好的社会效益。

【《婺城周末》创刊】 1月18日，中心创办《婺城周末》，以民生化、晚报化为方向，在版面安排上以独家的关注、纪实、文娱和聚焦(摄影)等版面为主，重点强化版面的策划和创新，力求在报纸服务性与可读性上独树一帜。《婺城周末》先后策划了《用雷锋精神谱写“环保之歌”——记金华雷锋文化馆馆长曹荣安》《爱心车队用“爱”守护贫困学子》《十里长湖，遗落在城西的明珠》等报道，以热门新闻和热门话题为主，配以浓墨重彩、灵活多变的版式，让读者耳目一新，受到行家的一致好评。

【新闻奖】 中心主任、总编辑李英获“2013年度浙江省县市区域报十佳领军人物”称号；婺城新闻网获“浙江在线2013年度优秀支站”称号；婺城新闻网荣获金华市“善美金华共筑中国梦”网上主题宣传活动二等奖和最佳组织奖；“婺州讲坛”获2012年度全省基层宣传思想工作“三贴近”创新奖；《今日婺城》摄影作品《狂欢水世界》《我爱你，中国》获2013年度浙江省县市传媒新闻奖三等奖；《今日婺城》8件作品获2014年度全省县市区域好新闻奖，其中，2件作品获一等奖，3件作品获二等奖，3件作品获三等奖。 （李英昌）

统战工作

【概述】 全区统战工作贯彻落实党的十八大、十八届三中全会精神，围绕区委、区政府中心工作，按照年初提出的统战工作任务要求，开拓进取，奋发有为，完成各项工作，为建设“两富”新婺城和现代化都市核心区做出贡献。加强多党合作政治协商制度，抓好民族宗教工作，做好归侨侨眷服务工作，强化自身建设。

【政治协商制度建设】 贯彻落实中发〔2012〕4号、浙委〔2012〕125号、市委〔2013〕26号《关于加强新形势下党外代表人士队伍建设的意见》文件精神。年初，统战部下文，在全区范围开展党外代表人士推荐摸底工作，推荐69名优秀党外代表人士到市党外代表人士后备库。选送5名党外代表人士参加中央社会主义学院党外骨干培训班。加强与各民主党派、无党派人士联系沟通，听取各民主党派和无党派人士的意见和建议，完善区领导和区机关对口部门联系民主党派、无党派知识分子联谊会制度，重点统战成员纳入区领导“九个一”活动制度。协助九三学社做好换届工作。为党外代表人士提供参政议政舞台，首次推荐5名党外代表人士担任婺城区特约审计员。各民主党派、无党派深入群众，深入实际开展调研活动，积极建言献策，“两会”上提交质量较高的提案、议案50余件。各民主党派、工商联、知联会增加活动经费1万元。年内新增1名党外干部担任乡镇正职，婺城区全年任用党外干部27名。

【关爱帮扶】 开展“同心·送温暖”惠民活动，关爱帮扶老革命、老党员、老模范和贫困户、困难户，分工商联、民宗、侨办、民主党派、无党派5个送温暖工作慰问小组，走访慰问166户，送去慰问金14万元。区知联会多次开展“送科技、送医药、送温暖”活动，送出价值2万多元的种子，为10户送慰问金1万元。农工党组织部分名师送教下乡，与4名贫困学生结对帮扶直至他们完成学业。区民建主任雷永金资助少数民族贫困大学生10名，资金3万元。民革婺城总支连续8年与塔石乡高田村结对，为该村道路硬化等新农村建设资助30多万元。北京金华婺商商会开展回乡送温暖活动，向白龙桥敬老院捐赠价值10万元的现金及物资。区侨联利用中秋节及春节，分批走访20多户重点归侨侨眷、留学生家属代表及侨界困难家庭，让归侨侨眷感受到党和政府温暖。

【工商联建设】 7月，根据上级要求，工商联单独设置，年内完成7家基层商会到期换届和新成立工作。开展企业发展环境调查,针对企业招工难、留人难问题,开展问卷调查、走访、座谈,向区委、区政府提出合理化建议。开展非公经济人士理想信念教育活动,举办企业家、企业文化各类培训讲座5期培训600多人次,提升企业文化和企业家驾驭市场经济的能力。开展“千名干部进企业,千方百计解难题”活动,走访企业100多家,为企业解决难题25件。引领非公经济企业回报社会,金华城建混凝土有限公司资助金竹公路建设200万元;万里扬集团捐助婺城区慈善总会30万元;城东街道商会开展暑期夏令营活动,解决外来民工子女暑期无人照看的问题。全年非公经济捐助公益事业资金及物资1200多万元。

金西捐赠图书仪式

【作风建设】组织民主党派、知联会等学习十八届三中全会精神,就如何发挥党派、无党派作用进行讨论。组织机关党员干部学习十八大、十八届三中全会精神,区委重要会议精神,机关效能建设规定15次。根据区委要求,开展“正风肃纪抓执行、攻坚破难促发展”“争创服务型党组织”和争当“业务精通、服务精良”服务型党员等系列活动,制定活动实施意见。加强机关效能建设,按照中共中央“八项规定”,完善财务、上下班、公车使用规定等工作纪律,机关作风明显好转,没有出现违规违纪现象。

做好联系乡镇、社区工作,坚持每月到联系村指导工作2次以上,参加村两委会、党员大会、村民代表大会,3位指导员编入沙畈乡换届选举指导小组。组织党员干部到联系社区开展创卫活动,清除社区卫生死角,资助社区工作经费,共创美丽婺城。按照区委统一规定,做好联系户的资金补助等慰问工作。

(李静华)

民族宗教工作

【概述】婺城区民宗局坚持把加快民族地区发展,巩固和发展平等、团结、互助、和谐的社会主义民族关系作为首要任务,不断开创民族团结进步事业的新局面。贯彻党的宗教工作基本方针,开展和谐寺观教堂创建和星级场所评选活动,发挥宗教界人士和信教群众在促进经济社会发展中的作用,为建设平安婺城、和谐婺城做出贡献。

【关注民生】关注民生问题,落实各项优惠政策,推动少数民族和民族地区经济社会又快又好发展。推动民生问题解决,争取上级财力支持,做好项目申报和实施工作。全年争取各级民族扶持资金124万元,安排项目10个,涉及基础设施、生产发展、人畜饮水、交通、民族文化等领域。其中,中央扶持项目1个,资金60万元;省级重点扶持项目1个,资金30万元;省级一般扶持项目3个,资金20万元;市级一般扶持项目5个,资金14万元。实施省级重点扶持项目高塘村0.67公顷食用菌栽培基地建设,实现低效传统农业向新型高效生态农业转变,为村级经济全面发展提供强有力的经济支持。抓好新农村建设示范工作,打造亮点。在鸽坞塔和水竹蓬畲族村实施畲族特色村寨和美丽乡村建设,分别被评为市美丽乡村建设精品村和秀美村,村容村貌焕然一新,人居环境得到了全面改观,群众生产、生活条件得到了改善,为民族村今后的发展打下坚实的基础。

区民宗局开展迎新春送温暖活动,到安地镇杨垅村,琅琊镇水竹蓬村,汤溪镇鸽坞塔村,塔石乡高塘村,大坑村等畲族村,深入山区,深入困难家庭,详细询问他们的生产、生活情况和实际困难,给20户困难家庭送去慰问金和慰问品。慰问民族宗教界人士30余户,送去慰问金和慰问品。区委统战部还专门定制新年挂历,送给每个民族户。

【“多彩三月三”活动】 坚持繁荣发展民族文化，不断丰富民族群众的文化生活。3月29日，“多彩三月三”金华畲族文化风情展在鸽坞塔村成功举办。与会嘉宾和群众参观了鸽坞塔村畲风民俗馆、金华市少数民族发展成果图片展，来自婺城区、兰溪市、武义县的少数民族群众表演了具有畲族特色的歌舞、婚俗等节目。活动期间还举办了婺城区第二届农家乐烹饪技艺大赛，展示畲族古朴悠久的历史文化和畲族群众的风采，以及民族工作取得的成就，增强了民族工作的影响力。

【平安创建】 开展以“教风”为主题的和谐寺观教堂创建和宗教活动场所星级评选工作，明确创建和评选的标准，结合“排查整治、强基促稳”专项活动、佛道教场所专项治理、每季一次的矛盾纠纷集中排查调处、彻查整治火灾隐患百日大会战行动等专项工作的开展，确保活动成效。评选出4处场所为区级和谐寺观教堂，4处场所被评为省级达标场所。加强非通常大型宗教活动的安全管理，对举行非通常大型宗教活动，严格审批，要求场所制定完善的应急处置预案，落实责任，落实人员，场所所在地乡镇、街道、公安派出所组织人员到现场维护秩序，确保活动安全有序，防止境外宗教势力渗透。

开展平安婺城建设宣传活动，民宗局印制平安婺城宣传倡议书2000余份，分发到各个宗教活动场所和信教群众手中，营造平安婺城建设的良好氛围，提高平安婺城创建的公众参与率、知晓率。春节前夕，对全区宗教活动场所开展安全大检查，发现问题及时整改。加强日常安全巡查，落实各项安全措施，增配消防器材，做到防患于未然。坚持管理和引导并重，探索在构建社会主义和谐社会中发挥宗教积极作用的新途径，引导宗教与社会主义社会相适应是党的宗教工作的基本方针。在对宗教的日常管理中，利用宗教净化人心的道德教化功能，加强与宗教人士的交流，引导他们正确阐释宗教的教义教规。组织实施宗教慈善活动，在佛教界发起“爱心牵手、慈悲济世”活动，向四川、云南等地贫困家庭和学生捐赠衣服4000余件、书籍4000余册，向浙江省佛教协会捐助爱心助学款1万元，为社会奉献爱心，传递正能量。

(傅玲儿)

政法委及综治工作

【概述】 中共金华市婺城区政法委员会（以下简称政法委）以上级政法工作会议精神为指导，以服务保障全区中心工作为宗旨，以维护社会和谐稳定为目标，以加强和创新社会管理为手段，以加强政法队伍建设为保障，以建设“平安婺城”“法治婺城”为载体，为婺城区赶超发展、崛起争先营造和谐稳定的社会环境。全区没有发生影响社会稳定的重大事件和群体性事件，也没有发生平安考核的重大否决事项，一些不稳定因素都在可控范围之内，各项工作稳步推进。

完善治安防控体系，促进社会治安平稳，严密管控社会影响恶劣、群众反映强烈的重大案件和涉黑涉恶案件。开展4次集中行动，抓获侵财犯罪嫌疑人436名；年内发生的9起命案均及时告破；抓获贩毒嫌疑人118名、吸毒嫌疑人202名；坚持“露头就打、除恶务尽”，摧毁涉恶团伙15个。打假行动中，提请发起群集战8起，成功收网6起，破获案件39起。其中，破获公安部督办案件2起。在“走基层，解矛盾，保平安”活动中，发现并整改多起火灾隐患、安全生产隐患、质监环保隐患。开展治爆缉枪、危险物品管理整治等专项行动，对101家涉危涉爆单位、24处爆破作业点进行滚动检查，及时发现和督促问题隐患整改。

【综合治理】 抓好社会服务管理平台建设，完善乡镇(街道)社会服务管理中心规范化建设，规范乡镇(街道)社会服务管理中心设置、职责任务和工作保障，提高社会服务管理中心在民情收集、矛盾化解、治安防控、重点人群管理、法制宣传等方面的能力。开展村(社区)、企业社会服务管理室(站)规范化建设，延伸综治网络。把开展“创新社会管理百家示范单位”“示范社会服务管理中心”“示范社会服务管理室(站)”工作作为区委、区政府2013年十件惠民实事之一。

深化“网格化管理，组团式服务”工作，全区划分网格1122个，组建服务团队919支8867人。在“三改一拆”工作中，通过网格化划分，强化分工包干责任落实,包干到组,包干到户,助推“三改一拆”工作。把“机关在职党员进社区活动”纳入“网格化管理,组团式服务”工作中。在城北街道祝丰亭社区开展试点工作,有67名机关党员纳入治安巡逻、化解矛盾纠纷等8个志愿者服务团队。

深化综治信息系统建设,全区581个村(社区)中有465个村(社区)开通平台账号,开通率80.03%。婺城区社会管理综合治理委员会办公室(以下简称综治办)又对管理人员进行业务培训,加强综治信息系统日常管理。各乡镇(街道)在平台中为各村(社区)划分网格,各类信息持续更新。为11个重点乡镇(街道)综治办主任、副主任配备一部社会管理综治工作信息手机,便于掌握综治维稳信访信息,及时化解社会矛盾。

【社会管理创新】 在平安综治“双月”宣传中,区政法委开展“六个一”宣传活动、印发平安倡议书、向全区4.6万个农民信箱用户发送平安祝福短信、在《今日婺城》主要版面滚动刊登平安宣传标语、开展平安综治督察工作等活动,提高群众参与平安创建的积极性。开展平安法制教育主题活动,发挥系统平安创建作用,开展以“铁路安全·你我携手”的铁路安全宣传月活动,营造安居乐业的社会治安环境。

政法委开展平安法制宣传教育主题活动,深入基层村(社区)、企业、公共场所发放平安创建“三率”调查问卷3150份。与金华广播电视台合作,在数字电视页面上开辟平安创建专栏,宣传平安出行、防盗抢、消防、食品药品、环保等安全常识。加强平安建设职责交办工作,按照平安考核要求,将15条重特大事项条款和85条评审条件按职能分工给全区56个相关单位,明确成员单位创建职责。建立区综治委10个专项组组长和成员单位工作制度,制定专项组工作考核办法,把专项组考核工作与平安考核挂钩。

继续开展社会管理创新竞赛和“创新社会管理百家示范单位”活动,重新修订、完善竞赛标准,把“平安建设”作为主要内容列入乡镇(街道)、机关部门开展的社会管理创新竞赛活动中。

【维护社会稳定】 随着经济转型和结构调整力度的加大、各项重点建设的推进及“三改一拆”等难点工作的全面铺开,由此引发的矛盾纠纷越来越多。为此,开展以重点时期和日常工作相结合的信访维稳工作,建立本地稳控线、途中劝访线、驻京劝访线等“三道防线”,做好各级“两会”期间等重点时期信访工作。建立特殊利益群体联系制度,开展对涉军、民工和电影放映员等群体集体访的劝访稳控工作,将绝大多数人员稳控在当地。在市政府南门开展对婺城区信访老户和特殊群体的劝访工作,取得较好的效果。为加强信访维稳措施落实,相关领导靠前指挥,政法委组织督察组到各乡镇(街道)对信访维稳“五包责任制”落实情况、劝访维稳预案等进行检查指导。组织全区科级“两富”指导员和百名政法干警,走村入户开展法制宣传、矛盾化解和接访工作,促进全区社会和谐稳定。

做好社会矛盾预防化解工作,开展重大决策社会稳定风险评估工作,20个项目通过评估。加强矛盾纠纷调解组织建设,制定《婺城区关于建设社会矛盾大调解中心实施方案》,建立婺城区劳动争议调处指导委员会,试点开展婺城区物业管理纠纷调解机制建设。开展“排查整治,强基促稳”活动,全区排查出各类社会矛盾纠纷1381起,成功调处1319起,调处成功率96.07%。市委维稳办督办的10件重大不稳定因素全部化解。加强对敌斗争,全力做好“六四”敏感节点的社会稳定工作,对“法轮功”和“实际神”等邪教组织成员开展教育转化,落实国安办实体化办公,促进婺城区政治稳定和国家安全。

制定婺城区政法机关服务保障“三改一拆”等重大活动实施方案,增强对金华婺剧院工程、输油气管道工程等重点项目的服务保障;完成各类重大活动的安全保卫任务;做好杭长线拆迁中维稳工作的协调处理。妥善处理安地镇意外死亡事件、市粮油市场阻工等公共突发事件45起,促进社会大局持续稳定。

【执法监督】 按照依法、规范、科学监督的原则,围绕“社会矛盾化解、社会管理创新、公正廉洁执法”三项重点工作,结合“忠诚、为民、公正、廉洁”政法干警核心价值观教育实践活动,开展执法监督,不断改进执法监督的方式方法,增强执法监督的实效,促进公正廉洁文明执法。以中央政法委、省政法委出台修订执法监督制度为契机,细化完善涉法涉诉信访、案件协调等相关制度。密切与人大监督、司法监督、民主监督、舆论监督的联系,发挥监督的整体合力。加大事前、事中、事后的监督,解决政法机关和执法工作中存在的问题,促进政法部门提升执法水平。2013年,政法委加大对督办案件核查力度,运用“五心”(树信心,求细心,讲爱心,重耐心,下决心)、“五个代表法”(党代表、人大代表、政协委员、村(社区)代表和亲人代表)工作法调处机制化解督办案件、疑难积案,通过个案监督发现问题,坚决纠错,保护当事人合法权益,树立执法监督的权威。对中央、省、市政法委交办的件涉法涉诉案,政法委全部进行督办,并参与案件的协调化解,最终全部报结。围绕各级“两会”等重大活动和敏感时期,做好涉法涉诉信访人教育稳控工作,尤其是对遗留的涉法涉诉信访积案重点人员,落实责任,强化督查,做好稳控工作,防止发生涉法涉诉信访极端事件。

强化政治导控,落实重大执法活动和事项报告备案制度,政法委根据《浙江省各级党委政法委员会对政法部门执法活动进行监督的实施办法》要求,召开政法委员会议,按照会议要求贯彻落实,保证各种重大执法活动都向政法委报备,保障党的路线方针政策在政法部门得到贯彻落实,保证党委政法委员会对执法工作实行有效领导。

强化源头治理,完善执法办案风险评估机制,制定《关于贯彻落实<执法办案风险评估机制建设专项检查工作>的实施细则》,落实执法办案风险评估工作。对区政法各部门的执法办案风险评估工作进行督查,区政法各部门按照市政法委要求,及时召开会议传达文件精神,制定实施方案,结合部门实际,落实责任领导、责任部门,强化工作措施,把此项工作纳入年度内工作目标,列入考核内容,落实奖惩措施。区政法各部门、机关部门和乡镇(街道)全力配合政法部门处置化解涉稳事项。

【队伍建设】 区政法委响应区委号召,结合全区政法工作实际、务实为民清廉教育实践活动和“正风肃纪抓执行,攻坚破难促发展”活动,发挥政法机关职能作用,加大化解社会矛盾工作力度,预防和打击违法犯罪,坚决打击敌对势力的渗透破坏活动。政法委领导干部坚持带头学习、带头领会、带头践行,做好表率。通过活动,推动党的十八大精神在政法各部门贯彻落实,坚定了立场,强化了执法为民的理念,打牢为人民服务的思想根基。

完善党风廉政建设各项规章制度,政法系统执行中央八项规定、省委28条办法和市委的25条意见,改进工作作风,加强廉洁自律意识,增强政法机关的亲和力和公信力。注重干部培养,加强领导班子建设,内强素质、外树形象;通过开展宣传“全区最美政法干警”活动,表彰先进,弘扬正气,引导政法队伍做到忠于党、忠于人民、忠于法律。

强化源头预防,完善执法办案风险评估机制,对中天黄金案件、万家购物、杭长客专拆迁纠纷等重大案件进行风险评估,事前化解了大量不稳定因素。运用五个代表工作法,对涉法涉诉案件进行调处化解。强化政治导控,落实重大执法活动和事项报告备案制度。指导政法部门开展案件评查活动,组织政法系统对8件案件进行评查。

(陈雪惟)

信访工作

【概述】 2013年,婺城区信访工作围绕中央和省、市信访工作部署,统筹兼顾、标本兼治,突出重点、协同推进,确保社会总体和谐稳定。全年区信访局受理群众信访1139件,同比减少11.2%。来信757件,同比减少1.2%。其中,上级转办信647件,占85.5%;重复信370件,占48.9%。来访382批1135人,同比批次下降26%,人次下降41%。其中,到区来访174批447人次,同比批次下降21%,人次下降61%。来区访中重复访52批82人次,集体访20批231人次;受理上级转交办上访件208批688人次。全年到市集体访34批446人,无赴省、进京集体访,无被列入通报考核的进京个访,没有发生因信访而引发的群体性事件和恶性上访事件。

【初信初访办理工作】 完善《首问、首办责任制》《接访、办信工作流程》等规章制度,规范初信初访受理工作。对涉及多部门的复杂初信初访问题,由区联席办牵头,组织相关部门进行会审,提出解决方案,明确责任,限时解决。对领导阅批、转办的重要初信初访件和短期内确应解决的一般初信初访件,由局分管领导进行督办,提高初信初访工作质量,减少“案了事未了”情况出现。对办理过程中,该交办不交办,该办理不办理,该督办不督办,导致矛盾激化、升级,造成信访人重复越级上访、进京非访后果的,按照省纪委、省监察厅、省信访局联合发《关于信访事项办理过程中出现的违规违纪行为效能问责的通知》要求,实行严格的过错责任追究,确保初信初访工作落到实处。全年初访333件、初信387件,均已办结,从源头上减少越级信访行为,促进全区信访总量的下降。

【信访案件催办督办】 对所转交办的信访件实行联系人制度,交办后及时询问是否受理,督促尽快展开调查;对快到期未办理的信访件下发信访案件催办督办函,必要时派员直接催办。2013年,婺城区加大对重大集体访、领导批示件、省要信督办力度,并对重大上访、领导下访、案件处理和积案化解等情况定期督查通报,对不履行职责、完不成任务、发生重大问题的部门和单位,追查原因,实行目标问责、作风问责和履职问责。同时,区委、区政府定期听取疑难复杂信访问题化解情况汇报,重点检查责任单位的领导、责任人是否掌握案情、是否采取得力措施、是否深入一线调查处理,以及督查疑难复杂信访问题化解工作进度,明确化解工作要求和具体化解方案,推动信访事项的办理进度。

【领导干部接访】 年初,区委、区政府下发《关于深入开展领导干部接访下访活动的实施意见》和区党政领导每月在信访局坐班接访的通知,对区、乡镇部门领导接访下访工作作出安排,让工作变被动为主动,化上访为下访,解决群众反映的热点、难点问题。全区各级领导干部通过深化对口下访、突出重点约访、随机现场接访,及时化解一批容易引发信访突出问题和群体性事件的苗头和隐患,妥善解决一批长期积累的信访难案和老案。如箬阳乡余某某反映因建造乡文化中心导致他家房屋成危房,要求赔偿。对于余某某信访事项,市长徐加爱深入现场察看,指导督促该信访事项的解决并作出批示。书记陈晓、区长王健指导余某某信访案件的处理工作。政府组织不少于10次的协调工作,但因就赔偿未达成一致。为彻底解决该信访事项,婺城区安排副区长王金生、区政协副主席楼存根、区检察院检察长徐洪斌、区信访局局长金跃园等同志于10月15日在检察院会议室对余某某夫妇再次进行约访,通过半天沟通、交谈,信访人余某某夫妇最终同意按照原先条件承诺息访,该信访事项圆满解决。2013年,区党政领导接待群众来访93批249人次,全部办结。

【信访积案专项治理】 结合“排查整治、强基促稳”“三百三千”等专项活动,对26件突出信访问题进行交办,逐件建立台账,落实责任领导、责任单位、责任人和限办时间。各单位建立工作组,拟订解决方案,包案领导亲自协调指导,对情况复杂、影响面广、处理难度较大的信访件,区联席办组成工作组通过协调沟通、导访等方式推动化解。2013年,区级突出信访问题化解16件,省级交办的6件信访积案全部化解。婺城区手车队精减人员群访事件的圆满解决,得到市委副书记、代市长暨军民肯定,暨市长在市信访局《信访反映》第77期“融入感情 落实责任 化解矛盾——婺城区手车队精减人员群访积案圆满解决的几点启示”上批示:“婺城区破解手车队精减人员群访积案的做法,值得各级各部门学习、借鉴。该群访积案的化解事宜再次表明,不管有多少复杂的群访积案,只要领导重视,坚持政策原则、以人为本、融入感情、过细工作,没有化解不了的矛盾,没有破解不了的问题。”

(方银强)

对台工作

【概述】 婺城区台办在区委、区政府的领导下,按照上级台办统一部署,以“正风肃纪抓执行,攻坚破难促发展”主题实践活动为契机,贯彻党的最新对台方针、政策,注重涉台宣传教育,推动婺台交流交往,发挥台联优势,服务台胞台属台企,各项工作取得新的进展。

注重涉台宣传教育,全区22个乡镇(街道)利用召开座谈会或茶话会等形式,宣传党的十八大精神和有关对台方针、政策。区台办、台联会在春节、中秋节开展“三个一”活动(给在台亲属打一个电话，寄一张贺卡，写一封书信)，进一步联络感情、增进乡情。

开展交流交往活动，年内组织四批公务考察团赴台进行信息产业、人才交流、医疗事务、城市管理等考察。5月下旬，区台办主任戴红茹，台联会会长张新华参加市台办、台联组织的衢州、江山学习考察活动。4月上旬，接待旅台同乡联谊会回乡祭祖。竹马乡下张家村与高雄文南里结对，城北街道红湖路社区与高雄下坑里结对，并进行互访。

走访调研台胞台属台企，年内走访台胞台属120余户。利用春节、中秋节看望特困台胞台属，区台办、台联会先后到白龙桥、罗店、新狮、蒋堂、罗埠、箬阳等乡镇(街道)慰问，带去党和政府的问候。走访企业10家，召开座谈会10余次，参加人员250余人。通过调研，加强与台企的联系，掌握企业的生产情况。

做好来信来访接待工作，全年接待来访台胞台属台企13人次，为台胞排忧解难2起，帮助寻亲、企业赴台交流、奔丧等开具证明5份。

组织台联会换届，年内区台联会届满，根据有关规定，报请领导批准，11月22日，召开婺城区台胞台属联谊会第三次代表大会，会议通过《婺城区台胞台属联谊会章程》，审议通过婺城区台胞台属联谊会第二届理事会工作报告，选举产生了第三届理事会，张新华当选会长。

(杨金凤)

农村工作

【概述】 婺城区坚持“同步推进工业化、城市化、信息化、农业现代化”和“城乡发展一体化”战略部署，按照保供增收美乡村、改革惠民促融合工作要求，加大农村改革力度、政策扶持力度、科技驱动力度，加快提升现代农业层次，加快推进美丽乡村建设，加快转变农民增收方式，加快构建城乡融合体制，巩固和发展农业农村大好形势，实现在农业更强、农村更美、农民更富等方面取得新成效。

新农村建设

【农村发展】 建设粮食生产功能区25个，面积1220公顷；推进农田水利工程建设，新增固定式喷微灌面积113.33公顷；完成“812”土地整治工程高标准基本农田建设16个项目1302公顷；提高农村气象灾害防御能力，建设城北街道洪湖路社区、城西街道河盘桥社区、城中街道明月楼社区等6个气象防灾减灾标准化示范村(社区)。提升农业主导产业，安地桂花主导产业示范区和白龙桥生猪精品园通过省级验收，蒋堂茶叶、奶牛2个特色农业精品园通过市预验收。完成婺城区龙宅中华鳖精品园、焦鳖混养示范基地2个省级特色渔业精品园建设，罗埠中华鳖精品园通过省级验收。完善“3+X”农业公共服务体系，5个乡镇启动基层农业公共服务中心建设，建成业务用房1475平方米、检测室215平方米，购置专业设备和办公设备404台。加强农产品质量生产过程环境监测、投入品生产经营使用管理、农业面源污染防治工作。加大执法检查力度，保障农产品和食品质量安全，农产品质量检测抽查合格率97%以上。支持发展农家乐休闲旅游、养生养老等新兴产业，启动创建四星级农家乐经营户(点)1个，农家乐休闲旅游业营业收入6401.14万元，同比增长15.2%。提升“万村千乡市场工程”质量水平，累计建设或改造村级便民店562家，行政村连锁便利店覆盖率97.2%。

【民生保障】 开展新一轮低收入调查农户认定工作，全区18个乡镇（街道）拟认定低收入农户28494户52236人，占全区农业人口的15.5%；认定扶贫重点村104个。实施“千万农民素质提升工程”，加强技能培训，提高职业教育水平，提高农民适应产业转型升级能力和就业能力。参加农村劳动力素质培训4770人，实用人才培训2012人，新增农村实用人才748人，农村成人“双证制”教育培训858人。城乡居民社会养老保险基础养老金提高到每人每月70元，实行城乡居民医疗保险，全年参保人员

287044 人，参保率 97.01%。提高低保标准，农村低保标准由每人每月 279 元提高到 357 元，农村低保标准年增幅达 28%，城乡标准比例达 68%；低保对象每人每月最低救助金额不少于 80 元。以区为单位，低保对象月平均救助金额不低于当地低保标准的 58%。全区有 5273 户 7679 名城乡低保对象、4440 户 6663 名低保边缘困难群众、1038 名重度残疾人享受相应救助，全年累计发放低保、低保边缘、重残、物价补贴、医疗救助等各类款项 3000 余万元。全区 7 家养老服务机构拥有床位 1322 张，有 53 家农村(社区)居家养老服务照料中心运行，已开工建设的有 10 家。全区有省、市级文明村 69 个，占全区行政村总数 12%；建成具有示范意义农村文化礼堂 22 家；所有行政村和社区实现文化活动室全覆盖。

【美丽乡村建设】 全年完成省级待整治村 40 个，建成九峰古韵精品线，秀美南山精品线基本建成，100 个行政村创建为洁美村，建成精品村 10 个、秀美村 15 个。建立农村环境卫生长效机制，制定《农村基础设施长效管理考核细则》。清理河道 349 千米；推进历史文化村落保护利用，启动重点村雅畈村的建设，寺平村、鸽坞塔村 2 个一般村已完成建设。新启动乾西乡上天狮、汤溪镇上叶村 2 个农房改造建设示范村，完成农村困难家庭危房改造 160 户，其中残疾人安居工程 40 户；完成整治库容 1~10 万立方米的山塘 32 座；完成农村联网公路建设 20.6 千米，完成农村公路安保工程 199.35 千米。消化 2010 年度及以前搬迁滞留省补助资金 276.87 万元、2011~2012 年度搬迁滞留省补助资金 377.36 万元，完成任务数的 100%。

【民主管理】 加强村党组织带头人和村干部队伍建设，村党支部书记和村委会主任基本报酬基数调整为 13940 元/年。加强经济薄弱村集体经济发展，区委、区政府制定《关于实施“富村五年计划”发展经济薄弱村集体经济的实施意见》。村干部工作和作风群众满意度高于 2012 年；村务公开群众满意度 98.8%，比 2012 年提高 0.8%。推进“民主法治村”创建工作，洋埠镇西十村、章家村，塔石乡下塔石村、山坑村，箬阳乡茶园村，乾西乡湖头村被评为市级“民主法治村”。

【政策助农】 2013 年公共财政预算资金用于“三农”资金 46523 万元，同比增长 14.2%；组织编制新农村建设用地计划批次 3 个，涉及 14 个乡镇、64 个村、94 个地块，用地总面积 5.86 公顷，占可用于城镇村新增建设用地指标总量的 11.85%。实施农村土地综合整治项目 7 个，规划拆旧面积 14.53 公顷。区委、区政府专题研究“三农”工作 10 余次。区委、区政府领导多次在省、市级电视台宣传“三农”工作并在《浙江日报》《浙江新农村》《金华日报》等省、市级主要涉农媒体发表“三农”文章。 (林　伟)

农村扶贫

【概述】 婺城区扶贫工作围绕区委、区政府年度工作目标，按照省、市扶贫工作要求，实施“低收入农户奔小康工程”，以产业扶贫、金融扶贫、异地搬迁为抓手，推进低收入农户增收致富，推动山区经济社会各项事业的发展。

【产业扶贫】 编制完成《婺城区山区经济发展规划(2013~2017 年)》，加快山区扶贫开发转型，促进山区经济社会发展。加强生产性基础设施建设，发展高效生态农业，促进低收入农户集中村和农户发展，带动周边低收入农户增收致富。实施低收入农户发展项目 37 个，落实补助资金 462 万元。莘畈乡通过政府扶持、政策引导，因地制宜发展休闲旅游业，依托莘畈水库、九峰景区和寺平古村落景点的联带效应，实施生态山水景观为主体、人文历史文化为内涵的乡村休闲旅游业整体开发。低收入农户集中村来料加工业发展势头良好，加工产品种类和从业人员逐年增多，2013 年发放加工费 3945.3 万元；下山搬迁安置小区来料加工业发展迅速，岭上乡九峰、桃源移民安置区抓住区位优势、交通优势，重点培育扶持来料加工经纪人，来料加工迅猛发展，加工费发放和从业人员逐年增多，提高了移民的收入。

开展新一轮低收入农户和扶贫重点村的调查认定。

【金融扶贫】 面向全区低收入农户、带动低收入农户发展的经济组织(个人)，开展扶贫小额贴息贷款服务，为630户发放扶贫小额贴息贷款6094.1万元，支付贴息资金98.6万元。其中，2013年新增贷款133户，发放贷款1718万元。扶持扶贫龙头企业(专业合作社)，发放国家扶贫贴息贷款1804万元，落实扶贫贴息资金16万元。推进低收入农户集中村资金互助社试点工作，13个村扶贫互助社有社员739户，建立互助资金381.35万元，累计为449户社员借款541.3万元，解决部分低收入农户创业发展资金短缺难题。开展新一轮结对帮扶，推进村集体经济发展。

【异地搬迁】 编制《婺城区山区群众异地搬迁规划(2013~2017年)》，五年计划搬迁4139人，其中整村搬迁3139人，散户异地搬迁1000人。加快地质灾害村、水源保护区重点村异地搬迁，建成乾西移民新村二期安置房，安置移民52户137人。乾西移民村三期完成主体建设及房屋内、外墙体粉刷，确定6村210户532人拟异地搬迁对象。根据区政府抄告单〔2011〕14号通知精神，蒋堂镇移民新村征用12.47公顷土地用于下山移民整村搬迁安置项目建设。首期5.8公顷用地完成清表，增加的1公顷用地指标已完成农转用手续报批，进入施工图纸设计阶段，首期建设10万平方米。按照拆旧房办新证、拆旧房购新房原则，开展异地搬迁村原村址建设用地宅基地复垦工作。 (徐　刚)

老干部工作

【概述】 区老干部工作以“思想凝聚、待遇保障、精神富有、作用发挥”为目标，落实老干部政治生活待遇，提升“双高期”老干部管理服务水平，加快老干部文化养老阵地建设，全区老干部工作取得新成绩。

【政治待遇】 开展“学习贯彻十八大、服务‘两富’总目标”老干部主题实践活动，通过发放学习资料、送学上门，开展报告会、读书会、专题辅导、座谈交流等活动，组织老干部学习十八大精神、新党章。春节前，组织县处级离退休老干部参加迎春茶话会，区领导通报全区经济社会发展情况。6月13日、9月18日分别听取市委书记“中国梦”宣讲报告和经济社会发展情况通报。老人节前，组织本区老干部参加全市“同心共筑中国梦”暨最美老干部子女表彰会。7月，举办2期处级、科级离休干部暑期读书班，72名离休干部参加读书会。区领导专程看望参加读书会的离休干部。

【生活待遇】 加大财政支持力度，保证离休干部离休费和增发的生活费及各项津补贴的发放，保证离休干部医药费实报实销。区老干局陪同区四套班子领导春节前走访慰问11位抗日战争期间入伍和曾担任县(处)实职的离休干部。局领导走访慰问8名生活困难的离休干部和离休干部遗属，为离休干部及家属送去党和政府的关怀。老人节期间，走访慰问全区离休干部，把党和政府的关心和关怀送到老干部手中。走访慰问5名异地安置在婺城区和婺城区安置在外省的离休干部，关心他们生活、思想和健康状况。组织全区离休干部参加一年一度的健康检查，健全离休干部的健康档案。读书会期间，组织医院专家为离休干部开展健康咨询。对没有参加健康咨询活动的离休干部，组织体检医院的医生上门为离休干部提供健康情况反馈和咨询服务，使每位离休干部及时掌握自己的健康状况。依托社区资源，选择条件较为成熟的城中街道明月楼社区开展“四就近”服务工作试点，为老干部就近学习、就近活动、就近得到照顾、就近发挥作用提供平台，取得一定的成绩。明月楼社区被评为省级“四就近”服务示范性社区。

【“两个阵地”建设】 开展“五好”离退休干部党支部和优秀离退休干部党员争创活动，树先进典型，发挥示范带动作用，提升离退休干部党支部凝聚力、战斗力。组织11名离退休干部党支部书记参加市离退休干部党支部书记培训会，提升老干部党支部书记政治业务水平。白龙桥镇离退休干部党支部和区农林局离退休干部党支部分别被评为省、市“五好”离退休干部党支部。区交通局离休干部徐康有被评为省级优秀离退休干部党员，区计生局离休干部王全云、教育局退休教师夏月秋为市级优秀离退休干部党员。加强对乡镇老年大学工作的指导，提升办学水平，有重点地加大对乡镇老年大学的建设扶持力度，抓好乡镇老年大学教学、管理工作。加强区老干部活动中心建设,提升服务水平,完善功能,使活动室真正成为老干部的精神家园。

【社会公益】 组织老干部参与社会公益事业、关心下一代等活动。通过“五老”进学校为学生演讲、做报告等形式,对青少年开展党的十八大精神的宣讲,加强社会主义核心价值传播。关爱留守青少年儿童,开展“城乡手拉手、精神共富有”活动,以城乡家庭结对的方式帮助农村山区留守儿童树德立志,260多对城乡青少年结对互助。同时,借助离退休老领导的威望,争取社会各界的支持,为青少年办实事、做好事。组织“五老”开展网吧义务监督工作,为净化青少年校外环境做贡献。开展老干部“走基层、看变化、促发展”活动,通过“走、看、促”,发挥老干部余热,为经济社会发展建言献策。

(申洪广)

关心下一代工作

【概述】 婺城区关心下一代工作以党的十八大和十八届三中全会精神为指导,围绕区委、区政府的中心工作,实践科学发展观,通过贴近实际、灵活多样、巩固发展、创新求变、适应时代发展的特点,打造青少年思想道德建设品牌,形成青少年健康成长的机制,推进全区关心下一代工作的大提高。

【青少年教育】 区关工委以青少年喜闻乐见、通俗易懂的形式,开展十八大精神宣讲活动,加强理想信念教育。举办老教师“学习十八大精神体会征文活动”,评选出40多篇优秀文章,476名老教师组建48个各类宣讲团,深入全区中小学、社区、农村开展宣讲活动,受教育人数70000多人次。

区关工委联合教育局在全区中、小学生中开展“学雷锋、爱环保、争做最美小公民”主题教育活动,组织中、小学生学习雷锋精神,增强节约意识、环保意识、生态意识,营造爱护生态环境的良好风气,倡导文明新风,匡正道德示范。城西街道、雅畈镇、洋埠镇关工委联合本地中、小学学生参加全市“学雷锋”活动征文比赛,推荐征文80多篇,其中有12篇分获市级一、二、三等奖。雅畈镇中心小学、城西小学获优秀组织奖。

教育局关工委抓住有利时机,组织各中、小学关工委开展“寻找身边最美的人”教育活动,各中、小学校通过征文、演讲、手抄报、红领巾广播站、黑板报等活动和宣传媒体,宣传身边最“美”的人,使青少年受到深刻的教育。

深化“读国学经典、做道德少年”活动,各中、小学抓住“在诵读中明理、在活动中促内化、在践行中见成效”三个环节,引导青少年牢固树立社会主义核心价值体系,真正把感恩、诚信、礼仪等传统美德发扬光大,使广大中、小学生了解中华民族优秀传统文化。各中、小学开展学国学经典践行评价课题研究, 根据各校实际制定出切实有效的评价体系。全区45名中小学国学教育骨干教师,参加婺城区首届“国学启蒙师资班”培训,巩固国学教育师资队伍,为国学教育推广和深化提供保障。柳湖小学举办金华市“国学节”暨全市“读国学经典、做道德少年”工作现场会,内容包括博雅教育高峰论坛、全国国学课堂教学观摩活动等,来自全国的1000多人参加会议,集中展示以柳湖小学、婺城小学等为首的试点学校探究读国学与课堂教学、家庭教育结合的良好成效。城东街道关工委配合宣传部门,开展 “国学文化进社区——加强未成年人思想道德教育”的探索和实践,使诵读国学经典活动实现从学校到社区的延伸。

【城乡手拉手活动】 “城乡手拉手、精神共富有”活动是加强婺城区城市家庭及青少年的爱心教育,帮助部分农村青少年弥补情感上的缺失,解决生活困难的有效载体。依托教育系统“城乡学校共同体的平台”,城乡结对学生数达200多对,活动的实践方式和内容不断拓展和丰富。在区关工委的指导下,罗店镇中心小学和站前小学在年底开展结对活动的部署, 结合罗店镇后溪河村花卉基地的建设,使城乡结对活动有了活动阵地。6月底,首批结对的莘畈小学和金师附小26对城乡学生在莘畈乡小学举办感恩节活动,让结对双方的家长和孩子得到亲密接触和近距离了解。

【调查研究】 全区各级关工委坚持务实之风,从发展和青少年实际需求出发, 列出调研课题,开展调查研究工作。全年收到乡镇、街道、机关部门调研文章20多篇,公安分局关工委撰写的《实施三大工程,帮扶青少年健康成长》调研文章,代表金华市在全省关工委工作会上作了关于青少年帮教工作的典型发言。全区调研工作体现三个“充分”:充分运用“五老”同志对社情民意的了解,充分立足本地本部门的实际,充分用调研成果指导工作。同时,为各级党委、政府做好青少年工作提供建议,发挥关工委组织参谋助手的作用。

【普法教育】 由区关工委、教育局、司法局、综治办联合开展的“关爱明天、普法先行——全国第二届青少年普法教育活动”, 区教育局关工委聘请31位退休的法律专业人员担任校外法制辅导员,成立由54位退离休教师组成的“青少年普法教育宣讲团”,到各校进行“关爱明天、普法先行”为主题的普法宣讲活动和普法教育宣传图片展,宣讲、展出100多场,为学生争取资金征订15000多本《全国青少年普法教育读本》,20000多人受到教育, 收到良好的教育效果。

【助学行动】 区关工委为全区28名小学、初中、高中阶段贫困学生争取到5万元的助学资金,为5名新录取的贫困家庭大学新生联系了每人5000元的助学款,帮助贫困生及贫困家庭大学新生解决燃眉之急。

【社会管理】 发挥5个街道18名监督员和教育系统19名退休教师的作用,发扬“网吧啄木鸟精神”,配合文化部门、执法单位,开展网吧义务监督工作,取得良好实效,受到多方面的肯定。城西街道关工委结合近两年工作实际,开展《关于加强不让未成年人进网吧监督管理》调研,为做好网吧监督工作提供实践研究成果。

【自身建设】 根据婺城区实际情况, 区关工委对部分乡镇领导班子建设工作加强指导。结合村级组织换届加强组织建设,加强基层关工委工作制度建设,夯实基层基础,结合村级组织换届工作,加强行政村关工委组织建设工作。完成两年一度“五老”人员统计名册的更新,登记在册“五老”人数5368名。通过推荐评比“标兵五老”,宣传优秀“五老”代表的先进事迹,推动全区“五老”队伍建设和发展。开展“五好”关工委及示范单位创建。坚持基层“五好”关工委创建工作,推动全区关工委规范化建设进程。

【表彰鼓励】 召开关心下一代工作“双先”表彰会,授予区公安分局关工委等21个单位“婺城区关心下一代工作先进集体”称号,授予雅畈镇关工委等4个单位“婺城区‘五好’关工委”称号;授予有突出贡献的赵锦茂、郭金奎、金志馀、任伯窈、朱延义、盖茹爱、曹荣安、林岩旗、许纪雁、王风为婺城区“五老”关爱标兵称号。 (邵蓓蕾)

直属机关党委工作

【概述】 区直机关工委围绕“建设队伍、服务中心”,创建服务型机关党组织,打造“双精”型党员队伍,组织机关党组织集中换届,优化基层班子队伍,运用信息化工具扩大宣传教育力度,助推机关党员服务婺城区中心工作。

【“双精”活动】 根据省、市、区作风建设精神,结合婺城实际,在区直机关开展争创“服务型”机关党组织和争当“业务精通、服务精良”党员活动(简称“双精”活动),活动中涌现出教育局、交通局、财政局等一批先进单位和“神抓哥”童备等先进个人,提高全区党员干部业务水平和爱岗奉献精神。规范和深化机关在职党员进社区活动,在职党员全部到社区报到,认领服务项目,定期开展为民服务活动。“七一”期间,开展“点亮微心愿、共筑中国梦”主题活动,帮助群众实现个人梦想,密切干群关系。主动为区重点工作做好服务,按照区委“五必须、五不许”要求,组织区机关全体党员带头自查自拆,带头做亲友思想工作。参与区“三改一拆”督察组,定期到现场督察拆违进度,推动全区拆违工作。牵头相关部门,研究制定考核细则,通过召开党建工作会议、党委书记读书会、双精活动现场会,对各阶段的重点工作进行统筹安排、有序推进,保障年度目标任务的顺利完成。

【基层组织建设】 根据年度工作安排,年底前,基本完成7个基层党委及下属支部到期换届工作,配强基层党组织领导班子队伍,提高影响力,整改部分问题支部,优化组织关系。学习领会市委贯彻

《中国共产党纪律处分条例》的实施意见,根据要求开展自查,落实党务干部配备、规范党费使用、提高党费留存比例等一系列措施,增强工作保障。继续巩固基层组织建设年的成果,完成机关党组织新一轮“五星争创”的星级评定工作,区机关34个基层党组织实现晋位提升。按照因地制宜、一镇一特色的工作思路,继续挖掘蒋堂镇机关党委试点经验,排摸出下一步推进的3个重点乡镇,蒋堂镇试点经验和做法得到省直机关工委主要领导的肯定。

【党建工作】 在机关基层党组织推广使用官方微博,结合各阶段宣传重点,开展“学十八大,建新金华”微言、微行、微策竞赛等微博互动活动,为学习贯彻十八大增添氛围。继续以“提质保量”来提高“手机党校”的影响力,在H7N9禽流感、严重冰雪天、节庆放假等时机发布温馨提示予以提醒。组织全区机关党组织以“服务决策、提高党建工作科学化水平”为目标,开展调查研究工作,全年机关各党组织撰写调研文章54篇。其中,《机关党建服务助推中心工作的探索与思考》在省工委杂志刊登,区机关党建调研工作得到市工委充分肯定。在工作推进的各阶段,通过新闻报道、微博、简报等方式,及时报送工作动态、宣传工作成效,获得市机关工委“优秀信息工作单位”和“优秀信息员”荣誉。

【党员教育】 完成年度各项政治教育任务,开设专题学习班,邀请区宣讲团和市委党校教授前来授课,提高党员干部政治素养。开展“向基层党组织送书”活动,指导21家单位设立“机关流动书架”,营造良好的机关读书氛围。紧跟区委作风建设有关行动,通过“手机党校”、培训班等方式,开展以“廉政提醒教育”为重点的党员干部反腐倡廉教育,常为机关党员干部“拉好袖子”。召开机关党委书记读书会,学习机关党建新政策、新要求,提高机关党建“一把手”综合素质。加强党员干部队伍建设,培训机关中层干部114人次。严格机关新入党人员质量控制,规范党员发展程序,培训新任党务干部,提高业务素质。2013年,区直机关发展党员67人,培训入党积极分子162人次。

【文化活动】 发挥各文体协会和相关职能部门作用,组织机关干部乒乓球赛和篮球比赛,30余家单位200余名机关干部参加了比赛,丰富机关干部职工的业余生活,促进各单位间的沟通和友谊。落实党内关怀激励帮扶制度,春节和“七一”期间,集中慰问困难党员41人次,发放党员关爱基金34200元。同时,坚持党员关爱“五必访”制度,慰问机关党员20人次。 (罗 强)

中国共产党金华市婺城区纪律检查委员会

综　述

婺城区各级纪检监察组织在区委、区政府和市纪委领导下，贯彻落实中央、中央纪委关于党风廉政建设和反腐败工作新思路、新要求，各项工作取得新进展。

转变职能方式，突出两项职能，聚焦党风廉政建设和反腐败斗争。学习贯彻党的十八大、十八届三中全会精神，准确把握中央关于反腐倡廉建设的新部署、新任务，自觉落实中央纪委“转职能、转方式、转作风”要求，依照党章和行政监察法规定，履行党的纪律检查和政府监察两项职能，推动反腐倡廉建设创新发展。各级纪检监察组织坚持以改革统领纪检监察工作全局，聚焦中心任务，强化执纪监督，提高反腐倡廉建设科学化水平，为全面深化改革、加快科学发展提供坚强保障。

狠抓作风建设，推动工作落实，优化发展环境。以贯彻执行中央“八项规定”、省委“六个严禁”“28条办法”、市委“25条意见”和区委“25条办法”为主线，开展“正风肃纪抓执行，攻坚破难促发展”为主题的作风建设系列活动，落实“八项规定”。以“清退会员卡”“月饼禁令”“贺卡禁令”“烟花爆竹禁令”“清退超配住房用车”“公款购赠年货禁令”等为廉政“风向标”，强化制度约束，严格贯彻落实。严格控制“三公”经费支出，向35家单位发出整改通知书。开展领导干部出国(境)和组团外出学习考察管理、“小金库”清理、公务用车专项治理等监督检查活动。区委、区政府精简会议214个，减少各类活动142个，各类纸质文件简报减少188种，停建楼堂馆所2处。全区公务接待支出同比下降20.39%，因公出国(境)支出同比下降5.55%，公车使用支出同比下降9.17%。制定《婺城区重点工作问责暂行办法》，对“三改一拆”“五水共治”、克难攻坚任务，以及省、市重点项目建设等重点工作开展常态化督查，对相关工作进展较慢、开展不力的乡(镇)、街道进行警示约谈。推进审批制度改革，开展“优化环境、服务发展”专项效能督查。同时，开展“阳光工程”建设，对全区部门(单位)的行政权力事项进行全面梳理，建立行政权力清单。

坚持依法依纪，确保惩治实效，继续保持惩治腐败高压态势。坚持惩防并举、以惩促防，严格执行办案纪律，做到安全文明、依纪依法办案，全年受理群众信访举报345件(次)，立案58件58人。其中，乡科级要案6件、大案26件，移送司法机关8人。针对政府投资项目超概算、选风选纪和苗木抢种问题，加大打击力度，强化制度管理，努力扭转三种不良风气。

注重组织协调，强化制度落实，深化婺城特色惩防体系建设。以制度建设为核心，贯彻落实党风廉政建设目标管理责任制、“三书两报告”“一岗双责”等制度。按照“谁主管、谁负责”的原则，将惩防体系建设和党风廉政建设工作任务细化分解到各职能部门。协助区委、区政府与各乡镇(街道)、机关部门和园区签订党风廉政建设目标管理责任书，促使“一把手”敢抓敢管、真抓真管，将党风廉政建设融入到业务工作和日常管理之中。加强廉政宣传教育，以专题辅导、中心组学习、专项教育等形式，加强党员领导干部党纪国法、廉政法规和从政道德教育。推进廉政文化“六进”工作，营造以廉为荣、以贪为耻的良好氛围。参与各种廉政文化活动赛事，组织参加第三届中国(浙江)廉政小小说大奖赛和第二届全国中小学生廉洁文化书法创作邀请赛并获奖,廉政情景剧《闹房》入选省廉政文化精品库。

积极创新求效,主抓规范提升,深化基层党风廉政建设。制定《婺城区违反农村集体资金、资产、资源管理规定责任追究办法》,推进村级财务、工程项目及村集体资产资源管理,规范资金使用。加强村务监督委员会规范化建设,落实村务监督委员会主任基本报酬制度,完成村务监督委员会换届选举工作。推进村级便民服务中心规范化建设,1个乡镇"365"便民服务中心和14个村级便民服务中心被评为省级示范服务中心。将385项公共服务类、业务咨询类项目以及审核审批项目的预审预办环节下放到村(社区)便民服务中心,方便群众办事。开展村级便民服务中心"三务公开"信息平台建设,实现全区全覆盖。探索学校监督机制建设,在4所学校试点校务监督委员会制度,选出成员19人,监督事项45项,提出合理化建议30多条。

【六届区纪委三次全会】 2月25日,中共金华市婺城区第六届纪律检查委员会第三次全体(扩大)会议召开,会议听取和审议题为《坚决反对腐败建设廉洁政治 为"两富"现代化都市核心区建设提供有力保障》的工作报告。

【会员卡专项清退活动】 7月,按照"四个到位"标准,在全区开展会员卡专项清退活动,要求全区纪检监察系统在职各级纪委委员(不含基层党总支、支部纪检委员)、各纪检监察机关干部,各乡镇(街道)、机关部门(单位)、企业事业单位、金融机构中从事纪检监察工作的干部清退具有一定价值、金额或消费次数的各类会员卡,每个部门和乡(镇)、街道纪检组织一把手签订责任书,全区124名纪检干部承诺"零持有、零报告",把会员卡专项清退活动抓实、抓深、抓细。

【居务监督】 拓展基层监督触角,率先开展城市社区居务监督委员会建设,46个社区实现全覆盖,全年开展检查552次,参与监督社区重大事项108次,纠正和节约公共资金15万元,化解矛盾596件,中央电视台、《人民日报》等对婺城区的居务监督委员会建设做法进行报道。

【优环境促发展活动】 推进审批制度改革,审批事项减少到333项(含省、市2013年新下放项目),两年减少审批事项75项,进驻行政服务中心的审批项目296项,进驻率达92.5%。开展行风政风专项督查,立案查处行政服务中心窗口吃、拿、卡、要的工作人员1名,给予其留党察看一年、行政撤职处分。

【整超概算之风】 开展政府投资项目超概算问题专项治理,修订完善《婺城区政府投资项目责任追究暂行办法》《婺城区政府投资工程项目巡查工作暂行办法》,对项目管理、执行程序、招标和采购、工程变更、资金管理使用、结算与审计、廉洁自律情况进行监督。全年巡查政府投资项目21个,对项目负责人谈话21次,下发监察建议书9份。加大政府投资项目领域的案件查办力度,查处政府投资项目领域违纪违法案件7起,党政纪立案8人,追究刑事责任5人。同时,拍摄制作专题警示教育片《警钟》,在区纪委全会等会议上播放。

【整选风】 加大对各类选风选纪问题的查处和打击力度,在村级组织换届工作中,坚持把严肃换届纪律贯穿于换届选举工作全过程,形成露头就打、绝不手软的高压态势。查办贿选和破坏选举秩序案件11起,党纪立案8人,取消候选人资格或认定当选无效的8人,治安拘留3人,刑事拘留1人。

【整苗木抢种之风】 严肃查处苗木抢种和评估中的违纪违法问题,查处"两管"建设项目征迁中2起苗木抢种及评估的违纪违法案件,7名涉案人员中逮捕4人、取保候审3人。

【村级"三务"公开信息平台建设】 依托数字电视平台,开展"三务"公开信息平台建设,将涉及便民服务和"三务"公开信息全部纳入信息平台。全区578个村(居)实现全覆盖,提升基层"三务"公开的规范性、多元性、实效性,保障群众的知情权、参与权、监督权。

【重点工作问责】 制定《金华市婺城区重点工作问责暂行办法》,列举在重点工作推进落实中7种问责情形,明确效能告诫、责令公开道歉、通报批评、停职检查、引咎辞职、责令辞职或免职等9种问责方式。

【"三治三问"】 完善巡查、督查、考核和问责机制,开展区机关部门和省市垂直管理部门重点岗位，以“治庸问效、治懒问责、治腐问廉”为主题的“三治三问”活动，将 118 个重点岗位列入“三治三问”范围，对 12 种庸、懒、散、慢等行为进行集中治理，解决少数单位和干部中的突出问题。

【作风效能明察暗访】 开展以“正风肃纪抓执行，攻坚破难促发展”为主题的作风建设系列活动，落实中央“八项规定”。开展作风效能明查暗访 30 余次，问责 89 人次。开展元旦、春节、端午、国庆等节假日期间公车使用管理情况专项督查，查处并通报 32 个单位 37 辆违规使用、违规停放和不按规定粘贴公车标识车辆。

【农村涉纪信访化解】 按照“查处一批、化解一批、终结一批”的思路，采取领导分片联系制、乡(镇)、街道主要领导接访包案制及重点信访定期通报销号制，集中时间，集中力量，细致开展基层矛盾纠纷排查化解工作，促使农村涉纪信访问题化解在基层，解决在萌芽状态。全年无群众到中央纪委上访，无到省纪委集体访，到省纪委个访 4 批 7 人次，数量为历年最少。做好信访监督工作，对群众反映违纪情节轻微的 27 名党员、领导干部进行信访谈话，起到警示教育作用。

【自身建设】 严明工作纪律，提升工作能力，抓好纪检队伍自身建设。按照纪检监察干部“素质提升工程”目标，加强全区纪检监察干部政治理论、业务知识学习，推进干部队伍自身建设。区直机关 21 个部门实行派驻机构统一管理，其中 11 个部门实现双派驻，设立派驻监察室。同时，健全完善基层纪检监察工作量化考核细则和委、局机关内部目标管理考核机制，以量化考核激发工作动力，提升业务水平。

（蒋　程）

金华市婺城区人民代表大会常务委员会

综　述

婺城区人大围绕区委“工业强区、商旅兴区、生态立区、城乡统筹”发展战略，履行宪法和法律赋予的各项职责，各项工作有序有效推进。全年召开常委会会议9次、主任会议14次，听取审议专项工作报告25个，开展执法检查2次，作出决定、决议8项，组织代表视察13次，依法任免国家机关工作人员43人次。

紧扣全区发展大局，开展人大监督工作。多次组织代表视察金西开发区建设情况、区重点建设项目及政府性投资项目实施情况、婺城新城区重点项目建设情况，开展关于现代化核心区建设、区主导产业转型提升等专题调研，听取和审议区政府半年计划、财政和2012年度审计报告、区“十二五”规划纲要实施情况中期评估报告，主任会议听取区政府关于2013年度预算分解情况汇报、区重点建设项目及政府性投资项目落实情况的汇报。按照党的十八大提出的加强对财政预决算全口径监督的要求，将政府性基金收支情况、政府性债务收支情况纳入监督范围，推进经济健康运行。听取和审议区法院民商事审判工作报告和区检察院惩治与预防职务犯罪工作报告，组织代表对区公安分局警用地理信息系统研发与应用工作进行视察。以上下联动的方式开展刑事诉讼法执法检查活动，推进民主法治建设，坚持将做好信访工作作为掌握社情民意、加强工作监督的重要平台，全年接待群众来信来访152人(件)次。通过常委会领导接访和阅批重要信访件，相关办委及时督促职能部门解决来信来访中反映的问题，有效地发挥了人大信访工作了解民意、反映民情、化解矛盾、维护稳定的作用。推进人事任免规范，坚持对提请任命人员进行任前法律知识考试制度，要求拟任职人员在常委会审议人事任命事项时，必须到会与常委会组成人员见面，并在投票表决前作拟任职发言。一年来，20名被提请任命人员都按规定参加任前法律知识考试和见面程序，有效地提升相关人员的法治意识、责任意识和公仆意识。

紧扣民生热点、难点，促进幸福指数提升。跟踪督办民生建议，主任会议专题听取承办职能部门办理建议的进展情况，《关于加大教育投入改善农村教学条件的建议》《关于美丽乡村建设中加强保护利用古村落及古建筑的建议》《关于取消择校后的疏与堵问题的建议》《关于实施汤莘公路拓宽改造的建议》等一批重点建议的办理取得明显成效。破解民生重点，开展饮用水水源地保护法律法规执法检查，组织代表视察沙畈水库、金兰水库、莘畈水库水源保护情况，围绕沙金兰水源涵养生态功能区综合整治工作，向市人大常委会提出闭会期间代表建议4件。发动全区1300多名省、市、区、乡四级代表开展“关心母亲河溪，查找水污染源，恪尽代表职责”主题活动，检查各类河溪、山塘、水库等69处，查出水污染源186处，提出建议524条并交由政府相关部门处理。关注“三改一拆”工作，分别于5月和10月组织代表视察“三改一拆”工作。密切关注民生热点，将区政府十项重点惠民实事作为监督重点进行全年持续跟踪督办。听取和审议区政府关于餐饮业管理工作情况的报告，组织代表开展对《劳动合同法》贯彻实施情况、争创全国义务教育发展基本均衡区情况、区供销农超对接工作情况的视察，主任会议听取区政府关于农业“两区”建设、二七新村区块改造、居家养老工作、婺城区人民医院和金西人民医院建设情况的汇报，民生监督工作取得较大进展。

紧扣服务代表履职，发挥代表主体作用。通过完善常委会领导和办委主任联系基层制度、常委会领导每月首个工作日轮流接访走访代表制度、定期开展婺城区人大代表风采宣传活动制度、常委会关于区人大代表依法辞去代表职务制度，开展优秀议案建议评选、代表议案建议办理工作先进单位评选、重点建议督办三项活动，以乡镇街道为单位搭建代表小组活动平台、乡镇、街道代表联民工作站为载体，以搭建代表履职平台、片区联席会议为形式，搭建代表交流平台三大平台，突出代表主体地位，激发基层工作活力，促进代表工作和基层人大工作整体水平的提升。

紧扣自身能力建设，提高人大工作水平。坚持把宪法等法律法规和党的十八大、十八届三中全会精神的学习作为提升履职能力的重要抓手，强化人大业务知识和政策理论学习，狠抓队伍作风建设，把调查研究作为议事、履职和服务之要。全年撰写有关提升人大监督“刚性”思考等调研文章10篇。贯彻夏宝龙书记关于人大工作要保持“一线”状态和“一线”作为的重要指示，组织代表对区重点工作开展视察活动，参与二七区块改造等市、区重点工程项目蹲点和有关困难企业遗留问题的协调处理工作。市开发区管理体制调整后，及时到金西走访和专题调研，向市人大常委会、区委和市开发区报送《关于市开发区和金西开发区整合后完善规范婺城行政区人大工作体制的建议》。开展区领导“九个一”活动，将各项人大监督工作融入到服务大局之中。贯彻省、市人大常委会领导关于学习东阳人大监督工作的批示精神，借鉴外地先进经验，制定《区人大常委会关于政府投资重大项目审查监督暂行办法》，着力规范政府投资行为，提高投资效益。试点区人大代表向选民述职活动，深化加强全省人大代表履职服务平台操作培训和功能应用。深化对外交流，先后与来访的广州天河区、扬州江都区、嘉兴桐乡市人大考察学习组就强化人大监督和发挥代表作用进行深入探讨。

【区八届人大二次会议】 2月20~23日，区八届人大二次会议在区行政中心召开。出席会议的区人大代表279名，列席人员211名，参加区政协三届二次会议的全体委员列席会议。会议听取和审查区政府区长王健所作的政府工作报告，审议金华经济技术开发区管委会工作报告，审查金华市婺城区2012年国民经济和社会发展计划执行情况及2013年国民经济和社会发展计划草案的报告、金华市婺城区2012年财政预算执行情况和2013年财政预算草案的报告，听取和审查区人大常委会主任张菲菲所作的金华市婺城区人民代表大会常务委员会工作报告、区人民法院院长张永伟所作的金华市婺城区人民法院工作报告、区检察院检察长徐洪彬所作的金华市婺城区人民检察院工作报告。会议通过关于批准上述七个报告的相应决议。会议还表彰了2012年度区人大工作先进单位和先进个人。

【区人大常委会会议】 1月22日上午，区八届人大常委会举行第八次会议。会议通报关于区八届人大二次会议筹备工作情况，审查通过关于代表资格审查情况的报告，审议提出区八届人大二次会议议程草案、主席团和秘书长名单草案、大会日程草案，审议通过区八届人大二次会议列席和邀请人员名单，讨论通过关于表彰2012年度人大工作先进单位和先进个人的决定，审议通过区人大常委会工作报告稿，初审区政府工作报告、市经济技术开发区管委会工作报告、计划工作报告、财政工作报告、法院工作报告、检察院工作报告，审查和批准区政府关于要求调整2012年区国民经济和社会发展部分指标的报告、区政府关于要求调整2012年财政收支预算的报告。

1月22日下午，区八届人大常委会举行第九次会议。会议听取和审议金华市公安局婺城分局有关申请报告，以举手表决方式作出相关许可决定。听取和审查通过关于出席区八届人大二次会议代表资格审查情况的补充报告。

4月24日上午，区八届人大常委会举行第十次会议。会议审议通过区人大常委会2013年工作要点(草案)。讨论通过区八届人大二次会议代表重点建议督办意见。听取和审议区政府关于“三改一拆”工作情况的报告。以无记名投票方式通过区政府、区法院、区检察院的有关人事提请，决定任命达珍为区政府副区长。

5 月 31 日上午,区八届人大常委会举行第十一次会议。会议听取和审议区人民法院关于民商事审判工作的报告、区检察院关于惩治和预防职务犯罪工作的报告,以举手表决方式通过区人大常委会关于政府投资重大项目审查监督暂行办法(草案),以无记名投票方式通过主任会议的有关人事提请。

7 月 29 日上午,区八届人大常委会举行第十二次会议。会议听取和审议区政府关于重点建设项目及政府性投资项目实施情况的报告,听取和审议区政府关于区八届人大二次会议代表建议办理情况的报告,集体学习贯彻《夏宝龙同志在省人大常委会及各专(工)委工作汇报会上的讲话要点》。以无记名投票方式通过区政府的有关人事提请,决定任命查志强为区政府副区长。

9 月 29 日上午,区八届人大常委会举行第十三次会议。会议听取和审议区政府关于 2013 年上半年国民经济和社会发展计划执行情况的报告、2012 年度财政决算草案及至 2013 年 7 月止财政预算执行情况的报告、2012 年财政预算执行和其他财政收支的审计工作报告,审查批准 2012 年度区财政决算。听取区政府关于 2012 年政府性债务情况和 2013 年政府性债务收支计划的报告。以无记名投票方式通过区政府的有关人事提请,决定免去潘云秋的区政府副区长职务。

11 月 20 日上午,区八届人大常委会举行第十四次会议。会议听取和审议区政府关于《区国民经济和社会发展第十二个五年规划纲要中期评估报告》及部分指标调整情况的报告,以举手表决方式通过区人大常委会关于批准金华市婺城区国民经济和社会发展第十二个五年规划纲要部分指标调整方案的决议。听取和审议区政府关于区餐饮业管理工作情况的报告。以举手表决方式同意有关代表辞职报告,讨论决定补选区八届人大代表有关事宜。以无记名投票方式通过区政府的有关人事提请,决定任命王建良为区政府副区长。

11 月 28 日下午,区八届人大常委会举行第十五次会议。会议听取和审议金华市公安局有关申请报告,以举手表决方式作出相关许可决定。

12 月 27 日下午,区八届人大常委会举行第十六次会议。会议听取和审议区政府关于要求调整金华市婺城区 2013 年财政预算及财政审计整改工作情况的报告,以举手表决方式通过区人大常委会关于批准调整 2013 年财政预算的决议。听取和审议婺城公安分局、江南公安分局、区人民法院、区检察院、区司法局关于贯彻实施刑事诉讼法情况的报告和区人大常委会刑事诉讼法执法检查组执法检查情况的报告。讨论并研究区八届人大三次会议有关筹备工作情况的报告。听取金华市公安局江南分局有关申请报告,以举手表决方式作出相关许可决定。以无记名投票方式通过区人民法院的有关人事提请。

【视察活动】 4 月 19 日,组织部分人大代表视察金西开发区开发建设情况。视察组实地察看九峰温泉体验馆、黄土丘陵二期项目、金西丰子恺学校、峙垅湖公园和九峰文化互动体验园施工现场,听取金西开发区关于开发建设情况的汇报。

5 月 9 日,组织部分人大代表视察“三改一拆”工作情况。视察组实地察看蒋堂、汤溪镇等地拆违现场,听取区政府关于“三改一拆”工作情况镇的汇报。

5 月 24 日,组织部分人大代表视察交通工作情况。视察组实地察看西二环跨沪昆公铁立交桥及接线工程、330 国道与文溪街交叉路口整治工程等地,听取区政府关于交通建设情况汇报。

5 月 28 日,组织部分人大代表视察水利堤防加固工作情况。视察组实地察看金华江、白沙溪汇合处、白沙溪中小河流古方段,琅琊集镇段等水利堤防加固工程现场,听取区政府关于水务工作的汇报。

6 月 14 日,组织部分人大代表视察争创全国义务教育发展基本均衡区情况。视察组实地察看汤溪镇东祝小学、金华九中、环城二小等学校,听取区政府关于争创全国义务教育发展基本均衡区工作情况的汇报。

7 月 24 日,组织部分人大代表视察重点建设项目及政府性投资项目实施情况。视察组实地察看金西九峰水上乐园、金西主干道一期工程、区第二人民医院等重点建设项目及政府性投资项目现场,听取区政府关于重点建设项目及政府性投资项目建设情况的汇报。

8 月 27 日,组织部分人大代表视察沙金兰水源涵养生态功能区整改工作。视察组实地察看琅琊镇新兰村锯板厂、沙畈乡梧桐村锯板厂和乌云村养猪场拆除情况，听取区政府关于沙金兰水源涵养生态功能区整治情况的汇报。

9月18日，组织部分人大代表视察劳动合同法贯彻实施情况。视察组实地察看浙江红树林服饰有限公司、浙江伊利乳业有限公司、金华市锦绣塑胶有限公司、浙江采云间茶业有限公司等企业执行劳动合同法情况，听取区政府关于劳动合同法执行情况的汇报。

10月21日，组织部分人大代表视察“三改一拆”工作情况。视察组实地察看全家福饭店、江北乡村大院、清水湾鱼庄等迎宾大道整治范围拆违现场，听取区政府关于“三改一拆”工作情况的汇报。

10月23日，组织部分人大代表视察区公安机关警用地理信息系统研发与应用工作情况。视察组实地察看白龙桥镇二维码采集点、白龙桥派出所和婺城公安分局，听取区公安分局关于警用地理信息系统研发与应用工作情况的汇报。

10月29日，组织部分人大代表视察区供销社“农超对接”工作情况。视察组实地察看供销农超青春路店、锦绣旗舰店，听取区政府关于“农超对接”工作情况的汇报。

11月13日，组织部分人大代表视察婺城新城区重点项目建设情况。视察组实地察看临江分区福田区块、新宇宏腾生活广场、洞溪分区龙蟠区块、栅川分区等地的重点项目建设现场，听取区政府关于婺城新城区重点项目建设情况的汇报。

11月27日，组织部分人大代表视察城建工作情况。视察组实地察看区污水处理厂运行情况，听取区政府关于污水处理情况的汇报。

区人大代表视察城建工作

【刑事诉讼法执法检查】 5~10月，区人大常委会以市、区两级联动，采取公、检、法、司机关(部门)自查和执法检查组检查相结合的方式，对婺城区贯彻实施新修正的刑事诉讼法情况进行执法检查。执法检查的主要内容是组织学习、宣传刑事诉讼法情况、贯彻实施刑事诉讼法中的法律适用情况、当前贯彻实施刑事诉讼法中存在的困难与问题，完善法律法规的相关意见与建议、下步贯彻实施刑事诉讼法工作与措施四个方面。在公、检、法、司机关(部门)全面自查的基础上，执法检查组采取听取汇报、召开座谈会、实地察看和随机抽查案卷相结合等方式进行检查，督促公、检、法、司机关(部门)端正刑事司法理念，规范刑事司法行为，提高刑事司法能力，正确适用法律依法惩罚犯罪，保障人权，维护社会和谐稳定。

【“关心母亲河溪，查找水污染源，恪尽代表职责”活动】 自7月起，区人大常委会发挥各级人大代表在推进区委“生态立区”战略、建设“美丽婺城”中的作用，根据省人大常委会相关要求，在全区各级人大代表中开展“关心母亲河溪，查找水污染源，恪尽代表职责”活动。要求各乡镇街道人大按照“就近、就地和便于活动”的原则，发挥全区各级人大代表量多、面广的优势，组织辖区内人大代表从关心身边的河溪、山塘、水库做起，查找水污染源，建言献策，提出整治目标，监督整治工作。号召全区各级人大代表立足本职、发挥优势、当好表率，深入基层和群众，走一遍、看一遍、查一遍、献一计，做“美丽婺城”建设的推动者、参与者和实践者，为开创“两富”现代化婺城建设新局面做出贡献。

【食品安全执法检查】 9~11月，区人大常委会与省、市人大同步开展食品安全执法检查跟踪督查活动。督查重点包括食品安全监管体制机制建设、食用农产品安全监管、餐厨废弃物监管、学校食堂及周边餐饮单位食品安全监管、上年度食品安全执法检查回头看过程中发现的问题及整改情况等五个方面。跟踪督查采取听取政府职能部门工作情况汇报、实地随机抽查、暗访相关食品生产经营单位等形式开展。

【人大代表履职服务平台】 浙江省人大代表履职服务平台是省人大在信息时代创新人大工作和代表履职方式的新举措，旨在进一步加强人大与代表的联系和服务，拓宽了解基层人大和社情民意的途径,搭建人大代表和“一府两院”的联系渠道。区人大常委会根据省人大统一安排,确定人员,落实责任,做好平台的区级数据导入、操作和应用。至9月20日,辖区内区人大代表、乡镇人大代表及区、乡镇街道人大机关工作人员,及一府两院联络员共1374名注册完毕。10月29日上午,举行“浙江人大代表履职服务平台”应用专题培训会,区人大常委会机关全体人员、各乡镇人大主席团、街道人大工委负责人及“一府两院”平台联络员百余人参加培训。

(欧阳靖宇)

金华市婺城区人民政府

综　述

婺城区政府团结和依靠全区人民，把握稳中求进的工作总基调，以经济转型提升年、有效投入提升年、城乡建设提升年为抓手，执行区八届人大二次会议决议，凝心聚力，克难攻坚，埋头苦干。围绕“工业强区、商旅兴区、生态立区、城乡统筹”发展战略，按照“抓转型、重投入、优环境、兴实体、惠民生、促和谐”工作思路，聚精会神抓发展，全力以赴促转型，克服各种困难，实现经济企稳向好的态势，人民生活不断改善，社会保持和谐稳定。

2013 年，婺城区辖 9 个镇、9 个乡、9 个街道(其中金西开发区汤溪镇、罗埠镇、洋埠镇于 2013 年 10 月与市开发区整合)，土地总面积 1391.24 平方千米。年末，全区户籍管理人口 47.7 万人(非农业人口 16.06 万人)。全区人口出生率 9.77‰，同比下降 0.59 个千分点；死亡率 5.72‰，同比下降 3.37 个千分点；自然增长率 4.04‰，同比上升 2.77 个千分点。

全区实现区属地区生产总值 264.3 亿元，增长 8.9%。其中，第一产业增加值 17.17 亿元，增长 1.7%；第二产业增加值 90.08 亿元，增长 9.7%；第三产业增加值 157.03 亿元，增长 9.1%。在第三产业中，交通运输、仓储和邮政业增长 1.8%，批发零售业增长 8.9%，住宿餐饮业增长 4.4%，金融业增长 12.4%，房地产业增长 18.7%，其他服务业增长 7.1%，人均生产总值 55358 元，比上年增长 8.9%。第一、二、三产业增加值占地区生产总值的比重由上年的 6.8:34.3:58.9 调整为 6.5:34.1:59.4。

财政总收入 33.1 亿元，同比增长 9.3%。其中区级财政收入 8.8 亿元，增长 15.2%；区本级收入 7.1 亿元，金西开发区完成 1.7 亿元。全区财政支出 17.9 亿元，同比增长 21.2%。固定资产投资 112.9 亿元，增长 20.4%。其中，投资项目投资 69.9 亿元，同比增长 21.1%；房地产开发投资 43 亿元，同比增长 19.4%。投资项目中工业投资 47.5 亿元，同比增长 20.2%。按投资的产业分，第一产业完成投资 5208 万元，同比增长 12%；第二产业完成投资 47.5 亿元，同比增长 20.2%；第三产业完成投资 64.9 亿元，同比增长 20.7%。

社会消费品零售总额 242.1 亿元，增长 12.8%。其中，批发零售业 232.5 亿元，同比增长 12.3%；住宿餐饮业 9.7 亿元，同比增长 25.6%。

全年实现外贸进出口总额 11 亿美元，同比增长 17.7%，其中自营出口额 10.5 亿美元，同比增长 16.3%。合同利用外资 2134 万美元，同比增长 12.8%。

【工业经济】 扎实开展经济转型提升年活动，实现工业总产值 397.9 亿元，增长 11.5%。完成工业增加值 77.43 亿元，同比增长 9.8%，工业增加值占 GDP 的比重为 29.3%。其中规模以上工业企业完成总产值 202.5 亿元，同比增长 8.2%；完成销售产值 194.1 亿元，同比增长 7.2%。规模以上工业企业完成出口交货值 41.1 亿元，同比增长 8.7%，占销售产值的比重为 21.2%。工业品产销率为 95.9%。全年规模以上企业实现主营业务收入 210.4 亿元，同比增长 6.9%；实现利税总额 15.5 亿元，同比增长 6.7%，其中利润总额 9.3 亿元，同比增长 7%。

支柱产业加快发展，七大特色优势产业实现产值 139.7 亿元，增长 5.2%，占规上工业总产值的

69%。完成限额以上工业投资47.5亿元，增长20.2%。实施市级以上重点技改项目53项，完成技改投入11.5亿元。实现亿元企业55家，超5亿元企业5家、超10亿元企业1家。科技创新步伐加快，申报各级科技立项73项，新增市级以上高新技术企业11家，有省市研发中心9家、科技型企业7家，新产品产值达79.1亿元，增长23.8%，被列入浙江省知识产权示范创建区。来料加工从业人员达4.7万人，发放加工费3.6亿元。

全年完成建筑业总产值143亿元。全区49个三级及三级以上建筑施工企业全年房屋建筑施工面积1731.4万平方米，竣工房屋面积563.6万平方米。

【农业经济】 实现粮食播种面积34.7万亩，同比增长1.1%。粮食总产量13.6万吨，同比增长1.6%。单季晚稻最高亩产创全市新高。建成粮食生产功能区25个，面积1.8万亩。花卉苗木种植面积6.2万亩，同比下降4%。全区油菜籽产量6246吨，同比下降7.7%；蔬菜产量8.1万吨，同比下降10.3%；水果产量1.54万吨，同比下降38.6%。全年生猪出栏51.8万头，同比增长13.7%；奶牛存栏数16019头，同比下降0.7%；牛奶产量38693吨，同比增长15.8%；水产品产量8129吨，同比下降13.1%。

加快现代农业园区建设，安地桂花主导产业示范区和白龙桥生猪、罗埠中华鳖精品园通过省级验收，竹马杜鹃花精品园列入省级现代林业园区创建点。农业主体不断壮大。新增市级农业龙头企业5家、区级15家，有家庭农场26家，农民专业合作社达1040家。水利建设稳步推进。中央财政追加拨付高效节水灌溉项目竣工，新增灌溉面积超万亩。完成市级农村饮用水项目10个。完成水库除险加固2座，整治山塘32座，治理河道12.5千米，白沙溪中小河流治理工程有序推进，石柱头电站即将建成发电。荣获省水利"大禹杯"铜奖、省农田水利标准化建设考核优秀单位等荣誉。

【园区建设】 浙中信息产业园创新大厦建成启用，电信云计算项目落户婺城，网络经济集聚效应凸显。合丰、云安阁等重点项目开工建设，入园企业增至158家，营业额超15亿元，被评为浙江省首批电子商务示范区。商贸流通服务业发展迅速，新增供销农超连锁店25家，促进农户增收1亿元。万象农业休闲观光园开工建设，西吴花卉苗木展示展销中心二期建成投用。农贸市场改造提升三年行动任务全面完成，创建省级文明示范市场4家。旅游业保持增长态势，全年接待游客258.7万人次，增长19%。推进乡村旅游品牌建设，塔石梯田入围"中国美丽田园"梯田景观十强。

婺城新城区城市副中心功能日趋完善。水上交通应急指挥中心建成投用，婺州城市广场二期、新宇宏腾生活广场、伟达·雷迪森酒店、怡景商务大楼主体完工，浙中乐园、金华银行婺城支行、330国道改造工程开工建设。新建、续建商住房项目10个，建成商住房25万平方米。工业经济稳中有升，在建工业项目15个，竣工10个，投产8个；完成工业投入19.9亿元，增长20.9%；实现工业总产值192.9亿元、财政收入6.4亿元，分别增长14%和8.1%。

双龙风景区开展景区游客服务中心和换乘中心项目规划修编，智者寺复建一期、尖峰山休闲公园扩建一期、霞客古道二期工程基本完工。实施景区环境整治，景容景貌明显改善。成功承办"2013中国健身名山登山赛"，荣膺"中国健身名山"称号。仙源湖度假区开发力度不断加大。开展首期区块控规修编和48平方千米提质扩容规划编制，基本完成安地镇南15.47公顷、开源三期3.8公顷等扩容区块政策处理。成功引进金华乐园项目，水上运动中心开工建设，动物园水族馆一期海狮表演馆建成营业。新建续建房产项目6个，建成商住房20万平方米。

完成金西开发区与金华经济技术开发区的整合移交工作。区第二人民医院与水电十二局医院成功整合，县级公立医院改革全面铺开。"四换三名"工程扎实推进。实施腾笼换鸟、机器换人、空间换地、电商换市，开展清闲促产专项行动，收回闲置土地521亩，消化批而未供面积2563亩。新增省级名牌1只、市级名牌6只、著名商标和知名商号6只。实现"个转企"440家、"下升上"60家、"小上规"58家。开展有效投入提升年活动，实施政府性投资项目113个，完成投资18.1亿元。实施省重点项目12个、市重点项目36个，分别完成投资14.8亿元和28.9亿元。引进浙(婺)商回归项目23个，到位资金17.4亿元，增长21.5%。引进内资项目149个，到位资金48亿元，增长24.5%。实现外贸进出口总额11

亿美元,增长 17.7%。引进国家、省“千人计划”各 2 人,市“双龙计划”5 人。12 月 28 日,深圳婺城商会成立。人才保障用房建设有序推进,盘活人才租赁公寓 2240 平方米。

【城乡建设】 “三改一拆”强势推进。拆除违法建筑 102 万平方米,违建存量明显减少。改造旧住宅小区 10.7 万平方米、旧厂区 14 处 12 万平方米、城中村 674 户 7.3 万平方米,关停非法采砂场 58 家。二七新村改造有序推进,完成改造方案编制,拆除建筑 2.1 万平方米,启动安置房建设。城市治堵有序开展。增加停车设施 36 处,施划停车位 2527 个,石门路基本完工。重点建设项目加快推进。杭长客专婺城区段红线内征迁全面完成,婺剧院连接线完工,宾虹西路拓宽工程、二环跨沪昆公铁立交桥工程进展顺利。金千线改道工程和琴南公路竣工通车。完成联网公路 21 千米,农村公路大中修 52 千米,检修加固桥梁 5 座。完成蒋堂污水处理厂二期工程 15 千米管网铺设。溪洛渡电力工程、金衢丽天然气管网基本完成政策处理,天然气高压输配一期顺利施工。完成雅畈、琅琊、蒋堂三镇总体规划和上盛等 16 个村庄规划修编。城市管理水平不断提升。巩固创卫成果,顺利通过国家卫生城市复审。推进城市精细化管理,创建八咏楼等精品社区 6 个,取缔规范马路市场 5 个,修补背街小巷 1.2 万余平方米,补植绿化 4 万余平方米。美丽乡村建设扎实推进。启动建设 171 个村,建成精品村 10 个、秀美村 15 个、洁美村 100 个,建成美丽乡村精品线 2 条,农房改造 2020 户。山区扶贫全面推进,实施省级扶贫项目 11 个、市级 26 个。发放小额扶贫贷款 6000 余万元。乾西移民新村完成二期安置和三期主体工程,蒋堂移民新村启动建设。

【生态建设】 全面开展水环境综合治理,城乡环境不断优化。出台“一河一策”整治方案,启动回溪、通园溪、白沙溪、桐溪等小流域专项整治。关停搬迁沙金兰水源涵养区畜禽养殖场 95 家、锯板厂 49 家,完成莘畈水库污染整治和湿地工程建设,饮用水源水质良好。农村环境整治力度加大,基本完成“双清”“四边三化”任务,完成 109 家规模畜禽养殖场排泄物综合治理。创建国家级生态镇 1 个、省级生态镇 3 个、市级生态镇 1 个,新增市级生态村 52 个,宜居环境明显改善。森林婺城建设深入推进。完成平原绿化 346.67 公顷、山地造林 200 公顷、义务植树 150 万株,创建省级森林城镇 1 个、省级森林村庄 2 个、市级绿化示范村 52 个。节能减排力度加大。严格项目准入机制,印染、造纸、化工、电镀等重污染、高耗能行业整治有序推进,电镀行业扫尾工作通过市阶段性验收,污染减排项目立项 31 个,减排效益明显。

【科技管理】 科技项目立项数量明显增长。全年累计获国家、省、市各类科技立项 65 项,其中国家火炬计划 3 项、国家重点新产品 1 项;省级新产品试制计划 9 项、省重大科技专项计划 3 项、省科技特派员项目 4 项、省农业成果转化项目 1 项、企业法人科技特派员 1 人、省团队科技特派员 2 家;市科技项目 27 项(工业 12 项、农业 15 项)、市科技特派员项目 10 项、市农业科技成果转化项目 4 项。2 人获省农业成果转化推广奖,省科学技术奖 1 项、市科学技术奖 6 项、市科技合作奖 1 项。培育创新主体能力加强。全年累计认定高新技术企业 11 家(省级 4 家、市级 7 家)、省科技型中小企业 7 家、省级农业科技企业 1 家、省创新型示范企业 1 家、省创新型试点企业 1 家、市级创新型企业 2 家、高新技术研发中心 6 家(省级 1 家、市级 5 家)、农业科技研发中心 3 家(省级 1 家、市级 2 家)。专利授权量 1158 件,其中发明专利授权量 160 件,同比增长 48%。

【教育文体事业】 以创建全国义务教育均衡区为契机,积极改善学校办学条件,促进资源优化配置,努力提升教育教学质量。深化学前教育三年行动计划,努力发展小学“特色教育”,切实推广初中“高效课堂”,推进职业教育精品化。全区小学入学率、小学毕业升初中比例均为 100%。年末,全区有普通高中 1 所,专任教师 12 人,在校学生 130 人;普通初中 20 所,专任教师 1311 人,在校学生 14749 人;职业中学 2 所,专任教师 290 人,在校学生 8816 人;小学 45 所,专任教师 1835 人,在校学生 32516 人;幼儿园 163 所,专任教师 1306 人,入园儿童 19480 人。

文化体育事业持续繁荣。文化馆和图书馆做好免费开放的前期准备,15 个乡镇、街道完成综合文化站建设;开展“送戏下乡”“送书下乡”以及“激情婺城”系列大型文艺活动;12 个乡镇被评为浙江体育强乡镇,1个社区被评为浙江省城市体育先进社区。

【卫生事业】 卫生事业蓬勃发展。全区有医疗卫生机构28个、卫生技术人员765人、医疗床位411张。2013年28.8万人参加新型农村合作医疗,参合率达到97%。全区22家社区卫生服务中心(卫生院)、35家具备运行条件的社区卫生服务站以及163家村卫生室实施了基本药物制度,实施率为95.2%,达到浙江省卫生厅的实施要求。三大类十二项基本公共卫生和重大公共卫生服务项目综合达标率达93%。开展城乡居民健康体检,参保居民健康体检146418人,共体检成人90359人次,其中老人44208人次,学生、儿童56059人次,体检结果异常32091人次,完成纸质健康档案461421份,建立了规范化电子健康档案447186份,户籍人口电子建档率达93.56%,提前完成省定目标。

【社会保障】 努力改善民生保障,社会保持和谐稳定。城镇居民人均可支配收入35377元,增长9.6%。人均消费性支出23098元,同比增长4.1%,其中食品消费支出7637元,同比增长5.1%。农村居民人均可支配收入13573元,增长10.8%。人均生活消费支出9205元,同比增长11.5%,其中食品消费支出3713元,同比增长18.5%。

惠民实事有效落实。城镇新增就业4490人,失业人员再就业2252人。完成农村劳动力培训4056人,其中转移就业培训2046人,农村实用人才培训2010人。新增就业岗位4490个,失业人员实现再就业2252人,其中就业困难人员再就业228人,城镇登记失业率2.74%,远低于4%的控制目标。加强城镇低保对象管理,城镇低保标准每人每月524元,农村低保标准每人每月357元,家庭人均收入低于2500元,符合低保条件的农户已全部纳入低保。全区共有5273户7679名城乡低保对象、4440户6663名低保边缘困难群众、1038名重度残疾人享受相应救助,累计发放低保、低保边缘、重残、医疗等各类救助款3000余万元;发放冬春荒生活补助69.8万元,主要用于6600余户因灾受困群众的生产自救。新增50家城乡社区居家养老服务照料中心,20家星光老年之家,全区2700多名老人享受到居家养老政府购买服务政策。开展“2013年慈善温暖行动”、慈善助学系列活动,发放慈善救助金300多万元;做好慈善总会筹备前期基础工作,宣传发动并开展募捐,共收到善款193万余元及价值100万元实物捐赠。按政策落实全区108名符合条件的孤儿基本生活费的发放,发放孤儿基本生活费及补发2012年62名困境儿童基本生活费共计120万元。做好水库移民后期扶持工作,发放直补资金639万元,全区共有21300名直补移民受益。加强区划地名管理,统一制作路门牌4442块,更新新区街路标示牌123块,完成婺城至龙游、婺城至金东行政区划界线勘界的联合检查。

全区养老保险、医疗保险参保人数分别为15.3万人和28.8万人。被征地农民生活保障实现即征即保,企退人员社会化管理服务工作得到加强。政策性农村住房保险参保率达99.3%。新建居家养老服务照料中心43家、星光老年之家20家,五保对象集中供养率达98%。残疾人综合服务中心建成投用。社会各项事业蓬勃发展。义务教育均衡区创建活动扎实推进,完成新一轮学区布局调整,改造薄弱学校7所。义务教育质量稳步提升,职业教育免学费政策全面落实,乡镇中心幼儿园建设基本完成。获全省教育科学和谐发展业绩考核优秀。“激情婺城”文化活动精彩纷呈,举办大型活动52场,送戏下乡140场,文化走亲10场,建成文化礼堂22个。竞技体育再创佳绩,获省二体会团体总分一等奖。群众性体育广泛开展,创建小康体育村50个。优化公共卫生资源,创建规范化社区卫生服务中心16家,公共卫生服务能力进一步提升。强化社会综合治理,开展村级治安防范工作试点,加强流动人口服务管理,及时处置突发公共事件,社会创新管理深入推进。开展食品安全“强网清源”集中行动,实现食品安全监管网络乡镇全覆盖。安全生产和消防安全形势稳定。计划生育工作走在全市前列。人民武装、拥军优属、文物保护、民族宗教、外事、侨台,以及工青妇、老龄、慈善、红十字、地方志、经济普查、侨情调查等各项工作都取得新成绩。

【自身建设】 区政府不断加强自身建设,深入开展“正风提效促赶超,攻坚克难抓执行”主题实践活动、重大项目百日服务活动、“双千”活动,深化一企一策帮扶,企业难题解决率达87.9%。贯彻党的群众路线,完善“两富”指导员工作制度,“8890”交办事项办理满意率达93.2%。认真落实人大和政协监督视察决议、建议意见，做好重点工作报告和通报，认真办理人大代表建议、意见和政协委员提案。严格执行“八项规定”，三公经费支出下降15.9%。强化审计监督，加强政府性投资项目超概算管理，从严执行廉政制度要求，总体保持清正廉洁。

【志鉴编纂】 截至2013年年底，婺城区出版志书、年鉴各一部。

《金华市婺城区人民代表大会志》，系婺城区首部人大志，以上限1986年婺城区第一届人民代表大会第一次会议起，下限2010年第七届人民代表大会第四次会议止。本志除综述、大事记、专志和丛录外，设人民代表大会代表、人民代表大会、人民代表大会常务委员会和专记等4编、25章、92节，100万字，彩页24页。以专志为主体，采用述、记、志、传、表、录、图等体裁。志书由《金华市婺城区人民代表大会志》编纂委员会编纂，2012年4月由西泠印社出版社出版。

《婺城年鉴（2012）》系婺城区首部年鉴。记载2011年1月1日至12月31日全区自然、政治、经济、文化、社会等方面的综合性年鉴，采用分类编辑法，分为类目、分目、子目、条目4个层次，以条目为主要载体。收集到100多万字素材，经整理，形成63万字的送审稿，最后确定60万字的书稿。全书设特辑、专辑、大事记、概况、附录，及正文36个类目、30个分目、125个子目、987个条目，彩图82幅。2012年版《婺城年鉴》编纂历时一年，四易其稿，于2013年8月由方志出版社出版。 （朱睦钧）

区政府办公室工作

2013年，婺城区政府办公室以邓小平理论、“三个代表”重要思想和科学发展观为指导，围绕区委、区政府中心工作，按照“创一流业绩，塑一流形象，建一流部门”目标，创新工作载体，发挥参谋助手、综合协调、督促检查的作用，适应形势、风格、节奏、环境，推动办公室转变作风，提高效能，做到谋划在前、准备在前、服务在前、预防在前，不断提高服务水平，开创办公室工作新局面。

【组织协调】 办公室加强对政府重点工作和区重点建设项目相关事项的协调，及时掌握各方面工作进展情况，主动向区委、区政府领导汇报，提出合理建议，研究制定切实可行的工作措施。对重大工作部署、重要会议、重大活动，办公室认真组织，多方协调，形成合力，抓好落实。围绕区政府总体工作决策部署搞好组织协调，根据区八届人大一次会议确定的工作任务，协助区政府领导搞好区政府总体工作和分管工作的安排部署，搞好事前、事中、事后各项具体统筹协调工作，确保区政府2013年度各项目标任务顺利落实。围绕重大事项搞好组织协调，在实施工业强区战略、美丽乡村建设、招商引资、园区建设、征地拆迁、省市区重点建设项目、四项竞赛和十项惠民实事落实上，发挥组织协调职能，确保重点事项扎实推进和有序落实。围绕政府日常工作运转搞好组织协调，做好各乡镇（街道）、区政府各部门之间的工作协调，全年收集整理区长每周活动安排50期；联系协调省、市领导及友好城市到婺城视察和考察活动21批245人次；安排区政府领导重要会谈、会见和外出考察活动28次；衔接联系区级重大项目开工等各类庆典活动6次；协调省、市、区领导慰问、扶贫帮困、送温暖、下基层检查调研活动等20余次。

【政务督查】 办公室对区八届人大一次会议通过的《政府工作报告》进行量化、细化、分解，逐项落实到部门、责任人，确保政府各项工作任务及时完成。围绕政府中心工作，加大协调、督办力度，对区政府常务会议、区长办公会议确定的事项及时进行督办，保证了政令畅通。开展企业难题督办，收集难题163件，督办完成159件。对一些重点项目抓落实情况，进行“一月一报告、一月一督查、一季一通报”，确保项目落到实处。全年办理省人大和省政府、市人大和市政府等部门交办件203件，办结区政府主要领导批示件297件、区长信箱市民来信101件。同时，按时办结人大代表建议、意见309件，政协委员提案337件，办结率均为100%，满意率分别为96.44%和99.37%。无不满意件，承办质量明显提高。

【信息调研】 围绕区委、区政府中心工作，抓住重点，关注热点，剖析难点，捕捉苗头性、倾向性问题,及时收集和上报信息,及时、准确、全面地为领导提供情况和决策依据。全年上报政务信息436条,市级采用113条,较往年大幅度提高。编发《婺城信息》52期,领导批示9期。主动公开政务信息7038条,收到政府信息公开申请114件,答复率100%。同时,各科室按照所服务的分管领导工作,结合婺城区经济社会发展难点、热点、重点问题,深入基层和工作一线,多次组织专项调研活动,撰写调研文章14篇,为区委、区政府决策提供重要参考,较好地发挥了参谋作用。

【依法行政】 加强制度建设,提高规范性文件质量。全面落实行政规范性文件“三统一”制度,确保行政行为合法有效、公开透明。落实规范性文件合法性审查和备案制度,提高规范性文件质量。做好规范性文件有关行政许可规定专项清理工作,维护法制统一和政令畅通。规范行政行为,推进行政执法规范化建设。加强行政机关合同管理工作,预防和减少合同纠纷。深化行政审批制度改革,规范行政许可行为。开展行政执法案卷质量评查工作,推进行政执法规范化建设。坚持依法履职,提高政府的执行力。坚持科学民主决策,完善重大事项议事决策制度和重大决策征求意见制度。完善矛盾调处机制,预防和化解社会矛盾。加强行政调解工作,发挥行政调解在“大调解”工作体系中的重要作用。加强和改进行政复议工作,发挥行政复议在化解行政争议中的主渠道作用。全年收到行政复议申请9件,结事率达100%。做好行政应诉工作,自觉接受人民法院司法监督。区政府行政应诉案件1件,已由市中院裁定驳回起诉。另外,省高院再审申请案件1件,该案已由省高院裁定驳回再审申请。

【服务工作】 完善日常工作运行规程规范,始终把从严、从速、从精、从简办文办会作为办公室落实和促进政府各项工作决策的首要措施。认真撰写文字材料,全年起草领导讲话、政府文件、工作汇报、会议纪要等文字材料1238份,做到精益求精、优质高效、领导满意,达到以文辅政、传达精神、指导工作、促进落实的目的。及时办理机要文件。全年收办各级各类文件3671件,制发文件684件,办理批示件1025件,收发传真1200件,未出现误事、误时、失密现象。精心组织会议,除参与承办“两会”和以区委、区政府名义召开的各类会议外,组织各类协调会、工作会议等378次,未出现差错和纰漏。强化应急管理与信访接待工作,健全应急联动组织体系,实现区突发公共事件预警监测网络和信息直报体系全覆盖。成立应急队伍30多支800余人,突发事件应急处置能力得到提高。加强流动人口管理,全区在册登记的流动人口13万余人,出租户12010户,新列管高危流动人口166人,处理流动人口777人。其中,案前列管3人(2012年同期案前列管25人),处罚违规房东202户。通过建立流动人口服务信息平台,流动人口服务管理工作得到规范。

【队伍建设】 办公室狠抓理论学习,提高政治思想素质,全办干部职工政治素质得到明显增强,班子成员解决和处理改革发展稳定中的重点、难点问题的思路、方法措施有全面创新和提高。贯彻执行民主集中制,提高班子和队伍的凝聚力,形成干部之间相互支持、配合,大事讲原则、讲党性,小事讲友谊、讲风格,落实制度不走样,执行程序不变通,履行职责不越位,一心一意干事业的良好局面。探索新形势下班子和队伍建设中遇到的新情况、新问题的解决方法,坚持定期召开碰头分析会,交流心得,研讨热点,提高领导和驾驭全局的能力,增强工作的指导性和创造性。在党风廉政建设方面,落实党风廉政建设责任制,执行领导干部廉政自律各项规定。坚持党内民主生活会制度,加强党内监督,防微杜渐;推行政务公开,接受社会监督,推进党风廉政建设。严格规范财务管理,班子成员带头执行财经纪律,无超支、违规报支现象发生。在购置电脑等属政府采购范围内的物品时,本着节约财政资金的原则,实行政府采购。全办人员严格要求自己,未发生吃、拿、卡、要等不良现象,也没有违法违纪案件出现。

(单华杰)

机关事务管理工作

【概述】 区机关事务管理局(以下简称管理局)贯彻党的十八大和十八届三中全会精神,贯彻落实《机关事务管理条例》,以提供优质服务保障为中心，履行管理、服务、保障职能；以降低机关运行成本为目标，结合实际，严格管理，公共机构节能、公务接待、公务用车管理和党政机关办公用房清理等工作取得明显成效，日常后勤保障工作满意度大幅提升，为区委、区政府有序运转提供有力的保障。

【节能降耗】 成立以区委常委、常务副区长为组长的婺城区公共机构节能工作领导小组，出台《公共机构节能条例》并从机关大院做起，开展节水、节电、节油、节纸等工作的落实。加强用水、用电等管理，公车加油实行IC卡，汽车修理一律须经审批。建立公共机构节能长效机制，落实节能工作责任制，增强公共机构工作人员的执法资格和资源忧患意识，选送5名工作人员参加省局举办的公共机构节能执法培训班并取得执法证，增强节约意识和责任意识，遏制资源、能源浪费现象，降低行政运行成本。

【安保工作】 制定应急预案，强化机关大院管理，加强安全防范工作，特别是全国“两会”、党的十八大和十八届三中全会召开期间，管理局加强维稳安保预案。全年维护保养机关大院内监控系统3次，使大院安全保卫工作更加科学化、合理化、规范化和制度化。组织对消防系统进行排查，清理消防通道，更换所有灭火器的干粉，消除安全隐患，确保大院全年安全无事故。加强门卫值班和查验登记制度，落实大院巡逻、巡视制度。执行治安保卫条例，落实安全生产法，抓好重大节日、重要活动和重要部位的检查，堵塞漏洞，不留死角。严格大院车辆出入、行驶和停放管理。按照非正常上访对象处置预案，配合区信访局和公安部门，做好群众上访工作处理，维护大院正常办公秩序。

【服务保障】 树立服务意识，提高服务质量，创造良好的工作条件，发挥综合协调和服务管理的职能，保障各项工作的顺利运行。做好会务工作，做到会前周密准备，会中优质服务。至年底，接待各类会议780场次，同比全区压缩各类会议468场次。做好机关大院及机关老大院的各项维修工作，确保机关大院工作环境安全、舒适。完成水电、电梯、中央空调等设施设备的维修保养工作。做好机关大院的环境卫生管理，为机关提供良好的工作环境。

【公车管理】 做好区“两会”等会务用车、接待用车、公务用车保障工作。加强对公务用车维修定点单位的监督检查，重点对车辆使用、维修等环节抓好监管，预防和遏制公车管理方面的漏洞。实行定点维修、定点加油和定点保险等办法，抓好车辆管理，遵守交通安全法规，落实安全措施，确保领导和用车单位乘得安全，用得满意。

【公务接待】 重视细节，确保效果，突出个性，优质服务，以挖掘婺城“农家菜”等地方潜力优势为主题，宣传婺城，推介婺城。节约接待成本，全年接待320批3800人次，同比下降25%，完成区委、区政府的各项公务接待工作。

【食品卫生】 加强食堂成本核算，做好餐饮服务工作，执行《安全卫生管理制度》，各项卫生工作落实到位，对食品加工过程中的安全卫生提出严格要求，确保干部职工就餐安全。通过区卫生防疫站多次检查，各项要求合格达标。

【幼儿教育】 区机关幼儿园抓优质教育不放松，深化幼教改革，完善管理制度，加强师德师风建设，培养青年优秀教师，加强班级环境创设，营造和谐的校园文化。落实安全卫生措施，深化家园合作，定期举行家长开放日，探索早期教育，开展幼教活动，特色教育成效显著，机关幼儿园的品牌突显。幼儿园师生在各类教学评比和比赛中获得多项奖励或表彰。

【队伍建设】 坚持用政治理论学习强化基础，用科学的理论武装头脑。按照统揽全局、协调各方的要求，凝心聚力抓服务。以创新精神推进单位中心工作，切实增强支部的战斗力和凝聚力，提高党员干部推进科学发展的能力和水平。加强领导班子思想政治建设，做好党员干部教育工作。完善选人用人机制，大胆提拔表现突出的干部，使领导干部真正成为完成重要任务、应对重要事件的带头人、主心骨。开展“创先争优”活动，使党支部真正成为单位开展各项工作的龙头，探索改进党内活动方式，在政治上、生活上关心党员，调动广大党员的积极性和创造性，使党支部成为带动全局创新、创业的坚强堡垒。

【作风建设】 结合机关后勤实际，从思想观念、干部素质、制度建设、服务质量等方面着手，采取边查边改、查学结合的方式，推进各项工作，取得较好成效。

管理局以突出解决历史遗留问题和群众反映强烈的问题为重点，推进“一线工作法”，通过召开座谈会、问卷调查、设立意见箱等形式征求群众意见、建议，摸清影响软环境建设的主要问题，了解干部职工对机关效能建设的期盼，梳理出突出问题。通过边查边改，予以解决题。

建立监督机制，聘任区政府机关大院部门单位24位同志为机关事务管埋行风监督员，增强机关后勤政务、事务活动透明度。完善后勤管理，提高工作效率，更好地为机关和干部职工服务。实行“一月一检查”制度，分别由分管领导牵头，对照有关科室职责进行查漏补缺，保障有效性和及时性。

【廉政建设】 落实惩防体系建设各项工作，健全完善规章制度，抓好廉情预警机制和廉政文化建设。严格执行区委、区政府关于厉行节约、坚决制止奢侈浪费若干问题的通知精神，确保公用经费有所压缩，公务用车运行费用、公务接待费用等支出“零增长”的目标。 （沈林华）

行政审批与服务

【概述】 区行政服务中心成立于2007年10月(以下简称中心)，区公共资源交易中心成立于2008年6月，实行合署办公，两块牌子一套班子。内设办公室、督查科、业务科、工程管理科、审批代办服务中心。2013年底，进驻区行政服务中心大厅集中办事的部门22个，其中行政审批部门21个，工作人员59人。中心召开深化作风建设工作落实会，相继出台《窗口工作人员工作纪律管理规定》《窗口效能建设若干意见》等制度，以深化行政审批制度改革、减少审批环节，提高行政效率为突破口，打造服务型政府形象。全年四个分中心受理各类行政审批与服务事项276506件，办结276506件，办结率为100%。其中，即办件255063件，占92.73%。中心被评为2013年度区级先进集体、区社会管理综合治理先进单位称号。

【审批制度改革】 成立婺城区审批制度改革领导小组，下设区审改办。召开全区深化行政审批制度改革工作会议，按照婺城区深化行政审批制度改革工作方案，部署2013年度新一轮行政审批制度改革工作任务。联合区纪委监察局，对区政府各部门职能归并“两集中、两到位”工作落实情况进行全面检查，各部门进驻行政服务中心(含分中心)办理的审批事项达97.3%(其中进驻行政服务中心大厅85.89%)。

【清理规范审批事项】 通过部门上报、审改办审查，进行彻底清理。行政审批许可事项清理方面，取消19项，保留规范225项；非行政许可事项清理方面，取消14项，保留规范98项，服务事项10项。经清理和规范，现有行政审批事项333项，减少审批事项33项。同时，出台《婺城区行政审批事项目录管理办法(试行)》。建立行政审批事项目录并编制权力编码，规范行政审批事项名称、依据、条件、程序、期限、收费标准等审批要素，实行标准化、目录化、动态化管理，防止已经取消的审批事项反弹。

【建设项目并联审批】 出台《婺城区建设项目并联审批实施意见》，由投资项目审批代办服务中心统一受理并联审批，统一发放主审部门和联审部门的审批证件和文书，统一并行审批。2013年，办理并联审批建设项目25个。

【一审一核制改革】 出台《婺城区人民政府关于行政审批事项实行一审一核制的暂行规定》，实施行政审批一审一核制改革，减少审批环节、审批层级，实现审批环节不超过2个的审批事项不低于60%。经改革，全区一审一核制行政审批事项227项达到70.28%。

【投资项目审批代办】 印发《关于印发〈婺城区行政审批服务园区、乡镇(街道)代办员制度(试行)〉的通知》，明确代办内容、代办员职责、代办流程、协调服务、监督管理等事项。同时，确认25名涉企涉经的园区、乡镇(街道)干部为全程代办员。成立以区代办中心为龙头，以园区、乡镇(街道)代办员为主体，以区有关部门审批科科长为协办员的投资项目审批代办服务体系，开展连贯性代办服务。

【村级便民服务中心】 深化乡、村两级便民服务和三务公开信息平台建设，联合区纪委、区民政局下发《关于做好村级便民服务和“三务”公开信息平台建设相关工作的通知》,开展工作指导和督查。

【公共资源交易】 中心完善《婺城区乡镇(街道)招标投标工作考核办法》,启用婺城区公共资源交易中心网站。依法打击婺城区第二人民医院迁建BT项目违法串标围标行为,依法依规没收3家违法串标企业投标保证金240万元上交国库,并对相关违纪人员依法依纪处理,严厉打击招投标领域违法串标行为,净化市场交易秩序。全年完成交易项目114宗,总标的额22.35亿元,中标额21.30亿元,节约资金1.047亿元,节约率4.68%。其中,政府投资项目80宗(占交易项目的70.18%),标的额8.12亿元,中标额7.59亿元,节约资金0.535亿元,节约率6.58%。

【业务培训】 中心组织行政许可科科长参加省行政审批服务中心管理干部培训班。同时,联合区纪委举办乡镇(街道)招投标工作业务培训,规范乡镇(街道)招投标程序和交易行为。 (邵旭萌)

侨务工作

【概述】 区侨务办公室是区政府主管全区侨务工作的职能部门。主要工作职责是贯彻党和国家关于侨务工作的方针、政策和法规;健全侨务工作网络,加强与港澳同胞及海外侨胞的联系;服务经济建设中心,发挥侨务优势;重视侨情调查,及时掌握情况,为领导决策服务;做好新一代华人、华侨及出国、归国留学人员工作;保护归侨侨眷的合法权益,做好依法护侨工作。区侨务办公室贯彻《国家侨务工作发展纲要(2011—2015年)》和全国侨务工作会议精神,发挥侨务资源优势,推动婺城区经济发展和社会和谐稳定,为建设金华都市核心区作出贡献。

【千名侨商进园区】 7月11日,全省召开侨务工作电视电话会议,省侨办要求全省侨办组织认真开展"十万浙商进百区"活动。区侨办除参加市外侨办组织开展的"千名侨商进园区"活动外,还参加"十万浙商进百区——金华行活动"和金西今飞高新产业园奠基仪式。根据市外侨办《千名侨商进园区活动实施方案》要求,全面发动,广泛联系,以侨引侨,邀请侨商和涉侨人士到婺城区投资考察。10月28~29日,市外侨办邀请参加第二届世界浙商大会的40名海外侨领到金华考察,区侨办借势借力,将婺城区工业、农业、旅游招商引资项目资料各100册向海外侨领推荐,扩大婺城影响力。期间,海外侨领考察了金西经济技术开发区九峰水上乐园、峙龙湖乐园、蒙牛项目、黄土丘陵二期等项目,举行金西开发区投资项目推介会。区侨办还走访侨资企业,帮助侨资企业金华光华印务制衣有限公司新开发项目立项,协助市政协港澳台侨委到该企业视察;帮助来金华德国专家与浙江佳宏电子科技有限公司项目进行技术对接,为婺城经济发展转型升级做好牵线搭桥工作。

【基本侨情调查】 根据全省统一安排,婺城区全面开展基本侨情调查工作。区委、区政府建立基本侨情调查工作领导小组,由区委副书记任组长,区机关19个部门分管领导为成员,下设办公室。以区两办名义下发侨情调查工作实施方案,借用区机关大楼一间办公室,配备办公室设施,抽调2名工作人员于11月18日开始集中办公,区财政到位部分工作经费。乡镇、街道、部门密切配合。区委统战部及区侨办作为牵头单位,每个乡镇、街道、区机关部门确定分管领导、1名指导员、1名调查员。抓好宣传发动工作,发放张贴侨情调查宣传海报、告知书、《浙江侨声报》等资料。11月29日、12月21日在《今日婺城》上刊登本次侨情调查的目的、内容、范围、方式方法、要求及告知书。11月29日,召开全区基本侨情调查工作动员暨业务培训会,进行业务培训,乡(镇)长、街道主任、分管统战副书记、统战委员,部门分管领导、指导员、调查员500多人参加会议。12月1日,调查员开展入户登记调查工作,12月底,完成入户调查工作75%以上。

【社区侨务工作】 7月9日,区侨办在城中街道召开婺城区街道社区侨务工作推进会。以城中街道杨思岭社区荣获"全国社区侨务工作示范单位"为典型,全面推动其他社区侨务工作创建工作。力争各社区创星级、上台阶,拓展为侨服务网络,更好地为社区归侨、侨眷、侨属服务,促进社区社会稳定发展,城东街道八咏楼、城西街道二七社区完成创建。

【华侨归国定居】 从7月起,根据国务院侨务办公室、公安部、外交部文件规定,华侨回国定居办理工作由拟定居地的县级以上地方人民政府侨务部门负责受理。区侨办为申请回婺城定居的华侨开展办理工作,按照《浙江省实施〈华侨回国定居办理工作规定〉办法(试行)》规定,严格审核,严格把关,已为2位回婺城定居的华侨办理回国定居手续,并得到市外侨办批准。

【送温暖联谊活动】 9月14日上午,中秋节来临前夕,区侨办领导走访慰问归侨、侨眷、留学生家属代表10户,给每户送上大米、粽子、月饼。10月17日,区侨办在有关涉侨企业支持下,走访慰问罗店镇和市区红湖路社区4户博士以上留学生家属,给每户500元慰问品。区侨办开展走访困难归侨和慰问优秀贫困学生活动,走访慰问市区困难归侨5户,给每位困难归侨送上500元慰问金和慰问品;慰问优秀贫困学生10名,给每位学生送上800元慰问金,勉励他们好好学习,长大报效家庭和社会。12月4日,区侨办参加区司法局在城西街道双龙社区开展的"普法宣传日"宣传活动,发放《中华人民共和国归侨侨眷权益保护法》等资料100多份。

(施岳良)

住房公积金管理

【概述】 婺城管理部围绕工作目标,以开展"阳光工程"建设为契机,以提升服务为抓手,以加强内部管理为重点,标准化运作,各项工作积极推进。截至年底,婺城区应参加住房公积金人数20701人,实际参加人数11840人(含封存人数),累计归集住房公积金79490.57万元。累计30516人次支取住房公积金39774.4万元。其中,职工离退休2601人次6439万元;调离本区5927人次4099万元;在职期间死亡、满5年的796人次732万元;购建房、大修、偿还购建房贷款21192人次28504万元。

至年底,累计支取一次性住房补贴1090人次、2777万元;使用住房公积金为3197户职工家庭提供住房贷款59226万元。

【住房公积金归集】 全年归集住房公积金13037.79万元,同比增长17.92%。缴存单位308个,同比增长8.5%;缴存职工8557人,其中新增741人,净增249人。

缴存比例严格按《住房公积金条例》及省、市规定执行;年度缴存基数调整最高不超过20280元,最低不低于职工工资1310元。

年中做好与缴存单位、个人年度结息对账及年度验审工作。

【住房公积金提取】 全年办理提取8427.46万元,占全年归集额的64.63%,比2012年同期提取增长29.37%。其中,住房消费类提取7072.46万元,同比增长41.77%;退休等销户提取1355万元,同比增长20.24%。

【住房公积金贷款】 全年发放住房公积金贷款257户8309.80万元,同比分别增长42.61%和35.81%。

为有效消除贷款风险隐患,落实逾期贷款催收制。每月12日、14日,利用金融部门信息平台,给借款人以短信方式温馨提示,确保个人住房公积金贷款零逾期。

此外,住房公积金存贷比控制在82%;贷款风险准备金充足率设置在9.8%;清理历年预抵押贷款199户,并按时办理抵押换证。

【住房公积金收益】 住房公积金业务收入1610.21万元,业务支出848.74万元,实现增值收益761.47万元,同比增长25.86%。至年底,贷款风险准备金2973.86万元,城市廉租建设补充资金71.89万元。

【制度完善】 本着"高效化运转、规范化管理"的要求,修订《行政执法错案责任追究制度》《行政处罚案件听证规定》《行政处罚程序暂行规定》《行政处罚案件审批程序》;拟订党风廉政建设实施方案;完善单位内部管理及服务承诺等《规章制度》。

为增强住房公积金管理工作透明度,公开住房公积金管理信息,维护住房公积金缴存职工的知情权和监督权,成立"阳光工程"建设领导小组,依托区政府门户网站和《今日婺城》,公布住房公积金各项业务服务指南、政策调整及各类相关公告。

【提升服务】 每月组织学习讨论会,对工作中发现的共性问题进行讨论,规范办事行为。

新聘从业人员进行上岗前业务培训,规范从业人员实际操作技能。

对材料提供齐全、符合办理条件的，当即办理。对前来婺城管理部办事确有困难的，推出预约上门服务举措，全年上门服务 6 人次。同时，对材料受理做到谁受理谁负责，改变以往受理材料无名氏的状态，增强工作责任心。

【整改落实】 管理部对年初住房公积金专项及经济责任审计提出的问题，逐一落实整改。对缴存工资基数低于 1160 元的 33 个单位，2 月 1 日发通知限期整改到位；对违反劳动法规定，没有办理退休手续的，经市、区政府相关部门协调，于 7 月按规定办结相关手续；对 2009 年 12 月已退休而工资没有清算的人员，于 8 月和区人劳局、财政局协调，做相应清算。

【财务管理】 严格按《住房公积金财务管理办法》《住房公积金会计核算办法》等规定进行财务管理和核算，并按规定报批年度预决算；对 2012 年度住房公积金运行的审计结论、财务报告和住房公积金制度实施情况，在《今日婺城》上公示，接受广大干部职工监督；管理经费从 1 月起，纳入区财政会计核算中心统一核算管理；会计报表、统计报表和市中心要求的各类报表做到按时上报。逐步完善和规范贷款办法，简化贷款程序和提高贷款额度，使住房公积金个人贷款业务发展迅速。同时，注重贷后管理，加大逾期催收力度。

【存折发放】 对全区住房公积金的缴存职工，发放住房公积金的有效凭证——住房公积金存折，得到缴存职工的认可。

【扩面宣传】 利用区政府门户网站和《今日婺城》媒体，宣传住房公积金扩面政策。与金融部门一起走访规模企业，传播住房公积金政策的正能量。

【骗提防范】 重点对租赁提取的档案材料进行逐项登记，且与往年提取的情况进行对比，杜绝虚假租赁的骗提行为。

【劳务派遣】 单位的非在编人员全部纳入劳务派遣制管理，理顺劳务关系。非在编人员享有养老保险、医疗保险等“五险一金”待遇。

【文化活动】 干部职工参加区政府组织的“三八”妇女节活动和工会组织的登山活动。评选“服务之星”，展现干部职工爱岗敬业、无私奉献、团结友爱的精神风貌。

（方远伟）

中国人民政治协商会议金华市婺城区委员会

综　述

2013年，婺城区政协在中共婺城区委领导下，按照“党政所需、群众所盼、政协所能”的工作原则，发挥政治协商、民主监督、参政议政的职能作用，服务大局，服务群众，较好地完成了区政协三届二次会议确定的目标任务，为加快婺城区“十二五”规划实施，推动经济社会科学发展、赶超发展，促进社会和谐稳定做出了积极贡献。

以服务大局为己任，真情履职助力赶超发展。注重加强与党委、政府的工作对接，主动找准政协履职服务大局的切入点，推进协商民主，增强议政监督实效，在促进经济社会发展中发挥政协的职能作用。围绕经济社会发展中的重大问题、重要决策和关系人民群众切身利益的重点民生问题，开展多形式、多层次协商议政活动。区政协全会期间开展政府工作报告、经济社会发展重要部署等的整体协商，组织《加快新城区发展，做强城市副中心》《加快乡镇工业功能区转型升级》等大会发言，得到有关领导和部门的重视和肯定。区长专门向区政协常委会议通报全区经济社会发展情况。区政协常委会议、主席会议与区政府开展年度财政预算安排、二七新村区块改造、“三改一拆”、交通运输等工作的专题协商。通过专题政治协商，集中反映委员议政建言，传递广泛民意动向，增强协商民主的实效性。着重选择经济社会发展中综合性、全局性、前瞻性的问题，请区委、区政府主要领导出课题，在深入调研的基础上，形成《做强中心镇、培育特色镇、打造功能镇，加快小城镇建设推进城乡统筹协调发展》《加快城北综合区退二进三，推进现代服务业集聚发展》等调研报告，提出“加强园镇同步，强化要素保障，创新经营理念，实施产业兴镇”“明确产业发展定位，有序推进土地腾退，推进三产集聚发展，完善城市功能配套”等建议、意见，报送党委、政府，有关建议已纳入相关决策和工作部署，为党委、政府推进工作提供有效的智力支持。关注党委、政府重大决策部署、重要政策措施和重点工作推进，组织常委、委员就杭长客专征迁、二七新村改造、“三改一拆”、水环境综合治理、下山移民等工作开展专项监督。组织委员就信息产业发展、食品安全保障、法院审判执法、历史文化古村落和古建筑保护、乡村文化旅游等开展工作视察，就外贸企业发展、失地农民养老保险、新医保、人口老龄化及居家养老等开展工作调研。通过协商意见、视察监督报告、调研建议等，有效推动相关工作的落实和改进。抓住经济社会发展中的重点、热点、难点问题和涉及群众切身利益的实际问题，以委员提案形式提出意见、建议337件，立案317件，20件转为来信和社情民意提供部门参考或提交市政协全会。其中，重点提案8件，继续实行区长领办、主席督办制度，区委书记、区长分别作批示。常委会专题听取政府提案办理工作情况通报，开展财政、交通部门提案办理工作民主评议，通过抓好“提、交、办、督、评”联动互促，促进提案办理和建议成果转化。提案办结率100%，解决和正在解决率88.64%，委员满意和基本满意率99.37%。提案办理情况在《今日婺城》公布并接受各界监督。

以团结民主为主题，凝心聚力维护和谐稳定。区政协发挥政协大团结大联合的组织作用，把团结合作、增进共识，凝聚人心、汇聚力量作为工作的根本基调，协助配合党委、政府做好协调关系、化解矛盾、促进和谐的各项工作。尊重和保障民主党派、人民团体、无党派人士的民主权利，完善区领导、部门与民主党派、无党派人士联系制度，协助党委、政府召开民主党派、工商联、无党派人士代表座谈会，邀请参加政协重要会议和重点调研视察活动，邀请旁听政府常务会议参与有关政治社会事务协商，支持和保障各民主党派、无党派人士通过政协平台履行职责、发挥作用，增进党派团结，加强合作共事，巩固和衷共济良好局面。团结广大爱国人士和社会各阶层群众，拓展多层次、多形式的联系沟通渠道，发动和联合各界人士共同参与政协工作，为婺城经济发展、社会稳定贡献力量。协助党委、政府做好港澳台侨胞工作，参与“十万浙商进百区”“侨商进园区”“海外侨领秀金华” 等活动，配合筹建深圳婺城商会，为开展招商引资服务。协助党委、政府做好民族宗教工作，促进民族宗教关系和谐稳定。热情接待到婺城区视察的全国政协，及省内外政协领导和同仁，开展政协联谊工作和内外交流活动。尊重和保障政协委员的各项民主权利，搭建议政平台，组织委员参与各种政治活动，开展各项履职活动，促进委员知情明政，以委员约谈、民主建言、联合视察、倡议书等形式，参与有关惠民实事专项督察，协助党委、政府推进“三改一拆”、水环境综合治理等重点工作。与市政协办公室联合举办迎国庆暨纪念改革开放三十五周年书画摄影展，展出书画、摄影作品133幅，编印作品集，开展艺术文化交流，扩大政协社会影响力。编辑出版《婺城宗祠录》，记录和传承传统文化，发挥中华民族“追远、报本”和文史工作“存史、资政、团结、育人”作用。

以基层一线为重点，实干创新，打造特色亮点。区政协立足政协工作实际，在实干创新上求发展，探索和运用新的载体和方式，打造履职亮点和特色工作，通过强化基层委组和委员一线作为，提升政协一线工作成效。开展“三进三联三促”和“我为现代化都市核心区建设献一计”活动，组织委员带着《政府工作报告》下基层，听民声、访民意，收集社情民意和金点子300余条，形成4方面40条意见、建议报送区委、区政府，区委书记作批示，党委、政府、政协“三办”联合交办。同时在乡镇、街道委组设置委员信箱，洋埠工委、城中联络组还开通了政协工作短信通，通过通信、网络多渠道收集和报送社情民意。优化企业发展软环境、完善社区卫生服务、加强老旧小区改造和规范管理等一些基层热点、难点问题，得到有关部门重视，促进相关工作开展。《人民政协报》专题报道婺城区“三进三联三促”活动做法。组织委员参与区领导信访接待日活动，参与乡镇、街道矛盾纠纷调处，并创建城西街道、新狮街道“政协委员工作室”，组织委员参加村级组织换届观察团，担任乡镇“全科之星”评委等，引导委员当好政策宣传员、群众联络员、工作监督员、矛盾调解员，促进基层民生问题解决，减少不和谐因素。对群众反响强烈的问题和难题，如河盘桥以西婺江西路开通公交线路、原金华食品罐头厂宿舍区内环境卫生脏乱差、天彩名苑居民反映的龙祥路 “路难行” 等，通过委员反映和协调，得到成功处理和解决。开展专门委员会与山区贫困乡结对帮扶和“走基层联群众，送服务助民生”主题月活动，引导和组织各民主党派、工商联、人民团体和广大委员参与公益活动，捐助慈善事业，关爱群众，送温暖，办实事，做好事，解难事，如资助山区新农村建设、帮助村民就业培训、参加山区留守儿童“青苹果计划”，开展妇女儿童权益保障法律咨询，送医送药进山区，爱心助学添置教学设施，走访慰问特困党员和群众等，累计捐款捐物500多万元。

以自身建设为抓手，固本强基提升工作成效。区政协坚持把自身建设放在首位，组织学习贯彻中共十八大、十八届三中全会精神等，加强思想建设，改进工作作风，进一步促进委员主体作用发挥，提升政协工作科学化水平。把深入学习贯彻中共十八届三中全会精神作为重大政治任务来抓，主席、常委带头，开展《中共中央关于全面深化改革的若干重大问题的决定》、习近平总书记系列讲话精神等的集中学习研讨，带领广大委员和机关干部，切实把思想和行动统一到中央决策部署上，增进对全面深化改革的思想共识。及时传达、学习中央经济、农村、城镇化工作会议和全省经济、政协工作会议精神，强化委员政治意识、大局意识、责任意识、履职意识，积极推进政协履职实践创新。从制度化、规范化、程序化建设的健全和完善方面，进一步加强和改进政协经常性工作。建立主席联系常委、常委联系委员制度,加强日常联系沟通,帮助委员解决在学习、工作、履职中的实际困难和问题,营造委员履职良好氛围和环境。在实行委组、委员履职书面通报制度的基础上,开展委员履职述职交流活动,听取委员"五个一"履职活动和服务区域发展情况汇报,激发委员履职的积极性、主动性和创造性。出台《提案工作规则》,健全、完善议事规则和工作程序,促进工作有章可循、有据可依、有序运行。按照区委加强"正风肃纪抓执行,攻坚破难促发展"作风建设要求,参与区领导"九个一""千名干部进企业、千方百计解难题"、领导干部下访接访和矛盾排查调处等活动,开展联系企业、镇街(园区)、村居(基层党组织)大走访,做好指导、协调和服务工作。学习并严格执行中央"八项规定""六项禁令"、反"四风"等作风建设制度和要求,改进文风会风,严格机关效能管理,提高机关服务和统筹协调能力,为政协履职提供良好保障。

【区政协三届二次会议】 3月20日至22日,召开政协婺城区三届二次会议。会议听取了中共金华市婺城区委书记讲话;听取和审议政协第三届金华市婺城区委员会常务委员会工作报告;听取和审议政协第三届金华市婺城区委员会常务委员会关于三届一次会议以来提案工作情况的报告;进行了大会发言;列席了金华市婺城区第八届人民代表大会第二次会议,听取并讨论了《政府工作报告》和其他报告;审议通过政协第三届金华市婺城区委员会提案委员会关于三届二次会议提案审查情况的报告;表彰2012年度政协工作先进集体、优秀委员和承办提案先进单位、优秀提案;审议通过政协第三届金华市婺城区委员会第二次会议决议。会议期间还举行了区政协委员"三进三联三促"活动。

【区政协常委会议】 1月14日,区政协召开三届六次常委会议。会议审议通过召开区政协三届二次会议的决定、议程(草案)、日程,秘书长、副秘书长、各次大会执行主席及主持人名单;审议通过区政协三届二次全会邀请列席人员范围原则意见、分组召集人名单;审议通过2012年度政协工作先进集体、优秀委员、优秀提案、承办提案先进单位名单;审议通过《关于授权主席会议审议三届六次常委会未尽事宜的决定》;审议通过常务委员会工作报告及报告人、提案工作报告及报告人;协商通过有关委员增辞及人事任免事项。会议决定区政协三届二次会议于2月中旬召开。

3月21日,区政协召开三届七次常委会议。会议听取区政协三届二次会议小组讨论情况的汇报,审议通过会议决议(草案)和提案审查情况的报告(草案)。

4月19日,区政协召开三届八次常委会议。会议专题听取区政府关于婺城区"三改一拆"工作开展情况的通报,审议通过区政协主席联系常委、常委联系委员制度和委员履职报告制度、提案工作规则等,审议通过有关人事任免事项。

6月26日,区政协召开三届九次常委会议。会议学习党的群众路线教育实践活动和省委十三届三次全会精神,审议通过《关于加快小城镇建设的建议案》和区政协委员提案办理工作考核细则。

7月29日,区政协召开三届十次常委会议。会议学习传达了全省政协主席读书会和区委六届五次全体(扩大)会议精神,听取区政府关于上半年经济社会发展情况的通报,审议通过了《加快城北综合区退二进三,推进现代服务业集聚发展》调研报告。

9月25日,区政协召开三届十一次常委会议。会议听取区政府关于区政协三届二次全体会议提案办理情况的通报,并对区财政局、区交通局提案办理情况进行民主评议。

【提案工作】 区政协三届二次会议期间,政协委员和政协各参加单位参政议政热情高涨,围绕全区经济社会发展重大问题和涉及群众切身利益的实际问题,运用提案建言献策。委员提出提案337件,经审查,立案317件,占总数的94.06%;转为来信20件,占总数的5.94%。

会后,区政协提案委会同区府办对提案初审,确定主办、会办单位后,预交给各承办单位办理。根据职能分工,确需调整承办单位的,协商调整后再正式交给承办单位,使提案办理主体更加准确,责任更加明确。4月16日,婺城区召开政协提案交办会,按照职责分工和归类办理原则,正式将320件提案交由51家承办单位办理。交办会后,区政协常委会加强督办力度,会同区委办、区府办及相关部门,对提案办理工作开展联合督察，专题听取政府的提案办理工作情况通报，并两次在《今日婺城》公布提案办案情况，接受社会监督。下半年2次召开承办10件以上提案单位负责人推进会，专题听取提案落实情况汇报，督促提案办理的落实。9月，常委会议对区财政局、区交通局的提案办理情况开展民主评议，促进提案办理工作。对重点提案办理情况实施动态跟踪，从区领导批示到区长领办、承办单位办理，每个环节都及时跟进，跟踪了解。适时组织对部分重点提案办理情况进行专题视察，对跨年度的重点提案办理开展回访督察，促进提案办理件件有落实。常委会修订完善《区政协提案工作规则》，审议通过《区政协委员提案办理工作考评细则》，完善提案工作制度。截至年底，317件提案办复率100%。所提提案已解决的154件，占48.58%；正在解决的127件，占40.06%；计划解决的29件，占9.15%；近期难以解决的7件，占2.21%。委员反馈表示满意的302件，基本满意的13件，表示理解的2件，满意和基本满意率达99.37%。

【重点课题调研】 3~6月，根据区委、区政府主要领导意见，区政协会同政府有关部门，通过走访有关乡镇、部门、园区，召开乡镇、部门负责人座谈会，并赴江苏、安徽及诸暨市店口镇、义乌市佛堂镇等地学习考察，借鉴其先进经验，在集思广益、充分论证的基础上，形成《做强中心镇、培育特色镇、打造功能镇，加快小城镇建设推进城乡统筹协调发展》调研报告，并经区政协三届九次常委会议审议通过后报送区委、区政府。3~7月，区政协会同有关部门开展“城北综合区退二进三”重点课题调研，通过走访婺城新城区、城北综合区、新狮街道，及有关部门、企业，开展座谈交流和外出学习考察，广泛听取和收集各方意见、建议，借鉴和参考先进地区的工作经验，形成《加快城北综合区退二进三，推进现代服务业集聚发展》的调研报告，并经区政协三届十次常委会议审议通过后报送区委、区政府。两个调研报告中的有关建议已纳入相关决策和工作部署，为党委、政府推进工作提供有效的智力支持。

区政协委员考察食品安全工作

【文史资料】 9月，区政协联合市政协办公室、市政协书画之友社、区委宣传部在婺城区行政中心举办迎国庆·纪念改革开放三十五周年书画摄影展，汇集市、区政协委员、政协机关干部和各界人士的书画摄影作品137件，描绘和记录金华政治、经济、文化、社会蓬勃发展的历程和珍贵历史瞬间，用艺术形式弘扬金华改革开放35年来取得的巨大成就和美好前景。区政协还同时编印《迎国庆·纪念改革开放三十五周年书画摄影展作品集》。

(吴耀峰)

民主党派　工商联

中国国民党革命委员会金华市委员会婺城区总支部

【概述】 2013年，中国国民党革命委员会金华市委员会婺城区总支部(以下简称总支)有党员56人,发展新党员4人,下设3个支部。其中,教育支部16人,机关支部17人,企事业支部23人。担任市人大代表1人,区人大代表3名(其中人大常委1名),市政协委员2人(其中政协常委1人),区政协委员10名(其中政协常委3名)。总支及下属3个支部先后组织19次活动,其中外出活动11次,社会服务活动4次。总支市、区人大代表、政协委员提交提案,议案24篇。7位党员获荣誉与奖励,朱文伟、柳玉莲被评为金华市作文优秀指导师,胡筱雯被评为金华市阅读竞赛优秀指导师。

【参政议政】 总支以“三农”为重点,开展参政议政工作。诸晓东《关于加快我市现代种业发展的建议》和缪雪荣《关于加强美丽乡村建设的几点建议》评为市重点提案,缪雪荣《加快发展现代都市农业形成经济新增长点》和陈丽萍《整合提升、融合发展,加快乡镇工业功能区转型升级》列为区“两会”发言,孔爱华《关于进一步保障粮食安全的建议》被民革中央、省委会采用,列为省“两会”发言材料。孔爱华获评民革省委会参政议政先进个人,缪雪荣被评为区优秀政协委员。

【社会服务】 6月20日,区委统战部、民革婺城总支在金西开发区管委会举行捐书仪式,将2480册《九峰传奇》赠给金西开发区管委会,由管委会转赠给来金西旅游的八方来客。《九峰传奇》由党员范天行收集整理九峰山周边流传的传奇故事汇编而成,由缪雪荣出资印刷。11月16日,机关支部党员带着大米、食用油、冬衣等生活必需品和1000元慰问金,对雅畈镇芳田村困难学生张文君进行慰问。12月6日,总支和各支部响应民革中央、民革省委“伸出博爱之手、牵手困难群众”号召,前往莘畈乡祝村和塔石乡高田村,为6户困难家庭送去米、油和各1000元慰问金。12月31日,总支开展党员司法工作者为党员企业家服务活动。

【自身建设】 总支围绕十八届三中全会精神贯彻落实、践行社会主义核心价值体系、时事政策教育,及民革省委会、市委会有关会议精神开展学习,通过召开座谈会、组织外出学习等形式,总支与各支部开展9次学习活动。11月下旬,3个支部分别组织党员开展十八届三中全会决定精神专题学习,引导党员牢固树立正确的人生观、正确的价值追求,培养党员勤奋进取、开拓创新的精神。关心党员工作与生活,对在本职工作中取得成绩、获得荣誉的党员,送去组织的祝贺,重阳节和春节,为70岁以上老党员送上慰问品、慰问金。继续推行轮值制度,由主委、副主委、委员轮流担任执行主委,每个季度为一个轮值期,由1名委员(含主委、副主委)轮值。通过3年试行,轮值制度发挥总支和支部领导班子的主观能动性和工作积极性,提升班子成员的服务意识和责任意识,各班子成员在担任执行主委时充分展示了工作能力和工作水平,基层组织活力得以提升。

(孔爱华)

中国民主同盟金华市婺城区总支部委员会

【概述】 中国民主同盟金华市婺城区总支部委员会(以下简称总支)下辖3个支部，有盟员82人，年内发展8名。盟员中有省政协委员1名、市政协委员5名、区人大代表1名、区政协委员6名，其中区政协常委4名。全年总支政协委员、人大代表提交提案、议案33件。许多盟员在自己的领域获得荣誉，施亚夫被评为金华市优秀教育工作者；周兵获“金华市十大智慧父母”称号；赵晓玲获全国第十一届“走进美妙数学花园”青少年展示活动“优秀教练员”称号，列入金华市“321人才培养工程第三批培养”人员；郑小咪获中共金华市委统战部组织的“中国梦·同心路”征文一等奖；何春花评为金华市第五届名师。

总支被民盟金华市委评为2013年度提案、社情民意信息先进集体获“学习中共十八大精神 知盟兴盟”征文活动优秀组织奖。

【参政议政】 总支围绕区委、区政府中心工作，动员全体盟员结合工作实际，开展工作调研，履行参政议政职能。盟员提交《关于整治开发区大型货车无序停放的建议》《关于加强农村建房管理的几点建议》团体提案2件；反映社情民意25件，严亮奇撰写的关于党的十八届三中全会的解读被中办采用。盟员郑艳球代表婺城总支在区政协大会上作《加快新城区发展，做强城市核心区副中心》的发言。刘央被聘为市审计局特约审计员。何春花、邵燕芳被评为市优秀政协委员。完成以教育均衡发展、精品城市建设、农业两区建设等为主题的调研课题3项。

【社会服务】 总支提倡无私奉献精神，组织和动员盟员在做好本职工作的基础上，采取多种形式开展面向社会、为构建和谐婺城服务的活动。4月，总支响应市委会号召，参加浙江民盟林植树活动。邵燕芳出资30余万元，为外来民工的孩子办了暑期爱心驿站，民工孩子只要背着书包来到该活动中心就能享受免费吃住和全程看护。李慧霞在新疆阿克苏地区温宿中学支教，为当地教育事业的发展做出贡献。盟员邵燕芳为金华启圣学校捐款5万元，为聋哑儿童教育奉献爱心。吴晓捐款7万元，为金华职业技术教育发展添砖加瓦。

【自身建设】 总支先后2次组织盟员学习中国民主同盟章程、中国共产党领导的多党合作制度等内容。项建忠、卢燕、陆惠芬3位新盟员参加市社会主义学院的培训。通过谈心、走访、慰问、解决实际问题等方式，了解盟员学习、工作、生活情况，为盟员排忧解难，使盟员体会到组织的温暖，把总支建设成为盟员之家。春节前，班子成员带着食用油等礼物看望60岁以上老盟员，给老同志送去组织的温暖。围绕“做合格盟员，创活力总支”，开展学习、参观、联谊等活动，组织盟员骨干赴宁海、舟山学习考察“盟员之家”。10月20日，总支与市直综合一支部联合开展霞客古道登山比赛，32位盟员参加了比赛。10月30日，总支与浙江大学华家池总支缔结友好，在民盟基层组织建设、思想建设等方面建立多层次、全方位、多渠道、宽领域的交流合作关系。

(郑艳球)

中国民主建国会金华市婺城区总支部委员会

【概述】 2013年，中国民主建国会金华市婺城区总支部委员会(简称婺城总支)以中国特色社会主义理论体系为指导，坚持创新理念、创新思路、创新环境、创新机制，在履行职能的实践中不断探索，努力扬民建之长、集会员之智、谋长远之道、建有用之言、献务实之策、走创新之路，较好地完成了各项工作任务。

【参政议政】 婺城总支会员担任各级人大代表和政协委员，履行职责，参政议政，共商科学发展大计。会员在省、市、区召开的人大、政协“两会”上，就经济社会生活中的重点、难点和热点问题提出有建设性的意见和建议。总支主委雷永金参加省人代会提交的《坚持以人为本，促进基层医疗卫生机构良性发展》建议，有关部门非常重视，省卫生厅组成调查组赴各地开展调查活动,省人大领导及卫生厅领导先后2次赶到金华听取意见。周国忠副主委在区政协会议上作《关于构建金西千亿投资大平台 建设金华工业强市主战场的建议》的发言。会员提交的《关于加快东市街小学与胜利小学合并扩建的建议》《关于加强城市停车规范化建设的建议》《关于实施旌孝街改造及旧城改造的建议》《金西休闲项目的开发,对我市的经济发展意义》《关于创新土地使用税征收 促进土地节约集约利用的建议》等提案和意见,报上级部门或被政府有关部门采用。

会员王瑞日参加金华电视台民情评论活动,评论"金华东关大桥石护栏风吹倒"事件,引起有关部门的重视。

【调研活动】 总支和下属各支部以各种方式学习十八大精神、党代会和"两会"精神。组织全体会员赴江西省与鹰潭市委会学习交流,开展民建基层组织建设经验交流。各支部组织各种形式的考察学习活动,通过考察学习,使会员拓宽了视野,发达地区解放思想、更新观念、敢闯敢干、真抓实干的精神使会员深受启发,增强了会员做好支部工作的政治责任感和历史使命感。

【社会服务】 婺城总支坚持职能,发挥会员自身特点和优势,参与社会服务、捐资助学和帮困活动,在社会扶贫工作中,积极献爱心,捐款捐物。总支主委雷永金参与各项社会公益活动,向贫困乡镇、教育基金捐款,资助贫困学生就读等,与浙江师范大学签订为期10年的设立金宇研究生助学金协议,累计向浙师大捐款12.5万元,资助41名家庭贫困的研究生、博士生完成学业。第二支部筹资1万余元,购买15套办公桌椅、30套棋类体育用品和过冬衣物,捐助箬阳乡中心学校,帮助解决学校困难。第四支部参加雅安地震救灾,捐款3000余元。第六支部为社会解决50余人的就业岗位。 (周国忠)

中国民主促进会金华市委员会婺城区总支部

【概述】 中国民主促进会金华市委员会婺城区总支部(以下简称总支),下设离退休、汤中、医卫、白龙桥、金西、城区等6个支部,会员74人,2013年发展新会员1人。有中、高级专业技术职称的占87.8%。8名会员担任各级人大代表和政协委员。其中,市人大代表1人,市政协委员2人,区政协委员5人(其中副主席1人)。

【参政议政】 总支把参政议政能力建设作为基层组织建设的中心工作来抓,结合本地实际,提出参政议政能力建设要在制度化、规范化、信息化和有效化等方面下功夫,出实招。总支组织会员积极参与区委、区政府召开的各种协商、通报、座谈会,就经济、政治、文化建设中的重大决策提出意见、建议。围绕区委、区政府中心工作,组织会员结合工作实际开展调研,履行参政党职能。在2013年婺城区"两会"上提交《关于合理配置优质教育资源,加快义务教育均衡发展的建议》等提案、议案11件,均被相关单位采纳。社情民意《关于整改祝丰亭圆盘处道路设施的建议》被市政府部分采纳。

【社会服务】 总支发挥会员自身特点和优势,采取多种形式开展各类社会服务,奉献爱心。注重既发挥会员专业优势和支部活力,又讲究活动方式内容,注重社会服务的有效性,并与参政议政、自身建设有机结合,也注重开展社会服务活动的社会影响力。全年为区慈善总会捐款8000余元,为山区贫困学生、单亲儿童捐赠书籍300余册,为贫困家庭捐资6.5万元。医卫支部发挥自身优势,多次组织会员到塔石等山区乡镇送医赠药,为1000余名患者开展免费义诊。

【组织建设】 总支把学习民进中央十一大会议和中共十八届三中全会精神作为首要政治任务,与民进中央坚持和发展中国特色社会主义学习实践活动紧密结合起来,在实效上下功夫,精心选择学习内容,有计划、有步骤地开展思想教育,增强自身建设工作的针对性和有效性。积极组织会员参与省委会2013年度理论研究课题征文,会员邵发明的理论文章《价值多样化重压下的危机与出路》获一等奖,金丽敏会员理论文章《官民"同台共舞"——构建具有生命力的网络参政议政新模式》获三等奖。10月,组织滕惠芳、张学文、吴耀峰3位会员参加民进全省基层组织负责人培训班学习。在区委统战部

的支持和会员所在单位的帮助下，各支部积极组织会员开展各类活动，内容丰富多彩，会员凝聚力、向心力有所增强。 （吴耀峰）

中国农工民主党金华市委员会婺城区总支部

【概述】 中国农工民主党金华市委员会婺城区总支部（以下简称总支）2005年11月6日成立，2010年12月30日换届，郑池爱（女）任主任委员，有党员86人，下辖金华市防疫站、金华四中、金华五中、青春中学、婺城区综合支部5个支部。有11人次担任市、区人大代表、政协委员，其中金华市人大代表、市政协委员各1人次。

总支贯彻中共十八大、十八届三中全会精神，学习统战理论，党员政治素质有新提高。开展丰富多彩的活动，组织党员参观金义都市新区和美丽乡村，举行乒乓球比赛，重阳节慰问老党员，组织凝聚力有新增强。婺城区综合支部荣获“市先进基层组织”荣誉称号。

【参政议政】 总支关注科学发展、社会民生，积极参政议政，提交30个有一定质量的提案、议案，内容涉及新型城镇化、中小企业帮扶、文化产业转型升级、环境保护、“新婺城人”融合问题、春运农民工买票难、农民新村实行城市化管理、“城中村”问题、生活垃圾分类收集处置、民营医院健康发展、金华旅游、企业员工劳动保障、学校建设、提高山区教师待遇、居民健康素养等。其中，陈梅娅的《关于农民新村实行城市化管理的建议》、吕金春的《政府要尽快出台政策规范解决“城中村”问题》、李笑银的《整合南山资源　提升金华宜居宜游城市》、吕爱群的《关于完善企业工伤事故赔偿标准的建议》、黄杰伟的《加强农业产业链末端金融服务的建议》等，被市委会选为集体提案。区政协会上，郑池爱作《注重特色发展　建设现代卫星镇》的大会发言；区政协专题协商会上，郑池爱作《深化“三改一拆”　加快城镇环境优化美化》的专题发言。钱育华、郑池爱依法依规做好市、区两级检察院10余件案件的监督。

【社情民意】 总支组织党员深入社会，开展调研，社情民意工作取得新成效，上报的20篇社情民意，内容涉及农业金融服务、环保工作、城镇化、政策性农业保险等。其中，黄杰伟的《推广环保第三方运营管理及监测模式的思考》入选农工党中央举办的第八届中国生态论坛，《加强农业产业链末端金融服务的建议》《推广环保运营管理第三方运作模式刻不容缓》被农工党省委会采用，《城镇化建设不要背离“解决农村人口问题”的初衷》被省委统战部采用，《政策性农业保险推广存在的难点及建议》被市政协采用。黄杰伟获评2012年度全省信息工作先进个人，陈梅娅获评全市统战宣传调研信息工作先进个人。组织党员开展理论研究工作，陆卫红《加强参政党自身建设问题的思考》、陈梅娅《重视加强科级层次干部的培养　进一步关注基层党外人士的梯队性培养》入选农工党省委会参政党理论研讨征文集；陆卫红《实现中国梦从做好参政议政开始》获市委统战部“中国梦、同心路”征文优秀奖。

【社会服务】 总支发挥自身优势，整合社会资源，社会服务形式多样。组织党员“名师”送教到琅琊初中，各支部与琅琊学生叶颖等4人结对，开展捐书、捐书包、捐衣服及慈善捐款等活动；联系爱心企业，向白龙桥虹路小学捐助一台复印机和一张乒乓球桌，总价值15000元；组织党员开展服务进社区、进敬老院、进贫困家庭活动，社会服务工作有新拓展。老党员范本富多年来坚持资助贫困学生，每年资助金额达6000元。并利用自身特长，每周到老年大学为老年人讲解老年保健知识，累计开展讲座32次，受益人数1000余人。

【获得荣誉】 广大党员爱岗敬业，不少党员成为行业、单位中坚力量。陆卫红荣获2012年度“全国优秀教育园丁”称号；吕金春获省第二届体育大会“百佳优秀社会体育指导员”称号，先进事迹刊登《今日婺城》；王武明获金华市“轻负高效示范老师”荣誉称号；郑池爱、邵宏被授予“婺城区20佳师德标兵”荣誉称号；窦家祥、王武明获“婺城区爱心教师”荣誉称号；陈小妹被评为婺城区首届事业兼顾型先进；龚琴丹被评为婺城区创卫先进个人；龚琴丹《角色游戏中师幼互动有效性的研究》获第三届全国教育科研创新成果一等奖，《绘画活动中幼儿想象力的培养》获金华市幼教论文二等奖;成金莲的《初中语文教学的非功利性追求》获浙江省一等奖、《人品+师品=大爱在人间》获金华市一等奖;金俊英的《浅议幼儿园的经营管理中存在问题》获金华市三等奖。 (郑池爱)

九三学社金华市婺城区基层委员会

【概述】 11月28日,九三学社金华市婺城区基层委员会(以下简称九三学社)进行换届选举,产生新一届领导班子,应堂亮任主委,葛爱莉、诸葛华、季美珍任副主委。全年新增2名社员,因工作调动转出关系2名,有社员30人。其中,高级职称16人,中级职称11人,拥有中高级职称的社员占90%。有市政协委员1人、区政协委员7人(区政协常委2人)。

【参政议政】 九三学社及其社员坚持弘扬“爱国、民主、科学”精神,以“两会”为平台,履行政治协商、民主监督、参政议政职能。根据市、区工作重点及社会上不同的热点、难点,深入基层调研,集思广益。2013年,向区政协提交应堂亮《关于村庄绿化的几点意见》、钱善治《关于加大对法律援助案件政策扶持的建议》、葛爱莉《关于强化政府职能,加大对各类培训的监督管理的建议》、季美珍《“抢建抢种”之风不可滋长蔓延》、罗霞《关于烟花爆竹燃放开禁后应做到限量限规格销售的建议》《关于加强鹿田水库水源保护的建议》《关于对宾虹西路进行改造的建议》《关于“零择校”的几点建议》、诸葛华《关于建立农村垃圾处理系统的建议》、邵增岳《关于进一步完善管理举措,规范村(居)民建房秩序的建议》等提案10件,通过九三学社市委会向市政协提交提案7件,被九三学社省委采纳信息10余篇。

【社会服务】 九三学社开展社会服务活动,3月,组织社员到九峰水库开展义务植树活动,栽植木荷苗800株。5月、11月,组织社员到塔石、沙畈、箬阳、莘畈等乡镇举办油茶良种栽培、毛竹低产林改造等技术培训5期,培训林农300人,发放技术资料300份。帮助联系沙畈乡丁久村开展项目对接,争取到珍贵树种红豆杉苗1000株,价值2.5万元。由社员设计和建设管理的箬阳乡琴坛至南坑公路于9月建成通车,带动了山区经济的发展。

九三学社会组织社内专家到乾西乡开展义诊

【自身建设】 8月,组织社员到舟山考察、学习。结合茶话会、爬山等活动,重点学习中共十八届三中全会精神,坚定理想信念,增强宗旨意识。社员之间交流学习、生活、工作体会,做到互相帮助,提高党派凝聚力。 (季美珍)

婺城区工商业联合会

【概述】 婺城区工商联有基层(包括行业、异地)17个商会、会员1208名。其中,工商企业会员1021名,个人会员187名,新发展会员101名。会员中有省人大代表1名、市人大代表8名、市政协委员5名、区人大代表35名、区政协委员55名。

2013年,婺城区工商联被评为金华市工商联系统先进集体。

【参政议政】 在区“两会”前夕,非公经济人大代表和政协委员做好相关提案、议案工作,重点围绕全区非公经济发展中存在的主要问题和热点问题,走访企业,收集各种意见、建议,为政府及有关部门制定政策和解决问题提供决策依据。2013年,工商界、人大代表和政协委员提交提案、议案50多件,并提出许多建设性建议。区政协三届二次大会期间,以工商联为主的提案被区政协列为重点提案,区委书记陈晓对提案作出重要批示。

【服务经济】 开展小微企业“保生存、谋发展”调研活动，先后走访企业120余家，梳理企业融资、劳资纠纷、周边环境、子女就学等热点问题，召开专题会议，为企业解决相关难点和热点问题。以区工商联名义向相关部门反映“企业外来务工人员和民营企业引进人才子女就学问题不利招才工作值得重视”，得到区领导关注，出台相关政策，让企业人员子女方便就学。创建服务品牌，为企业解难题，加强与金融部门联系，为企业解决融资难问题，4月8日，组织30多家企业召开银企合作交流座谈会，与工商银行婺城分行、婺城区万通小额贷款公司、中国银行婺城支行3家金融单位签订战略合作协议。配合区委组织部、人才办帮助企业引进高层次人才和专业技术人才，为民营企业加快转型升级提供智力和技术支持。加强与司法局、法院、律师事务所等部门的联系，建立合作机制，聘请法律顾问，开展法律进企业活动，增强企业风险防范意识，提高防范风险能力。主动组织民营企业参加有关经贸洽谈和招商活动。参与协调劳动关系，参加三方机制有关工作会议，帮助企业调处矛盾纠纷20余次。

深圳市婺城商会成立

【感恩社会】 引导非公有制经济人士回报社会，扩大“送温暖活动”的社会影响力和感召力，营造社会各方面积极参与、人人奉献爱心的良好氛围。开展关爱帮扶“三老、两户”走访慰问活动。区工商联主席、万里扬集团总裁吴月华捐助区慈善总会30万元。1月31日，金西商会启动“爱心慰问贫困户”活动，组织金华金丽达工艺制品、浙江汤溪工具制造、金华永和氟化工、浙江江天电机、浙江宝隆化纤、浙江万福染整、金华三鼎置业、金华金鼎织带有限公司为金西区域6个乡镇35户困难户送去年货和慰问金约15万元。同时，还有一批非公经济人士向区慈善总会捐助基金，全年慰问走访“三老、两户”100余户，送去慰问金26万元。其中，市区非公经济人士联动，资助沙畈乡泥山坞村1.5万元、银坑和青草村38户4万元；北京婺城商会慰问白龙桥敬老院8万元，得到了社会好评。非公企业人士支持新农村建设、交通建设、教育事业等，捐助资金及物资达1200多万元。

【自身建设】 3月25日，婺城区“两办”下发关于婺城区工商联定编文件，明确行政编制3名，内设机构领导职数2名，将区工商联单独设立为正科级群团机关，明确工商联工作职责，区工商联4名工作人员，财政分设理顺到位。

根据婺城区实际情况，加强基层商会、行业商会、异地商会建设，完成商会换届7家，新成立商会3家。其中，深圳婺城商会于2月28日成立，婺州古今艺术品商会于3月顺利搬迁。

12月13日，召开婺城区工商联(总商会)三届二次执委会。会议组织学习党的十八届三中全会精神，并回顾总结2013年工商联(总商会)主要工作，明确2014年工作思路。 (张建红)

群团组织

金华市婺城区总工会

【概述】 区总工会围绕省、市总工会,区委、区政府中心工作,以服务发展为目标,以强化维权、改善民生为重点,带领广大职工深入贯彻落实科学发展观,服务经济发展大局,全区各级工会和有关部门互相支持,紧密配合,开展富有特色、灵活多样的学习活动,各项工作按计划完成,推动全区工会工作迈上新台阶。

【作风建设】 加强工会自身建设,提升职工队伍素质,提高工会工作水平。总工会领导班子重视工会干部自身素质建设,坚持每周例会制度,对上周工作进行总结交流,布置本周工作。要求工会干部坚持自学理论知识,提高自身理论水平,加深工会干部对相关政策、理论的理解,提高理论与工作实践相结合的能力。

加强工作作风建设。开展"面对面、心贴心、实打实服务职工在基层"的"双服务"活动,要求工会组织亮牌子,工会主席亮身份,工会干部深入企业一线、深入职工,面对面与职工交流,心贴心与职工沟通,实打实为企业服务。

加强党风廉政建设,学习《中国共产党党员领导干部廉洁从政若干准则》,增强党员干部廉洁从政意识。执行"八条禁令"、执行党员领导干部报告个人有关事项的规定,把住房、投资、配偶子女从业等情况列入报告内容。规范和改革公务接待制度,坚持勤俭节约,严禁用公款大吃大喝,反对铺张浪费,营造风清气正的工作环境。

【基层组织建设】 开展劳动关系和谐企业及劳动模范评选活动,根据企业实际情况,加强对基层工会分类指导和服务,督促企业组建工会。对职工达25人以上的非公经济组织,单独建立工会组织;对职工不足25人的非公企业,按照"性质相同、行业相近、地域相连"原则组建联合工会,做到非公经济组织和社会组织发展到哪里,工会组织就建到哪里。全年新组建基层工会43家,全区工会组织覆盖面达95%以上。

开展"创建学习型组织、争做知识型职工"活动,推进企业"职工书屋"和"农民工文化家园"建设,浙江希能折叠桌制造有限公司等5家企业被评为省级"职工书屋";浙江正方投资集团有限公司等9家企业被评为市级"农民工文化家园";浙江巨龙管业和浙江万里扬2家公司被命名为市级高技能人才创新工作室。在全区规模以上企业工会中推广职工文化建设"八个有工程",即有一个职工文化发展的规划,有一首企业歌曲,有一张企业报(刊),有一个宣传园地(栏),有一个职工书屋(阅览室),有一个职工艺术团队,有一个职工俱乐部(活动中心),有一次职工广泛参与的文化体育活动。至年底,全区6家企业办创企业内部报刊;1家企业建文化礼堂,定期为职工放映电影和举办活动。

【维护职工权益】 推进工资集体协商制度。把《中华人民共和国劳动合同法》作为工会"六五"普法重要内容,与贯彻劳动法、工会法相结合。2013年是开展工资集体协商工作关键的一年,根据市总工会要求,区总工会聘请2名有丰富乡镇工作经验的退休人员担任工资集体协商指导员,对全区非公企业工资集体协商工作进行业务指导。对生产经营正常、效益较好的企业,重点协商提高职工待遇,提高劳动者积极性;对生产经营困难、效益较差的企业,重点解决工资支付办法、保证就业岗位等问题，帮助企业渡过难关，维护职工、企业的合法经济权益。已签合同378家，实现全区各乡镇企业工资集体协商工作全覆盖。

区总工会成立职工服务中心，开展职工维权工作，维护职工合法权益，加强与劳动保障部门、企业家协会及工商联组织的联系，参与婺城区劳动争议联合调处中心工作，整合社会资源。全年调解争议146起，为职工挽回经济损失480.36万元。

【关爱职工】 区总工会在元旦、春节到来之前，看望慰问困难职工200多人，发放生活补贴20万元，为他们带去温暖和希望。慰问困难劳模10人，发放补贴4万余元。市总工会领导带队到万里扬集团、金华永盛工具厂等企业，慰问困难职工5名，每人送给困难职工2000元，鼓励他们克服困难，树立生活信心。

春节前，区总工会召开一年一次的外来务工人员新春团拜会，邀请琅琊、蒋堂、雅畈3个乡镇部分企业100名外来务工人员参加，区委副书记张茹先到会讲话，对外来务工人员辛勤工作表示感谢，并送上新春的祝福。做好外来务工人员欠薪追讨、春节平安返乡工作，帮助15家企业400多名农民工团购返乡火车票。

真诚服务、情系职工是工会工作职责，职工的健康是企业顺利发展的保障。6月，区总工会联系当地一家部队医院，上门为5家企业1000多名职工进行免费体检。

2013年度职工医疗互助保障工作业务培训会

区总工会指导企业建立职工困难帮扶基金会，帮助制定各项制度，全区有32家企业建立了职工互助基金会，帮助部分因病或因灾等各种原因造成生活困难的职工渡过难关。8月，根据市总工会文件精神，开展职工医疗互助保障工作。区总工会宣传发动，采取多种措施，扩大职工医疗互助覆盖面，并对全区区直机关、事业单位和部分规上企业工会主席进行培训。全区226个单位10020人参加医疗互助活动。

【文体活动】 3月，区总工会举办庆“三八”趣味运动会，来自全区机关、乡镇(街道)的47支代表队367名妇女干部参加袋鼠夹球、三人四足、乒乓球接力、踢毽子等多个项目的角逐，增强了机关干部、职工的凝聚力和团队意识。

组织职工摄影书画书法大赛，展示新时期广大职工的才艺风采，检阅职工摄影、书法创作成果和水平。有17幅书法、22幅摄影作品上报到市总工会参加比赛，7幅作品获奖。

金华市总工会组织职工艺术团到莱恩（中国）动力科技有限公司演出，慰问奋战在高温酷暑一线的生产职工。晚会弘扬社会主义核心价值观，展示广大职工团结奋进的时代风采，唱响劳动光荣的时代主旋律，传递接力奋斗正能量，增强企业职工的凝聚力、向心力和战斗力，促进企业又好又快发展。

【劳模评选】 开展婺城区第四次劳动模范评选活动。通过层层推荐选拔，50多名各条战线上的优秀职工被推荐为区劳动模范候选人，最终评选出20名劳动模范和2个劳模集体。4月底，召开劳模表彰大会进行表彰。还推荐省级五一劳动奖章候选人1名，市级劳模候选人7名、市级劳模集体1家。

区总工会通过《今日婺城》《金华日报》等多种媒介宣传劳模事迹，扩大影响面，鼓励广大职工群众工作热情，弘扬劳动人民劳动光荣的优秀传统。

【创建和谐劳动关系】 开展第六轮区级创建劳动关系和谐企业评选，30家企业申报区级创建劳动关系和谐企业，是历年来申报企业最多的一次。经区创建劳动关系和谐企业领导小组进行检查考核，经领导小组审定和公示，22家企业达到创建标准。推荐金华市精工工具制造有限公司等4家企业为金华市劳动关系和谐企业，推荐劳动关系和谐企业先进个人1名和先进集体1家。通过创建活动,推动企业建立规范有序、公正合理、互利共赢、和谐稳定的社会主义新型劳动关系。

【厂务公开】 根据企业厂务公开的要求, 指导企业进行厂务公开工作,区总工会着重宣传厂务公开工作对企业、职工的重要性,指导有条件的企业进行厂务公开工作。 (马益君)

共青团金华市婺城区委员会

【概述】 2013年, 全区各级团组织学习贯彻党的十八届三中全会精神和团的十七大精神、团省委第十三次代表大会精神,围绕"基层活力团组织"创建活动,坚持服务到基层、工作项目化,发挥四项职能作用,以"争当青年先锋,创建活力组织"为载体,提升基层团组织的凝聚力和影响力,推动共青团青年事业的科学发展,各项工作取得明显成效。

【青少年建功动员体系】 团区委注重青年人才的培养,按照省、市团委统一部署,在全区开展 "村村都有好青年"评选活动,推选出区级好青年20名、市级好青年10名、省级好青年5名。同时,把"好青年"列入打造服务新农村建设、农村青年成长成才的共青团品牌项目,将在创业的好青年列入创业青年数据库,统一做好服务和培训。在创建"青年文明号"单位时,注意审核往年已被通过的青年文明号单位,注重各单位创建经验的交流和共享,使创建活动始终在健康有序的轨道上运行。

团区委注意整合团组织的活动资源。推动保护母亲河行动与婺城青年志愿者行动的融合,引导各行各业志愿者参与到保护母亲河各项活动中来。把保护母亲河与大学生暑期"三下乡"社会实践活动结合起来,引导大学生开展植被保护、环境污染现状考察等涉及生态文明的社会实践活动,增强大学生对环保事业的关注。3月12日,团区委联合罗店镇政府举办 "汇聚青春力量 共建森林金华"青年植树活动,青工线环保志愿者、网络志愿者及青年志愿者600人种下3000棵油橄榄树,并把该基地命名为"金华市青少年绿色实践基地"。

志愿者在白龙桥镇白沙溪捡拾垃圾,保护水资源

【青少年思想道德建设】 团区委以实施青马工程为抓手,加强团员青年的思想政治工作,结合"五四""六一""七一"等节假日,按照不同年龄分层次实施青少年思想教育格局。"五四"期间,组织召开学习习近平总书记关于"中国梦"讲话精神。4月13日,团区委联合白龙桥镇政府在白龙桥郑岗山婺江丝雨合作社茶场开展"漫游青春"婺城青年文化巡礼活动,吸引1000余名青年参加。浙派琴筝、陈氏太极等单位献上精彩演出。4月15日,团区委组织市区5个街道、乾西乡及区机关各部门600多名志愿者参加"清洁家园、美化社区"爱国卫生集中行动。5月26日, 团区委组织60多名志愿者在骆家塘社区开展"青春创卫"志愿活动。团区委响应团市委号召,开展捐献衣物活动,动员婺城区团员青年清洗干净的旧衣物500多件,进行集中消毒后,由志愿者统一接收、分类处理,寄到需要的地方去。

【青少年民生服务】 团区委加强与金融机构的合作与协商,建立与成泰银行、万通小额贷款公司等金融机构的审核推荐机制,协助创业青年办理贷款手续。全年为各类青年申报创业贷款167笔750多万元。此外,团区委还联合浙师大和浙中信息产业园在城北电子商务产业基地设立青年创业培育基地,专门孵化刚刚起步的具有一定创新性和一定科技含量的创业团体,有15家企业入驻,累计新增见习基地8个、见习人次51人次。11月、12月,分别组织50名创业青年参加成泰农村青年创业学院婺城班培训,取得良好效果。

团区委通过助困慈善晚会、少先队"三心三送"

"流动少年宫"等活动,发动基层团组织、青年文明号、青联委员、青年创业者及社会各界,以结对帮扶的形式,为生活困难的青少年提供生活补助,开展结对帮扶和实施大学生助学圆梦行动。团婺城区委对辖区内贫困高三学生进行摸底调查,联系"精实基金"资助计划、红十字会等社会慈善机构,对急需帮助的贫困学生开展结对帮扶工作,解决62名贫困大学新生的入学困难,发放资助款35万元。动员各级团组织开展关爱农民工子女的专项行动,通过团组织与学校的对接,先后开展 "城乡儿童手拉手""手拉手红领巾书屋""手拉手关爱孤残儿童""关爱低收入家庭青少年"等活动。3月15日,团区委联合区政协、区教育局和区少工委主办"山山爱心面包计划"婺城志愿者关爱留守儿童及外来务工子弟活动,向全区18个乡镇、街道的23所学校、2580名山区留守儿童或外来务工子弟赠送每人每周一份营养面包。

【维护青少年合法权益】 区"两会"召开之前,团区委组织少先队员、团员致信人大代表、政协委员,反映青少年心声。发挥团市委"12355"青少年服务热线功能,倾听青少年心声,了解青少年的需要。春节后上班第一天,团区委组织开展返乡优秀青年座谈会,邀请团市委书记马越与12名婺城返乡优秀青年共同畅谈共青团工作,围绕"婺商回归"工程,发挥共青团组织广泛联系、动员青年人才携手本地青年投身家乡建设的作用。其中,来自汤溪的28岁青年龚杰是北大医学院从事生命科学分子诊断研究的博士后,希望自己能在医疗器械的研发上有所成就,带回金华投资生产。2013年,婺城区被列入浙江省不良行为或严重不良行为青少年管理服务和预防犯罪试点县(市、区)。为做好试点工作,团区委牵头组织召开区预防青少年违法犯罪专项工作成员单位会议,整合各方面力量,通过提供心理辅导、加强法制宣传、帮助解决落户、帮助失足青少年创业、组织志愿者参与社区矫正等措施,建立符合婺城实际、行之有效的失足青少年结对帮教工作体系。7月10日,省委政法委综合协调处处长祝正平一行到婺城区检查浙江省不良行为或严重不良行为青少年服务管理和预防犯罪试点县(市、区)中期迎检工作,婺城区首创的青年志愿者参与青少年犯罪案件陪审制度和派出所民警进校园担任"法制副校长"等工作制度获上级领导高度评价。

团区委贯彻落实《关于进一步深入开展"手拉手"浙江少年儿童平安行动的通知》,开展"小手拉大手"活动。组织全区22个乡镇、街道团组织和55所中小学少先队大队部,引导青少年走进社区、家庭,争做平安建设的小宣传员。开展"平安自护促成长"主题教育活动,提高珍爱生命意识和平安自护综合能力,减少意外事故发生,促进青少年健康成长。9月24日,团区委在白龙桥派出所召开现场推进会,组织全区52名平安志愿者参加平安志愿者培训。

【组织建设】 团区委贯彻落实省、市精神,加强基层党建带团建工作,开展青春党建工作,全年新建非公企业团组织45个、新社会组织19个、农村专业合作社团组织40个,超额完成团市委下达的各项任务。通过青春党建工作,促进"双网互动"团建模式,增强乡镇团组织基础,提高团组织的覆盖面。以培养让党放心、让青年满意的"三力五型"团干部为目标,通过扎根基层,服务青年,开展"学习型、创新型、服务型、务实型、自律型"团干部评比,培养有实力、有魅力、有活力的青年团干部。全区基层团组织建立考核制度,开展项目承诺制,年底进行工作交流。全区共青团通过"三进三服务"大走访,联系青年500多人,深入农村、社区、企业、学校开展调研帮扶活动3200多人次。 (陈 波)

少先队工作

【概述】 全区少先队工作全面贯彻党的十八大精神,按照省、市少工委和团区委的要求,围绕少先队思想引领、成长服务、权益维护和组织建设,团结、教育、引导全区少年儿童健康成长,加强少先队学科建设,推进区域少先队从均衡发展向优质发展,开展"红领巾相约中国梦""雏鹰争章"等品牌活动,推进少先队事业新发展。

【关爱留守儿童及外来务工子弟活动】 3月15日,由区政协、团区委、区教育局、区少工委主办的

“山山爱心面包计划” 婺城志愿者关爱留守儿童及外来务工子弟活动启动仪式在长山小学举行。活动由山山烘焙有限公司向18个乡镇、街道的23所学校2580名少先队员赠送每周1次每人5~8元的面包,赠送时间为2013年上半年学期(16周),接受捐赠的少先队员是享受政府营养餐的山区留守儿童或外来务工子弟。

区妇联在塔石乡中心小学举行“关爱留守儿童”系列活动

【“小手拉大手交规齐遵守” 队课】 3月21日,由团省委、省公安厅、省治堵办、省环保厅、省少工委主办的“小手拉大手交规齐遵守”队课采取全省互动形式,共上同一节课。金华分会场设在金师附小和城西小学,向全省宣布“文明出行·我在行动”,通过“小手拉大手,一起等绿灯”“大手拉小手,绿色文明出行”“小手拉小手,争戴雏鹰章”的活动形式,形成“教育一个孩子,带动一个家庭,影响整个社会”的良好氛围,取得较好效果。

【“通畅,让城市更美好”活动】 5月6日,由团市委、市教育局、市少工委主办,团区委、区教育局、区少工委承办的金华市少先队“通畅,让城市更美好”宣传教育活动启动仪式在环城小学举行。活动从4月持续到12月,开展五大系列活动:“文明出行,从我做起”统一队日活动;“文明出行,我来建言”交通文明“金点子”征集活动;童玩空间交通安全实践体验活动;“城乡少先队手拉手,平安自护过暑假”社会实践活动;争当“文明交通小使者”雏鹰行动。12月,评选百名“文明交通小使者”,授予“文明出行”雏鹰奖章。

【“美德少年我争当” 活动】 从4月至6月,全区开展“美德少年我争当”活动。引导少先队员从学雷锋起步,开展为身边的人做好事活动,培育少先队员“正直、善良、诚实、有爱心”等优良品德。全区55所学校参加评选,经区少工委审核,评出区级美德好少年100名,推选15名参评市级美德好少年。通过《今日婺城》分期刊出“红领巾相约中国梦 争当美德好少年”事迹,《金华日报》刊出《坚强乐观让倪诺走出无声世界》,取得较好社会反响。

【“红领巾相约中国梦”】 5月23日,由团区委、区教育局、区少工委主办的“红领巾相约中国梦”——婺城区少先队庆“六一”活动暨播种梦想启动仪式在金师附小举行。活动持续到6月。各校开展“义卖场”“结对乐”“才艺秀”“游园会”“希望行”等丰富多彩的“红领巾相约中国梦”庆“六一”活动。

【少先队活动课程建设】 4月11日,婺城区少工委三届四次全委会在白龙桥小学召开。会上转发《教育部关于加强中小学少先队活动的通知》、中少办发《关于推进少先队活动课程建设的通知》,明确规定少先队活动作为国家规定的必修活动课,小学1年级至初中2年级每周安排1课时。区少工委通过督导,检查中小学执行每周1课时少先队活动课程安排,把少先队活动列入中小学课表。

抓好《少先队活动课程指导纲要(试行)》试点学校建设,全区有全国试点金师附小,省级试点环城小学、金华四中、白龙桥小学、乾西小学、蒋堂小学,区级试点16所。根据《少先队活动课程指导纲要(试行)》的主体框架,创新雏鹰争章活动的有效载体,在活动内容、形式和载体上探索少先队课程建设。各试点学校成立由大队辅导员、年级辅导员、中队辅导员等参加的少先队教研组,规范相关的教研制度,开展常态教育活动。

【少年儿童组织建设和思想意识教育】 区少工委配合选择金师附小、环城小学、站前小学、北苑小学作为大学生少先队实践基地,通过观摩、现场实训等多种形式,逐步形成少先队辅导员上岗资格准入制度。结合省教育厅中小学教师培训序列的少先队辅导员培训要求,规定现任大、中队辅导员五年内至少参加1次关于少先队活动课程建设的辅导员培训,第一批次参训学员36人,占全区大队辅导员的一半以上。各校少先队教研组负责对新上岗的辅导员进行校本培训56人次。

【农村少先队达标创建】 自2012年开展农村少先队达标创建工作以来,婺城区农村少先队整体水平逐步提升,基层基础建设明显加强。涌现出蒋堂小学、白龙桥小学、乾西小学等达标创建优秀学校。至年底,实现农村小学大队室建设100%,初中大队室建设60%,中队室(中队角)建设100%,小学红领巾广播站开设率100%。 (苏冰婵)

金华市婺城区妇女联合会

【概述】 区妇联围绕建设"坚强阵地"和"温暖之家"主线,坚持以服务大局、服务妇女为根本,一手抓发展,一手抓维权,推进"巾帼建新功、共筑中国梦"系列活动,促进社会和谐、文明,各项工作取得了新成效。

【来料加工】 2013年,区妇联按照"扩量、提质、转型"的总体发展思路,实施"扶大、扶优、扶强"的策略,促进来料加工业实现新发展、新提升、新进步。来料加工已覆盖全区19个乡镇(街道)、96%的行政村(社区)。先后3次组织汤溪、雅畈、琅琊、沙畈等乡镇40余名来料加工经纪人和加工人员,分别到金华市鼎龙工艺品有限公司、义乌佳田制衣有限公司等企业进行业务对接。在琅琊移民新村新建2个来料加工点,在汤溪镇新建1个点,帮助130名妇女就业。引进金华市亿源塑料制品有限公司,总投资1000万元。组织部分来料加工商会理事参加第113届广交会和第19届义乌国际博览会,达成意向20余项,签约7个合作项目,订单成交额404.6万元。举办经纪人培训班4期,培训内容涉及经济合同法、电子商务、市场营销、创业策略等,150名经纪人参加。帮助11名经纪人解决小额贴息贷款210万元。区农办安排扶贫资金,支持3个移民村发展来料加工,对符合条件的46名经纪人,发放以奖代补资金146万元。至年底,全区有经纪人624人,加工人数40054人;发放加工费36430.37万元(不含金西开发区),完成"个转企"12家,累计完成70家。11月13日,第九期市、区"山海协作"工程来料加工经纪人培训班在婺城举行,150位来料加工经纪人参加培训。婺城区经合办被评为2013年度"山海协作"工程先进单位。

【演讲比赛】 举行党的十八大知识竞赛,区妇联五届执委、乡镇(街道)妇联主席、机关妇委会成员50多人参加竞赛。9月27日,举办"巾帼梦、家庭梦、中国梦"演讲比赛,来自各条战线的28名妇女讲述发生在身边的真善美事例,阐述最美精神,描绘积极向上的梦想,展现当代妇女的光辉形象。经过角逐,城北街道站前社区金睿、区会计核算中心包秋仙、白龙桥镇虹路小学祝滢获得一等奖,区委组织部杨颖慧等5位选手获得二等奖,公安分局王淑琴等8位选手获得三等奖。设立婺城"女性讲坛",为机关女干部提供学习新知识、新理念、新技能的平台,丰富女干部职工业余生活。

【"三项"活动】 举行"庆三八 秀创意 展风采"T台赛。来自各个乡镇(街道)的16支队伍自编自演,节目充分展示区域特色。举办"展巾帼风采,建和谐家庭"亲子互动活动,促进家长和孩子之间的密切配合,增进家庭和睦。举办婺城区第二届相亲节,400多名大龄未婚青年参加以"树文明新风·展金西风采·圆幸福之梦"为主题的相亲大会,体现政府及企业对青年人成长与进步的关心和关爱。会同区委宣传部、区文明办、区新闻传媒中心评选16位"婺城最美妈妈",并出书宣传"婺城最美妈妈"的感人事迹。组织20多名区妇联五届执委到金华市国际山茶物种园开展"你丢我捡"活动。承办市妇联主办的"文明家庭平安行 五城同创我先行"主题宣传暨万人签名活动,全国文明家庭户吴月艳在会上宣读"文明家庭平安行 五城同创我先行"倡议书,新金华人代表吴绵绵作表态发言,200多名巾帼志愿者参加创卫保洁、创森护绿活动。在省级粮食生产功能区洋埠镇野猫畈开展"双学双比"竞赛暨婺城巾帼插秧能手PK赛,来自洋埠镇的50名妇女参加比赛。

【维权与帮扶】 开展"十二五"妇女、儿童规划中期评估,总结各项指标完成情况,整改存在问题,并形成评估报告,促进各项惠及妇女儿童的指标得到落实。在《今日婺城》设立《婚姻家庭大家谈》栏目,至年底,刊登10多期。开设维权热线,做好信访工作,全年接待来信来访36人次,涉及家庭纠纷、家庭暴力、土地承包及土地款分配等问题。募集“亲情热线”“青苹果计划”资金13万元。“亲情热线”发送短信26880条,拨打电话17008个,通话时间10177分钟;支付箬阳、塔石、沙畈、莘畈等乡中心小学500名学生每周一餐水果费用29170元;在塔石乡、沙畈乡开办金职院经管“美然”“青央”3个春蕾班,助学75名小学生,每年支付助学金45000元。同时,帮助227名贫困学生与社会爱心人士结对,发放助学金65100元。在5名女企业家倡导下,建立“婺城区女企业家关爱基金”,首批捐助资金18万元。2013年,走访慰问135位曾任职20年以上的已退位村妇代会主任,送上慰问金及慰问品计83700元。

区妇联助学活动

【组织建设】3月8日,区女企业家协会召开第一次会员代表大会,选举产生第一届理事会理事、会长、副会长、秘书长。7月26日,成立全市首个来料加工商会党委,选举产生第一届党委委员、书记、副书记,下设3个联合党总支。按照“哪里有妇女,哪里就有妇女组织”的要求,建立“两新”妇女组织。至年底,全区已建“两新”妇女组织671家。其中,新经济组织妇女组织655家,新社会组织妇女组织16家。开展乡、村妇联班子换届。开通官方微博“婺女之声”,传递好声音,弘扬正能量。

(徐美珍)

金华市婺城区文学艺术联合会

【概述】婺城区文联有团体会员14个、会员1000余人。区文联本着出作品、出人才的宗旨,组织广大文艺工作者深入生活、深入群众,创作一批优秀的文艺作品,开展各类文化活动,丰富群众的文化生活,为繁荣婺城区文化、促进文化建设和经济发展发挥作用。

【组织建设】完善协会例会制度,严格管理,高标准、严要求。发展新会员,壮大文艺队伍。各协会均通过民政年检。为丰富城乡居民的文化生活,10月25日,承办后溪河“浙江书法村”授牌仪式,后溪河村成为金华市第一个浙江书法村,为书法爱好者创造了条件。1月29日,作家协会第二次代表大会召开,选举产生新一届作协主席、副主席、秘书长。10月17日,民间艺术家协会完成换届选举。

完善优秀文艺作品奖励办法,提高文艺工作者创作热情,让文艺创作成为文艺家自觉主动的行为,促进出精品、出人才。开展廉政文化征文活动,得到全区广大文学爱好者的积极响应。

【协会活动】举办艺术进基层活动,组织文艺家送艺术进社区、进农村、进学校、进机关、进军营活动,丰富城乡居民文化生活。1月,组织书法协会书法家进郑岗山社区、山区书写春联。

书画摄影展览活动丰富多彩,9月,按照区宣传部工作部署,组织区摄影协会举办仙源湖四季摄影大赛,由省摄影家协会评选出118件获奖作品,圆满完成此次“寻芳仙源、人间醉美”仙源湖四季风光摄影大赛;11月,举办第二届农民书法作品展,展出书画摄影作品80幅,获得社会各界好评;配合区“激情婺城”系列活动,组织文艺家参与摄影、写作、书画等活动;组织区摄影家协会以九峰山为主题开展摄影作品展示活动。

【文艺培训】组织文艺专题讲座,弘扬中华优秀传统文化,加强文化民生建设,面向基层、服务群众,响应区委、区政府“爱读书,读好书,善读书”的倡议,邀请浙江师范大学人文学院院长、教授、博士吴泽顺举办国学系列讲座,使一批国学爱好者受益匪浅。继续举办周五书法公益培训，学员队伍不断壮大，产生极好的社会影响。不定期邀请专家开讲座，定期开展不同领域培训。经常组织各协会与兄弟县市学习交流，通过各种文艺活动，宣传推广本地文艺人才和作品，使更多的婺城艺术家和作品走出婺城，走出金华，扩大婺城文艺家的影响力。

【创作成果】 各类文学艺术创作硕果累累，朱晓军和李英的报告文学《让百姓作主》获北京文学奖；陈锦章在2013年第三期《译林》上发表短篇小说《硬雨》；程明芝的小小说《非常措施》在《文学港》杂志社浙江作家网举办的中国(浙江)廉政小小说征文比赛中获二等奖，婺剧小戏《农家书屋》获得全省读书征文比赛三等奖；张敏的《奶奶》等3篇小小说发表于2013年第10期《文学港》；李英昌的诗歌《窗外像城堡的房子》刊发于《野草》；南蛮玉的诗歌《松柏》刊发于《野草》；李俏红的杂文《羡慕的话就慢生活》获得浙江省第一届鲁迅杂文奖铜奖；许中华的诗《乌云之河》获北京文艺网国际华文诗歌奖。老年诗词楹联协会陈国友的论文《白沙溪赋》和董攀峰的论文《九峰水库赋》入选省二届理论研讨论文集。另有7人参加市首届文学艺术学术研讨会，杜时通的《长湖赋》等两篇入选首届研讨会论文集并获三等奖；李国雄的对联《游憩亭》获"尖峰山楹联展"一等奖。8月15日，由章晓华创作并辅导的系列节目金华道情《田鸡飞天》参加第六届全国少儿曲艺大赛，获得1个三等奖、2个新苗奖。11月14日，此节目在第16届上海国际艺术文化节"缤纷长三角·浦东祝桥杯"曲艺邀请赛中获金奖。在省第二届全民运动会排舞比赛中，"婺之花"舞蹈队参加并获一等奖和最具人气奖。张雄华获"廉江红橙奖""沙孟海奖"等3次全国书法大展优秀奖。朱长虹获全国首届临帖大赛优秀奖(最高奖)。全年文艺工作者获国家级奖项20多人次，获省级奖项10人次，获市级奖项20余人次。

刊出《婺江文艺》丛书一期，发表各类文学作品20余万字。（张　敏）

【区作家协会】 2013年，婺城区作家协会围绕区委、区政府提出的"创业富民、创新强区"的总战略和加快建设文化大区的战略部署，弘扬社会主义核心价值观，发挥作协的培养、联络作用，团结新老作家，打造文学精品，为婺城文学事业大发展、大繁荣做出积极贡献。协会有会员73人。其中，中国作协会员1人，省作协会员9人，市作协会员32人。

1月29日，婺城区作家协会第二次代表大会召开。会议总结11年来婺城区文学事业取得的成绩与经验，提出今后5年婺城区文学事业大发展、大繁荣的工作思路和目标任务，修改《婺城区作家协会章程》，选举产生新一届区作协主席、副主席以及秘书长。

2013年，小说、报告文学、散文创作局面喜人。程明芝获第三届中国(浙江)廉政小小说大赛二等奖。李英和朱晓军创作的报告文学《让百姓作主——浙江省琴坛村罢免村主任纪事》获第六届北京文学奖、长篇报告文学《忠诚是天——感动中国的普通民警》入选浙江省第十一届精神文明建设"五个一工程"。散文创作佳作迭出，李英、李俏红、付晓生、戴建东、曹亦豪、潘丽仙等人的散文作品屡见报端。

诗歌创作成绩突出，伊有喜、张乎、南蛮玉、飞沙、李英昌、远村、许中华、苏洪生等婺城诗人活跃在创作第一线。许中华的诗获北京文艺网国际华文诗歌奖。伊有喜的诗入选邱华栋主编的《2013年中国诗歌排行榜》。

外国文学翻译方兴未艾，陈锦章的翻译作品不断在《译林》等文学刊物上公开发表。他的译作专著《树之爱——现代外国小说选》公开出版。

作协举办形式多样的活动，为青年作家创造进修、采风、研讨、出版等条件。8月26日，婺城区作家协会举办"艾青之夜"诗歌朗诵会，20多位诗人和诗歌爱好者参加朗诵会。

婺城区作家协会在文联的指导下，编辑《婺江文艺》，在区内外产生广泛影响。在编辑文学刊物的同时，作协还积极策划丛书，帮助会员出版作品集。

1月18日，由王槐荣、李英、章伟文联手创作改编的电影故事片《妈妈们的青春往事》在省军区大礼堂举行首映式，省军区、省文化厅、省委宣传部等领导出席。（李英昌）

【区美术家协会】 2013年，开展学习交流，组织会员到兰溪、浦江等地进行写生、采风创作活动。11月21日，召开区美术家协会第四届代表大会，选举吴广明为区协会主席,郑红建、夏立、徐晶、孙傲雪、胡建文为协会副主席,王红建为秘书长。

(池　清)

【区书法家协会】 春节期间,区书法家协会组织本会优秀会员,下乡义务写春联。

10月25日,经市书协推荐,罗店镇后溪河村被评为金华市首个浙江书法村,协会组织相关书法家,每月15日到后溪河村开展讲座,内容有讲解文房四宝、书法欣赏、临帖,指导农民进行书法创作。

11月19日,举办第二届农民书法展,征集全区农民书法爱好者的书法作品及邀请作品70余件,包括楷书、行书、草书、魏碑、隶书等书体,展现了民间深厚的文化内涵和文化传统。

10月31日,召开婺城区书法家协会第四次代表大会,大会通过了第三届理事会工作报告、第四届理事会理事名单。大会遵循公开、公平、公正的原则,选举主席邹琪寿,副主席陈政权、王小花、吴文胜、张雄华、倪国庆、章国新,秘书长章国新(兼)。协会鼓励会员投身书法创作,参加全省及全国书协比赛并获得好成绩。张雄华、朱长虹获全国首届临帖大赛优秀奖;8人次在中书协举办的展览中入展;4人次在省书协举办的大赛中入展。全区新增6人加入中国书法家协会。在金华市首届黄宾虹艺术奖大赛中,获黄宾虹奖1人、优秀奖4人,入展3人。

(章国新)

【区戏曲家协会】 婺城区戏曲家协会贯彻落实党的路线、方针、政策,坚持先进文化前进方向,深入基层,求真务实,体验生活,开拓进取,时刻把握时代的脉搏,把服务广大人民群众,传承戏剧曲艺事业,为凝聚人心、社会和谐、推动社会主义文化的大发展大繁荣作出贡献。

2013年,协会参与策划及演出活动有送温暖进山村文艺演出、第四届茶花节、桂花节千人健步走活动、第二届民俗文化艺术节、区计生宣传文艺演出、区第三届中小学婺剧演唱比赛等30余场。白龙桥青年婺剧团演出300余场次,送戏下乡32场。组织、编排群众喜闻乐见、思想积极向上的主旋律艺术作品。程明芝创作、文化馆章晓华排练的音乐快板作品《十朵计生姐妹花》《五朵金花说平安》,在区计生委宣传文艺演出和区委政法委主办的"平安与你同行"文艺演出中表演后,得到很好反响;音乐快板《湖头年年新气象》在民俗艺术节上获得领导和观众的好评。

区戏曲家协会与企业合作,从创作到编排,完成正方集团小品大赛;10月,为公交公司创作并编排创意音乐三句半《公交15路》,在公交系统文艺演出中荣获第一名。

11月22~25日,婺城区第三届中小学婺剧演唱比赛举行,16所学校参加,为素质教育探索出了一条新的道路。区文化馆章晓华每周日下午辅导孩子演讲故事和道情及表演,并邀请金华道情国家级传承人朱顺根给孩子们上课,学唱金华道情。

章晓华所创作的故事《九九八十二》获省曲艺家协会主办的故事大赛创作一等奖、故事演讲二等奖;7月获省文化馆主办的第二届故事大赛最佳故事奖;由故事《九九八十二》改编的金华道情,10月获省文化厅主办的曲艺大赛创作二等奖、演出三等奖;获省级文化馆业务干部才艺大赛银奖。作品《缤纷童年话今昔》在文化厅主办的"印象·七彩童年"微电影大赛上获省综合奖三等奖、市级一等奖;作品《醉晴天》获市二等奖;完成市电视台经济生活频道《茶花村选举记》拍摄工作。

(戴建东　章晓华)

【区舞蹈家协会】 2013年,婺城区舞蹈家协会在区文联的领导下,建平台、强交流,提升会员的专业技能,发挥会员积极性,以学校、社区、乡镇等培训基地为活动、辅导、培训点,在原有基础上不断进取,使培训、辅导、创作、比赛都有新的突破。

舞蹈协会以舞彤舞蹈学馆为基地,组建舞蹈沙龙,每周日下午举行学跳爵士舞、肚皮舞、排舞活动,丰富会员的舞蹈语汇,提升会员的舞蹈素养,240多人次参加活动。编排爵士舞《欢乐一起来》、排舞《眼中的美丽》等作品参加市第五届排舞大赛,获银奖。协会副主席郑慧娜组织教育系统排舞编排技巧培训,为教育系统教师排舞大赛打下基础。并与区教育局共同推出中小学元旦文艺汇演舞蹈专场,全区有38个节目参加比赛,创作节目27个,占所有节目的2/3;李艳丹创作的男生舞蹈《博弈》、丁晓静创作的男生舞蹈《传》、李锐改编的《龙凤呈祥》、曹月娥创作的《茶花赋》获创作和表演金奖。

协会深入乡镇、社区，推动婺城舞蹈文化发展。组织乡镇、街道舞蹈骨干 45 名，参加市组织的排舞培训。

以电视台举办的社区总动员、欢乐大舞台活动与广场舞大赛为平台，协会会员帮助乡镇、街道舞蹈队进行编排、表演等方面的培训和辅导，能独立编排、参加演出的队伍有 14 支，送文化、送演出到乡村，演出 20 多场。

协会参与三花节系列演出活动、民俗文化艺术节、省乡村大舞台巡演、计生局优生优育演出、政法委平安婺城演出等活动，编排开场舞《茶花赋》《谁不说俺家乡好》《回娘家》等一系列作品，获得老百姓的喜爱。

协会会员举办专业舞蹈培训班的有 4 人，支撑婺城区少儿舞蹈的普及教育，并为各专业学校输送专业人才。毛毳舞蹈学馆作为舞协培训基地，每年培训少儿 900 多人次。6 月，举办专场晚会，300 多人参与，表演 24 个节目，展现婺城区少儿舞蹈教育的水平。舞蹈《珍惜》参加中国舞蹈家协会举办的小荷风采教学成果展获一等奖，《暖》获二等奖；参加市电视台举办的“璀璨童星”少儿才艺大赛获舞蹈类一等奖 1 个，二、三等奖各 2 名。 (郑慧娜)

【区音乐协会】 2013 年，区音乐协会协办婺城区竹马乡首届农民春晚、第三届茶花节开幕式文艺演出、婺城区第三届油菜花节开幕式文艺演出、婺城区第四届草根奖颁奖典礼、婺城区第四届中国仙源湖桂花节开幕式文艺演出、第四届中国仙源湖桂花节民俗踩街活动、唱响美丽村庄村歌大赛、美丽乡村现场会畲乡风情民俗展演等活动。协会主席陈彤、秘书长余伶俊、理事王红政、潘静等多次登台演唱、演奏，或担任评委工作。 (陈 彤)

【区摄影家协会】 协会本着“班子团结增合力，技能提高强服务”宗旨，围绕区委、区政府中心工作，积极创作，“出精品、出效益”，加大宣传力度，扩大宣传范围。通过外拍、影展、影赛等有关摄影的活动，丰富会员业余生活，提高摄影技术水平。

协会配合区委、区政府中心工作，完成区党代会、人代会、政协会、三干会、二运会等重大政治活动的资料拍摄和档案制作。

2013 年，婺城区摄影协会组织大中型摄影比赛、采风、创作等活动 20 余次。如油菜花节、茶花节桂花节、金西之春、双龙杯、仙源湖四季风光摄影等专题摄影比赛，取得圆满成功。并赴塔石乡、长山乡、蒋堂镇、下新宅、寺平村、项村、后溪河村、白竹村、郭店村、箬阳乡、婺城新区、九峰山等地摄影采风，创作摄影作品约 2 万幅。 (叶爱莲)

【区老干部摄影协会】 婺城区老干部摄影协会自 2007 年成立以来，围绕婺城区的中心工作，组织会员开展形式多样、内容丰富的摄影活动。在记录、宣传婺城区经济社会发展轨迹的同时，强化协会自身建设，吸收更多新鲜血液，会员从 37 人增至 64 人。其中，中国摄影家协会会员 3 人，省摄影家协会会员 12 人，市摄影家协会会员 27 人，中国老摄影家协会会员 10 人，中国民俗摄影协会会员 9 人。队伍不断壮大，摄影技术日益提高，会员们精神焕发、老当益壮，参加各项摄影活动，成绩斐然，真正实现了老有所学、老有所为、老有所乐的晚年生活。

7 月 16 日，完成第三届换届选举工作，大会讨论通过修改协会章程的报告，每届期限由 3 年改为 5 年；大会选举产生主席叶爱莲，副主席倪庚耀、潘志升、徐俊、陈彤，秘书长由潘志升兼任。1 月 23 日，婺城区老干部摄影协会金西经济开发区分会成立，大会选举主席喻金柏，副主席倪庚耀、徐宣真、徐建国，秘书长由倪庚耀兼任。

围绕婺城区中心工作，开展协会采风活动。组织会员参加婺城区、金西开发区举办的各种活动 17 次。1 月 23 日，赴鸽坞塔村送春联、写春联；3 月 9 日，参加“山花烂漫、美丽婺城”茶花节、油菜花节、桂花节启动仪式；3 月 29 日，参加鸽坞塔“三月三”活动；4 月 2 日，参加沙贩梧桐竹笋节；8 月 8 日，参加九峰水上乐园开园仪式；10 月 22 日，参加“丰子恺文化”主题展演；10 月 26 日，参加区第二庙民俗文化艺术节；11 月 9 日，参加由金华市老年体协、区老年体协主办的“金华市暨婺城区参加全国老年人健步大联动金华分会场”等各类采风活动。

参加白龙桥镇叶店、罗店镇后溪河、乾西乡湖头、汤溪镇厚大村等 14 处“文化礼堂、精神家园”重大活动采风 50 余次。为区政协出版古宗祠画册提供汤溪镇等 60 幅照片。参加由市宣传部主办的“同心共筑中国梦”全市老干部书画摄影作品展。参加由区摄影家协会、《今日婺城》、金西开发区组织的3次采风活动。开展区外采风活动5次。

通过组织学习和参赛等形式,增加学员的摄影知识,提高摄影技术水平。参加市摄影家协会于每月15日在江北地税局举行的摄影沙龙,听摄影知识讲座,选送摄影作品参加评比。每月20日,在江南“摄友汇”举行月会,举办2次摄影艺术讲座。12名学员参加市老年大学摄影班、PS班学习。

参加省体育大会、市特色农业、市文化礼堂、魅力金西、塔石风光、金西水上乐园、“寻芳仙源、人间醉美”仙源湖四季风光等比赛,荣获全国、省赛奖项9个,市、区赛奖项120余个。(倪庚耀)

【区诗词楹联学会】 1月10日,婺城区诗词楹联学会举办第二届迎春诗会,到会会员51名,每人朗诵诗词1~3首(阕),展示诗联书法作品19幅、画4帧、摄影作品2件,2名会员高唱毛主席诗词歌曲。

4月12日,组织会员到九峰水库、九峰温泉、莘畈水库电站、水厂、峙垅湖公园等地参访,收获大量写作素材。根据省诗联学会的新要求,重新选编会员作品,为《当代中华诗词集成·浙江卷》的编辑提供稿件,报送35名会员的845首(阕)诗词作品。

4月17日,组织会员参加新四军研究会组织的学习党的十八大报告会。会长杜时通先后作5次专题讲座,并以小组为单位,开展3次诗词楹联赏评活动。7月,杜时通的歌词《山茶树下》,在区茶花歌词征集中获鼓励奖。

受金西开发区管委会委托,完成《当代九峰诗联选》编辑、出版工作。全书收集76位作者的诗427首、词63阕、联70副。

8月6日,部分会员应邀为乾西乡湖头村“五廊”建设撰写联语,交付16副,湖头村筛选后刻录12副。10月14日,部分会员再次应邀去湖头村,帮助筹备文化艺术节的文化展示,开辟《诗阆词苑》专栏,刊出部分会员创作的诗、词、联20多首(阕、副)。

4月28日,举办纪念学会成立十周年活动,出版《学会会员十年诗联荟萃》和《学会成立十周年纪念册》。

学会有7个小组,每季度出一期诗折,编入诗、词、联约30首(阕、副),全年共出4期,全体会员发表作品800多首(阕、副)。《婺城诗联》(2013年卷),收入诗455首、词94阕、联115副、文12篇。

(杜时通)

【区丰子恺研究会】 10月22日,丰子恺研究会所在地、丰子恺祖籍地——汤溪镇黄堂前宅村“全德堂”举行丰子恺纪念亭落成及丰子恺先生诞辰115周年纪念活动。婺城区退休干部、丰子恺子女亲属、省内外文人宾客、汤溪镇丰姓五村干部群众,及区相关领导参加活动。

丰子恺纪念亭位于黄堂前宅村“全德堂”左侧,采用花岗岩修建,8根石柱落地,占地20多平方米,亭高7.3米,分2层,内空4.5米,柱上刻名家所送来楹联,壁上刻漫画,亭内雕塑丰子恺石像一座,整个工程壮观、优良。纪念亭造价22万元,其中一半为企业和个人捐助,5月初,工程动工修建,9月20日完工,为当地新农村建设添彩。

2013年是丰子恺诞辰115周年,婺城区丰子恺研究会编印《丰子恺纪念亭落成资料汇编》,表达人们对丰子恺先生的缅怀和景仰。(丰子寿)

【区民间文艺家协会】 婺城区民间文艺家协会有会员32人、理事会成员14人。

2013年,组织会员借助元旦、春节、“五一”、中秋、国庆等节日平台,结合自身艺术优势,参加舞龙、舞狮、剪纸、道情、根雕,及山歌演唱、竹民表演等民间文化活动,发挥民协会员的社会文化作用。

配合区委宣传部举办婺城区第二届民族文化艺术节活动,创作反映湖头民间文化传承和新农村建设成就的快板剧《湖头年年新景象》,在艺术节上演出,受到好评。

参与廉政文化、企业文化及农村文化礼堂建设等方面的文艺创作活动,取得一定的成绩。协会主席程明芝创作的小说《非常措施》获第三届中国廉政小小说大赛二等奖;反映企业文化建设的小品《倒计时》、故事《金玉泉》分别被正方集团、兰歌集团看好;反映婺城区交通人生活的小品《除夕夜》被选入文化部门的送文化下乡演出节目。为蒋堂镇开化村文化礼堂建设创作《开化之歌》的歌词,此歌成为婺城区首支村歌。

10月17日,在中国历史文化名村寺平村召开民协第二次代表大会,进行民协换届工作。

(程明芝)

金华市婺城区残疾人联合会

【概述】 婺城区残疾人联合会（简称残联），下设婺城区残疾人劳动就业服务所。区残联承担“代表、服务、管理”的职能：代表残疾人共同利益，维护残疾人合法权益，沟通政府、社会、残疾人之间的联系，动员社会理解、尊重、关心、帮助残疾人，团结教育残疾人发扬自尊、自信、自立、自强精神；开展残疾人康复、教育、培训、劳动就业、扶贫、文化体育、社会保障、无障碍设施建设等各项业务工作和活动，扶助残疾人平等参与社会生活，为残疾人提供服务；承担区政府委托的部分行政职能，发展和管理残疾人事业，承担区政府残疾人工作委员会的日常工作，负责对各类残疾人专门协会和团体进行指导、监督和管理。年末，区残联下辖22个乡镇（街道）残联、522个村（社区）残协，全区持证残疾人9852名。

【省级爱心城区创建“回头看”】 落实省扶残助残爱心城区创建回头看工作，开展婺城区扶残助残爱心单位评选，迎接省、市残工委复查。5月15日，召开全区创建省扶残助残爱心城区工作表彰大会，会议表彰了2010年以来在省扶残助残爱心城区创建工作中作出突出贡献的先进集体和先进个人，其中白龙桥镇人民政府、汤溪镇人民政府等15家乡镇（街道）、区机关部门获先进集体荣誉，袁俊平、李唯等20人获先进个人荣誉。11月，完成13个乡镇240户残疾人状况的入户监测。

【共享小康工程】 落实市残联下达的残疾人共享小康工程各项任务指标，切实改善残疾人生活条件和发展环境。实施残疾人共享小康工程，新增纳入基本生活保障工程残疾人145名，共计纳入基本生活保障残疾人1748名，其中低保补差人员704名、低收入1044名，各级财政补助资金471万元。审核、录入重度残疾人托安养工程280名，含18~60周岁二级持证重度精神残疾人扩面201名，共计纳入托安养残疾人672名，其中居家安养555名、集中托养117名，各级财政补助资金336万元。创建城西街道双龙社区、塔石乡、雅畈镇石楠塘村3个市级爱心家园。

实施无固定收入残疾人生活补助。根据省残联《关于印发〈浙江省无固定收入残疾人生活补贴实施意见（试行）的通知〉》精神，制定补助实施细则，明确实施对象、补贴标准、申领程序。5月，对全区符合条件的无固定收入残疾人进行全面摸查、统计，确定补助对象1311人，从2012年7月起，按每人每月100元的标准进行补助，补助资金220.32万元。

【康复工作】 组织康复工程筛查，筛查有适应指征对象2231名，完成508例残疾人康复工程任务，其中白内障复明手术280例，助视器验配20例、助听器验配122例、假肢安装20例、盲人定向行走训练66例；完成0~6周岁儿童抢救性康复30例，超额2例；发放精神病服药卡332例；全年补助资金194.5万元。开展基层康复服务，组织金华市人民医院、金华眼科医院分时分片为残疾人提供各类康复服务近2649人次。3月，由区残联和市人民医院、市眼科医院、西门子助听器验配中心专业医师组成服务队，分时分片开展残疾证办理、政策宣传咨询、康复筛查、就业创业指导等活动，服务2649人次，其中办理残疾鉴定267人次，康复筛查2170人次，残疾人种养殖业调查12户，就业咨询200人次。

【“爱心圆梦”助残行动】 根据市残联《关于开展“赶超发展，爱心圆梦”助残行动的通知》精神，开展残疾人需求情况调查。3月，联合金华市丽水商会对10名帮扶对象开展助残帮困慈善活动。5月，开展第五轮机关部门（单位）与贫困残疾人结对帮扶工作，57家区机关部门（单位）与58名残疾人结对帮扶，为帮扶对象提供就业信息、资金扶持，改善结

婺城区举行第23个助残日文艺汇演

对帮扶对象生产、生活条件。10 月,为 494 名残疾学生和贫困残疾人子女发放助学补助 15 万元。共计帮扶“爱心圆梦”助残对象 562 名。

选送 10 名残疾人工作者参加残疾人就业指导员远程培训,举办全省残疾人蓝莓种植、残疾人工作者及服务窗口工作人员手语、种养殖技术、面点制作等培训 312 人次。在城北街道、汤溪镇、白龙桥镇举办残疾人就业招聘洽谈会,邀请 40 多家企业,提供就业岗位 300 多个,组织 400 多名残疾人参加,近 100 名残疾人与企业初步达成就业意向。开展残疾人就业创业扶持,为 60 名残疾人申办省级就业创业扶持,发放补助金 23 万元;为 133 名新增规模以上种养殖大户、个体工商户、城镇个体就业养老保险补助户、个体就业贷款贴息户发放扶持资金 42 万元。全年为 113 名残疾人发放机动轮椅车燃油补贴 2.94 万元。对 5 个残疾人基地进行指导、培育,3 家基地通过市残联残疾人扶贫示范基地验收,1 家基地通过省级残疾人扶贫基地验收。全年发放残疾人就业扶持资金 67.94 万元,完成残疾人再就业 68 名,完成残保金征收 58.5 万元。

创建省级残疾人扶贫示范基地 1 家(塔石乡云中香榧专业合作社)、市级残疾人扶贫示范基地 3 家(白龙桥镇卫忠蓝莓专业合作社、雅畈镇万家羊业专业合作社、罗埠镇宏群工艺品厂)。9 月 18 日,成立全市首家残疾人种养业协会,吸收会员 34 名。

【扶贫救助】 全年走访慰问贫困残疾人 1629 人次,送去慰问金 45 万元,发放慰问品 600 份。实施残疾人安居及无障碍改造工程,对各乡镇上报的 92 户残疾人危房户进行调查摸底,分 2 个工作组上门审核确定安居工程户 55 户,完成验收并发放补助资金 54.2 万元。对各乡镇申报的无障碍改造家庭逐户筛查、审核,确定无障碍设施进家庭 26 户,安居宜居 75 户,全部完成验收,补助资金 25.4 万元。

【社会保障】 实施残疾人基本医疗保障政策,上报二级以上重度残疾人城乡居民社会医疗保险 3107 人,参加二级以上重度残疾人城乡居民社会养老保险 887 人,保险资金全部由政府承担。

【文体活动】 3 月,邀请省残疾人艺术团“五进”活动到塔石乡举办专场文艺汇演。5 月 15 日,作为“激情婺城”大型文化活动之一,举办庆祝第二十三个全国助残日“唱响幸福生活,共圆美丽梦想”的婺城区残疾人文艺汇演。创建市级残疾人文化体育健身基地 2 家(城西街道双龙社区残疾人体育健身基地、金华市启明学校残疾人文化艺术基地)。

【维权工作】 抓好《中华人民共和国残疾人保障法》《浙江省残疾人保障条例》及残疾人各项优惠政策的宣传、普及工作,增强残疾人法律意识和维权意识。做好残疾人信访维稳工作,全年无集体上访事件,接待来访 7 人,电话来访 36 人,信访处结率 100%。

【综合服务设施建设】 3 月,区残疾人综合服务中心主体工程基本完工。5 月,道路、水电等附属工程基本完工。10 月底,完成环卫、环保、绿化、规划、质检等竣工验收。11 月交付使用。后续工程档案存档、工程结算和申请审计工作全部完成。

【组织建设】 贯彻落实全区干部大会和全区深化作风建设大会精神,改进机关工作作风,提升残疾人工作者队伍素质。举办 3 期残疾人工作者及乡镇、街道残联理事长业务培训,完成 562 名残疾人专职委员培训。开展创优争先“三比”(深入基层比奉献,破解难题比成效,开拓进取比创新)活动,形成人人想干事、能干事、干成事的创优争先良好氛围。

(金　婷)

金华市婺城区红十字会

【概述】 婺城区红十字会围绕区委、区政府中心工作,依法履行红十字会职责,发扬“人道、博爱、奉献”红十字精神,结合本单位实际,克服困难,扎实工作,发挥政府人道领域助手作用,各项工作取得明显成效。

2013 年,区红十字会募得“红十字博爱公益基金”330 余万元,支出 255.48 万元。其中,助学活动 3 次 10.6 万元,助老活动 1 次 28.28 万元,助困活动1 次 8.6 万元;用于新农村建设项目 208 万元。开展”红十字博爱送万家”活动,为城中街道、箬阳乡 10 户经济特别困难家庭发放救助金 5000 元及总价值 2000 元的棉被。此外,金华越尔工艺品有限公司等 5

家公司捐款 18 万元，用于婺城区关爱妇女事业；金华捷特包装有限公司和金华汤溪齿轮有限公司捐款 20 万元，用于箬阳小学操场改造等设施的更新。开展庆"5·8"世界红十字日活动,在市区人民广场开展"初级现场救护培训"宣传活动,活动内容以现场心肺复苏演示为主,普及救护知识和技能,宣传红十字救护工作,提高群众自救互救意识。

【雅安地震捐款】 四川雅安 7.0 级地震发生后，区红十字会接到市红十字会指示,第一时间启动自然灾害应急救援预案一级响应,成立抗震救灾领导小组并及时向社会发布募捐呼吁。接收支援四川雅安地震灾区捐赠资金 42692 元，根据省红十字会文件要求全部汇往省红会作统筹安排。

【器官捐献工作】 3 月 22 日，区红十字会向社会发出"让生命更有意义"的倡议,动员更多的人加入器官捐献的行列。通过各种宣传途径,提高群众对器官捐献知识的知晓率,提高全区群众捐献器官的积极性,并完成 5 例器官捐献登记工作。

【救护员培训】 根据国务院《关于促进红十字事业发展的意见》,省委、省政府《关于加快发展红十字事业的意见》和省红十字会《关于切实加强现场救护培训工作的意见》文件要求,3 月,区红十字会向区政府办公室提出加强红十字救护培训工作的要求,并拟定 2013~2015 年救护培训工作计划。根据计划,对全区乡镇、街道、社区干部职工进行红十字救护员培训。内容包括现场心肺复苏、现场创伤救护(止血、包扎、固定、搬运)、常见急症现场救护(触电、急性中毒、烧烫伤等),经理论和实践操作考核合格后取得"红十字救护员证",1003 人取得红十字救护员证。 (邱苗涵)

金华市婺城区归国华侨联合会

【概述】 侨联是中国共产党领导的由归侨、侨眷组成的人民团体(全国八大团体之一),是党和政府联系广大归侨、侨眷、海外侨胞的桥梁和纽带,婺城区侨联按照"群众工作、参政议政、维护侨益、海外联谊"的工作要求,坚持以侨为本、为侨服务的宗旨,开展侨情调查工作,在"千名侨商进园区"工作上下功夫,推进社区"侨之家"创建、基层侨联组织建设和联谊服务工作,为侨服务迈出新步伐。

【组织建设】 5 月 16 日，区侨联召开二届二次全委会,会议回顾总结自 2010 年 6 月换届以来区侨联的工作,部署今后一个时期的工作。根据人事变动,会议选举新一任侨联主席,增补副主席,补选 10 位区侨联委员，为今后做好侨联工作奠定了基础。同时,完善区侨联会议、活动制度,建立侨联主席、副主席联系社区"侨之家"制度,开展正常活动。

【参政议政】 区侨界有市、区两级人大代表、政协委员 12 名。侨联组织侨界人大代表、政协委员开展"三进"活动,要求代表、委员深入基层,到农村、企业、社区开展调查研究,听取民声,收集民意,反映民求,发动他们撰写并提交提(议)案和社情民意,反映归侨、侨眷及留学生家属的意见和建议。市、区"两会"期间,参与大会组织的讨论发言,撰写提交提(议)案 19 件。

【送温暖活动】 1 月 24 日，婺城区侨联组织侨界人士到雅畈镇石楠塘村开展送温暖活动。侨界人士走访慰问 18 位 80 岁以上的老人，为他们每人送上 300 元慰问金和慰问品,祝愿老人们身体健康、生活快乐。还重点走访慰问 8 户特困户,为他们每户送上 500 元慰问金和慰问品。邀请 5 位书法家为村民书写春联,送去新春的祝福。本次活动送出慰问金和慰问品计 2 万元,书写对联 300 余幅。

【为侨服务】 区侨联积极为侨服务，提高侨务工作依法护侨的能力和水平。组织侨联班子成员学习市委办《关于加强新时期侨联工作的意见》,领会精神实质,开展宣传教育,引导侨联组织发挥作用。召开归侨侨眷、留学生家属座谈会 2 次,50 余人参加,广泛听取意见,增强侨务法治观念和依法护侨自觉性。利用社区"侨之家""侨法宣传角"阵地,宣传《中华人民共和国归侨侨眷权益保护法》及有关侨务政策法规,刊登侨法政策法规 12 期。为 4 户侨眷、侨胞提供服务,解决侨胞子女就读、留学生家属落实户口等实际困难,全年收到归侨、侨眷来信、来电 6 件,做到件件有落实、事事有回音。全年接待各地回乡探亲办事的华侨、华人、归侨侨眷、留学生及其家属 39 人次。 (施岳良)

金华市婺城区科学技术协会

【概述】 区科协围绕“科技服务经济，科普面向群众”要求，贯彻落实《全面科学素质行动计划纲要》，开展科普创建、科普宣传、科技示范与科普惠农系列服务等各项工作，拓宽科协工作视野与领域，增强科协工作活力和能力。

【科普宣传】 5月，区科协组织区农林、卫生、计生、疾控中心等部门在罗埠镇开展三下乡活动，为农民朋友提供政策咨询、技术指导、医疗卫生服务，带去农业新技术与新品种、计生知识、防震减灾和应急救援等宣传资料2000余份。

参加主题为“科技创新，美好生活”的金华市科技活动周，在市人民广场开展科技宣传、咨询活动，发放各类科普资料2500多份，接受市民咨询200余人次，受到市民普遍欢迎。

省科协党组副书记陈世权(左三)到中山路社区调研

【继续教育】 开展以物联网技术与应用为主要内容的专业技术人员继续教育培训，全区325名企事业单位专业技术人员和科技管理人员参加培训，统一考试，更新和拓展专业技术人员知识面，增强他们的创新能力。为评定、晋升职称做好服务工作。

【老科学家进校园】 9月24日，中科院老科学家科普演讲团成员李皓、金能强走进婺城小学、白龙桥小学、白龙桥实验中学与九峰职校，开展科普讲座。老科学家生动精彩的讲座开阔了师生人视野，普及科学知识，激发了同学的科技兴趣和求知欲。

【科普示范】 开展科普示范单位创建工作，白龙桥镇的金奥社区、华电新村社区被认定为省级科普示范单位，城中街道明月楼社区被评为省级优秀科普示范社区；城东街道桃园社区、城北街道站前社区被认定为市级科普示范社区。2013年，全区4家单位通过金华市农村科普示范基地验收，分别是金华市首联粮油专业合作社“甬优系列杂交水稻科普示范基地”、金华市加宝丽生态渔业有限公司“精品巨峰葡萄品种示范基地”、金华市新艳葡萄专业合作社“鲟鱼引种及繁育示范基地”、金华市益康真菌研究发展公司“灵芝种植科普示范基地”。科普示范单位建设促进了全区经济效益、社会效益和生态效益齐丰收。全区已创建国家级科普示范单位1家、省级科普示范单位16家、市级科普示范单位26家。竹马乡政府是婺城区首个科普示范创建乡镇，区政府拨出15万元专项经费用于创建工作，竹马乡政府出资3万元，分别在10个行政村新建10米的标准科普画廊，为创建工作打好基础。省级科普活动中心中山路社区利用科普活动中心场地、设备，开展以“共建和谐家园”“心理健康教育”“党建知识”为主题的科普讲座3场，300多名居民群众参加，既丰富了居民的科学知识，也促进了居民间的情感交流，收到良好的效果。在“六一”儿童节，组织80余名小朋友参观科普活动中心，体验科技的神奇。

【科普惠农】 全区有浙江采云间茶叶基地、安地镇桂花基地和乾西乡香葱基地3家科普惠农服务站。2013年，以科普惠农服务站为平台，向周边农民推广农村新技术、新品种15个；开展科技咨询培训会12次，参训2000余人；辐射带动农户1300户；帮助农民群众解决生产中遇到的技术难题，为其提供及时、有效、持续的科普服务，打造“农业科普联系点”。开展“金桥工程”申报工作，发挥项目实施单位的带动和辐射作用。全年市级“金桥工程”验收6项，项目涉及杜鹃花种植、无公害蔬菜栽培、棘胸蛙养殖、甲鱼生态养殖、蓝莓栽培、早熟翠冠梨种植等内容，为提升农村种植、养殖技术水平提供科技支持。

(何金峡)

婺城区婺剧促进会

【概述】 婺城区婺剧促进会注重机构设置，加强组织领导，促进会工作得到区委、区政府关怀和支持，每年拨款20万元，聘请1名专职工作人员，使促进会做到“三有”(办公场地、办公经费、专职人员)。2013年，促进会根据区委、区政府关于以建设文化强区为目标的要求，在省、市婺剧促进会指导下，把服务人民群众、传承婺剧事业、打造精品、提升品位作为工作重心，广开渠道，创新形式，发挥全区婺剧工作者和婺剧票友的积极性，助推婺剧传承与发展，促使婺剧这一瑰宝不断绽放光彩，在推动婺城文化事业大发展、大繁荣上作出积极的贡献。

【学生“触电”横店】 从2011年9月起，仙源湖实验学校本着发扬金华本土音乐文化的宗旨开展婺剧进校园活动，通过一系列婺剧教学活动，营造良好的婺剧文化氛围，培养了一批优秀的婺剧小演员。2013年，仙源湖实验学校婺剧社团的曾小雪和陈晶到东阳横店参加电视剧《喋血女人花》的拍摄。

【“婺剧进校园”试点幼儿园验收】 6月14日，婺城区开展“婺剧进校园”试点幼儿园验收活动，区婺剧促进会、教育局、文体局相关部门负责人组成的验收小组走进汤溪镇幼儿园、琅琊镇幼儿园、白龙桥镇蒲公英幼儿园、乾西乡育苗幼儿园4所婺剧试点幼儿园，对各幼儿园婺剧开展工作进行验收。试点幼儿园通过制作婺剧特色主题墙、开设婺剧兴趣班等形式，将婺剧文化渗透进每日教学，聘请浙江省婺剧团专业婺剧演员作指导，排演适合幼儿的婺剧精品节目，从中发掘优秀婺剧人才，掀起学婺剧、唱婺剧的热潮。

【机构设置】 7月15~18日，婺城区婺剧促进会罗店镇、蒋堂镇、安地镇分会相继成立，为婺城区婺剧发展带来新风。至年底，区婺剧促进会已成立11个乡镇分会。通过一系列活动，在全区形成“领导越来越重视，热心人士越来越多，氛围越来越浓，活动载体越来越丰富，影响越来越大”的婺剧事业发展局面。

7月27日，区婺剧促进会召开工作会议，总结一年来促进会工作，部署下半年工作重点，增补3位理事，乾西乡、竹马乡、雅畈镇等8个乡镇分会进行汇报交流。

【婺剧助阵桂花节】 为庆祝“山花烂漫·美丽婺城”之第五届桂花节系列活动，9月28日至30日，区委办邀请浙江婺剧艺术研究院送戏下乡到安地镇。3天专场演出吸引了众多当地群众，乃至外地观众，扩大了节庆活动在当地群众中的影响力，激发了普通群众的办节参与热情。

【区第二届民俗文化艺术节】 10月26日开始，乾西乡举办为期5天以“赏金华民俗文化、品婺州古今艺术”为主题的“婺城区第二届民俗文化艺术节”。区婺剧促进会组织11个乡镇(街道)派出代表队参加展演，连续上演三天三夜好戏。此次婺剧展演是迄今为止，促进会组织的规模最大的演出，节目超过30个，既有专业演员化妆、服装、道具全套上演的正本、折子戏，也有票友常服上台，独自开腔婺剧经典选段，形式丰富，内容精彩纷呈。

【区第三届中小学婺剧演唱大赛】 11月22日，由区委宣传部、婺剧促进会、教育局、文体局联合举办，区文化馆承办的婺城区第三届中小学婺剧演唱大赛在区政府会议中心隆重举行，全区16所中小学、幼儿园代表队，近300名中小学生献上一台婺剧盛宴。

本次大赛为各个学校和广大学生展示学校特色教育和婺剧教学成果风采提供了舞台。经过精彩角逐，实验中学教育集团代表队的婺剧独唱《见多少王孙公子把骏马乘》、仙源湖实验学校的原创婺歌《醉美仙源》、金师附小的折子戏《穆桂英——沙场练兵》、东市街小学的表演唱《迎皇妃》凭借优秀的演唱水平和出色的整体效果，获得一等奖；琅琊小学等5支代表队获二等奖；红湖路小学等7支代表队获三等奖。

【乳品大王入行戏剧界】 早在2004年，金华市伟业乳品有限公司董事长吴建双就试水戏剧界，创立伟业婺剧团，颇受老百姓欢迎。吴建双协助婺剧事业发展，是金华市戏曲家协会理事、婺城区婺剧促进会理事、区婺剧促进会蒋堂分会副会长。他将新剧团取名为“百姓”，誓以百姓为本，也与剧团“传承婺剧艺术，弘扬民族文化，丰富百姓生活，促进社会和谐”的宗旨相吻合。剧团投资 80 多万元,高薪聘请功底扎实的优秀人才,购置器材、服装、配饰。坚持高水准、高质量,仅一台充当舞台背景的电子显示屏设备就花费 20 万元。此后的每年,不包括器具维护费用,仅 46 名演职人员工资就达 250 万元。吴建双十分乐观,对剧团发展早有长期规划,他认为,任何民办剧团,都应该在怎么样留住人才上下功夫,自主培养一批人才,打好基础,并在演员水平和剧目编排上推陈出新。

(戴建东)

园 区

金华经济技术开发区

【概述】 2013年，是金华经济技术开发区整合提升、奋力赶超的重要一年。开发区贯彻落实中共金华市委、市政府工作部署，围绕“百姓富裕、浙中崛起”总目标，以“两区”整合为动力，振奋精神，锐意进取，奋发有为，各项工作扎实推进，经济社会发展态势良好。

2013年，开发区先后被评为全国电子商务十大示范园区、浙江新型城镇化(产城融合)示范区，荣获 首届浙江开发区特别贡献(产城融合)奖；在市级机关效能民主评议活动中，开发区管委会群众满意度名列政府部门第一；在市级机关部门年度综合考评中，开发区管委会被评为政府部门优秀单位。

【“两区”整合】 10月22日，按照市委、市政府战略部署，金华经济技术开发区和金西经济开发区成建制整合，成立新的金华经济技术开发区，实行“一块牌子、统一对外，一套班子、统筹管理”，管辖面积达253.86平方千米，下辖1个乡、3个镇、4个街道，集聚人口45万人。党工委、管委会迅速行动，全面部署，科学统筹，快速推进，30天完成管委会内设机构、下属事业单位干部和一般工作人员调整配备。加强与婺城区、市机关部门的工作对接，各项交接工作平稳有序推进。

【经济发展】 全年实现规上工业总产值529.33亿元，增长9.72%；财政总收入35亿元，增长11.23%；外贸进出口15.3亿美元，增长32%；完成全社会固定资产投资124.57亿元，同比增长27.49%；实际利用外资5578.71万美元，引进内资49.19亿元，浙(婺)商回归资金22.7亿元。工业经济集聚发展，完成“小上规”42家，培育规上工业企业232家。其中，产值超5亿元企业达14家；汽车及配件产业实现产值214亿元，增长15.49%。网络经济迅猛发展，实现线上交易额237亿元，增长14.73%。金华网络经济中心大楼竣工，新增网络经济企业100家。其中，重点项目37个。服务业提速发展，实现社会消费品零售总额81.7亿元，增长14.3%；实现批发零售业销售额214.17亿元，增长13.1%；完成“下升上”75家、“个转企”305家。农业生产稳步发展，实现粮食总产量4.6万吨；绿化苗木种植面积933.33公顷，实现销售额1.8亿元；实现畜禽养殖销售额7000万元；农民人均纯收入增长8%。旅游业快速发展，九峰温泉体验馆和九峰水上乐园相继开业，九峰山风景名胜区、寺平古村落等景点迎来旅游新高峰，全年累计接待游客突破170万人次。

【园区开发】 园区配套快速推进，加快新能源汽车产业园建设，现代大道和金星街南延工程完成部分污水管道施工；黄土丘陵综合开发二期区块水、电、路等配套基本完成；国土资源部低丘缓坡试点区块6条道路、4座桥梁动工兴建，基础设施建设全面推进。产业项目扎实推进，信和科技、宏昌电器等一批项目签约落地，蒙牛乳业、中国五矿等一批项目快速推进，宁能热电等25个项目开工，金徕镀膜等30个项目竣工，绿源关键零部件等23个项目投产。节约集约成效良好，签订8家企业低效用地转型升级协议，收回企业闲置用地31.1公顷，盘活存量用地36.6公顷。4家企业被评为市级“机器换人”示范企业、1家企业被评为市级“空间换地”示范企业。

【科技创新】 推进科技创新，培育高新技术企业18家(其中国家级7家)、高新技术研发中心15家、省级技术中心3家,引进大院名校技术转移中心9家,促成院校科技合作23项。承担各级科技计划项目94项(其中国家7项),6项科技成果获省市科技进步奖。狠抓知识产权工作。创省市名牌产品11个,开发区软件与信息服务业获浙江省首个服务业区域名牌。企业专利授权1009件,其中发明专利授权48件。高新园区成功创建省知识产权示范园区。加快高端人才集聚。1人入选国家“千人计划”,3人入选省“千人计划”,3人入选市第八批拔尖人才,5个项目入围“双龙计划”,9人通过“海外工程师”评审;2万平方米人才保障性住房顺利结顶。

【城乡建设】 征迁安置稳步推进,完成国土资源部低丘缓坡试点区块等土地征用325.8公顷;完成湖海塘区块农房拆迁490户、企业(单位)拆迁28家。金桂院南区266套公寓式安置房竣工,香桂院、苏桂院1596套公寓式安置房开工。交通路网逐步优化,实现道路等竣工项目132项,竣工及在建道路总长达36.8千米。李渔路优化工程竣工,宾虹西路优化工程和白汤下公路城市化改造三期工程实现主路面通车,一环路贯通工程完成总工程量的40%,打通五号路、四联路等断头路,完成6个主要堵点改造。“三改一拆”成效显著,拆除违法建筑面积72.8万平方米,完成旧住宅区改造3.08万平方米、旧厂区改造20.42万平方米、城中村改造22.57万平方米;做好拆违后“控、管、用”工作,平整土地16.99万平方米,绿化5.16万平方米,土地复垦复耕2.7万平方米。“三改一拆”工作得到省、市领导肯定。

【环境整治】 水环境治理有序推进,建立“河道长”制度,启动9个入江雨水口治理工程,推进“最差一条河”和“最美一条河”整治;开展整顿和规范采砂制砂专项行动,关停、拆除采砂制砂点30个;拆搬迁养殖场84家,关停、整顿污染企业15家。“五城四边三化”稳步推进。峙垅湖大坝和溢洪道景观整治、四顾屏公园提档改造稳步推进;峙垅湖东岸公园、植物园以及二环南路景观绿化带等一批绿化工程竣工。开展占道经营、“五小行业”、集镇等综合整治,配合全市做好国卫复审迎检、省级森林城市和国家园林城市创建等工作,城乡面貌逐步好转。节能减排工作有序推进,实现COD削减130.55吨,NH_3-N削减25.22吨,SO_2削减22.96吨,NOx削减4.69吨;规上工业万元产值能耗达50.9千克标煤,单位GDP能耗降低率、工业增加值能耗降低率达3.4%。

【社会事业】 教育工作稳步发展,丰子恺学校建成使用,湖海塘学校筹建扎实推进,汤溪初中风雨操场等建设稳步推进;中考上省一级重点高中分数线837人,占报考人数的34.7%;南苑中学、宾虹小学、东苑小学等一批学校的教育教学工作走在前列;中小学教师读书计划稳步实施,教师队伍素质稳步提升。社会事业全面推进,新增城镇就业人数6726人,失业人员再就业3915人,城乡居民医疗保险参保5.14万人;创建国家级基层群众自治示范社区1个;社区卫生服务站签约开展率达100%;建成居家养老服务照料中心(站)5家;完成省“二体会”围棋项目承办任务;追回劳动者工资745万元;新建职工文化中心5家,开发区被评为“浙江省和谐劳动关系先进组织”。加大“美丽乡村”建设力度,汤溪镇寺平、鸽坞塔等4个村被评为市级精品村,宅口村、节义村被评为市级秀美村,上镜、下新宅等26个村被评为市级洁美村。社会保持和谐稳定,保持严打高压态势,破获刑事案件2878起,刑事拘留826人,查处治安案件6873起,治安处罚1072人;开展“网格化管理、组团式服务”巩固深化年活动,群众上访批次、人数分别下降41%和35%,流动人口登记率达94%,矛盾纠纷化解率达96%;狠抓安全生产,安全生产死亡人数同比下降6.25%。

【自身建设】 加强党建工作,开展“五星争创”,实施基层党组织“星级提升”工程;开展“全科干部、全心服务”主题实践活动,提升乡镇(街道)干部能力水平;探索“青春党建”“巾帼党建”“网络党建”工作,成立全市首家网络经济产业党委;完成村级组织换届选举工作。开展“正风提效促赶超”活动,执行中央“八项规定”、省委“28条办法”和市委“25条意见”,制定开发区“十五个严禁”,用制度约束权力,改进作风。开展领导干部走访重点企业和走访行政村(社区)、农户活动,解决企业难题74个,解决群众困难问题1383个。完成行政服务中心改造,清理规范审批事项,使审批效率提速61%;开通“8890”服务热线,办结群众诉求735件;开展效能明察暗访和会风会纪督察 41 次，通报批评单位 10 个、干部12 人。加强廉政风险防控体系建设，强化工程项目等招投标管理，完成工程交易项目招投标 59 项，节约资金 5744 万元；完成审计项目 21 项，核减工程造价 1710 万元；推进村级便民服务和“三务”公开平台建设，创建省级示范服务中心 7 个；查办违法违纪案件 26 件，结案 15 件，查处党员干部 19 人。

（陆庆丰）

婺城新城区

【概述】 婺城新城区是金华中心城市的副中心，是婺城区新的政治、经济、商业中心。新城区响应“浙中崛起、赶超发展”的号召，按照三个建设提升年的要求，以推进 50 亿投资建设为重点，以强化作风建设为抓手，以加快政策处理为突破，统一思想，上下合力，咬定目标，攻坚克难，招商引资、项目建设、政策处理、优化服务等开发建设各项工作取得一定成效。

【经济指标】 全年完成工业总产值 192.86 亿元，同比增长 13.99%。其中，规上工业产值 95.72 亿元，同比增长 9.47%；完成规上新产品产值 52.37 亿元，同比增长 12.83%；完成工业投入 19.87 亿元，同比增长 20.98%；完成财政收入 6.43 亿元，同比增长 8.09%；完成进出口总额 3.25 亿美元，同比增长 16.25%。

【招商引资】 把招商引资作为一号工程，创新招商举措，强化招商力度，招商工作取得突破。2013 年，引进内资 17.45 亿元，同比增长 9%；引进海润置业、新宇置业等一批浙（婺）商回归项目，引进浙（婺）商回归资金 5.12 亿元，完成区下达的任务。签约项目 8 个，总投资近 6 亿元。

【技改创新】 初步培育了汽摩配、五金工量具、新型建材等传统制造业体系，涌现出万里扬、巨龙管业、莱恩农装、豪庭家具、信阳实业等一大批成长型企业，并相继设立研发中心。莱恩动力自主研发了国际领先的 120 马力农业装备专用柴油机新产品。在“腾笼换鸟”“机器换人”“个转企”“小上规”等工作上，取得阶段性成效。

【清闲促产】 定期召开清闲促产专项工作会议，部署清闲促产工作，在完成前期调查摸底的基础上，分成 3 个工作小组，按照各自职能展开工作，完成佑泰新能源土地收回协议。海丰实业、金鹰汽配、耐司康药业等企业在谈判中。

【工业项目】 列入省、市、区重点和列入“双千亿投资”工业项目 23 个，开工 15 家，竣工 7 家，投产 4 家。浩翔汽配 4 幢厂房 1.8 万平方米竣工，正在进行设备安装；赛神实业完成 2.6 万平方米厂房桩基工程，地梁正在施工；禾为工贸完成 1.6 万平方米钢结构主体工程，4000 平方米办公楼和宿舍楼主体结顶；时通电器完成场地平整，围墙正在构筑；康灵电器一期 3 幢厂房 2 万平方米和 2 幢宿舍楼结顶；永乐工艺和大象工具进场开工建设。万里扬完成 3、5 号厂房 3.7 万平方米建设，4、6 号厂房 4.8 万平方米正在进行钢结构主体施工，1 号研发大楼 6100 平方米结顶；红牌电器、婺阳动力、创大实业项目完成土建和设备安装调试，已试投产；红树林服饰项目宿舍楼完成建设；莱恩高速插秧机项目完成政策处理，正在地块平整和围墙构筑；八达服饰建成投产。

【商服项目】 环中轴景观商业核心圈是市政府重点培育的五大商圈之一，已布局 10 个重点商业服务业项目。婺州城市广场二期商业 7 万平方米店铺完成内外装修和交房，3 栋高层基本完成外装修。配套的浙中乐园项目基本建成；伟达·雷迪森酒店完成外装修，内装修正在进行中，外围道路等附属设施正在建设，工作人员正在培训；尚格酒店、怡景商务大楼、凯得商务大楼、新宇宏腾生活广场完成主体结顶，正在内外装修；巨龙腾达湾、瑞唐国际二期、金华银行在建。浙中信息产业园一期科创大厦投入使用，合丰科技和云安阁 2 个项目设计方案通过评审。新城区中心综合区续建、新建楼盘 11 个，加上城北蓝湾上林苑、尖枫邑墅、上城锦苑 3 个在建楼盘，全年累计结顶商品房 25 万平方米。

【城北三产】 原中豪工贸地块建设的文化创意产业园，已成为金带街标志性建筑，吸引多家文化创意企业入园。原汇盈工艺地块建设的电子商务创业园，吸引 40 多家电子商务企业入园。城北邻里中心暨香水湾国际商娱中心进展顺利，主体工程完工。东方前城汽车服务一条街等主题商业街初具规模。名田服饰、兴华皮件等工厂直营店投入使用。

【公建项目】 总投资2.1亿元的二环西路贯通工程完成全部桥梁桩基、160根桥梁立柱,以及全部管道施工;总投资2.15亿元的马海畈城防工程筱溪段完成500米堤坝基础工程,东俞段正在落实政策处理工作;总投资1.6亿元的婺城区人民医院项目有序推进;总投资8.6亿元的330国道改造工程启动;总投资1.6亿元的公安应急指挥中心基本完成土方开挖和桩基工程。区残疾人服务中心、金华市水上指挥中心投入使用;婺城区人才公寓项目完成方案评审。荣光国际学校、婺州外国语学校、区消防大队,以及中心综合区和临江分区垃圾中转站、公厕等项目完成选址。

新城区中心区域

【基础设施】 2013年度婺城新城区政府性投资项目安排21个。其中预备类项目6个,项目总投资3.65亿元,全年实际完成基础设施投资5800万元。中心综合区宾虹西路拓宽工程完成主车道通车;婺州城市广场10KV配套线路工程、虹路开闭所基本完成土建工程。完成部分道路人行道铺装和景观绿化工程。完成宾虹西路330国道以西段、临江东路的大修工程。临江分区完成大岩路延伸段工程、通溪路延伸工程、二期人行道工程,完成规划十四号路、广源路、西堰街的招标。栅川分区完成一号路、七号路、5家企业土方平整工程;洞溪分区石门路Ⅱ标完成沥青浇筑,Ⅰ标完成70%的工程量。城北综合区完成康村西侧道路、龙翔北街、二环北路维修、玉壶街人行道等工程建设。白龙桥老镇区完成长安街改造工程、二号路沥青施工以及马海路路灯安装并亮化。乾西乡基本完成工贸街改造。

【征迁工作】 完成临江分区时通电器等6家企业,栅川分区永乐工艺等5家企业,洞溪分区康灵,旺达2家企业和行政中心区块公安应急指挥中心、巨龙置业,5.73公顷出让地块,以及乾西湖头地块、城北特教中心、广天7.73公顷地块政策处理工作;完成巨龙集团焊接材料厂拆迁;完成屠宰场搬迁评估和搬迁协议签订;完成临江峰琳地块收回的评估和补偿;完成城北高峰管业"退二进三"地块的资产评估。马海畈城防工程、宾虹西路拓宽工程、五监污水管线工程、意谐房产等政策处理正在进行。研讨330国道拓宽征地和农房拆迁补偿方案,为项目具体实施做好政策保障。

【环境整治】 协调理顺污水处理厂关系,开展污水干管排查和整改,与临江分区64家企业签订污水纳管和收费协议。开展非法采砂专项整治活动。8月底,完成新城区范围的砂石加工单位关停工作。

【优化服务】 贯彻市、区作风建设大会精神,结合市、区"百日服务"活动,把作风建设和重点项目推进一起抓。对25个在建和技改工业项目,22个商业服务业、公建项目和34个基础设施项目,进行全程跟踪服务,明确责任和工作目标,定期督查汇报,要求全体机关工作人员深入乡镇,深入工地,情况在一线掌握,问题在一线协调,作风在一线转变,满意度在一线提高。完成16个项目供地、面积49.27公顷。其中,公建用地7宗24.93公顷;工业用地3宗5.13公顷;经营性用地6宗19.2公顷。批准1个农转用批次,涉及5个地块3.8公顷;上报1个地块(计划指标)2.67公顷;增减挂钩1个地块1.27公顷。完成用地出让9宗25.7公顷。其中,工业4宗7.7公顷;经营性5宗18公顷。完成项目土地预审6个17.87公顷;收回土地13.31公顷。

加强与各金融机构的沟通、联系和协调,争取信贷资金支持。2013年,分别与工行、金华银行、宁波银行,以及农行、建行、中行等银行洽谈。其中,工行3亿元贷款已获审批,金华银行7000万元贷款到位2000万元;宁波银行2亿元贷款项目已到位1.5

亿元。全年新增贷款4.2亿元,归还贷款1.44亿元,归还各类借款8300万元,基本保证收支平衡。同时,积极解决历史遗留问题,怡景公司归还本金及利息469万元;退还预收中奥置业和立本实业有限公司的保证金各1000万元及相关的利息;解决青年汽车、万里扬集团长山征地等历史遗留问题。

协调恒瑞房地产股东矛盾,确保项目正常建设;收回城北广天地块土地使用权,准备重新出让;协调麦特尔车业资金链断裂引发的不稳定现象,防止事态扩大,化解工人工资等矛盾纠纷;做好污水处理厂有关问题协调工作,确保污水处理厂正常运行。同时,做好失地农民保险,解决历史遗留问题,使686人按原标准参保。 (戴增贵)

双龙风景名胜区

【概述】 双龙风景区是国家级风景名胜区、首批国家AAAA级旅游区、国家森林公园、国家非物质文化遗产地和首批全国低碳国土实验区。根据双龙风景区是金华旅游发展重地,是待深度开发的旅游宝地,是做大做强金华旅游的主战场和重中之重的目标定位,按照“漫步尖峰山、参禅智者寺、观景双龙洞、祈福黄大仙、避暑浙中凉都”的精品游线,完善一体化开发建设规划,实现金华山旅游整合提升,打造集佛教、道教、儒教于一体的宗教文化旅游基地和旅游、休闲、度假胜地,推广“双龙胜景、大仙圣地、禅学中心、浙中凉都、霞客文化”等特色旅游品牌。双龙景区坚持突出创建文明景区、谋求经济发展、维护社会稳定三大主题,推进“四个文明”全面协调发展,形成经济和社会各项事业齐头并进的良好局面。全年接待各地游客160多万人次,门票经营收入3000余万元,同比分别增长6%、7.5%。

2013年,成功注册龙型商标,取得国家工商行政管理总局商标局正式颁发的龙型商标注册证书。景区被国家标准化管理委员会确定为国家级服务业标准化试点单位,被中国风景名胜区协会和中国登山协会授予“中国健身名山”“中国登山协会登山训练基地”称号。

【文化旅游活动】 丰富旅游文化内涵,打造特色旅游产品,加大对景区促销宣传力度,提升景区社会知名度。金华山儒、释、道三教文化积淀非常深厚,可以依托黄大仙祖宫,深度挖掘道教文化,形成以和谐为主题的道教文化景观区;依托鹿田书院,深度挖掘儒家文化,构建儒家文化展示平台;依托智者寺,深度挖掘道家文化,开拓民俗文化旅游市场,延伸双龙景区旅游产业链。双龙风景区先后举办金华山记忆(双龙洞·同船渡)爱你一生一世爱情文化活动、长三角百家旅行社双龙行暨百家旅游机构走进双龙体验智能之旅活动、第三个中国“5·19”旅游日活动、金华山徐霞客古道开走仪式、“缘来你也在这里”微博照片征集暨转发活动、第九届“双龙之夏”文化旅游活动暨第二届金华山养生避暑活动、“爱你一生一世”七夕节爱情自驾双龙行活动、中国健身名山登山赛——金华山站比赛等文化旅游活动。

【重点工程】 智者寺是双龙风景区佛教代表性景观,始建于南朝梁代,距今有1480多年历史,曾是敕建大寺、江南名刹。完成一期项目大雄宝殿、方丈院、五官堂、僧房、库房、云水堂的主体建设。9月,启动二期项目建设,有七宝莲池广场、天王殿、角楼、钟鼓楼、藏经阁、伽蓝殿(客堂)、祖师殿(流通)、西方三圣殿、监院、博物馆、大慧堂、茶苑(禅堂)等建筑。尖峰山休闲公园提档扩建列为金华市2013年十大民生实事,9月上旬实施一期工程,12月完工并投入使用,包括入口迎客山门及管理房、生态公厕、入口处游步道建设及沿线改造、游步道沿线休闲项目建设。

5月18日,徐霞客古道开走仪式

【配套工程建设】 完成双龙风景区旅游信息咨询中心附房及配电房建设，完成霞客古道二期建设，包括旅游公厕、白路下一期牌坊段道路改造、羊甲山支线及沿线景观建设。完成鹿田水库渗漏点灌浆补漏工程及验收，确保水库大坝安全。实施景区旅游设施提档改造，完成桃源洞内电力、通信线路改造，二仙洞游步道(栈道)维修，金华观、冰壶轩和黄大仙祖宫维修，包括洞前至朝真山庄公路沿线绿化布置。

【景区规划】 制定环鹿田水库景观带规划，建设高品位、高标的环鹿湖慢生活体验带。完善双龙风景区游客服务中心和换乘中心项目建设规划编制，上报市政府请求明确规划选址和落实土地指标等事宜，项目被列入市重点投资建设项目预排项目。黄大仙景区详规上报住建部审批。风景区参与尖峰山高尚生活区建设指挥部有关工作，完成罗店千年风情小镇前期策划。

【拓展市场】 加强与杭州文广集团西湖之声、浙江交通之声和长三角区域45家媒体、省内外旅行社、市内外有关单位的战略合作，编制《2013年双龙风景区营销宣传推广方案》。与上海、温州、宁波等地知名旅行社签订游线共组合作协议，开拓新的旅游线路，创建游线共组、利益共享的营销机制。与"同程网""贝竹"等知名媒体、网站合作，扩大景区门票网络销售。利用各种旅游交易会，挖掘江苏、上海、温州等周边地区散客市场，组织接待温州、上海、台州等地5个千人团。拓展长沙、株洲、湘潭等新兴市场。

【黄大仙文化研究会】 以多种方式保护、传承、弘扬黄大仙文化，编撰《中华黄大仙文化》，完成文字初稿。启用中华黄大仙文化网站，加强对外交流与联络，搭建黄大仙文化交流平台。8月16日，召开金华黄大仙文化研究会第二次理事会，研究部署三年工作计划。

【综合治理】 推进"五水共治""三改一拆"，对景区"破坏植被山体面貌乱、违章建房环境乱、乱扔乱排卫生乱、乱堆乱摆秩序乱、乱涂乱画形象乱"等"五乱"现象进行集中整治。全年拆除各类违法建(构)筑物5万平方米。强化内部制度建设，规范内部管理，加强高温天气旅游接待服务与管理工作，加强对村民自备营运车、停车场收费等旅游经营秩序的教育引导与管理，开展社会治安综合治理，做好安全生产各项工作。 (王一鸥)

仙源湖旅游度假区

【概述】 金华仙源湖旅游度假区是2002年1月经浙江省人民政府批准设立的第12个省级旅游度假区。度假区面积9.8平方千米，以生态、自然、健康为主导，融山水、自然、人文景观于一体，分为风景旅游观光区、休闲度假区、安地古镇区三部分。度假区区位优势突出，距金华市区不到10千米，是省内距市区最近的城郊湖山型生态旅游度假区。

2013年是仙源湖打响"清旧账，立新功"战役的攻坚之年，是度假区加快实现"十二五"目标任务的关键一年。度假区坚持以党的十八大精神和中央经济工作会议精神为指导，贯彻落实全区干部大会精神，落实科学发展观，围绕区委、区政府年初确定的目标任务，上下齐心协力，团结拼搏，攻坚破难，完善基础设施和旅游设施建设，推进美丽乡村旅游，加大招商引资力度，打造度假区核心旅游产品，确保仙源湖经济保持平稳、健康的发展态势。

2月27日，召开仙源湖干部大会

【经济运行态势】 完成区政府资金统筹安排任务，引进内资1亿元，完成任务的125%；引进外资

50 万美元,完成任务的 100%。累计接待游客 48.02 万人次,同比增长 14.3%。其中,过夜游客 4.52 万人次,同比增长 15.3%。实现旅游总收入 5612 万元,同比增长 13.2%。其中,门票收入 1822 万元,同比增长 12.66%。仙源湖生态休闲旅游逐步成为度假区重要产业支撑。

【启动规划扩容】 做好首期区块控规修编,为完善首期区块整体开发明确方向,委托浙江悦景旅游规划设计有限公司编制度假区提质扩容规划。将度假区由 9.8 平方千米扩容到 48 平方千米,增强度假区发展后劲。实施梅溪及两岸改造提升工程,整合串联市体育中心、石门农场(万象花卉)、四顾屏山、雅畈古建筑群、金华斗牛民俗活动场馆等旅游景点,把仙源湖度假区打造成大南山旅游开发的核心区。

【基础设施】 投入资金 3000 万元,完善度假区道路桥梁、水电排污管网及绿化配套等基础设施;投入 300 余万元,完成首期区块东周支线迁改工程;启动总投资 4800 余万元的 10KV 双回路供电工程,满足首期区块生态住宅区及旅游项目用电负荷,已完成设计招投标和线形设计等工作;推进桂花街、仙福路由于政策处理原因未能按时完工的工程;完成仙源湖实验学校附属工程、双仙桥工程验收与审计,做好十景桥段河底清障及防洪堤挡土墙建设,修复广场街和香溪西侧道路破损窨井盖。

【招商引资】 在宁波“两会一谈”上与浙江顺宇文化旅游发展有限公司签订“金华乐园”(暂名)户外拓展项目招商意向书(该项目已申报“婺商回归”项目),实现旅游核心项目招商引资新突破。项目总投资 5 亿元,用地面积 13.33 公顷,分二期实施,规划建成集青少年户外拓展训练及科普教育基地、儿童娱乐设施、养生休闲度假等项目于一体的大型户外拓展基地。项目立项已完成,政策处理工作正在有序进行。签约引进香溪玫瑰园会所项目,到位资金 1500 余万元,主体工程完成过半;签约引进仙源湖旅游配套设施(一期)、仙草苑养生会所(二期)、嘉年华乐园等旅游项目。

【旅游重点项目】 开展“清旧账,立新功”攻坚克难竞赛活动,扫清安地镇南 15.47 公顷、开源三期、“57 亩”等区块政策处理遗留问题,推进金华市水上运动中心项目、金华乐园政策处理及项目前期工作。省重点项目“金华市水上运动中心”(暂名)完成苗木评估、土地丈量,苗木搬迁完成 80%,进入出让程序,项目于 12 月 20 日正式开工建设。喜曼安地度假酒店、仙源湖旅游配套设施(一期)项目(桂花山庄)等旅游及配套项目基建工程有序进行。总投资550 万元的金华动物园水族馆(一期)海狮表演馆,于中秋节前正式建成营业;总投资 3000 万元的仙草苑养生会所项目主体工程完工,进入装修阶段。启动环仙源湖公路及山地自行车赛道项目前期包装工作;配合做好市政府“金华假日公园——安地水库大坝”的金华市绿道示范段新建工程。加快推进生态住宅项目建设,度假区 7 个房产项目总投资 37.63 亿元,已完成投入 12.87 亿元,首期区块开发建设雏形基本形成。其中,三胜·仙源欧境项目总投资 4 亿元,全部出售并交付;三联·桂语山居当年投资 3.5 亿元,基本完成 1-16 号生态住宅楼内外墙粉刷,项目一期已基本售罄,二期已开盘;开源·香溪玫瑰园,当年投入 2 亿元,一期已售罄,二期已结顶;金海·双溪源一期基本售罄,二期建设有序进行,当年投入 2819 万元;五合·枫丹丽舍于 1 月初进场施工,已投资 1.8 亿元,完成东边工程二层以上基础建设;玄元·南山郡一期投入 3000 万元开工建设;康盛·问桂居开工建设。

【美丽乡村旅游】 完善仙源湖度假区服务中心、小同村服务中心、仙源湖度假区管委会咨询点、金华动物园游客咨询点等综合服务设施。推进安地、项村、郑宅、山道、小同等村的农家乐宾馆建设力度,累计发放 30 余万元补助经费。度假区与上海君惟国际旅行社有限公司、欢天喜地国际旅行社、太平洋旅行社签订长期合作意向,区外客源市场进一步扩大。度假区内有农家乐 32 家,提供住宿的有 16 家,床位 385 张。其中,三星级 15 家,二星级 6 家,从业人员有 300 余名。累计投资 4000 多万元,建成省级特色旅游村 3 个(小同村、郑二村、项村)、农家乐市级特色点 4 个(小九寨、龙溪漂流、仙峡山庄、仙源山农庄·铁皮石斛种植基地),可同时接待 2000~3000 人次就餐。除金华周边县市的游客,还有嘉兴、宁波、上海、江苏等地的游客慕名而来。

【宣传营销】 度假区投入 332 万元用于宣传营

销工作,委托设计仙源湖度假区网站,重新制作宣传手册、广告牌、礼品等。主要领导带队参加湖南旅交会、云南国际旅交会、上海美丽乡村游交流会、宁波“两会一谈”等省内外各种旅游论坛,加大宣传推介,学习借鉴各地开发建设经验。按照中央关于“节俭办节”的规定,搭建活动平台,引导入园企业“唱戏”。9月28日~30日,举办第五届中国仙源湖桂花节,在延续节庆的人气、商气的同时,凝聚园内企业的向心力,提升婺城和仙源湖度假区的知名度与美誉度。邀请金华电视台《20分可乐》剧组到度假区取景,协助拍摄全市村级组织换届选举宣传片《茶花村选举记》,创新宣传方式,扩大宣传受众面。

(徐　慧)

浙中信息产业园区

【概述】 2013年,浙中信息产业园区(以下简称园区)响应市委、市政府把网络经济作为推进城市转型升级与经济转型升级“双轮驱动”,实现产城联动发展的“一号产业”来抓的号召,在巩固“一区多园”发展成果的基础上,继续拓展空间布局,推进项目招商引资,优化产业服务体系,探索创新发展模式,取得一定的成效和进展。

2013年,婺城区获评“浙江省首批电子商务示范县(市、区)”称号。

【基地建设】 园区引进企业31家,淘汰22家,在园企业158家,全年交易额突破15亿元。全年招商引资9000万元,同比增长9.1%,完成全年目标的112.5%。其中,浙(婺)商回归资金3250万元,完成全年目标的130%。

金华电子商务创业园形成“一个主园、两个分园(海信分园、网商一条街)”的发展格局,利用闲置物业改造的办公仓储面积4万平方米,入园企业78家,吸收就业800余人,全年交易额超12亿元。园区培育单品销售排名淘宝网前十名的公司5家,其中“佳钓尼”钓具销售全网排名第一;在第四届中国(北京)电子商务博览会上,园区运营商——浙江电商信息科技有限公司被评为2013年度十大电商全托管及代运营服务商。全区电商服务体系基本形成,集聚效应初步显现,金华电子商务创业园成为市区唯一一个专业化的电子商务公共服务平台。

婺星产业基地合丰服务外包产业园项目、“云安阁舆情云监测平台”项目各占地1.33公顷,基本完成开工前准备工作。

浙中信息产业园区大楼

【产业规划】 园区根据婺城区信息产业总体规划思路以及当前发展实际,坚持以“小集聚”带动“大集聚”的思路,整合现有资源拓展产业基地,提出在西、北二环路沿线“构筑网络经济集聚区”的设想,并被纳入《金华市区网络经济空间布局与发展规划(征求意见稿)》,即依托浙江师范大学,沿西、北二环两侧分布,打造区域面积约10平方千米的互联网产业集聚区。重点发展电子商务、软件与信息服务、文化创意等产业,成为市区网络经济“一城、一区、多园、多点”空间布局中重要的“一区”。

金华电子商务创业园与婺州城市广场开发商恒瑞房产签订战略合作协议,将整合包括昆仑大厦5至22层的办公楼以及地下停车场在内的5万平方米物业,按照园区方式统一运营,满足入园企业办公、仓储的物业需求。同时,以竞争性的方式引导一部分来自杭嘉湖、宁绍等地区的网络经济企业,以及全国知名、成长性好、资源占用少的网络经济品牌企业入驻。

【招商引“智”】 园区创新招商体制机制,通过“走出去、引进来”的方式,稳步推进招商引资工作。园区管委会多次组织赴上海、苏州、杭州、厦门等地进行招商考察,与恒生科技园、博济科技园等园区开发商洽谈婺星基地开发合作事宜，招商引进厦门泰立科技、浙江给力游等10余家优质网络企业。同时，通过加强对外宣传，吸引省内外企业、机构来园考察调研60余批次，开展“婺州英才驿家”各类沙龙活动10余次，与各级政府部门、园区运营商及各类企业进行全方位沟通，从中挖掘、吸引一批意向企业与项目。其中，推荐并协助吴锡东、朱志威、李华3位高层次人才申报金华市“双龙计划”，其中李华项目成功入选；吸引融创天下、奥兰多生物科技等2个金华市海内外英才项目落户婺城区。

【优化服务】 园区建立“月月读”“每周一课”等制度，加强网络经济知识学习，转变管委会工作人员服务观念。开展“下基地、入企业、解难题”活动，走访网络企业80余家，发放调查表111份，帮助企业协调难题20余个；利用网站、QQ群、网上协同系统等平台在线发布各项扶持政策，实现园企互动和动态管理；为园区企业争取市、区各类扶持资金近千万元，协助云安阁、合丰2个项目申报2014年省服务业重大项目。

【党建】 5月9日，中共浙中信息产业园区委员会正式成立，并根据园区实际陆续建立3个党支部，有正式党员53人。在规范阵地建设的基础上，园区党委探索以理论学习会、建言建策会、沟通会和素质提升课为主要内容的新“三会一课”制度，围绕产业发展、项目合作、技术创新等方面开展活动。其中，以新华创新基地党支部为试点，依托其专业人才优势推进党建信息化水平，实现园区党员个人信息电子化、党务交流信息化、党务文件精神学习无纸化。

（钱　康）

法　治

公　安

金华市婺城公安分局

【概述】 金华市公安局婺城分局(以下简称“分局”)是金华市公安局下属3个分局之一,系2001年市区区划调整后,由原金华市公安局江北分局与金华县公安局的一部分组建而成,局址位于金华市区环城西路2888号。2013年,辖区总面积1,391.24平方千米,有17个乡镇、5个街道,及婺城新城区、金西开发区、双龙风景区和仙源湖度假区,户籍人口38.15万人(区属),登记流动人口12万人。分局内设政治处、办公室等职能科室、大队16个,派出机构13个;实有民警476名,其中派出所民警277人,占58.19%(2013年11月,有2个派出所22位民警划归江南公安分局管理);协辅警499人。

2013年,婺城公安分局立刑事案件7473起,破案3215起,同比上升10.61%;全区案件总警情为20614起,同比下降27.69%,其中侵财警情9628起。年内10起命案全部及时侦破,摧毁黑恶势力团伙15个。侦破的“8·30”网上制售假药案受到公安部通令嘉奖;侦破“姚道胜等人组织、介绍妇女卖淫系列案件”专案组荣立集体三等功。分局被省人民政府授予浙江省“文明单位”称号;连续10年被评为全省公安机关执法质量优秀单位,并被评为市公安工作综合考评先进单位和区岗位目标责任制考核先进单位。在全市公安机关年度执法质量考评中取得第一名。因执法工作成绩突出,分局被省公安厅记集体二等功,城中派出所被评为全省公安机关执法示范单位。

【“一点通”警务管理系统】 确立“以信息化为驱动力,加快实现警务现代化,推动公安工作转型升级”的中长期发展目标,推进科技创新、机制创新、成果创新。有机融合地理信息技术、“大数据”理论和基层需求,完善“一点通”警务管理系统功能。2月,“一点通”警务管理系统在全市公安机关推广,12月,部分功能在全省公安机关运用,截至12月底,“一点通”系统已与32个业务系统实现对接,与9家GPS运营公司以及686家出租车、租赁车公司达成数据接入协议。通过基础工作,采集了ATM机、公用电话等首批10种社会信息,虚拟建房12.25万栋、房间37.66万间,录入建筑物照片6.89万张,关联人口50.49万人,纳入系统管理的单位有5867家,定位案件3.12万件。系统常量数据已达11.6亿条,总访问量达到81.87万次,是上年底的1.73倍。分局先后在金华智慧城市试点工作推进会、全省公安机关纪念“枫桥经验”50周年理论研讨会、大数据应用公安部重点实验室申报项目评审会等较高规格会议上介绍系统建设情况,《人民公安》杂志、《公安内参》刊发经验做法,分局被金华市公安局、婺城区政府记集体三等功。年内,省内外29家兄弟单位来分局考察交流。

【国保基层基础规范化建设】 分局紧跟形势变化,通过打造专业队伍、完善运行机制、建立数字化工作平台,开展国保基层基础规范化建设,提升维护社会政治稳定、反恐处突的能力,工作经验在全省公安机关推广。2013年,分局在公安部相关会议上介绍经验,并被确定为公安部国保局调研联系点。12月,国保局领导专程到婺城调研,充分肯定分局做法，要求进一步加强和改进工作，力争在全国国保战线推广。

全年上报国保情报信息651期，分别被市局、省厅采用523期、395期。做好特殊群体稳控工作，做到早发现、早预警、早处置。统筹网上、网下两个战场，抓好舆情导控工作。年内，上报舆情信息591篇，分别被市局、省厅、公安部采用574篇、106篇、6篇。

【维稳工作】 坚持把维护稳定作为第一责任，延伸触角，主动介入，稳妥处置突发事件，化解不安定因素和矛盾纠纷，全力护航“两富”建设。全面落实重点人员、群体、部位的稳控工作，在全国“两会”、党的十八届三中全会等敏感时间节点，全区没有发生有影响的重大案事件和极端个人行为。

根据区委、区政府的统一部署，配合有关部门，出动警力4000余人次，开展村级组织换届选举、“三改一拆”和重点工程项目建设等现场保卫240余次，成功处置群体性事件65起，查处阻工案事件4起、破坏选举案件2起，取得了良好的法律效果和社会效果。

建立“每月定期排查、敏感时段提前排查、重大问题专项排查”的矛盾纠纷排查机制，排查矛盾纠纷698起，化解687起，化解率达98.42%。开展信访“抓源头、打基础、强机制、促规范”活动，推行新提任中层干部参加信访岗位锻炼措施，落实局长接访、开门接访、办案化解等制度，强化各级信访责任。全年受理初信初访71件，办结64件；办结2012年度信访积案5件，办结率达100%。

【信息二维码管理】 将全区旅馆、网吧、出租房屋、外来人口用工单位基础信息逐一写入二维码，制作管理牌，粘贴在建筑物相应位置。民警、协辅警用移动警务终端扫描，可直接进入对应的“一点通”系统管理界面，业主或户主用手机扫描进入“公安服务在线”信息网上办事申报界面，通过双向互动，既方便管理，又方便群众。

【构建大情报体系】 分局按照“专设机构、专门人员、专项职责”的要求，建设三级情报机构，各派出所设置情报指挥室，确定专兼职情报民警65人，配备具有大专以上学历的信息辅警37名，落实“日研判、周会商、月总结”的定期研判会商机制。截至11月20日，基层单位及民警上报情报信息12548条，被上级公安机关和区委、区政府采用146条，采用数是2012年同期的3.1倍。情报中心发布各类综合研判信息4319条，各单位据此抓获嫌疑人271名。改进基层基础工作模式，加强故意杀人、故意伤害以及常发侵财性案件的回访工作，作为非标信息应用的一种尝试以及大数据采集的起始点。动态排名回访记录被检索率，引导民警采集有价值的增益信息，促进基础工作与打击破案的紧密衔接。3月以来，记录回访日志1585条，被检索率达36.3%。推行网吧、旅馆积分管理制度，调动业主规范经营自觉性，增强重点部位管控能力。

区公安分局在省公安机关“大情报”工作现场推进会作典型介绍

【严打严防严管】 坚持信息引领、主动进攻、打即所发，提高打防精度和警力效能。以打击侵财犯罪为重点，每季开展一期“猎狐”行动，组织派出所有侦查潜力的民警参加，采取以战代训的形式，培养一批打击骨干，形成专业打击力量。通过4次行动，抓获侵财犯罪嫌疑人436人，占全局打处数687人的63.46%，超额完成市局下达的打处450人的任务。严打突出犯罪，回应民生期盼，盯紧社会影响恶劣、群众反映强烈的重大案件和涉黑涉恶案件。年内发生的10起命案均及时告破；摧毁涉恶团伙15个；抓获涉毒犯罪嫌疑人118人、吸毒人员202人；打假行动中，提请发起集群战8起，成功收网6起，破获案件39起，完成全年破案任务数的130%。整治治安问题，净化社会风气，推行城乡派出所结对联动和跨区域交叉查处机制，各派出所交叉打击黄赌案件26起,查处涉黄涉赌嫌疑人65名。分析涉黄、涉赌报警热点,对4处区域进行挂牌整治。

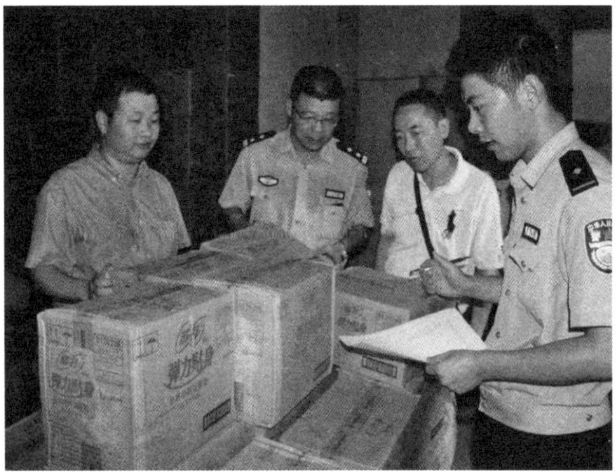

婺城区公安分局对制售假冒妇幼用品案开展收网行动

【“信连心”活动】 坚持“民意引领警务”,根据治安形势和工作重点,先后开展“反扒”“禁毒”“校园安全”“防范电信诈骗”等“警民信连心”主题走访活动,分送明信片4.6万张,收到反馈1.3万余张,收集各类意见、建议243条,为加强和改进公安工作提供了重要依据。强化民警主体地位,开展以“讲真心话、提真意见、办真实事”为主题的“警营信连心”活动,局领导、中层干部、民警之间开展“一对一”谈心交流,增进理解,促进团结,搭建建言献策的互动平台,增强干事创业的聚合力。

【警营文化建设】 由局领导牵头,组建太极拳、书画、摄影、篮球、足球、羽毛球、乒乓球、棋类兴趣小组,定期举办文体活动,培养高尚的生活情趣,舒缓民警身心压力,增强队伍的凝聚力和向心力。邀请专家、选拔能手组建“婺城公安讲师团”,建立实战引领、骨干带动、供需一体的教育培训新模式,提高民警岗位适应能力。每季度开展打击犯罪、治安防范、管理创新、服务群众等“十大警星”评选活动,打造比业绩、比贡献的“星光大道”,形成“有付出就有回报、有贡献就受尊重、有作为就有地位”的从警价值导向。

【管理体制调整】 根据市委、市政府部署和市公安局工作安排,分局与江南公安分局配合,完成汤溪、罗埠派出所管理体制调整任务。11月8日,汤溪、罗埠派出所划归江南分局管辖,塔石莘畈派出所(筹)揭牌,正式承担塔石、莘畈、岭上3个乡的治安保卫任务。

【基础设施建设】 根据婺城区“十二五”规划,分局业务技术用房完成工程立项、土地审批、图纸设计、招投标等程序,一期工程于2013年10月22日动工。业务技术用房建成后,将更好地满足公安科技建设、行动指挥、防控联动、教育训练、服务群众的需要。

【十大案例】

侦破公安部督办“8·30”制售假药案 2013年7月,分局经侦大队民警发现一条网络销售假药的线索,8月30日,正式立案侦查,并摸清了整个制售假药的犯罪网络。10月30日,全国11个省公安机关同时展开收网行动,捣毁犯罪窝点7个,抓获犯罪嫌疑人5名,查获假冒立普妥、波立维、易瑞沙、金水宝胶囊等药品3000余盒,及大量的生产原料、包装原料,价值达万元。案件涉及北京、重庆、浙江、山东、江苏、福建、陕西等14个省市,涉案金额达1000余万元。该案被公安部列为督办案件,被评为全国打假行动经典战役,受到公安部通令嘉奖。

“3·16”假冒注册商标案 在2013年打假行动中,分局经侦大队接到外省传递的一条加工销售假冒品牌卫生巾线索。经过侦查,发现犯罪嫌疑人章某以开办公司为名,制造、销售假冒的“七度空间”“护舒宝”“苏菲”等品牌卫生巾外包装。该案被公安部列为督办案件。3月20日,专案组成功捣毁该假冒卫生巾包装袋制造窝点,抓获犯罪嫌疑人2名,查获制假设备及大量假冒包装袋,涉案价值1000余万元。

以姚某为首的组织、介绍卖淫团伙案 2013年3月,婺城公安分局在工作中发现婺城区新狮街道骆家塘村多家茶聊店涉嫌以陪聊为名,组织、介绍年轻女性卖淫。分局专案组经过侦查,查明姚某等人通过发布广告、一对一发展卖淫妇女等形式招募年轻妇女,以建立虚拟网通讯联系、专门配备3辆汽车接送等手段,大肆组织、介绍妇女卖淫。该案先后被省公安厅、公安部列为督办案件。5月9日,分局组织集中收网行动,摧毁涉嫌组织、介绍妇女卖

淫茶店6家，抓获涉案人员92名。

“11·12”金某等人污染环境案 2013年5月至8月，犯罪嫌疑人金某夫妇在婺城区琅琊镇一养猪场内经营水晶磨盘加工点，并雇佣王某等人进行水晶磨盘“退砂”，在未采取有效措施的情况下，非法排放废水，严重污染环境。10月，分局破获该污染环境案件，抓获金某、王某等6名犯罪嫌疑人。该案被省公安厅立为督办案件，是婺城公安分局侦办的第一起污染环境案件，也是市涉案人数最多的污染环境案。

“7·22”白龙桥无名女尸案 2013年7月22日中午，根据群众报警，在婺城区白龙桥镇发现一具装在旅行箱内的无名女尸，经现场勘查，怀疑是杀人抛尸。分局立即启动重大案件处置紧急预案，专案组侦查员及派出所抽调的民警顶烈日、战高温，连续奋战八昼夜，最终锁定犯罪嫌疑人梁某，并于7月30日凌晨在河南省商丘市将其抓获。

“3·4”嘉华房地产公司保险箱被盗案 2013年3月4日晚，婺城区胜利北街某房地产公司二楼总经理办公室内发生一起特大盗窃案件，犯罪嫌疑人将装有价值90余万元玉石及现金的保险箱盗走。该案被金华市公安局列为挂牌督办案件。案发后，婺城公安分局专案组立即展开侦查，在市局相关部门的配合下，于3月21日下午，在武义县一旅馆内将王某等2名犯罪嫌疑人抓获，并追回大部分被盗财物。

“3·1”江西宜春籍人员系列性入户盗窃案 2012年5月以来，婺城辖区接连发生多起入室盗窃案件，分局迅速组织专业人员梳理、研判案情，并与安徽合肥、安庆以及衢州等地公安机关联系，串并系列性入室盗窃案和盗窃汽车后备箱内物品案件50余起。在金华市公安局相关部门的协助下，2013年3月1日，在婺城区某小区内抓获闻某等4名犯罪嫌疑人，当场查获高档烟酒、收藏版人民币、黄金首饰和玉器等价值20余万元的被盗物品。

摧毁以钟某为首的特大吸贩毒团伙 2013年3月，分局禁毒大队在工作中发现一外号“老四”的江西籍男子经常到一些棋牌室，将冰毒贩卖给参赌人员。经过侦查，查明以江西籍男子钟某为首的吸贩毒团伙的活动情况。4月3日，分局组织统一抓捕行动，成功抓获钟某等5名涉毒犯罪嫌疑人，经过深挖，又抓获陈某等24名涉毒犯罪嫌疑人及彭某等10余名吸毒人员。

摧毁以周某为首的特大吸贩毒团伙 2013年1月，分局禁毒大队在工作中发现“广西”(绰号)等犯罪嫌疑人长期在金华市区从事毒品贩卖活动。经过侦查，查清该犯罪团伙以广西籍男子周某等3人为首，长期在火车西站一带贩卖毒品冰毒和海洛因。3月17日，分局组织统一抓捕行动，成功抓获周某等13名涉毒犯罪嫌疑人以及胡某等8名吸毒人员，查清周某等人贩卖毒品500余克的犯罪事实。

陈某系列性抢劫案 2013年6月5日至18日，婺城区站前、城中、城西等区域接连发生4起针对单独外出女性的抢劫案件。婺城公安分局经侦查，发现犯罪嫌疑人均为一光头男子，通过进一步研判，确定该犯罪嫌疑人真实身份，并掌握了其活动规律。经过蹲守布控，侦查员于6月29日在金华恒大百货商场七楼溜冰场内将嫌疑人陈某抓获。

(施赟赟)

金华市公安局交警支队直属一大队

【概述】 金华市公安局交警支队直属一大队(以下简称大队)下设综合室、处罚中心、非机动车管理所3个科室和一、二、三、罗店、安地、事故等6个中队。

2013年底，大队在职民警99人、职工8人，协辅警194人，其他工作人员16人。大队管辖道路通车里程451.67千米。其中，城区道路276.17千米、330国道10.8千米、省道2条23.3千米(103省道11.9千米，145省道11.4千米)、县乡道117千米、其他道路24.4千米。

大队围绕“压事故、促畅通、保平安、创满意”工作目标，面对城区交通“行车难、停车难”问题日益严峻，群众交通需求呼声日益强烈的情况，扎实推进被省政府确定为民生“一号工程”的城市交通治堵工程。

2013年，大队被评为金华市公安机关执法示范所队，记集体三等功；在全市公安交警系统综合考评中,被评为“优胜交警大队”;在全市交警系统的执法质量考评中,获年度总分第三名;二中队被评为2012~2013年度全市优秀公安基层单位;三中队被评为2013年度全市警务规范化先进中队;民警吕奇主持的《吕奇说交通》电视栏目,在公安部交管局组织的交通安全宣传作品评选活动中获电视栏目类三等奖,并获金华市服务类电视节目二等奖;《无形的手,有形的危险》宣传作品荣获挂图类优秀奖;大队选送的《机动车涉牌涉证违法的识别和查缉》课程被评为2013年度全省公安民警训练课程行政管理和行政执法类优胜课程;大队选送的《安全教育问题的深思》多媒体课件,被评为2013年全市公安机关多媒体教学活动一等奖。

【队伍建设】 大队围绕“抓队伍促工作”的思路,加强队伍执行力建设。对上级布置的重点工作及重点事项进行督察,刊发督察通报25期,分别涉及内务卫生、工作纪律、工作落实等多个方面,奖勤罚懒,推动各项工作的落实。合理调整大队考核办法,将民警工作实绩同考核奖直接挂钩,充分体现“干与不干不一样”“干多与干少不一样”“干好与干不好不一样”的衡量标准,让能干事、想干事、会干事的民警得实惠。民警的工作积极性、主动性有了明显提升,大队整体工作量有较大上升。开展协辅警交通指挥手势训练比武工作,提高协辅警管理能力、管事效率、管理积极性,提升了队伍形象。

【交通安全管理执法】 2013年,大队管辖区内发生上报道路交通事故84起,死亡17人,受伤102人,直接经济损失40.2万元。全年查处各类交通违法行为333,655起,其中现场交通违法行为121,501起(含酒后驾驶725起,醉酒驾驶221起),非现场违法行为212,154起。按一般程序处理的交通违法案件9563起,按简易程序处理的案件331,541起,罚款金额3686.8万余元。

【春运交通安全】 2013年春运期间,大队以“保畅通、压事故、重宣传、求满意”为目标,以控大压事故为重点,严厉查处各类交通违法行为,广泛开展春运交通安全宣传,切实维护了春运期间辖区道路交通安全、有序、畅通。自1月26日起至3月6日结束,发生一般事故5起,死亡2人,伤3人,直接经济损失2.8万元,交通事故四项指数与上年春运期间相比均有下降。

一大队民警向驾驶人发放宣传车贴

【交通事故隐患治理】 大队配合有关部门确定事故隐患路段有省级临水临崖危险路段3处、市级临水临崖危险路段4处、事故多发点段4处。本着“早治理、早受益”原则,配合相关部门开展整治,至11月中旬,事故隐患治理全部完成。

【城市交通治堵工程】 从3月1日起,开始为期3年的城市交通治堵工程,紧盯“三个守法率”目标(机动车守法率达到90%以上,非机动车、行人守法率达到80%以上),将市区八一南街、双龙南街、李渔路、八一北街、回溪街5条街道纳入省政府考核的重点治堵道路。在市治堵办的统一协调下,配合有关部门改善交通通行条件。大队从严管理,通过严查违法、违法处理实行“三个一律”(对5条治堵重点道路上的城市道路严重交通违法行为依法一律记分;对影响通行的违法停车行为一律拖离;对驶人5条治堵重点道路的电动三轮车一律扣留处理)、科技治堵(投资2600余万元,增设、更新110个路口高清电子警察、卡口设备12个、视频监控90个,基本实现红绿灯路口全监控,主要道路视频全覆盖的交通监控建设)、全民治堵(通过市治堵办协调,组织由机关单位工作人员、社区街道干部、高校学生、驾校学员组成的中青年交通志愿者队伍和由出生于五六十年代人员组成的“5060”志愿者队伍,开展文明出行劝导活动),取得了治堵的明显成效,顺利通过年底省政府考核。

【随手拍】 9月16日起,大队开展在全省尚属首创的交通违法行为“随手拍”活动。“随手拍”拍摄的交通违法行为种类有机动车违反禁令标志闯单行线、逆向行驶、违法转弯、掉头;机动车违法停车、出租车随意停车、掉头;驾驶人向车外抛撒物品,载物行驶时遗洒、飘散载运物等。此外,首批“随手拍”拍摄交通违法行为的路段有5条,分别为八一南街(环城南路—城南桥)、双龙南街(环城南路—解放西路)、李渔路(双龙南街—东阳街)、八一北街(通济桥—通园路)、回溪街(通园路—五一路)。在上述5条道路内只要是符合交通违法处罚条件的,过往群众都可以用手机拍下来,将抓拍的交通违法行为图片或者视频通过“吕奇说交通”QQ:1695804093传送;通过新浪微博@金华交警@交警吕奇或者@金华晚报传送;通过金华交警微信平台(jhjiaojing)传送。交警支队特别准备了100台“行车记录仪”作为奖品。每月抽取若干参与者获赠“行车记录仪”一台。

每日对酒后驾驶、闯红灯、逆向行驶、在治堵重点道路违法停车4种交通违法行为中的典型案例行为人,经处罚后在当地电视台予以实名曝光,并抄告这4种严重违法行为人的单位。11月起,金华江北第一百货大楼墙面的大屏幕上,滚动播出“治堵”交通违法视频,每天曝光4组视频,滚动播放36次。

【路口精细化管理】 11月初,试行路口精细化管理模式,在市区23个主要路口全面推开,这一模式自推广以来一直受到社会各界的关注。刚推出路口精细化管理模式,浙江卫视新闻联播就对此进行了报道。12月9日,市委常委、常务副市长金中梁在当日《金华晚报》上对“市区路口精细化管理模式,金华有望破解中国式过马路现象”做法作出重要批示。12月19日,《新华每日电讯》刊登了《金华市路口管理》巧解“中国式过马路”文章,对大队推出的路口精细化管理模式进行解读分析:“中国式过马路”不但是因为一部分人素质低下、缺乏安全意识,更主要还在于管理者缺乏精细化的管理,没有从行人的角度来理解和管理路口交通。金华交警在市区各主要路口划出的“行人等候区”及“非机动车等候区”让往来的行人和非机动车“各行其道”。加上实行“一口一方案”的精细设置、合理的信号灯配时,使行人守法率迅速提升到98%。中国日报网、浙江在线等各大知名网站、论坛、微博纷纷转载。12月20日,人民广播电台也对路口精细化管理模式的推广作出肯定。“金华式路口管理”已经不再局限于金华,正如浙江大学公共管理学院教授范柏乃所说:“‘金华式路口管理’带来的明显效果,给其他地区也提供了有益的启示。”

(王杭亮　邓先辉)

金华市公安局交警支队直属三大队

【概述】 大队贯彻落实市局、支队两级会议精神,以党的十八大精神为指导,围绕“压事故、促畅通、创满意”的工作目标,深化“五化三治”建设。以“治堵”和“控大”为主线,开展禁酒驾、三项违法处罚率、严重交通违法行整治、“大排查、大教育、大整治”大货车专项整治行动等活动,落实措施,开拓创新,扎实推进,实现辖区道路交通安全形势持续健康发展和社会交通和谐稳定。

【事故处理与防控】 大队全年接报道路交通事故3867起。其中,上报事故57起,死亡29人(包括非统计6人),受伤59人,简易事故3795起。道路交通事故三项指数同期相比全面下降,分别是上报事故下降4%,受伤人数下降11.94%,死亡人数下降14.7%。在交通事故起数上升势头较猛的情况下,三项指数得到有效控制。

【隐患排查治理】 对1处市级(蒋罗公路与315省道12K+50M十字路口)事故多发点段、3处临水临崖(虹戴公路郑岗山择住邻路段、白门线45K+450M—45KM+490M、白门线39K+180M—39K+

210M)进行治理。对上报的虹戴公路等辖区道路首批 65 处交通安全隐患,进行安装护栏、减速带、暴闪灯、凹凸镜等交通设施,增设让行标志、限速标志等,对虹戴公路每个路口的中央花坛、路边遮挡标志标牌的绿化进行清理。同时,对金西开发区、婺城新区建设工地的安全隐患进行排查,,要求建设部门加强对工程车、大货车进行严管,禁止不符合安全要求的车辆上路。

【车辆安全管理】 对事故多发的虹戴公路落实非常措施,除加强巡逻查处力度外,对虹戴公路进行中队联勤制度,实行全天候测速。对其他重点时段、路段开展强化巡查。另外,大队制定实施方案,开展排查摸底工作,对外省籍车辆及驾驶员进行登记,将信息录入公安交通管理综合应用平台客货运信息管理系统,加强管理。对车主及驾驶员进行宣传教育,提高他们的交通安全意识,净化道路交通环境。开展对电动三轮车、残疾车整治专项行动,加大管理力度,对违法载客载人的交通违法行为进行严管,降低电动三轮车、残疾车交通事故。

【交通违法行为整治】 大队制定《道路交通秩序集中整治方案》,成立领导小组,开展严重违法行为整治,规定各路面中队每周开展 3 次以上严重交通违法行为集中整治。大队领导坚持每周参加 2 次整治,中队领导带队全程参加整治,综合室、处罚中心等综合部门必须参加 1 次夜间禁酒驾整治行动。在前期调查排摸的基础上,结合"大排查、大教育、大整治"大货车违法行为等专项行动,建立工作台账,督促检查定人、定岗、定责情况,提高路面见警率和现场纠违量。全年查处重点违法行为 61398 起。其中,醉酒驾驶 132 起,饮酒后驾驶 535 起,五次以上违法未处理 3131 起,无证假证 441 起,非机动车违法 3241 起,不按规定安装号牌 675 起,违法载客 581 起,告诫 10018 起,现场查处 42644 起。

大队确定琅琊镇汽车站、汤溪西门菜市场路段、宾虹西路、金龙路(白龙桥小广场)等路段为重要堵点,分析产生原因,及时报告当地党委、政府,提出治理措施,开展堵点治理工作。3 月 25 日,在琅琊镇展开道路交通秩序集中整治,加大交通秩序乱点、堵点治理力度。4 月 1 日起,白龙桥中队联合白龙桥城市执法大队对辖区违章停车高发路段金龙路、金江南街进行集中整治,保障重要路段畅通无阻。

【交通安全宣传】 大队开展春运、摩托车送检下乡活动、严重交通违法行为整治、"大排查、大教育、大整治"货车交通违法行为专项整治行动。在洋埠春运服务站悬挂"文明行车、平安出行、和谐交通,金华交警祝您一路平安"巨型横幅,提醒过往驾驶员、返乡的"摩托车族"等注意行车安全。向广大群众和驾驶员发放安全宣传手册、年画和 10000 多份印有交通安全提醒语的"福"字。印制《致广大电动三轮车、残疾车主及驾驶员的一封公开信》3000 份、宣传挂图 300 份。大队在 330 国道、虹戴公路路口新制作 2 块大型公益广告宣传牌,提醒广大驾驶员注意交通安全。发挥蒋堂小学"领头雁"作用,设立"平安博览馆",举办交通安全知识比赛,征集交通安全作品,提高中小学生安全意识。蒋堂小学的先进经验得到省、市、区政法委领导肯定。

2013 年,大队在各种媒体撰文宣传,省级电视报纸采用 22 篇,发布路况信息 185 条,市级电视报纸采用 42 篇,发布路况信息 465 条;支队网页信息 35 条;省交管局采用信息 2 条;悬挂横幅、张贴宣传标语 65 条,发放各类宣传资料 45000 余份。大队获得省公安厅《平安时报交通周刊》新闻宣传工作先进单位三等奖。

【摩托车送检下乡】 大队开展"摩托车送检下乡"年检工作,前期在集镇悬挂宣传横幅,印制通告、摩托车下乡年检宣传卡等宣传资料 18000 多份。并用电话、短信方式通知车主参加年检。4 月1 日至 16 日,三队辖区检测 5810 辆,超额完成"摩托

交警三大队下乡年检

车送检下乡”年检工作任务，完成市本级任务的67.04%。大队组织流动服务车对车管业务进行便民利民服务，补办行驶证517本，补办号牌29副，换发驾驶证432本，处理交通违法行为796辆次，收到良好效果。

【执法规范化建设】 做好每个季度执法检查及考核工作，提前对每一本案卷进行审核，做到早发现早整改。结合工作实际，建立民警执勤执法档案，把各个中队和民警的执法数量、质量、存在问题、整改情况、执法过错追究及奖惩情况如实载入档案，及时、真实地反映各中队民警执法情况，为考核评比、责任追究、执法指导提供重要依据。通过大队网页，按月发布执法情况通报，使每个民警及时了解执法中存在的问题及最新的执法信息。在全市执法案件质量评比中取得一季度第一名的好成绩。

【从严治警】 年初，重新对绩效考核办法进行修改，落实执法执勤、内务卫生、警容风纪、警车使用等管理规定，严格执行“五条禁令”“三项纪律”，做好“八小时”外和节假日管理，通过不定期的督察检查，杜绝违纪违令现象发生。落实大队领导、民警职工值班备勤制度，规定职责，明确责任，强化纪律，防患于未然。大队实行警用车辆出辖区必须向大队值班领导报告登记制度。对大队停车场进行改造，解决民警车辆停放之忧。

召开党员大会，学习有关文件精神，强化组织纪律，开展批评与自我批评，增进党员干部责任心和进取心。组织全体民警开展向傅煜华、兰辉同志学习活动。组织民警参加“慈善一日捐”活动，捐款8000元。9月3日，参加支队纪律作风教育整顿活动。组织全体民警职工到浙江省第五监狱开展现场警示教育活动。9月13日，组织全体民警到浙江省爱国主义教育基地、金华市廉政文化教育基地——杨东海纪念馆参观学习。 （钱卫兵）

金华市婺城区公安消防大队

【概述】 金华市婺城区公安消防大队（以下简称大队）管辖区内重点单位112家，有现役官兵、文职雇员48人。其中，防火监督干部4人、灭火救援队员27人。执勤消防车3辆(五十铃轻型水罐车、曼底盘重型水罐车、曼底盘A类泡沫车)。大队以党的十八大精神为指引，贯彻《国务院关于加强和改进消防工作的意见》，以党的群众路线教育实践活动和消防安全大排查大整治活动为主线，以打造现代消防铁军、助推企业发展和建立和谐警民关系为支撑，带领全体官兵迎难而上，锐意进取，完成以灭火救灾和防火监督为中心的各项任务，实现火灾形势和部队管理“双稳定”。全年发生火灾337起，死亡0人，受伤2人，直接财产损失430余万元，火灾形势总体保持平稳。接出警519次，其中火警337次、抢险救援182次，调派消防车738辆次、消防官兵4977人次。抢救被困人员19人，保护财产价值495.9万元。2013年，大队被区政府记集体三等功1次，大队军政主管分别记个人三等功1次；被区团委授予婺城区青少年社会实践基地；被总队评为执法规范化先进大队。

【“五无”创建】 大队开展“五无”创建活动，落实条令、条例和规章制度，加大查铺查哨和“八小时”外的管控力度，确保部队内部高度稳定。大队加强营区硬件设施建设，按照正规化标准对各类库室进行改造调整，增设LED显示屏、电子岗哨、营门卡哨。大队从部队日常管理抓起，严明作风纪律，保持良好的警容风纪，规范部队“四个秩序”，提高部队正规化管理水平。大队以创建铁军中队为契机，坚持“集中训练与个人小练兵”相结合的方式，加强弱项练习，激发官兵参与岗位练兵的热情。4月，在全市消防部队春季体能运动会上取得团体总分第三名的好成绩。开展建筑固定消防设施测试和“六熟悉”工作，作为主战中队参加总队地下建筑火灾首到力量初战控火组织指挥示范片拍摄。大(中)队完善十类预案编制，制(修)订重点单位灭火作战计划112份，重点单位实地演练45家(次)。

【消防安全专项整治】 根据上级工作部署要求，结合工作实际，陆续开展拆除影响消防安全违章建筑、消防安全重点领域“五查两加强”、消防安全重点领域专项整治、违章搭建彩钢板专项整治、“排查整治、强基促稳”、彻查整治火灾隐患百日大会战行动、大排查大整治等一系列专项行动。行动中，大队提请区政府领导带队开展每月“领导消防检查日”工作，发动多部门、多警种和乡镇、街道网格员联合开展消防安全大检查。全年检查单位2071家次,发现火灾隐患或违法行为2491处,整改火灾隐患或违法行为2459处,下发责令改正通知书1355份,下发行政处罚决定书135份,下发临时查封决定书12份,责令“三停”12家,罚款85.02万元,拘留4人。通过专项行动,有效整治一大批消防安全隐患,夯实消防安全工作基础,确保全区火灾形势持续稳定。大队分别在全市消防安全重点领域“五查两加强”、违章搭建彩钢板专项整治和消防安全大排查大整治活动中分获第一名、第二名、第三名的好成绩。

【“网格化”管理】 大队推动政府将消防安全“网格化”融入“网格化管理、组团式服务”体系。全区19个乡镇、街道全部成立消防安全委员会,并要求其成立专门的消防安全工作站,设立专门的办公室,明确消防安全管理员,开展防火巡查和消防宣传等工作。全区有基层网格员1152名,基层消防安全监管责任得到落实,“网格化”工作得到深化。

【消防宣传社会化】 大队先后邀请30多家企事业单位人员进入消防站参观学习,亲身体验、掌握防灭火知识技能。到大队消防站参观学习的群众达1200人次。利用消防宣传知识展板深入各机关、企事业单位、学校以及农村等场所进行巡展、演示,向群众普及消防知识,展示消防技能。在40多家企事业单位开展消防安全培训和火灾疏散演习,受到各企业单位员工的一致好评。“119”消防宣传日期间,辖区200余名消防志愿者参加宣传日启动仪式,并在大队指导下开展疏散逃生演习,向身边人宣传消防知识。大队编写的新年领取消防“红包”、消防台历、消防卡通杯、生命通道体验活动竞拍、消防漫画读本等宣传活动稿件,相继在《消防周刊》《中国安全生产报》《浙江法制日报》等中央、省级主流媒体刊登,受到社会各界的广泛好评。2013年,大队在中央级媒体刊发稿件52篇、省级媒体刊发稿件186篇、地市级媒体刊发稿件325篇。 (章　进)

检　察

【概述】 区检察院围绕建设“两富”现代化婺城的总目标,履行检察职能,强服务,抓业务,激活力,求突破,各项检察工作取得新的进展。全年立案查办各类职务犯罪案件25件27人,依法批准逮捕各类刑事案件826件1169人,提起公诉1707件2410人,开展侦查活动监督41人次,审判活动监督15件次,刑罚执行活动及行政执法活动监督18件次。妥善办理全国最大的网络传销案“万家购物”案等,受到市委、市政府表彰,被市检察院荣记集体三等功;院党总支获评全市首批五星级党组织,公诉科等3个科室分获省检察院二等功、市检察院三等功。3件案件被评为全省检察机关优秀、典型案件,2名干警被列为省级优秀公诉人才。

【服务大局】 围绕区委部署的经济转型提升年、有效投入提升年、城乡建设提升年活动,以执法办案为抓手,提高服务的针对性。办理危害电子商务经济发展的重大案件,净化网络经济环境,助推经济转型升级;依法查办环城二小基建超概算背后贿赂案,遏制政府性投资项目超概算态势,确保财政资金安全;严肃查处尖峰高尚休闲生活区征地拆迁渎职案,狠刹抢建、抢种、虚报征迁补偿款之风,保障市区重大项目建设和精品城市建设有序推进。同时,依法打击妨碍“三改一拆”、水环境综合整治的犯罪行为,确保重点工作顺利开展。高度重视检察环节重大复杂敏感案件办理,集中骨干力量做好批捕起诉、舆情应对、维稳保障工作。顺利办结“万家购物”全国最大网络传销案、获利高达12亿元的“中天黄金”非法经营黄金期货案、省内特大新型地沟油案3起重大复杂敏感案件,获得市委、市政府

区检察院举办“检察开放日”活动

和上级检察院的高度肯定。注重以法治思维、法治方式化解矛盾,成功会同公安、信访和乡镇依法妥善处理刘某、余某等2起历时多年越级进京上访、在市政府非正常上访的信访积案。全年对符合宽缓条件的轻微刑事案件、未成年人刑事犯罪案件依法不批捕14人,不起诉52人,对6名刑事被害人开展救助,调处息诉民行申诉案件5件,做到案结、事了、人和。

【履行检察职能】 保持对严重刑事犯罪的高压态势,在受案数为全市唯一持续上升的基层院、结案数位居全省前十名的情况下,克服案多人少的困难,严厉打击严重暴力犯罪,快速批捕起诉叶某持刀行刺叶店村支书、白龙桥无名女尸等故意杀人案,增强人民群众的安全感。加大查办职务犯罪力度,全年立案查办职务犯罪案件25件27人,人数同比上升60%。其中贪污贿赂案件17件18人,渎职侵权案件8件9人。重点查办罗店镇党委副书记倪某受贿、滥用职权案、金华市中级法院法官陶某受贿案、工程建设领域贿赂案、医疗卫生系统贿赂案,社会效果较好。开展预防职务犯罪"五进"活动,先后9次深入机关和学校等开展法治讲座。提交年度预防报告,为党委、政府提供决策参考,受到区政府主要领导批示肯定。加强诉讼活动监督,依法监督立案12件13人,监督撤案5件6人,纠正漏捕漏诉17人。其中,2人被判10年以上有期徒刑。依法提出、提请刑事抗诉8件,改判5件;依法建议提请民事行政抗诉7件,改变原裁判5件;开展羁押必要性审查,改变羁押强制措施5件5人;依法监督纠正社区矫正人员脱管、漏管12人,监督撤销缓刑收监执行6人,维护正常的司法秩序。

【执法规范化建设】 规范适用修改后的刑事诉讼法、民事诉讼法,推行未成年人案件专门办理,为涉案未成年人指派法律援助66人次,成功办理刑事和解案件52件,对涉罪精神病人提出强制医疗2件2人。执行辩护与代理规定,充分听取当事人及其代理人意见,落实讯问全程同步录音录像制度,实行客观性证据审查和非法证据排除规则,确保办案质量。探索适用新法的工作机制,会同区法院探索实行重大敏感案件庭前会议制度,提高庭审质效。与区司法局建立法律援助指派辩护机制,落实盲聋哑和精神病等特殊人员法律援助工作。与团区委建立合适成年人到场制度,邀请平安志愿者参与讯问30余次,保障外来未成年犯罪嫌疑人合法权益。克服案多人少的矛盾,实行简易程序案件派员出庭制度,出庭率100%。推进案件集中管理,在全市率先建成规范化案件管理中心,成立专门案管机构,并被确定为全省首批案件集中管理试点单位。依托信息化平台,推行统一业务应用系统,对案件受理、办理、审批和结案实行集中管理,做到全员网上办案,建立"统一受理、全程管理、动态监督、综合考评"的执法办案管理新机制。

【检察队伍建设】 组织干警学习贯彻党的十八大、十八届三中全会精神,确保正确的政治方向。开展"正风肃纪抓执行、攻坚破难促发展"主题实践活动,强化干警责任意识和执行力。开设"道德讲堂",参加"平安婺城"文艺演出和共建成长书屋等活动,增强队伍凝聚力和战斗力。围绕学习贯彻修改后的"两法一规",加大培训力度和岗位练兵。实施"学、练、赛"相结合,通过业务技能竞赛、组织对抗辩论、开展案例评析、观摩出庭公诉等多种形式,提高干警素质能力。组织干警参加省市级检察业务培训班27次,实现参与轮训率100%,多名干警在省市业务竞赛中获得荣誉。加强纪律作风建设,严格遵守中央改进工作作风、省委"六个严禁"和全省检察机关"九项严禁"的各项规定,突出以制度管人管事,通过修订机关日常管理规章制度、实施电子考勤、制定"五项严禁"等,改进机关工作作风,优化干事创业氛围。密切与人大代表、政协委员的联系,主动向人大及其常委会报告工作,通过邀请参加"检察开放日"、召开座谈会、定期寄送刊物等方式,及时通报工作情况,增强检察工作的透明度和公信力。

(陈　程)

法　院

【概述】 区法院围绕党委中心工作,贯彻落实党的十八大、十八届三中全会和区委六届四次会议精神,全面履行司法职能,助推婺城赶超发展,各项工作取得新的进展。全年收案17057件,结案16608件,法官人均结案数175件。2013年,区法院被评为全国法院刑事审判先进集体、全国法院司法宣传先进集体、全省法院民事审判先进集体,全市法院目标责任制考核名列前茅。

【审执工作】宽严相济惩治犯罪,受理刑事案件1768件,审结1730件,同比分别上升27.7%、21%,判处罪犯2559人。严厉打击危害公民人身安全的暴力犯罪、生产销售伪劣商品和危害食品药品安全犯罪169件332人。其中,判处五年以上有期徒刑186人。妥善审理"万家购物"组织、领导传销活动、"黄金期货"非法经营等大要案,"万家购物"案受到20家国家级、省级媒体关注,并在中央电视台新闻联播播报。依法严惩贪污、贿赂、挪用公款的职务犯罪11件12人,推动反腐倡廉工作。对未成年人犯罪和轻微刑事案件着重于挽救教育,适用非监禁刑718人,注重跟踪回访帮教,推进社区矫正工作。推进量刑规范化,科学规范法官自由裁量权,依法加大适用财产刑,强化刑罚特殊预防功能。

妥善化解民商事纠纷,受理民商事案件9294件,审结8910件,同比分别上升36.8%、31.3%,解决争议标的16.1亿元。对婚姻家庭继承、交通事故、医疗纠纷、劳动报酬等涉民生纠纷,注重调解,办结2686件,调撤率71%。对不宜调解、调解不成的商事纠纷,及时依法裁判。倡导诚信经营,判决支持"假一赔万"的网络购物案,被评为浙江法院十大涉企典型案例。强化司法保护,推动知识产权创新,受理知识产权案件381件,审结390件(含旧存),同比分别上升13.4%、18.2%。

着力解决行政争议,受理行政案件52件审结58件(包括旧存),同比分别上升2%、45%。发挥司法审查职能,维护、监督和促进行政机关依法行政,保护行政相对人的合法权益。经过法院协调,促成和解撤诉16件,占结案数的27.6%。依法撤销行政机关具体行政行为、确认违法、责令履行法定职责案件4件,行政机关败诉率占判决案件的13.3%。实行裁执分离,行政非诉审查执行案件受理并审结174件,同比下降69.8%。建立预防化解行政争议联席会议制度,向市、区二级政府报送行政审判白皮书,推进司法与行政互动。

及时破解执行难题,受理执行案件5772件,执结5659件,同比分别下降1.6%、1.5%,实际执行率62.9%,执行到位标的7.9亿元。推进反规避执行,对131名拒不执行的被执行人采取拘留、限制出境、限制高消费和媒体曝光等措施。执结被执行人为党员干部等特殊主体的案件11件。执行案件繁简分流,指定专人查询银行存款、不动产等财产4500人次,查得财产价值超6亿元。保全兼顾执行,财产保全721件,查封标的11.8亿元。开展无欠薪金活动,执结欠薪案件276件,执行到位261万元。10月,推行网络司法拍卖,实现零佣金拍卖,成功拍卖16件,成交额4340万元,节省佣金近100万元,比传统拍卖溢价25%。

【便民举措】立案信访窗口建设标准化、便民化,建立诉讼引导、立案、咨询、查询和交纳受理费等"一站式"诉讼服务平台,2013年,法院被授予省级巾帼文明示范岗。开展巡回审理、预约开庭、上门开庭审理987件,4个业务庭被评为区政法系统执法为民十佳先进单位。适用简易程序审理民事案件7836件,适用率84.2%,并在全国率先审理一审终审小额诉讼案件,审结265件,浙江卫视等媒体报道后引起社会关注,有效提升司法救济的便利和效率。财产保全引入担保公司担保机制,为90件案件提供担保,担保额度2.12亿元。其中,为困难群体提供免费担保41件,担保额度2100万元。

【保障诉讼权利】保障人权和维护被害人合法权益并重,完善指定辩护征询和沟通机制,为无条件请律师的被告人办理指定辩护156人次,占有辩护人案件的33%;为无法定代理人的未成年被告人指定志愿者担任"临时家长"。强化刑事附带民事诉讼调解,调解成功120件,调解率80%,当庭履行率92%。畅通信访渠道,坚持院庭长接访约访、判后答疑制度,依法处置无理缠访闹访行为,累计接访278人次。开展司法救助工作,对确有经济困难的当事人准予缓减免诉讼费15件32.4万元。对劳动争议案件实行免收诉讼费,对经济确有困难的刑事案件被害人、执行案件申请人予以相应的司法救助35万元。

【司法公开】建立审判流程、裁判文书、执行信息公开三大平台,开通互联网案件信息查询系统,方便当事人查询审判执行案件进度。判决结案4162

件，在门户网站上公布生效裁判文书3270份，占判决案件的78.4%。开通法院微博，链接开庭信息，开展图文直播，举行公众开放日活动9次，让公众零距离接触司法，扩大自媒体传播力和影响力。实行庭审全程录音录像，实现随时点播，已有的数字法庭庭审录像率达99.8%。设立执行专区，指定专人为当事人提供案件信息查询，处理来信来访，受理执行异议等事务，推进执行公开。

【服务中心工作】 指派业务骨干直接参与“三改一拆”工作，对136件违法建房案件及时裁定准予强制执行，违法建房的非诉行政执行审查案件同比减少417件；保障重点工程顺利进行，主动协助政府调处“杭长客专”建设中造成90余户房屋受损纠纷；稳妥调处阻碍金华市中心医院东扩项目拆迁纠纷，促成拆迁户自动拆除房屋。

【司法服务】 成立由12名业务骨干组成的法律讲师团，开展进园区促发展、进社区促和谐、进校园促成长的“三进三促”活动40余人次，通过视频直播为金华职业技术学院、九峰职业学校5000余名师生上法律课。通过以案说法，为千名乡镇街道干部、调解人员培训指导，受众近2万人，被评为全市法院“三进三促”活动先进集体。第13个“12·4”全国法制宣传日，婺城区在城西街道双龙社区举行以“大力弘扬法治精神，共筑伟大中国梦”为主题的大型法律咨询活动。走访企业60人次，建立联系企业和基层制度，坚持涉困企业差异化处置，运用活查封、债转股等司法手段，帮扶有市场前景的中小微企业渡难关和转型升级。

【诉讼衔接和司法确认】 健全诉调衔接，累计引导调解1357件，调处并司法确认1211件。协助政府调处纠纷，平息世贸中心与1600多户业主违约交房纠纷，化解多家企业600多名职工近700万元工资的劳资纠纷，把矛盾解决在基层和萌芽状态。针对办案中发现的问题提出司法建议8份，采纳率100%。

【审务公开】 自觉接受区人大监督，向区人大常委会专题报告民事审判和刑事诉讼工作开展情况，并根据审议意见落实整改。建立人大代表、政协委员联络制度，通过旁听庭审、视察座谈、寄送资料等形式，增进代表、委员对法院工作的了解。在规定期限内办结区“两会”人大建议、政协提案各2件。加强人民陪审工作，发挥人民陪审员监督作用，普通程序案件陪审率99.1%，居全省法院前列。知识产权案件率先尝试由2名法官和1名专家人民陪审员组成的“2+1”合议庭模式，专家陪审率100%，并在全省法院推广。接受舆论监督，媒体参与旁听案件65件。

【司法廉洁】 坚持从严治院，开展上廉政党课、观看警示教育片、发送廉洁提醒短信、到金华监狱警示教育、讨论警示录、忏悔录、违法违纪典型案例和法官廉政提示手册等廉政教育活动，强化廉政意识。建立案件廉政风险预警系统、廉政“防火墙”，实行实时监督和制约，对苗头性、倾向性问题进行廉政风险干预。

【队伍建设】 开展政法干警核心价值观、学习全国模范法官翟树全等思想教育活动，增强司法为民的宗旨意识。开展新年上班第一天升国旗、春节后上班第一天上廉政教育课、新任法官宣誓、新进干警院史教育第一课、初任法官岗位第一课等教育，强化法官责任意识。坚持抓党建促审判，强化队伍建设。2013年，被评为区服务型机关党组织示范单位。

开展深化作风建设，结合党的群众路线教育活动，自觉接受上级法院开展的司法巡查工作，解决人民群众反映强烈的审判执行工作中的突出问题。广泛征求意见和建议，回访案件当事人，召开座谈会6次，发送征求意见函150份。加强法务督察，对工作、庭审纪律等每周开展不少于2次的巡查。在浙江法院开展的百名律师测评法院活动中，总体评价名列全市法院第一。

组织学习新修订的刑事诉讼法、民事诉讼法等法律法规，安排93人参加上级法院组织的各类业务培训。开展院学术讨论会、优秀裁判文书评选、疑难案件研讨和发改案件逐案评析等活动，提高法官审判业务技能。实行青年干警一对一导师制度，由资深法官与青年法官结对传帮带，建立青年法官下基层等制度，多渠道提高青年干警司法能力。

（包大进 项丽贞）

司法行政

【概述】 按照区委、区政府工作要求,围绕推进依法治区,抓好普法依法治理工作;围绕促进社会和谐稳定,积极化解社会矛盾;围绕夯实司法行政工作基础,加强司法行政基层建设;围绕拓展规范法律服务,服务全区经济社会发展。通过全体干部共同努力,司法行政工作取得一定成效。

【普法宣传】 年初,区委、区政府将普法依法治理工作纳入2013年岗位目标责任制考核,普法办根据考核办法,制定相关考核细则,使全区普法依法治理工作更加规范化、制度化。下发“六五”普法中期督导检查方案,并于9月底完成对各乡镇(街道)和部门单位的督导检查。开展助推“三改一拆”、建设美丽婺城法制宣传主题教育活动,重点宣传群众迫切需求的法律法规及“三改一拆”工作的相关政策。成立法律服务村级组织换届工作领导小组,制定关于在村级换届选举中充分发挥司法行政职能作用的实施意见和专项法制宣传教育活动实施方案,利用宣传阵地、宣传车、大众媒体开展宣传。抓好宪法的学习宣传,加强国家基本法律知识和新颁布、新修订的重要法律法规的学习宣传。推行和完善党委(党组)理论中心组集中学法制度,开展区管干部和公务员年度法律知识学习考试。推进“民主法治村(社区)”创建工作,申报洋埠镇西十村、章家村,塔石乡下塔石村、山坑村,箬阳乡茶园村,乾西乡湖头村为市级民主法治村,并通过考核验收。

【矛盾纠纷调处】 排查春节、“两会”、省党代会期间社会矛盾纠纷隐患,解决一批广大群众最关心、最直接、最现实的利益问题。利用春节民工返乡过节的有利时机,按照“排查走在调解前、调解走在激化前”的要求,重点排查新形势下农村(社区)矛盾纠纷和预防因矛盾纠纷而引发的群体性上访、越级上访、群体性械斗、“民转刑”案件。组织劳资纠纷、劳动争议、征地拆迁、医疗纠纷等专项行业纠纷的调解。对重点人员进行重点排查,明确责任领导和相关责任人,实行目标管理。司法局与区人力社保局等单位联合成立婺城区劳动争议调解指导委员会,制定工作规则,设立联合调处中心,明确各成员单职责,制定联席会议制度、重大群体性事件联合调处预案。全年组织全区性排查15次。其中,重点排查5次。全区发生各类矛盾纠纷3831起,调解成功3728起,成功率97.3%。预防纠纷135起,防止矛盾激化和群体性上访42起417人次。调处疑难复杂案件和社会不安定因素654起。诉调衔接工作室接待调解1338批次,调解成功1285起,调解标的2114.85万元。交警一大队、三大队调解室接受案件1445起,受理1213起,成功化解1163起,赔付金额484万元。城区各派出所成立人民调解工作室以来,全年累计接受案件1321起,受理调解1074起,成功化解1064起。

【社区矫正管理】 通过提高警告频率,加强矫正人员对违反矫正禁令将承担法律后果的认识,从而控制矫正人员再犯罪率。用警告零容忍制度将矫正人员再犯罪率稳控在标准线以下,区司法局多次获得上级司法局的肯定,被收监人中再犯罪率为零。

排查整治矫正人员中的不稳定因素、矫正工作中的安全隐患、矫正规章制度的落实情况,重点检查自2012年3月1日以来受理的社区矫正案件,特别是涉及核实和确定社区矫正执行地、审前社会调查、禁止令执行、外出审批、居住地变更审批、给予警告、提请治安管理处罚、收监执行和减刑(假释)等执法内容的案件。每季度由司法局统一组织社区矫正人员到金华监狱开展警示教育学习。组织社区矫正工作人员开展警示教育,要求工作人员提高思想认识,时刻牢记社区矫正的刑事执法性,严守廉政准则。开展信息化规范年活动,根据上级文件、会议精神及要求并结合婺城区实际,制定社区矫正信息化建设年活动方案。开通司法专线,将社区矫正工作管理系统纳入司法行政虚拟专网。确保矫正人员100%纳入手机区域监管,并为矫正人员划定电子围墙。2013年,全区累计接收社区矫正人员257名,期满解除矫正189名,死亡1名,变更居住地7名,建议撤销缓刑3名,收监执行7名。刑释解教人员971名,刑事解教人员安置率100%、帮教率达100%。全年无社区矫正人员严重刑事犯罪案件。

【法律服务】 在法律服务“三改一拆”行动中,协助政府和部门做好“三改一拆”行动配套措施的制订和政策解释工作，帮助开展合法性审查，提供切实可行的法律意见和建议、法律评估、风险预警、协议起草等方面的法律服务。深化村(社区)法律顾问工作，依法配合实施“三改一拆”行动，为基层群众提供便捷的法律咨询和法律服务，确保“三改一拆”行动在基层得到贯彻落实。开展“心手相牵送法律、奉献爱心送温暖”活动，要求各律师事务所、法律服务所在服务农村法律顾问联系村的基础上，以与乡镇(街道)村(社区)结对的方式开展送法下乡、扶贫帮困活动。发挥律师专业特长，满足企业法律需求，合理调配律师志愿团成员，在企业进行“法律体检”，细化服务内容，提高针对性，做到切合企业的实际需求。

【法律援助】 以贯彻新修订的刑诉法为契机，学习、落实最高院、最高检、公安部、司法部《关于刑事诉讼法律援助工作的规定》，按照新规定办理法律援助案件。与公安、检察部门联系，就法律文书的格式、案件材料的移交、律师的指派等问题进行沟通协调，形成完善的援助案件移交办理机制。建立健全案件质量评估体系，综合运用重点案件评查、庭审旁听、案卷检查、受援人回访等措施，提高办案质量。全年办理各类援助案件388件，其中民事151件、刑事237件，退回不符合援助条件的刑事案件105件。接待来访、来电咨询1580余人次。其中来访650人次、来电900余人次。

全年区法律援助机构指派办理涉及农民工案件105件，接待农民工法律咨询850余人次，其中来访350余人次、来电500人次。为农民工挽回经济损失260余万元，有效地维护了农民工的合法权益。

【队伍建设】 按照“加强学习，促进团结，工作带头，廉洁自律”的要求，加强局领导班子建设。坚持对区管后备干部的动态管理，培养优秀年轻干部，优化局机关和基层司法所领导班子年龄、知识、专业结构。落实党风廉政建设工作责任制和领导班子“一岗双责”责任制，开展各项警示活动，提高领导水平和防腐拒变能力。严格执行党中央“八条禁令”，强化自律意识，确保领导干部廉洁自律。区委高度重视司法行政工作，在司法局成立党组。组织开展“大学习、大讨论”和“高举旗帜，忠诚履职，树立严格公正文明执法形象”等教育活动。加强机关效能建设和精神文明建设，以“廉政、勤政、务实、高效”为目标，加强机关效能建设，完善基层、机关目标管理考评方案和廉政、考勤等十项机关管理制度，开展政风行风评议和效能建设工作。

(刘 啸)

武　装

【概述】 婺城区人武部坚持以邓小平理论、“三个代表”重要思想为指导,深入学习和贯彻落实科学发展观。围绕落实党的十八大精神,坚持工作高起点筹划、高标准推进,扭住“凝心聚力、振奋精神”这一根本,把握关键,狠抓落实,各项工作有序推展,发展平稳,全面建设保持良好的势头,被省军区评为征兵工作先进单位。

抓好思想政治建设,以“保持不可撼动的政治定力”为目标,铸牢听党指挥这根弦,狠抓十八大精神的传达贯彻和党委中心组理论学习,开展“向理论纵深进军”活动,制作“2013 年重点读好的六部经典著作和学习导读汇编”的“口袋书”,在干部职工中开展“读书铸魂”活动,推荐和引导干部职工阅读周小平编写的《请不要辜负这个时代》和《人民前线报》的《始终保持不可撼动的政治方向》2 篇文章,重点帮助干部职工正确看待社会负面信息,清楚自己所处的时代,把马克思主义的信仰信念作为政治定力,完成历史赋予的特殊使命。

围绕军事斗争准备需要,加大党委对军事斗争准备的领导力度,抓好干部职工提高“能打仗、打胜仗”的能力。年初,结合条令学习月活动,突出队列训练、体能训练及轻武器射击等基础科目训练。突出首长机关训练,安排军事理论、国防动员业务知识、高科技知识等课目的学习,提高机关干部理论水平和动手能力。5 月,组织区属应急连和水上抢险分队成建制训练。6 月上旬,在军分区统一组织下,区民兵应急分队参加防汛演练,受到军分区首长的一致好评。7 月底,组织区国家动员委员会相关部门参加实兵演习。在军分区机关指导下,组织完善国防动员的组织指挥机构、修订完善应急作战方案、落实战时物资动员计划、制定应对多样化军事任务的方案预案。同时搞好民兵骨干队伍训练。

在区委、区政府提出“平安婺城”建设的同时,同步打造“平安人武部”。重点抓安全形势分析、安全隐患整治等工作,开展“百日安全竞赛”活动。在安全设施上舍得投入,购置各类防冲撞设施,在大门口设置减速带和警示标志,在营区值班室、作战值班室安装 CK 报警设备,与 110 直接联动,提升应对突发事件处置能力。严格财政管理各项制度,落实中央“八项规定”,用好每笔经费,把经费重点投向民兵训练、值班室改造等大项工作中,确保资金使用安全,实现“平安人武部”目标。

(叶家元　任德新)

【民兵整组】 4 月中旬,婺城区以中发〔2012〕9 号文件为依据,着眼“三时一体”“三个转变”目标,本着构建“规模适度、结构科学、布局合理、训练有素、可靠管用”新型民兵力量体系,以“三个现地”为主要形式,采取“三个一起”的办法,按照统筹兼顾,突出重点,规范有序的要求,集中开展民兵预备役部队组织调整改革,达到任务分队落实、人员在位达标、对接关系明确的“六条质量指标”,为提高核心军事能力、遂行多样化军事任务奠定组织基础。新编的基干民兵分队中,退伍军人占总数的 68%,经过民兵军事训练的合格人员占基干民兵总数的 86.6%, 专业和对口技术兵人员占总数的 76.9%,高中以上文化程度的人员占总数的 92.6%, 党员占 12%,团员占 81.5%。　(胡志军)

【夏秋季征兵】 8 月 1 日,根据国务院、中央军委统一部署,婺城区开展夏秋季征兵工作,这是自 1990 年实行冬季征兵以来,首次调整征兵时间。针对征兵节奏变化,为保证按时高质量地完成征兵任务,区征兵办组织力量早筹划、早发动、早宣传,调动高学历、高素质适龄青年的当兵热情。同时，区人武部为确保征兵工作阳光透明，邀请13名区政协委员组成监督组，对征兵工作进行全程监督。同时通过设置廉洁征兵信箱、发放监督卡、开通举报电话，自觉接受社会监督。经过体检、政审，历时2个月，9月1日批准新兵入伍，并组织新兵入营前的训练。9月10日起运新兵，9月30日征兵工作结束，超额完成上级下达的征兵任务。全区征集的新兵中，高中文化程度占新兵总数的98%。实现了市征兵办提出的“不退一名责任兵”的征兵目标。

（胡志军　杜德洪）

9月10日，婺城区举行新兵入伍欢送仪式

【参加防洪抢险演练】 5月下旬，区人武部根据年度军事训练计划，组织水上抢险分队在九峰水库进行成建制训练，历时10天，开展冲锋舟装载与起动、离岸与靠岸、队形变换等5个基础课目训练，通过考核，取得优秀成绩，为参加金华市防洪抢险演练打下坚实基础。6月8日，由市政府防汛防旱指挥部主办，金华军分区承办的金华市防汛抢险演练在市区三江口举行，区民兵水上抢险分队携带9艘冲锋舟参加防汛演练。这次演练完成了水上救援行动科目，是对婺城区防汛抢险分队实际操作的一次检验，也是提高应对突发灾害处置能力和积累经验的一次集中练兵。（叶家元　任德新）

【军民共建】 6月，金华市明家装饰公司负责人带领员工到地处北山之巅的驻军某部雷达连搭建晒衣场，安装音响设备，重新装修营房，支持双拥工作，并与其结为军民共建单位。8月1日晚，公司40名员工到市区北山，与驻守在那里的雷达连官兵共同举办一场“军民共建，心手相牵”联欢晚会，共度“八一”建军节。（叶家元　任德新）

工　业

【概述】2013年,婺城区贯彻工业强区、商旅兴区战略,紧盯工业经济发展中出现的困难和问题,以开展经济转型提升年、有效投入提升年活动为抓手,推进各项工作落实,全区工业经济运行总体良好,网络经济实现快速发展,各方面工作取得较好成效。

全年实现工业总产值397.9亿元,增长11.5%。其中,婺城新城区实现工业总产值192.86亿元,增长13.99%。"小上规"工作取得明显成效,全区新增规模以上工业企业58家,总数增至236家。其中,亿元企业55家,超5亿元企业3家,超10亿元、20亿元企业各1家。规上企业实现产值202.5亿元,增长8.2%,完成规模以上工业增加值37.5亿元,增长9.3%。七大特色支柱产业实现产值139.7亿元,增长5.2%,占规上工业总产值的69%。

工业投入持续加大,全区完成限额以上工业投资47.5亿元,增长20.2%,增幅列全市第4位。其中,白龙桥、乾西、竹马、蒋堂4个乡镇工业投资超1亿元,白龙桥镇完成投资17.98亿元,同比增长22.33%。实施市级以上工业重点技改项目53项,完成投资11.5亿元,完成年度目标任务的115.4%。实施"双千亿投资系列工程"重大工业项目36个,完成投资14.95亿元,完成年度投资计划的114.5%。2013年,婺城新城区在建工业项目15个,竣工10个,完成投资19.9亿元,增长20.9%。

申报各级科技立项73项,新增市级以上高新技术企业11家,省市研发中心9家、科技型企业7家,建成省级企业技术中心4家、市级企业技术中心15家。新产品产值达79.1亿元,增长23.8%。莱恩农业装备有限公司研究院列入省重点扶持范围,获省战略性新兴产业专项资金补助1000万元。全区申请专利1500件,申报专利示范企业10家,被评为浙江省知识产权示范创建区。品牌战略持续推进,获评"浙江名牌"1家、"金华名牌"6家。

婺城区加大落实省、市推进工业经济转型升级政策力度,鼓励引导企业开展"机器换人""腾笼换鸟"活动,抓好重点技改项目申报。全区有53个工业项目获批市级重点技改项目,较去年增加39.5%;28个项目入选省技改"双千工程"。其中,4个项目被列入省级重点技改项目。做好清闲促产调查表汇总上报工作,各乡镇(街道)、园区清理排查出闲置低效工业用地企业60家222.27公顷。其中,低效用地企业21家119.67公顷,闲置用地企业39家102.6公顷。各乡镇(街道)累计完成旧厂房改造面积11.9万平方米,完成全年目标任务的119%。

开展"双千""工业竞赛"等活动,完善区级领导联系强优骨干企业和重点技改项目制度,强化对企业的综合协调服务,帮助解决生产经营、项目推进中遇到的难题7大类、66个,办结率100%。开展银企对接活动,帮助180余家企业获得省、市级各项财政帮扶资金2600余万元,促进了企业生产经营和转型升级。落实税费减免、专项扶持、奖励补助等政策,扶持产业发展,深化行政审批制度改革,简化环节,工作效率和服务质量显著提升。

实施安全生产法律法规,强化企业安全主体责任和基层安全基础,开展专项整治,加强对交通安全、消防安全、危险化学品、工矿企业等重点行业安全生产检查,消除事故隐患。全年上报安全事故135件,死亡41人,直接经济损失100.66万元,同比分别下降4.93%、2.38%和43.36%,实现事故起数、死亡人数和直接经济损失"三下降",全区安全生产形势总体向好。

【汽摩配】 全区汽摩配行业有规上企业 18 家，实现产值 26.70 亿元，同比下降 0.2%；实现销售收入 21.30 亿元，同比下降 0.7%；实现利税总额 2.72 亿元，同比增长 47.8%；实现利润总额 1.90 亿元，同比增长 57.8%。

2013 年，受国内外多种因素的叠加影响，汽摩配产业形势比较严峻，生产增速回落，投资出现下行压力，产业集群建设和转型升级亟待推进。面对发展困境，婺城区围绕省、市“两化”深度融合的战略部署，在汽摩配产业中实施“两化”深度融合工程，推动企业管理信息系统一体化运行，实现信息技术在传统制造业的全面渗透、综合集成和深度融合。汽摩配行业的龙头企业——浙江万里扬变速器股份有限公司产值 12.06 亿元，是国内第一家汽车变速器上市企业，公司商用车变速器产销量居全行业前列。其中，轻型、中型卡车变速器市场占有率 30%以上。公司坚持信息化、工业化融合发展之路，拥有国家知识产权局授权专利 87 项，承担多项国家、省、市重大科技专项；引进 ERP、K3、WISE PLM、CRM、SCM 等软件系统，缩短产品生产周期，提高生产效率，降低成本。

【五金工量具】 2013 年，婺城区五金工量具产业有规上企业 15 家，实现产值 10.61 亿元，同比下降 0.1%；实现销售收入 9.76 亿元，同比下降 1.2%；实现利税 5221 万元，同比增长 38.5%；实现利润 2709 万元，同比增长 28.2%。

深化企业自主创新意识，探索具有婺城特色的“企业出题、政府立题、协同解题”的产学研用合作创新模式，通过引导、广泛宣传等方式，落实国家鼓励企业创新的各项优惠政策，提升传统五金产业，打造现代五金科技产业园。行业重点企业金磐机电、泰祥机械、精工工具、精深实业等企业构建引才、引智、引进高新技术项目的多方共赢创新合作模式，发展后劲持续提升。

【纺织服装】 纺织服装产业有规上企业 26 家，实现产值 21.35 亿元，同比增长 14.2%；实现销售收入 20.03 亿元，同比增长 14.4%；实现利税 1.11 亿元，同比增长 35.4%；实现利润 3441 万元，同比增长 544.5%。

婺城区各类家纺企业根据自身实际，有选择、有计划地开展 B2C 电子商务业务，以及在京东、天猫、淘宝商城等平台上开设旗舰店，从传统销售转向线上营销。金华雅帅纺织有限公司早在 6 年前就开办企业网站，试水网上市场，2013 年网上营业额超过 1000 万元。面对当前纺织行业国际需求减弱、景气度偏低、人民币升值、外销压力日增的不利局面，公司缩小出口规模，将目光转向国内，拓展网上市场，加大进军电子商务力度，改变以往过度依赖传统销售的做法，形成实体、网上两个市场并驾齐驱的局面。

【新型建材】 婺城区有建材产业规上企业 21 家，实现产值 32.94 亿元，同比增长 13.0%；实现销售收入 51.93 亿元，同比增长 18.4%；实现利税 6.77 亿元，同比下降 5.5%；实现利润 4.84 亿元，同比下降 11%。

婺城区把墙材革新工作与保护生态环境、节约土地资源相结合，与发展循环经济、节能减排相结合，与推广建筑节能、建设宜居住房相结合，发展和推广应用新型墙体材料产业，实现能源、经济与环境的协调、可持续发展，为生态婺城提档升级起到强力助推作用。按照“发展一批，整合改造一批，淘汰关停一批”的工作思路，婺城区加快墙体材料产业结构调整，2011 年至 2013 年，累计关停及拆除古方砖瓦厂 2 号窑、城北、畅隆砖瓦厂等黏土砖窑 7 座，淘汰落后产能 1 亿块标准砖。培育双源建材、福立、明友砖瓦厂等 12 家新型墙材企业。婺城因生产应用新型墙体材料，累计节约土地近 67 公顷，节能 2 万吨标煤，相当于植树 50 万棵。

【食品加工】 婺城区食品加工产业有规上企业 18 家，实现产值 20.39 亿元，同比增长 8.6%；实现销售收入 21.61 亿元，同比增长 8.7%；实现利税 1.04 亿元，同比增长 31.7%；实现利润 8146 万元，同比增长 40.3%。

]2 月 21 日，投资 9 亿元的蒙牛乳业金西项目正式开工奠基。金西开发区引进国内 2 家 500 强乳业巨头企业，为“华东第一乳业之乡“金华带来新的发展机遇。项目引进国际最先进的乳品处理和灌装设备，采用全过程在线质量监控系统，以一流的管理、一流的质量，建成蒙牛全品项样板工厂。

5 月 22 日，大连佐源集团有限公司与浙江金西经济开发区签署协议,在金西建设日产1500吨精制糖生产加工基地。这是金西现代食品加工园继伊利乳业、蒙牛乳业之后引进的又一精品食品加工项目。项目设计用地面积18.67公顷,总投资额8亿元,日加工能力1500吨,年加工量45万吨。

【包装彩印】 婺城区包装彩印产业有规上企业15家,实现产值8.98亿元,同比下降2.5%;实现销售收入8.80亿元,同比下降3.1%;实现利税365.5万元,同比下降80.9%;利润出现亏损,亏损额为1895万元。

【医药化工】 婺城区医药化工产业有规上企业16家,实现产值18.72亿元,同比下降4.6%;实现销售收入16.53亿元,同比下降5.4%;实现利税7730万元,同比下降32.8%;实现利润2410万元,同比下降49.4%。

(竺晓恒)

统计 物价 粮食

【概述】 区发改局按照区委、区政府提出的工作目标和任务，贯彻落实区委六届四次全会暨区政府八届二次全体会议和全区干部大会精神，推进“两富”现代化都市核心区建设，加强干部作风建设，发挥发改部门在全区经济社会发展工作中的参谋助手作用。着力优化产业结构，在加快产业转型上有新突破；着力发展现代农业，在推进农业增效上有新突破；着力强化项目建设，在扩大有效投资上有新突破；着力深化改革开放，在增强发展活力上有新突破；着力用好内外优势，在加快发展服务业上有新突破；着力改善人民生活，在加强民生服务上有新突破。同时，成立5个工作小组(经济服务组、项目服务组、计划课题组、粮食收储公司岗位优化配置调研组、会议贯彻组)，推动发改工作高效运行，指导发改工作有效开展。

【经济体制】 全面完成政策性农村住房保险和政策性农业保险工作，农村住房保险参保村554个，应保户111003户，参保户110275户，参保率为99.4%；公益林参保36513.2公顷，参保率100%；能繁母猪参保34374头，参保率95.4%；生猪参保103596头，参保率61%；水稻参保810.27公顷。向省政府争取高温干旱受灾农户救灾补助资金11.4万元。做好服务业重点企业培育，市服务业重大项目完成投资9.2亿元，完成年度计划的161%。2013年，申报省服务业发展引导财政专项资金扶持项目1个。

【经济与社会发展】 区属地区实现生产总值264.27亿元，增长 8.9%。其中，第一产业实现增加值17.17亿元，增长1.7%；第二产业实现增加值90.08亿元，增长9.7%；第三产业实现增加值157.03亿元，增长9.1%。实现财政总收入33.1亿元，同比增长9.3%，其中实现区级财政收入8.8亿元，同比增长15.2%。引进内资37.9亿元，完成年度目标90.2%；浙(婺)商回归引进资金15.8亿元，完成年度目标的93.2%。浙中信息产业园新增企业31家。科技创新大厦已交付使用，北辰电子商务基地引进56家以实物交易为主的电子商务企业，其中新增企业21家。旅游产业亮点纷呈，全年接待游客202.64万人次，同比增长26.6%。年初，九峰温泉体验馆建成营业，接待游客2.05万人次。8月初，金西水上乐园建成营业，接待游客19.4万人次。发改局创新审批模式，试推行项目审批代办制、联办制、模拟制，优化项目审批程序，缩短项目审批流程。组织编报婺城区2013年度重点建设项目和政府投资项目。全区有3个项目列入省重点项目，2个项目列入省“411”重大项目，16个项目列入市重点项目，45个项目列入区重点项目。在争取中央预算内资金及专项资金补助工作中，争取到国家级、省级补助资金计7173.5万元，其中中央资金3228.5万元、省级专项资金3945万元。

【优化投资结构】 婺城区着力优化产业格局，一、二、三产的比重更趋向合理化。从产业投资结构看，第一产业投资0.52亿元，占全部投资的0.5%，比上年增长12%；第二产业投资47.5亿元，占比为42%，增长20.2%；第三产业投资64.9亿元，占比为57.5%，增长20.7%。与2010年相比，第一、第三产业投资比重分别上升0.5个百分点、3.7个百分点，第二产业投资比重下降4.2个百分点，与整个产业结构调整、转型和优化目标相适应。

2013年，全区在建项目264个，完成投资69.9亿元，同比增长21.1%。其中，计划总投资在5亿元以上的项目有6个，当年完成投资4.6亿元；计划总投资1亿至5亿元的项目有25个，当年完成投资20.6亿元。亿元以上大项目投资额的占比从2012年的20%增长到36.1%。12个省重点建设项目计划投资6.6亿元,全年完成投资14.8亿元,完成年度计划投资的224.1%。36个市重点建设项目计划投资16.76亿元,全年完成投资28.9亿元,完成年度计划投资的172.4%。省、市两级重点工程超额完成年度投资计划,在全市排名省重点第一名、市重点第二名。其中,省重点项目浙江万里扬变速器股份有限公司年产50万台乘用车变速器投资项目,完成年度计划投资比率超过200%。市重点项目婺城新城区基础设施建设工程、浙江伟达置业有限公司伟达·雷迪森酒店等项目,完成年度计划投资比率超过150%。

婺城区加大基础设施建设力度,基础设施投资大幅增长,为经济的持续发展奠定良好基础。2013年,全区完成基础设施投资19.3亿元,同比增长33.6%。其中,交通运输、仓储和邮政业,电力、燃气及水的生产供应业增长最快,同比分别增长329.2%和166.8%。教育设施、水利、环境和公用设施管理投资也较2012年分别增长83.9%和36.8%。

【计划管理】 完成人代会计划报告草案编写工作和编制2013年主要经济指标发展目标。婺城区2013年国民经济和社会发展主要指标(预案)经区委常委讨论并在区人大八届二次会议上审议通过。开展"十二五"规划中期评估,评估报告报区人大常委会审议。编写《关于要求调整我区"十二五"规划纲要部分指标的报告》,并通过人大常委会审议。完成2012年度区经济运行情况分析。《金华市婺城区2012年国民经济和社会发展计划执行情况及2013年国民经济和社会发展计划草案》,经过多方征求意见,数易其稿,在2月21日召开区人大八届二次会议上审议通过,与会代表反应较好。完成《关于婺城区2013年上半年国民经济和社会发展计划执行情况的报告》,并于9月29日在区八届人大常委会第十三次会议上审议通过。

统计工作

【概述】 做好企事业名录库维护更新工作,抓好"四上"统计单位入库工作,新纳入建筑业2家、房地产7家、服务业6家、工业60家、批零住宿65家。编写《婺城区固定资产投资实现"开门红"》《婺城区规上工业增加值增幅全市第一》《婺城区一季度经济运行分析情况》等统计分析文章,并在《婺城信息》《调查与研究》等刊物全文刊登。其中《婺城区九峰生态温泉养生体验馆试运营》在市《今日要讯》刊登。编印《婺城区统计信息简要本》300本、《2012年统计公报》等资料提供"两会"代表参阅。定期编写《婺城统计月报》和相关经济指标、年度目标完成情况、分县市区对比情况表,以及《主要经济指标手册》《婺城区2012年GDP核算解析》等。9月22日召开区第三次经济普查工作动员会,传达贯彻全国、省、市第三次经济普查工作会议精神,安排部署全区第三次经济普查工作。经济普查对象包括在婺城区境内从事第二产业和第三产业的全部法人单位、产业活动单位和个体经营户。普查内容包括单位基本属性、组织结构情况、从业人员、财务状况、生产经营情况等。普查标准时点为2013年12月31日,普查时期资料为2013年度资料。

【农业统计】 全年实现农业总产值29.6亿元,同比增长1.9%,增幅居全市首位。农业转型升级不断推进,创建省级粮食生产高产示范片,推进粮食生产功能区建设。推进畜禽生态养殖小区建设,汤溪综合园区、蒋堂生猪精品园、东方红林场经济林苗木精品园、龙门特色渔业精品园等先后通过省级验收。

【工业统计】 完成工业增加值77.43亿元,同比增长9.8%,工业增加值占全区GDP的29.3%。其中规模以上工业企业完成总产值202.5亿元,同比增长8.2%;完成销售产值194.1亿元,同比增长7.2%。规模以上工业企业完成出口交货值41.1亿元,同比增长8.7%,占销售产值的21.2%。工业品产销率为95.9%。全年规模以上企业实现主营业务收入210.4亿元,同比增长6.9%;实现利税总额15.5亿元,同比增长6.7%,其中利润总额9.3亿元,同比增长7%。

【批发零售业统计】 全年完成社会消费品零售总额242.1亿元,同比增长12.8%。其中,批发零售业社会消费品零售总额232.5亿元,同比增长12.3%;住宿餐饮业社会消费品零售总额9.7亿元,同比增长 25.6%。

【固定资产统计】全年完成固定资产投资 112.9 亿元，同比增长 20.4%。其中，投资项目投资 69.9 亿元，同比增长 21.1%；房地产开发投资 43 亿元，同比增长 19.4%。投资项目中，工业投资 47.5 亿元，同比增长 20.2%。

【居民生活】城镇居民人均可支配收入 35377 元，同比增长 9.6%；人均消费性支出 23098 元，同比增长 4.1%，其中食品消费支出 7637 元，同比增长 5.1%。据农村住户调查资料显示，2013 年农村居民人均纯收入 13573 元，同比增长 10.8%；人均生活消费支出 9205 元，同比增长 11.5%，其中食品消费支出 3713 元，同比增长 18.5%。

物价管理

【概述】婺城区物价局宣传贯彻国家、省、市有关物价管理的方针、政策和法律、法规，组织实施上级价格改革和价格调整方案，实施行政事业性收费许可证的核发、管理和定期验审，会同有关部门开展清费治乱减负工作，开展价格监测工作，协助上级业务主管部门做好价格监督检查等工作。

【定价机制】贯彻落实上级各项减负政策措施，减轻社会负担。贯彻省物价局关于降低房产测绘标准等政策，贯彻落实省物价局公布的阿德福韦酯等集中采购药品零售价格和解热镇痛等药品最高限价。全年调整 2154 种药品价格，切实减轻了患者负担。

【收费机制】根据《浙江省行政事业性收费管理条例》和《行政事业性收费统计报告制度》要求，3 月 1 日至 5 月下旬全面完成 2012 年度行政事业性收费年审及换证工作。年审收费单位 40 家，年审率 100%。年审收费总额 10205.82 万元，其中行政性收费 5735.50 万元、事业性收费 4470.32 万元。完成全国收费动态监管系统网上数据输入、网上许可证新办及年审等流程工作。

【价格监管】做好价格监测和成本调查，及时了解市场价格动态，在白龙桥、汤溪、罗埠建立粮食、农资监测点，密切关注粮食、农业生产资料市场价格动态，维护农村市场价格稳定和正常市场秩序。同时，开展油菜籽成本调查，核对农户记录数据，对油菜籽成本收益进行分析。配合抓好价格监督检查工作，处理乱收费举报。规范收费行为，与区有关部门联合开展医疗机构医疗服务阳光用药工程实施情况检查、涉农和教育收费专项检查。配合市局对旅游景点、建设、民政等收费专项检查。

【收费管理】依法做好收费管理工作，及时疏导价格矛盾，根据《浙江省政府调价项目计划管理办法》，上报 2013 年政府调价项目计划。做好婺城区前期物业服务收费管理和机动车停放服务收费管理工作。规范教育收费，促进教育事业健康发展。对新世纪学校教育成本进行监审，重新核定该校学费、住宿费收费标准；对新办的金西丰子恺学校教育成本进行预算，并核定收费标准；核定婺城区机关幼儿园和汤溪幼儿园收费标准。根据金华市幼儿园收费管理实施细则，对全区 182 家民办幼儿园进行备案。规范县级公立医院医疗收费，根据《金华市非营利性医疗机构普通病房床位费管理办法》要求，调整婺城区妇幼保健院和婺城区第二人民医院普通病房床位费价格。

【价格认证】发挥价格认证中心作用，为社会稳定服务。完成各类涉案物品价格鉴定 220 件，其中，完成公安涉案物品价格鉴定 218 件、其他 2 件，鉴定金额 414 万元。

粮食工作

【粮食购销】按省、市粮食局的要求，收储企业与 7 个乡镇 130 个行政村 80 个粮食专业合作社 6008 户农户签订订单粮食 24401 吨，订单面积 4814.6 公顷。订单粮食数量比 2012 年减少 3911 吨，同比下降 16%；订单面积减少 357.2 公顷，同比下降 7%。扩大种粮大户预付定金发放规模，为 32 户种粮大户和粮食专业合作社发放预付定金 357 万元，资金发放总额比 2012 年增加 14 万元。粮食收购价外补贴改为政府奖励，采用农户一卡通形式发放，种粮大户、专业合作社经政府部门审核评定后给予相应的奖励。2013 年早稻收购价为 132 元/50 千克,比 2012 年提高 4 元,对种粮大户和专业合作社的政府奖励按每 50 千克 30 元的标准发放,一般散户每 50 千克 20 元的标准发放。在收购服务质量满意率调查的 170 户农户中。农户对工作人员服务态度的满意率为 100%,计价计量准确性的满意率为 100%。粮食收储部门为方便农民售粮,在村庄密集、粮源集中的镇、村设立 15 个收购点, 准备 54 座收购用仓库,仓容 29330 吨。投入资金 11 万余元,配备机械化入库设备,并对计算量器具进行年检。各收粮点配有售粮农民休息室,备好防暑药品、脸盆、毛巾、开水等,在收购期间,做到早开门晚关门,不留过夜粮,为售粮农民创造较好的售粮环境。对仓库偏紧的库点及 100 吨以上种粮大户实行直调, 直调粮食 6000 余吨。加强对外地粮、陈粮流入的控制力度,经 130 余名收粮工作人员的努力, 全年入库早籼稻订单粮食 21716 吨, 完成收购计划数量的 103.4%,比 2012 年增加 1003 吨, 是撤县建区以来收购数量最多的一年。开展晚籼稻订单和收购工作,按上级政策,与 26 户种粮大户签订晚籼稻订单粮食 3000 吨,通过直调收购方式收购晚籼稻 2697 吨,占订单数量的 90%。做好各级储备粮的集并、调运工作,夏粮集并外调 17580 吨,轮换市级储备粮 5100 吨,接收中央储备玉米 5000 吨,三项合计 27680 吨。

【管理体制改革】 加强对婺州粮食收储有限公司的管理,局党组对公司岗位进行优化配置。调整现有管理体制,撤销 2 个分公司,扩大古方中心粮库(开化粮站为古方中心粮库的分库)管理范围,撤销琅琊、罗埠粮站,新成立莲湖粮站。公司设置 14 个岗位,全部通过公开竞聘上岗,调动了广大员工的工作积极性和热情,扩大了业务规模。

【粮储管理与中心库建设】 制定《粮食入库工作流程》《粮食保管工作流程》《粮食出库工作流程》《粮情检查工作流程》等仓储管理工作流程,实现仓储工作制度化、规范化、标准化、精细化管理。在通风降温技术的应用上, 仓库全部更换成 1.1 千瓦大功率轴流式排风机,对储存粮食实行负压式通风降温,不仅取得良好的效果,而且降低了能耗。市级储备粮 12650 吨,代储中央储备粮(玉米)5000 吨,按照仓储管理工作流程,做到规范化管理,使储备粮食达到储粮标准,确保储粮安全无事故。

(吴　果)

经济贸易

对外经贸

【概述】 2013年,婺城区对外经贸工作遵循“稳增长、调结构”的战略部署,采取各种措施,应对和化解错综复杂的内外部经济环境所带来的负面影响,外向经济总体保持较好运行态势。

全区实现外贸进出口总额11.5亿美元,同比增长17.65%。其中,出口贸易10.47亿美元,同比增长16.29%,完成年度目标任务的100.67%;进口贸易5791万美元,同比增长49.36%,完成市政府目标任务的136.8%。市场采购对外贸出口高位增长起到了引擎作用,市场采购方式出口贸易额净增2.63亿美元,占全区外贸出口总额的27%,拉动全区出口贸易增幅达38.8个百分点。

婺城区新增合同外资2134万美元(其中新批外资项目4个,合同外资1230万美元;增资项目6个,增资904万美元),同比增长12.78%,实际到位外资1227万美元,完成年度市政府考核目标的61.35%,完成进度位列全市第八名。

2013年,上报审批境外投资项目2个,总投资310万美元(其中中方投资额202.9万美元),完成年度工作目标。

【对外贸易】 婺城区修订完善现行政策,取消外经贸扶持专项资金兑现与企业地方财政贡献额度相挂钩的政策,携手与企业共渡难关。与中信保金华办事处签订小微企业信用保险全覆盖协议,信用保险覆盖面由2012年的13%上升到25%,加大了防范贸易风险的力度。区经济商务局完成省中小企业国际市场开拓资金项目和市外经贸扶持政策项目的申报工作。其中,组织全区相关企业申报国家、省级中小企业国际市场开拓资金项目40个,并获得补助金额53.2万元;组织企业申报市级和区级外贸政策补助项目129个,申报补助金额1057.7万元。其中,市级财政资助资金487.6万元已拨付到位。婺城区鼓励企业参加境内外国际性展会,依托市商务局、市贸促会等国际展览(博)会服务平台,组织企业参加“百场展位拓市场”活动,鼓励企业通过参加各种境外国际性展会,巩固欧美传统市场,开拓俄罗斯、中东、拉美等新兴市场,49家企业参加境外展会,产品辐射19个国家和地区。2013年,婺城区外贸企业通过贸促会和其他国际性展览服务公司等平台,参加境外各类展览会(博览会)95个,各类展位194个,参展面积1800余平方米,参加企业125家次。婺城区支持企业通过电子商务拓展市场,鼓励企业自建中小企业网站和依托阿里巴巴、环球资源、中国制造等跨境电子商务网站进行营销活动,扩大产品营销面,有8成以上的外贸企业开通了电子商务平台。

5月5日,婺城参展企业在第113届春季广交会上达成各种意向订单2100万美元,与上届相比,成交量增长7%左右。在本届展会上,婺城区组织20余家企业参展,其中第一期参展企业7家,参展面积117平方米;第二期参展企业3家,参展面积54平方米;第三期参展企业10家,参展面积144平方米。参展商品涉及工具、摩托车、自行车、建筑及装饰材料、汽配、个人护理、礼品、餐厨用具、男女装、家用纺织品、鞋、箱包办公文具、地毯及挂毯、体育及旅游休闲用品等机电、轻工、纺织类产品,囊括婺城当前的优势外贸领域。

【利用外资】 婺城区面对外资政策环境弱化、

用地资源要素瓶颈制约,以及“内热外冷”因素的不利影响,着力寻求利用外资工作的新突破。简化审批程序,注重优化服务质量。建立健全外资项目跟踪服务机制,对于外资项目实行“一条龙、一站式”全方位服务,加强相关部门的协作配合,破解外资项目设立、审批、变更当中所遇到的各种难题,营造高质、高效的利用外资服务软环境。按照市政府工作要求,利用重大招商平台,推进外资项目落成。做好15届浙洽会的外资项目签约准备工作,其间完成外资签约项目2个,投资额4.8亿美元,协议利用外资4.55亿美元,其中1个项目已经落地。突破用地指标瓶颈抓招商,做好“腾笼换鸟”,鼓励企业利用现有土地、厂房增资扩股,嫁接外资和外资企业,利用“清闲出产”契机,对现有外资企业进行排摸,做好前几年按合同已供地然而超期未投资或投资额严重不足的外资项目业主的工作,限其投资额按合同抓紧足额到位。

【对外经济技术合作】 婺城区鼓励企业“走出去”拓市场,做好境外投资政策宣传工作,鼓励企业到境外建立营销机构和网络,开展各种营销活动,降低贸易成本,直接抢占国际市场。利用政策保险机制,帮助企业防范、化解贸易风险,针对贸易摩擦不断抬头、交易风险与日俱增态势,婺城区与中信保金华办事处合作,举办信用保险政策培训,帮助企业了解外贸出口形势和境外客户信用情况,对于防范和化解贸易风险起到积极作用。

商贸流通

【商贸企业“下升上”】 2013年,婺城区上报“下升上”企业资料65家,经过审核入库企业57家。

【再生资源回收体系建设】 2013年,全区有再生资源回收站点60多家、经营企业20多家,大多数回收站点采取挂靠回收公司的方式经营。由于行业从业人员素质不高,没有经过正规专业技能培训,导致加工操作不规范,容易造成二次污染和人员伤亡事故。

区经济商务局对全区再生资源回收经营企业进行调研摸底,确定金华市永兴废旧物资回收有限公司和金华市供销再生资源有限公司2家企业为建设主体,2月底,提交第十二次区政府常务会讨论并通过。3月中旬,组织2家企业做好试点项目登记备案工作,报经市商务局公示后,于4月初进入实施阶段。主要任务是金华市永兴废旧物资回收有限公司分拣中心1个,废旧物资回收网点50个,遍布白龙桥、蒋堂、汤溪、罗埠、洋埠等乡镇;金华市供销再生资源有限公司分拣中心1个,废旧物资回收网点34个,遍布新狮、城东、城中、城西、城北、罗店、竹马、乾西、雅畈、安地等乡镇、街道,实现网点区域全覆盖。至年底,建成42个网点,完成年度任务。

【农村现代流通体系建设】 区商贸流通部门按照“政府引导、规划先行、市场运作、扎实推进”的工作思路,引导城市连锁店和超市等流通企业向农村延伸发展农家店,引导、指导承办企业做好农家店建设改造、物流配送和服务管理等重点工作,推行统一商品配送、统一标识形象、统一服务管理,将现代零售理念、连锁经营方式由城市延伸到镇、村。

金华市华洲连锁超市有限公司、金华市速客超市连锁有限公司成为婺城区“万村千乡”市场工程承办企业,建设或改造乡镇连锁超市、村级农家店522家、直营店54家,改造配送中心1个,全区乡镇连锁超市覆盖100%,村级连锁便利店覆盖85%,初步形成以“城区店为龙头,乡镇店为骨干,村级店为基础”的城乡一体化流通服务网络。

婺城区累计建设或改造村级便民店562家,行

供销农超婺江新村市场开业典礼

政村连锁便利店覆盖率达到97.2%,雅畈、罗店镇连锁超市实现全覆盖。全区改造提升加盟店28家,新建直营店3家。开展农村现代商贸服务示范村创建工作,组织新狮街道高村进行示范村申报。

【重点商贸流通项目建设】 2013年,浙中MALL婺州城市广场商贸服务项目主体工程进展顺利,全年累计投入1.35亿元,一期项目基本完成主体建设和装修,进入粉刷阶段,二期项目正在设计规划中。伟达·雷迪森酒店全年投入1.3亿元,累计完成投资3亿元,主体工程完工,装修进度80%。

(竺晓恒)

招商引资

【概述】 婺城区招商引资工作坚持"一号工程"不动摇,继续以浙(婺)商回归工程为重点,在提升项目质量、优化服务环境、狠抓项目进度等方面加大工作力度,以"山海协作工程"为抓手,加强经济协作工作。2013年,全区招商引资及经济合作交流工作实现稳步发展。

2013年,引进浙(婺)商回归项目22个,到位资金16.76亿元,完成市下达15亿元任务的111.7%。其中,金西经济开发区项目10个(重大项目9个),到位资金9.84亿元,占全区到位资金的58.7%。达到加分标准的重大项目有2个,其中重大产业项目1个:(婺城新城区新宇宏腾项目)、重大科技人才项目和机构1个:(浙中信息产业园给力游网络公司)。

全年实际到位内资42.03亿元,完成市下达年度考核目标的113.6%,完成市下达年度工作目标的100.1%。内资总项目数累计149个,其中2013年新引进内资项目48个;项目计划总投资184.08亿元。其中,新增项目总投资75.64亿元。金西开发区有71个项目,占全区项目数的47.65%,当年到位内资19.58亿元,占全区到位资金的46.6%,同比增加18.9%,完成年度计划的98.9%。

【招商活动】 区经合办(招商局)精心准备,开展一系列招商活动。3月,由区委、区政府主要领导带队,兵分8路,赴全国各地进行点对点招商,今飞产业园项目、油橄榄种植与加工项目等多个优质项目落户婺城区。银江软件园、年产300万套陶瓷配方汽车制动器衬片等项目在洽谈中。6月,组团赴宁波参加浙洽会、海洽会、中东欧展、消博会(简称"两会两展"),并在金华市投资环境推介会暨项目签约仪式上成功签约外资项目2个,总投资4.8亿美元,占全市签约总投资额的56.6%。其中,由荷兰王氏企业发展集团与金华新兴产业集聚区金西分区签约的中华福宫文化产业园项目,总投资4.5亿美元,协议外资4.5亿美元。该项目经营行业涉及国内外商业区开发和建设、房地产开发、酒店开发和管理、旅游业、高科技农业、医疗设备和新型数码产业等,包含千福宫万寿寺 (国内最大寿诞纪念场所)、达摩禅院、达摩精舍等,融入金西独特悠久的历史文化。由美国合丰信息科技(金华)有限公司与浙中信息产业园管委会签约的合丰服务外包产业园项目,总投资3000万美元,协议外资500万美元。该项目涉及计算机软硬件开发及销售;计算机系统集成,网络工程开发和技术服务;以承接服务外包方式从事系统应用管理和维护、信息技术支持管理、软件开发、呼叫中心、数据处理等信息技术和业务流程外包服务;自营和代理各类商品和技术的进出口等。合丰服务外包产业园包括呼叫中心、研发中心、设计中心等,总建筑面积49090.8平方米。8月,配合省"十万浙商进百区"、市"万名浙商进园区"活动,配合区工商联开展"千名浙商进园区"活动。9月,在第三届金华永康国际商贸发展大会上签约3个项目,其中内资项目2个,总投资5.6亿元'外资项目1个,协议外资1600万美元。由金西开发区管委会与江苏新亚中置业有限公司签约的环保型新能源材料项目——碳包覆纳米钛酸锂电极材料项目,总投资2.6亿元人民币。由婺城新城区工业开发与建设管委会与江苏省苏州纳驰有限公司签约的邻里中心项目(新宇·宏腾生活广场),总投资达3亿元人民币,项目用地2.33公顷,总建筑面积5万平方米,规划有超市、酒店、宴会厅、购物商城、西餐厅、儿童MALL等。由仙源湖旅游度假区管委会与百利集团有限公司签约的喜曼安地度假酒店,总投资4000万美元,合同利用外资1600万美元。该项目总用地面积60亩,建筑面积4万平方米,涉及酒店投资、管理及咨询等。

【经济技术协作】根据省、市“山海协作工程”发达地区与欠发达地区的对口协作安排,义乌市对口协作婺城区,每年安排专项资金用于扶持欠发达地区发展公益事业。婺城区一方面与义乌市开展项目对接活动,加快欠发达区域发展;另一方面帮助山区欠发达地区挖掘包装项目,并于6月、10月两次组织来料加工经纪人培训,增强来料加工业的市场竞争力,促进农民增收。6月,组织2家企业参加第24届哈尔滨国际经济贸易洽谈会。10月,组织2家企业参加第19届义博会,有3个展位,2家企业参展,在为期5天的展销会上,参展企业签订80多万元订单。

【金华市第二届浙(婺)商创业创新大会】5月15日,金华市第二届浙(婺)商创业创新大会在市文化中心召开,婺城区有5个项目签约,总投资额76.5亿元,其中金西经济开发区签约项目4个、浙中信息产业园签约项目1个。签约项目投资领域包括电子信息、文化旅游、食品加工、装备制造。国内500强企业雨润控股集团有限公司投资20亿元在金西经济开发区建设高档宾馆宿舍、农副产品批发配送中心及美食一条街等。浙江今飞控股集团有限公司与金西经济开发区签署的浙江金西今飞产业园项目总投资36亿元,新建四类产品生产线。

(牟方赟)

供销社

【概述】婺城区供销合作社坚持为农服务宗旨,以服务“三农”为主线,提升为农服务水平,完善农业产业化服务,参与全区农业“二区”建设,推动现代流通业态向农村延伸,推进农资连锁经营,全年组织供应各种化肥25612吨、农药285吨、农膜65吨,落实收棉资金600万元,签订销售合同400吨,收购籽棉6500担,投放金额300万元。利用金华市农副产品批发市场、农产品展览中心、金华供销农超等平台帮助推销农副产品6000万元。全年商品销售额3.95亿元,同比增长65%,实现利润111万元,首次摘掉亏损帽子。

【农信担保】农信担保工作秉承“务实、创新、规范”的服务经营理念,调整经营思路,拓宽业务领域,服务“三农”需求,支援春耕农业生产。全年农信担保公司为涉农经济组织、农民种养殖大户及其他小微企业贷款担保195笔10392.8万元。其中,涉农(含农户)153笔7172.8万元。通过担保贷款的注入,新增产值2.65亿元,新增经济效益2300万元。发挥融资担保平台作用,推动涉农经济组织壮大发展,走出一条涉农经济组织、农户、工业、商业流通、建筑工程行业、银行、公司多方共赢的发展之路。

【专业合作社建设】抓好农民专业合作社发展和经营服务综合体建设工作,新创办农民专业合作社5家、经营服务综合体3家、村级服务社5家,指导创办资金互助社1家,专业合作社累计达32家,入户社员1553户,带动农户9160户,基地面积2889.4公顷。上报扶持项目7个,争取扶持资金73万元,9家专业合作社创立自己的品牌,专业合作社销售收入2.3亿元,帮助推销农产品5000吨。金华市土木花卉苗木专业合作社被省供销社评为省示范性专业合作社;绿春苗木专业合作社理事长叶锦棠获省“百强农产品经纪人”称号。

【农产品流通体系建设】2013年,供销农超先后开设20家“闪超”便民店、4家校园便利店,为毕业大学生创业提供更多平台。网格化布局初具规模,投资150万元对道院塘农贸市场进行“农改超”提升,建立农超对接“平价社区店”。拓展新的经营领域,注册成立农超旗下物流配送、电子商务、广告

“闪超”便民店大学生“掌柜”正在接待顾客

传媒、置业等5家子公司，壮大实体经济，完善服务功能。农超拥有大中型门店6家，营业面积5万平方米，门店总数30家，完善社区便民销售终端布局，构建社区型便利店终端网络建设的框架。同时，与30多家农产品生产基地、农民专业合作社合作，采用订单农业合作方式直销蔬菜水果、生禽、水产品百余种，销售农产品1万吨，为农增收1.5亿元，被金华市政府确定为市级农业龙头企业。

【扶贫帮困】 全年举办2期高级经纪人培训班和农业实用技术培训班200人次，通过种植、养殖、农业产业化、农产品市场营销等课程的培训，提升农产品经纪人综合业务水平，提高专业合作社社员种植养殖技术，促进农村劳动力就业，带动农业科技普及和发展，引导农民增收致富。组织机关干部开展“进村入企”大走访和领导干部农村“两富”指导员工作，深入联系村，帮助研究制订村级经济生产发展计划，增强村级经济带动功能，共商脱贫致富大计。利用供销社农信担保公司平台，在发展生产中给予资金担保上的支持，针对当地资源和农业产业结构特点发展农民专业合作社，建立商品生产基地，实行农超对接。走访特困户10户，党员结对助残9人，并在资金上给予扶持。

【社有企业】 理顺市第二土特产公司、瑞祥2家烟花经营公司经营体制，实行合并经营，降低市场风险，提高企业经济效益。协调与公安、安监、二级批发及零售点的关系，召回所辖经营范围内库存烟花，消除安全隐患。与135家烟花零售店签订安全生产工作责任书，配合相关部门做好烟花市场管理。推进市第二土特产公司改制与发展工作，做好职工思想发动和稳定工作，确保企业稳定，开展改制方案的制定和测算工作。完成社有资产租赁费收缴工作，协调资产所在乡、村关系，处置资产1处，金额225万元。

【和谐稳定】 做好信访维稳工作，解决遗留矛盾，维护系统稳定。重点是企业军转干安抚、改制历史遗留问题解决和省养老保障政策贯彻落实工作，抓好全国及地方“两会”期间的信访维稳，抓好企业军转干及改制历史遗留矛盾的稳定化解。全年接访273人次，排查处理矛盾10起，处理信访信件6起。做好节日期间企业军转干及离退休、困难职工慰问工作，慰问600余人次，发放慰问品6万元；对全系统组织15次安全生产大排查，其中对瑞祥、市第二土特产公司烟花仓库、供销农超专项排查10次，其他排查5次，下发整改通知书10份，提出整改意见8条，投入整改资金5.8万元，确保社有资产和人身安全。

（凌立闻）

教育 文化 体育

教　育

【概述】 婺城区有各类大小学校58所,义务教育阶段学生47259人, 其中小学32522人、初中14737人;班级1168个,其中小学807个、初中361个;教职工2944人。幼儿园134所,教职工1996人,(专任教师1039人)幼儿16309人。婺城课改战略打造轻负高质教育,实施新课程改革行动计划,在初中推进"高效课堂",在小学打造"特色教育",结合"学为中心"课堂,形成轻负高质的良好态势。2013年获省教育科学和谐发展业绩考核优秀单位。婺城区打造人文校园,培育"一校一品""一校一特"的校园文化,金师附小的"非智力因素培养"、环城小学的"种子"教育、柳湖小学的"博雅"教育,在全省乃至全国都有一定的影响。全区有省市级体育、艺术特色学校34所,在教育文化建设领域形成独有的特色。职、成、幼教书写精品篇章。职业教育全省闻名,金华实验中学教育集团自2008年起,获金华市中职学校师生技能比武"四连冠",领衔金华职教发展。学前教育深入推进,拥有省等级幼儿园105所。成人教育成绩喜人,扫除文盲6970人。2013年婺城区成功创建全国义务教育发展均衡区。先后被评为省扶残助残爱心城区创建工作先进集体、区宣传思想工作先进单位、安全生产工作先进单位、教育工作先进单位,2所学校被评为省级绿色学校。 (葛　飞)

教育人事管理

【教师招聘及培养】 随着生源的增加、教师岗位的调整,部分学校教师缺编比较明显。区教育局在充分了解各中小学教师需求的前提下,制定详细、完善的招聘方案,采用公开、公平、公正的形式,进行2次教师招聘。在招聘中严把入口关,所聘用人员综合素质突出,其中本科及研究生学历占85%以上。具备研究生学历对象比重逐年增加。投入近10万元开展新教师岗前入职培训,让新教师在起点与特级教师、名师、名校长、一线班主任有深入的沟通。

【轮岗交流】 根据《浙江省人民政府关于加强教师队伍建设的实施意见》《浙江省教育厅、浙江省机构编制委员会办公室、浙江省财政厅、浙江省人力资源和社会保障厅关于推进县(市、区)域内义务教育学校教师校长交流工作的指导意见》, 区教育局通过动员开展校级领导(校长、书记、副校长)及骨干教师的轮岗交流,参与交流的校级领导有50多人;市区学校教师到农村、山区学校任教的有30多人;区内校际轮岗交流70人。开展轮岗交流工作第一年, 参与交流的人员达到全区教师总数的5%,为今后轮岗交流工作开了个好头。

【职称评定】 教师职称评审工作, 坚持依据出台的婺城区教师职评量化标准,公平、公正地开展评审工作。对评委要求严肃工作纪律,杜绝人情分、照顾分。同时考虑各学校间、学科间、城乡间的均衡,向山区学校适当倾斜。根据评审结果反馈,一线教师对职评工作的认可度较高,促进了教师的工作积极性。 (胡崇禄)

义务教育

【概述】 义务教育阶段学生47259人, 其中小学32522人、初中14737人;班级1168个,其中小学

807 个、初中 361 个。学龄人口入学率 100%,巩固率 100%。

【学区调整方案】 学区划分与调整的原则是相对就近原则、相对稳定原则、办学规模原则、前瞻性原则。

环城小学：红湖路小学学区内的新华街以西、人民东路以南、八一北街以东、解放东路以北部分调整到环城小学。

金师附小：红湖路小学学区的新华街以西、解放东路以南、八一北街以东部分调整到金师附小。

红湖路小学：学区内的新华街以西、人民东路以南、八一北街以东、解放东路以北部分调整到环城小学。学区内的新华街以西、解放东路以南、八一北街以东部分调整到金师附小。

实验小学新生安置：二七新村即将拆迁改造，2013 年停止招生。实验小学学区不变,学区内生源暂时安置到相近学校,待二七新村改造完毕,新建学校后,实验小学学区整体回归到新建学校。

沿中山路—五一路—工人路以南、双龙大桥北端以东部分暂时安置到金师附小。

工人路以北、解放西路以南、双龙大桥北端以东部分暂时安置到红湖路小学。

双龙大桥北端以西部分暂时安置到站前小学。

【省教育质量综合评价抽测】 10 月 25 日,四中、五中、金师附小等 12 所学校参加浙江省教育质量综合评价检测。通过中小学教育质量综合评价,准确把握全区基础教育发展状况,全面掌握学生素质真实状况,探索人才培养规律,促进各学校全面实施素质教育,提高教育质量;通过中小学教育质量综合评价,以客观、公正、准确的数据为依据,为全区对基础教育科学决策提供支撑。

【教育教学基本功大赛】 婺城区于 9 月 25 日举行中小学班主任基本功大赛,在各校选拔推荐基础上,全区有 55 名班主任参加,其中初中组 19 名、小学组 36 名。通过教育故事演讲和模拟情景题两轮比赛确定奖项。参赛选手都经过了精心的准备,演讲声情并茂,故事生动感人;对于模拟情景题,从容应答,提出解决问题的策略和方法。选送青春小学吴竹丹、上浮桥小学张莉莉、金华五中张璟、十八中吴英燕参加金华市比赛，吴竹丹获市一等奖,张莉莉、张璟、吴英燕获市二等奖。吴竹丹代表金华市参加省比赛,荣获省一等奖,并代表浙江省参加在南京举行的全国比赛。

区小学“双精”比武颁奖仪式

11 月 1 日,争当“业务精通·服务精良”优秀教师暨婺城区首届教师教育技术应用能力大赛同时在婺城中学、婺城小学拉开帷幕,这也是婺城区第八届中小学教师现代教育技术技能比武活动。来自全区 46 所中小学的 183 名教师参加比赛,参赛学校由 1 名领导、2 名骨干教师(其中 1 名必须担任学校中层及以上职务) 和 1 名信息技术课任教师共 4 人参加团体和个人奖项的角逐。比赛根据不同组别分设运用电子白板软件制作课件、现场进行说课、教学设计、现代教育技术设备维护知识与技能书面考试等内容。

【中小学生三大球赛】 根据《浙江省中长期教育改革和发展规划纲要(2010—2020 年)》和省、市 2013 年中小学生体育联赛竞赛规则通知的要求,婺城区举行第三届中小学生足球、第八届中小学生篮球比赛、第五届中小学生乒乓球比赛,丰富学生校园文化生活,增强学生健身意识,提高学生体育技能,加快体育后备人才培养。

【区第 28 届青少年科技创新大赛】 为实施《全民科学素质行动计划纲要》,推动青少年科技活动蓬勃开展,提高青少年科技素质,展示学校科技活动的优秀成果。10 月,举行婺城区第 28 届青少年科技创新大赛，28 所学校送评 365 件科技作品。其中,科学小发明 43 件、科学小论文 145 篇、科技实践活动作品 8 篇、少儿科学幻想画 167 幅、科技辅导员科技创新成果作品2件。经过专家评委分项评选，确定一等奖作品33件、二等奖作品53件、三等奖作品94件。

【改善办学条件】 婺城区筹措5175万元，实施薄弱学校改造、校舍改造维修、学校教工宿舍、综合楼建设、塑胶跑道建设等一系列工程项目。实际开工面积6797平方米，完工4500平方米。此外，投入990万元新添置716台电脑、139套电子白板、12000套课桌椅、4个计算机教室、1个主播教室、1个录播教室、4个网络中心、58个专用教室，新购30万元图书和60万元工具书，改善了中小学办学条件，促进义务教育基本条件均衡发展。 (张根友)

特殊教育

【“三残”儿童权益】 2013年秋，婺城区义务教育阶段有残疾儿童183人。其中，上门帮教34人，随班就读79人，特教学校及其他县(市、区)就读67人，暂缓入学3人。所有适龄残疾儿童均建立电子学籍档案。上门帮教残疾儿童落实帮教责任制，由学校落实教师，制订教学计划，每学期到残疾儿童学生家里上课2次，每次课后要求完成相应作业，使生活不能自理的残疾儿童也能享受到正常儿童享受教育的权利。

金华市特殊教育中心建设项目是2013年金华市重点工程，位于婺城区新狮街道范围，涉及街道沙溪村、杨家相村和康村社区3个村(社区)4.67公顷土地。4月，金华市委、市政府启动特殊教育中心建设项目，新狮街道于7月中旬进入该地块处理相关政策。经过近一个月施工，基本完成土石方清理工作。 (张根友)

民办教育

【概述】 全区有各级各类民办教育机构148所。其中民办幼儿园132所，含省一级幼儿园1所、省二级幼儿园21所、省三级幼儿园92所；民办培训机构13所；民办中小学3所，分别是个人出资的金华市新世纪学校、浙江师范大学资产经营公司与金华市婺城教育投资有限公司共同出资的浙江师范大学婺州外国语学校、金师附小教育集团与金华市捷特包装有限公司共同出资的金师附小荣光国际学校。

幼儿教育

【概述】 婺城区执行学前教育三年行动计划，省、市、区财政安排学前教育专项资金2153万元，用于新建和改(扩)建幼儿园奖励、幼儿园升等提质奖励、幼儿教师素质提升培训补助、经济困难家庭子女入园补助等。全区有各级各类幼儿园157所。其中，部门办的公办幼儿园5所；省一级幼儿园5所，省二级幼儿园20所，省三级幼儿园86所。在15个乡镇中达到省三级标准以上的中心幼儿园13所(蒋堂、琅琊、沙畈、竹马、乾西、雅畈、塔石、箬阳、安地、岭上、莘畈、罗店和新狮)，占86.7%。全区省三级以上幼儿园招生的覆盖面达86%以上。有教职工1206人(专任教师942人)，在园幼儿17213人，学前三年幼儿入园率为99%。

2013年，白龙桥镇中心幼儿园、长山乡中心幼儿园建设结顶。

【幼教队伍建设】 6月，公开招聘幼教公办教师9名，分别派送区机关幼儿园和各乡镇中心幼儿园任教。开展送教下乡，扩大优质教育资源的覆盖面。贯彻实施《3—6岁儿童学习与发展指南》，实施科学的保育和教育。研究幼儿学习方式和特点，规范幼儿园课程和教学管理。坚决纠正学前教育“小学化”倾向，严禁“拔苗助长”式的超前教育和强化训练。严禁幼儿园以集中授课方式实施汉语拼音及汉字读写训练、数学书写运算训练、外语认读拼写训练。关注个体差异，坚持以游戏为基本活动，保育和教育结合，促进学龄前儿童身心全面健康发展。利用多种渠道、多种方式鼓励幼儿教师参加学历进修和考取幼儿教师资格证。

【浙江省等级幼儿园评估】 2013年，金华市幼儿园评估组到婺城区进行浙江省二级幼儿园评估，金华市五星幼儿园、乾西上陈幼儿园等8所幼儿园通过评估。12月，古方百灵幼儿园等11所幼儿园通过浙江省三级幼儿园评估。

中等职业教育

【概述】 婺城区职业教育坚持以发展为主题，促进职业教育事业可持续发展；坚持以质量为主线，提升职业学校发展水平和育人质量；坚持以服务为宗旨，以就业为导向，以能力为标准，提升职业学校为新农村建设服务的水平，推进职业教育事业又好又快发展，取得较为显著的成绩。金华实验中学是浙江省改革发展示范校，在校生 6015 人，毕业生就业率达 100%，专业对口率达 80%。专任教师学历合格率 86.2%，双师型教师比例 57.3%。

2013 年，在金华市中职学生技能大赛暨浙江省技能大赛选拔赛中，金华实验中学教育集团组队参加数字影视制作、中餐面点、冷菜与雕刻、客房中式铺床、中餐宴会摆台、电气安装与维修、中餐热菜、中餐面点、电子商务等项目比赛。参赛选手获 6 个一等奖、5 个二等奖、17 个三等奖。

19 名学生代表金华市参加浙江省比赛。

【校企合作】 每年区教育局、人力资源和社会保障局共同组织召开校企人才合作洽谈会，搭建企业与学校沟通的平台，加强企业与学校的交流与合作，为毕业生就业提供绿色通道。金华实验中学毕业生到本地企业就业的比例由 5 年前的 22%提高到 65%。同时建立校企教师互派制度，每年金华实验中学安排教师到企业挂职 2 个月，全面了解企业设施设备使用和用工需求。2013 年开展"订单培养"，与万里扬、捷特包装等企业建立战略合作关系，探索企业办学路子，吸引企业力量共同办学，实验中学常态化的企业冠名班有永宾班和国贸班。

【服务社会】 实验中学开展双证制培训，通过文化课学习、职业技能培训，提升居民的整体文化技能素质；与万里扬变速器股份有限公司、金华翼天科技有限公司、金华乡村大院等企业开展职工技能再提升培训，取得良好的效果。学校与区民政局合作，在城北、城中、城西等街道开展多次养老护理人员培训，先后培训 1800 名学员；学校每年与婺城区农办合作，开展农家乐、农村保安、电工等多个工种培训，提高农民技能，增加失地农民再就业的机会。

【强化特色】 实验中学以深入营造"体艺、专业、德育、安全、创业"五大特色为抓手，丰富办学内涵，在公共艺术教育上树立标杆，在德育、管理方面享有盛誉，在学前教育、中餐烹饪、家电应用与维修等专业竞争优势明显，并在做强、做大基础上走向做精、做优转型发展之路。

3 月 5 日，省教育厅厅长刘希平（前排左二）视察金华实验中学

成人教育

【概述】 全区有 15 所乡镇成技校和街道社区学校。全年完成成人双证制培训 8 人、农村预备劳动力培训 200 人、各类农村实用技术培训 7200 多人，为农民增收、农村致富，为乡风文明、社会进步做出应有的贡献。莘畈乡、沙畈乡、白龙桥镇的成技校获评省标准化成技校。（傅宾忠）

教育科研

【概述】 婺城区课堂教学改革与研究方兴未艾，为响应省教科院"转变育人模式"和区教育局研究教学模式的号召，支持学校开展系列课题研究，金师附小开展教育部"基于非智力的项目学习"课题研究、汤溪初中开展"争学、针教、真练教学模式研究"研究、环城小学开展省重点课题"优质课堂教学策略体系构建研究"、站前小学开展"基于备课组建设的教学设计优化研究"省课题研究，金华四中

“初中知心教育模式研究”被批准立项为省重点课题。全区初步形成研究课堂教学模式的热潮,为婺城区提高课堂教学质量、创建教育现代化强区作出贡献。

“学在婺城”教育教学成果展

【课题申报】 全年申报立项教科研规划课题有省重点课题5项、省规划课题6项、省青年专项课题1项,市重点课题9项、市级课题68项,区级课题256项。申报立项教研课题有省级4项、市级33项、区级22项,立项课题级别和数量位居全市前列。

【心理健康指导】 2013年,组织67位教师参加C证培训,79名老师参加C证面试,24位教师参加B证培训及面试。

开展婺城区学校心理健康教育“三优”成果评比,评出一等奖6项、二等奖8项、三等奖16项。并择优选送参加省、市评比,获得省三等奖1项,市一等奖7项、市二等奖10项、市3等奖17项。

开展婺城区初中学校心理健康教育优质课评比,评出优质课3堂,推荐青春中学教师吴焕参加市优质课评比,获金华市优质课评比二等奖。

(叶一平)

学校简介

【婺城中学】 婺城中学成立于2009年8月13日,隶属于金华市第四中学教育集团,前身为创办于1967年的让长初中。学校位于婺城区行政中心,占地面积5.8公顷,建筑面积35360平方米,办学规模36个班级。

学校与金华四中实行统一办学目标、统一办学要求、统一教师待遇、统一办学评价的管理体系。有教职员工93名,多数为中青年骨干教师,其中特级教师1人,中学高级教师8人,中学一级教师70人。学生1189人。学校教育教学质量优秀,从2001年起,实现婺城区农村初中中考成绩“11连冠”,年年被评为教学成果优胜单位。先后被评为浙江省群众体育先进单位、青少年校园足球试点学校,金华市文明单位、绿色学校和谐校园、校本培训示范学校、体育传统项目学校、体育达标先进单位,婺城区课改综合实践活动基地、第一批校本教研示范单位、群体师德创优先进集体、校园文化建设先进单位、首届轻负高质示范学校、平安校园等。

学校内设教学楼、行政楼、实验楼、体艺馆、师生餐厅、学生公寓、游泳池、多功能运动场等配套设施,是一所具有现代化气息的花园式学校。其中学生公寓实行纪律、安全、生活全方位24小时全天候全过程管理,是婺城区唯一一所实行全封闭管理的初中学校。

【汤溪二中】 汤溪第二中学傍依省级风景名胜区—九峰山与历史悠远的越溪河,毗邻浙江省十大产业集聚平台—金西经济开发区,地理位置优越。学校占地5.33公顷。学校始建于1958年,1996年迁入新校址并更名为汤溪二中,初由汤溪、黄堂、东祝、厚大4所初中合并而成。2000年合并莘畈初中,2003年接纳岭上乡学区部分学生,2004年合并中戴初中,2011年合并塔石初中。学校有36个班,是婺城区办学规模最大的农村初中。

学校先后被评为浙江省农村示范性初中、省I类标准化学校,金华市文明单位,婺城区教育质量优胜单位、阵地建设先进单位、平安创建先进单位,金西开发区部门服务先进单位。2012年,学校被市教研室确定为金华市中小学教学改革基地学校。

学校拥有一支师德高尚、业务精湛的教师队伍。有124名教职员工,有高级教师17名,中高级职称教师占教师总数的75%,本科及以上学历占80%以上,学历合格率达100%。老中青教师比例合适。学校全面落实“德育为先、高效教学、全面发展”的科学发展观,以“立足于抓好升学质量,着眼于打好人生底色”为办学理念，秉承“崇德、弘毅、好学、创新”之校训，通过坚持践行国学经典、深化课堂教学改革，构建“厚德、博学、敬业、高效”之教风，营造“明理、求真、力行、高质”之校风与“勤奋、谦慎、竞争、合作”之学风，通过开展校园文化建设，优化办学条件，提升办学品位。

【十五中学】 金华市第十五中学地处金华市开发区东莱路1066号，东临八一南街，南接东莱路，西连兰溪街，北靠工商城，地处金华城市核心区域。

学校前身是金华市城南初中，从最早的水镜寺办学，到现在规模办学，其间三迁校址。1997年3月，金华市教育局正式命名学校为“金华市第十五中学”。

学校占地3.67公顷，建筑面积20122平方米，有教学班41个、在校学生2019人、教职工143人，是金华市区规模较大、设施齐全的现代精品校园。学校拥有大型多功能报告厅、校史馆，及音乐、舞蹈、美术、阅览、实验、电脑、语音、录播教室等专用教室一应俱全。校园运动场馆齐全，拥有室内乒乓球、羽毛球馆，室外标准篮球场、国际标准游泳池、标准塑胶运动场等。

学校有教职员工155人。其中，具有硕士学位教师13名；本科学历112名，占全校教师90%以上；中学高级教师50余名，中学一级教师70余名。获国家、省级荣誉称号9人，拥有一大批省、市、县(区)“教坛新秀”和学科带头人。学校成为金华市区最具潜力和活力指数的初级中学。

学校获得全国中小学思想道德建设活动先进单位、国家教育信息化试点单位、浙皖首批网络结对学校，以及浙江省首批数字校园示范建设学校、义务教育标准化学校、标准化Ⅰ类学校、现代教育技术实验学校、教育创新优秀示范学校、禁毒教育示范学校、卫生先进学校、健康促进学校金奖、绿色学校等荣誉。学校是市区初中课堂教学模式改革试点学校、金华市中小学课堂教学改革先进单位。

学校的校训是“函容、兼修、笃行 ”，师训是“专注、求新、崇真”。

学训是“精思、践行、合作”，办学理念是“厚基础、重特长、优素质、强能力”。学校校歌是《我们从这里走向远方！》。

学校是金华市体育特色学校、艺术特色学校。跆拳道、乒乓球、定向运动、航模、足球、科技制作等是学校的品牌项目。跆拳道有2人次获全国冠军，学校乒乓球队曾荣获省团体冠军，定向运动获金华市“六连冠”、浙江省团体第四名，学生艺术合唱队获浙江省二等奖、金华市一等奖，航模、足球、科技制作代表着金华市学校最高水平。

【青春中学】 青春中学占地4.33公顷，建有图书馆、实验楼、宿舍楼、多媒体厅教室、综合体育馆、塑胶跑道等现代化教育教学设施，为全面实施素质教育提供有力的保证。

青春中学按照“全面追赶、局部超越”八字方针，务实求真，狠抓过程管理。学校有90名教师，金华市名校长培养对象1名，浙江省“春蚕奖”获得者2名，金华市名师培养对象3名，高级教师32名。

办学十年，学校先后获得浙江省标准化学校、绿色学校、公民道德建设示范单位、教育创新优秀示范学校、省Ⅰ类标准化学校、中小学示范实验室，金华市文明单位、教育质量AAA级学校、花园式学校、体育传统项目学校，婺城区初中教学成果优胜单位、区首届“轻负高质”示范学校等荣誉。

青春中学有24个教学班级。多年来，金华一中正式录取比例在6%左右，省一级重点中学录取比例在40%左右。有近千人次在各类竞赛中获奖，62人次获得全国、省级大奖。其中，获全国数学竞赛一等奖6人、省科学竞赛二等奖2人，237人次获得市级一等奖。学校多次获得区中小学体育竞赛团体总分、金牌总数第前三名。

青春中学是婺城区外国语实验学校，已逐步形成独具青春风采的外语教学特色，在教学中改革课堂教学模式，设置情景教学，开设外教口语课；请外教住到学生家中，与学生共同生活、交流文化；创办英语校刊《青春之声》；开设“疯狂英语”栏目；举办英语活动周。通过活动充分调动学生学习英语的积极性，体会学习英语的乐趣。特色教学取得优异的教学成果，学生在金华市的口语竞赛、表演比赛、现场作文、智能展示等比赛中都获得一等奖，中考优秀率、合格率名列婺城区前列。

【柳湖小学】 柳湖小学成立于2003年，是金华市唯一一所公办少儿文化艺术学校。学校北靠浙师大,西靠金华二中,紧邻迎宾大道。校园占地 1.5 公顷,建筑面积 11343 平方米。学校多功能厅、电脑房、会议室、科学室、钢琴房、美术教室等 20 多个专用教室实现先进配置,各项教学条件达到一流水平。学校有 23 个教学班,教职员工 52 人,其中有全国优质课一等奖获得者、全国各类基本功一等奖获得者、浙江省课件制作比赛一等奖获得者、金华市教坛新秀、金华市优秀辅导员,金华市优秀教师、金华市优秀班主任等。

学校率先提出实施博雅教育的构想,逐渐形成"以孝为基,以植树人精神为引领,以促健康,读经典,学礼仪,以及琴棋书画等四方面为抓手"的有传统国学精神内核的博雅品牌教育特色。学校先后获得中国少年儿童艺术人才培养基地、全国中小学德育研究规划课题重点实验学校、百强特色学校、百强特色学校十佳示范学校、教育部十二五规划舞蹈尖子人才选拔基地,浙江省体育特色学校、艺术特色学校、婺剧进校园示范学校、标准化学校等 20 多项荣誉。

在各类艺术比赛中,连续 6 年在婺城区中小学生文艺汇演中获得一等奖,尤其 2011 年学校原创少儿舞蹈《跌倒了,爬起来》先后荣获金华市一等奖、浙江省一等奖、全国第六届"小荷风采"少儿舞蹈大赛金奖。

【宾虹小学】 宾虹小学地处金华经济技术开发区南端,湖海塘之畔,左临兰溪街,南傍新 330 国道。学校得名于出生在金华的现代杰出国画大师黄宾虹,2009 年 9 月 1 日正式落成并投入使用,体现"硬件设施一流,师资队伍一流,教学水平一流"的办学定位,2012 年被评为浙江省标准化学校。

学校占地 3.35 公顷, 有 3 幢教学楼、1 幢食堂餐厅、学校辅助用房 6 间,建筑面积 19139.55 平方米。学校有 5 个年级,58 个班级,在校学生 2426 人。专任教师 138 人。其中有浙江省特级教师 1 名,全国优质课评比和基本功比武一等奖获得者 2 名,省"教坛新秀"、省"教改之星"、省春蚕奖获得者等拔尖人才 8 名,市区"教坛新秀"及骨干教师等近 70 人,教育硕士 6 人。

宾虹小学践行"人文管理,幸福教育"的办学理念,竭力构建"润泽的学校""润泽的教室",坚持培育"幸福学习,快乐成长"的宾虹儿童。宾虹小学呈现特色多元、自由开放的发展态势,成为多种层级教育交流、语境社会关注的平台与话题。

无书面家庭作业、快乐晴雨表、幸福积分制、家长工作坊, 以及儿童模块多元评价等诸多创新举措,引起省内外教育界关注,《中国教育报》《浙江教育报》及新浪网、搜狐网、人民网等国内知名媒介分别作了长篇报道或转载; 拥有 "标点美术工作室""小海龟英语俱乐部"等特色品牌项目,学校被推选为艺术教育特色学校,成为全市唯一一家美术教育"国培项目"实践基地;学校儿童主观幸福感培养研究逐渐走向全省前列,"无书面家庭作业"立项为教育部重点课题,相关研究成果由浙江省教育厅推荐为教育部基础教育国家级教学成果奖候选成果。学校被授予"浙江省教科研实验基地学校""浙江省教科研先进集体"等荣誉称号。

【汤溪小学】 汤溪镇中心小学始建于清光绪 32 年(1906 年),由九峰书院改建而成。下辖厚大、中戴、黄堂、东祝 4 所完小 31 个教学班 965 名学生。

汤溪小学是金华市示范性小学, 有 63 个教学班,2621 名学生, 其中镇中心小学 32 个教学班,1656 名学生。学校教职工 117 人,其中专任教师 115 人,35 周岁以下青年教师 52 人,占专任教师总数的 46.4%; 专科及以上学历的教师 92 人, 占总数的 80%; 有小高及以上职称的教师 75 人, 占总数的 65.22%。专任教师中有金华市名校长 1 人、金华市学科带头人 1 人、金华市名师培养人选 1 人、金华市骨干教师 2 人、婺城区"教坛新秀"6 人。

学校倡导"传承经典文化,打造现代校园"的办学理念,实施素质教育,发展学生个性,促进学生全面发展。先后获得全国尝试教学先进单位、青少年普法教育先进单位,浙江省三算特色学校、体育达标先进单位,金华市文明单位、示范性小学、家庭教育先进集体、关心下一代先进集体、第二批中小学校本培训示范学校,婺城区首批和谐校园、发展性评价考核 A 类学校、第十一届中小学生文娱汇演一等奖、最佳优秀组织奖、第二届"快乐阅读 和谐成长"未成年人暑期亲子读书活动优秀组织奖、"安全用药" 原创绘画作品大赛优秀组织奖等荣誉。

学校 2013 年课题立项再创佳绩,国家级少先队课题1项，省级农青专项课题1项，市规划课题8项，市教研课题3项，区级课题27项。在“小作家杯”现场作文大赛、区科技创新大赛、全国华罗庚杯数学赛、2012年区小学生电脑制作比赛中，200多人次分获一、二、三等奖，为学校增光添彩。

【胜利小学】 胜利小学1996年6月由创办于1907年的将军路小学和创办于1913年的四牌楼小学合并而成，经历了上百年的风雨，为国家培养了大批人才。著名已故音乐家施光南曾在该校求学；婺州著名画家蒋跃、悉尼奥运会运动员村总设计师徐放、中国女排队员殷因均为该校毕业生。学校占地0.59公顷，建筑面积5000.6平方米，配有电脑室、图书室、实验室、音乐教室等各种专用教室。12个班级，学生495人，在职教师38人。其中，大学学历34人，市名师培养对象3人，市直“教坛新秀”2人，区“教坛新秀”2人，中学高级教师4人，小学高级教师19人。

学校以人文底蕴滋教育之根，以和谐发展铸教育之魂，创造了一系列教育成果。先后获得全国红旗大队、青少年文明礼仪教育示范基地，浙江省先进家长学校，金华市文明单位、示范性家长学校、绿色学校、中小学行为规范达标学校，婺城区和谐校园、关心下一代工作先进集体等多项荣誉。学校教师先后承担省、市、区级课题几十项，科研成果、论文屡屡在全国、省、市级比赛中获奖。学校还连续多年被评为婺城区平安校园。

学校建设“崇德、善学、健美、创新”的校风，“敬业、务实、合作、开拓”的教风和“勤学、睿思、自信、卓越”的学风，整体规划学校育人环境，突出校园文化品位，剪纸成为学校的特色教育内容，全校500多名师生，人人都在接触剪纸，学习剪纸，每个班级的队角上都贴着学生的剪纸作品，校园里充满浓厚的剪纸氛围。

【站前小学】 站前小学始建于2002年，由解放西路小学和洪源小学合并而成，是城区学校规模较大的学校之一。学校坐落于凤凰山公园北侧，环境优美，办学条件一流，拥有报告厅、200米塑胶跑道、体育馆、游泳池、篮球场、羽毛球场、专业教室等。教室配备多媒体、新一代电子白板。

小学部有27个教学班，学生近1300人；幼儿部有12个班，学生400多人。教职员工100多人。其中，省、市“教坛新秀”、名师3名，区以上骨干教师、优秀教师38名。

学校先后被评为全国万校国防教育先进学校、浙江省文明单位、艺术教育先进单位、金华市教育质量AAA级学校。学校自2005年起，在婺城区中小学运动会上，蝉联总分三连冠、金牌数四连冠。

学校通过师徒结对、支持教师自主外出学习、教科研实践等形式，通过组织“中国名师浙中行”等教研活动，促进教师“改变自己，影响学生”。

学校一直秉承“尊重规则，分享自由；完善自我，关怀世界”的校训，努力营造站前小学独有的“安静的、朴素的、悠闲的、灵性的”学习环境。

【箬阳小学】 箬阳乡中心学校地处婺城区南部山区，海拔800余米，是全乡唯一一所学校，也是一所全寄宿制的学校。学校始建于1950年，原名为金华县箬阳初级小学，开设初小和高小各1个班，后又附设农业初中班1个。1982年学校改称箬阳小学，设小学部和初中部。2000年，在尖峰集团援资下，重建校舍，名为箬阳乡尖峰希望小学。2006年，学校增开箬阳乡中心幼儿园，被评为浙江省三级幼儿园。

学校占地3000余平方米，建筑面积2800平方米，是婺城区占地最小的一所学校。有6个班级，学生92人，在职教师13人，其中7人为小学高级教师。幼儿园在校生14人，教师1人，保育员1人。

学校有少先队活动教室、音乐教室和电脑教室各1个，新建1个多功能会议室，每个教室配备多媒体设备。

学校在职教师平均年龄44岁，除5名年轻老师外，都在箬阳小学任教20年以上。老教师都经历了在村小代课、撤并后到乡校、代课转民办、民办转公办的历程。

学校于2002年获“站前杯”乒乓球赛第八名；2010年获区小学生乒乓球比赛男子组第七名，女子个人第一；2011年获“党在我心中”文艺汇演优胜奖；2011年足球比赛小学女子组第六名和男子组第七名；2012年足球比赛小学男子组第七名和女子组第五名；2012年获得区文艺汇演二等奖；2012年度被评为“五好”党支部；在2013迎省二体会“冠林杯”金华市校园足球对抗赛中，箬阳乡中心学校获得

“体育道德风尚奖”，男子足球队获第六名的好成绩。

【汤溪幼儿园】 汤溪幼儿园创办于1951年2月,1988年改称为金华县九峰幼儿园,1998年确定为汤溪镇中心幼儿园。2005年底,与汤溪小学脱离托管关系，成为全额拨款事业单位,2013年10月后,成为开发区教育局直属公立幼儿园。幼儿园位于金华市汤溪高级中学、汤溪中心小学、汤溪城隍庙旁边,浓郁的文化氛围,提供了良好的育人环境。幼儿园占地2268平方米,建筑面积3246平方米。有11个班级,340名幼儿，专任教师26人，保育员5人,保安1名,门卫1名,职工2名。其中,教师队伍中大专以上学历占比、持证率达100%,区“教坛新秀”2名,区优秀教师2名。

园内环境净化、美化、儿童化、教育化浑然一体,配套齐全,有符合幼儿健康发展要求的活动室、午睡室、盥洗室;有培养幼儿兴趣与能力的舞蹈室、建构室、美术创意室;有功能多样的大型玩具、充满冒险的攀爬墙、体育游戏室等。先进、环保、卫生的设施设备,丰富适宜的活动空间,平等关爱的人文气氛,体现以幼儿发展为本的教育理念。

幼儿园以“把爱心给孩子,把放心给家长,把满意给社会”为办园宗旨,以质量求生存、创新促发展为办学思想,开设健康、语言、科学、社会、艺术等五大领域主题活动;融入经典诵读、蒙氏教育;发挥地处农村的自然地理优势,利用当地自然资源、民风民俗和特有的乡土文化,探索富有农村特色的幼儿教育,打造乡土特色教育品牌。幼儿园连续被评为区先进单位、平安校园,是区综治办、教育局德育、婺剧等试点单位。同时,幼儿园利用自身优质资源,加大对各乡镇幼儿园示范辐射和帮扶力度,获得领导、同行的一致赞赏。

文　化

【概述】 婺城区文体局实施“文化强区”“体育强区”战略,解放思想,开拓工作思路,整合资源,夯实工作基础,各项建设工作取得新进展。

“两馆一站”建设取得重大进步,文化馆和图书馆做好免费开放的前期准备。17个乡镇、街道完成综合文化站建设。建成文化礼堂22个。城北街道凤凰山社区、新狮街道下裴村被评为市级文化示范村。完成“三农”出版物发放工作,为全区382个农家书屋增添最新知识读本。

配合区委、区政府开展“激情婺城”系列大型文化活动52次。完成省二体会网球和健身秧歌承办工作。开展机关、企事业各类文化体育活动20余次。开展全区农民读书征文活动,丰富农村群众精神生活。坚持文化下乡活动，全年开展“送戏下乡”140场、“文化走亲“10场、“送书下乡”31次,送书5500册,价值14万余元。

群众文化

【概述】 婺城区文化馆位于婺城中学内，与婺城区图书馆合建,馆舍建筑面积2511平方米,为国家二级馆,内设综合教室、多功能厅、演艺厅、舞蹈排练厅、书画创作室、美术指导室、曲艺指导室、音乐教室、展览厅等功能馆舍共11处文化场所。组织、承办多次市、区级大型文化活动,围绕“文化强区建设”中心任务开展工作,通过研究协商将计划做细做实,明确活动项目、日程安排及要求,做到专人负责、分工明确。开展免费开放服务培训,开拓公共文化服务工作新思路，文化工作呈现喜人的发展态势,受到领导和社会各界的好评,文化工作又上新台阶。

【“山花烂漫·美丽婺城”】 3月9日，婺城区文化馆在市人民广场承办2013年度“山花烂漫·美丽婺城”——茶花节、油菜花节、桂花节启动仪式。作为婺城区的特色，茶花节、油菜花节已连续举办3届,桂花节已举办4届,形成“山花烂漫·美丽婺城”品牌。“三花节”注重品牌整合、节俭办节、安全和谐、统筹协调、强化考核等原则,把3次节会开幕式合并成1次启动仪式,将“三花节”所有活动统一安排开展。本次活动旨在宣传推介婺城,以花为媒,打响“山花烂漫·美丽婺城”品牌,提升婺城区知名度和美誉度。“三花节”期间,还举行“山花烂漫 美丽婺城”文艺演出、油画婺城花乡行、“多彩三月三”金华畲族风情展等系列文化活动。

【人口计生文艺汇演】 3月28日下午，由金华市人口计生委、婺城区委宣传部、区人口计生局、文体局主办，区文化馆承办的“优生优育优教利国利民利家”婺城区人口计生文艺汇演，举行整场演出11个节目，其间穿插计生知识问答，台上台下互动，村民在享受视听文化大餐的同时，又增强计生知识。

【“庆三八 秀创意 展风采”T台赛】 3月8日，由区妇联、区委宣传部、文体局主办，区文化馆承办2013年婺城区 “庆三八 秀创意 展风采”T台赛，展示乡镇、街道及各系统妇女的风采，通过形体训练、T台走秀训练，培养女性的挺拔身姿，进行创意秀表演，展现新时代女性的个性与魅力。

【“寻梦仙源湖 全城健步走” 活动】 9月29日上午，2013·第五届中国仙源湖桂花节“寻梦仙源湖?全城健步走”活动在安地镇举行启动仪式，区文化馆、城东街道、城中街道等10多个方队近500名队员，身着统一服装，以健步走的形式表达自己对仙源湖桂花节的美好祝愿。健走路线从金华动物园至仙源桥、景观桥、广场街等9个设点，最后到达南山郡，随后返程，全程7.5千米，历时2个多小时。

【区第三届中小学婺剧演唱大赛】 11月22日，由区委宣传部、区婺剧促进会、区教育局、文体局联合举办，区文化馆承办的婺城区第三届中小学婺剧演唱大赛拉开帷幕，来自全区16所中小学、幼儿园的代表队，近300名中小学生，献上一台婺剧盛宴。经过精彩角逐，实验中学教育集团代表队带来的婺剧独唱《见多少王孙公子把骏马乘》、仙源湖实验学校的原创婺歌《醉美仙源》、金师附小的折子戏《穆桂英——沙场练兵》、东市街小学的表演唱《迎皇妃》获得一等奖，琅琊小学等5支代表队获得二等奖，红湖路小学等7支代表队获得三等奖。

【区第二届民俗文化艺术节】 10月26日上午，为庆祝乾西乡本土节日 “九月廿二”，由区委宣传部、区文体局、区婺剧促进会主办，乾西乡党委、政府、湖头村“两委”承办，区文化馆协办的婺城区第二届民俗文化艺术节在乾西乡湖头村文化广场开幕。当地及周边乡镇群众近千人参加开幕式并观看精彩的民俗表演。

【区首届“与平安同行”文艺汇演】 11月1日下午，由区委政法委、区委宣传部、区文体局主办，区文化馆承办的婺城区首届“与平安同行”文艺汇演活动在市区福华广场举行，为推进“平安婺城”创建工作，发动、组织群众参与平安建设，提高人民群众对“平安婺城”建设的参与率、知晓率，展示“平安婺城”建设的成果。

【元宵展演活动】 2月23日18点30分，在市区人民广场“花灯大拜年”活动中，区文化馆选送《茶乡龙舞》灯组，灯组中的龙灯旁有茶花与佛手花灯相映衬，表现婺城区茶花之乡后溪何村茶花闹、佛手香，飞龙舞翩跹的胜景，表达婺城人打造“中国茶花之乡”品牌，不断营造物质富裕、精神富有、宜居宜业宜游的美丽婺城的美好愿望。

【央视《星光大道》选手邵淑环回婺发布会】 5月7日下午，在区会议中心201会议室召开新闻发布会，祝贺婺城区选手邵淑环女士成功登上央视《星光大道》。区委领导，区文体局，区文化馆干部，金华电视台等6家媒体、区基层文艺骨干代表，以及各界热心人士参加新闻发布会。

【“送文化、送温暖进山区”系列活动】 1月22日起，区委宣传部、文明办、区文联、新闻传媒中心、文体局、卫生局等部门开展“送文化、送温暖进山区”系列活动。辗转箬阳、塔石、莘畈、沙畈4个山区乡7个村庄，为山乡村民送出7场文艺演出、1000余册图书、1200余份年画及几千幅春联。

【中小学校排舞骨干编导培训】 4月25日，区文化馆在馆演播厅举行首次中小学教师排舞编导培训。通过对各中小学校排舞骨干进行短期编导培训，提高教师排舞的编排能力，培养一批优秀的排舞编导老师。全区43所学校的45名教师参加培训。

【迎新春茶话会活动】 1月16日，由区委宣传部主办，区文化馆承办的2013迎新春茶话会暨文艺演出活动在区行政中心举行，茶话会由区委副书记、区长王建主持，区委书记陈晓致辞。

【“欢乐金华”百姓文化节——百姓才艺大赛婺城区选拔赛】 6月13日，金华市文化广电新闻出版局、区文体局、金东区文体局、开发区社会发展局主办，区文化馆承办区首届“欢乐金华”百姓才艺大赛。经过全区各个乡镇、街道前期选拔，评选出100余名参赛演员，携35个节目参加选拔赛，参赛节目包括各种器乐、舞蹈、剧种、演奏、健身操、方言快板,赢得在场评委和观众的好评。参赛选手年龄从六七岁的儿童到近80岁的耄耋老人,囊括各个年龄段。经评委们评审,评出14个节目入围市百姓才艺大赛决赛。

【区首届企业文化(舞蹈)培训班】 7月25日,由区工商联、文体局主办,区文化馆承办的婺城区首届企业文化(舞蹈)培训班在区文化馆演播厅开班。来自婺城区基层商会专职领导、秘书长,各企业文艺骨干共60多名舞蹈爱好者参加为期1周的排舞培训。

【获奖情况】 2月,罗店后溪河村《花乡龙舞》灯组在市庆元宵文化活动花灯大拜年评比中荣获银奖。

5月,章晓华创作的故事作品《九九八十二》在浙江省曲艺家协会主办的浙江省第二届故事会中获征文一等奖。

7月,郑慧娜的《从汤溪镇传统文化传承保护引发有关文化城镇建设的思考》在市第三届公共文化服务创新论坛论文评奖中获一等奖。

8月,郑红建获市第二届文化馆(站)业务干部才艺大赛美术类A组金奖,章晓华获曲艺类A组银奖,孙傲雪获书法类A组银奖。区文化馆获组织奖。

8月22日,婺城区文化馆获市第五届排舞大赛优秀组织奖,周梦婷获指导老师奖。

9月,郑红建的油画作品《桃花》获浙江省第三届群星视觉艺术大展优秀美术作品展优秀奖。

11月16日,周梦婷参演的小品《金婚宴》在市首届曲艺小品大赛中获表演银奖。

12月,章晓华创作的金华道情《九九八十二》在浙江省第七届曲艺新作大赛中获表演三等奖。

12月,由章晓华等3人制作的微电影《缤纷童年话今昔》在市"印象·七彩童年"微电影大赛中获一等奖。 (孙傲雪)

文化市场管理

【概述】 区文化行政执法大队(以下简称大队)全年出动552人次,检查文化经营单位1119家(次),查处违规经营单位49家,市场良好率为95%。其中立案19家,罚没款2.65万元。取缔黑网吧5家、无证地摊游商2家,收缴盗版VCD光盘115张、不健康书报刊78册。受理"12318"电话举报4家,撰写上报文化市场信息28篇,省文化市场OA系统刊用24篇,市支队刊用22篇。

【校园环境整治】 元旦、春节、"两会""两考"期间,大队开展校园周边环境专项整治,重视未成年人成长环境,为民众服务。元旦、春节期间,大队紧盯网吧和娱乐场所,防止未成年人进入。"两考"期间,大队向经营单位提出护考要求,宣传加强"两考"期间管理的政策规定,禁止未成年学生进入,要求歌舞娱乐场所和KTV厅降低声音分贝,为"两考"学生提供一个安静良好的考试环境。

【黑网吧取缔行动】 1月6日,区文化、工商、公安三部门联合行动,出动22位执法人员,对位于白龙桥镇临江村、楼家村和通江路的5家黑网吧依法取缔,收缴电脑主机38台、电脑显示屏38台、交换机3台、电子游戏机2台。

【清源行动】 大队按照五个"必查"的总体要求(车站、邮运公司、物流公司出版物托运场所必查,主要网站必查,出版物集中经营场所、校园周边书店必查,出版物印制企业、重点印刷企业必查,主要旅游区出版物销售点必查),开展"清源行动"。在日常检查中,大队对出版物市场、印刷厂、校园周边书店等进行实地巡查。经过打击查缴,全区未发现政治性非法出版物和非法报刊制售活动,确保社会稳定和文化市场安全有序。

【文物单位监管】 全年出动执法检查46人次,检查文物保护单位33家,检查文物保护点12家。受理举报2次,均予以处理,确保文物保护单位和文保点安全无事故。

根据国家文物局《关于开展文物系统安全大检查的通知》,大队于6月19~20日、7月18~19日、8月14日对23家文物保护单位、文物保护点进行排查。发现5家文物保护单位没有消防器材,1家文物保护点堆放柴草,检查人员当场责令限期整改。在检查过程中,做到边检查边向单位负责人宣传消防安全重要性,要求各单位严格遵守法律法规,落实消防安全责任,健全各项消防安全制度。通过宣传,提高文物保护单位和文物保护点责任人的安全意识,确保责任人掌握基本的防火、灭火知识,提高单位自防自救能力。

元旦、春节期间,大队执法人员会同文物办对全区文物保护单位和文物保护点进行节前安全大检查,本着“安全第一、预防为主”的原则,有效开展防火、防盗安全检查,落实第一责任人制度,对检查中发现的问题及时分析解决,落实整改。大队会同区文物办针对媒体报道“市级文保单位、民国名人黄绍竑别墅坍塌严重”情况进行跟踪检查。

10月25日,接群众举报,上林院建筑工地在10月24日下午,挖掘机清土作业时发现有大小不等疑似文物的若干珠子出土,被工地工人捡走,请文物部门调查。接报后,文物监察大队立即会同文物办工作人员赶赴现场,对举报情况进行核查。经查,举报人反映问题基本属实,在工地负责人配合下,找到现场工作人员,把10月24日下午出土的文物上缴给执法人员,经市文物局专家现场鉴定,出土珠子属朝珠,现场收缴和发掘大颗朝珠3颗,黑色小珠28颗、坠子2颗。市文物局专家对现场进行了抢救性发掘。

【禁毒宣传】 6月26日是第27个国际禁毒日,根据国家禁毒办等十八部委《关于深化全民禁毒宣传教育工作的指导意见》要求和区文体局关于开展2013年禁毒宣传月活动实施方案,大队开展针对网吧、娱乐场所的阻击合成毒品大检查。6月24至25日,大队执法人员对全区22家网吧和4家歌舞娱乐场所进行了禁毒专项检查。

6月26日上午,召开全区网吧、歌舞娱乐场所暑期文化市场监管和安全生产工作会议,专题部署禁毒宣传月活动,要求全区网吧和歌舞娱乐场所悬挂1~2条横幅或竖幅的禁毒宣传标语,做到经营单位防毒、禁毒,确保区内网吧、娱乐场所等公共聚集场所真正远离毒品。

【消防安全监管】 6月至9月,大队在按照区文体局《关于开展文体系统彻查整治火灾隐患百日大会战行动方案的通知》要求,彻查网吧、歌舞娱乐场所及印刷厂等人员密集场所的消防安全状况,依法查处存在火灾隐患和消防违法行为,出动执法检查195人次,检查文化经营单位和文物保护单位419家次,查处2家单位存在火灾隐患,3家经营单位消防通道没有按规定畅通。经过复查,存在问题全部解决。

6月26日,大队召开全区网吧、歌舞娱乐场所暑期文化市场监管和安全生产工作会议,组织收看中央电视台拍摄的《城镇网吧乱象——安徽萧县违规网吧泛滥,部分县城变重灾区》视频资料片;部署开展暑期网吧专项整治行动;大队与各网吧、娱乐场所签订守法经营责任书、消防安全经营责任书;邀请杭州市消防专家进行消防安全知识讲座。

7月下旬,大队与全区文化经营单位签订彻查整治火灾隐患百日大会战活动自查整改承诺书,填写社会单位消防安全自查自纠表,要求各单位严格遵守消防法律、法规,落实消防安全主体责任,健全各项消防安全制度。要求各单位业主对员工开展经常性宣传教育,确保员工掌握基本防火、灭火知识,提高单位自防自救能力。全区24家网吧和4家歌舞娱乐场所全部签订承诺书和填写自查自纠表。大队采取日常巡查与突击抽查相结合,错时检查与受理举报迅速出动相结合,加大对网吧、娱乐场所的检查密度和力度,完善违法、违规经营记录档案,对屡犯及违规性质严重的网吧、娱乐场所,实行严管重罚,对辖区监管工作分片包干,责任到人,严格实行办案责任追究制度,加强督导和暗访检查。对发现的问题做到及时快速依法处理,坚决净化网吧、娱乐场所市场。对3家网吧和1家娱乐场所消防器材过期、需要更换的,立即提出并发出限期整改通知书。

【队伍建设】 大队定期召开队务会,组织执法人员学习法律法规,文化部、省厅文件精神,进行案卷讨论和案件评审,探索文化执法新领域和新方法。在文化市场监管中树立“管理就是服务、管理必须服务”的理念,坚持“阳光执法”原则,落实“一店一本”工作。做到权为民所用、情为民所系、利为民所谋。

(盛华君)

图书事业

【概述】 区图书馆于2012年10月成立,核定事业编制5名。区文化中心大楼1、2层楼归图书馆使用,建筑面积3430平方米。图书馆因缺乏所需设备、设施,尚未对外开放。

【农家书屋建设】 农家书屋建设工程是区图书工作的重点创新工作,举办从事宣传文化工作的干部、“村官”、农家书屋管理员培训班,培训近800人次。合理配置农家书屋出版物种类、设施和设备。9月,组织出版物常识及管理知识培训,邀请图书专家对各乡镇文化管理员进行业务辅导。区图书馆利用农家书屋平台开展有奖读书竞猜活动,聘请农技、蔬菜、畜牧、水电、卫生保健等行业专家举办专题讲座,依托农家书屋开展活动,丰富农民业余生活。举办区首届农民读书征文活动比赛,评选一等奖3名、二等奖6名、三等奖7名。

【区第九届未成年人读书节”活动】 5月15日,区第九届未成年人读书节活动在环城小学开幕,读书节围绕“绿色阅读、七彩童年”主题,开展美文诵读展演、主题征文、书香婺城校园阅读活动展示、印象七彩童年“微电影”大赛等系列活动。

【送文化下乡】 区图书馆分别在蒋堂、竹马、新狮等地举办“岁月留痕”“钱江潮”“阅读窗下”等展览。另外在各乡镇举办15场“如何阅读和怎样推广阅读”讲座,培养群众阅读兴趣,提高阅读能力,鼓励大家多读书、读好书,近千人次参与。

【图书流通点建设】 区图书馆开展送书下乡、送书进军营、进学校活动,年内新增32个图书流通点,送书6604册。 (陈佳丽)

非物质文化遗产保护

【概况】 婺城非遗保护中心坚持“保护为主、抢救第一、合理利用、传承发展”工作方针,以科学发展观为指导,深化对非遗保护的认识,遵循非遗保护客观规律,提升工作水平,落实非遗“十二五”规划的各项任务,做好婺城非遗保护传承工作。

【非遗申报】 开展各级非遗名录申报工作,7月9日,区政府下文认定白沙老爷传说等14个项目为区级第二批非遗代表性保护项目,汤溪茶罐窑、汤溪上李走马灯、琅琊双曲酒、婺州窑乳浊釉制作技艺申报市级非物质文体遗产项目,吴根发等8人申报市级第二批非物质文体遗产传承人。汤溪小学、竹马小学、仙源湖学校申报市级非物质文体遗

塔石提线木偶戏

产教学传承基地。董锡清被认定为金华斗牛省级传承人。

【非遗传承人培训与课题研究】 举办金华斗牛、婺州古建筑营造技艺、婺州窑制作技艺、金华山歌等4期非遗传承人培训班,加大非遗传承人培育力度。加强对非物质文化遗产及其保护方式、保护工作有关的理论研究,使非物质文化遗产保护工作在科学理论指导下规范有序地进行。邀请专家、学者对婺城非遗重要项目进行考证研究,编写《金华斗牛》《婺州古建筑营造技艺》《婺州窑制作技艺》3册培训教材。

【非遗宣传和保护】 2013年,列入非物质文化

遗产名录的项目有省级1个、市级14个，认定12名区级、6名市级非物质文化遗产传承人，创建市级4个、8个区级非物质文化遗传承基地。开展“非遗进校园”系列活动。完成婺州窑制作技艺、古建筑维修保护、金华斗牛传承人、金华山歌非遗传承人4项培训，206人参加。

结合“激情婺城”主题活动开展婺城非遗宣传和展示活动，在“第二届民俗文化节和读书节”上进行非遗项目展示展演，在活动中注意征集非遗保护的实物和图片等资料，做好婺城非遗展馆创建准备工作。在白龙桥、汤溪、雅畈、竹马等乡镇创建婺州窑制作工艺、古建筑维修保护、金华斗牛、金华山歌培训基地，组织婺州窑文化之旅，让更多人参与非遗保护和体验，落实非遗传承保护，实现非遗共建共享。（朱明升）

文物工作

【概述】 全区有全国重点文物保护单位6处、省级文物保护单位16处，县（市）级文物保护单位48处、市级文物保护点112处、登录点719处。为对历史建筑和文化遗产进行有效保护，落实区政府工作报告提出的维修保护历史建筑工作任务，2013年，区文物办协同区农办等部门，完成对沙畈虞氏宗祠、胡铭七墓、琅琊敦伦堂、汤溪世名堂、上境百顺堂等5处历史建筑和文物保护点的修缮保护。

汤溪镇上境村刘氏宗祠雕刻构件

【黄绍竑别墅维修工程】 黄绍竑别墅位于罗店镇罗店村，始建于1937年，建筑面积234平方米。黄绍竑是中国近代知名爱国民主人士。曾任浙江省主席、湖北省主席、第三战区副司令长官等职。抗战时期，杭州沦陷，浙江省政府迁至金华。1939年3月17日周恩来以国民党军事委员会政治部副部长的身份到金华指导抗战工作，4月1日，与黄绍竑在别墅会晤，协商统一抗战。新中国成立后，这里由金华市第三医院（肺结核病医院）使用。“非典”后，又划归金华市中心医院当急性传染病隔离医院。1995年12月11日，公布为金华市文物保护单位。

黄绍竑别墅因长年闲置，年久失修，出现多处坍塌，急需抢修。但由于产权多次变更和缺少维修资金，别墅未得到及时修缮。社会各界十分关注别墅的保护维修，新闻媒体多次进行报道。经过前期的准备工作，2012年6月，金华市文物部门与黄绍竑别墅的新产权单位—金华市中心医院着手进行修缮。2013年1月16日，金华市中心医院组织工程招投标。2月25日，施工队进场施工。5月，黄绍竑别墅维修工程竣工。

【考古发现明代古墓群】 5月23日中午，区文物办接到仓里村书记打来电话，在仓里村茶亭山农田改造现场发现十八穴古墓群。区文物办立即向市文物局作了汇报，随后市、区两级文物部门工作人员赶赴现场。

经现场勘察，初步判断该古墓群为明代墓葬，保存较完整，形制普通。按照相关要求，市、区文物部门向浙江省文物局进行了报告。根据省文物局意见，5月24日，由金华市文保所负责抢救性发掘，省考古研究所派专家现场指导。经过逐穴清理，除了20多枚古钱币外，没有发现任何随葬品和有价值的文物，但如此规模的墓葬群实属罕见。此墓葬群对研究古代丧葬制度、墓葬形制及当地人文历史提供了实物资料。

【第一次全国可移动文物普查】 7月5日，区人民政府办公室印发《关于开展第一次全区可移动文物普查工作的通知》，婺城区第一次全国可移动文物普查工作正式启动。

（徐　毅）

体　育

【概述】体育工作全面落实科学发展观,以备战和承办省第二届体育大会为重点，围绕体育创强建设,着眼于强基层、打基础,完成各项工作任务。做好体育创强工作,金奥社区顺利通过评估验收。截至年底，9个乡镇成为浙江省体育强乡镇,创建省级乡镇全民健身中心1个、省级中心村全民健身广场1个、中心村体育休闲公园1个、体育公园1个。4个社区通过浙江省体育先进社区创强复查，建设小康体育村75个。开展群众体育运动,举办区首届“乐秀”杯轮滑邀请赛、“舞动婺城”少儿拉丁舞大奖赛、区首届“东成天元杯”武术比赛、区“万福杯”篮球比赛、区机关羽毛球队与金华监狱羽毛球队友谊赛、“万里扬”杯机关干部和企业职工乒乓球比赛、“爱点服饰”杯钓鱼比赛、“相约石宫”休闲垂钓大赛总决赛等比赛;组织企业开展排舞大赛、街道乡镇参加城市排舞PK赛;街道、社区开展丰富多彩的体育活动;中老年健身活动普遍开展。组队参加浙江省第二届体育运动会。青少年体育常抓不懈,完成体育中考工作,组队参加省、市各项比赛,并取得众多佳绩。发展体育特色学校和各项目训练网点。

竞技体育

【概述】以承办省二体会为抓手，整合体育资源,优化项目布局,发挥优势,提升竞技实力。全区配备综合场地、运动器材等训练设施,有运动员500余人,已达省、市两级体育赛事的要求,竞技体育成绩喜人。

【承办省二体会】省二体会是浙江省规格最高、规模最大、水平最高的群众体育盛会。围绕“一流的开幕式、一流的场馆设施、一流的组织、一流的竞赛成绩、一流的城市形象”标准,以主人翁的姿态,做实做细每一项筹备工作,把省二体会办成精彩圆满、和谐顺利、高效节俭的盛会。按照上级统一部署,以高度负责的态度,发扬主人翁精神,完成9月22~26日举行的网球比赛和9月23~25日举行的健身秧歌比赛的承办任务。

【组队参赛】1月30日至2月3日,参加第33届“迎春杯”浙江省青少年(儿童)游泳锦标赛,获2个第四名、1个第六名、2个第八名。

6月1~2日,参加2013年全国少儿游泳分区赛(武汉体院赛区),陈磊在男子15~17岁组50米自由泳项目中摘金,吴亚楠、马依依、叶雨晨分别在女子11岁组50米自由泳、女子11岁组50米蛙泳和男子12岁组50米蛙泳项目中摘银。

6月7~8日,举办“万里扬”杯乒乓球比赛,机关组11支代表队参赛,“两新”组织组7支代表队参赛。

7月1~6日,参加2013年浙江省青少年(儿童)夏季游泳锦标赛,获2个第六名、1个第七名。

7月7日~14日，组队参加2013年浙江省青少年网球锦标赛，虞欣刚获甲组男子单打第三名,朱桂明获甲组女子单打第八名,全怡攀和朱桂叶获丙组男子双打第八名。甲组男子、女子团体均获第五名;乙组女子团体获第八名;丙组男子团体获第六名、女子团体获第八名。

7月15~18日,组队参加2013年浙江省青少年短式网球锦标赛,男子团体获第六名,女子团体获第五名;叶王楠获女子单打冠军。

7月18~23日，参加浙江省第十一届少年儿童田径运动会,以4金、3银、2铜,总分115分的成绩获全省(89个县、市、区)第七名。

8月2~21日，组队参加2013年浙江省青少年足球锦标赛,男子甲组获第六名,男子乙组获第八名。

10月28~11月3日,举办区“万福杯”篮球赛,机关组8支代表队参加,“两新组织”组9支代表队参加。

学校体育

【概述】婺城区发展体育特色学校和各项目训练网点,多所学校被市教育局、市体育局命名为体育特色学校,推进了全区学校体育稳步前进。

【体育赛事】5月15~17日,举办区第七届中小学生网球比赛,4个代表队77名运动员参赛。

8 月 2~4 日,举办区第七届中小学生游泳比赛,16 个代表队 259 名运动员参赛。

10 月 23~25 日,举办区第十三届中小学生田径运动会,56 个代表队 669 名运动员参赛。

11 月 19~22 日,举办区第三届中小学生足球比赛,15 个代表队 210 名运动员参赛。

11 月 25~29 日,举办区第八届中小学生篮球赛,26 个代表队 248 名运动员参赛。

12 月 2~6 日,举办区第五届中小学生乒乓球比赛,30 个代表队 198 名运动员参赛。

群众体育

【概述】 全区群众体育得到蓬勃发展,做好体育创强工作,创建省级乡镇全民健身中心 1 个、省级中心村全民健身广场 1 个、中心村体育休闲公园 1 个、体育公园 1 个。4 个社区通过浙江省体育先进社区创强复查,建设小康体育村 75 个。开展群众体育运动,举办轮滑、少儿拉丁舞、武术、篮球、羽毛球、乒乓球、垂钓、排舞等比赛。中老年健身活动普遍开展。组队参加浙江省第二届体育运动会。

【体育创强】 做好体育创强工作,金奥社区顺利通过评估验收。至年底,13 个乡镇成为浙江省体育强乡镇。汤溪镇创建省级乡镇全民健身中心,蒋堂镇蒋堂村创建省级中心村全民健身广场,塔石乡余仓村创建中心村体育休闲公园,安地镇建设青少年户外活动营地。汤溪镇岘垅体育公园已建成并投入使用,内设室内网球场 4 个、室外篮球场 2 个及户外拓展区、儿童体验区、健身路径等体育设施。全年完成 75 个小康体育村建设任务。

篮球奶奶朱淑娟

【体育赛事】 5 月 4~5 日,在市人民广场举办婺城区首届"乐秀"杯轮滑邀请赛,邀请宁波、台州、丽水、海盐及金华各县(市)11 支轮滑队 117 名运动员参加。

5 月 10 日,区机关羽毛球队与金华监狱羽毛球队进行友谊赛,双方派出 5 对男子双打和 1 对混合双打进行比赛,区机关队以 5 比 1 取得胜利。

5 月 23~25 日,组队参加在海宁市举办的省二体会轮滑比赛,13 名运动员参赛,除 1 名运动员外,其他运动员均得奖,团体总分列全省第三名。

5 月 26 日,在沙畈乡石宫村举办"爱点服饰"杯钓鱼比赛,60 名运动员参赛,前 10 名运动员参加年度总决赛。

6 月 7~8 日,文体局与机关工委联合举办区机关干部乒乓球比赛,11 个机关党委、"两新" 组织 6 个下属单位近百名运动员参加。

6 月 13~18 日,组队参加金华市第六届 "八婺杯"篮球赛,婺城区男子、女子篮球队获得冠军。

7 月 6~7 日,在金华市体育馆举办婺城区首届"东成天元杯"武术比赛,来自金华市区及兰溪、永康等市 28 支武术队近 400 人参加。

8 月 23 日,组织 3 支排舞队伍参加金华市第六届排舞大赛,获 3 个银奖、1 个组织奖、2 个指导老师奖。

9 月 14 日,组织竹马东宅舞蹈队、城中街道排舞队、城东街道冰莲艺术团、白龙桥镇舞蹈队 4 支排舞队参加城市排舞 PK 赛。

9 月 29 日,文体局与仙源湖管委会、安地镇镇政府联合举办第五届中国仙源湖桂花节——"寻梦仙源湖·全城健步走"活动。

10 月 28 日~11 月 3 日,举办婺城区"万福杯"篮球比赛,17 支代表队参加。其中机关组 8 支、"两新"组织 9 支。 (徐 斌)

老年体育

【概述】 区老年人体育协会在省、市老年体协的关心、指导下,得到区、乡(镇)、街道党委、政府的重视、支持,及涉老部门、社会各界的帮助,经基层老年体育工作者的精心组织和广大老年人的积极参与,取得明显成绩。

全年举办乡镇运动会2次1630人参加;县以上单项比赛3次1560人,乡镇20次比赛980人参加,街道5次比赛600人。举办各类培训班14次、620人参加;组织旅游19次1610人次参加。常年参加锻炼的有54046人,占全区老年人口的59.3%。

创新活动计奖方式,评分项目由传统的名次计奖向档次计奖发展,扩大了奖励面,鼓励更多的老年人积极参与。

【创建成果】 白龙桥镇获评市级"太极拳""广场健身舞"2个特色项目。白龙桥镇华电社区,箬阳乡箬阳村、瀛头村,城东街道八咏楼、青春社区等5个村(社区)获区级"小康型"老年体育示范村(社区)。

【组织网络】 全区老年体协组织建设实现乡镇、街道、行业、社区、行政村5个100%,辅导站508个,辅导员825人,会员54046人。加强机关部门老年体育组织建设,在原有教育、农林、水务3局老年体协基础上,在区委办、区府办、区人大办、区检察院、法院、财政局、科技局、发改委、经贸局、交通局等单位确定老年体育工作召集人,组建区直属机关老体协,作为区老年体协派出机构,以加强对区机关部门老年体育的指导工作,主要职能是组织活动、协调、服务。

区老年体协调整内设组织网络,项目组增挂分会牌子,对原各健身项目工作组,增挂门球、老年排球、健身球操、柔力球、太极拳(剑)、乒乓球、保健球6个区老年体协分会牌子,实行一套班子、两块牌子,方便对外、对口业务交流,利于对内开展活动。

婺城区老年体协文体展示

【老年健身活动】 加强老年体协骨干队伍培养,业务培训由区以上逐步向基层发展,扩大培训面。区级业务培训有太极拳、佳木斯快乐舞步、小康型示范村(社区)申报及健身球、柔力球、保健操教练员4项。18个乡镇、街道、部门举办基层业务培训45场。

提倡科学健身,顺应老年健身需求多样性,活动项目由单纯体育竞技向文体结合发展。5月,在白龙桥举办全区文体展示,450人参加,各乡镇、街道及区教育局体协都有节目参加展示,评选白龙桥镇、城中街道、城北街道老年体协3个节目参加市老年健身精品节目展示。全年分西片、城区及周边乡镇片举办太极拳展示,860多人参加。11月,市、区在白龙桥联合举办全国老年人健步走大联动启动仪式,600多人参加。随后,近万人参加全区大联动活动。

(覃亚萍)

科学技术

【概述】婺城区科技局按照区委《关于全面实施创新驱动发展战略加快建设创新型城区的决定》要求,组织实施技术创新工程,营造自主创新良好环境,培育和升级自主创新主体,推进产学研合作,发展高新技术产业,推动农业科技进步,为区域主导产业转型升级、促进经济结构调整提供科技支撑。全区科技工作被市委、市政府评为党政领导科技进步目标责任制考核优秀单位。

推进技术创新工程。2013 年,申报并认定市级以上创新主体、创新机构 36 家,新增 14 家;新列入市级以上科技项目 69 项,其中国家级 8 项、省级 29 项、市级 32 项。

农业科技成效明显。新增省级农业科技企业 1 家、市级农业科技企业 4 家,农业研发中心 2 家;新列省农业成果转化项目 1 项、市级农业成果转化项目 4 项;新列省科技特派员项目 4 项、市级科技特派员项目 10 项。国家富民强区项目“奶牛产业关键技术集成与推广”和省新农村建设科技示范试点项目实施成效明显。

科技合作取得实效。收集技术难题 45 项,建立技术难题库。做好企业与高校院所科技合作对接工作,在网上技术市场交易活动周上,浙江一火科技有限公司与中南大学达成技术合作,金额 100 万元。莱恩农业装备有限公司、双环焊钎有限公司、普力源生物科技有限公司进行科技竞拍,总额达 300 万元。

知识产权工作取得新进展。新增专利示范企业 10 家,比上年增加 2 家。2 家获市专利实施奖,其中二等奖 1 家、三等奖 1 家。区科技局选送的金华永和氟化工有限公司对美国化工巨头纳幕尔杜邦公司专利侵权诉讼案件评选为全国知识产权保护重大案件,并获推荐提名。全区专利申请量 1816 件,授权量 1318 件。其中,发明专利申请量 431 件,授权量 146 件,同比增长 35.2%。

科技计划

【概述】围绕婺城区工业、农业和社会事业重点产业发展,集中精力抓一批重大重点项目,加强对传统产业的改造,提升优势产业水平,引进农业新技术、新品种、新设施,优先发展电子信息、生物医药、汽摩配等行业。

【科研项目】新列国家级项目 8 项 (其中国家火炬计划 3 项、星火计划 3 项、重点新产品 1 项、创新项目 1 项)、省级项目 29 项、市级项目 32 项、区级项目 43 项。项目包括先进装备制造业、电子信息、新能源、新材料、新能源汽车、生物医药、节能环保七大新兴产业,以及农业、食品加工等传统产业。通过项目的组织实施,加快科技成果的转化和产业化,以项目带动企业自主创新能力的提高。

2013 年国家级立项科技计划项目

表 5

项目名称	申报单位	计划类别
低吸水率预应力钢筒混凝土管产业化	浙江巨龙管业股份有限公司	国家火炬计划
XY1100UE 非道路多功能四轮全地形车	浙江信阳实业有限公司	国家火炬计划

续表 5

项目名称	申报单位	计划类别
锂离子电池正极材料磷酸铁锂产业化	浙江振华新能源科技有限公司	国家火炬计划
露地栽培杜鹃花杂交选育及产业化开发	金华市永根杜鹃花培育有限公司	国家星火计划
克氏原螯虾与淡水鱼循环套养技术产业化	金华市红丰农业开发有限公司	国家星火计划
智能型工厂化育苗及全程监控技术的研究与示范	金华市周太食品发展有限公司	国家星火计划
WLY6G120 高档汽车变速器	浙江万里扬变速器股份有限公司	国家重点新产品计划
智能肌电假手研发	金华市德仁假肢矫形康复器材有限公司	国家创新基金

2013 年省级立项科技计划项目

表 6

项目名称	申报单位	计划类别
自修齿形颚板	浙江黑白矿山机械有限公司	省级新产品试制计划项目
新型轨道电圆锯	浙江金磐机电实业有限公司	省级新产品试制计划项目
嵌入动态传感与监测的家用自适应多工况电圆锯	浙江金磐机电实业有限公司	省级新产品试制计划项目
WLY5H45L-1040/1045 系列汽车变速器	浙江万里扬变速器股份有限公司	省级新产品试制计划项目
高效智能快速切换数控车床	浙江汤溪齿轮机床有限公司	省级新产品试制计划项目
斜床身重切型精密数控车床研发	浙江汤溪齿轮机床有限公司	省级新产品试制计划项目
φ2200 预应力钢混复合型压力顶管	浙江巨龙管业股份有限公司	省级新产品试制计划项目
颈肩部穴位保暖护具	金华名田服饰有限公司	省级新产品试制计划项目
颈腰部穴位保暖护具	金华名田服饰有限公司	省级新产品试制计划项目
WLY6G55 汽车变速器	浙江万里扬变速器股份有限公司	省级新产品试制计划项目
JS-1013 单斜拉杆式斜切锯	浙江精深实业有限公司	省级新产品试制计划项目
一种防掉档的变速箱二轴	金华市三联变速箱制造有限公司	省级新产品试制计划项目
一种变速档位转换装置	金华市三联变速箱制造有限公司	省级新产品试制计划项目
高性能多功能锯片切割机 JIG-355D	金华远能电器有限公司	省级新产品试制计划项目
MIB-KEI-82X3 高性能复合电刨	金华远能电器有限公司	省级新产品试制计划项目
5SP25 高效太阳能增氧机	金华市永力泵业有限公司	省级新产品试制计划项目
定向结构复合板	金华市捷特包装有限公司	省级新产品试制计划项目
胶合板包装箱	金华市捷特包装有限公司	省级新产品试制计划项目
太阳能电池组件运输木箱	金华市捷特包装有限公司	省级新产品试制计划项目
高速宽窄行插秧机研发及产业化	浙江莱恩农机研究院有限公司	省重大科技专项计划项目
轻型商用车 AMT 自动变速器研发与产业化	浙江万里扬变速器股份有限公司	省重大科技专项计划项目
佛手精油提取的关键技术研究及产业化开发	浙江金手宝生物科技有限公司	省重大科技专项计划项目
奶牛高效健康养殖关键技术示范应用	浙江荷斯坦牧业有限公司	省农业科技成果转化项目
蓝莓优质高产示范基地建设	婺城区塔石乡人民政府	省派科技特派员扶贫项目
山地猕猴桃种植技术示范与推广	婺城区沙畈乡人民政府	省派科技特派员扶贫项目

续表 6

项目名称	申报单位	计划类别
生态高山蜜梨种植基地建设	婺城区莘畈乡人民政府	省派科技特派员扶贫项目
金华箬阳肉牛高效生态养殖技术推广	婺城区箬阳乡人民政府	省派科技特派员扶贫项目
蓝莓优质丰产种植技术示范	婺城区塔石乡人民政府	省派科技特派员项目
抗肿瘤植物三叶青良种繁育与高效栽培技术研究与示范	婺城区沙畈乡人民政府	省派科技特派员项目
优质土鸡生态养殖技术的推广	婺城区莘畈乡政府	省派科技特派员项目
金华箬阳优质牛肉生产技术示范推广	婺城区箬阳乡人民政府	省派科技特派员项目
葡萄新品种与省力节本增效的新技术研究示范与推广	婺城区	团队科技特派员项目
金华肉牛产业核心技术集成与应用	婺城区	团队科技特派员项目

2013 年市级立项科技计划项目

表 7

项目名称	承担单位	计划类别
XY1000CUE-2 柴油大排量四轮全地形车研发及产业化	浙江信阳有限公司	重点
甘胆酸检测试剂盒研制	金华市强盛生物科技有限公司	重点
基于新能源客车行车信息及辅助安全系统（DIAS)的研发与产业化	浙江中科正方电子技术有限公司	重点
大长径比泥浆脱水卧螺离心机的研制及产业化	金华神舟离心机有限公司	重点
大型公共选举完全网络投票系统 ABVX 研究与开发	金华宇联网络科技有限公司	重点
环保型高附着水性塑料涂料的研发及产业化	浙江圣力邦漆业有限公司	重点
智能化生物质颗粒燃料锅炉研制及性能优化研究	浙江和西东新能源科技有限公司	重点
CK7525 双主轴上下刀塔多功能数控机床研发项目	浙江金汤机床有限公司	重点
LE 线性推力器的研发	浙江金华自动化仪表有限公司	重点
摩托车电动车高性能节能环保防爆轮胎的研发	金华市达强橡胶制品研究所	重点
环保型染料酸性绿 F 合成的研发	金华恒利康化工有限公司	重点
聚全氟乙丙烯端基稳定处理新工艺的研发	金华永和氟化工有限公司	重点
茶树品种优化组合及茶产品合理搭配研究	金华市绿峰茶叶有限公司	一般
优质绿茶机采鲜叶分级技术研究及设备研制	浙江采云间茶业有限公司	一般
优质冷冻饮品新型灌注工艺技术的研究与示范	浙江伊利乳业有限公司	一般
提高群养母猪年生产力配套技术研究及应用	金华神光大叶枸农业科技开发有限公司	一般
智能型工厂化育苗及全程监控技术的研究与示范	金华市周太食品发展有限公司	一般
家庭式生态羊场建设与高效生态养殖技术研究与示范	金华市丰源畜禽专业合作社	一般

续表 7

项目名称	承担单位	计划类别
铁皮石斛工厂化育苗关键技术研究示范	婺城区安地镇人民政府	科技特派员
辣椒新品种引进与推广示范	金华市婺城区薛丽萍蔬菜种植场	科技特派员
湿热区适栽晚熟葡萄引选及栽培关键技术研究与示范	金华市恒冠葡萄专业合作社	科技特派员
茭白二化螟生态控制技术研究与示范推广	婺城区琅琊镇人民政府	科技特派员
水稻生产全程机械化技术研究与示范	金华市陈周粮油机械专业合作社	科技特派员
高山大棚番茄安全优质高效栽培技术示范推广	金华市北山蔬菜专业合作社	科技特派员
无花果种植技术应用与推广示范	金华市绿色庄园农业发展有限公司	科技特派员
冬枣丰产优质栽培技术示范与推广	金华市婺城区乌石垅冬枣种植场	科技特派员
连作晚稻新品种的示范与推广	金华市厅前畈粮油专业合作社	科技特派员
高效、安全防控蔬菜虫害技术试验与示范	金华市然兰蔬菜专业合作社	科技特派员
池蝶蚌与鱼一体化高效生态养殖技术产业化	金华市晨兴养殖有限公司	农业成果转化
棘胸蛙杂交新品系中试与示范	金华市绿谷清泉生态养殖专业合作社	农业成果转化
金华猪配合力测定及杂交利用研究中试与示范	金华市大妹生猪养殖专业合作社	农业成果转化
高蛋白大豆新品种"浙春 4 号"中试与示范	金华婺珍粮油有限公司	农业成果转化

科技创新

【概述】 扩大科技工作覆盖面，引导和鼓励规模以上企业加大研发投入,加快向科技型企业转变步伐。重点培育一批具有自主知识产权、研发能力强,在区域和行业中具有示范作用的高新技术企业和创新型企业,加强辐射带动作用。引导、鼓励骨干企业建立技术研发机构，提升研发机构档次和水平。落实省科技厅“百局千人万企业”专项调研活动安排,开展系列科技服务活动,从 2 月底开始,深入 100 多家科技型企业开展技术咨询和技术诊断,破解发展中的科技难题。同时,宣传国家和省、市、区扶持自主创新的法律、政策及具体实施办法。全年认定市级以上创新主体、创新机构 36 家,同比增加 14 家。其中国家(省级)高新技术企业 4 家、省农业科技企业 1 家、省创新型企业 2 家(示范 1 家、试点 1 家)、市高新技术企业 7 家、市农业科技企业 4 家。新增高新技术研发中心 6 家(省级 1 家、市级 5 家)、农业研发中心 3 家(省级 1 家、市级 2 家)。莱恩农业装备有限公司列入浙江省首批现代农业装备重点企业研究院建设单位,获省战略性新兴产业专项资金补助 1000 万元。

【创新主体培育】 新增省级高新技术企业 4 家,分别是金华市双环钎焊材料有限公司、浙江一火科技有限公司、金华永和氟化工有限公司、金华市金开电子科技有限公司;新增省级农业科技企业 1 家,即金华市汇鑫特色农业发展有限公司;新增省级创新型企业 2 家,分别是浙江万里扬变速器股份有限公司(示范企业)、浙江八达电子仪表有限公司(试点企业);新增市级高新技术企业 7 家:浙江豪瓦特节能科技有限公司、浙江畅扬光电科技有限公司、金华市三联变速箱制造有限公司、浙江超浪新材料有限公司、浙江圣力邦漆业有限公司、浙江泰利车业有限公司、金华市精工工具制造有限公司;新增市级创新型企业 2 家,分别是金华市捷特包装有限公司、莱恩农业装备有限公司;新增市级农业科技企业 4 家,分别是金华市永根杜鹃花培育有限公司、浙江伊利乳业有限公司、浙江鼋生农业发展有限公司、浙江天丰生物科学有限公司。

【研发机构】 组建省级高新技术企业研究开发

中心 1 家,即时通智能电力设备省级高新技术企业研发中心;市级高新技术研究开发中心 5 家,分别是金华市捷特绿色包装高新技术研究开发中心、金华市恒利康酸性染料高新技术研究开发中心、金华市永和氟材料高新技术研究开发中心、金华市金汤数控机床高新技术研究开发中心、金华市德仁康复器材高新技术研究开发中心;省级农业科技研发中心 1 家,即金华市金穗谷物食品研发中心;市级农业科技研发中心 2 家,分别是金华市伊利冷冻饮品科技研究开发中心、金华市天丰生物农药科技研究开发中心。

科技合作

【概述】 区科技局深入企业调查,收集技术难题 45 项,建立技术难题库,对技术难题分行业进行分类。为企业牵线搭桥,促成企业与院校所科技合作。对企业正在洽谈协商的科技合作项目,做好服务和协调工作。同时,对第十三届工科会签约项目进行全面调查,加强科技合作项目的跟踪服务工作,促进签约项目科技成果的转化实施。

【网上技术市场交易活动周】 婺城区组团参加在杭州滨江区举行的浙江省网上技术市场交易活动周,有 6 家企业参展,1 家企业签约,3 家企业参与竞拍。婺城区企业与院校所达成科技合作项目 4 项,合同标的 400 万元。

科技成果

【概述】 2013 年获浙江省科学技术进步奖 1 项、市科学技术奖 7 项。其中,浙江万里扬变速股份有限公司的“WLY6G120 高档汽车变速器”获浙江省科学技术进步奖二等奖,南京航空航天大学薛松柏与金华市双环钎焊材料有限公司获金华市科学技术合作奖,浙江万里扬变速股份有限公司的“WLY8S90 汽车变速器”、浙江振华新能源科技有限公司与武汉大学合作完成的“流变相合成工艺制备锂离子电池正极材料磷酸铁锂”、莱恩(中国)动力有限公司的“国Ⅳ排放标准的 LNJE4 型柴油机研发”、浙江信阳实业有限公司的“智能化超强动力 500CC 汽油发动机的研发”、金华市双环钎焊材料有限公司的“J5B-1 低银钎焊钎料”、浙江八达电子仪表有限公司的“自适应通信协议配电变压器电能计量与监控智能终端研发”获金华市科学技术奖三等奖。

知识产权工作

【概述】 按照示范区有关要求,逐步建立点面结合、层次分明的知识产权工作体系,提高知识产权创造、运用、保护和管理水平,增强自主创新能力。完善落实专利激励政策,重点做好专利授权、专利实施和专利示范企业等奖励政策的落实工作,加大专利知识宣传培训力度。提升专利执法水平,依法保护专利权人的合法权益。

【知识产权宣传】 3 月,区科技局对全区规上企业和拥有专利的中小企业开展知识产权状况调查,促进相关政策措施的贯彻落实,为创建省级知识产权示范区开好局。4 月 11 日,开展有关科技项目申报实务、专利政策宣传讲解等内容的集中培训,区属重点骨干企业、高新技术企业、专利示范企业的 60 余名科技分管领导和财务人员参加培训。通过培训,提高企业科技管理工作水平,提升科技项目申报质量,规范科技经费使用和管理,为 2013 年度科技项目申报和科技企业培育打下良好基础。4 月 20 日,在人民广场开展以“实施知识产权战略,支撑创新驱动发展”为主题的知识产权宣传周大型现场咨询活动,发放专利知识宣传资料 500 多份(册),接受咨询 50 余件。

【专利示范和项目申报】 全年新增专利示范企业 10 家(市级 8 家、区级 2 家),比上年增加 2 家。获市专利实施奖 2 家,其中二等奖 1 家、三等奖 1 家;获区专利实施奖 3 家。2013 年,金华永和氟化工有限公司对美国化工巨头纳幕尔杜邦公司专利侵权诉讼,精心准备,积极应诉,运用专利检索方法,查找杜邦公司专利文件的漏洞,成功将对方专利宣告无效。区科技局选送该案件评选全国知识产权保护重大案件,获推荐提名

【专利申请和授权量】 通过政策引导和扶持,婺城区专利申请量和授权量逐年增长。2013年,专利申请量1816件,授权量1318件。其中,发明专利申请量431件,授权量146件,授权量比上年同期增长35.2%,居全市首位。

(何金峡)

民　政

【概述】 2013年，区民政工作围绕“百姓富裕、浙中崛起”总目标，以“贴心民政、法治民政、阳光民政和数字民政”建设为抓手，践行“以民为本、为民解困、为民服务”宗旨，求真务实，开拓创新，发展社会福利事业，提高救助救灾水平，开展双拥优抚安置工作，基层政权建设成效明显，社会事务管理规范有序，各项民政事业呈现良好格局，为构建和谐幸福婺城发挥积极作用。

【养老服务体系建设】 探索建立以居家养老为基础、社区服务为依托、机构养老为辅助的统分结合新型养老模式。成立区养老服务指导中心，管理机构网络有序推进，全年验收并投入使用城乡社区居家养老服务照料中心43家，完成20家星光老年之家建设；投入200多万元，在18个乡镇(街道)开展居家养老政府购买服务工作，2499户城市独居老人和农村“空巢”老人享受上门家政服务；加强敬老院规范化管理，改善软环境，提高护理水平，94名低保家庭或敬老院中的失能老人享受养老服务补贴，全区供养“五保”对象845户863人，集中供养率为98%。

家政服务

【城乡低保】 4月1日起，城镇低保标准每人每月由464元提高到524元，农村低保标准每人每月由279元提高到357元。2013年4季度在册享受低保人员5269户7623人（其中城镇低保781户1120人，农村低保4488户6553人），全年发放低保金2069万元，发放低保春节慰问金117万元、一次生活补贴167万元。

【救灾救济】 做好救灾救济工作，发放冬春荒生活补助69.8万元，用于6600余户因灾受困群众的生产自救；举办2场次村级灾害信息员培训班，培训600余人，区、乡、村三级灾害信息员队伍基本建成。创建国家级1个综合减灾示范社区、省级3个综合减灾示范社区，完成12个新建避灾安置场所建设。

【医疗救助】 落实城乡医疗救助制度，按人均11元筹集医疗救助专项资金，用于城乡困难群众的医疗救助。7月1日起，五保“三无”、低保、低保边缘等困难对象医疗救助封顶线由3万元提至4万元，取消报销起付线，报销比例提高10%，五保“三无”和低保对象报销比例达50%，低保边缘医疗救助报销比例达40%。实施医疗救助即时结报5234人次，救助金额308万元。

【孤儿和困境儿童保障】 建立城乡孤儿基本生活费发放制度，将全区常住户口、父母双亡或失踪，且年龄在18周岁以下的未成年人，已满18周岁在全日制学校就读的孤儿和困境儿童列入基本生活费发放范围；全区发放108名孤儿基本生活费及补发2012年62名困境儿童基本生活费120万元。

【慈善活动】 开展“2013年慈善温暖行动”、慈善助学系列活动，发放慈善救助金300多万元；做好慈善总会筹备前期基础工作，宣传发动并开展募捐，收到善款380万余元及价值100万元的实物捐赠。

【优抚抚恤】 落实各项优待抚恤政策，做好2013年优抚信息库数据更新及军休人员个人信息采集上报工作;做好重点优抚对象定补款及物价补贴发放工作发放1382人次、46988元；做好优抚对象解困和下岗志愿兵救助工作,下拨“三难”补助款;做好残疾军人医保参保工作;完成195名新增的年满60周岁农村籍退伍军人认定及2013年度老年生活补助费发放工作，全年发放5077人次162.252万元;做好带病回乡退伍军人认定工作;全年为497名义务兵家属发放优待金达661.584万余元。

【双拥共建】 春节、“八一”期间,走访慰问驻婺部队官兵、老优抚对象,发放慰问金54万元;做好军队无军籍退休退职职工接收工作;做好军队退休干部住房补助发放及军队退休人员死亡抚恤金发放工作;召开军(烈)属座谈会,下拨春节座谈会经费3.15万元;以争创全国双拥模范城为抓手,做好省双拥模范城(区)考核工作。

【退伍安置】 接收2012年冬季退役士兵261名。其中城镇户口56名、西藏兵24名、农村籍户口181名,发放补助金323.05万元。4名退役士兵安置进金华监狱工作。落实和完善退役士兵自谋职业政策,委托金华职业技术学院、技师学院、交通技师学院等学校开展职业技能培训，107名2012年年底退役士兵参加培训,促进退役士兵自主创业。做好下岗失业志愿兵和转业士官维稳工作,确保涉军群体稳定。

【社区建设】 加强社区专职工作者队伍建设,组织社区书记、主任培训,截至年底,36人持有全国社会工作职业资格证书,面向社会和农村在职“村官”招聘社区专职工作者12人。深化和谐社区创建活动,推荐城北街道红湖路社区申报“全国和谐社区建设单位”;指导城西街道申报“全国和谐街道示范单位”复审工作;创建社区社会工作室,建立社区信息电子化。下发《婺城区2013年城乡社区建设工作要点》,指导社区开展“联社区帮户,结对帮扶”主题实践活动,帮助社区解决难题63个,落实项目21个,健全工作机制7项,结对帮扶贫困居民209户,落实帮扶资金26.05万元，下拨社区正常工作经费790.97万元。

结合乡镇“千村示范万村整治”等工程实施,谋划布局定点,采用“以奖代补”的方式,全年下拨资金295万元,完成26个农村社区创建,18个村新建办公楼,改扩建8个村。加强对农村社区的督促指导,挖掘村集体资源,合理整合利用,促进农村社区建设规范化运作。

【村(居)务管理】 做好“五个先行”，建立“五项制度”，严把“六个关口”;按照《浙江省“阳光村务”工程实施方案》要求和村委会组织法、城市居民委员会组织法,指导以白龙桥镇和城西街道社区为试点的全区村(居)委会换届选举工作。

【地名区域管理】 开展平安边界创建工作,完成由婺城区牵头的婺城、金东、武义行政区划界线勘界三交点的联合检查工作,对界线标志物、界桩进行拍照存档,与毗邻县、市、区14个乡镇(街道)签订平安边界建设协议书。结合农村社区创建,统一制作规范标准的路门牌4442块,更新城区街、路标示牌123块;完成《政区大典(婺城篇)》编纂工作。

【殡葬管理】 强化殡葬管理，实现殡葬基本服务项目免费政策全覆盖，减免群众基本费用160余万元。配合重点项目坟墓搬迁工作,推行农村公益性生态公墓建设,利用清明等节日多形式宣传生态葬法,提高生态葬法覆盖率;完成6个公益性生态公墓建设,完成率100%。

【社会组织管理】 坚持培育发展和监督管理并重的方针,推进社会组织规范化建设,成立区社会组织服务中心,加大社会组织培育孵化力度,营造良好的社会组织发展环境。全年办理社会团体登记7家,变更登记6家,民办非企业单位登记31家,变更登记6家,注销登记2家,社会组织到期换证20家；完成全区81家社会团体、181家民办非企业单位年检。行政许可科被区委评为婺城区重点岗位“三治三问”先进科室。

【婚姻登记】 2013年办理结婚登记5389对、离婚登记1913对，出具无婚姻登记记录证明13826人次。

【收养登记】 做好收养登记工作，建立依法收养登记长效机制，杜绝违规和不合法收养要求,保护收养人和被收养人合法权益,全年办理收养登记60人。

【福利企业管理】全区有福利企业26家,做好福利企业的日常督察及资质认定工作,取消年度检查,建立每月动态督察的工作机制。维护残疾职工合法权益,提高残疾职工工作能力,改善生活水平。开展“送温暖”“送清凉”活动。

【老龄工作】全区60周岁以上老年人75877人,占全区总人口的19.8%,至年底,百岁以上老人7人;全年制发老年优待证11594张,累计做证138799张;完成3家电大教学点建设;老人节累计发放慰问款135000元。

【水库移民后期扶持】5月,发放2012年下半年直补资金639万元,全区21300名直补移民受益。完成水库移民网站建设并投入运行,进行日常维护,开展移民监测评估工作;完成水库移民2012年度项目申报工作,120多个项目列入计划并付诸实施,总投资3638万元。婺城区连续4年被评为全省水库移民工作优秀县(市、区)。

(蒋晓怡)

2013年婺城区百岁以上老人名单

表8

姓名	居住地	出生日期	性别	年龄
周岩友	城北街道凤凰山社区	1908-09-18	男	106
陈斌福	新狮街道玫瑰园社区	1910-06-22	男	104
徐钦先	城北街道红湖路社区	1913-05-18	女	101
方凤仙	雅畈镇竹园村	1913-11-23	女	101
戴竹花	汤溪镇下村	1913-10-20	女	101
章爱香	罗埠镇居委会	1913-10-18	女	101
陆小妹	罗埠镇居委会	1913-05-24	女	101

财　政

【概述】2013年，婺城区实现生产总值264.27亿元，同比增长8.9%。其中第一产业增加值17.17亿元，增长1.7%；第二产业增加值90.08亿元，增长9.7%；第三产业增加值157.03亿元，增长9.1%。三次产业增加值比重由上年的6.9:34.3:58.8调整为6.5:34.1:59.4。全区人均生产总值55358元，增长8.9%。城镇居民人均可支配收入35377元，增长9.6%；农村居民人均纯收入13573元，增长10.8%。财政总收入33.06亿元，增长9.33%。其中，区级公共财政预算收入8.75亿元，增长15.19%，占全区财政总收入的比重为26.5%；区级公共财政预算收入中的税收收入8.75亿元，占比100%；公共财政预算支出17.87亿元，增长21.18%。当年财政收支平衡。2013年，区财政局获得“党政机关岗位目标责任制综合考核先进单位”称号。

【财政收入】加强与乡镇、街道联系，强化区域内税源监管，研究确保收入稳步增长和优化结构的应对措施。下发在建工程项目税收情况调查表，开展房地产业现状调查和房地产企业所得税专项检查，摸清房地产业税源家底，实施重点税源核查。加强个人出租房税收征管，全年征收出租房税费939万元。扶持建筑业发展，制定《关于扶持建筑业快速健康发展的若干意见》，引导鼓励外地施工企业注册，培育高资质建筑企业。加强和规范非税收入管理，执行“收支两条线”，确保各项非税收入及时足额入库。全年非税收入1.69亿元，下降25.36%，其中国有土地使用权出让收入8.31亿元。

【民生保障】全年区级民生领域支出7.55亿元，占区级公共财政预算支出的75.7%。加快教育事业发展，安排教育事业支出4.85亿元，支持教育均衡、名师名校长工程、“两馆一站”、校舍维修、九峰职校“产学研联合体”等项目建设。支持医疗卫生事业发展，安排医疗卫生事业支出2.12亿元，增长10.4%，全年化解基层医疗卫生系统债务1567万元。加大社会保障投入，安排社会保障和就业支出1.41亿元，增长1.8%。投入资金450万元，完成并验收居家养老服务中心43家。发放救助款3000万元，完善社会救助体系和社会福利体系建设。开展水环境综合整治，拨付沙金兰水源涵养专项整治资金1103万元，关停畜禽养殖场95家、锯板厂49家、非法采砂场4家，完成水源涵养区污染整治和湿地工程建设。推进城乡统筹发展，104个村列入省级农村公益事业建设一事一议财政奖补范围，获奖补资金2555万元，增长33.3%。总投入7665万元，同比增长11.3%，惠及人口56861人，重点支持村级事务中心、道路硬化、三面光渠道、村庄亮化绿化、村内河沟整治等工程。支持农业“两区”建设，全年投入资金1699万元，增长12.3%。拨付专项资金4418万元，推进美丽乡村建设。水利建设项目支出5294万元。争取各项支农资金2.86亿元。

【发展经济】支持重大项目建设，引进浙(婺)商回归项目23个，到位资金17.4亿元，增长21.5%。引进内资项目149个，到位资金48亿元，增长24.5%。实现“个转企”440家，“下升上”60家，“小上规”58家。实施政府性投资项目113个，完成投资18.1亿元。实施省重点项目12个、市重点项目36个，分别完成投资14.8亿元、28.9亿元。落实财政扶持政策，做好工业扶持政策落实工作，全年兑付资金1.11亿元；支持企业转型升级，兑现区级转型升级专项资金839万元；科技创新专项资金408万元，组织申报科研经费财政补助400万元；落实人才引进优惠政策，推进保障用房建设，盘活人才租赁公寓

2240 平方米。全年发放农资综合直补资金 1829 万元、粮食直补资金 1838 万元。支持山区经济发展，围绕“富村五年计划”，加大财政投入，扶持薄弱村集体经济发展项目 90 余个，投入资金 1046 万元。发放小额扶贫贷款 6000 万元，支持农村物业经济发展项目 9 个、家庭农场 26 家、农民专业合作社 1040 家。争取上级及金融部门支持，做好包括 330 国道(婺城段)、杭长客专、汤莘公路等项目 8.5 亿元的融资申报工作。争取项目补助，调度资金，支持杭长客专线、二环线、汤莘公路等重点工程建设。

【财政改革】 完善国库集中支付改革，125 家预算单位实现集中支付，全年进行直接支付清算 849 期，授权支付清算 164 期，清算资金 9.38 亿元。办理国库集中支付各种收支业务 36982 笔 24.28 亿元。制定《预算单位公务卡强制结算目录》，明确将预算单位的差旅费、招待费和会议费等 16 项支出纳入强制结算目录范围。深化预算管理改革，推进“全口径”预算体系建设。借助金财工程应用平台一体化财政数据库，统一部门预算“二上二下”编制流程，实现部门预算定员、定量、定额，推进部门预算科学化、精细化管理。规范财政投资评审管理，明确财政投资项目预算审核工作流程和预算审核资料要求。全年完成 75 个政府投资项目的预算审核，送审金额 4.46 亿元，审定金额 3.87 亿元，核减金额 5800 万元，核减率 13.0%。

【乡镇财政】 成立区、局、乡三级工作领导小组，制定试点工作实施方案，3 次外出考察，学习先进经验。落实人员编制 58 人，安排工作经费 100 万元。加强硬件设施建设，18 个乡镇建立乡镇财政所和乡镇财政公共服务平台，配置办公设备，基本达到“三室一厅”标准。其中，2 个乡镇财政所与村级便民服务中心进行业务衔接。实现区、乡业务信息网络通达，整合归并资金 14 项 1.21 亿元。建立健全一次性告知制、乡镇财政考核办法等各项制度，实现工作流程、服务标准上墙。全年组织开展 2 次乡镇财政人员业务素质培训。通过巡查抽查制度，先后 4 次对乡镇资金使用情况进行监管，提高乡镇财政资金管理水平。

【财政监督】 推进预算公开，执行厉行节约各项规定，加强“三公”经费预算编制和管理，公开 2013 年“三公”经费总预算、财政预决算、部门预决算。全年“三公”经费支出下降 15.9%。推进绩效评价工程，组织 20 个项目开展绩效自评，涉及部门 16 个，金额 1.33 亿元。实施 2008~2012 年“千村万村示范整治”项目重点评价，涉及金额 2.90 亿元。对教育系统 5 家单位开展 2012 年度会计信息质量联动抽查，建立反馈机制。规范政府投资项目管理，制定《政府投资项目变更管理办法》。申报中央、省补资金建设补助项目 48 个、3582 万元，市补项目 29 个、3581 万元。审核直接支付的建设项目资金 73 笔、1.03 亿元。加强政府采购监督管理，全年采购预算 6903 万元，实际采购支出 6286 万元，节约率 8.9%。加强国有资产监管，制定行政事业单位资产配置管理暂行办法和资产配置标准。实行国有资产处置平台公开招标，纳入 3 家拍卖公司、2 家评估公司。出台《行政事业单位公有房产出租收入管理暂行办法》，加强闲置房屋对外出租监管和重大资产转让管理。

【队伍建设】 围绕财税文化核心价值理念，组织以“中国梦与我的担当”为主题的系列宣传教育活动。开展“三八”趣味运动会，参观孟祥斌纪念馆，开展演讲、读书、征文等活动。组织干部职工进行职业道德培训。健全和完善内部管理机制，梳理完善制度 58 条。开展“正风肃纪抓执行、聚财惠民促发展”作风建设系列活动，深入乡镇、企业，送政策，送服务，强化干部职工的服务意识、责任意识。组织财政业务培训。加强廉政建设，完善《党风廉政建设责任制实施办法》《公务车辆和驾驶员管理办法》，健全机关内部约束机制。强化惩防体系建设，组织中层干部赴浙江省法纪教育基地进行警戒教育，签订党风廉政建设责任书。

(杨秀清)

劳动人事和社会保障

人事编制

【概述】 围绕改革、发展、稳定大局,有序协调,推进人事人才、机构编制管理工作,为婺城经济社会发展提供坚实保障。

人事招聘管理规范。调配严格按照有关规定和程序,非领导职务晋升坚持任职条件和比例限额。严格程序,强化监督,完成公务员、事业单位工作人员等各类考录组织工作,探索联合有关部门到大专院校招聘优秀专业人员。完成行政执法分局工作人员整体划转接管、区第二人民医院与水电十二局医院资源整合人员考核录用,以及军转安置工作。

机构编制管理到位。出台编外用工人员管理办法,开展机构编制核查工作和实名制数据库建设,抓好机关、乡镇(街道)与事业单位增人计划的审核报批,严肃机构编制纪律,强化机构编制硬约束。规范事业单位网上登记管理,举办事业单位法定代表人培训班,提升法人代表依法管理水平。

人才开发成效明显。实施国家、省“千人计划”,市“双龙计划”引才工程,开展“人才开发先进企业”“优秀企业科技人才”评选奖励工作,建成市技能大师工作室1个、名师工作室3个。会同区委组织部承办“千人计划”智汇金华网络经济峰会,有52名“国千”“省千”专家及43名企业家出席峰会,取得显著成效。

【机构编制实名制数据库】 机构编制实名制数据库以编制和人员相对应为主要内容,旨在保证现有机构、实有人员与按照规定权限审批的机构、编制相对应,实现编制数、实有人数、财政供养数的一一对应。10月,召开区机构编制实名制信息数据采集工作会议,正式启动数据库建设工作。

【规范编外用工管理】 为规范机关事业单位编外用工,出台《中共金华市婺城区委办公室、金华市婺城区人民政府办公室关于印发婺城区机关事业单位临时聘用人员管理办法的通知》,建立部门单位编外用工约束制约机制,编外用工初步实现规范管理。

劳动就业

【概述】 劳动就业关系万千群众福祉,是最大民生。2013年,婺城区人力社保局坚持以人为本,服务民生,保障民生,改善民生,推动各项劳动就业工作。全区城镇新增就业人数4490人,完成全年任务的112.25%;失业人员实现再就业2252人,完成任务数的112.6%。其中,就业困难人员再就业228人,完成任务数的114%;城镇登记失业率2.74%;创业培训80人,高技能人才培养606人;职业能力鉴定7216人,公益性岗位进村率达64.7%。圆满完成各项任务指标。

就业创业服务成效显著,以高校毕业生就业创业援助年活动为载体,依托浙中信息产业园大学生创业基地和彩虹桥创业俱乐部建设,强化政策宣传落实、部门联动协调与服务对接,抓好就业创业各项服务。建成城东街道八咏楼社区等4个创业俱乐部,区就业管理服务处被评为省人力社保系统优质服务窗口。

用工就业两难得到缓解,举办各类大小招聘会

12场，参加企业404家、5万多人，提供就业岗位9300个，达成意向3600个。举办区第五届校企合作洽谈会、区企业暨高校毕业生网上交流大会，并赴甘肃省定西市临洮县、岷县等劳动力资源富余地区开展劳务对接，拓宽企业用工渠道。

劳动关系稳定和谐，推行“两金一卡”制度(欠薪保证金、应急周转金和职工记工考勤卡)，推进劳动关系和谐指数评价体系建设，深化“企业关爱职工、职工热爱企业”活动，举办技能比武大赛，夯实和谐劳动关系基础。整合行政调解、仲裁调解、司法调解等各方面调解资源，成立区劳动争议联合调处中心。

【春季人力资源招聘大会】 2月21日至23日，2013年春季人力资源招聘大会在市人民广场举行。招聘大会吸引200多家企业参加、提供就业岗位5000多个，达成就业意向1500余人。春季人力资源招聘大会为春节后社会求职与企业用工提供重要交流对接平台。

【区劳动争议联合调处中心】 6月27日，婺城区建立劳动争议联合调处中心。该中心整合人力社保、法院、总工会等调解资源，形成劳动争议“一个窗口受理”“一条龙调处”的工作格局，提升区劳动争议调解能力和水平。至年底，中心受理案件251件，结案240件，结案率95.6%，涉及人数333人，为劳动者追缴工资、经济赔偿金441.7万元。全区受理劳动举报投诉案件499件、涉及职工2314人、涉案金额1745.68万元，参与解决突发事件36件、涉及人数1182余人；受理劳动纠纷案件231件，涉及人数321人。

【职业技能比武大赛】 11月15日，区第六届“实中杯”职业技能比武大赛在金华实验中学教育集团举行。大赛由区人力社保局等四部门联合主办，金华实验中学教育集团承办，来自8个乡镇、53名农村技术能手参加数控车工、电焊工、缝纫车工、中式烹饪等项目的比赛。

社会保障

【概述】 2013年，婺城区各项社会保障工作有序推进，群众基本民生权利得到维护。全年有3701名农民纳入被征地基本生活保障体系，13274名被征地农民转入职工养老保障体系，实现即征即保；有29万人参加城乡居民医疗保险，医保缴费首次实现代缴代扣。民生政策深入贯彻，省养老保障相关政策继续实施。开展“评先晋级”与“社保家园”创建活动，抓好企业退休人员社会化管理服务工作，管理好、服务好近38738名企业退休人员。2013年，全区养老、医疗参保人数分别达15.3万人(45周岁以上重点人群的参保率达98%)、28.7万人（参保率达97.01%)，均超额完成市政府下达的工作目标任务。

【被征地农民基本生活保障】 2013年，婺城区出台《关于进一步完善金华市区被征地农民基本生活保障制度的补充意见》，建立被征地农民基本生活保障转职工基本养老保险机制，并给予政府转保补贴11640元。对于达到或超过法定退休年龄的被征地农民，可以一次性补缴足15年转入职工基本养老保险，享受比被征地农民基本生活保障更高的经济待遇。

【企退人员社会化管理服务】 在企业退休人员社会化管理服务示范化、规范化创建基础上，开展“评先晋级”活动，即开展“组织管理星”“娱乐活动星”“慰问关爱星”“业绩突出星”“群众满意星”的评选，推动社会化管理服务上水平。根据市社保局工作部署，启动全区“社保家园”创建活动。

（张伟清）

城乡建设

【概述】 婺城区城乡建设工作围绕市、区重点工作任务,以加快“两富”“两美”,现代化婺城建设为目标,以集镇建设工作为重点,推进各项工作,破解重点难点问题,各项工作取得一定成绩。

按照“城乡建设提升年”要求,指导集镇开展道路建设、市场整治、亮化绿化等工作,全年争取市级建设补助资金882万元。加强对白龙桥、汤溪、安地等集镇商住小区开发项目的指导管理,促进集镇房地产开发规范运行。改善城乡水环境,实施集镇污水基础设施建设工程,全区年内新建雨、污管网35.1千米。

根据不同情况,各乡镇采取委托清运、分片清运、分类处理等形式处置农村生活垃圾,实现农村生活垃圾集中清运覆盖率100%, 无害化处理率96%。罗店镇投入100多万元新建压缩式垃圾中转站并投入使用。指导安地镇完成垃圾中转站设备更新改造前期工作。

完善建设工程质量安全监督检查制度,开展“区级标化工地、优质工程”创建活动。全区受监工程项目102个,建筑面积280万平方米,报建工程项目质量、安全受监率100%。开展“全国安全生产月”宣传活动,接待咨询300多人次,发放宣传资料400多份。开展建设工地综合性大检查4次, 下达限期整改通知书120份;开展质量、安全巡查495人次,进行质量、安全监督交底126次,发出监督意见书592份。做好白蚁防治工作,新建预防签订合同107份,建筑面积169.41万平方米; 新建预防施工项目52个, 施工建筑面积87.34万平方米;完成30万平方米园林灭治工作。

截至年底,区建设局负责新城区日常保洁道路面积55.7万平方米,定期清扫面积19.06万平方米。完成道路修补工作,修补路面2万平方米,补缺窨井盖120个。对中轴景观北公园进行提档改造,补种、更换绿化面积2万多平方米。8月开始,接管江北老城区小街小巷道路维修、管网维护及绿化管理工作,应急修补路面850平方米,修复和更换窨井盖150余个。

8月1日开始,接管全区物业管理工作、物业维修专项资金管理中心工作。制定《关于建立婺城区物业管理纠纷调处机制的实施意见》, 成立物业管理纠纷联合调处中心,成功处理蓝保花园物业撤离等纠纷22起。做好物业维修专项资金、物业保修金收缴核对工作,收缴“两金”4800万元,审核拨付维修款75万元。

全年行政服务窗口办理建筑工程施工许可、建设项目招标备案、市政园林审批事项等146件,按期办结率、满意率100%。

解放西路孙家里与双龙大桥北侧两地块拆迁安置小区(金品小区)进展顺利,截至年底,完成第一期室外附属配套工程、管理用房施工,完成高压线迁移、桩基基础工程、地梁承台浇筑工程。协助解决浙江八达建设集团可依达宿舍楼、厂房建设项目欠薪上访及康桥漫步小区业主关于设计、质量问题的“省长信箱”投诉等事件。全年接待来信来访12次(件),176人次,涉及拆建安置、建筑工程、拖欠民工工资、违规交房等方面,通过协调沟通基本解决。

建筑业

【概述】 婺城区有86家具有资质的建筑业企业。其中,一级企业11家,二级企业11家,三级企业30家,劳务企业3家,监理企业2家,招标代理企业

4家，工程检测企业1家，商品混凝土企业3家，园林企业12家。2013年，全区建筑施工企业创建省“钱江杯”优质工程1项，市标化工地3项，市优质结构5项，区标化工地9项，区优质结构5项，区优质工程1项。全年实现建筑业总产值143.8亿元，完成建筑业税收2.15亿元。

房地产

【概述】 加强监管，促进房地产市场稳定。执行省、市房地产管理有关工作要求，建立“阳光售房机制”，完善商品房预售管理、买卖合同登记备案制度，规范房地产市场管理行为。落实住房限购等市场调控政策，引导理性住房消费。婺城新城区楼市房价得到抑制，二手房交易量比2012年有所上涨，呈缓慢上涨态势。加强房地产信息联网工程建设，建立健全房产档案管理，逐步实行档案微机化管理。

【房地产交易】 全年婺城区房地产管理所办理初始登记2122宗，建筑面积85.2万平方米。二手交易登记826宗，建筑面积21.23万平方米，总交易额5.27亿元。商品房买卖1717宗，建筑面积19.54万平方米。他项权登记4064宗，抵押建筑面积330.62万平方米，抵押金额71.78亿元。办理商品房预售备案2621宗，建筑面积33.35万平方米，交易金额19.2亿元；预购商品房预告登记1742宗，建筑面积21.18万平方米；注销登记2265宗，建筑面积295.15万平方米；变更登记89宗，建筑面积20.22万平方米；限制登记215宗，建筑面积31.34万平方米；更正登记1宗。

市政建设

【概述】 婺城新城区是金华中心城市的副中心，规划总面积22.7平方千米，包括临江工业分区和行政服务中心区块。其中，行政服务中心区块是婺城区新的政治、经济、商业中心，临江工业区以工业为主。新城区主干道2.4万米。其中，宾虹西路与二环西路相交，延伸至300国道和虹戴公路，临江路东起二环西路，西止330国道，是全区城市交通的主动脉。

【市政设施】 全年完成新城区市政基础设施投资5000万元。完成中心综合区宾虹西路拓宽工程主车道通车，完成部分道路人行道铺装和景观绿化工程。完成宾虹西路330国道以西段、临江东路的大修工程。临江分区完成大岩路延伸段工程、通溪路延伸工程、二期人行道工程。

【桥梁养护】 新城区有4座大桥和3座小桥：公铁立交桥(2006年7月竣工，上跨铁路，为简支连续梁桥，全长181.8米)、白沙桥(2005年3月竣工，上跨白沙溪，为简支连续梁桥，全长176.0米)、临江大桥(2005年3月竣工，上跨白沙溪，为系杆拱桥，全长181.8米)、婺城大桥(2008年8月竣工，横跨金华江，为三跨双塔斜拉桥，全长713米)及宾虹西路1号桥、2号桥、临江东路1号桥。按照城市桥梁养护规范建立桥梁基本信息资料（包括一桥一卡、日常巡逻资料、月检查信息卡、年检查信息卡)，投入养护经费30万元，进行桥梁检测、日常养护、维修等工作。

【道路及给排水养护】 全年新城区投入道路养护资金300万元，修补破损路面2万平方米。定期组织养护单位在雨季前后对新城区的雨、污水井、雨水集水口进行清淤；加强日常巡逻，及时更换缺失、破损窨井盖，消除安全隐患。

【道路占、挖工程审批】 简化行政审批程序，提高工作效率，压缩法定办理期限。截至年底，完成各类审批8项，收取各类损坏修复费7.39万元，占道费0.22万元。

公用事业

【燃气管理】 婺城区范围(不含市开发区)有瓶装液化石油气经营网点33家。其中，一级站1家、二级站4家、三级站27家、公司直属站1家。每季度开展经营网点安全检查，检查情况上报金华市建设局,确保液化气行业安全、有序健康发展。

【污水处理】 为改善城乡水环境，实施集镇污水基础设施建设工程,全区建雨、污管网35.1千米。其中，蒋堂镇污水管网二期工程投资1850万元,完成15千米管网铺设及泵房,具备正常运行条件。协同财政、物价等部门开展蒋堂镇污水处理厂运行调研,初步拟定污水处理厂运行的有关方案及定价收费措施。

【环境卫生】 加强新区卫生保洁，落实主体责任,新增环卫保洁路段20万平方米。自8月起,动用挖机台班157时,近百人工和39辆清运车对道路路面及两侧建筑垃圾和生活垃圾连续进行4个月的集中清理，保质按时完成创国卫复审迎检工作任务。有计划实施农村垃圾处理,除山区少数乡镇外,其他乡镇均建有垃圾中转站等环卫基础设施,婺城新城区建成压缩式垃圾中转站。全区所有行政村实现生活垃圾集中清运,分别运到焚烧厂、十八里填埋厂、乡镇设置的填埋场进行处理填埋,实现覆盖率100%,无害化处理率96%。

【小城镇建设专项资金】 2013年，区政府拨款220万元作为小城镇建设专项资金。区建设局采用“以奖代补”的方式,根据年底考核情况,对各乡镇进行项目补助,主要用于集镇绿化提档、道路改造、农贸市场改造、环境整治等。

园林绿化

【概述】 全年新增二环西侧、常青花园段、采云间段道路绿化养护面积23449.6平方米。完成住宅小区等绿化审批22项,绿化资质审批10项。婺城区市政园林管理处荣获国家园林城市绿化先进单位和金华市绿化先进单位荣誉称号。 (陈妙君)

旅　游

【概述】 婺城区深入贯彻《旅游法》,实施"商旅兴区"战略,以婺城新城区、金西经济开发区、双龙风景名胜区、仙源湖旅游度假区"四区"建设为主战场,提升旅游行业品质,发展乡村旅游。全年接待游客258.69万人次,同比增长19%;旅游收入21.86亿元,同比增长23%。

婺城区拥有国家AAAA级旅游景区1个,AAA级旅游景区1个,AA级旅游景区1个,国家级重点风景名胜区1个,省级旅游度假区1个,市级风景名胜区1个,省特色旅游村8个,省旅游特色经营点2个(其中位于原金西开发区范围内的AA级旅游景区浙江伊利乳业生产基地、省特色旅游村寺平村、省旅游特色经营点大湾谷山庄,在10月份体制调整后并入金华经济技术开发区)。

1月,出台《中共金华市婺城区委　金华市婺城区人民政府关于加快旅游业发展的若干意见》。《意见》分4个部分、19条,明确提出今后一个时期特别是"十二五"期间婺城旅游业发展的总体要求、主要任务和具体政策保障措施。区财政每年预算安排不少于300万元的旅游发展专项资金,今后视旅游业发展情况逐年增加,扶持旅游产业发展。

【入境旅游】 接待入境游客6.34万人次,同比增长16.28%;旅游收入1436.76万美元,同比增长6.71%。

【国内旅游】 接待国内游客252.35万人次,同比增长19.1%;旅游收入21.32亿元,同比增长23.24%。

【假日旅游】 婺城区假日旅游呈现较好发展态势。春节黄金周接待游客7.4万人次,同比增长17.83%,实现旅游收入6038.89万元,同比增长17.84%;"五一"节假日接待游客9.13万人次,同比增长14%,实现旅游收入8181.91万元,同比增长13.78%;"十一"黄金周接待游客19.63万人次,同比增长26.22%,实现旅游收入1.76亿元,同比增长38.64%。

【旅游规划】 10月底,金西开发区体制调整,《婺城区旅游发展总体规划》需做相应的调整,并与规划编制单位洽谈修编事宜。

婺城区聘请北京土人景观规划设计研究所编制《大金西旅游休闲产业规划》《九峰山省级风景名胜区分区规划》。已修编九峰山风景区规划、金西旅游休闲产业规划、九峰温泉养生项目规划、九峰山文化养生项目规划、九峰禅寺复建规划与西畈湖茶文化生态园规划等专项规划,金西开发区旅游规划体系初步形成。

双龙风景区完善游客服务中心和换乘中心项目建设规划编制;黄大仙景区详规上报国家住建部审批。

仙源湖旅游度假区管委会完成首期区块控规修编;委托浙江悦景旅游规划设计有限公司编制度假区提质扩容规划可行性研究报告,规划将度假区由9.8平方千米扩容到约48平方千米,扩容规划可研报告初稿形成,正进行评审工作。

【景区建设】 列入金华市"十二五"规划重大旅游建设项目的白鹭园生态文化园(蒋堂镇)以A级景区标准完善园区功能区划规划,投资5000万元建成紫薇园、兰花园等66.67公顷精品园基地。

婺城新城区总投资10亿元的婺州城市广场项目二期浙中MALL基本完成外装修。总投资5000万元,设有过山车、摩天轮、激流勇进等26个游乐项目的浙中乐园开工建设,基本完成设备安装。总投资3.5亿元、按五星级标准建设的伟达雷迪森广场酒店主体建筑完成外部装修,内部装修和附属工程正在施工。总投资 1 亿元、按四星级标准建设的尚格酒店正在外部装修。

金西经济开发区投资 4000 万元的九峰温泉体验馆自 3 月底开始投入体验以来，接待游客 7 万人次。总投资 12 亿元的温泉综合开发五星级大酒店等项目在前期规划中。引进总投资 28 亿元的九峰文化互动体验园项目。其中,一期投资 3.18 亿元的九峰水上乐园项目建成,8 月份营业以来接待游客 72 万余人次;二期投资 5 亿元的神幻演艺园项目开工建设。九峰山风景区完成景区内标志、标识、核心景区界桩和景区外交通要道处指示牌、路标安置等基础工作,通过省级风景名胜区综合整治验收。峙垅湖公园一期、二期项目以及 100 公顷植物园项目基本竣工，建成 4 个总占地 13.33 公顷的九峰水上乐园配套停车场,旅游配套项目建设逐步完善。

双龙风景区智者寺复建项目基本完成一期工程大雄宝殿、方丈院、五观堂、僧房、库房、云水堂等主体建筑;二期工程山门、天王殿等项目开工建设。霞客古道复建一期、二期项目基本完成,登山健身游步道建成。完成尖峰山健身休闲公园游步道修整、进山门楼、生态公厕等提档改造项目。景区开展“三改一拆”专项整治行动和“治五乱”环境集中整治工作,拆除各类违法建(构)筑物近 5 万平方米,景区景容、景貌有明显改善。

仙源湖旅游度假区引进总投资 5 亿元的金华乐园项目,完成项目立项,政策处理正在进行。总投资 5.18 亿元的省重点建设项目“金华市水上运动中心”12 月开工建设，规划建成包含室内外水上娱乐、温泉、快捷酒店等多功能于一体的水上运动综合场馆。总投资 5.1 亿元、按五星级标准建设的喜曼安地度假酒店和总投资 3000 万元的仙草苑养生会所,总投资 1050 万元的桂花山庄等一批酒店配套项目在建设中。金华动物园水族馆一期海狮表演馆 10 月份建成营业,吸引近 10 万人次游园。金华市绿道示范段新建工程投入 500 万元，完成过半绿道基础建设工程;环仙源湖公路项目(含山地自行车赛道)进行前期包装工作。

省旅游局副局长朱红炜调研九峰温泉

【乡村旅游】 婺城乡村旅游全年接待游客 78.2 万人次,同比增长 13.5%;旅游收入 2.47 亿元,同比增长 10.27%。仙源峡、莘畈溪、厚大溪游憩带日渐成熟,初步实现规范化经营、规模化发展。

10 月,婺城区塔石梯田名列由中国农业部乡镇企业局主办的“2013·中国美丽田园”推介活动“梯田景观”十强,受到东方网、中国网等国内主流媒体的关注,塔石梯田知名度得到跨越性提升。新培育兼具高山梯田和瀑布群、古树群景观的塔石乡余仓村发展乡村民宿,7 月，余仓村顺利启动开游仪式,接待游客 5000 余人次。指导项村、鹿田村、方家村通过省特色旅游村复核,打造乡村旅游龙头村。

仙源湖旅游度假区通过加强资金补助、引进客源等措施推进美丽乡村游发展。推进安地、项村、郑宅、山道、小同等村的乡村民宿建设力度,度假区有星级农家乐 22 家,乡村旅游床位 1050 张,可同时接待 2000 人以上就餐,体验养生、休闲度假功能大幅提升。与上海欢天喜地国际旅行社、上海太平洋旅行社签订长期合作意向,为度假区引进 4.52 万人次的过夜游客稳定客源,同比增长 15.3%。

为逐步改善以旅游交通为重点的旅游基础设施,优化婺城旅游环境,区旅游局按照国标规划设计从市区至金西开发区、市区至仙源湖度假区沿线 17 块旅游交通导向标识牌，6 月份全部安装到位,方便游客正确、快速到达旅游目的地。

【宣传促销】 通过举办形式多样的活动、组团参加各级旅游展会、加大旅游网站和宣传资料建设力度、加强媒体推广等方式,提升婺城旅游知名度和美誉度,扩大婺城旅游市场。

区旅游局组织旅游企业参加 3 月 22~24 日浙江旅游交易会（长沙)、4 月 19~21 日中国国内旅游交易会（贵阳）、5月24~27日第五届中国国际旅游商品博览会(义乌)、10月24~27日中国国际旅游交易会(云南昆明)等各级展会，发放宣传资料及免费、优惠门票，为婺城引进客源。第三届"5·19"中国旅游日期间，组织旅游企业开展"美丽金华 欢乐旅游"2013年中国旅游日主题宣传惠民活动，以免票、特价、秒杀等方式普惠游客，推出11条优惠措施及价值4.5万元的免费(优惠)票。加强网站建设，制作婺城旅游网"第四届茶花节、第四届油菜花节、第五届桂花节"专题。设计制作更新油菜花节沿线15块旅游宣传指示牌。年初，婺城旅游网被评为省"优秀旅游网站"。全年在《金华日报》《金华晚报》《今日婺城》等媒体发表婺城旅游相关宣传报道46篇。结合"山花烂漫·美丽婺城"系列活动，开展茶花节"春到茶花园"和油菜花节"金西田园之旅"休闲游系列活动，组织市内外30多家旅行社考察金西区域乡村旅游，推出赏茶花一日游、九峰山—寺平—莘畈一日游(二日游)等精品线路。组织区内旅游企业参加2013浙江省首届"私家车主最喜爱的十佳自驾线路"评选活动、"百城千景"惠民活动、"新金华十景"网上评选、"看晚报、游浙江""美丽金华旅游馆"等主题旅游推广活动，取得良好的宣传效果。

9月13日至11月2日，婺城新城区组织婺州城市广场、伟达雷迪森广场酒店等10个商业服务业项目在婺州城市广场举办首届广场嘉年华系列活动。其间，举办开幕式晚会、文艺演出、校园文艺专场、婺剧专场、婚纱秀等15场文艺演出，为新城区集聚人气。

金西经济开发区组织以金西自然人文风情为主题的摄影和征文比赛；邀请上海、杭州及金华等地30余位旅行社负责人在寺平村召开区旅游景区(点)促销推介会；参加浙江旅交会(长沙)等，加大宣传推介力度。

双龙风景区加强与杭州文广集团西湖之声、浙江交通之声和长三角区域近45家媒体、省内外旅行社、市内外有关单位的战略合作。编制《2013年双龙风景区营销宣传推广方案》，开展以2013.1.4(谐音爱你一生一世)为主题的"爱情文化年"系列活动，双龙"龙形"商标获国家商标总局正式注册；5月18日，举办霞客古道登山开走仪式。

仙源湖旅游度假区参加浙江旅交会(长沙)、中国国际旅交会、上海美丽乡村游交流会、宁波两会一谈等省内外各种旅游展会(论坛)。邀请金华电视台20分可乐剧组到度假区取景，协助拍摄金华市村级组织换届选举宣传片《茶花村选举记》，创新宣传方式，扩大宣传受众面。

【行业管理】 区属旅行社有金华大唐旅行社有限公司、金华美好假期旅行社有限公司、金华市欢乐假期旅行社有限责任公司、金华市仙源湖旅行社有限公司、金华君悦旅行社有限公司、金华市山海印象旅行社有限公司。新增君悦旅行社、山海印象旅行社。9月11日，区旅游局在嘉恒宾馆举办全区星级饭店技能选拔赛暨旅游服务礼仪专题培训。组织9名全区星级饭店技能选拔赛一、二等奖获得者参加2013年金华市优秀饭店技能大赛，区旅游局获优秀组织奖。

【旅游安全】 年初，区旅游局与各旅游企业签订《2013年旅游行业安全生产管理目标责任书》。对旅游企业开展安全生产隐患排查治理，加强节假日期间安全检查和日常督查。组织各旅游企业开展职工培训和消防安全应急演练，做好安全生产及宣传工作，确保旅游接待安全有序。婺城区旅游局被评为2013年旅游行业安全生产目标管理优秀单位。

【节会活动】 秉承"整合品牌、节俭办节"的原则，中共婺城区委、区政府将从2009年开始连续举办多届的仙源湖桂花节、婺城茶花节、婺城油菜花节合并为"山花节"，在金华市中心人民广场举办了"山花节"启动仪式和"山花颂"文艺演出。"山花节"期间，举办"春到茶花园"休闲游、油画婺城花乡行、第二届沙畈竹笋节、"婺城乡村美食行"暨农家乐烹饪技艺大赛、金西田园之旅、"魅力仙源湖"摄影展等33项具体活动。安地、竹马、塔石、莘畈等节庆举办地因花扬名，吸引大批游客寻芳赏景，"山花烂漫·美丽婺城"节会品牌日益深入人心，促进观光休闲农业和旅游产业融合发展。

6月15至16日，举办由中国登山协会和中国风景名胜区协会主办、金华双龙风景名胜区管委会和金华市体育局承办，以"美丽中国·魅力山河"为主题的2013中国健身名山登山赛第二站金华山站比赛，来自全国800多名运动员和登山运动爱好者分别参加男/女竞速组、家庭双人组和健身组四个组别的比赛。金华山赢得“中国健身名山”和“中国登山协会登山训练基地”2块国家级品牌。

双龙风景区成功举办以“游双龙胜景,享清凉世界”为主题的第九届“双龙之夏”文化旅游活动暨第二届金华山养生避暑节，节会从7月12日开始，为期2个月。其间,举办中华“徐霞客游线”线性文化景观保护与发展论坛、《记金华的两个岩洞》发表55周年纪念暨著名作家金华山龙凤笔会、“爱你一生一世”七夕节活动——爱情自驾双龙行、金华山情感剧微电影创作、清凉嘉年华等活动,展示金华山丰富的人文内涵,发展避暑经济,提升金华山旅游品牌的市场知名度和影响力。

10月26日至30日,举办由区委宣传部、区文化体育局、婺剧促进会主办、乾西乡承办、以“赏金华民俗文化、品婺州古今艺术”为主题的婺城区第二届民俗文化艺术节。其间,举办八婺民俗文化展演展示、宠物选美大赛、11场婺剧展演等活动。乾西乡婺州民俗文化博物馆顺利开馆，展示包括字画、青铜器、玉器、瓷器等1万多件古今艺术精品,为婺城新添1处人文景观。

年内,金华动物园举办“元旦欢快游园会”“元宵佳节游园会”“欢乐小丑游园会”“童玩节·同乐”“体验民族文化,享受快乐粽子”“中秋大型游园会”等系列节会活动。

(刘慧君)

交通运输

【概述】 2013年，婺城区交通运输局发扬交通"敢为人先的创新精神、善于攻坚的团队精神、甘当铺路石的奉献精神和创优质高效的科学精神"，继续扩大投资、提升路况、保障安全、高效服务，推进交通运输事业的发展。围绕年度工作目标，科学管理，统筹安排，完成全年度计划任务，为服务、引导和支撑全区社会经济又好又快发展提供基础保障。

金西经济开发区白汤下公路城市化改造工程喜获2012年度"全国市政金杯示范工程"称号，这是我市市政工程捧回的首座中国市政工程最高奖项。区交通运输局先后被评为2013年市交通运输系统先进集体、区综合考核先进集体、人大建议、政协提案办理先进单位、宣传思想工作先进单位、美丽乡村建设竞赛三等奖、社会管理创新竞赛优胜奖、维护社会稳定先进集体、安全生产先进单位、城乡绿化先进单位、创新社会管理百家示范单位等11项荣誉称号。

【重点工程】 330国道改建工程婺城区段全长22.28千米，概算批复7.7亿元。已完成施工图设计，列入省厅建设计划，省补资金1.5亿元。已完成现场放样及苗木清点造册工作，正在开展进村入户拆迁调查工作。

衢江(洋埠)航运开发总投资12亿元(省补8亿元)，1月举行开工仪式，并开展前期各项报批工作，协助有关部门加快堤防工程项目前期和土地征迁报批等其他相关工作。

二环路跨沪昆公铁立交桥建设顺利推进，2013年，婺城区得到省交通厅支持，使西二环列入330国道改造补助范围。西二环跨沪昆公铁立交桥段接线路基已完成，桥梁桩基全部完成，完成架梁14片，已完成投资1.1亿元。

汤溪—莘畈公路改建工程项目全长18.4千米，总投资5.6亿元。6月，完成土地预审、水土保持、规划选址和环评四个专项；8月省发改委对汤莘线工可进行批复。已完成初步设计批复，正在开展施工图设计。

2013年，完成联网公路21条、20.6千米，总投资2900万元，工程质量优良率较2012年提高20%。琴坛至南坑公路工程于11月24日完工，投资1000万元，打通湖大线和安山线，把两条县道连接起来。同时，把布局分散、功能不同的旅游点串联起来，形成山野风光与文物古迹相结合的综合性旅游区，为打造高山生态游、龙潭风景游、九龙庙古迹游和农家乐生态游提供有力交通保障。

【项目攻坚】 抓好"畅安工程"攻坚，农村公路大中修13条、52千米，投资4190万元；安保工程60条、199千米，总投资1288万元；完成5座病旧桥梁加固工程，总投资652.89万元；330国道与文溪街交叉路口整治工程投资465万元。抓好"四边三化"攻坚，为办好省二体会东道主和国卫复审暗访组的检查，婺城区交通运输局对重点公路进行集中整治，取得较好的成效，投入养护人员3420人次，巡查人员665人次，车辆950辆次，资金400万元。抓好"国卫复审"攻坚，开展集中整治，对泄漏、污染的车辆除劝返外，采取"以扫代罚"方法，48人受到以扫代罚处罚，要求驾驶员清扫被污染的路面，泄漏污染现象得到改善。抓好"三改一拆"攻坚，2月，完成境内重要线路违章建筑的排查工作；4月，与各部门配合进行国省道沿线全面整治和清理，推进公路边"三化"行动，拆除违法建筑11.5万平方米，围墙1186米，大型广告牌2块。

【路政执法】 加强源头治理，以宣传、沟通、走

市公路系统筑路机械操作技能竞赛举行

访入手,向广大驾驶员及周边厂矿企业宣传超限运输危害、治超处罚的依据等,并利用企业板报张贴宣传画,发放宣传手册。邀请电视台、报社记者现场采访报道,扩大宣传影响力。对当地大型矿石场、水泥厂实地走访,了解企业一天的吞吐量和运输情况,要求企业适当增加运费,降低运输车辆装载吨位,这一举措得到省公路局督查组充分肯定。

加快硬件建设,9月,省道313婺城超限运输检测站停车场正式投入使用,站房于10月结顶并通过质检验收,室内装修基本完成。白龙桥治超停车场基本建设完工,该停车场位于虹戴公路潘村垅路段,占地1公顷。使婺城区又增加1个设备齐全的超限治理停车场。

全年路政大队查处违法超限运输车2104辆,卸载货物43762吨;出动巡查5139次,拆除违章建筑6968平方米,清理堆积物20672立方米,取缔非公路标志1601块,处理行政处理案件28件。

【规范管理】 2月25日,区交通运输局传达区三干大会精神,加大执行力建设力度,保障既定任务目标的全面推进。实行捆绑追责考核制度,建立"一把手负总责、分管领导分工负责、一级抓一级、一级对一级负责"的责任体系,使全局工作形成齐抓共管的格局;实行领导与工作人员捆绑问责制度,一般工作人员未完成任务目标的,除追究当事人责任外,对分管导、主要领导进行问责,做到上追一级、下管一级。实施张榜竞赛考核制度,将各科室、单位年度及季度目标任务张榜上墙,张贴于一楼大厅显著位置,每季度对各科室、单位进行考核,年终统一核算总分并奖优罚劣。实行末位淘汰的考核制度,通过公开考评,对各单位和个人进行评分排名,对排名末位的单位和个人实行第一次警告、第二次诫勉谈话、第三次追究主要领导责任直至调岗、降职、待岗等处理方式。规范管理,助推事业,用制度来管人、管事、管物。

【便民服务】 坚持城乡交通一体化发展思路,强化路网的系统性、协调性、完整性,按照"有利于城乡经济发展、有利于区域城镇规划、有利于对外辐射和交通便捷的原则",明确交通运输发展的功能定位,新开两条农村客运公交线路(金华—罗坪、蒋堂—罗埠公路506线2号支线),优化705公交线路,解决箬阳、罗坪等20多个行政村的公共交通,全区客运班车通车率达90%以上,公交线路村村通格局初步成型。同时,建议三个公交公司合并及实行公交普惠制度,让山区百姓同样享受到现代化交通运输成果,实现人便于行、货畅其流。

【作风效能】 局中层以上干部每周到站(所)调研帮助工作,完善公路管养、财经管理、公司管理、施工管理、交通执法等制度,落实职工食堂管理、指纹签到、公车和计算机管理、一事一议和施工队伍选择等制度。2013年,全局接待费同比下降30%。全面推行双项考核,局党组将考核结果与年终奖金挂钩、与先进评选挂钩、与干部任用挂钩,机关效能全面加强。开展"正风提效促赶超,攻坚克难抓执行"活动,办好8890交办事项,全年完成市级以上通讯报道1000余篇。

6月10日,区交通运输局开展"打赢婺城交通运输事业转型升级、赶超发展重要战役"活动,提出打赢"党风廉政保卫战、项目前期突击战、项目建设持久战和重点项目攻坚战"四大战役,并由4位班子成员讲授课程,使干部职工了解国内外交通大形势及婺城区实际情况,找准自身定位,正视差距,制定赶超方案。抓好工程招投标、工程分包、材料采购、资金划拨、设计变更等环节的调查摸底和自查自纠工作。针对发现的问题和不足,逐一整改。有关单位和部门围绕工程建设的关键环节完善和落实制度,强化监督,凡是制度不落实的项目,不许开工建设;凡是因制度不落实而发生的问题,要追究领导干部和当事人的责任。各级审计、财务、质监和纪检部门加强对资金和质量的监管,完善廉政监督机制,做到对工程建设全过程的有效监督。

【文化品牌】 6月2日,开展“中国梦·我的交通梦”演讲比赛,全系统干部职工畅谈自身的交通梦,树立为交通运输事业奉献全部力量的正确观念,激发干部职工的原动力。2012年9月创刊《婺城区交通运输信息》,每月印发2期,向四套班子领导、区委、区政府各部门以及全系统干部职工宣传交通运输工作动态。6月初,组队参加“万里扬杯”乒乓球比赛,获得机关组团体第一名、女子单打第一名、男子单打第四名的好成绩,增强干部职工的集体荣誉感和凝聚力。

(王涵哲)

农林 水利

农村经济

【农村集体经济】农村集体资产拥有量增加，根据农经年报，全区562个村(社)农村集体拥有资产总额20.29亿元，同比增加4.89亿元，增长32%；村均拥有资产360.99万元，同比增加86.97万元。资产拥有量、集体经济收入主要集中在少数经济较发达的乡镇（街道），全区总收入在1万元以下的村(社)58个，占总村(社)数的10.3%；年总收入在1-10万元的村(社)214个，占总村(社)数的38.1%；年总收入在11-50万元的村(社)194个，占总村(社)数的34.5%；年总收入在51-500万元的村（社)89个，占总村(社)数的15.8%；年总收入在500万元以上的村(社)7个，占总村(社)数的1.2%。全区村集体经济发展不平衡。（贾玉珍）

农业

【概述】婺城区按照发展现代农业总体要求，以发展生态循环农业为主线，以农业两区建设为主抓手，推进农业发展方式转变，构筑“三化两区一中心”发展新格局。全区粮食生产稳定发展，八大主导产业快速提升，农业“两区”建设步伐稳健，全区农业经济保持健康发展的良好势头，实现农业总产值22.3亿元。

全区粮食生产稳步发展，粮食播种面积14244.6公顷，总产80997.4吨，增幅分别为1.68%和2.36%。单季晚稻高产攻关田最高产14505公斤/公顷，创造金华市单季晚稻高产新纪录。

农业“两区”建设稳步推进，全年整合各类资金1.04亿元用于农业“两区”建设，建成粮食生产功能区25个、1220公顷；3个特色农业精品园通过省级验收，16个示范基地被公布为第二批金华市现代农业示范基地。

主体培育步伐不断加快，全区农业龙头企业81家，拥有市级以上农业龙头企业31家。其中，国家级1家、省级3家，年产值15.4亿元；全年新增农民专业合作社121家，累计发展农民专业合作社总数1040家，星级规范化合作社57家，其中省级示范性合作社8家；全区经工商部门注册的家庭农场36家，其中省级示范性家庭农场2家。

产业化经营水平稳步提升，全区新增土地流转面积697.27公顷，农村土地累计流转面积6841.93公顷。农业标准化实施步伐加快，现代农业园区933.33公顷耕地完成无公害产地整体认证，累计通过认证的无公害农产品22个、绿色食品7个、有机食品3个，“三品”认证面积6466.67公顷，推广面积10666.67公顷。

社会服务能力明显增强，累计建成乡镇“三位一体”农业公共服务中心17个，引导和鼓励粮食、农机、植保专业合作社等服务组织开展社会化服务，为群众提供代耕、代育、代种、代管、代收等社会化服务，面积4133.33公顷。

水污染整治成效明显，开展沙金兰生态功能区水环境综合整治，完成95家畜禽养殖场和49家锯板厂的关停搬迁。开展规模养殖场排泄物综合治理，完成109家畜禽养殖场的排泄物治理项目。实施水稻、茶叶、蔬菜绿色防控技术，禁止高毒高残留农药的使用，降低化肥用量，减少农业面源污染。全区高效低毒残留农药普及率75%，实施农作物病虫害减量控害工程16666.67公顷，统防统治4800公顷，推广配方施肥25666.67公顷，农作物秸秆综合利用率、农村清洁能源利用率分别达到88%和69%。

（项移娟）

【农业展销】 组织33家企业参加第九届金华·华东农业科技新成果展示交易会，“仙源山”铁皮石斛等8个农产品获金奖，“益康真菌” 灵芝等4个农产品获优质奖。组织17家企业参加浙江省农业博览会，“一枝秀”有机米等4个农产品获金奖，伟鹏土鸡蛋等3个农产品获优质奖。

（鲁建斌）

【农业“两区”建设】 推进农业“两区”建设，全年整合各类资金1.04亿元用于农业“两区”建设，成效明显。全区建成粮食生产功能区25个，1220公顷，新增省、市级粮食生产功能区2个。安地桂花示范区、白龙桥生猪精品园和罗埠中华鳖精品园通过省级验收，蒋堂家农两头乌种猪等16个示范基地被公布为第二批金华市现代农业示范基地。全年投入现代农业园区建设资金7551万元，新（修）建路渠5.36千米、大棚13.53公顷、喷滴灌设施366.4公顷、畜禽舍1.47万平方米、保鲜冷库240立方米，园区建设初具规模。（戴爱红）

【粮食生产】 全区粮食播种面积14244.6公顷，总产80997.4吨，分别完成市下达任务的108.4%和109.8%。粮食播种面积同比增235.3公顷，增幅1.68%；总产增1866.4吨，增幅2.36%。

全区水稻播种面积9515.3公顷，同比增1.47%。总产61651.1吨，同比增2.63%。新品种、新技术推广到位，水稻单产水平提高，达6479.2公斤/公顷，同比增长1.15%。其中，早稻播种面积2392.5公顷，单产5592.2公斤/公顷，总产13379.4吨，同比面积、总产分别下降3.71%、0.57%，单产增长3.26%。单季晚稻播种面积4577.0公顷，单产7164.2公斤/公顷，总产32790.5吨，同比增4.14%、0.26%和4.41%。连作晚稻播种面积2545.8公顷，单产6081.1公斤/公顷，总产15481.2吨，同比面积、总产分别增1.91%、1.79%；同比单产下降0.12%。

【油料生产】 全区油料播种面积2417.7公顷，单产1646.1公斤/公顷，总产3979.8吨，同比分别下降4.36%、6.81%、10.87%。其中，油菜播种面积2258.2公顷，单产1591.3公斤/公顷，总产3593.5吨，同比分别下降4.44%、7.28%、11.39%。全年油菜播种面积、总产分别占全区油料播种面积、总产的93.40%和90.29%。

（王伟平）

【水果生产】 全区水果栽培面积849.45公顷，同比减少168.42公顷，减幅16.55%；产量31766.7吨，同比减960.4吨，减幅2.93%。三大主栽水果：柑橘面积458.4公顷，同比减45.13公顷，减幅8.96%，产量5054.5吨，同比减304.5吨，减幅5.68%；葡萄面积118.13公顷，同比减42.53公顷，减幅26.47%，产量1985万吨，同比增289吨，增幅17.04%；梨面积67.4公顷，同比减13.67公顷，减幅16.86%，产量799吨，同比减271.5吨，减幅25.36%。以项目实施为主抓手，发展特色水果产业，推进水果产业转型升级。全年实施水果项目11个，争取资金93.64万元，新发展特色水果蓝莓15.33公顷、猕猴桃53.47公顷、火龙果2.67公顷。开展柑橘、葡萄和梨三大主栽水果升级改造，全年升级改造柑橘园38.13公顷、葡萄园32.33公顷、梨园8.67公顷，实行高接换种5.4公顷，田间操作道路面硬化6272平方米。

【蔬菜生产】 全区蔬菜播种面积3197公顷，同比减87.4公顷，减幅2.66%，产量64842吨，同比减6852吨，减幅9.56%；果用瓜播种面积905.47公顷，同比增17.40公顷，增幅1.96%，产量21274吨，同比减1063吨，减幅4.76%。认定4个省保障型蔬菜基地，面积135.33公顷。新发展设施蔬菜114.87公顷。其中，蔬菜钢架大棚5.79公顷、连栋大棚3.79公顷、玻璃温室0.52公顷。

【棉花生产】 全区棉花种植面积209.8公顷，同比减4.62%，总产量340.3吨，同比减24.86%。实施农业部棉花高产示范创建，开展棉花节本增效栽培新技术试验研究和棉花种植制度改革探索，重点进行间作套种模式的推广和应用；试验油菜茬后棉花直播种植技术，在平产条件下缩短棉花大田生长期，减少棉田用工投入，提高植棉效益。高产创建示范区内8公顷的棉花套种蚕豆的试验和示范，取得显著经济效益和社会效益。

【茶叶生产】 全区茶园总面积1517.86公顷，总产干茶1404.3吨。其中,春茶831.9吨、夏茶317.2吨、秋茶255.2吨。全区有制作名优茶机械3980台,名优茶加工机械化率97.8%。全区有茶树修剪机286台、采茶机693台,机剪面积4060公顷次,机采面积8038.6公顷次。引进或自繁自育无性系安吉白茶、春雨一号、乌牛早、迎霜、龙井长叶、中茶108等茶树新品种20个,无性系良种茶园面积1112.3公顷,占茶园总面积46.5%。箬阳锦科茶厂开发试制红茶,售价每千克800元至2000元。4月13日,金华市绿峰茶叶有限公司、金华市点绛唇茶叶有限公司等11家企业参加金华市第五届金华名茶推介暨"清茗酬知音"万人品茶大会,获群众好评。11月,浙江采云间茶业有限公司通过雨林联盟认证,成为浙江首家通过该联盟认证的企业;12月,获得欧盟ISO22000食品安全管理体系认证证书;10月,采云间潘金土当选"2012绿色中国年度焦点人物",成为国内茶行业第一位获此殊荣的茶人代表。 (朱丽娜)

【农产品质量安全监管】 建立健全监管体系,区、乡镇建立监管机构,落实专兼职监管人员。全区规模种养殖生产主体全面建立生产档案,强化生产主体是质量安全第一责任人意识。建立农产品质量安全追溯制度,印发2000份蔬果台账。开展农产品质量安全专项整治,全年出动执法人员5704人次,检查生产经营单位8217家次,监测抽样产品25340批次,合格率100%。其中,"瘦肉精"监测18597头,未发现使用违禁药物情况;生鲜乳监测抽样105批次,合格率100%;种植业(蔬菜、水果、茶叶)专项整治,抽取样品6638批次,合格率100%。开展"强网清源"行动,出动人员314人次,检查生产经营企业514家,走访排查528次,生产主体约谈366家,联合执法41次,下达整改通知书25份。

加强农产品监督监测,全年开展农产品定量检测225批次,合格率100%;定性检测6850批次,合格率100%;配合部、省、市例行监测、监督抽检、风险评估,抽检产品373批次。

【三品认证】 全年新认证绿色食品5个,无公害农产品14个;新增无公害畜牧业产地8个,规模31.87万头(羽),无公害种植业产地12个,规模601.6公顷;现代农业园区产地整体认证933.4公顷。规范"三品"生产基地农业标准化生产行为,组织36家生产主体技术人员参加市农业局无公害内检员培训。10月25日,召开婺城区农产品质量安全监管工作培训会,140余人参加培训。

(王　艳)

【农民专业合作社】 全区经工商注册农民专业合作社累计1040家,新增121家。其中,市级以上示范性合作社14家,省级以上示范社8家,拥有社员27646个。联结基地面积6826.6公顷,其中核心基地2072.53公顷。新增金华市顺和农机专业合作社、金华市粮丰植保专业合作社2家省级示范社。全区农民专业合作社拥有注册商标68个(其中浙江省著名商标1个)、市级以上名牌产品7个。全年合作社总收入85232.1万元,总支出70267.5万元,上缴国家税金90万元,获盈余14964.6万元。

(徐早增)

【薄弱村经济扶持】 全区省定经济薄弱村348个(含金西开发区)。塔石乡岱上村、小埠口村,沙畈乡小羊坑村、上回坑村、芝肚坑村,长山乡长山一村,莘畈乡大立元村,箬阳乡琴坛村,琅琊镇新朱村,乾西乡坛里郑村等10个省定集体经济薄弱村的8个项目列入省扶持项目,获得扶持资金448万元,涉及塔石乡岱上村、小埠口村乡村旅社,沙畈乡小羊坑村、上回坑村、芝肚坑村三村联建双溪口水电站,长山乡长山一村、琅琊镇新朱村多功能综合大楼,莘畈乡大立元村游客接待中心,箬阳乡琴坛村休闲旅游大楼和乾西乡坛里郑村综合市场等项目。

(吴天昊)

【家庭农场】 全区经工商部门注册的家庭农场36家。其中,种植业24家、渔业3家、种养结合5家以及其他行业4家。婺城区志义家庭农场、仙舟源家庭农场被评为省级示范性家庭农场。家庭农场经营土地面积521.6公顷,劳动力270个,年销售农产品总值3083.5万元。其中,10万元以下9家,10-50万元13家,51-100万元4家,100万元以上10家。

【农民负担监管】 农民负担监督管理长效机制初步形成,惠农补贴政策落实及时到位,无重大农民负担案件发生。全区一事一议奖补项目88个,涉及人口43311人,承担筹资人口19285人,承担筹劳24026人,总投入7637.34万元。其中,村筹资573.6万元,村集体投入1343万元,社会捐助360.69万元,省财政补助 2415 万元。

(贾玉珍)

【土地承包及流转管理】 全区耕地总面积 18546.6 公顷,家庭承包经营的耕地面积 17466.2 公顷;家庭承包经营农户 98541 户,家庭承包合同 97539 份,颁发土地承包经营权证 96616 份。全区新增土地流转面积 697.27 公顷,家庭承包耕地累计流转面积 6841.93 公顷,占家庭承包经营耕地面积的 39.2%,占耕地面积的 36.9%。其中,5 年以上连片 3.33 公顷以上 46 宗、552.9 公顷。通过各级土地流转服务组织流转 1680.3 公顷,用于种植粮食作物土地面积 3258.5 公顷,农业"两区"内土地流转 925.1 公顷,签订耕地流转合同 17474 份。

(胡必祥)

【畜牧生产】 全区畜牧总产值 8.93 亿元,占农业总产值 40.04%。全区奶牛存栏 15943 头,牛奶产量 38462 吨,占全省的 1/4,为浙江省最大奶牛养殖区;生猪年末存栏 28.2 万头,其中能繁母猪存栏 2.76 万头,年出栏生猪 39.97 万头,全年饲养量为 68.17 万头;家禽存栏 120.05 万羽,出栏 184.81 万羽,全年家禽饲养量 304.86 万羽。肉类总产量 32568.2 吨。其中,猪肉产量 28883.1 吨,牛肉产量 754.4 吨,羊肉产量 94 吨,禽肉产量 2829 吨,禽蛋产量 6800.4 吨。全年争取畜牧业项目和重大动物疫病防控、后备母牛补贴、禽流感防治补助等经费 1833 万元,畜牧业项目立项 20 个。通过完善养殖场基础设施建设,推进全区生猪、奶牛养殖标准化、生态化发展。

【畜禽种业建设】 新建猪二级供精站 2 家并通过验收发证。金华市家农两头乌种猪场申报国家和省畜禽遗传资源保种场。全区建种畜禽场 7 家,其中省一级种猪场 3 家,二级种猪场 1 家,二级种蜂场 1 家。

【畜禽标准化规模养殖示范场创建】 开展畜禽标准化示范场创建工作,金华市宏业畜牧养殖有限公司通过国家畜禽标准化规模养殖示范场认定,金华市婺城区三和养猪场通过省级畜禽标准化规模养殖示范场认定。

【规模场星级评定】 新增 2 家二星级猪场、2 家三星级猪场。全区通过"三元合一"星级评定的规模猪场 25 家,规模奶牛场 2 家。

【后备母牛扶持政策】 开展奶牛调查工作,6 月底,全区存栏 10 头以上(不含 10 头)、成母牛 5 头以上(含)奶牛养殖场(户)282 个,存栏奶牛 15856 头。其中,后备母牛 8966 头,争取后备牛补助资金 448.3 万元。

【重大动物疫病防控】 全区注射高致病性禽流感 474.82 万羽,猪口蹄疫 165.62 万头,牛羊口蹄疫 9.01 万只,猪瘟 159.16 万头,蓝耳病 68.73 万头。家禽高致病性禽流感抗体监测 1021 羽次,合格率 85.4%;牲畜口蹄疫抗体监测 634 头次,合格率 81.5%;猪瘟抗体监测 484 头次,合格率 78.9%;鸡新城疫监测抗体 510 羽次,合格率为 77.6%,监测均达规定要求。全年开展生猪屠宰检疫 15.52 万头、生猪产地检疫 11.98 万头、家禽检疫 11.12 万羽。开展生猪"瘦肉精"抽测 10549 头次、饲养场户 8048 头次,未发现阳性生猪。开展奶牛"两病"普查,监测 17081 头,阳性病牛进行无害化处理;对 24 个养殖场所开展动物防疫条件现场审查;对 109 台二维码识读器进行系统升级;开展漂浮死猪防控巡查打捞,出动 14082 人次,打捞处理病死猪 1497 头、家禽 692 羽,由乡镇或养殖场无害化处理病死猪 18120 头。

【H7N9 禽流感疫情防控】 开展动物 H7N9 禽流感防控知识宣传,发放告知书 4200 余份。对辖区内所有养禽场、家禽交易市场开展动物 H7N9 禽流感疫情排查、疫情监测、流行病学调查,强化消毒采样送检工作,采集血清 900 份、拭子 1925 份,未检出阳性。

【牧业执法】 全年立案查处各类牧业违法案件 12 起。其中,经营动物未附检疫证明案 3 起,未按规定处理病死猪案 7 起,涉嫌未经备案从省外调入动物案 2 起,结案 12 起,处罚金额 20560 元。

【生鲜乳专项整治】 完成生鲜乳收购许可证换证工作,全区原有奶站 28 家,22 家通过审查并核发生鲜乳收购许可证。配合农业部门开展生鲜乳抽样检测 105 批次,检测全部合格。加强奶站日常巡查,奶站巡查 1346 人次,发放普法宣传资料 1586 份,开展相关培训班 4 场、230 人次,确保生鲜乳质量安全工作。

【生态功能区畜禽养殖场整治】 开展沙金兰、

莘畈等水源涵养生态功能区畜禽养殖场整治,完成沙畈乡和琅琊镇畜禽养殖场户关停拆除工作,关停拆除畜禽养殖场95家,拆除栏舍18248.4平方米,处置生猪、奶牛5100头,完成率100%;莘畈水库水源保护工程涉及水库上游2个乡、8个村、45户,拆除猪舍面积13699平方米。

(戴美艳)

【畜禽污染整治】 下发《婺城区2013年度畜禽养殖场污染治理工作方案》《婺城区农业面源污染整治实施方案(2012—2015)》文件,优化畜牧业区域布局,对全区畜禽养殖布局进行调整优化,重新划分禁养区、限养区,由区政府办公室印发《金华市婺城区畜禽养殖禁养区、限养区划分规定》。开展畜禽养殖场排泄物治理,完成109家畜禽养殖场排泄物治理项目,投资436万元,完成集水酸化池545立方米,厌氧池6540立方米,用肥调节池1635立方米,田间池545立方米,建干粪棚1635平方米,配套沼液利用农田、苗木、果园253公顷,日处理污水654吨,年产沼气59.67万立方米,折标煤426.04吨。市、区财政各落实配套补助资金163.5万元。

【生态循环农业基地建设】 全区新建4个高效生态循环农业示范基地,投资139.5万元,建成田间池600立方米,铺设沼气输气及沼液输送主管、支管网6800米,安装污水泵3台、贮气柜40立方米、纯沼气发电机1台、安装灶具7套,厂房租赁1000平方米,安装电力、水源及配套设施、生物质颗粒成型生产流水线设备各1套。配套沼液利用茶园、果园、苗木等26公顷。项目基本涵盖沼液、沼渣综合利用等方面内容,为农业生产环保效应、质量效应、产量效应同步提高与发展起到综合示范作用,并通过市农业部门验收。

【太阳能开发利用】 全区新增太阳能热水器1500台,计3000平方米,折标煤540吨,促进农村清洁能源利用率的提高。 (陈秀玲)

【农机化扶持】 全区财政投入补贴的农机装备购置总额1724.82万元,带动农民自行投入1188.41万元。农户享受各级财政补贴资金536.41万元。其中,中央补贴资金484.91万元,省级补贴资金36.05万元,区级补贴资金15.45万元。全区农民及专业合作社享受优惠政策购机补贴的机具944台。完成省、市设施农业设备补贴项目15个,总投资1308.29万元,建设单体大棚、连栋大棚、玻璃温室及避雨棚面积22.45万平方米,喷滴灌面积39.67公顷,补贴资金515.81万元。其中,中央财政补贴资金406.15万元,市财政支农补贴资金109.66万元。带动农户自行投入792.48万元。

【农机推广】 全区农机总动力325290千瓦。其中,柴油机242639千瓦,汽油机7233千瓦,电动机75412千瓦。全年完成机耕面积2.18万公顷,机收面积16322公顷,推广水稻机插面积1977公顷,油菜机收165公顷,机电灌溉面积12715公顷,机械植保面积8599公顷,机械初加工农产品8.81万吨。新建批处理20吨以上粮食烘干服务中心4个,机械化烘干粮食2.58万吨。

【农机安全监理】 全区签订农机安全责任状2100份,签订率100%。公安驻农机联络室保持平均每月出勤率80人次以上,全天候上路检查,全年当场处罚2800起,强制措施91起。全区发生上道路拖拉机交通事故3起,受伤1人,死亡1人(死亡指标4人),农机安全事故发生与去年同期相比,各项指标有较大幅度下降。完成年度拖拉机(驾驶证)年审1870台,驾驶员2100人,年审率93%。报废高能耗拖拉机87台(其中14.7千瓦以下49台),补贴资金20万元。 (朱剑峰)

【植物保护】 全年发生水稻病虫害面积10.80万公顷次,防治面积13.72万公顷次,挽回损失30030吨。全年农作物病虫害发生总体重于2012年,虫害发生大于病害。二化螟、稻纵卷叶螟中等偏重发生,危害重于2012年;稻飞虱在单季稻上发生较重。油菜病虫轻发生,农田鼠害与2012年相近,为偏轻发生。稻田杂草危害较轻。全年发布病虫情报18期3100份,开展技术培训7次,现场会10次,发送防治技术资料4000份。

全区示范推广农药减量控害工程1.67万公顷,低毒低残留农药普及率80%。开展水稻病虫草害综合防治示范,研究不同生育阶段综合防治效果。建立28公顷茶树病虫害绿色防控示范区,辐射带动推广面积100公顷,实施统防统治,实行达标防治。

(李　宽　郑能文)

【土壤肥料】 开展标准农田质量提升,启动

1285.13公顷标准农田质量提升工程，发放商品有机肥3875吨、复合肥76吨、控释肥料12.56吨、紫云英种子8500公斤。实施农业部土壤有机质提升项目，采购发放秸秆腐熟剂333.33吨。5月7日，召开婺城区土壤有机质提升秸秆还田腐熟技术培训班，邀请省农技推广中心土肥技术科高级农艺师和上海联业农业科技有限公司技术人员进行相关技术培训。 (蒋敏华)

【农业行政执法】 开展"绿剑"行动，出动执法人员913人次，检查企业147家次，农产品质量抽检33批次，查处违法行为4起，办结2起。受理农民投诉23起，诉值79.1万元。开展农药经营许可证实质审查，全年实质审查68家。开展兽药生产经营"GSP"质量认证，申报4家，全区通过"GSP"质量认证累计21家。10月31日，召开婺城区农资经营人员业务培训会议，参训人员150人。

(胡树良)

【农业植物检疫】 水稻细菌性条斑病发生面积1.33公顷，扶桑绵粉蚧发生面积0.47公顷。加拿大一枝黄花发生面积116.97公顷，同比减少20.47公顷。豚草发生面积18.87公顷，同比减少11.67公顷。开展加拿大一枝黄花和豚草的春、秋季防控，防控面积189.2公顷次。黄瓜绿斑驳花叶病毒病、梨枯梢病、柑橘黄龙病、葡萄根瘤蚜及红火蚁在辖区内未发生。

开展产地检疫，受理金华市农业科学研究院、金华三才种业公司等6家企业(单位)种子种苗产地检疫申报，繁育基地面积247.87公顷，同比增加106.34公顷，签发《全国农业植物产地检疫合格证》20份。其中，种子1111吨、种苗400万株。

开展调运检疫，签发《植物检疫证书》249份，调运农作物种子229.53吨、种苗43.26万株；开具《全国农业植物检疫要求书》55份，同意调入农作物种子89127千克、植物产品1000千克。开展检疫宣传培训，3月29日，在罗埠镇开展"放心农资下乡进村"为主要内容的"五送"活动；9月23~29日，开展"普及疫情防控知识、强化疫情检疫监管、严防疫情扩散危害、保障农业生产安全"为主题的植物检疫宣传周活动。 (刘国强)

【农民信箱】 年末，全区用户注册数47414户，启用数46940户，启用率99%，手机号码完整率90%以上。开展农民信箱畜牧二级业务管理平台建设，添加平台主体1417户。通过农民信箱发布农产品买卖信息943条，"每日一助"信息278条，群发短信200余万条，成交额超过2000万元。全区4个村网站被评为省2013年度"万村联网工程新农村示范网站"，8个村网站被评为区级示范网站。婺城区农民信箱年度考核工作连续4年被评为省级先进。

(章杨倩)

林 业

【概述】 婺城区林业工作着眼生态文明建设总要求，围绕城乡绿化推进森林婺城建设，加强森林资源管理，提高森林经营质量，加快现代林业项目建设，促进产业转型升级，林权制度和国有林场改革持续扩大发展红利，林业各项工作取得明显进展和成效。

【生态公益林建设】 全区有省重点公益林总面积36513.2公顷，占全区林业用地总面积的43.22%。全区完成重点公益林公优质林分建设25745公顷，完成率100%。全年实发公益林补助资金1643.71万元，直补农户13717户。

【绿化造林】 全区完成造林更新844.4公顷。其中，双增目标造林439.87公顷，迹地更新完成404.53公顷，完成率177.15%。双增目标中，平原绿化造林333.33公顷，防护林工程造林106.53公顷。完成森林抚育2666.67公顷。开展"四边三化"行动，完成森林通道27千米，森林村庄8个，通道沿线林相改造200公顷。

(沈志华)

【花卉苗木】 全区花卉苗木育苗面积7553.67公顷。其中，绿化苗木7217.67公顷，切花切叶13.34公顷，盆栽植物216公顷，草坪106.67公顷。绿化苗木中，育苗面积最多的树种为桂花，面积3770公顷，占全区育苗面积49.9%；其次为茶花，面积1000公顷，总产苗量23016万株。其中，容器苗4860万株，良种苗402万株。全区有1553家企业、6900家个体户、1.87万人,从事花卉苗木生产、销售和工程施工,其中适度规模经营企业320家。罗店镇西吴花卉苗木展销展示中心开门营业,婺城区桂花苗木产业示范区项目通过省级验收。6月28日,金华市永根杜鹃花培育有限公司培育的大吉祥、如意等15个品种杜鹃花,获得国家林业局新品种认定。

【木本油料】 全年新发展木本油料34公顷。其中,香榧面积11公顷、薄壳山核桃面积23公顷。生产油茶苗木397.41万株。其中,普通油茶良种苗木362.46万株,红花油茶苗木34.72万株,试验油茶苗木0.23万株。

(应金考)

【林木采伐管理】 森林采伐限额蓄积和材积双项控制,实行按蓄积量单项管理。更新林木采伐审批系统,开通乡镇林木采伐网上审批程序。完善林木采伐管理制度,各项审批林木采伐蓄积严格控制在采伐限额内。全年发放林木采伐证891份,发证蓄积35833.4立方米,占全区年采伐限额82830立方米的43.2%。其中,主伐蓄积34844.7立方米,抚育伐330.7立方米,其他采伐657.96立方米,基本满足重点工程和人民群众生活需要。

【林地保护】 增加101公顷林地定额指标(其中省林业厅90公顷、市林业局11公顷);审核审批林地项目20个,面积122.52公顷,收取森林植被恢复费673.7万元。开展打击违法占用林地行为专项执法行动,查处非法占用林地行政案件5起,收取罚没款24.99万元。

【野生动物保护】 对野生动物驯养繁殖单位27家、经营利用30家开展日常监督管理,对30家经营利用物种、数量审核检查,核定22家经营单位,依法收取野生动物资源保护费9902元。受理破坏各类野生动物举报3起,委托区救助中心实施救护12只(条),放归自然13只(条),没收、捣毁非法捕鸟网230米。对全区7支狩猎队实施规范化管理和队伍重整,制定《狩猎队狩猎活动工作方案》,与各队队长签订《狩猎队长责任书》,队伍从原来的7支减少到6支,队员从原来的65人减少到47人,并重新依法申请发证。4月16日,联合婺城公安分局治安大队召开加强狩猎、狩猎枪支管理专题会议。开展野生动植物驯养繁殖、经营利用产值调查和野生植物人工培育基地(场)调查备案。

【山林纠纷】 配合市山林办调处婺城区与外县际山林纠纷调查调处工作,主动调处乡际间纠纷,指导和配合乡镇山林纠纷调处。2013年调处山林纠纷2起、0.8公顷。排查新发生及积案21起、127.52公顷。其中,市际2起、48.73公顷,县内16起、58.79公顷。

【集体林权制度改革】 完成全区林权档案扫描工作,将林地所有权一级的林权资料录入林权信息管理平台。开展乡镇林场、村级林场、家庭林场摸底调查,完成婺城区集体林权制度改革自查。依法开展林权证发放,加强林权流转管理工作,协助做好集体林权流转的招投标、拍卖、挂牌等工作,完成林权抵押贷款1笔、10万元。 (问青青)

【林业有害生物】 松材线虫病在罗埠、蒋堂(含金华监狱)、白龙桥镇(含东方红林场白龙桥林区)范围内发生,分布在330国道以西、白汤下公路(白龙桥至汤溪)以北的黄土丘陵上,发生面积35公顷。松材线虫病防控打注药11000支、噻虫啉防治松褐天牛313公顷/次,安置松褐天牛诱捕器100只,清理枯松木4000株。竹卵圆蝽在安地镇、塔石乡发生,绿色威雷防治竹卵圆蝽面积26公顷,其他林业有害生物不对森林资源产生危害。

(方建设)

【木材管理】 检查木材运输车辆475辆,检查木材4960立方米,查处违法运输车14辆,没收违法运输木材281立方米。加强沙金兰水源涵养生态功能区保护工作,完成关停功能区内木材加工厂49家。加强木材加工经营相关法律法规宣传,完善木材进出厂台账登记制度,加强对木材经营加工的监督检查,审查新办木材加工厂47家。

(徐国君)

【森林消防】 加强森林防火宣传,严格落实野外生产用火、森林防火责任制。全年发生森林火灾2起,过火面积3.53公顷,受害面积1.67公顷,损失幼树0.2万株。发生次数为2.3次/10万公顷,受害率为0.48‰,均低于全市平均数;无重、特大森林火灾和人员伤亡。

【林政执法】 全年受理涉林报案24起。其中,立案查处12起,调解9起,经调查与举报事实不符

3起。立案查处案件中,刑事案件1起、行政案件9起,无重特大案件。按类别分,滥伐林木案7起,失火案3起。打击教育处理违法人员10人,收缴行政罚款20280.15元,收缴非法电网设备2套,保护放归山林野生动物20余只(条)。其中,猫头鹰2只、蛇10条。开展以打击破坏野生动物资源违法犯罪活动"亮剑2号"专项行动。5月1日至9月20日,开展林区禁种铲毒专项行动。 (熊永忠)

【行政审批】 启动运行林业行政处罚网上办案系统,率先在金华市范围内实施林业行政处罚网上办案,林业行政处罚案件网上立案37起,办结34起,办案质量和办案效率有较大提高。行政许可简化程序、优化服务,高效办理,全年农林窗口受理申请15758件,办结15758件,办结率100%。

(吴秋良)

【农林场】 *良种场* 婺城区第一良种场位于长山乡境内,面积102公顷,可耕种面积86.67公顷(农田60公顷、山地26.67公顷)。其中,农业试验6.67公顷,淡水养殖33.33公顷,蔬果20公顷,茶叶13.33公顷,竹园6.67公顷,苗木6.67公顷。有干部职工191人。其中,在职50人,退休141人。农场主要职能是稻麦棉油良种生产、农业试验和技术推广,以培育水稻、小麦良种为主,属国家南方小麦区域试验、水稻省、市区域试验定点场。全年完成农业试验88个品种。其中,早稻31个(区试24个、生产试验7个品种),晚稻57个(区试24个、生产试验9个、筛选试验24个品种)。 (宗顺荣)

东方红林场 婺城区东方红林场土地面积547公顷(白龙桥林区240.4公顷、琅琊林区306.6公顷)。其中,省级生态公益林387公顷,林木良种基地72.53公顷。良种基地有种质资源1675份。其中,油茶1164份、油桐162份、薄壳山核桃188份、浙江山核桃25份、乌桕132份、香榧2份、白沙枇杷2份。1月,油茶油桐种质资源库确定为省级林木种质资源库;2月,获"森林浙江"良种推广行动先进单位;4月,东方红林场确定为省油茶良种定点育苗基地;12月,薄壳山核桃采穗圃确定为省经济林良种采穗圃。

5月24日,《金华东方红省级森林公园总体规划》通过专家评审;6月30日,国家林业局造林绿化管理司造林管理处副处长、挂任兴义市政府副市长魏晓双一行考察东方红林场国家油茶油桐良种基地;10月12日,泰国皇家猜搏他基金会考察团一行参观东方红林场国家油茶油桐良种基地;12月9日,浙江省林业厅组织专家对东方红林场承建的2009年第四批扩大内需中央预算内投资项目《浙江省油桐等木本油料林木种质资源库建设项目》进行竣工验收。 (尹润富)

水利

【概述】 婺城区有中小型水库86座。其中,中型水库有沙畈、金兰、安地、九峰、莘畈5座,小(一)型水库14座,小(二)型水库67座,总库容3.9亿立方米。辖区内部分水库由市水利局和市经济开发区管理,属婺城区管辖的水库66座。其中,中型1座(莘畈水库)、小(一)型12座,小(二)型53座。山塘206座,引水堰坝634条,泵站403座,总装机容量5932.8千瓦,新建汤溪水厂1座。

区境内河流属钱塘江水系,河道总长度458千米。其中,主要河道有衢江、金华江及武义江,区境内长度42.3千米,集雨面积50平方千米以上小流域有7条:梅溪、白沙溪、莘畈溪、厚大溪、盘溪、桐溪、横路溪,总长度286.5千米。

婺城区开拓创新,狠抓落实,防汛防旱、工程建设、水环境整治、水利管理、队伍建设等各项工作均取得新进展。荣获2012年度全省农田水利标准化建设考核优秀单位、2013年度全省河道保洁长效管理先进单位、浙江省第十九届水利"大禹杯"铜奖。

【水利建设】 2013年婺城区水利项目建设总投资2.6亿元,是历史上投资规模最大、任务最重的一年。主要工程建设有:新建成日供水5万吨的汤溪水厂及供水管网工程;完成大房垅、58号水库除险加固项目;完成中央财政追加拨付高效节水灌溉项目及乌引灌区续建配套与节水改造项目;完成白沙溪中小河流治理古方段(5千米)、琅琊集镇段(2.88千米)、高田滕和后金段(4千米)等3个项目。完成农村饮用水改造项目13个。实施石柱头电站建设、莘畈水库库区规模养殖场整治和莘畈水库湿地工程建设。

【水政水资源】 婺城区多年平均水资源总量13.11亿立方米,2013年水资源总量11.67亿立方米,是金华市水资源量较丰富的区域。全区总供水量2.46亿立方米,总耗水量1.38亿立方米。区水政检查大队承担全区水政水资源、河道、水土保持监督、渔业水产监察执法管理职能。全年组织水政执法巡查412次,依法查处水事违法案件6起,接群众举报并及时处置水利事项34起,行政处罚9.28万元。完成22个建设项目水土保持方案的审批,完成涉河涉堤建设审批1个。区政府出台《婺城区水环境长效保洁实施方案》,对全区349千米长的省、市、县、乡四级河道水面进行保洁、11座小(一)水库、48座小(二)型水库洁水渔业工作实现责任分解,并建立工作考核和经费保障机制。开展水环境整治工作,实施乡镇流域“河长”制,对主要河道(金华江婺城段、白沙溪、梅溪、厚大溪、莘畈溪、长湖、梓溪、桐溪、通园溪、回溪、寿溪、石坑溪)实行流域“河长制”管理,由市、区领导担任小流域河长,乡镇(街道)党政主要负责人担任辖区内河流执行河长,将交接断面水质考核纳入婺城区生态区建设工作责任制考核体系。先后在白沙溪、桐溪、通元溪、回溪开展河道垃圾专项清理工作,落实河道保洁工作机制和管护人员,清理河道垃圾650吨,拆除河道违章建筑6500余平方米,打捞病死猪1151头、家禽1655羽,无害化处理病死猪3470头。推进莘畈水库饮用水源保护区建设,开展饮用水源保护区规模养殖场搬迁、关停工作,落实禁养、限养规定。涵养区45户养殖户5530头生猪、1.3万平方米猪舍,全部关停并拆除。整治非法采砂,制定非法采砂整治行动方案,建立多部门联动制度,对沙金兰水源保护区、婺城新区和雅畈镇的制砂场进行重点整治,拆除砂场57家。开展“三改一拆”拆除行动,查明占用河道水域违法建筑12处,面积8728平方米,会同区“三改一拆”办对违法建筑进行拆除。

【水电建设和管理】 全年发电量4139.1万千瓦时,完成1座电站小水电改造项目。计划投资3500万元、装机3200千瓦的金华江石柱头水电站完成投资2600万元。加强水电行业安全生产监督管理,全年开展20多次安全生产常规检查、专项检查,整治安全隐患22处;举办水电站安全运行管理培训40场次,开展消防讲座和演练32场次。

【水产生产】 全区年水产品总量9950吨。其中,主要产品鳖2825吨,同比增加3.6%,占水产总产量28.4%;淡水养殖产量9800吨,同比增长1.35%。渔业总产值2.16亿元,同比增长2.5%,渔业增加值3091万元。全年完成1个国家级水产种苗、1个省级水产种苗、1个省级渔业精品园、4个省级现代渔业项目验收和绩效评价。申请待验收的省级渔业项目3个,全年6个省级、4个市级项目争取省补资金168万元,市补资金48万元。开展水产品质量安全检查15批次。

加大执法力度,对各类非法捕捞和违法采砂行为保持高压态势。全年参加各类执法87次、254人次。其中,节假日30人次,配合水政执法36人次。累计查处电鱼16宗、水质污染5宗,对各类违法违规行为分别给予警告和行政处罚。配合市渔政管理处进行秋季打电执法行动,出动渔政执法车11辆次、人员45人次、检查渔船8艘,查处电鱼案6宗、拆解电鱼工具一批。

做好增殖放流工作,在衢江、金华江、莘畈水库等公共水域放流鲤鱼、鲢鱼、草鱼等鱼类苗种200多万尾,补充江河渔业资源量,水域生态景观得到明显改善。

渔政站将百万尾鱼苗投放到金华江

【防汛抗旱】 2013年,全区累计平均降雨量1381毫米,比常年同期偏少两成。梅雨期平均降雨量仅179毫米，比常年平均值253.5毫米偏少三成。2013年旱情突出，呈现温度高及持续时间长的特点，特别是8月份的持续高温，加剧了旱情发展。2月下旬开始汛前水利工程安全检查和复查，落实防汛物资储备和抢险队伍。在8月份旱情初现时，组建6个抗旱服务组，分赴各个乡镇，实地检查了解旱情，指导抗旱工作。区级防汛指挥平台和乡镇基层防汛体系在防汛抗旱工作中发挥重要作用，在汛期发布预警信息10000多条、发送工作传真180余份次，区、乡两级防汛抗旱组织在防汛、抗旱工作中做到口令统一、不各自为政。利用“乌引”工程由衢州向金华调水，引入乌溪江水1200万立方米，有效缓解婺城西部地区旱情。全区安排落实抗旱经费500万元。其中，省级补助资金135万元，市级补助资金170万元，为做好抗旱服务工作提供经费保障。

（王　静）

卫　生

【概述】 全区卫生工作以党的十八大精神为指导,坚持科学发展观,推进医药卫生体制改革纵深发展,围绕做好公立医院改革、深化公共卫生服务、提升医疗服务质量、构建和谐医患关系等方面,做好各项工作。

【基础建设】 2013 年,区卫生局重新推动区第二人民医院与水电十二局医院的整合工作,做好婺城新区医疗资源整合项目。11 月 26 日,召开水电十二局医院与婺城区第二人民医院的医疗资源整合大会。婺城区华电新村职工医院与水电十二局分离,按属地原则成建制(人、财、物)统一划转给金华市婺城区卫生局管理,并与金华市婺城区第二人民医院进行医疗整合。完成区卫生局和沙畈乡党委、政府共同出资建造沙畈乡卫生院公共卫生综合楼,建筑面积 1000 平方米,建有地上三层和地下室,提升社区卫生服务能力。

【公立医院改革】 婺城区于 1 月 1 日启动县级公立医院改革工作,3 家参改单位按照上级要求,在加强公立医院综合管理、全面改善医疗服务、提升综合服务能力、推进人事和分配制度改革等内容进行探索和实践。各项改革工作循序进行,医改成效初步显现,门诊均次费用和处方均值下降,群众就医负担有所减轻。

【基本药物制度】 区卫生系统实施基本药物制度,要求县级公立医院、基层社区卫生服务中心(卫生院)在满足治疗需要的前提下,优先配备使用国家基本药物、医保甲类药物、廉价药品等药价相对便宜的药物。同时,加强医院药品使用管理,确保药品临床合理使用,严格控制药品占医院收入的比重。全区 3 家县级公立医院、22 家社区卫生服务中心(卫生院)、35 家具备运行条件的社区卫生服务站及 163 家村卫生室实施基本药物制度,实施率 95.2%,达到浙江省卫生厅的实施要求。强村卫生室(站)建设,推进紧密型乡村卫生服务一体化管理。全区具备运营条件的社区卫生服务站 46 家(其中社会力量举办的 5 家)。实行紧密型一体化管理的村卫生室、社区卫生服务站管理率 94.7%,达到省厅 80%以上的管理率要求。

【公共卫生】 2013 年,婺城区公共卫生服务工作以“实行家庭医生签约式服务、强化社区卫生文化建设”为抓手,优化公共卫生服务资源,提升公共卫生服务能力。截至年底,全区建立电子健康档案 447186 份,户籍人口电子建档率 93.56%。规范重点慢性病管理,全年培育省级慢性病综合防治示范乡镇 1 个,管理高血压患者 33575 人,管理率 36.32%;规范管理高血压患者 20480 人,规范管理率 60.99%。管理糖尿病患者 8335 人,管理率 36.06%;规范管理糖尿病患者 4899 人,规范管理率 60.56%。高血压和糖尿病控制率分别为 42%和 36%。截至年底,参保居民健康体检 146418 人。其中,农村 60 岁以上老年人健康体检 44208 人,体检率 80.99%;健康在校中小学生体检 56059 人,体检率 97.5%。各项管理指标均达到省定目标要求。规范社区卫生服务中心(乡镇卫生院)创建工作,全区创建规范化社区卫生服务中心 (乡镇卫生院)16 家,规范化创建率 84.2%。

【疾病控制】 加大基层疾病预防控制工作力度,加强人感染 H7N9 禽流感与重点传染病防控工作,制定婺城区应急预案、防控预案等系列文件,分级开展业务培训,组织开展应急演练。开展多形式、多载体的健康教育;开展疫情监测,实施联防联控。继续做好霍乱、手足口病、流感等重点传染病防控工作。做好免疫规划工作,加强对接种门诊工作的督导，对全区所有接种门诊的工作人员进行培训。开展星级接种门诊创建工作,2013年申报1家。

【妇幼保健】 提升规范基层妇幼保健工作,加强0~2周岁儿童系统管理,特别是对外来流动儿童群体保健管理,降低儿童死亡率。规范体弱儿筛查管理，每月一次对有个案登记的体弱儿追踪随访，进行生长发育监测、评价、喂养指导并督促其及时治疗。全年,7岁以下儿童保健覆盖率94.6%,新生儿访视率99.7%，新生儿死亡率1.03‰，婴儿死亡率2.07‰,5岁以下儿童死亡率4.48‰。加强孕产妇管理，特别是对外来流动人口妇幼群体保健管理,降低孕产妇死亡率。规范高危孕产妇筛查管理,对筛查出的危重孕产妇,区妇保院与当地医疗机构采取定期分级追踪随访,访后登记,直至结案。全年活产数2903人，系统管理2856人，系统管理率达98.38%,高危产妇523人,系统管理率100%。危重孕产妇产后大出血抢救5例。

7月,在区卫生局、区残联等部门支持下,城西街道社区卫生服务中心在二楼开辟儿童康复中心,设置了理疗室、PT室、水疗室、中药熏蒸室等,投入100万元增添经颅磁治疗仪、肌兴奋治疗仪、痉挛肌低频治疗仪等专业设备,为脑瘫儿、早产儿、缺氧及运动发育落后的患儿提供专业医疗服务。

【卫生监督】 推进职业病整治，维护劳动者健康权益，建立100余份职业卫生档案。创新工作方法,加大医疗服务市场监管力度,组织区、乡二级卫生监督、卫生监督协管人员对18个乡镇（街道)医疗、社区卫生服务中心(站)、村卫生室、个体诊所、医务室376家单位监督检查,覆盖率100%。严厉打击“两非”行为,卫生部门与计生部门联合执法,多次组织开展“两非”专项督查。关注学校卫生工作,多次开展学校食品安全专项检查。

【队伍建设】 加强卫技人员继续教育，参加省卫生厅举办的医技人员岗位培训、全科医学培训、继续教育等各项培训，提升全区卫生队伍整体素质。争取人员编制,充实卫生人才队伍,完成基层医疗卫生机构20名医技人员公开招聘工作,缓解基层医疗机构人员严重不足的现状。2012年底内招的60名卫技人员全部落实到单位,使系统内的非编在职人员安心工作,保证婺城区卫生队伍稳定性。完成定向培养农村社区医生招生工作,委托金华职业技术学院、温州医学院仁济学院、浙江中医药大学定向培养招生专、本科层次农村社区医生、护士15名。

【爱国卫生】 贯彻“政府组织、地方负责、部门协调、群众动手、科学治理、社会监督”的爱国卫生工作方针,开展各项爱国卫生运动。春秋季对城区5个街道和乾西乡居民住户发放灭鼠药2.74吨。由市爱卫办负责组织对外环境开展大规模消杀投药活动。夏季采购5万份灭蟑药剂及灭蟑粉笔开展灭蟑工作。在全区开展以城乡环境卫生整洁行动为重点的爱国卫生月活动,4203人参与卫生整治，清理卫生死角681处，清除乱贴乱画墙体面积32145平方米,清理户外广告648幅。拆除乱搭乱建,清运积存垃圾,消除病媒生物滋生地,落实长效卫生管理措施。开展健康、环保和节能减排等宣传活动,宣传健康理念,倡导健康生活。印发宣传资料12300份,制作宣传展板42块,受宣传人次96500人次。结合村庄整治,完成改厕项目2500座。

（余　丽）

人口和计划生育

【概述】 2013年，婺城区人口和计划生育工作围绕“坚持计划生育基本国策，提高出生人口素质，促进人口长期均衡发展”为工作主线，强化领导，落实责任，依法行政，完善举措、提升服务，完成年度工作目标任务。全区出生3058人，其中计划内出生2892人，计划生育率94.6%。户籍人口婴儿出生性别比103.53，多孩违法生育发生率0.52%，免费婚前医学检查和免费孕前优生检测均在80%以上。社会抚养费征收率75.46%，统计误差控制在市考核要求之内，无因执法不当引发的计划生育重大行政诉讼案件。区委、区政府修订下发《婺城区乡镇(街道)2013年人口和计划生育目标管理责任制考核评估意见》《婺城区机关部门人口和计划生育工作职责及考核办法》。区人口计划生育局被评为市级人口计划生育目标管理责任制考核先进单位、“群众满意基层站所(服务窗口)创建工作示范单位”、区社会管理综合治理先进集体、“激情婺城”文化系列活动先进单位。

区委组织部、宣传部、区卫生局、法院、财政局、人力社保局、雅畈镇、琅琊镇、乾西乡、竹马乡、塔石乡、城西街道、新狮街道被区人民政府评为人口和计划生育工作先进单位。

【宣传教育】 开展“计生文艺送下乡”系列活动。3月底，在汤溪镇举办“优孕优生优育，利国利民利家”为主题的大型文艺汇演；“5·29”期间，在市人民广场与市人口计生委联合举办宣传咨询服务活动。与3个乡镇举办3场文艺汇演；“7·11”期间，在城北“三优指导中心”举办“我青春，我健康！”为主题的亲子运动会；12月3日普法宣传日，在城西街道双龙社区开展宣传咨询服务活动，现场解答群众咨询，宣传“三优”知识，传播健康理念。

开展“三优”促进工程，在城区与爱妇儿早教中心合作建立省级“三优”示范指导中心，在罗店镇与镇中心幼儿园合作建成市级“三优”示范指导中心，加上原有的白龙桥镇“三优”指导中心，全区有3家成规模、有档次的“三优”指导中心。中心开展丰富多彩的“三优”宣传教育活动，普及优孕优生优育知识，深受广大育龄妇女好评。

根据省、市统一部署和要求，全面开展宣传环境和宣教阵地示范村建设。全区建成22条人口计生宣传街、20个宣教阵地示范村(社区)，新增计生宣传标语牌1500余块、铝合金宣传橱窗73个、计生漫画墙11处、大型广告牌21块，投入经费70万元。

【行政许可项目审批】 全年审批二孩1004例，特殊情况生育审批56例。应征社会扶养费1112.78万元，已征收社会扶养费839.67万元，征收率75.46%。申请法院强制执行9例，申请执行金额719306元，执行1例、44000元；部分执行2例、20000元。申请法院司法强制8例，其中有1例行政拘留7天。

【利益导向机制】 全区有2213人享受奖扶政策，新增对象443人，发放奖扶金212.45万余元；享受计划生育家庭特别扶助283人，新增对象60人，发放特扶资金62.5万余元。走访慰问“五关爱”对象100多户，发放慰问金16万余元。重新修订《金华市婺城区计划生育公益金管理实施意见》，拓宽补助范围，提高扶助标准，加强服务关怀，帮助解决计划生育特殊家庭的生活困境，鼓励群众自觉实行计划生育。

【出生人口性别比专项治理】 保持出生性别比综合治理态势，制定《金华市婺城区关于开展出生人口性别比治理活动实施方案》，加强源头监管，落实好“一对一”“人盯人”跟踪服务责任,创新社会网格化管理。加强部门联动,严查“两非”案件。组织计生、卫生和药监部门突击检查城乡接合部、外来人口聚居区域等7家诊所、药店,彻底消除“两非”滋生环境。

【计生协会工作】 区计生协会通过“少生快富项目”工程助推计生家庭创业致富,培育省级项目点3个,市、区级项目6个。全区投入10余万扶持资金,助推项目发展,产生良好的示范效应。

【优质服务】 推进“国家免费孕前优生健康检查项目”,检查项目从原有14项增加到19项,检查内容和项目基本涵盖所有优生相关内容。加强宣传,普及优生“两免”知识,实现预防出生缺陷关口的前移。至年底,检查人数8342例,检查率达95%;查出高风险人数1145人,高风险率14%。12356服务平台接受咨询3113人次,完成各类随访10059人次,生殖健康检查档案17901人次,告知服务2201人次。全年组织优生优育、生殖健康等培训班16期,流动咨询12次,为育龄妇女开展免费生殖健康检查近2万人次,做四项手术2841例。

【流动人口】 为流入育龄妇女放置宫内节育器术217例,宫内节育器取出术18例,结扎术17例,其他手术(引流产)78例,查环查孕7165例,第一胎子女生育服务登记数4例。流动人口计划生育管理工作列入专项督查范围,明确乡镇流动人口工作责任。及时反馈、接收、处理流动人口综合平台上的相关信息,提高平台信息反馈(接收)率。

【队伍建设】 4月,区人口计生局组织各科室和计生指导站业务人员结合街道、乡镇实际,分3个片区对村级计生服务员进行统一轮训;5月,邀请南京人口学院专家和浙大人口与发展研究所教授、浙师大政法学院教授到“2013年度全区乡镇(街道)计生专干业务培训班”开设专题讲座;7月,分两批组织乡镇(街道)分管领导和计生办主任赴杭州参加省基层人口计生干部素质提升工程培训班,提高计生队伍业务能力和服务管理水平。开展“正风提能增效”“首接责任制”“服务承诺制”“四一、四声”阳光、微笑服务等作风建设活动。局机关以及基层计生岗位17名同志被评为金华市人口和计划生育系统2012~2013年度先进工作者。10名村级服务员被评为金华市人口和计划生育系统2012~2013年度优秀服务员。

(龚亚敏)

审　计

【**概述**】 全区审计工作围绕“管好权、管好钱、管好事”工作要求和区委、区政府中心工作，突出工作重点，转变审计方式，强化审计整改，完成各项审计任务，为加快建设婺城“两富”现代化都市核心区发挥积极作用。全年实施审计项目198个，其中：审计署同步项目1个，省厅同步项目3个，领导干部经济责任审计项目13个，财政财务收支审计项目15个，民生资金专项审计调查4个，政府性投资审计项目162个。

【**财政“同级审”**】 开展预算执行审计，重点审查预算编报的完整性、财政资金管理的规范性和效益性，揭示部门预算有缺口、转移支付资金拨付不及时、财政资金内部管理薄弱、政府投资管理欠规范等问题。项目引起有关部门和领导的重视，在建立健全财政资金运用的全过程监督机制上发挥作用。关注风险，开展政府性债务审计，按照“见人、见账、见物，逐笔、逐项”的原则，从“自查填报”“核实汇总”和“查漏补缺”三个阶段分步实施，对婺城区及所属乡镇(街道)的负债情况进行全面摸底，提出构建政府性债务风险预警体系、整合国有投融资机构等建议。开展二、三级预算单位审计，组织实施第一批涉及农林、教育、卫生系统11家行政事业单位的审计项目，促进二、三级预算单位规范财务管理、强化服务意识、降低行政成本、提高资金使用效益。

【**领导干部经济责任审计**】 全面实行以“一观三化一廉”为核心内容的评价体系，审计完成13个涉及19位领导干部的经济责任审计项目，查明各类违规和管理不规范金额18633万元，对有些单位存在的公务接待费支出较高和备用金管理不规范等问题，以专报形式报区领导，引起相关领导的高度重视。

【**政府投资审计**】 组织政府投资审计项目162个，送审投资93827万元，完成审计项目111个，送审投资72468万元，累计净核减政府性资金支出9706万元，净核减率13.39%。

【**民生资金审计**】 组织对住房公积金、物业维修基金、城乡居民合作医疗基金和劳动力培训资金等专项审计调查。关注住房公积金筹集、管理和使用情况，督促相关单位对公积金缴存不规范等问题及时进行整改。关注劳动力培训资金使用绩效，审计揭示劳动力培训工作中存在违规使用资金、拨付方式不统一、培训重形式轻效果等问题，促进相关部门完善配套措施。关注城乡居民医疗社会保险，提出严格执行专项资金管理制度、建立健全基金保值增值制度及运作机制、加强风险预测与控制等建议，引起了相关部门的高度重视。

【**审计整改**】 出台《关于进一步加强审计整改工作的意见》，明确审计结果督查工作的任务和分工，对健全和完善审计整改工作督查制度提出具体要求，并成立由王健区长任组长的区审计整改工作领导小组，促进审计查出问题的整改工作真正落到实处。建立审计整改情况联合检查制度，区纪委、区委组织部联合组成检查组，对13个经济责任审计项目的整改落实情况开展跟踪督查，发现要求整改的42个事项中，已整改到位的39项，审计整改落实率93%，有关部门、单位认真采纳审计建议，对存在问题及时进行纠正和改善，并建立健全相关规章制度，整改工作取得明显成效。

【**内部审计**】 出台《关于加强内部审计工作的指导意见(试行)》，明确内部审计机构和审计人员的职责权限、内容范围和工作制度等，为各机关、单位建立内审机构提供操作路径。2次召开区机关部门领导和乡镇政府主要领导参加的内审工作座谈会,对内审工作的经验和做法进行交流,协调解决有关问题。将内审机构建设纳入为全区各乡镇、街道"廉洁自律工作情况"的一项重点考核内容,《婺城区2013年度党风廉政建设责任制考核办法》和《2013年度基层纪检监察工作量化考核细则》均明确规定,未按要求建立内审机构并开展工作的,扣5分,推动了内审工作制度化、常态化和长效化。全区19个乡镇街道和7个机关部门建立了行政一把手分管的内审办公室,明确工作人员,实现婺城区内部审计"全覆盖"。

【审计管理】 组建审计技术人员专家库,通过社会公开招标的形式,将来自建筑、安装、绿化、市政等各个领域的118名专家编入审计队伍,提高审计实力。动态跟踪审计实施,每个协审项目确定1名审计局工作人员作为项目联系人,建立动态跟踪台账。及时了解审计进展,做好重点环节的过程监管,加强业务指导,及时解决问题,强化项目监管。开展诚信分级考评,制定《婺城区审计局审计技术服务签约单位诚信分级管理办法》和《审计技术服务签约单位审计项目质量管理考核办法》,对中介机构从审计完成质量、误差率、进度情况等进行量化评分。落实廉政建设同步制度,要求14家签约服务中介机构签订《廉洁自律承诺书》,对廉洁问题实行"一票否决"制,确保审计人员恪尽职守、客观公正、廉洁从审。

【审计信息宣传】 区审计局重视审计信息的提炼,提高审计效益,扩大审计影响,加强信息宣传和报送工作。全年报送审计专报8期,审计内参7期,印发审计简报9期,报送审计信息90多篇,被上级和媒体采用56篇。撰写的《审计发现我区部分乡镇街道财务管理存在诸多问题亟待重视》,得到区委书记陈晓批示;撰写的《区审计局"一签二跟三考评"量化中介机构诚信管理》,得到区长王健批示;撰写的《婺城区从严审计为政府投资"瘦身"》,信息先后被《今日婺城》《金华日报》、市两办《每日要讯》、省两办《昨日要情》等刊物采用。另有4篇宣传稿件被《中国审计报》采用,实现中央级媒体采用率"零的突破",对扩大审计工作社会影响、树立审计机关良好形象起到了积极作用。

【队伍建设】 以理论学习中心组为"龙头",加强审计干部的学习教育工作,开展"读一本好书、写一篇好文(调研报告)、做一次好讲演、记一句好格言"的四好学习活动,引导全体干部职工勤思考、善学习、重研究。成立审计文化书屋,购入近千册专业书籍,丰富审计干部的文化生活。组织11次业务知识讲座,邀请市审计局和兄弟县市审计局专家到单位传授知识、分析案例、解疑释惑。在全区涉企岗位群众评议中,审计局财政投资审计科被评为"群众满意单位"。坚持"五个严守":严守民主集中制原则,严守公平公正法律界限,严守审计人员核心价值观,严守审计工作八条纪律,严守效能作风建设规定,不断提升转变工作作风,树立审计机构务实为民清正廉洁的形象。 (赵一帆)

食品药品监督管理

【概述】 2013年，婺城区食品药品监管局履行新职能，围绕保障公众饮食用药安全总目标，探索新形势下食品安全基层监管模式、热点领域执法维序、千万学生饮食放心工程及示范创建、重大活动餐饮服务食品安全保障、小餐饮集中规整等多项工作，把各项工作抓紧抓实抓好，确保食品药品监管工作有序、安全开展。

【网格化监管】 区食品药品监管局在落实食品药品安全主体责任基础上，创新食品药品安全监管网格化工作模式。全区19个乡(镇)、400多个行政村均有专人负责食品药品安全隐患排查、信息报告、协助执法和宣传教育等工作，并加强对乡镇协管人员培训指导，使基层食药安全监管网格优势得到更好发挥。通过努力创新，区食品药品监管局2013年食品安全网格化管理荣获市食品安全委员会嘉奖，并得到省政府领导和省食安委办领导的批示肯定。

【食品安全监管整治】 区食品药品监管局以创卫复审迎检工作为契机，实行分区分类区块执法责任制，构建分区划片、包干负责的监管责任网，做到服务与监管并行。主动上门为餐饮店办理许可证，把餐饮服务许可证和监管公示牌发放到从业者手中。同时，对条件差的餐饮店提出整改措施并限期整改。全年发放餐饮服务许可证1200余本，颁发监管公示牌1900余块，下发监督意见书520份。

10月29日至30日，区食品药品监管局组织召开学校(托幼机构)食品安全管理员业务培训会议，全区学校(托幼机构)食品安全管理员180多人参加培训。

【食品安全示范创建】 区食品药品监管局推进餐饮服务示范创建活动，将“八一北街—回溪街”示范街区建设作为十大惠民实事，通过宣传、摸底、分类整改、量化升级等工作，顺利完成创建工作。

【药械监管】 全年监督检查各类涉药单位547家次。其中，药品生产企业6家次，药品经营企业151家次，医疗结构316家次，医疗器械生产企业11家次，医疗器械经营企业63家次。发放监督意见书8份。

进行药械监督抽验，全年开展药品抽样85批次，出动药品抽样人员80人次，涉及被抽样单位21个(家)。

开展不良反应监测工作，全年监测上报药品不良反应报告1258例，医疗器械不良事件74例。

【药械专项检查】 开展元旦、春节期间的药械安全专项检查、中药生产质量专项检查，流通环节药品安全专项检查(中药材中药饮片质量安全专项检查、含麻黄碱类复方制剂专项检查、药品电子监管专项检查)、义齿专项整治、隐形眼镜专项整治、贴敷类医疗器械专项整治等专项整治工作。处理发布问题维C银翘片、丁咯地尔、阳光一佰牌山芪参胶囊、甲丙氨酯制剂等问题药品、保健食品的信息。同时，组织辖区内企业开展自查上报工作。

【“四品一械”稽查工作】 开展对“四品一械”(食品、药品、保健食品、化妆品、医疗器械)稽查工作。7月，婺城区破获一起利用互联网非法经营药品、制售假药案件，查获1个家族式犯罪团伙，捣毁2个制假窝点、2个仓储窝点和3个销售窝点，涉案价值900余万元。

【宣传教育】 将宣传培训贯穿于食品安全监管全过程，结合“3·15”消费者权益保护日、“食品安全宣传月活动”，开展食品安全法律法规及食品安全知识宣传活动。通过各类宣传活动，全年累计向市民发放《饮食用药安全知识科普读本》《药品安全小知识》3000余份，回收过期药品620个品种、1200余批次、1700余盒(瓶)，累计金额2万余元。

【依法行政】 12月2日，区食药监局对某餐厅是否符合实施餐饮服务许可的条件进行听证，这是区食药监局针对餐饮服务许可举行的首次听证会。听证会促进餐饮服务许可工作法制化、公开化、规范化，加深行政相对人对政府各职能部门职权的理解，为化解各种投诉信访纠纷提供新的解决思路。

(鲁杭燕)

安全生产监督管理

【概述】 安全生产监督管理局（以下简称安监局）内设办公室、危险化学品安全监督管理科、综合安全监督管理科、行政许可科4个职能科室，下属事业单位婺城区安全生产监察大队，承担安全生产综合监管和行政执法职能。2013年，全区发生各类生产安全事故135起，同比下降25.41%；死亡人数41人，同比下降2.38%；直接经济损失100.66万元，同比下降45.34%。其中，工矿商贸企业死亡事故2起，同比下降33.33%，死亡2人，同比下降50%，直接经济损失63万元，同比下降50%；道路交通发生事故133起，同比下降4.32%；死亡39人，与去年同比上升2.63%，直接经济损失37.66万元，同比下降27.18%。

2013年，区安监局荣获金华市用电安全及电力设施保护专项整治创新工作先进集体、烟花爆竹专项整治先进单位、矿山安全监管工作先进单位，区社会管理综合治理先进集体、安全生产工作先进单位。

【执法监察】 对非煤矿山、危险化学品、烟花爆竹、道路交通、建筑领域、人员密集场所、机械作业、食品药品等领域进行全面监管检查。在做好日常安全生产监管检查的同时，利用"两会"和重大节日期间安全生产大检查加大检查力度。

强化安全生产执法工作，严肃查处各类安全生产违法行为。坚持以执法检查强化隐患排治，对永和氟化工、宝利来纸业等事故单位进行回访，重点抓危化品生产、机械伤害、有限空间作业、物体打击、临时用工等事故安全隐患专项整治（加打非治违数据）。对省、市挂牌的2处隐患点白龙桥胜达汽配厂和第二土特产公司古方烟花爆竹仓库进行督办，2处隐患基本整治完毕，新厂房、仓库已建成，并已搬迁。蒋罗公路与315省道交叉路口事故黑点和3处省级挂牌临水临崖高落差危险路段、7处市级挂牌临水临崖高落差危险路段，以及25处临水临崖高落差路段的道路交通安全隐患问题完成整改。市挂牌的4处用电及电力隐患点进行整治督查，已整改完毕。

突出重点，开展"安全生产大检查"专项行动。6月至9月，开展全方位、全时段、全行业、全领域的安全生产大排查、大整治专项行动，针对各行业（领域）安全生产工作中存在的突出问题、危险因素、薄弱环节、事故隐患和管理漏洞，采取措施，抓好整改落实。全年各乡镇（街道）相关部门组织督查组376个，参加检查人员1090人次，检查企业990家，责令改正、限期整改、停止违法行为275起，责令停产整顿16家。

【标准化建设】 推进工贸企业标准化建设工作，采取政策引导、跟踪指导、动员企业参与等多种措施。制定下发《金华市婺城区2013年工贸企业安全生产标准化建设工作实施计划》，做好企业摸底调研和业务培训工作。委派中介机构组成10个专家组对企业进行安全生产检查诊断和标准化建设辅导。至年底，有180家工贸企业通过安全生产国家三级及以上标准评审验收。其中，浙江虎鹰水泥有限公司通过国家一级验收，浙江泰祥机械有限公司、浙江巨龙管业股份有限公司、烟草金华分公司3家企业通过国家二级评审验收，浙江高峰控股集团有限公司等176家通过国家三级评审验收。

【诚信机制建设】 区政府制定《金华市婺城区生产经营单位安全生产诚信管理实施办法》，强化安全生产综合监管和行业监管相结合的工作机制，通过建立并实施企业安全生产承诺公示、诚信等级评定、诚信安全警示、诚信信息公开、诚信激励约束等五项制度，促使企业向社会承诺信守国家安全生产相关法律法规，落实企业安全生产主体责任，促进企业本质安全。凡享受区财政资助项目的企业，都要经过安全“体检”，“体检”合格方能享受。

【宣传教育】 抓好安全生产宣教培训工作，开展以“强化安全基础、推动安全发展”为主题的“安全生产宣传月”等一系列活动，创新载体，拓宽阵地。通过送电影《安全发展、成就辉煌》和事故警示教育片进企业、发放安全宣传挂图、展出安全知识展板、联合举办安全生产知识竞赛等方式，宣传安全生产法律法规、政策和知识。注重教育培训，加强安全培训机构建设，成立事业编制的安全生产宣传教育中心(站)，规范培训行为，提高培训质量。抓好企业负责人，安全管理人员和特种作业人员的安全培训质量，按照“分级、分类、从严”的原则制定培训计划，提高参培率，创新培训方式。全年培训企业负责人 547 人，复训 106 余人；安全管理人员 712 人，复训 138 人；培训其他从业人员逾 2 万人。

【涉氨企业专项整治】 开展涉氨企业专项整治行动，对伊利液氨等安全危险系数较高的重点领域、重点环节、易造成重特大事故的重大安全隐患从严监管，对严重安全生产违法行为保持严管高压态势，从严执法。对检查中发现的 56 项重点问题及隐患，责成企业落实整改，发出监督建议书 5 份，隐患整改请示报告 1 份，整改建议函 1 份，严防隐患酿成事故；对情况复杂、超出有关部门专业水平和认知能力的，委托专业安评机构进行安全评价，提出有针对性的整改意见；对存在液氨充装、分装环节的企业，必须按照规定依法申领危险化学品安全生产许可证；对液氨储量超过 10 吨，构成重大危险源的，督促企业按照重大危险源管理规定，依法及时报送安监部门备案。

【推广“智慧安监”成果】 区安监局联合区科技局构建“企业为主体、市场为导向、政产学研相结合”的安全生产科技创新体制，提升安全生产科技水平。鼓励企业增加安全科技投人，将动态监控、视频监控、化工企业事故连锁自控系统应用、智能式电气火灾风险管理系统应用等先进科技应用到危险化学品、烟花爆竹、非煤矿山、交通运输，建筑、机械设备、人员密集场所等生产安全事故易发多发的行业(领域)。由公安牵头，在全区矿山建立视频监控系统，实施动态监控。

【创新安全管理体系】 探索多主体大型市场或楼宇(厂区)安全管理体系建设，制定工作方案，明确安全生产责任主体，落实安全生产责任，提高租赁单位及从业人员的安全生产意识。建立健全各项安全生产规章制度，。消除各类安全隐患，建立多主体大型市场或楼宇(厂区)安全监管长效机制。申报安科项目，将智能式电气火灾风险管理系统引入多主体大型市场或楼宇(厂区)安全管理体系建设，采用“智能式用电安全管理系统”对漏电源、导线温度、电流等进行全面监测。通过明晰、落实责任，建立相互监督和自觉管理体系，使经营户主动履行安全管理职责。

(华白璐)

国土资源

【概述】 国土婺城分局属金华市国土资源局派出机构，下设8个科室、8个中心所。主要负责乡镇土地利用总体规划的编制(修编)和基本农田划区定界工作；负责农用地、征用，具体建设项目审核、报批工作；农民建房用地审核、报批，临时用地审核；国有地出让和土地市场管理工作；集体土地登记发证、土地变更登记、调处权属纠纷、土地利用现状变更调查工作；编制地矿规划，采矿权招投标、拍卖及转让，矿产资源开发利用与保护，储量管理，依法征收规费和矿山自然生态环境治理备用金工作；地质灾害防治的监督管理，地质勘查工作；违法案件查处、来信来访处理和土地罚没款收缴工作；土地开发整理、造地改田、建设用地复垦等职能。

【土地利用现状】 婺城区土地总面积139123.92公顷，2013年年末未发生变化。根据2013年度土地变更调查成果，至年底，全区耕地面积29948.19公顷，园地7120.07公顷，林地74365.72公顷，草地561.37公顷，城镇村及工矿用地14688.80公顷，交通运输用地3459.07公顷，水域及水利设施用地7349.84公顷，其他土地1630.86公顷。

【各地类变化情况】 截至年底，全区耕地减少104.45公顷，园地减少46.34公顷，林地减少37.39公顷，草地减少21.38公顷，城镇村及工矿用地增加201.9公顷，交通运输用地增加20.52公顷，水域及水利设施用地减少12.4公顷，其他土地减少0.46公顷。

年末，全区国家所有土地17848.03公顷，集体所有土地121275.89公顷，与年初相比，国家所有土地增加97.92公顷，集体所有土地减少97.92公顷。

全区耕地面积中，坡度小于2°的面积20614.29公顷，坡度在2°~6°的面积5887.28公顷，坡度在6°~15°的面积2040.29公顷，坡度在15°~25°的面积1290.53公顷，坡度大于25°的面积115.8公顷。与年初面积相比，分别为减少90.36公顷、增加27.29公顷、增加7.27公顷、增加4.46公顷、增加1.47公顷。

年末，全区可调整地类面积1058.63公顷，与年初相比，减少15.31公顷。其中，可调整果园减少9.81公顷，可调整茶园减少3.99公顷，可调整其他园地减少0.17公顷，可调整有林地减少0.34公顷，可调整其他林地减少1公顷。

全区农业结构调整设施农用地增加13.45公顷；基本农田面积27043.39公顷。

【耕地保护】 全年立项垦造耕地项目28个，开发面积301公顷，规划新增耕地260.13公顷。当年组织进场施工项目10个，开发面积168.53公顷，规划新增耕地150.53公顷，其中已通过验收项目4个，开发面积26.87公顷，新增耕地23.27公顷。

2011年度组件上报农村土地综合整治项目7个(批准为2012年项目)，规划面积21.13公顷，新增耕地14.08公顷，2013年基本完成拆旧区块的房屋拆除，进入土地平整工程实施阶段。其中，3个项目通过区级验收。2012年度组件上报农村土地综合整治项目8个，新增耕地23公顷，挂钩18个项目落实额度22.96公顷，已完成项目规划和工程设计工作，部分项目进入工程实施阶段。其中，4个项目已通过区级验收。2013年度拟组件上报农村土地综合整治项目7个，规划拆旧面积14.53公顷，新增耕地13.2公顷。

规划落实高标准基本农田建设项目24个，面积2538公顷，已实施15个面积715.33公顷；提升类5个、面积1113.33公顷。与农业部门合作共同建设1个、提升面积453.33公顷，正在规划设计中。建设类

1个、面积586.67公顷；完成高标准基本农田建设16个项目、1302公顷。

【节约集约用地】 完成婺城区土地利用总体规划中期评估工作，并通过省、市级评审验收。为拓展用地空间，对全区土地利用总体规划进行局部修改完善，完成总规修改16次，涉及13个乡镇，修改和调整规划面积96.59公顷，最大限度满足全区经济建设发展用地空间。

上级下达婺城区批而未供消化任务166.67公顷，盘活存量建设用地任务26.67公顷，推进一批延期开竣工用地项目36宗，面积98.77公顷。全年消化批而未供土地面积170.87公顷；推进一批延期开竣工用地项目已交地30宗，面积83.3公顷；已开工27宗，面积59.08公顷；已竣工13宗，面积17.51公顷；收回处置3宗，面积4.69公顷；盘活存量建设用地17.51公顷。2006年以来现状闲置土地处置率100%。

【土地出让】 全年使用计划指标上报农转用征收用地总面积87.18公顷，其中农用地75.32公顷(耕地35.79公顷)，建设用地11.01公顷，未利用地0.86公顷。计划批次7个、用地面积59.58公顷，其中农用地44.45公顷（耕地35.79公顷），建设用地11.27公顷，未利用地0.86公顷。单独选址项目1个，用地面积27.87公顷，其中耕地10.91公顷，主要用于省重点项目浙江省金华监狱女子分监狱工程。利用农村土地综合整治挂钩周转指标报批用地面积15.1公顷，其中农用地13.33公顷(耕地9.68公顷)，建设用地1.14公顷，未利用地0.64公顷。开展低丘缓坡综合开发利用试点项目农用地转用和土地征收报批用地面积175.67公顷，其中农用地170.22公顷(耕地57.95公顷)，建设用地0.21公顷，未利用地5.25公顷。

全年向省厅申请重大基础设施用地指标27.87公顷。其中，农用地27.87公顷(耕地10.91公顷)。

抓好建设项目供地、出让工作。全年供地103宗，面积112.92公顷。组织出让工业用地土地30宗，面积71.05公顷；商服用地2宗，面积9.65公顷；住宅用地5宗，面积18.02公顷；公共设施用地2宗，面积9.76公顷，可收取出让金93124.96万元。

【矿产资源开发利用】 婺城区矿产资源种类有水泥用灰岩、建筑石料用凝灰岩、砖瓦用(泥)页岩、萤石等，开发利用的主要优势矿产仅有3种，水泥用灰岩、建筑石料用凝灰岩、砖瓦用(泥)页岩。能源矿产十分贫乏，金属矿产零星分布，查明资源储量非常有限。至年末，全区有持证矿山19家，水泥用灰岩矿山保有资源储量954.24万吨、建筑石料用凝灰岩矿山保有资源储量446.9万立方米、砖瓦用(泥)页岩矿山保有资源储量123.4万吨。

水泥用灰岩资源较丰富，主要分布于婺城区北部山区。年底，开采水泥用灰岩矿山企业2家，年采矿石量107.28万吨，产值1691.72万元。

凝灰岩分布广泛，资源丰富，主要分布在雅畈镇竹园、铜山小窑村一带。年底，开采建筑石料矿山企业有5家，年开采矿石量76.4万立方米，产值3051.8万元。

砖瓦用(泥)页岩资源丰富，主要分布于盆地内，为白垩系地层的“黄土丘陵”，经风化、半风化的岩层和软土层，厚度由几米到几十米不等。年底，砖瓦用（泥）页岩矿山企业有12家，年开采矿石量20.96万吨，产值3078万元。

【矿产资源管理】 全年完成25家矿山企业、6个矿产资源勘查项目和1家选矿企业年审年检与实地核查工作，征收矿产资源补偿费123.94万元；完成11家建筑用石料矿储量动态监测工作及储量年报审查工作；完成12宗无风险矿种采矿权设置方案的编制和报批，完成6宗采矿权的挂牌出让，完成汤溪地热资源探矿权转采矿权设置方案评审与报批，收取采矿权拍卖所得680.54万元；及时办理并发放采矿许可证3宗，选矿企业延续登记1宗，注销采矿许可证2宗；完成沙畈乡废弃矿井共计205个矿硐项目治理工程。

【依法行政】 做好国土资源信访与维稳工作，重点抓好“全国两会”和“省、市两会”等敏感时期矛盾纠纷排查。参与市、区二级纪委组织的效能接访工作11次。全年办理信访事项226件，报结221件，报结率97.79%。其中，来信173件，来访47批88人次。来信中省、部级62件，报结62件，报结率100%。

做好2013年的卫片执法工作。2012年度全区遥感监测图斑有327个图斑，经核查：全区卫片执法涉嫌违法用地86宗，面积17.24公顷，耕地面积

9.14公顷。其中,非立案处理36宗,立案查处50宗已全部下达行政处罚决定,拆除卫片违法用地19宗,面积1.66公顷,拆除并复耕用地11宗,面积0.84公顷。越界开采矿产资源立案3宗,收缴罚没款43.14万元。向纪检监察部门提出党政纪处分建议4人。全区违法占用耕地面积占新增建设用地占用耕地总面积的比例为6.97%,实现零问责。

开展国土资源动态巡查监管,提高动态巡查效果,从源头上防范和减少违法行为的发生。全年组织动态巡查及举报检查926次,对当场发现的问题,就地依法制止解决。立案查处土地矿产违法案件157件。其中,土地122件,矿产35件,查扣非法挖矿机械23台。移送人民法院申请强制执行100件。其中,涉及卫片的46件,非卫片的54件,收缴罚没款165.61万元。

开展非法砂石场整治工作,分局配合区整治办,对全区82家砂石场进行关停取缔。关停砂石场56家(白龙桥28家,乾西8家,雅畈17家、沙畈3家),砂石场整治工作取得阶段性成果。

落实区政府开展的"三改一拆"专项行动,从3月份开展"三改一拆"行动以来,协助乡镇(街道)组织的拆违40多次,拆除违法用地88.41万平方米。

国土分局开展下访接访活动

【基础建设】 基本完成农村集体土地所有权登记工作,确权率92%。完成婺城区地籍管理信息系统的建立,该系统通过市局预验收。

开展2013年度土地变更调查和遥感动态监测核查工作,通过对变更调查疑问图斑进行逐宗复核,找出存在的问题,提供相关举证材料,及时上报工作成果,为确保土地变更调查与土地卫片执法检查联动工作取得实效奠定基础。

做好土地二级市场管理和宅基地登记发证工作,办理划拨土地转、出让手续21宗,面积6224.25平方米,收缴土地出让金216.5万元。强化服务,受理完成婺城区集体宅基地登记申请2083宗。

【地质灾害防治】 编制《2013年度婺城区地质灾害防治方案》,更新36个地质灾害隐患点的群测群防网络,与有地质灾害隐患分布的11个乡镇签订防治责任书;开展台汛期地质灾害隐患巡查、24小时值班、预警预报和应急处置等工作。全年开展定期不定期巡查、检查378人次,发送防灾预警信息1764余条;对塔石乡高田村、罗店镇羊甲山村等重点地质灾害隐患点安装警示牌、明白墙29块,重新填写发放防灾工作明白卡和避险明白卡428份;开展农村、山区地质灾害隐患调查与评价、地质灾害隐患再排查等工作,完成琅琊所"五到位"国土所创建工作;开展塔石乡高田村、沙畈乡芝肚坑村突发性地质灾害应急预案演练,提高群众临灾避险与救灾能力。

(沈　丹)

城乡规划

【概述】 金华市规划局婺城分局是金华市规划局派驻婺城区的城乡规划管理机构，内设办公室、规划编审科、规划审批科、政策法规科4个科室。下辖村镇规划管理站(事业单位)和婺新城乡规划设计所、金城测绘院2家企业。分局贯彻执行国家和省有关城乡规划法律法规、方针政策和技术规范；负责婺城区范围内的城乡建设规划管理工作；负责各类城乡规划的审查与报批工作；参与和指导城市、镇、乡、村庄等各类规划的编制工作；负责建设用地规划管理和建设工程的规划管理工作；负责有关城乡规划方面的群众来信来访工作；配合规划监察部门做好对城乡规划违法案件的性质认定工作。

【规划编制】 完成建制镇控制性详细规划3个：白龙桥中心镇控制性详细规划已报批；蒋堂、雅畈镇控制性详细规划完成设计方案，未报批。完成中心村村庄规划4个：蒋堂镇直里村、洋埠镇五都钱村、塔石乡塔石村、安地镇雅干村。完成一般村的村庄规划30个，其中22个规划设计方案已报批。完成新狮街道勤俭村村庄整治规划和景观提升的规划编制。完成新狮街道车头村、城北街道五星田里村、城东街道上浮桥村和白龙桥镇金竹园村4个"城中村"规划设计方案。完成雅畈历史文化街区保护规划。

【规划审批】 在区行政服务中心召集下，全年召开10次公建项目和房地产项目联席会议，对辖区内的建设工程规划许可事项实行并联审批。完成建设项目规划审批(行政许可)130件。其中，建设用地项目28件，用地面积191436.46平方米；建设工程项目50件，建筑面积524448.93平方米；批准临时建设项目19件，建筑面积17006.52平方米；审核规划竣工验收项目28个，验收面积139187.45平方米；完成规划选址5处，用地面积35301.1平方米。批准农村村(居)民建房187件，用地面积19000平方米。

【美丽乡村建设】 做好农村住房改造工作，配合区农办和乾西乡政府做好省级住房改造示范村——乾西乡上天师村旧村改造规划编制工作，并于10月22日通过省、市、区专家评审。落实市规划局下达的2013年度120户农房改造救助计划，中央财政救助资金90万元发放到位，促进旧村改造和美丽乡村建设。将农村村(居)民建房通用设计图电子图库网站与市政府网站、市规划局网站、区政府网站、区行政服务中心网站进行链接，网站访问量超150次/天，拓宽农村村(居)民建房通用图电子图库的推广面、使用面，促进美丽乡村建设。完成汤溪镇寺平村、雅畈镇石楠塘村、塔石乡上阳村等12个传统村落资料的调查。

【信访维稳】 参与"平安婺城"建设，定期开展矛盾纠纷排查调处。全年接待群众来访35人次，接收群众来信11件，受理8890便民服务平台事项2件，做到来信来函及时调查，查办结果及时答复，维护了社会稳定，促进社会和谐。

【测绘管理】 完成婺城区新城区、金西开发区、仙源湖休闲度假区基本建设测绘工作；完成18个村庄地形图修测和各类范围用地专用红线图；完成95家企业及事业单位建设项目的建筑放样，竣工验收127套，验收测量以及208户个人建房的红线图制作及空点放样；完成97项道路地下管线放样、土石方工程、小面积临时用地以及征地公户等零星项目的测量工作；完成全区范围内195个国家测量标志普查工作。

【规划服务】 按照市、区相关文件要求，制定

《关于开展公共服务对象跟踪回访工作的实施方案》,每月采取电话、问卷调查等方式对服务对象进行跟踪回访，听取他们对规划部门的意见建议,提升分局政风行风建设水平,提高为民服务质量。做好婺城区“城中村”改造的调查摸底政策调研和工作方案的制定,推进“城中村”改造工作。确定新狮街道牵头村、勤俭村、城东街道上浮桥下沿村、城北街道五星田里村、白龙桥镇金竹园村为婺城区“城中村”改造试点村。做好“三改一拆”工作,抽调技术骨干人员到区“三改一拆”办公室配合摸底调查,做好迎宾大道西侧违章整治和拆除工作。做好“治堵”工作,制定未来五年治理城市交通拥堵及地下停车位面积 70000 平方米的规划，实际完成 137942.07 平方米,完成率 197%,新增城市地上停车位 498 个、地下停车位 1096 个。配合做好杭长高铁沿线电信、移动、联通基站建设项目初步规划选址方案,确定规划选址位置红线。参与沙金兰水源涵养生态功能区保护工作,配合做好功能区畜禽养殖整治、砂场整治、锯板厂搬迁和下山移民有关规划服务。配合做好湖头、琅琊等农贸市场提升改造推进工作和中小学校提升改造工作。开展“双千”活动,确定 1 名干部深入企业、项目跟踪服务,协助八达服饰有限公司联系建设银行授信 6000 万元贷款事项,帮助办理竣工验收有关工作。为工业企业做好规划服务,组织 8 次工业项目现场办公。配合做好仙源湖控制性详细规划的完善和总体规划的扩编,加强对仙源湖旅游度假区项目规划服务工作。加强资产清查核查工作。按照市清查办要求,将金华县城乡与环保建设局 1 处、金华县村镇建设管理站 5 处房产办理过户手续,并按要求统一上平台招标,使资产管理规范化。多次走访联系乡镇——白龙桥镇，联系村——白龙桥郑南山村和联系社区——新狮街道后垅社区，走访市规划局联系村——乾丁乡栅川村,指导新农村建设有关规划工作。做好人大、政协方案办理,受理人大代表建议、政协委员提案 13 件。其中,主办件 6 件,会办件 7 件,满意率为 100%。

(沈　洁)

环境保护

【概述】 2013年，婺城区环境保护与生态建设工作围绕年度目标，突出生态区建设和主要污染物减排工作主线，上下齐心、狠抓落实，生态区建设、污染减排和整治工作取得显著成效。

【生态创建】 2013年度新增52个市级生态村，31个区级生态村。全区累计命名区级生态村465个，占全区行政村的80.45%；市级生态村362个，占62.63%。正式命名市级以上生态乡镇15个，其中省级13个，国家级2个。2013年，安地镇被环境保护部命名为国家级生态镇，汤溪镇、罗埠镇、长山乡命名为省级生态乡镇，白龙桥镇命名为市级生态镇。莘畈乡荣获浙江省首届“我心目中最美生态乡镇”称号，是金华市区第一个获此殊荣的乡镇。

【环境整治】 2013年，婺城区落实减排项目31个，其中COD减排项目5个，NH_3-N减排项目5个，SO_2减排项目7个，NOx减排项目6个、规模化畜禽养殖场8个。根据环保部污染减排核查组核定，2013年化学需氧量、氨氮、二氧化硫、氮氧化物分别削减2.8%、2.5%、4.6%和5%。开展减排项目跟踪督查，督促浙江金圆水泥有限公司2号回转窑生产线和浙江虎鹰水泥有限公司回转窑生产线脱硝项目完成工程建设，并通过建设项目环保“三同时”竣工验收。会同农业部门对8家畜禽养殖场现场督查指导，结合畜禽养殖场污染整治行动，关停畜禽养殖场134家。加强对污水处理厂运行情况监督管理。下发《关于转发<关于金华市德朗污水处理有限公司(婺城新城区污水处理厂)存在问题整改督办函>的通知》，对金华德朗污水处理有限公司整改情况进行督查。婺城新城区与万里扬、莱恩动力等60家企业签订污水接管处理协议，绘制管网现状图，设计污水总量，保障新城区污水处理厂的顺利运行。推进刷卡排污污染源在线监控系统的建设和强制清洁生产审核，24家重点环境监管企业安装在线监测监控系统，超额完成省控以上企业在线监控系统建设，落实2家企业强制清洁生产审核。区政府下发《关于印发<婺城区印染造纸化工行业整治提升实施方案>的通知》，推进重污染高能耗行业整治工作。15家印染企业列入整治计划9家，关停4家，整合2家。投入资金1545万元，通过整治提升保留印染企业7家，其中5家进入监测验收环节，2家实施搬迁技改。全区化工整治企业13家，原地整治10家，关停2家，转型升级1家。10家企业投入资金1893.1万元，淘汰落后设备102台，通过验收7家，其余3家进入监测验收环节。5家造纸企业原地整治4家，转型升级1家。投入资金1703万元，淘汰落后生产设备4台、落后生产线2条，更换设备9台，转型升级企业已停产。浙江丁丁实业有限公司通过整治验收。电镀行业实行原地整治的浙江今飞机械集团有限公司和金华双冠定时器厂，对照56条验收标准，进行整治提升技术改造，通过综合整治验收。

【水环境治理】 编制《婺城区水环境综合治理工作实施意见》《婺城区畜禽养殖禁养限养区划分规定》《婺城区乡镇流域“河长”责任制实施方案》，对区域内10条主要支流实行河长制，由流域所在乡镇(街道)镇长(主任)担任河长，并实行乡镇流域交接断面考核。会同市环境监测中心站对27个流域交接断面定点，取样监测，交接断面水质评价结果总体为良好。开展饮用水源保护，抓好功能区内畜禽养殖禁养、限养制度的落实。完成沙金兰水源涵养生态功能区和莘畈水库水源涵养区饮用水源整治，签订畜禽养殖场、锯板厂关停协议144家、4万平方米。

【项目审批】 实行建设项目环境准入制度,全年审批项目51个,初审项目41个,否决碎石加工、蓄电池生产、多晶硅生产等项目10个。坚决制止高能耗、高污染项目进入区境,从源头控制污染物排放。加强项目全过程监管,杜绝建设项目出现"未批先建""批小建大""批建不一"现象。加强项目竣工环保验收管理与试生产审核,全区"三同时"验收项目合格率100%。开展专项资金申报工作,完成省级环境保护专项资金项目8个,市级生态建设专项资金项目4个、环保专项资金4个。指导浙江金圆水泥有限公司等20多家企业编制环保专项资金申报资料。编制《金华市婺城区2014年度农村环境连片整治项目实施方案》,指导30个行政村编报专项资金申报材料,并按时上报省厅。

【执法检查】 开展春节、两会期间环境安全大检查、春季专项检查、环保公安联动、重点行业、香精生产行业大排查、排污许可证年度核查、饮用水水源保护、"三同时"执行等执法大检查,重点检查造纸、化工、印染、电镀以及集中式污水处理厂等重点污染源企业的环保设施运行情况和群众反映强烈的各类环境问题,全年出动执法人员数992人次,检查企业607家。其中,对10家企业立案查处,处罚金118.9万元。关停取缔无证无照以及"低、小、散"污染企业25家。对浙江振华新能源科技有限公司等8家企业下发限期整改通知书。

【宣传教育】 利用宣传栏、黑板报、横幅等开展环境保护宣传,开展"6·5"世界环境日、"12·4"法制宣传日宣传活动。联合乾西乡政府开展"清洁长湖行动"系列活动,营造保护长湖、人人有责、人人参与、从我做起的氛围。开展生态环保舆论宣传,通过金华电视台宣传婺城生态环保工作,曝光环境违法行为。2013年,金华电视台黄金时段播出婺城生态环保新闻节目13次,浙江日报、金华日报、金华晚报和今日婺城刊登婺城生态环保新闻63篇。召开环境安全管理会议,结合典型案例对《最高人民法院、最高人民检察院关于办理环境污染刑事案件适用法律若干问题的解释》进行详细解读,向企业发放两高司法解释的有关资料。

【信访与建议】 办理人大、政协议案、提案9件,代表和委员满意率100%。全年受理环境污染举报投诉379件。其中,省转信访件8件,市转信访件29件,"8890"交办52件,调查处理率100%,满意率98%。开展环境矛盾纠纷排查4次,解决各类矛盾纠纷15件,妥善处理群众反映较集中的热点、难点环保问题。

【环境安全评级】 完成2012年度婺城区重点企业环境行为信用等级评价工作。按照告知、填报、初评、反馈、公示、复核等程序,对28家企业开展环境行为信用等级评价,经复核绿色等级4家,蓝色等级23家,黄色等级1家。 (张树云 吴 梦)

工商行政管理

【概述】 根据《中共金华市委、金华市人民政府关于完善金华经济技术开发区和金西经济开发区管理体制的意见》，汤溪中心工商所划归金华市工商局江南(开发区)分局。体制调整后，汤溪、罗埠、洋埠镇划归江南(开发区)分局管辖，蒋堂镇、塔石乡、莘畈乡、岭上乡仍由婺城分局管辖。2013年，全区新增企业1172户，同比增长54.2%；新增内资企业注册资本25.9亿元，注册资本总额309.4亿元，同比增长9.14%，企业总数7360家。新增个体工商户2019家，同比增长2.18%；新增资金9991.8万元，资金总额48553.1万元，同比增长25.9%，个体工商户累计12494家。分局连续4年获区先进集体，经检大队被市局嘉奖一次，城东工商所党支部被授予“金华市直机关2011——2012年先进基层党组织”，注册窗口被评为2013年度创新先进单位。王淑珠获国家工商行政管理总局、中国个体劳动者协会授予的“2012年度全国先进个体工商户”荣誉称号。

个体工商户王淑珠（中）获婺城区首个2012年度“全国先进个体工商户”荣誉称号

【服务经济】 开展“访千家民企、谋赶超发展”活动，走访个体工商户2375家，各类民营企业560家，收集建议意见和困难问题130个。其中，现场或已经创造条件解决的问题80个。举办2期中小型企业家培训班，100余名中小企业家参加培训。开展“个转企”工作，将全区291家“个转企”工作任务分解落实到44个乡镇街道、部门，将“个转企”工作列入2013年度岗位目标责任制考核。办理“个转企”440户，注册资本1.7亿元，完成市政府下达的三年任务。

【商标品牌注册】 指导、帮助企业、个体工商户申请注册商标，全区认定省著名商标4家，延续认定6家；认定市著名商标3家，延续认定5家。做好“守信用重合同”企业推荐认定工作，新推荐申报AAA级企业2家、AA级企业4家、A级企业5家；推荐延续确认AAA级企业2家、AA级企业5家、A级企业8家。

【企业年检】 全区应检企业6583家，实检企业6038家，年检率99.4%，拟吊销企业179家；应验个体户16548户，实验13106户，验照率88.1%。年检中，出动执法人员5243人次，检查各类市场主体21536户。立案查处33件，案值65万元。发放行政告诫225条，向文体局、安监局等部门抄告149户。在婺城民企之家发布《2012年度企业年检公告》，到洞溪工业园区开展上门年检，提高年检效率，服务企业发展。

【广告市场监管】 加强广告市场监测，与药品、卫生、新闻出版、广电等部门配合协作，重点查处虚假违法医疗、药品、医疗器械、保健食品广告，办结违法广告案件9件。

【消费维权】 开展“3·15”活动，发放宣传资料

25000 份。婺城工商分局、婺城区消保委、浙江师范大学老年消费教育中心联合开展“老年消费维权服务月”活动,21 名老年消费者代表、老年消费维权志愿者、浙江师范大学离退休老同志参加首期活动。在浙师大建立老年消费教育工作站,巩固和完善“一会两站”建设。完善 12315 指挥中心运行机制,规范消费者投诉调处工作,做到件件投诉有回声、事事处理有着落。全年处理消费者申诉举报 996 起,申诉 895 起,举报 101 起,解决率 99%,为消费者挽回经济损失 78 万元。

【专项整治】 开展商标印制企业专项检查,严厉打击制售假冒伪劣商品行为,查获重大商标侵权案件 5 起,案值 189 万余元。对食品安全违法行为及时介入调查,查获涂改食用油生产日期、违法宣传食品疗效、以鸭肉冒充牛羊肉等重大食品案件 3 起。开展“打击传销”专项整治,建立打击网络传销监管机制,开展创建“无传销乡镇(街道)、社区(村)”“防止传销进校园”活动。根据市政府提升金华站前广场对外窗口形象等要求,分局专设 1 名副所长和 3 名监管人员组成管理队伍,增配执法车辆。与全体经营户签订诚信经营承诺书,开展“诚信经营、文明经商”为主题的宣传。建立站前办联络制度、巡查制度、节假日投诉处理制度和经营户诚信管理制度。做到与站前办的联络畅通、每天 2 次常规巡查,节假日值班人员对投诉第一时间出现场处置,对经营户进行诚信记分和黑名单管理。至年底,火车站区域仅接到 2 起消费投诉,相比往年有很大下降。

10 月 29 日,分局牵头联合街道、行政执法、公安、供电等部门对芙峰街与环城北路交叉口立交桥下经营户进行整治行动,拆除违章建筑,立交桥下 8 户经营户全部搬离该区块。

【食品安全监管】 开展农村食品市场、乳制品市场、违法添加非食用物质和滥用食品添加剂等专项整治,印制、发放法律法规汇编 5000 余册,实施食品经营负责人领证前食品安全知识测试,指导经营户全面落实食品安全管理制度。建立电子信息追溯系统,逐步实现食品安全电子化监管。出动执法人员 1817 人次,检查食品经营者 3100 户,约谈食品经营主体 812 家。开展联合执法 13 次。组织定性检测 380 批次,定量检测 102 批次;查处各类食品案件 13 起,罚没款 44 万余元。

【提升工作效能】 提升服务效能,推行企业登记注册事务行政指导,促进区域经济协调发展。做好江北夜市 44 个摊位迁移安置,保障解放东路西市街天桥工程“无障碍”施工。对已明确为需拆迁的违章建筑,一律停办新设登记、延期及换照手续。牵头成立区查处规范无证无照经营领导小组,出台《联席会议制度》《联合执法制度》《职能部门考核办法》,提升查处规范无证无照工作。整治清理无证无照砂石场,保护水源工程。

【市场概况】 婺城区有证市场 33 个,其中商品交易市场 32 个(含消费品市场 29 个,生产资料市场 3 个),生产要素市场 1 个(金华市人才市场)。在 29 个消费品市场中,消费品综合市场 5 个,农副产品市场 18 个(含批发市场 3 个);工业消费品市场 6 个。有市场摊位数 5176 个,市场经营户 1975 户。

商品交易市场年成交额 63.33 亿元,同比增长 8.76%。其中,消费品市场成交额为 44.34 亿元,同比增长 7.73%;生产资料市场成交额 18.99 亿元。市粮食批发交易市场成交额 22.51 亿元,是婺城区市场中成交额最高的市场。年成交额较高的市场有金华市粮食批发交易市场、金华新辰冻品市场、金华农业生产资料市场、浙中家居锦绣国际市场等。

婺城区琅琊综合市场创建为省级文明示范农贸市场。金华市五一路农贸市场、金华市芳溢花卉苗木市场被认定为二星级文明规范市场。金华新辰冻品市场、金华市新时代服装市场和金华农业生产资料批发市场被延续确认为二星级文明规范市场。

【个私企业】 截至年底,全区非私营企业 732 户,同比增长 3.39%,注册资本金 122.88 亿元,同比增长 11.23%;新增 24 户,同比增长 84.62%,注册资本金 12.4 亿元,同比增长 936.54%。

全区私营企业 5671 户,同比增长 21.93%,注册资本金 165 亿元,同比增长 7.05%;该期新设立 1020 户,同比增长 70.85%,注册资本金 10.87 亿元,同比减少 7.86%。

全区农民专业合作社 811 户,同比增长 15.86%,注册资本金 12.28 亿元,同比增长 24.74%;

新增 111 户，同比减少 21.83%，注册资本金 2.4 亿元，同比减少 4.86%。

全区个体工商户 12333 户，同比增长 19.41%，注册资本金 4.81 亿元，同比增长 26.01%；该期新设立 2005 户，同比增长 2.98%，注册资本金 0.99 亿元，同比减少 1.25%。

（英　应）

质量技术监督

【概况】2013年，金华市质量技术监督局婺城区分局(以下简称分局)以质量强区为主线强服务，以机制创新为重点保安全，以群众路线教育实践活动为契机塑形象，切实加强质监队伍和食品、特种设备两大安全建设，圆满完成全年各项目标任务。

【质量强区】按照“抓质量强区、促转型升级、提生活品质”的总体思路，确定白龙桥镇为“质量强镇”，临江工业区为“质量强区”，酥饼行业为“质量强业”，万里扬、金圆、豪庭等10家企业为“质量强企”，按照评价细则指导工作，提升质量工作水平；建设万里扬为先进质量管理孵化基地；建立质量工作统计制度，推动万里扬、莱恩动力2家公司开展质量损失统计；推动万里扬、高峰建立首席质量官制度；协助省质协举办浙江省首届现场管理星级评价评审员培训；对辖区内6家企业发放质量管理体系认证调查问卷；开展卓越绩效考核模式培训企业8家；13家企业参加市级首席质量官培训，9人获首席质量官证书。组织巨龙、金圆等5家企业到东阳联谊电机公司参加“学标杆看标杆”现场观摩活动；组织晟丰等3家企业参加省政府质量奖现场评审观摩会。

【创牌工作】鼓励企业争创各类名牌，尤其是推动有带动力的企业争创品牌，走访重点企业做好省、市名牌申报的宣传发动工作，推进区域、农业、服务业，名牌的培育。全年获批“浙江名牌”企业4家，其中复评4家；获批“金华名牌”企业10家，其中复评4家；区政府质量奖3家。8月以来，以“质量月”活动为契机，走访服务企业40余家，区委宣传部、质监分局、名牌与质量协会三部门主动为26家企业出谋划策，宣传选图，上门收集从企业发展、企业文化、技术创新等方面资料，9月1日至10月14日，在《今日婺城》上宣传报道，提高企业品牌知名度和市场竞争力，促进婺城经济社会向质量效益更深层次发展。

【标准化工作】以提升标准水平为重点，延伸标准化战略深度。6月，全省首个综合推进三项指标工作会议暨市标准化工作现场会在婺城召开，在《市政领导班子实绩考核评价指标体系》20项考核指标中，每千个国家标准中婺城为主制修订标准1个、规模以上工业企业主导产品采标率63.64%，农业标准化生产程度66%三项指标均列全市前三位。2013年，婺城区主导制定行业标准化2个，参与制定国标、行标2个。荣获产品质量达到国外先进标准企业1家，达到国际标准企业11家。全区通过国家级农业标准化示范项目审查1家（鼋生鳖业，全市唯一)，通过农业标准化推广示范项目验收省级1家(三龙水产)、市级4家(盖康真菌、箬阳高山茶等)；获省级标准创新型企业申报2家(万里扬、精工工具)。

【食品安全监管】全区有食品生产许可证企业151家。其中，受理食品生产许可证新申报9家、重新换证55家、年审73家、注销再申请13家；检查食品企业151家，出动453人次，立案8起，罚没款约10万元；食品监督抽查不合格企业16家，完成后处理16家；下发责令整改通知书16份，已整改16份；受理涉及食品类投诉举报63起，现场调查63起。发放宣传资料3000余份。

【特种设备安全监察】全区有特种设备8900多台(件)。全年出动监察人员362次，完成特种设备现场安全监察101家，下发安全监察指令书51份，全部整改完毕。从6月起，受理特种设备施工告知129次、309台，主要集中在白龙桥临江工业区、金西开发区和安地镇。与有关部门联合执法7次,开展特种设备安全宣传活动5场次,全区特种设备安全态势平稳向好,未发生特种设备事故。

【工业产品区域监管】 全年出动执法人员290余人次,检查生产、销售单位145多家次;受理工业企业投诉举报7起。其中,无证立案查处3起;不合格后处理企业21家。其中,12家整改到位,6家复查中,3家整改中;后处理立案案件4起,结案4起;受理工业许可证新申证4家,年审23家,换证11家;对重点关注产品巡查2家;发放宣传资料3000份,接受咨询30多人。

【民生服务】 联合质检院到凤凰山社区开展计量惠民活动,完成7台在用电子计价秤、11台血压计等计量器具检定工作。分局配合区行政服务中心清理规范非行政许可审批事项,取消企业代码证书工本费18元,取消IC卡工本费40元。

【宣传报道】 撰写各类信息、新闻稿件81篇,上报市局、区委、区政府77条。其中,被省级媒体采用4条,省局《地市之窗》采用12条,市委、市政府《每日要讯》采用1条,区委、区政府《婺城信息》采用1条,省级质量时刊采用5条;被新华网浙江频道浙江质监在线采用6条,被浙江在线质监新闻网采用8条,《金华日报》刊登3条,《金华晚报》刊登1条,《今日婺城》刊登26条;微博编写原创527条,转发1189条。

(吴丽园)

税　务

国　税

【概述】 2013年，全区国税部门组织入库税收收入19.24亿元，同比增收0.67万元，同比增长3.61%。其中，增值税累计入库11.73亿元；消费税累计入库3.53亿元；企业所得税累计入库3.98亿元。

【落实税收政策】 围绕中心，服务大局，贯彻市局和区委、区政府工作要求，落实各项税收优惠政策。加大政策落实力度，减轻企业税收负担，帮助企业破难解困。全年办理各类退税5.4亿元。开展结构性减免税和“营改增”效应分析调查，完成小微企业税收优惠政策落实工作，落实1612户，减免税额410.2万元。支持地方经济发展，发挥税收服务经济职能。开展7户影视服务行业“营改增”调查核实、政策培训工作，全区7户纳税人纳入服务行业“营改增”试点范围。落实“个转企”工作，主动与区工商部门联系，召开专题会议，经过逐户比对，15户转型成功。配合地方政府开展“小上规”和19个市场税收摸底工作。

【强化税收征管】 围绕“稳中有为”的总基调，坚持“依法征税，应收尽收，坚决不收过头税，坚决防止和制止越权减免税”的组织收入原则，用好用活免抵调库指标，挖掘新的税收增长点，确保经济税收协调增长。开展管理创新工作，提升征管效率。建立“管户”与“管事”相结合的征管方式，学会“两条腿”走路，逐步实现税收征管由“管户”制度向“管户”与专业化“管事”相结合的转变。开展欠税清理工作，清理排查陈欠，对历年来的欠税进行清理催缴。规范个体户核定程序。开展增值税异常企业辅导，加强对福利企业的检查工作。做好企业所得税汇算清缴工作，提前介入汇算清缴纳税辅导，开展汇算清缴后续审核，并对部分行业企业所得税实行预警率管理。开展重点税源评估应对工作，加强国际税收和大企业税收管理，加大反避税调查力度，规范非居民企业管理，开展对外支付备案核查。

【推进依法治税】 学习《纳税风险防范手册》，把握“法不授权不可为”的公权行使规则，谨慎履行赋予自己的职责，确保自身的执法安全。成立重点税收执法事项领导小组，精选业务骨干开展重点事项督评工作，整改在督评中发现日常税收管理工作中存在的问题。实时监控税收执法管理信息系统，发现问题，找出办法，制定措施，纠正执法过错行为，规避执法风险，全年实现执法考核系统准确率99%以上。

【优化纳税服务】 加大税收宣传力度，开展第22个税收宣传月活动、“走遍婺城、服务先行、税法同行”“税法进园区”等具有婺城国税特色的专项税法宣传活动，指定专人负责区局门户网站的更新维护，利用网络平台宣传婺城国税，提高纳税人税法遵从度，营造良好的税收法治环境。开展税情调研活动，由局领导带领相关税收管理员对企业进行实地走访，提高税源把控度，拉近税企距离。建立“税情日记”制度，要求税务干部随身携带，记录企业情况和需求，加强税收管理，采取有效措施为纳税人排忧解难。设立纳税服务值班岗，制定纳税服务值班制度，全面承担区局办税引导、办税咨询、涉税文书受理、涉税文书内部流转、信息反馈、异常情况处理等方面的职责。

【加强队伍建设】 学习党的十八大精神，开展“正文风、改会风、转作风、树新风”廉政主题教育活动。开展"六个一"活动,转变作风,解决突出问题,发挥国税职能,促进地方经济发展。开展"党旗在飘扬、税徽增光彩"系列主题活动,支部的"入企下乡进社区"活动形式及成效得到市直机关工委领导肯定,并在市直机关第四季度工作例会上进行经验介绍。加强领导班子建设,落实党组中心组理论政治学习制度,开展班子成员谈心活动,贯彻执行民主集中制,执行集体领导制度。加强政风行风和干部廉洁从税建设,履行"一岗两责",全局人员签订党风廉政建设责任书。深化国税文化建设,弘扬爱国、勤廉为主题的红色文化。开展"党员进社区"活动,参加社区卫生巡逻、"文明劝阻"等活动。干部踊跃参加"慈善一日捐"和"党员关爱基金"捐款活动。

(余 静)

江北地税

【概述】 地税江北分局围绕省、市局工作部署,坚持"聚财惠民、依法公正、务实创新、廉洁高效"的财税核心价值观,把握组织收入中心,强化征管,优化服务,发挥地税职能作用,各项工作取得良好成效。

分局上下群策群力,团结奋战,实现税费收入持续增长。全年入库税费收入31.89亿元,同比增长12.41%。其中,税收收入18.41亿元,同比增长8.1%;非税收入13.48亿元,同比增长18.17%。社保基金收入11.56亿元,同比增长19.88%。税费收入持续稳定增长为地方经济又好又快发展提供财力保障。

【创建五星级办税服务厅】 争创五星级办税服务厅得到市局领导、相关处室高度关注和大力支持,倾注分局全体干部职工的不懈努力和奋力追求,分局秉承"纳税人的需求,地税人的追求"服务理念,坚持人无我有,人有我优,年初着手制定星级办税服务厅创建实施方案,明确创建目标、内容及要求,重新划分办税服务厅功能区域——咨询辅导区、24小时服务区、局长值班室、争议调解室、纳税人之家五块新功能区,将办税服务厅打造为集办税服务、税法宣传、咨询辅导、权益保障及征纳沟通等多种服务为一体办税服务平台,务求办税服务厅建设取得实效。24小时自助办税服务系统启用以来,降低办税成本、缓解窗口压力、提升服务质量等效果逐步显现,使用率稳步提升,月均使用量达300次左右,得到纳税人及社会各界的一致好评和高度赞誉。

【服务机制改革】 深化纳税服务职能,建立巡查指导机制,落实值班局长制度,每日多时点对办税服务厅进行巡查和现场指导。建立弹性服务机制,推行办税服务厅错时服务,打造全天候办税服务厅,推进提醒服务、预约服务、上门服务等个性化服务。建立权益保障机制,设立争议调解室,制定争议调解制度,完善投诉处理机制和通道,确保纳税人合法权益得到保护。建立监督评价机制,依托办税服务综合管理系统,定期或不定期对办税服务厅人员服务质量进行监督和岗位明星评选,将评价结果与目标考核、提拔任用等结合起来。通过12366、地税网站、纳税人满意度调查、接受新闻监督、邀请义务督导员开展明察暗访等方式,接受社会各阶层监督指导。建立考核激励机制,优化纳税服务之星评比办法,激发窗口工作人员工作积极性和能动性,提高岗位认同感。

【队伍建设】 践行、倡导"聚财惠民、依法公正、务实创新、廉洁高效"的财税核心价值观,寓于分局日常工作中。开展"知行、厉行、谨行"主题实践活动,准确把握目标任务,提高整体执行力,强化执法和廉政效能风险意识。强化教育培训,提升内在素质,制定系统的培训计划,坚持学习常态化、实效化。开展考试测验、技能比武活动,以考促学,以赛促进,激励办税服务人员主动、持续学习,满足日益增长的纳税服务需求。开展道德讲堂活动,与巩固创建成果及提升内在素质相结合,推进财税文化建设。依托执法责任制考核,规范执法行为,提升依法行政水平。完成中层干部竞争选拔和人员岗位调整,探索岗责体系改革,激发干部队伍活力。

(徐晓捷)

江南地税

【概述】 金华市地方税务局江南税务分局(以

下简称分局)按照市委、市政府和省、市局工作部署,围绕“收好税、带好队”中心工作,以深化管理创新、提升行政效能为抓手,坚持科学发展、依法治税、以人为本、优质服务,开展执法责任制考核、财税文化建设、文明单位创建、“正风提效促赶超,聚财惠民促发展”作风建设系列活动。分局按照“均衡入库、持续增长、优化结构、调控有力”工作方针,各项收入呈现较大幅度增长。组织各项收入39.74亿元,增长14.07%。其中,地方税收收入(不含耕、契两税)累计入库22.01亿元,同比增长8.02%;社保基金收入累计入库14.65亿元,增长33.62%;地方水利建设基金累计入库7165万元,增长6.81%。

分局局长杨雨虹(右)给纳税大户送“市区税费超千万元大户”牌匾

【税收征管】 通过《税友龙版》每月生成《日常税源催报催缴一览表》并推送到管理员待办事项中,便于管理员开展催报催缴的日常税源管理工作。实行重点税源管理,管理员对企业上报数据的真实性、准确性进行严格把关。根据分局税源管理工作重点,运用龙版建立异常风险管理机制,依据风险等级高低确定差别化风险应对策略。建立电脑版发票管理新措施,探索电脑发票单张发票最高开具金额的设定、单月累计开票金额的设定,实现“以票管税”。根据省局《关于应用〈税友龙版〉功能推进税收执法责任制计算机考核的通知》要求,分局制定22项考核指标,对所涉及的指标重点关注,做好事前预测、事中跟踪、期末查补,加强基础数据清理核实,执行各类处罚和补交流程,强化各类指标落到实处。

根据省局、市局要求,分局于6月开展税务登记验证工作。通过公告、短信、电话等方式通知需验证企业进行确认,对涉及税源登记的信息进行审核。至9月底,完成4857户验证工作,占应验证户5377户的90.33%,对尚未验证企业实行专人负责,确保验证工作圆满完成。

“个转企”相关工作是政府主导、分局主抓的一项重点工作,分局安排专人对每月工商分局传递过来的”个转企”企业信息逐户核对,通知未办理变更的企业及时办理变更手续。截至8月底,办理“个转企”企业287户,完成税务登记证228户企业(其中注销4户,税务登记失效2户),对未办理的59户企业,落实好辅导和催办工作。

做好2012年度所得税汇算清缴及后续管理工作,分局以国税总局《企业所得税汇算清缴管理办法》为工作指导,明确以企业为主体,由纳税人自主申报为主。2012年汇算清缴户2828户,实际汇算2744户,实际汇算申报率97.03%。落实2012年企业所得税汇算清缴后续管理工作,加强对房地产业、建筑业以及所得税3年以上连续亏损企业的审核。通过对110户企业政策辅导和企业自查,企业所得税管理取得良好效果,110户企业调整应纳税所得额8543.24万元,补缴2012年度企业所得税138.29万元。

开展2013年纳税评估工作,分局自2013年3月起,分别对建筑装饰业、广告业等7个行业进行专项纳税评估工作。完成建筑装饰业、公证机构、律师事务所、省局疑点企业4个行业的评估工作,2013年度纳税评估企业91家,补缴税费145.58万元,并按规定加收滞纳金。

【优化服务】 通过加强办税服务综合管理系统应用,服务质量与效率显著提高。利用该系统统计功能,加强“每月之星”考核力度,评选工作质量好、效率高、服务优的同志为“每月之星”。

实行局长值班制度,由分局4名正副局长按月到办税大厅轮流值班,接受纳税人投诉,听取意见和建议,及时解决分局在办税过程中存在的问题和不足。

创新征管模式,提高办税效率,办税大厅创建办税服务质量复核岗,每日对前台办理的各项业务实行跟踪复核,并将复核结果和考评制度相结合,作为每月之星考评的重要依据,对差错业务视更正情况实行责任追究,以更硬的指标确保服务质量。

在4月第22个税收宣传月活动中,分局推出一系列宣传方式,推动税收宣传活动。开展"志愿者进社区"主题宣传、"行业办税专家行"等活动。同时,通过"流动税法课堂",为边远农村纳税人送上新版税收政策,让更多的人了解最关心的政策。

分局结合2013年税收形势,落实相关减免政策。房产税实行分批减免,总计减免3194万元;土地使用税减免3036万元,备案减免775.64万元;地方水利建设基金备案减免企业133户、157万元,审批减免企业89户、1413万元。

【队伍建设】 分局开展中层竞争上岗选拔工作,全局人员以自主报名形式参加,在资格审查合格后进行答辩或演讲,由领导小组成员对演讲内容、语言表达、仪表举止、工作表现等进行评分,按分数高低排序择优。最后在干部层面进行民主测评及征求意见,按要求进行考察、公示,上报市局任命。选拔过程中,邀请人教处、监察室人员全程指导、监督。通过公开、平等、竞争、择优的中层岗位竞争选拔,拓宽选人用人渠道,激发干部队伍活力。

根据市局要求并结合工作实际,开展以"学习、

分局开展中层干部竞争选拔工作

敬业、效能、服务"为主题的"党员星级管理互评"活动。对照"学习、敬业、效能、服务"要求,提高干部队伍的学习、服务、创新以及解决问题能力。分局领导班子带头,以科室为单位,开展互评,每季度评选出各类金银铜星,并在分局党员活动室"党员星级管理"活动墙上进行表彰。

开展"正风提效促赶超,聚财惠民促发展"作风建设系列活动,以"完成税收任务"为重点,"开展分局中层竞争选拔"为亮点,"深化作风建设"为主题,"抓住一个重点、突出一个亮点、深化一个主题"为目标,开展"走基层、访企业、抓帮扶"专项活动,了解辖区100多户企业生产经营情况;开展"联村帮户、结对帮扶"活动,局领导亲自带队到安地镇郑二村访贫问苦;简化、规范审批程序,实现提速增效;结合税收宣传月,开展"行业办税专家行"活动,召开政策辅导会,对企业税收政策及办税过程中的问题、难点进行辅导培训,提高纳税人满意度和税法遵从度。

(宗亚青)

汤溪地税

【概述】 汤溪地税分局主要负责金西开发区及汤溪镇、罗埠镇、洋埠镇、蒋堂镇、塔石乡、岭上乡、莘畈乡等一区三乡四镇的地税征管工作。有工作人员24人,平均年龄35岁,是一支年轻有活力、充满凝聚力的队伍。内设计会征收科、综合业务科、管理科和办公室。辖区内有纳税户4619户,其中企业1072户,个体工商户3547户,缴纳社会保险费的自谋职业者4938户。

分局以"建一流班子,带一流队伍,创一流业绩,树一流形象"为目标,以市委、市政府"思想大解放,作风大转变"主题实践活动与"先锋服务窗口"创建为契机,以学习型组织建设为载体,以加强作风建设、提高干部队伍整体素质为基础,提升征管水平、纳税服务质效,完成税收中心工作,获得"省级文明单位""市级文明单位""省级巾帼文明岗""市级巾帼文明岗""共产党员示范岗""市最佳办税服务厅"等荣誉称号。纳税服务质量、服务效率及服务水平均得到社会特别是纳税人的充分肯定,纳税人满意率达98%以上。

【加强税收征管】 分局集中优势征管力量,强

化税源调查,加强重点税源监控,狠抓责任考核,加强税种、行业管理,采取前置式纳税辅导、税源预测分析及时跟进、畅通税企交流渠道,优化纳税服务、对建筑安装营业税实现动态监管举措,加强新办企事业税收管理。全年分局组织税费入库30204.63万元,同比增长25.96%。其中,税收收入(不含契耕)7628.52万元,同比增长19.46%;社保基金收入13387.42万元,同比增长19.28%。

做好验换证工作,夯实征管基础。针对农村范围广、纳税人信息获取能力、操作能力低、重视度不够的情况,采取强协调、抓分类、多渠道、创新方法突破重点、后期重视整理与扫尾的办法,完成930户验换证工作。规范税务登记基础管理,征收税款28.9万元,防止税款的流失。

落实五项税收风险应对工作,重点对房产税、城镇土地使用税、印花税、城建税、教育费附加、地方教育附加和地方水利建设基金(非外贸企业)申报不匹配情况进行比对分析,采取纳税人自查和分局抽样核查相结合的工作方式,补缴各项税费13.59万元。

建立建筑工程项目税收管理制度,实施工程项目税收精细化管理。制定《汤溪分局建筑工程项目税收一体化管理规定》,加强与建设部门信息交换与沟通,初步建立立体化精细管理施工项目营业税工作制度。同时,拓展对工程项目信息数据增值应用,通过与土地使用税、房产税税源的比对促进房土两税征管,建筑工程项目管理系统内有工程信息109个,总造价14.96亿元。

分局主动与当地工商部门联系沟通,做好"个转企"工作和纳税人的宣传及相关政策解释工作,积极引导,尊重纳税人自主选择。辖区内"个转企"企业有68户,全部完成税务登记并正常申报。

2013年,累计办理税务注销15户,办理税务登记、股权变更及转让19户,征收各项税费66.3万元。利用外商投资企业网上联合年检数据核对税务登记及税源申报信息,审核21户,补征房产税、土地使用税合计2.66万元。做好企业所得税汇算清缴备案类审核,规范企业所得税核算管理。

【优化税收环境】 为拉近和纳税人距离,提升服务效果,完善大厅窗口软(硬)件建设,分局大厅窗口进行改造,拆除窗口玻璃,方便工作人员和纳税人面对面的交流,避免高窗、玻璃造成距离感,规范办税服务制度。同时,大厅4个窗口实行"一窗式"服务,业务全覆盖。

落实税收优惠政策,提供个性化税收服务。全年为企业办理房产税减免42户,减免金额206.6万元;办理土地使用税减免20户,减免金额181.6万元;办理房产税、土地使用税备案类减免6户,减免金额25.9万元;办理地方水利建设基金44户,减免金额164.6万元。

【税收宣传月及优质服务月活动】 分局以"纳税人的需求就是第一导向"的理念作为纳税服务的第一信号,坚持"四到位",提升纳税服务品质。沟通了解到位,定期对辖区内重点税源企业进行走访,为企业提供合理建议,推动企业发展。提醒服务到位,采取上门、电话、邮件和信函等方式,提醒纳税人按时办理各涉税事项。政策辅导到位,为辖区内6户浙(婺)商回归企业提供财政税收优惠政策定制服务。开门纳谏到位。采取召开纳税人座谈会、走访纳税人、纳税人满意度调查、网上接待日等形式,公开各级监督电话,听取纳税人意见建议,提高服务质量和执法水平。

分局在4月税收宣传月活动中,会同金华日报社举办"服务浙(婺)商回归企业,普及税法知识金西行"专题活动,开展税收宣传,使参加活动人员深刻理解"税收、发展、民生"关系,宣传税法知识和政策。同时,宣传婺商回归企业,提高企业知名度并送政策到企业,了解企业及社会各界对税务部门的服务需求、改进方向,让地税部门进一步优化服务。在活动中,针对企业存在的问题,专门整理编印个性化财政税收优惠政策汇编供企业参照执行。

在10月优质服务月活动中,分局开展浙(婺)商回归企业与纳税服务志愿者"一帮一"活动暨"税友书苑"启动仪式,发放"税友书苑"借阅卡,把"税友书苑"打造成供干部职工学习新知识、财务人员查询税收政策及税企交流的新平台。同时,开展浙(婺)商回归企业与纳税服务志愿者"一帮一"结对活动。开展"开门纳谏"活动,上门走访行风监督员、人大代表、政协委员、乡镇(长)书记,听取社会各界对分局工作的意见和建议。

【队伍建设】开展“正风提效促赶超”主题教育，在分局层面开展“金点子征集”活动，征集到涉及税收征管、队伍建议、纳税服务等建议20余条，撰写作风建设心得体会19篇。在服务态度、服务意识、服务礼仪、工作作风等方面开展自查和专题教育活动，对征集到的意见和建议，逐条对照整改。

开展《税友龙版》培训及岗位练兵活动，按照分局设定的岗位，每岗位指定1人（同岗位两人以上的指定1人），讲解本岗位龙版系统的具体操作与运用，使分局干部职工熟悉每个岗位龙版具体操作流程。开展税收政策解读，由综合业务科负责收集、讲解由总局、省局和市局发布的税收新政策。开展岗位练兵，在《税友龙版》操作培训结束后，组织全体干部职工到每个科室进行短期轮岗，掌握每个科室的业务范围及龙版相关操作，巩固培训成效。

开设“道德讲堂”，通过“身边人讲身边事，身边人讲自己事、身边事教身边人”的形式，开展道德实践活动，加强从政修养和作风建设，倡导勤政廉洁、忠诚为民、知礼守章，教育和引导干部职工树立立党为公、执政为民意识，改进作风，提升效率。活动按照“唱歌曲、看视频、诵经典、谈感悟、送吉祥”流程开展，实行每月开课，主题分别为“职业道德”“家庭美德”“社会公德”等。

分局首建面向企业、财务人员开放的专业税收征管政策法规知识库平台——“税友书苑”，并于10月23日启动。分局在市局的调配下，动员全体干部捐赠相关政策汇编和专业书籍，充实专业法规知识库，为纳税人查阅税收法规政策提供良好的学习、交流环境，和谐征纳关系。同时，为干部职工业余自学、专题教育提供便利，提升综合素质及文明程度，提升税务部门“软”实力。“税友书苑”有藏书1000余册，分为税收征管类、政策法规类、党建政治类、专题教育类、文学类、社会科学类，其中30%以上为税收、财务专业书籍。

（臧超艳）

城市管理

【概述】 金华市城市管理行政执法局婺城分局(以下简称分局)围绕区委、区政府中心工作,贯彻落实市行政执法局相关要求,加强执法队伍建设,优化市容环境整治,创新规范管理模式,提高活动保障能力,完成各项工作任务。2013 年,分局承办各类案件 2131 件,办结案件 2131 件。其中,办理一般程序案件 205 件,简易程序案件 1926 件,各类案件罚没款总额共计 52.04 万元;受理信访 170 件,办结 170 件,办结率 100%,反馈率 100%,群众满意率 95% 以上。

【市容环境整治】 2013 年是国卫复审迎检关键一年,分局对照国卫标准开展一系列市容整治。分局开展各类“三化”整治活动 397 次,出动执法人员 21990 多人次,取缔流动摊点 2752 个,规范店家门前占道 5650 家;拆除违法户外广告 31640 多平方米,处罚乱扔垃圾不文明行为 4670 多起,人行道机动车辆乱停乱放抄牌 13647 起;端除“牛皮癣”窝点 2 个;查处违法收集地沟油案件 2 起。8 月份起,分局牵头组织运管、派出所、交警、工商等部门,集中开展为期 2 个月的市区主要道路重点市场专项整治工作,各部门先后出动执法人员 1400 多人次。整治车辆营运秩序,依法暂扣非法营运摩的、残疾三轮车 59 辆次;查处非法营运黑车 11 辆;对违规营运出租车计分 149 辆;劝离非法拉客、组客人员 700 多人次;整治各类车辆违章停放 68 起。整治流动摊点,依法取缔无证流动摊点 143 个,暂扣三轮车 24 辆,整改店家非法占道行为 119 起,暂扣灯箱等物品 47 个。整治市容环境秩序,清理乱堆放物品 79 处,对影响市容整洁的不文明行为实施处罚 154 起,清运建筑垃圾及杂物 3 吨。从 8 月 12 日起,站前区域实行运管、公安 24 小时执勤制度,对拉客、骗客、组客、非法营运、车辆乱停放等违法犯罪行为进行全天候无缝隙监管,增强夜间出行旅客的安全感。8 月下旬,分局联合公安、工商、交警、食药部门及新狮街道骆家塘、道院塘社区工作人员,对畅达街、道院塘街存在的占道经营、车辆乱停乱放等现象按照“五个统一”标准实行管理,即统一更换雨棚、统一占道划线、统一门前三包、统一清理占道物料、早点夜市统一实施“朝九晚五制”。8 月 26 日开始,分局联合交警、工商、食药、环卫、街道、社区等单位和部门,对兰溪门市场进行综合整治,并于 8 月 28 日和 29 日组织志愿者和社区居民开展大扫除、捡垃圾等活动。9 月 2 日,先后取缔占道经营 41 处,处罚机动车乱停乱放 21 起,清除卫生死角 5 处、垃圾及占道物品 4 吨。9 月 3 日开始,分局启动小码头专项整治,取缔占道经营 58 处,拆除违章搭建 2 处,清除卫生死角 6 处、垃圾及占道物品 2 吨。9 月 22 日开始,分局启动芙峰街市容整治,协调工商、街道、社区等部门 100 多人次进行文明劝导,取缔占道经营 52 处,清理乱堆放杂物 20 余吨。

【创新管理模式】 分局根据辖区主要道路、重点市场不同特点,探索 6 种不同长效管理模式:以古子城为代表的特色文化旅游区长效管理模式,以站前广场为代表的城市窗口长效管理模式,以兰溪门市场为代表的重点市场长效管理模式,以骆家塘、道院塘为代表的城郊结合部市场长效管理模式,以五一路菜市场、曙光路菜市场为代表的承包经营市场长效管理模式,以小码头为代表的自发市场长效管理模式。

【执法保障】 为了更好地适应城管体制新形势,加强“三改一拆”、施工建设等行动的保障力度,分局组建 70 多人的控违拆违突击队和 30 多人的保障性施工突击队，专门为队员添置头盔、雨衣等执法装备，每次大型拆违行动，都有公安干警和医务人员到现场保障，使我们在面对暴力抗法时更加有底气。

制定重大活动保障标准流程，整个工作流程分为五步：第一步提早行动，排查隐患；第二步制定方案，落实责任；第三步提前介入，重点检查整改；第四步是联合驻点，全程蹲点守候；第五步是收集资料，及时整理归档。

【队伍建设】 分局将“正风提效促赶超，攻坚破难促发展”作风建设、“创先争优”及学习型党组织建设等3项主题教育活动有机结合，抓好落实，结合分局实际，精心设计党员公开承诺重践行、支部党建品牌创建、“学习型党组织”“城管先锋论坛”“共产党员示范岗”、入党积极分子集中培训与谈心谈话活动、党建调研和党员集体活动等8项载体。分局开展专题教育47次，班子成员授课11次，QQ群平均每天在线讨论38人次，每位队员写出2篇以上的交流体会文章，全局49名党员承诺办理102件实事。年初，城管体制调整期间，分局领导以中队为单位进行调研，搜集队员们最关心的问题，并就这些问题咨询人劳局、组织部等专业部门进行答疑解惑，引导队员以积极的眼光来看待这次调整，队员思想状态有较大的提升，队伍凝聚力、执行力都有较大提高。在分局形成“以作为求地位”、良性竞争、依法行政的氛围，实现从“让我干”到“我要干”、从“让我负责”到“我要负责”的主观能动性转变，实现中队与中队、队员与队员之间良性竞争，做到依法、公正、正气行政。

（金慧琳）

供电 移动 电信

供 电

【概述】国家电网金华供电公司客户服务中心(以下简称中心)贯彻落实省公司及金华公司“两会”工作部署,围绕“加快两个转变,创建两个一流”总目标,坚持“强基固本,赶超发展”总基调,巩固和完善“三集五大”体系建设,深化营销管理体制改革,依法从严治企,优化运营机制和业务流程,提升供电保障能力和服务品牌,各项工作取得有效的成绩。2013年,婺城电网全社会用电量32.9728亿千瓦时,全网最高负荷61.152万千瓦,同比增长7.97%。其中,网供负荷60.932万千瓦,同比增长7.86%,电费回收率100%。

【供电】城网电压合格率99.93%,城网供电可靠率99.99%,农网供电可靠率为99.92%,均高于要求指标。按照省委、省政府“两保三促”要求,克服62年来最为严重的高温干旱天气,连续限电19天,最大错避峰负荷6.4万千瓦。全年抢修出勤4078次,同比增长37.16%。抢修人员平均到达故障发生地时间:城区21.35分钟,农村26.32分钟,特殊边远地区37.56分钟,市本级故障平均修复时间131.24分钟。迎峰度夏期间用电形势严峻,应急抢修出勤853次,同比增加264次,日最高抢修纪录60余次。执行24小时值班制度,抽调人员充实抢修力量,做好抢修车辆、备品备件等准备工作,完成迎峰度夏供电保障和故障抢修任务。根据区政府“三改一拆”要求,各供电营业所、班组配合开展旧住宅、旧厂区、城中村改造及拆除违法建筑的停电工作,抽调专业力量,确保拆违期间的电力安全。配合婺城区政府及开发区管委会对54处违法建房强拆工作实施停电措施。对婺城区政府开展的非法采砂整治工作,第一时间组织现场摸底调查,在配合停电的同时,做好电费回收风险管控。参与村级便民服务中心对接工作,确定苏孟村、吕塘下村、溪口下村等20个村级便民服务中心,每个村级便民服务中心确定1名台区经理为对接人。各供电所自行设定台区经理坐班服务时间,在坐班的半天时间内,开展以故障报修维修、电费查询缴纳、业务咨询代办、用电纠纷化解、停复电公告通知、电表轮换签证、农网工程廉政协议公示为主的7项服务。

【设备检修】健全配网技术监督体系,形成技术监督报告69份。开展红外测温、开关柜局放等带电检测技术,及时发现事故隐患。加强设备运行巡视管理,落实设备主人责任制。开展设备整治,提高设备运行健康水平。全年完成开闭所、配电房综合整治45座,户外环网站防渗漏整治23组,更换低压箱门锁803套,电缆井维修封堵277只,设备命名更新586处。开展“低电压”综合治理,发现“低电压”36起并完成整改。开展交叉跨越综合治理,排查出跨高速11条、跨铁路5条线路。完善状态检修辅助决策系统应用,完成配网设备的全部评价,顺利通过国网公司配网状态检修“回头看”复查。完成开闭所及环网站带电局放检测237座,开关柜5342面次,发现注意状态开闭所17座,消除异常4座。完成柱上开关局放检测24台次,开展红外测温5325基次,发现注意状态53基,消除35处,跟踪检测18处。全年完成配网带电作业1615次,城网带电作业化率92.55%。开展电缆不停电作业项目试点,顺利通过省公司验收。推进智能公变监测系统实用化运行,试点应用配网专题图系统和设备异动流程。加强配网基础管理，汇总整治基础资料，整改公变资料43台，专变资料378台。开展营配贯通及PMS低压延伸，完成1358个台区信息采集及GIS延布，全部台区完成用户接入点与营销表计、表箱资源码对应导入。

【电网建设】全年完成投资2.49亿元，其中，完成城网项目投资1.66亿元，完成大修项目资金8283.99万元。完成下潘变6个开关间隔的扩建，累计建设投产上邵等10千伏线路11回，分流开化等重载线路8条，新投产开闭所5座，改造开闭所5座，新建及改造户外环网站10座。通过网架完善，顺利完成城中变、站前变全停的负荷倒电工作。完成桃临线、李渔东路、解放东路天桥、一环路贯通等电力迁改工程。完成人民东路、八一北街、中山路等道路改造方案编制及物质准备。编制市区"三双"(双电源、双线路、双接入)规划，确定"三双"示范区，明确"三双"接线方式和改造内容；针对"三双"工程，加强沟通，落实招标批次和物资技术要求，参与制定"三双"开关柜技术规范；按期完成湖海塘区块和李渔路东段"三双"接线工程外部线路建设以及双环网中配电房双接入改造，11个"三双"改造项目完成配变增容补点188个，完成33个迎峰度夏应急项目建设、汪下滩等16个城中村电气改造，消除配变超载过载，做好"低电压"综合治理专项工作。

（曾军左）

移　动

【概述】中国移动通信集团浙江有限公司婺城分公司坚持以科学发展观为指导，以客户感知价值的提升为导向，强化责任意识和务实精神，以居危思进的精神推进各项工作，以自我超越的精神激发企业活力，以党的十八大会议精神为指导，坚定信心，脚踏实地，克难攻坚，持之以恒，在行业重组、业务转型升级、产业融合变革的新形势下，夯实基础管理，整合基础资源，保障企业的顺利转型，确保企业可持续发展和区域市场的主导地位。

【运营规模】全年实现运营收入4.19亿元，家庭宽带用户净增12067户，TD有效终端销售79794台。G20期站址落实13个，TD6.2.1期站址落实62个，开通率100%，经营业绩排名全区前列。

【信息化产品】重点对政府、交通、公安等进行集中式公关，顺利与金西开发区、金华经济技术开发区签订移动工作台协议，与公安分局达成POC对讲试用合作。召开区教育局校讯通研讨会，提升学校管理效能，维护校园市场发展；通过召开校讯通SA工作会议，落实客户经理校讯通专项工作，提升婺城校讯通业务发展健康度和客户满意度。

【班组管理】围绕公司中心工作，推进活力班组建设，讲正气、讲责任、讲奉献、讲管理的理念逐渐深入人心，在年度活力班组评比中，罗店分局荣获市公司"十佳"优秀活力班组称号，公司政企部荣获"有绩效"单项示范班组荣誉称号。在市公司工会组织的第六届"进取杯"羽毛球比赛中荣获女单第一、男单第二、团体第三的好成绩。在驾驶技能比武活动中获团体第三名、个人三等奖的佳绩，为公司赢得了荣誉。

【工会慰问】4月，秋滨分局员工姚龑振的母亲在金华中心医院确诊为肺癌晚期，婺城分工会主席看望慰问了姚龑振母亲，送上慰问品、慰问金以及公司行政、工会领导的关怀，并详细询问了治疗情况以及存在的困难，鼓励其母亲要保持良好的心态，积极治疗，争取早日战胜病魔，恢复健康体魄。

【冬季百日安全行车活动】为提升驾驶员的安全意识，落实冬季安全行车责任，提升公司用车保障力度，婺城公司开展"冬季百日安全行车"竞赛活动，以"安全就是和谐，安全就是效益"为中心，开展遵纪守法、文明行车的"百日安全行车"竞赛。同时，对车辆维护、随车资料，用车部门满意度反馈等进行一次综合检查考评。

【首期手机教练智能课堂】1月28日，婺城首期手机教练智能课堂在解放东路营业厅一楼卖场正式开课，为配合iphone5S移动4G版首发，本期智能课堂重点围绕iphone5S开展。第一期课堂开课，收效甚好。

（张　乐）

电　信

【概述】 2013年,婺城区电信局围绕省、市电信公司工作思路,全面实施划小经营单元、推广"家园式一家人"运营模式,落实各项专业承包责任制,推进强渠计划等举措,保证经营任务完成。

全年完成经营收入超2.5亿元,同比增长2.37%,移动业务收入增长30%;智能手机用户净增超3万户,完成率全区9个经营单位排名第三;ITV宽带互动电视累计净增超万户,同比增长11%;光纤入户容量超10万线。年末,公司开通4G基站1063个,覆盖区域包括市区、郊区、乡镇、风景区、高铁高速,全网覆盖率87.75%。

【"一去二化"战略】 落实省、市公司"一去二化"(去电信化,市场化,差异化)战略部署,推进划小核算单元市场化经营工作,试点电信和代理合作伙伴、渠道经理、行销人员合作的"一家人"销售服务模式,形成多赢局面,提升C网、高价值融合套餐、智能机等业务的发展成效,整合人力资源下沉一线,划小运营单元。通过市场化组织建设,建立"客户视图""渠道视图""渠道协同视图",激发一线责任人内生动力,推动区局向销售服务型组织运营模式转化。

【市场化经营】 6月19日,公司与中国石油金华销售分公司签署"翼支付"业务合作,正式推进"翼支付"业务发展。7月1日,正式对公众开放。"翼支付"平台已支持彩票购买、话费充值(手机)、当当网购物,部分地区的水、电、煤缴费、购电影票、火车票、长途汽车票、交通罚款代缴等业务应用。11月12日,公司联合市教育局举行"千校联网"工程启用暨成果展示活动,金师附小、兰溪市汪高中心小学、磐安县大盘中心小学等多地开展互动远程教学展示。

【强渠计划】 2013年,婺城区电信局推进强渠计划,加快高效渠道网点建设。在代理门店不断拓展的同时,重点关注渠道整体运营能力的提升,紧盯渠道经理队伍建设,强化渠道经理对代理门店的帮扶支撑标准动作。

【服务客户】 2013年,按既定工作思路,提出坚持面向客户,提升客户满意度的工作目标。继续强化装维支撑管控,将宽带"快装、快修"服务承诺作为工作重点,加强装维服务质量的督查、督办。修订2013年装维考核办法,以例行检查方式向创新管理方式转变。区局完成各支局创建标准化装维班组,优化完善内部服务机制,快速响应客户需求。优化宾馆ITV故障响应机制,做好ITV宾馆定期巡检工作。带宽型工单管控列入2013年PDCA管理,下发《婺城区电信局带宽型工单全流程管控办法》,电话、宽带安装平均时长从2012年的5天左右下降至3天以内;提升网络支撑和服务能力,为市场发展提供保障。至年底,区局完成光纤入户建设超4万线。

【8890便民服务中心】 2013年,公司承建金华市8890便民服务中心项目,不仅提供系统集成和语音、网络等,还提供整体运营服务。至年底,8890便民服务中心将130多个党政部门职责、170多条服务热线整合,审核签约加盟企业127家,涉及20个大类、381个小类,基本涵盖市了区市民日常生活服务需求。

【垃圾短信治理】 11月19日,公司对垃圾短信治理和整治"三强事件"工作进行部署,要求各级经营单元、专业部门充分认识治理垃圾短信和整治"三强事件"的背景和重要意义,把该项工作作为政治任务,按照国家有关要求执行。各单位成立由一把手负责的专项领导工作小组,责任落实到人、到岗,实现依法、规范经营。梳理现状、找问题,形成对策、强化执行,对整治垃圾短信、"三强事件"梳理工作列表,规范流程,督促各经营单元严格执行。

(王　伟)

金融 保险

工商银行婺城支行

【概述】 工行婺城支行(以下简称支行)以省、市行长会议精神为指导,紧抓浙中崛起、经济赶超发展机遇,咬定赶超发展目标不放松,通过拓市场、优结构、促转型、精管理、强服务、提效益,凝心聚力、锐意创新、扬长补短、克难攻坚、敢争敢拼,打造优质行风,力促银企合作共赢,推进地方经济发展,实现各项工作的持续健康发展。

【经营效益】 全年支行本外币各项存款余额33.08亿元,新增1.96亿元;本外币各项贷款余额32.48亿元,新增5.26亿元,存贷规模稳中有升。新增个人有效客户11902户。其中,中高端客户新增937户,资产占比76.46%。贷款余额企业117家。其中,小企业贷款37户。累计清收转化不良贷款2711万元,资产质量有效改善,不良贷款率0.98%。内部管理持续强化,全年实现零案件,无重大差错和责任事故。

抢占新业务市场,加快表内外项目、银团贷款、短融中票业务、供应链、资产管理等新兴业务发展,走资本节约、适应竞争的新路子,推动公司中间业务持续稳定增长。全年发展电子商务"工银聚"企业4家,新增现金管理客户207家,新增"银企"互联14家,签订"结算优惠套餐"71家,签订"行业套餐"11家,开通"收款金管家"7家,实现公司口子中间业务收入970万元。推进国际业务发展,坚持国际业务客户拓面提质不动摇,对婺城区外向型百强企业重新梳理,扩大客户基数,对存量客户持续挖潜,推广重点、创新产品。全年累计办理外汇资金产品18897万美元,国际结算42956万美元。提升银行卡中间业务收入,加强汽车分期存量客户维护,提供优质服务,避免客户流失。优化资源配置,重点拓展购车、家居、婚庆、留学、数码通信等消费领域市场,综合提升阵地营销竞争力,在保证质量的前提下,加大信用卡客户规模。全年累计新发卡13215张,实现信用卡中间业务收入610万元。

【网点建设】 支行在开展市场与客户调研基础上,优化网点布局,推进网点建设,扩大服务辐射范围,提升服务渗透能力。3月,新农贸市场二级支行新址如期完工,按时开业,支行各科室做好计划、协调工作,确保搬迁工作有序完成。金西开发区二级支行进行扩建装修,打造优质业务办理环境。全年增设新客站自助银行(人民西路862号)和凤山街自助银行(凤山街117号),新增12台自助机具。其中,自助存取款机7台,ATM自动取款机3台,自助终端2台。支行在婺城区范围内安装55台自助机具。

【安全经营】 支行推进合规经营,统筹兼顾维护安全。召开中层及客户经理家属廉政座谈会,推进"家庭助廉"工作。定期组织员工学习《员工行为守则》《银行业金融机构从业人员职业操守指引》等文件,形成反腐倡廉长效机制。开展"守行为规范,从我做起"案防主题教育活动,营造合规氛围。落实内控案防网格化管理,收集网格内控案防相关信息,做到情况及时掌握、问题及时解决、工作及时推动,实现对网格内业务和人员全方位、全过程动态化管理。强化业务风险管理,下发《关于加强2013年重要风险点防控治理工作的通知》,明确内控案防17个重要风险点防控治理措施及责任与分工情况,加强考核力度,严格督查,狠抓落实,提升风险管理水平。开展安全大检查,逢节假日必查,加强重要部位监控和安全管理,对离行式ATM、24小时自助银行进行重点巡查,确保安全达标率100%。

【其他工作】 支行坚持人本管理和从严管理有机结合,统筹推进党建、企业文化和队伍建设,注重人才成长,为发展提供动力。推进个金零售业务转型,整合人力资源,压缩柜口,充实和优化客户经理结构。强化专业指导,通过老带新、一对一帮扶等有效手段与方式,提升客户经理、新员工业务与营销技能。专业部门强化对网点工作的指导,在深入网点开展调研分析基础上,提出"一网点一策略,一网点一市场"经营思路。强化精细化管理,建立各岗位员工工作周报制度,跟踪网点(部门)工作开展和落实情况,加强过程监督管理,提升工作效能。加强党风建设,提升队伍战斗力,开展党的群众路线教育实践活动,组织党员干部重点学习群众路线重要内容,按照"照镜子、正衣冠、洗洗澡、治治病"总要求,查摆、解决"四风"问题,提升自身素质。深化支行文化建设,发挥党、工、团、妇作用,组织各类活动,建立乡镇网点职工小家、支行文化墙、宣传栏,增强员工凝聚力与向心力。(吴建群)

农业银行婺城支行

【概述】 中国农业银行金华婺城支行(以下简称支行)以省、市分行年初工作会议精神为指引,围绕"发展、转型、控险、增效"战略要求,坚持以科学发展观为指导,响应市农行"智慧经营,质效优先,稳中求进"的工作总基调,推进"六大银行"建设,提升"六种能力",狠抓各项措施落实,经过全员不懈努力和扎实工作,支行各项业务取得新发展。年末,全行本外币各项存款余额32.16亿元,比年初增加3.41亿元,各项存款余额市场份额占比4.68%,比年初增加0.01个百分点;各项贷款余额25.42亿元,比年初增加2.88亿元,各项贷款余额四行份额占比4.26%,比年初上升0.09个百分点。不良贷款余额1227万元,比年初下降758万元,余额低于限额。不良贷款率0.48%,比年初下降0.4个百分点,资产控制较为得当。全年实现中间业务收入3251万元,同比增加318万元,完成计划数的100%。内控管理持续加强,年度内无责任案件发生。支行获得2013年度农总行运营基础管理先进单位、运营基础管理"三铁"单位称号,省分行先进单位及市级治安安全单位。

【网点软转】 结合民主评议行风"回头看"活动,在软转方案导入过程中,通过制定考核办法、晨夕会传导、评比微笑明星等,规范窗口建设,提升服务质量。全年支行针对窗口服务明察暗访30次,在省分行神秘人检查得分中,由一季度的87.93分逐步攀升到四季度的94.81分。年末,个人贵宾客户净增1559户,新增信用卡有效客户2482户,新增第三方存管客户1877户,均超额完成额定任务。通过开展各类教育培训、营销竞赛、技能比武等活动,激发员工工作热情和营销意识,带动网点经营活力。为更好更快地服务客户,支行新设自助银行1个,新投放ATM机3台,自助通1台,回单机1台。加大厅堂引导分流力度,注重宣传农行网银掌银,提升电子设备使用频率,减少客户排队等候时间,为客户办理存取款、转账汇款、业务查询、购买基金理财等业务提供更多便利。

【服务"三农"】 通过建立金融自治村、农村流动服务站、便民服务点、上门拜访等多种形式,加强"三农"金融服务,改善农村金融支付环境,提升农村金融服务水平。支行借助"服务三农联系点"惠农平台及网点地理优势,紧抓金西开发区大发展的战略机遇,加强与各入园企业沟通联系,为其适时提供集开户、结算、融资、企业网银、代发工资等在内的一揽子金融服务。支行坚持普惠金融与渠道建设相结合,全面考察蒋堂镇直里村的村级经济情况及当地风气,审核选定直里村作为支行首家金融自治村,以浙江省分行独创的农村金融"六自治"模式,加大信贷投放力度,帮助该村村民解决生产资金融通难题。至年底,累计向直里村发放农户贷款180多万元,并带动村民与支行开展理财产品、电子银行等多项业务合作,金融自治模式优势逐步显现。

【风险防控】 支行将所有信贷业务人员列入经营管理行为排查范围,举一反三,全面排查信贷经营管理中存在的不尽职、不合规、不到位问题,构建信贷精细化管理长效机制,强化信贷条线监督检查管理。运营主管在工作中注重将“三化三铁”工作考核评价标准落到实处，规范日常临柜操作，提升制度执行力，把好临柜业务“开户、验印、授权、交接、对帐”五关，做好日常业务的辅导工作。经上级行考评，支行营业中心、汤溪支行达到“三铁”单位标准，其余为“良好”单位。贯彻落实省分行员工行为“双四十禁令”，掌握员工思想行为动态，及时解决苗头性、倾向性问题，培养和树立员工遵纪守法、合规经营的良好行风，防范和化解案件风险，本年度无责任案件发生。

【企业文化】 支行坚持业务经营与队伍建设并举，以业务为导向，加大全员学习力度，以分类培训为抓手，运营管理部抓好柜员业务操作技能演练，客户部抓好网点负责人、客户经理对新产品的学习应用，人事部门抓好员工年度培训计划。支行重视倾听员工心声，借助意见箱、热线电话、座谈会等为员工畅通言路，发挥员工的信息反馈作用及主观能动性，鼓励员工为支行发展献计献策。支行坚持一年一次的员工家访活动，了解员工所急所盼，为员工办实事、办好事、解难事，注重关心员工的日常工作生活动态，增进与员工及员工家属之间的感情，提升员工的归属感和幸福感。

（王　斌）

中国银行婺城支行

【概述】 2013年，中国银行金华市婺城支行面对复杂严峻的内外经营形势和内生动力机制的全新挑战，坚持“控风险，调结构，求效益，强队伍”的持续发展之路，化解不良资产，争揽核心存款，夯实客户基础，提升网点效能，实现了各项业务快速健康增长。截至年底，各项存款余额27.91亿元，各项贷款余额28.36亿元。

【化解不良资产】 支行贯彻省行“清收为大”的方针政策，把不良资产清收化解作为全年工作的重中之重，全面打响“三大战役”，落实奖惩机制，对大额不良项目实行清单式、倒计时管理，对个人贷款、银行卡等小额不良开展地毯式排查清收。梳理工作流程，对各环节工作重点、关键岗位人员及时间进度要求等细节严格把控，按照“做一步、盯一步、想一步”工作要求加快工作节奏，推进清收进程，并取得阶段性成效，实现不良余额和不良率的双降。

【负债业务】 支行贯彻市分行“坚持不懈抓存款，千方百计抓存款”的经营理念，完善目标责任制，强化网点负责人考核力度，激励员工揽存积极性，形成“上下联动，你追我赶，齐心协力，众志成城”新局面。同时，推进“五大工程”，围绕重点目标，组织精兵强将，分工协作，做到营销有领导，联系有专人，争揽行政事业存款，支行行政事业存款人日均余额新增超亿元，列分行第二位。年末，各项存款余额达27.91亿元，比年初新增近3亿元，其增量创历史最好水平。

【优化授信客户】 支行加大调整授信客户结构力度，实行“竞争高端、定位中端、培育潜力”的客户发展策略，以“交叉营销”为主要手段，挖掘客户资源。抓住地方经济转型升级，特别是金义都市区建设、浙中崛起和浙商回归等千亿元工程的有利时机，加大对大中型企业和重点项目的营销力度。抓大不放小，推进中小企业业务发展。经过努力，成功营销大客户13家，中小企业31家，授信总额超14亿元，提升支行与企业战略合作层次。

【提高网点效能】 支行加强对辖内网点的调查走访，与网点负责人进行绩效辅导和工作交流7人次，召开网点员工座谈会5次，掌握员工思想动态和业务发展状况，抓好网点特别是低产网点效能提升。通过资源倾斜、产品下沉、特色培育、条线对口帮扶、上岗竞聘等措施，强化网点客户经理和理财经理的配备，提升服务中、高端客户的能力，增强网点自我发展能力和“造血”功能，使丹溪路支行、金磐路支行提前摘掉低产网点的“帽子”，稳步提高网点效能。鼓励员工参加金融理财师、公司授信从业资格、个人贷款从业资格等资格证考试，39人次取得两证上岗资格，95%以上员工拥有一种从业资格。在开门红竞赛中，汇金支行获明星网点奖，章勤敏、王发达获营销达人奖、营业部荣获省行信用卡交叉营销奖；“全能王擂台赛”项美丽、邱瑾分获9、10月份擂主称号。

【队伍建设】 支行实行“统筹安排，灵活上岗，能上能下”的用人机制,注重人才培养,畅通用人渠道。选择优秀大学生到网点锻炼,积累实践经验,提高综合素养。从基层选拔优秀人才进入重要岗位,实现岗位轮换36人次。其中,新聘网点负责人3人,公司客户经理2人,个金客户经理3人,引导基层人才将丰富的实践经验运用到管理和营销当中去。新选入后备人才库19人,为员工提供个人发展空间,实现员工个人价值,形成团结和谐、干劲十足的良好氛围。实现了各项业务的稳步、健康、可持续发展,使支行多项指标超进度完成计划任务。

中国银行婺州支行首届展会比赛

【企业文化】 在经营管理过程中,支行坚持倾听员工心声,关注员工发展,将“和谐创业”“共同成长”理念融入支行整体发展。通过培训教育、岗位轮换等一系列“架桥修路”的工作,提升员工业务技能和综合素养;坚持收入分配向业务一线倾斜,把利润做大,带动全行员工收入增长;组织青年团员走进文明共建单位——塔石乡张村,开展金融志愿服务进村活动;组织中层干部及业务骨干到东阳支行学习交流,吸取先进经验;组织员工观看案例警示教育片,时刻敲响警钟;为从业20周年员工举行简朴又隆重的纪念证章颁发仪式,感谢他们与中行风雨同舟、荣辱与共;炎炎夏日为一线员工送清凉,把温暖人心的工作落到实处,凝聚人心士气,激发员工工作积极性和战斗力,更好地服务于广大客户。支行本级连续荣获省级年度“青年文明号”和“巾帼文明示范岗”,并被金华市行风评议办公室授予金华市银行业金融机构“群众满意服务窗口”称号。

(吕爱姣)

建设银行婺城支行

【概述】 中国建设银行股份有限公司金华婺城支行(以下简称支行)认真贯彻落实省、市分行工作会议精神,围绕“一个核心,四个要求”工作方针,主动应对多变的经营形势,经营管理水平和综合实力不断提升。

2013年,支行获省分行开门红网点存款增长优胜奖网点、开门红营销竞赛“日日开新户,月月争达标”优胜网点、对公结算业务营销活动先进集体、“冬日丰收”专项客户营销活动网点拓展营销奖;市分行年度先进单点型支行、旺季营销活动综合考评优胜单位、市支行单点型支行对公和个人条线综合考评第一名、旺季营销活动信用卡分期业务标杆网点、“促收入、拓客户、推产品”对公结算业务系列营销活动综合优胜奖、个人条线经营管理综合考评优胜单位、全市资金结算业务综合优胜单位等荣誉称号。

中国建设银行婺城分行大楼

【信贷业务】 截至12月底，各项贷款余额为22.09亿元，比年初新增1.99亿元。其中公司贷款新增2.26亿元，个人贷款下降2737.70万元。一般性存款余额（含两卡推荐）为14.59亿元，比年初新增1.46亿元。其中企业存款余额8.75亿元，比年初新增1.07亿元；个人存款时点余额5.84亿元，比年初新增3900万元。

全年实现中间业务收入2696.10万元，完成计划任务的122.94%，增幅36.97%。其中公司中间业务收入1617.10万元，完成计划任务的107.81%，市区占比12.75%；个人中间业务收入为1079万元，完成计划任务的155.70%，市区占比11.58%。

全年完成非零余额账户新增98户，其中通过工商验资通系统开户的75户，累计注册验资资金1.77亿元，贡献时点存款808万元，日均存款1784万元；新型结算业务收入71.52万元，完成率110%；现金管理系统收入38.41万元，完成率132%；5601单位结算业务收入问题173.17万元，完成率106%；现金管理系统签约26户，完成率104%；活跃单位结算卡有效户183户，完成率103%；企业自助服务系统新增505户，完成率125%；对公一户通新增签约10户，完成率为100%；国内信用证完成6户，完成率100%；支付密码器账户签约31户，完成率207%。所有产品完成分行下达的年度任务。

不良贷款余额67.7万元，不良贷款率0.03%，资产质量有所改善。

【支持地方建设】 全年投入婺城区企业信贷规模20.03亿元，其中流动资金贷款余额8.32亿元、表外余额11.71亿元（保函7.83亿元、信贷证明2.87亿元、承兑汇票1.01亿元）。支持地方经济转型升级，投入信贷规模16.5亿元，其中制造业贷款余额3.30亿元，比去年增长5963万元；固定资产贷款4.34亿元；技改贷款2亿元；涉农贷款4180万元，新农村建设2亿元项目材料已上报审批中；融资工具(含保函、信用证、承兑等业务)11.71亿元。开展业务创新，全年发放保函50笔，小微企业金融和农村金融服务力度持续加大。8月，在省“工商事务金融服务通”推广签约仪式上，苗农何建生现场接受媒体采访，通过支行200万元小微企业“信用贷”投放扶持，何建生以50万元资本金注册创建“金华市莹磊家庭农场有限公司”，放胆接单，完成由个体户主到企业家的转变。建设银行报、浙江省工商局网站、金华晚报均作了报道。

【客户拓展与服务】 截至年底，全面完成存量信贷客户评级、授信、支用等业务，银企关系进一步密切。完成金华分行首笔资产收益权理财产品晟元集团有限公司1.78亿元的入池工作，缓解了信贷规模紧张的局面。同时，为支行带来理财产品管理增值收入390万元，实现信贷结构调整和拓展中间业务收入双丰收。

对公客户新增完成情况良好，完成率名列城区行前列。成功营销金华市财政局基建资金管理专户资金6000万元，定期1年；完成发放“善融贷”“浙融易”信用贷款9笔，金额630万元。

新增信用卡客户1539户，完成率129.84%；信用卡分期交易额1.35亿元，完成率125.83%。单点型序列居前列。账务性交易量比完成数79.11%，提升8.13%；自助设备交易量占比73.43%，较上年提高6.16%，自助设备交易量29.77万笔，较上年同期增长13.81%。8台设备运行良好，开机率99.69%，缺钞率为0，市支行排名第一。四项产品同步率有三项排名市支行前三(手机第2，网银第3，电话第2，短信第8)。

【安全运营】 支行加强对员工全面风险管理、合规经营理念的培养，与每位员工签订《廉洁合规从业严防案件承诺书》和《廉洁从业、综合治理、消防、安全运营责任书》。全方位推进“强化从严治行、力促合规经营”专项活动，制定合规文化活动方案，通过参加合规经营讲座，提炼合规经营理念，剖析合规经营案例，增强从严治行、合规经营意识。完成内部控制自评估工作，组织员工参加企业内部控制知识竞赛活动和干部职工学法考试，成绩优良。8月，组织行领导、营业主管、客户经理参加分行举办的“学党章守纪律正品行”主题教育实践活动，学习贯彻中央八项规定、建行总行党委十项要求、省市分行领导在党的群众路线教育实践活动动员大会和主题教育活动暨警示教育大会上的讲话精神，组织观看5部警示教育宣传片，全体员工参加主题教育实践活动知识测试，平均成绩100分。开展案件风险大排查“百日行动”，组织2次员工行为排查，同时对员工疑似问题、内部员工参与民间融资和非法集资三类风险及员工行为、员工内部账户10万元交易明细深入排查，均未发现员工有不良行为和异常表现。全年未发生操作风险损失事件以及社会治安案件，实现了安全经营目标。

【网点管理】 支行领导带头执行相关规定和要求，深入调查研究，解决实际问题，简化接待工作，改进会风，厉行勤俭节约，制止奢侈浪费，严格落实廉洁从业规定。落实以终为始的目标管理，做好员工工资、营销和弹性费用预算，此项工作得到分行表彰。规范服务管理，持续推进服务规范化建设。修订和完善支行网点服务等级管理办法，加强每月远程监控录像检查工作。重点关注第三方公司和神秘人暗访检查工作，在省分行组织开展的营业网点服务质量第一批次调查结果中，支行以93分名列市各抽查网点第一名；在上半年市分行服务检查，支行以100分名列前茅。通过多种形式组织开展“客户接待日”活动。12月18日，支行与伊曼莎尊尚养生美容会所举办名媛盛典活动，邀请80位高端客户参加，取得很好的客户体验效果。为营造大楼优雅的生产和办公环境，良好的工作秩序和严明的工作纪律，全面推行7S管理，员工已将7S管理理念贯穿于日常工作当中。

【其他工作】 加强企业文化建设，增强团队凝聚力。充分发挥党、团、工、妇组织的作用，通过开展各类有益身心健康的文体及休闲娱乐活动，提高员工幸福指数。以开展“道德讲堂”活动为重点，引导员工树立共同的价值观。开展“合规经营，从我做起”活动，与志翔工贸公司开展以“珍惜岗位，感恩生活”为主题的体验活动。要求员工参加1~2个俱乐部，全年组织4次俱乐部活动。履行员工“疗休养工作制度”“祝贺、慰问工作制度”“体检工作制度”等各项制度。针对员工劳动强度和工作压力增大等问题，施行轮休制。通过家访、座谈会、外出活动等形式，倾听员工心声，了解掌握员工思想动态和工作、学习、生活情况。加大对先进典型宣传力度，参加“最美建行人”员工先进事迹报告会、演讲，弘扬爱岗敬业、敢于担当、勇于拼搏、求真务实的时代精神。引导团员青年投身业务发展建功成材。配合分行开展“青春正能量”青年主题团日和“青年展风采”主题系列活动。根据征集到的青年员工在产品创新、服务创新、管理创新等方面“金点子”，提升员工POP设计水平，挖掘柜面销售潜力，举办支行首届POP设计大赛。开展“学习雷锋服务民生”主题活动，参与植树、义工看护、环保等志愿活动等各项公益活动。组织青年员工参加“寻梦仙源湖”全城健身走活动和市区交通文明劝导活动，提高员工社会责任意识。

(洪　峰)

金华银行婺城支行

【概述】 2013年，金华银行婺城支行贯彻年初全市行长扩大会议精神，围绕总行下达的各项经营目标，以加快发展为主线，经济利润为中心，强化内部控制为保障，加大存款组织力度，优化信贷结构，完善各项考核办法，在竞争中求发展，在发展中增实力，各项业务呈现良好的发展态势。经营运行情况主要表现为：各项业务发展稳健，结构调整落到实处，管理工作稳步推进，业务创新能力不断增强，经济效益比较明显。

【资产业务】 2013年，婺城支行贯彻落实总行下发的《2013年信贷投向政策指导意见》，结合区域经济实际，对符合国家产业政策、环保政策，婺城区优先发展的五金加工、汽摩配、工量具等八大行业及农村种养殖行业进行支持，严控对产能过剩、重复建设、未达到环保条件行业的投放，从产业、行业上把好投向关，从源头上控制信贷风险。2013年，国际国内各种不利因素对中小企业的发展产生极大的影响。如人民币升值、原材料价格上涨、人力成本提高、金融银根紧缩政策不断深化，造成中小企业资金周转困难，生产经营出现较大困难。而中小企业本身基础较差，缺少有效的抵押物，融资渠道单一，企业发展遇到了前所未有的危机，根据市场实际，通过市场调研，支行及时创新信贷产品。如支行办理金华银行首笔出口信用保险贸易融资业务。支行代表金华银行参加金华市银行业协会与婺城区农办联合举办的“婺城区农家乐休闲旅游业发展‘银农’对接现场会”，开展支农、支小活动，支持企业和农户发展，受到企业与农户的欢迎。

加大结构调整，优化信贷资产质量。支行加大市场退出计划实施。2013 年累计主动退出 1490 万元贷款，优化信贷客户结构；逐步调整担保结构，抵质押类贷款占比达 75%。同时，严格控制借款人对外保证额度，加强对单户担保金额管理，从严控制互保和同行业企业保证，加强对房地产抵押贷款管理，有效实现风险控制；盘活存量信贷资金，提高信贷资产质量，确保无新增不良贷款。截至年底，支行各项贷款余额 122480 万元，比年初上升 10938 万元；新增贷款 33890 万元。其中，新增小企业贷款 27335 万元，占新增贷款的 80.66%。

【负债业务】 2013 年，婺城支行加强走访调研，提高存款工作的前瞻性，结合区域经济实际，因地制宜，盯牢区域经济热点、重点，明确各网点存款工作重点及措施。支行完善行长带头，客户经理队伍为主体，员工人人有责的全员营销体系，以总行“旺季揽存竞赛”“夏季营销竞赛”及支行开展的“迎红五月业务竞赛”、客户大走访等一系列揽存竞赛活动为契机，做到层次分明、责权分明、奖罚分明，上下联动、行内外营销相结合。截至年底，支行各项存款余额 226007 万元，比年初上升 9955 万元。

【零售业务】 2013 年是银行业“转型升级年”，支行围绕“四个转型”和“三项升级”这一主线，结合自身实际，转变经营理念，将整合零售产品资源，加快发展零售业务作为转型升级的切入点和突破口，推进我行业务转型。2013 年，零售指标综合完成率 127.23%，各项零售中间业务完成情况：贷记卡净发 864 张，完成年度任务 108%；代理车寿险 420.69 万元，完成年度任务 110.71%；基金销售 874.88 万元，完成年度任务 208.3%；储保乐存款 280 万元，完成总行任务 155.56%。

【内控管理】 2013 年，支行坚持以内控建设为保障，强化内部管理，全面提升防风险、抗风险的能力。举办客户经理法律知识专题讲座，规范客户经理业务操作，规避法律风险。在五四青年节前夕，支行开展“青春中国梦·争做最美金华银行人”主题演讲活动，强化员工管理，引导积蓄正能量，释放正能量。

【文明服务】 面对金融行业犯罪案件高发的态势，支行从加强全员安全教育入手，增强全行安防意识。支行领导高度重视员工安全教育，做到逢会必讲，人人重视安全，保证安全教育的经常性。2013 年，支行被评为省级治安安全示范单位。2013 年坚持以党建为龙头，切实开展创建工作。支行党支部创建“五星级基层党组织”“先进基层党组织”等市级党建品牌荣誉。

开展形式多样的主题宣传活动，5 月 11 日，以“爱护人民币，杜绝假币；爱护人民币，了解人民币”为主题，与中国工商银行金华分行在金华火车西站售票大厅开展为期半天的反假币宣传活动。

（徐艳莉）

成泰农村合作银行婺城支行

【概述】 浙江金华成泰农村合作银行（简称成泰银行）是在金华市区农村信用合作联社基础上改制而成的一家股份合作制银行，经中国银监会批准，于 2009 年 3 月 13 日正式挂牌成立。金华成泰农村合作银行总行位于金华市八一南街 123 号，有 52 家营业网点，是金华机构网点分布最广、涉农信贷投放最多、农村普惠制金融服务贡献最大的本地金融机构。金华成泰农村合作银行是中小企业创业发展的坚强后盾，是支持“三农”经济的主力军。

【业务工作】 2013 年，存贷业务持续增长，份额稳中有升。各项存款余额 101.1 亿元，比年初上升 14.3 亿元，在六大银行系统中的市场份额提高 0.46 个百分点；各项贷款余额 69.6 亿元，比年初增加 9 亿元，在六大银行系统中的市场份额提高 0.17 个百分点，并实现涉农贷款及小微企业贷款增幅高于各项贷款增幅。资产质量持续向好，五级不良贷款余额 1.2 亿元，比年初下降 2354 万元；不良占比 1.74%，比年初下降 0.65 个百分点，不良贷款绝对额和不良占比都有较大幅度下降。经营效益持续提升，社会贡献凸显，全年实现利润总额 16905 万元，增幅 7.03%，上缴各项税费 8799 万元，为推动地方经济做出了积极贡献。内控建设持续完善，管理能力增强，在 2012 年市办的 11 条专业条线考核中，7

个部门考核结果排名在第四名以上,条线综合排名位于全市第三,明显好于2012年。

【特色服务】 打造信用品牌,与台湾融辅公司合作,引进专业微贷技术、组建专业营销队伍,主打“黄金成”系列纯信用产品。2013年,微贷中心发放贷款320户、金额1.21亿元。其中,发放信用贷款232户、金额7470万元。探索税银合作,与金华市国税局签订《税银征信互用合作框架》,联合推出丰收“税银通”贷款,先后走访推荐企业751户。其中,授信46户、金额5861万元,用信31户、金额4794万元。扶持青年创业,办好成泰农村青年创业学院,推动“导师、团干、信贷员、农村青年”四位一体帮扶模式,支持农村青年创业就业。农村青年创业贷款获选浙江省银行业首届服务小微企业和服务三农双十佳产品,是金华市金融机构唯一的获奖产品。落实业务惠民,开展第二届小微企业金融服务宣传月活动,举办专场宣传活动27场,1498人次参与,发放宣传册4359份;走访小微企业650家,召开座谈会39次,解决问题54个。

【拓展业务】 村级代理中心开户取得突破,截至3月底,村级代理中心开户1098个村(社区),开户率就达92.97%。乡镇国库集中支付进展顺利,争取到金东区江东镇试点代理资格、婺城区10个乡镇代理资格。医保委托代缴工作圆满完成,年内办理医保代缴委托签约187316户,占辖内户数的96%;代理发放养老金1637户,金额378万元。社保卡发放推广对接及时,加强与社保局的沟通联系,争取新增批量社保卡数据,新增发放社保卡19.2万张。

【业务创新】 信贷产品创新,先后开办丰收创业卡、年审制贷款、养老“安心贷”“‘1+N’农业产业链”、排污权抵押、丰收“税银通”贷款等7个贷款品种,拓宽担保方式,满足不同客户的金融需求。国际业务创新,先后开办出口商票融资、短期出口信保融资、个人外汇现金业务和速汇金业务,全年完成国际结算量4170万美元,结售汇量4060万美元。中间业务创新,做好贵金属代理业务前期准备工作,经人行批复取得代理资格;代理发行4期“丰收信福”理财产品,销售金额1.2亿元。资金业务创新,加强与金融同业间的合作,在确保资金的流动性基础上,提高资金收益率,全年完成资金市场交易273.16亿元,实现金融机构往来收入11856万元。

【普惠金融】 明确行动计划,为确保普惠工程建设实效,在制定实施方案、全行广泛动员的基础上,分区制定普惠金融三年行动计划。金东区政府、婺城区政府及开发区政府分别对成泰银行普惠金融三年行动计划进行转发文,明确将普惠金融工程建设纳入新农村建设考核体系中。普惠授信试点,在曹宅支行拉开阳光普惠授信试点工作,通过设立支农联络点,完善支农联络员机制,实施客户经理联村制度,推行“一块牌子、一本操作手册、二项制度”,按照“先评级、后授信、再用信”原则抓好落实。至试点结束,在全镇63个行政村确定71位支农联络员,授信216户、金额4886万元。建设“微型”银行,逐步提高辖内行政村“丰收卡(折)+电子机具+村级便民服务中心(农家店)+支农联络员+管村信贷员”五位一体覆盖面,覆盖率达38%。强化渠道建设、加大电子支付机具的布放力度,优化刷卡环境。全年新增布放ATM机22台、POS机164台、便农自助金融机具10台,助农POS使用率达73%。

【廉政建设】 抓好党建提升,党委书记带头宣讲十八大精神,开展“切实推进中国特色社会主义和‘中国梦’”主题宣传教育活动;组织信贷从业人员98人分2批到金华监狱警示教育基地接受现身说法教育,并结合自身撰写学习心得进行交流;深化5+3+1廉政风险防控机制建设,作为省联社廉政风险防控示范点之一,该项工作于6月25日在省联社纪检监察工作会议上作经验交流,得到大会表扬。抓好作风建设,把贯彻落实中央“八项规定”、省委“六个严禁”“28条办法”、浙江农信改进作风“三十条细则”和我行改进作风25条细则作为2013年党风廉政建设和反腐败工作的重要任务,建立领导干部联系支行工作制度,量化考核,并建立督查机制。2013年,全行减少“三公”经费43.04万元,各类会议费用根据“简朴、效率、效果”的原则,简化程序,降低标准,提高效能。抓好警示教育,开展客户经理职业风险主题教育活动,全行166名客户经理接受客户、员工、机关三级考核评价;结合岗位职责和相关规章制度,开展风险点查找,排查上报岗位履职风险点56个、业务操作风险点59个、制度执行风险点46个、明确防控措施100条。抓好品牌争创,各支行党组织发挥共产党员先锋模范作用，开展争先创优活动，品牌创建工作有实效、有成果。江南支行党支部“创业加油站”荣获市级“知名品牌”荣誉称号，营业部党支部荣获服务小微企业优秀品牌。

（成 龙）

金华市婺城区万通小额贷款有限公司

【概述】 金华市婺城区万通小额贷款有限公司是一家以服务“三农、小企业”为宗旨，从事小额放款和金融活动的新型金融组织。作为银行等金融机构的有效补充，公司发挥金融毛细血管的作用，贯彻“小额、分散”的服务宗旨，繁荣市场经济，拓宽市场融资渠道，扶持“三农”经济，携手中小微企业及个人创业者共谋发展。

公司于2009年成立，是由上市公司万里扬集团联合其他10余家企业和自然人发起，注册资本人民币3亿元，是浙江省小额贷款公司行业协会理事单位、金华市小额贷款公司行业协会副会长单位，是市本级首家小额贷款公司。公司依托股东强大的实业背景，拥有一支专业化金融管理团队，秉承“责任、尊重、沟通”的企业理念，合法合规经营，在促进自身持续健康发展的过程中，承担起服务区域经济发展和社会和谐进步的重责，和同业一起树立起金华小贷的良好品牌形象，共同繁荣行业的发展。截至年底，公司贷款余额5.82亿元（最高达6.8亿元），累计发放贷款4054笔、65.5亿余元，累计发生客户2000多户。公司自成立以来连年荣获浙江省A+级优秀小额贷款公司、创新服务中小微企业先进单位、金华市纳税超千万元大户、小额贷款公司信用建设示范单位等荣誉称号。

【业务创新】 根据金华市经济发展需求和客户的不同特点，公司开展各类产品和服务模式的创新。有针对农林牧副渔、乡村休闲旅游农庄等“三农”客户的“农家乐贷款”，有针对创业型客户提供的“创业源贷款”，有针对客户临时性、过桥性资金需求发放的“万通桥贷款”，有针对优质保证人推荐客户的“快速通贷款”，有针对金融机构支持客户的补缺性“配套宝贷款”，有针对优质客户按限额控制、一次签约、分笔办理、随贷随还、按月结息、专户管理的活期“活贷灵贷款”。公司创新研发的多种产品以其贴近实际、业务便捷、利率灵活的优势，赢得众多客户的青睐，为解决客户融资难题探索多条可行路径。

【企业文化】 公司制定每年培训计划，每月开展业务培训，每季开展素质培训，既有内训，也有外送的委培，交叉选送，提升员工的专业水平和综合素质。组织各项户外活动，杨梅、水蜜桃采摘游、安地水库远足、扑克牌比赛等，丰富员工业余文化生活，益智动脑、强健身体。5月，公司组织全体员工前往泰国旅游，感受异国风情，陶冶情操。7月，党支部组织全体党员参加嵊泗列岛红色之旅，纪念党的生日。10月，组织全体员工健康体检，为每位员工购买中国人寿终身重大疾病保险，做到关心员工，关爱员工。

（单霄鹏）

金华市婺城区丰银小额贷款有限公司

【概述】 公司于2012年12月14日经省人民政府金融办批准同意试点，12月18日在金华市工商局婺城分局注册登记，公司地址：金华市新华街301号婺城区浙中信息产业园创新基地创新楼信息大厦十层。注册资本金12880万元，同年12月21日开始办理贷款业务。

公司下设业务部、风险管理部、综合管理部。设总经理1人；业务部4人，其中经理1人，业务员3人；风险管理经理1人；会计、出纳、档案文秘各1人。其中本科学历6人，经济师职称2人，助理会计师2人。

公司秉承“只贷不存、小额分散、规范经营、防范风险”的原则，坚持服务“三农”和小微企业的发展方向。公司经营的资金全部为资本金和营业收入资金，没有吸收和变相吸收公众存款，无委托贷款和账外经营情况。贷款投向全部进入实体经济，主要有园林绿化、农业种养业、生猪养殖、电子科技制造业、电动工具、建筑等10多个行业，没有向国家限制行业发放贷款。

2013年累计发放贷款314笔，金额32991万元，贷款余额15404万元，有逾期贷款一户，金额270万元，上缴各种税金655万元。

2013年，公司获浙江省A级优秀小额贷款公司荣誉称号。

【规范运作】 依据中国银监会、中国人民银行《关于小额贷款公司试点的指导意见》《浙江省小额贷款公司试点暂行管理办法》等文件，建立公司各项规章制度，制定公司章程，按《公司法》建立健全公司管理结构，制定稳健的议事规则、决策程序和内审制度。主要有：贷款操作流程图、《内部风险控制制度》《贷后管理责任制》《职业道德风险防范及处罚办法》《物品采购管理办法》《费用报销制度》《考勤管理制》《公章使用管理办法》《档案信息管理制度》等10多个制度、办法及责任制，从而保障公司有序、规范运作，稳健经营。

【风险防范】 做好贷前调查、贷中审查和每月一次的贷后跟踪检查，充分计提呆账准备金，全面覆盖风险。建立完善的会计体系，按有关规定向财政、人行、银监会、区金融办报送财务数据，按《金融企业财务规则》真实记录和全面反映公司的业务活动和财务活动。贷款审批通过农行小额信贷公司管理系统进行。

按《公司章程》规定，董事会一年二次、股东会一年一次，全体董事会成员按时参加。公司实行总经理负责制，主持公司日常业务经营管理，不存在大股东实际控制和有关联企业违规发放贷款问题，没有对外提供担保和变相抽逃资本金等情况。

【队伍建设】 在公司开业之前和初期，组织员工学习有关小额贷款公司的政策、文件、规定，使全体员工熟知有关小额贷款公司的政策法规，做到合法合规办理业务。同时，进行岗前业务培训，组织员工到兄弟公司对应岗位学习。公司把廉洁自律教育作为员工上岗第一课，要求员工遵守职业道德，为客户保守秘密，不准在公司工作顺带私活，不准收受企业礼金礼卡，总经理与全体员工签订廉洁自律责任书。同时，要求员工加强服务意识，努力为客户做好服务，做到优质高效，努力培养一支遵守职业道德、会管理、善经营的经营团队。

（周　蔷）

中国人民财产保险股份有限公司金华市婺城支公司

【概述】 中国人民财产保险股份有限公司金华市婺城支公司(以下简称公司)秉承“以人为本、诚信服务”的经营理念，紧扣“科学发展，走在前列，价值强司，争创一流”的工作要求，加强队伍建设，践行“分担与共享”企业文化；以“人民保险，服务人民”为使命，提升服务水平，争做“人民满意的保险公司”。

【经营管理】 公司以市场为标杆，坚持科学发展，对内加强销售能力建设，对外加强业务开拓力度，推动业务持续稳健发展。全年保费收入突破5000万元，主要险种为：车险、农险、责任险、意外险、财产险。累计支付直接赔款3473万元。

公司强化风险管控和内部管理，合规经营。严把业务进口关，实施业务分级分类审核管理，提高业务质量，推动效益发展。各项工作按月、按季度定期开展自查和整改，从源头上管控风险。完善绩效管理考评体系，调动员工积极性。坚持合规经营，贯彻执行监管部门和行业协会要求，开展反洗钱培训，规范员工行为。

【服务创新】 公司以客户为中心，通过服务创新，提升客户满意度，争做“人民满意的保险公司”，提高市场竞争力。1月1日新交通法规正式实施，公司为上门客户送上新规解读手册，并提醒安全驾驶、文明驾驶，得到客户的好评。春节期间，公司开展客户走访工作，送“福”上门，收集走访意见，了解客户需求，以便更好地服务客户。4月，公司推广手机应用软件“掌上人保”，在营业大厅安排专员手把手指导客户下载“掌上人保”自助软件，现场演示快速出险查勘自助理赔、理赔信息查询、保险知识及交通法规解读、违章查询等多项功能，是保险服务通过手机媒体实现的一种创新。4月21日，公司参加由“96345市民服务中心”组织发起的社区服务活动，在市区青春路社区服务中心，开展保险知识宣传活动，向小区居民发放车险、责任险、意外险、家财险等宣传资料，为前来咨询的居民解答关于保险方面的疑问，将保险服务送进社区。

【“三农”保险】 为推动农村发展，公司贯彻落

人民保险服务进社区

实党中央、国务院关于做好“三农”工作的一系列方针，按照中国人保集团公司部署安排，推进保险产品、服务和人员“三下乡”，推动“三农”保险完善农业保障体系，促进农民增收致富和改善农村民生。公司全年承保各类农作物1600公顷，承保森林36000公顷；承保生猪及能繁母猪13万头次；支付农业保险赔款242万元，发挥农村保险作为关注民生、履行社会责任的稳定器作用，有效转移风险。

【企业文化】 公司践行“分担与共享”的企业文化理念，搭建“员工幸福感”工程，关爱员工，提升公司凝聚力和向心力。工会每月组织登山、自驾游、野炊、棋类、球类等集体活动，促进员工形成健康向上的良好心态。5月28日，公司开展员工食堂满意度问卷调查，从饭菜质量、食堂卫生、服务人员态度、食堂改进方向的建议4个方面征集员工意见和建议，让员工参与监督，打造放心食堂、满意食堂。12月10日，公司组织员工健康体检，建立员工个人健康档案，让每位员工对自己的身体状况有较全面的了解，把关心爱护员工的工作落到实处。

【公益活动】 3月4日，为继承和发扬“助人为乐”的雷锋精神，公司组织青年员工看望市区困难老人，将员工自发募捐所筹集的爱心款送到老人手中，为老人带去温暖和帮助，发扬中华民族尊老敬老、乐于助人的传统美德，树立社会责任感，以实际行动影响和带动更多的人去关心需要帮助的人。

（卢珊珊）

中国人寿保险股份有限公司金华分公司

【概述】 中国人寿保险股份有限公司金华分公司坚持以科学发展观为指导，面对复杂严峻的经济形势和日益激烈的市场竞争，攻坚克难，加强队伍建设，创新发展思路，提高市场竞争能力，防范经营风险，取得不俗的经营业绩。公司荣获多项荣誉，被评为总公司“青年文明号”、金华市“诚信经营示范单位”，金华市第七次“慈善一日捐”活动最佳组织单位，金华市优秀企业，在省公司系统年度绩效考核评比中再次荣膺A级分公司。

【业务发展】 公司坚定信心，抢抓机遇，加强经营管理，采取有力措施，实现业务平稳发展。全年实现总保费收入30.24亿元，市场份额为44.23%，继续保持寿险市场领头羊地位。

【客户服务】 公司注重服务领域的品牌建设，丰富客户服务的内容和形式。公司以客户需求为导向，举办多场大型客户服务活动，服务客户达1万多人次。结合客户需求，丰富活动形式，深化服务层次，拓宽服务范围。开展保险知识咨询、进社区活动。推进柜面服务标准化建设，开展服务升级活动，提升服务时效，服务质量和柜面服务品质。

【合规经营】 公司着力防范销售风险，开展内控标准知识普及和推广，组织内控标准知识培训和考试，强化内控管理制度；开展各项检查和自查，执行“小金库”治理，加强反洗钱培训，做好数据真实性自查等工作。加强理赔、调查业务知识学习培训，提高理赔管理能力；加强理赔审核，预防保险诈骗案件发生；提出“诚信理赔，阳光服务”的口号，赢得客户的信赖。

【队伍建设】 公司统筹安排教育培训工作,2013年,组织21期新人岗前培训,提高员工和营销人员职业技能与服务能力,为公司业务发展和服务优化提供保障。加强公司内部兼职讲师队伍建设,提高师资力量与水平。加强对员工与销售人员的学历教育。

【活动与公益事业】 继续保持篮球、气排球、乒乓球、垂钓、瑜伽和太极拳六个专项俱乐部,组织钓鱼、乒乓球、篮球等比赛,丰富职工业余生活。落实职工书屋建设三年规划,各县支公司职工书屋建设成效显著。公司团委组织团员青年开展学习、拓展训练活动,丰富团员青年业余文化娱乐生活。组织员工开展慈善捐款、无偿献血、捐赠棉衣活动,开展结对扶贫工作,营造关爱社会、奉献爱心的良好氛围。

(童金波)

街道 乡镇

城东街道

【概述】 城东街道辖区面积2.99平方千米，人口10135户、23937人，流动人口近万人。街道辖5个社区和2个经济合作社。街道有4家市级机构，青春中学、青春小学等9所学校，73015部队（原122)医院等4家医疗单位；还有空军94922部队、金华军分区干休所；有风景优美的八咏公园、古子城、侍王府、八咏楼等名胜古迹，历史悠久，共享资源丰富。城东以其与时俱进的精神，令人满意的业绩，载入史册。2013年，城东街道荣获金华市重大项目克难攻坚抓进度优服务先进单位、区级先进集体；基层党建、宣传、统战、党风廉政、“三改一拆”、工业竞赛、重点项目建设竞赛、维护社会稳定、信访、来料加工、武装等工作荣获区委表彰。

【工业经济】 全年实现工业总产值19665万元，完成年计划的100%；固定资产投入1500万元，完成年计划的100%；工业销售值14911万元；实现出口交货值3422万元。2013年度“个转企”13家，完成108%；“下升上”2家，“小上规”3家，完成100%。有来料加工经纪人27人。其中，新增4名，淘汰4名；从事来料加工人数1355人；发放加工费2475.7万元，完成年计划的101.05%；有集中加工点12个，新增加工点3个。引进内资2000万元。婺商回归1000万元。

【重点工程】 街道党工委倾尽街道之力，精心组织，分解任务，发挥全体干部积极性、主动性，发扬“白加黑、五加二”的连续作战精神，完成市、区交办的重点项目。率先完成杭长客专婺城区段房屋征收涉及城东的工作，拆除临时建筑2000多平方米。12月20日，完成中国婺剧院连接线工程量800×30平方米，燕尾洲桥梁、堤坝、公园建设等工程顺利开工。12月30日，七号地块置换工作涉及的4个企业厂房拆除4200余平方米。义乌江南岸绿化工程250万株树木按政策处理到位，2万立方米沙石于4月底处理完毕。按年度工作要求，东市街北延铁路下穿工程于3月28日无障碍施工，完成征地2.67公顷，土地丈量、地面青苗补偿、附属建筑物完成补偿和征地协议签订工作。街道集中人员达200人次对上浮桥阻工村民进行疏导劝解，解决了被阻历时近二年的东市街南延难点工程，确保在2012年农历年底前宾虹东路和宏济桥段顺利竣工并通车。7月23日，商会总部工程围墙施工，因受上浮桥阻碍，经过街居干部历时1个多月劝导协调工作，使相关工作顺利开展。针对城东“三改一拆”工作实际，推进违章拆除，街道联合行政执法、公安、社区干部进行5次违法建房整治大活动。拆除违章建筑面积1.2万余平方米，完成区下达任务的148.7%。

【民生保障】 坚持以人为本，着力改善民生。全年申报“4050”社保补贴164万余元。申请自主创业场租补贴17人，为5位自主创业人员申请小额担保贷款25万元；完成城乡居民医疗保险参保续保3036人，完成率98.3%；办理“城乡居保”参保续保491人；办理一次性补缴职工养老保险补缴手续74人；发放低保金87.45万元，低保户各类救助金26.92万元，慈善救助、春荒救助等86780元；发放优抚对象各类补助金164.18万元，残疾人春节慰问金2万元。新申报低保边缘47户，低保15户，做到“应保尽保”“应补尽补”“应退尽退”的动态管理。街道城市管理工作以“巩固创卫成果、迎国卫复审”为目标,抓整治抓改造。街道及社区开展环境卫生整治400余次,清理垃圾1200多吨,清理绿化带、花坛面积4万多平方米,清理楼道牛皮癣9万余处,开展文明劝导8000余次。补种及提档绿化面积2600多平方米。对通园溪1500米河道进行整治。投入40多万元,新购315只垃圾筒,修补背街小巷道路面积2200平方米。街道高度重视社会稳定工作,注重社会矛盾纠纷和不稳定因素的排查化解。保障辖区各重点工程有序推进,慎重处理上浮桥系列问题,社会秩序得到好转。计生工作做到强化服务理念,解放思想,转变观念,主动服务。街道在青春路社区建成集政策法规、优生优育、科普知识等为一体的计划生育宣传一条街,使之成为宣传计生政策的窗口,传播婚育新风的新平台,推动计划生育工作有序开展。加大流动人口管理力度,开展2次“三查”工作及孕前优生健康检查工作。2013年出生133人,计划内出生125人,计划生育率93.98%,社会抚养费征收率50.9%,出生婴儿性别比为100:105。当年一孩长效节育措施落实率1.5%,当年二孩长效节育措施落实率68.75%,二孩生育全过程管理率100%。

【宣传工作】 街道以学习十八大精神,贯彻学习科学发展观为契机,采用集中学习、自学、领导讲课等形式,注重抓好街道、社区干部理论学习。街道各班子成员和社区积极撰写理论调研文章,写学习心得体会22篇。按照“天天有活动,月月有安排,季季有高潮”要求,组织开展“‘魅力青春唱响城东’歌手选拔赛暨城东街道文化节开幕式”“国学文化廉政文化进社区”系列活动暨城东“爱心义工群”启动仪式、“学国学、唱红歌、共谱中国梦”夏令营活动、“欢乐金华”百姓文化节之“百姓好声音”大赛城东街道选拔赛活动。丰富了辖区居民精神文化生活。街道积极创精品,参加婺城区歌手大赛,4名选手进入决赛,江小红、傅毅君2名选手获十大歌手称号,吕金春、徐蝶2名选手获优秀歌手称号;桃园、旌孝街舞蹈队在“金华市第五届排舞大赛”中分获金奖、银奖。街道文化站排舞队《高于生命》参加省第七届排舞大赛,获得中年组金奖。

【为民服务】 改善2个经济合作社社员住房,落实上浮桥村经济合作社公寓房建设、东郊股份经济合作社社员联建房建设两个项目。落实旌孝街社区办公、活动标准用房建设,经多方协调,旌孝街社区300平方米的办公、活动用房在“东市尚品”小区落实并建成。落实上浮桥社区办证工作,经与相关部门多次协商,为上浮桥解决历史遗留问题,办理上浮桥社区集体土地使用证48本。春节前,街道人大工委组织6位人大代表捐款11万元,支持革命老区沙畈乡的新农村建设。

【党建工作】 围绕重点,推进创先争优工作,按照全区组织工作统一部署,围绕大局,把握主线,突出重点,开拓创新,开展创先争优活动。重点突出在创先争优中打造文明、法治、服务型干事队伍,探索社会管理创新,抓好服务承诺落实。为加强街道干部队伍建设,继续开展以“树形象、比实绩、促提升”为主要内容的“全科干部、全心服务”的活动,加大“三有”狮子型干部培养力度。街道下发文件落实“夜学夜谈夜访”制度,提高干部整体素质和综合服务能力。贴近实际,推行“网格化管理,组团式服务”工作,建立以党组织为主的社区工作网络,党的基层建设、社区建设与服务并入一轨,形成统一的工作网络机制。同时,将各服务项目放进“网格”之中,使“网格化”管理内容更充实、效率更优化、服务更便捷。坚持“全覆盖式”服务,实现居民服务面对面,矛盾化解点对点。全年社区50个网格解决居民反映的问题290余件。落实机制,切实转变工作作风,开展“正风肃纪 促赶超、克难攻坚 抓发展”主题实践活动,通过制定干部月考核实施意见、中层干部竞聘上岗、街道干部分工调整、街道干部奖惩规定等措施,调动街道机关干部工作积极性,干部工作作风、工作效率、服务水平及执行力得到根本好转。统一思想,做好社区换届选举工作,按照全区换届选举工作统一部署,根据要求,严格程序,分类指导,经过党员民主推荐、居民代表民主推荐、组织考察、党委审批、大会选举,从9月初至12月底,街道下辖5个社区及东郊股份经济合作社换届选举全面结束,产生新一届领导班子。筹集基金11262元,在七一期间慰问困难党员32名。2013年,新增入党积极分子17名,吸收预备党员15名,转为正式党员25名。

(吕金春)

城西街道

【概述】 城西街道位于市区江北西部，东至八一北街西侧，与城中街道相连，南至婺江，西至乾西乡，北至解放西路南侧和长山路南侧，与城北街道接壤。街道办事处驻双龙北街245号，面积1.66平方千米。辖二七花园、双龙、河盘桥、中山路、西郊5个社区居委会，人口7176户、17506人。辖区内有私营企业、个体工商户及新经济组织近千家。2013年，城西街道以“经济转型提升年、有效投入提升年、城乡建设提升年”为工作目标，以认真开展“全科干部、全心服务”活动为载体，以全力抓好“二七新村区块”改造征迁重点工程为抓手，重落实、敢担当、有作为，基本实现街道年度工作的目标。

【经济工作】 2013年，街道实现工业总产值12.54亿元，同比增加11.3%。其中，规上企业产值10.42亿元，同比增长2.4%。实现新产品产值2000万元，同比增加67.1%；限额以上工业固定资产投资1500万元，同比增加25%；招商引资完成内资5697.7万元。其中，浙商回归500万元，内资5197.7万元，列全区第一；“小上规”完成3家超任务2家；“下升上”完成9家超任务1家；“个转企”完成11家；出租房征税征收1800户，完成95%，收缴税金306.7亿元；全国第三次经济普查有序开展。街道培育加工经纪人43人，加工点43处，举办培训11期，培训人员380余人，吸纳从业人员2885人。为347名参与加工的失业人员及“4050”人员办理社保补贴，累计金额924768元。累计发放来料加工费4884.19万元，完成年度计划的115.06％。

【重点工程】 二七新村区块改造建设是市委、市政府作出的一项重大决策部署，也是婺城区一项重点工程，更是城西街道的重中之重工作。二七新村区块涉及企事业单位97家，居民住房6130户，调查房屋面积62.73万平方米。街道通过调整工作模式、开展劳动竞赛、发挥党员模范作用等办法，组建4支由441名社区党员组成的“违建监管、调查摸底、沟通联络、政策宣传”先锋服务队伍，制定“三个月任务二个月完成”工作目标和劳动竞赛活动方案，建立奖勤罚懒激励机制。4月，街道编写《房屋征收与补偿条例资料汇编》，并集中授课讲解，让所有工作人员都能熟练掌握征地拆迁的相关政策和工作流程，推动了调查工作顺利进行。调查进度采取一天一报、一周一汇总公示、一月一考核的方式，以赛促干、以比兴劲，提前1个多月完成拆迁调查，实现企、事业单位与居民户调查2个100%，为指挥部制定政策及成本测算奠定基础。

【“三改一拆”】 自启动“三改一拆”工作以来，街道边排摸边宣传，边管理边疏导，发现违法建房苗头52起，调解建房纠纷25起，执法拆除21起，拆除违建面积8174.89平方米。至11月底，全面完成区政府下达的任务指标。

【城市管理】 开展“巩固创卫成果、创建精品城市、创造美好家园”等“四边三化”活动，落实“门前三包”，发挥辖区党员、楼道长的模范带头作用，发动900余名志愿者深入辖区劝阻不卫生、不文明行为，多次组织城管突击队在小街小巷、卫生死角、楼道堆积物、宣传橱窗、牛皮癣等进行清理进行了清洗，始终保持干净、整洁、有序，确保“国卫”复审迎检工作顺利通过。

【综治维稳】 坚持“预防在先、排查在先、疏导在先、化解在先、应急处置在先”原则，加强平安宣传，建立健全长效机制，强化住宅小区治安综合治理各项措施，开展平安家庭、平安社区、平安学校系列平安创建活动，做好反邪教、禁毒、社区矫正等各项工作。在整合社区现有义务巡逻队员力量的基础上，街道加强专业巡逻队伍建设，配置巡防人员，组建服务团队28个，各类服务人员220人。落实信访“五位一体”工作机制和群众来访接待制度，做好群体性隐患和老信访户的思想工作。街道在双龙和河盘桥社区分别开设人大代表民情工作室和政协委员工作室，定期接待群众，答复群众反映的问题，对需上级部门处理的事项及时向有关部门报告，许多群众关心的问题得到有效解决。全年化解4件2013年以来历史遗留的老信访问题、15件矛盾纠纷。重视企业生产、食品、消防和交通等安全生产工作街道成立检查组，深入辖区进行地毯式排查，开展培训、张贴壁报、悬挂横幅、运用手机短信等服务平台宣传上级精神及有关要求，做到警钟长鸣。另外，街道在市、区安监部门指导下,深入新辰、达利、双汇等液氨企业摸排,8家规上企业通过标准化建设审核验收。

【社会救助】 街道通过一对一就业帮扶机制,以扶持创业带动就业,失业人员就业率98%。城乡居民养老保险参保率98%,城乡居民医疗保险参保率97%,企退人员社会化登记管理服务率99%。审批低保8户,低保边缘(包括助房)33户,居家养老政府购买服务138户,取消不符合条件的低保等救助对象13户,实现动态管理下的应保尽保。

【人口计生】 利用"新邻居之家"平台建设,为外来流动人口提供生殖保健、宣传教育、就业、文化娱乐、法律援助等服务。全年街道开展教育培训10期,便民咨询服务活动11期,文艺汇演6场,发放宣传资料2300余份,避孕药具448份,刊出黑板报36期。2013年,街道计生率94.02%;社会抚养费征收率87.27%。出生婴儿性别比100:74.63;三查率99.46%;生育全过程管理率100%。

【换届选举】 根据区委统一安排部署,街道在9月开始进行第五届社区"两委"换届选举试点工作。换届工作周密部署、精心组织,程序到位,合法有序。通过"两推一选"和"公推直选"的办法产生社区党委和纪委班子43名,通过居民代表、户代表、一人一票制三种方式选举产生居委会委员26名,通过居民代表差额选举产生居务监督委员会成员15名,年龄结构、文化程度等都得到优化。

【干部管理】 开展"全科干部、全心服务"活动。年初,街道完善20项规范内部管理的勤政廉政制度。要求干部佩戴标识牌亮明身份,开展支部五星争创、党员五星管理,给每个党员评星定级。要求所有干部结合工作职责,对照年度工作目标、实事项目、服务作风等开展先锋承诺活动,承诺事项完成情况由街道党工委进行督查,并实行定期通报。已公示干部履职承诺126条,形成比学赶超的氛围,创先争优常态化。 (吴丽娜)

城中街道

【概述】 城中街道地处金华江北老城区,东起胜利街,西至八一北街东侧,南临婺江,北靠浙赣铁路,面积6.21平方千米,下辖杨思岭、明月楼、西市街3个社区居委会,人口9021户、23870人,流动人口15000余人。辖区内有商户5000余家,有金华一百、恒大百货、江北银泰城、世贸大饭店、嘉恒澜庭大饭店等一批品牌商贸服务企业,还有国家级文物保护单位天宁寺、省级文物保护单位城隍庙、浙江婺剧院、金师附小、环城小学、市中心医院、人民医院、浙中信息产业园等单位,是市区江北经济、文化中心。

【工业经济】 城中街道有工业企业11家,其中规模以上企业2家。全年工业产值3.58亿元,完成任务数的104.7%;规模以上企业产值3.23亿元,完成任务数的104.5%。营业收入2.30亿元。引进金华市永盛商贸有限公司,引进内资额3300万元,完成任务数的165%,完成浙(婺)商回归企业任务数的330%。有序做好"个转企"工作,对辖区2941家个体户进行梳理排摸,重点梳理出一批经营规模较大的餐饮业、旅馆、房屋中介等单位,召开动员会议,做好政策宣传,主动对接,完成"个转企"29家。推进企业技改,做好"下升上""小上规"工作。浙江尖峰药业开发区项目于8月完成企业技改。完成7家限下商贸流通升限上任务,完成率100%。

新培育来料加工经纪人2人,加工人员661人,发放来料加工费453万元。

【财政税收】 街道邀请江北地税干部为街道居委会干部开展出租房税收征管工作专题培训2次,确定街居8名代征员,深入辖区每家店铺进行调查摸底和政策宣传。税源上门调查1986户,完成进度100%;税源登记1017户,税款征收951户、税金398.8万元。

【重点工程】 6月底,金华市中心医院东扩征迁工程涉及住户66户和营业房5户全部完成签约,新急诊大楼和住院部按期施工。"杭长客专"征迁剩余2户。街道召开各个层面的推进会,通过"做摸排、抓宣传、重疏导、建长效"的"四步骤"工作推进法,推进"三改一拆"工作。在拆违过程中,重点把疏导工作做在前,保护群众合法权益,设身处地为拆违户着想,变"对抗"为"对话"。第一期完成拆违6466.59平方米,完成任务的161.66%。第二期完成拆违2054

平方米，完成任务的102.79%。

【宣传文化】 街道依托市民大讲堂、市民学校，以改善人际关系、增进邻里团结、崇尚文明新风为目的，开设党建、科普科技、法制计生、健康、环保等知识讲座26次。举办"激情婺城"文化艺术节城乡文化走亲活动；开展市第七届邻居节活动，西市街社区和杨思岭社区分获最佳创意奖、特色邻里园奖。辖区32支文体队伍开展各类文化活动42场次，举办舞蹈等各类培训班12个、400余人次。加大在《金华日报》《今日婺城》、金华电视台等宣传媒体的宣传力度。在中央电视台新闻频道播出《居务监督委员会、社会管理新模式》1篇，《金华日报》500字以上的报道7篇，金华电视台报道2次，全年在各类报刊上刊登350余篇文章，举行大型宣传活动52次，发放倡议书35900份，宣传栏宣传36期，制作宣传展板34块，出黑板报52期，电子屏宣传43次。

【民生事业】 关注弱势群体，全年慰问困难群众173户，发放低保金42.05万元，发放各类慰问、助学及困难补助金14.9万元。全年新办理重度残疾人生活保障3名，新办理残疾人低保1户，38名残疾人列入低保，9名重度残疾人列入基本生活保障。全年净增就业岗位280人，失业人员实现再就业240人，完成全年任务104%。其中，就业困难人员实现就业40人，完成全年任务114%。推荐办理小额贷款十余户；为380名来料加工人员及"4050"个体经营、灵活就业失业人员办理社保补贴108万元；办理城镇居民医疗保险1820名。登记企业退休人员2849人，调处劳资纠纷20起，引进培养人才190人，其中高层次人才32人、高技能人才30人。

【城市管理】 完善包干责任制，沿街商家、店面签订"门前三包"责任书，明确干部联点分片任务，社区党员认领责任地段，街道城管办不定期督查，发现问题及时督促整改。利用市民学校、黑板报、宣传窗开展多种形式的健康教育，争创精品社区。组织人员在植树节开展义务植树活动，新增绿化面积400平方米，绿化提档500平方米，收缴绿化费3.9万元。投入8万元，对宣传栏进行翻修，新增宣传栏3个，设立城管墙体宣传栏1000米。

【文明创建】 做好国卫复审迎检工作，成立迎检工作领导小组，各社区制定迎检工作考核办法，开展迎检工作大排摸5次，组织共建单位领导、党员志愿者、街居干部参加环境整治活动12000余人次，消除"牛皮癣"，清理绿化带内杂草、垃圾，进行绿化提档、破损路面修补，完成市区督办单300余个，重点落实西华广场、新雅堂公寓等"T"形地块无人管理问题。开展文明创建文明劝导活动，改善居住环境，提升江北城区品位。9月，国家卫生城市复检工作顺利通过。街道56家共建单位发挥职能优势，开展"六联六建"社区共建工作，收取共建经费41万余元，为居民办实事30件。杨思岭社区荣获第11批"浙江省文明社区"称号。

【平安综治】 做好综治维稳责任落实工作，街道与社区、辖区单位签订平安综治等责任书140余份，逐层明确工作职责。开展平安综治双月宣传活动，悬挂横幅22条，出宣传橱窗12个、黑板报10块，举办广场大型活动3次，入户发放宣传单3500余张。完善下岗志愿兵、重点信访人员、重大矛盾纠纷领导包案制度，完善矛盾纠纷预警、排查、调处和群体性事件应急处置机制，做好"两排查一促进"专项活动和矛盾纠纷排查调处活动，做好稳控、化解、劝访工作，为"两会"召开创造和谐稳定的政治环境和社会环境。全年调处化解各类矛盾纠纷100多起，重点做好"杭长客专"征迁户矛盾纠纷和明月京华、新雅堂公寓、西华广场等物管纠纷问题，未发生群体性事件和越级上访。加大市场秩序整治，开展无传销社区、无毒社区创建活动。开展22名矫正人员帮教工作，组织矫正对象学习、公益劳动12次。开展法律咨询、法律援助进社区活动，明月楼社区获五星级民主法制社区。

【安全生产】 以社区为单位，签订安全生产、消防安全等责任书，教育引导群众严格落实安全防范措施，提高安全意识。健全安全生产管理各项制度，定期通报安全生产指标完成情况，构建"政府统一领导、部门依法监管、企业全面负责，群众参与监督、全社会广泛支持"的安全生产工作格局。开展食品安全大整治百日行动和药品安全示范街道创建工作，延伸食品药品安全工作网络，整顿食品药品生产经营秩序，街道药品安全示范创建工作通过市级验收。抓好安全生产隐患排查治理，坚持安全大排查和集中清查相结合，联合执法局等职能部门，在重点节日和特殊时段加强对校园周边等重点部门和场所的排查。加强人员密集场所的消防安全和燃气安全检查,开展出租房消防整治专项行动。全年检查重点单位37家、烟花爆竹零售点12家,娱乐场所21家,非星级宾馆14家,与恒大百货联合开展消防演练活动1次,督促整改安全隐患问题20余个,有效杜绝各类事故发生。

【基层党建】 开展“全科干部、全心服务”主题实践活动,全体干部编入工作组,培育“走出机关大门,踏进百姓家门,打开群众心门”的“新三门”全科型基层干部,组织干部周三夜学37次。开展“在职党员进社区微系列”服务活动,895名在职党员到社区报到注册,开展服务活动12次,征集微心愿50个,筹集款物1万余元。顺利完成基层党组织换届工作,3个社区采用“公推直选”的方式,选举产生3名社区党委书记、5名副书记和党委委员13名。全年培训入党积极分子10名,新吸收预备党员7名,党纪处分3名。对辖区“两新”党组织进行调查摸底工作,建立非公企业台账,新成立非公企业党组织2家。做好大学生“村官”和人才队伍建设,5名大学生“村官”考入公务员、事业单位。七一期间,邀请市委党校老师为街道全体党员上党课《中国梦》,每月组织开展党员志愿服务活动,慰问困难党员50余名,发放慰问金2万余元。举办大型党员义工广场服务活动,为500多名居民提供服务。深化“五星争创”活动,评出5星级支部3个、4星级支部10个、3星级支部29个、2星级支部9个、1星级支部2个。推进基层学习型、服务型、创新型党组织建设。

(祝素凤　王　伟)

城北街道

【概述】 城北街道位于金华市区西北部,是金华市公路、铁路的重要交通枢纽,与浙江师范大学、驻金部队相邻,是金华市重要窗口和工商业集散地。辖区面积4.4平方千米,下辖红湖路、祝丰亭、凤凰山、军民、郑岗山、站前、五星、洪源8个社区。人口15884户、39602人。流动人口2.5万余人。

【经济工作】 全年完成工业总产值1.69亿元,同比增长36.3%;完成出口交货值7490万元,同比增长40.1%;外贸进出口5489.6万美元,同比增长70%。引进内资完成2000万元,利用外资20万美元。完成“个转企”23家、“下升上”18家、“小上规”1家。完成个人出租房屋税收代征270余万元。

【重点工程】 完成杭长客专征迁工作,保障杭长客专顺利无障碍施工;解决荷花塘角遗留问题;筹划金竹公路、婺州北街、凉帽山货场改造工作;孙家里拆迁安置房建设有序进行;做好金华火车站北广场涉及五星村的征地工作。

【“三改一拆”】 街道召开专题会议,成立领导小组,明确责任分工,开展宣传发动,周密排查,制定风险评估报告。全年累计拆除违法建筑面积67324.3平方米,拆除面积在全区位居第二,任务完成率122%。处理各级各类信访件49件,接待来访23次,完成各类涉及改拆工作的行政许可证明40多件。

【城市管理】 围绕国家卫生城市复评、国家园林城市和森林城市创建,推进精品城市建设。街道654名社区工作者和志愿者参与宣传活动,利用横幅、黑板报、宣传橱窗、滚动电子屏等宣传工具,宣传“巩固创卫成果,迎接国卫复审”的重要意义,受宣传人数21700余人次。投放鼠药280千克,鼠药投放率98.2%以上,清理蝇蚊鼠类滋生地66处。修补垃圾房门35扇,下发垃圾桶237只。6个城市社区投入15万余元,清理辖区726个楼道、1922个单元环境卫生,清理卫生死角340余处、垃圾150余吨。通过“洁净迎新春”“清洁家园、美化社区”“文明省二体、清洁金华城”等活动,开展“精品示范街”创建。祝丰亭社区青春西路通过创建“精品示范街”验收,城北街道、红湖路社区被评为市级绿化先进单位,凤凰山社区、郑岗山社区被评为市健康教育工作先进集体。

【综治维稳】 围绕“构建和谐社会,打造平安城北”主题,强化基层基础建设,调处和化解企退职工、重点工程、涉军等各种矛盾纠纷,防止和处置各种突发性事件,保障重点工程项目正常施工。与8个社区、24个企业单位负责人签订2013年度社会治安综合治理责任书。发动辖区24家单位、3530人开展“排查整治、强基促稳”“进企入户”专项活动工作。全年排查化解矛盾纠纷 186 起，群体上访 12 起,未发生一起民转刑事件。开展“综治双月宣传”活动,悬挂横幅 26 幅,发放宣传单 4500 千余份,板报 16 块,张贴标语 36 余条。加强治安重点地区流动人口、房屋租赁规范化管理,每月对出租房屋进行治安查验至少 1 次以上，流动人口登记率达 100%。红湖路社区获得省首届“天翼杯”群众最满意的平安村(社区),是金华市区唯一获奖的社区。

【社会救助】 为 3544 名居民成功参保缴费城镇居民医疗保险;为 286 名 60 周岁以上人员每月按时足额发放基础养老金。做好辖区内企业退休人员社会化管理服务工作,全年办理企业退休人员资格认证 6891 人，并划分为 88 个自管小组。全年净增就业岗位 326 人,失业人员实现就业 223 人。其中,就业困难人员实现就业 35 人。办理小额贷款 23 户、116 万元。发放 2012 年度社保补贴 725 人、220 万余元,为 727 名来料加工失业人员及“4050”个体经营、灵活就业失业人员申报 2013 年度社保补贴 213 万元。争创“创业型社区”,8 个社区达到市级“充分就业社区”标准;6 个城市社区达到市级“创业型社区”标准。站前社区被评为市创业就业工作先进集体。全年发放民政经费 353.95 万元。其中,定补金 116.66 万元,义务兵优待金 36.43 万元,退伍军人安置金 27.55 万元,优抚“三难”补助等发放 30.07 万元,低保金、春节慰问金、水电补助、物价补贴等发放金额 116.15 万元。慈善救助 14.4 万元。其中,慈善助学 23 人 3.2 万元，助病助困救助 15 人 3.2 万元,低保对象年货救助卡 160 户 8 万元。享受重度残疾人基本生活保障 18 人,发放 10.98 万元;住房救助(申请廉租房)64 户。参加复明康复检查 36 人,康复手术的 7 人;精神疾病发放医疗补助 23 人,每人每年 500 元。享受重度残疾人托(安)养工程 47 人。其中,集中托养 27 人,每年补助 6000 元左右;居家安养 26 人,每年补助 2000~4000 元。红湖路社区残疾人刘淑军获市、区残疾人汇演二等奖、省优秀奖。洪源、军民社区创建居家养老服务照料中心,获区民政局补助 20 万元。

【人口计生】 街道按照“以居为主”管理模式,健全计生管理网格,深化单位负责、社区服务的计划生育管理机制。进行流动人口核查,有流动人口 9630 人,外出流动人口 622 人。开展“年轻妈妈快乐做美食”“流动人口免费培训技能”“创建幸福家庭、促进和谐计生”黑板报展等活动。重点抓好“三查四术”到位率,落实利益导向制度,发挥计生协会功能,促使人口与计划生育工作稳步发展。截至年底,计生率 96.32%,出生婴儿性别比为 100:82.32,社会抚养费征收率 90.2%。

【基层党建】 街道围绕“服务经济要有作为、发展环境要有新优化,干部队伍要有新形象,各项工作要有新局面”四个目标,做到“用心想事、用心谋事、用心干事、用心成事”四个“用心”,在争先创优、改进服务、团结守纪、制度落实中实现机关作风大提升。加强“两新组织”党建工作,健全 13 家非公企业党支部的工作台账,建立全面、准确、实用的“两新”党建基础数据库。深化“五星争创”活动开展,对社区、机关事业单位、国有企业和国有金融机构、两新组织等党组织进行星级定级,红湖路社区率先评为五星级党委,祝丰亭、凤凰山社区评为四星级党委。推进“两全”活动,开设全科业务专题辅导课、全心服务现身说法课,开展夜学夜读、轮值讲学、师徒结对等活动,提高党员干部综合服务能力。坚持每周一晚上的夜学夜读日,集中学习时间不少于 2 小时。每周至少安排 3 天下社区走访，至少安排 1 个晚上开展夜访夜谈,了解基层群众生产生活情况和各种利益诉求,掌握基层倾向性、苗头性问题。按照法律法规和选举程序,顺利完成辖区 6 个城市社区和 2 个村改居社区的选举工作。

(胡文英)

新狮街道

【概述】 新狮街道地处金华市区北郊，是金华城市迎接四海宾客的“北大门”。新狮街道区位和交通优势明显,是主城区向农村辐射的过渡带。由于特殊的地理位置，街道成为全市重要的交通枢纽,杭金衢高速公路、二环北路、环城北路贯穿全境。面积 23.76 平方千米,辖 19 个村(居)。其中,4 个城市社区,9个“村改居”社区,6个行政村。人口11996户、32677人。流动人口4.5万人。受金华主城区的辐射和带动,校园经济、汽车售配件经济、房东经济、来料加工经济等特色经济发展势头强劲,繁荣了社会事业,带动群众致富。城北综合园区拥有东方前城、上城华府等精品楼盘,是江北高档住宅区的密集区。街道完成多项重点工程建设任务,经济社会各项事业取得较大成绩。

【经济工作】 全年完成工业总产值15.6亿元,增长7.1%;完成工业新增投入2556万元;规上企业产值9.4亿元,同比增长15.8%。完成“个转企”16家、“小上规”企业2家、“下升上”企业5家和浙商回归1000万元的任务,升亿元企业1家。完成财政收入2.494亿元,同比增长17.08%。其中,国税收入7106万元,同比下降3.17%,地税收入17834万元,同比增长27.73%。完成区级财政收入7836.8万元,同比增长21.65%,完成区政府任务108.61%。

农业经济平稳发展,唐村、下裴等村花卉盆景及畜牧业是街道农业的主要产业。全年生猪存栏4621头、奶牛189头、家禽13600羽。开展畜禽疫病防控和农产品质量排查工作,签订农产品质量安全承诺书118份。完成农民信箱规范化建设,注册1464人,15个村(居)有网页和图片、文字资料,下裴村被评为区级先进村网。全年发放种粮直补、奶牛、能繁母猪等各项补助金5.64万元。完成山下吴水库除险加固工程及小基坞水库大坝渗漏塌方护坡工程。

第三产业发展快速,校园经济、汽车售配件经济、房东经济、来料加工经济等特色经济发展势头强劲。五一、骆家塘、道院塘、高村等村(居)出租房经济红火。发展来料加工,有经纪人27人,加工企业3家,20人以上的集中加工点8个,从业人员2700人,发放加工费1965.8万元。

【“三改一拆”】 街道做好“三改一拆”工作,成立街道和村(居)两级“三改一拆”工作领导小组,制定实施方案。召开3次村书记、主任和街道干部参加的动员会和推进会,下发《通告》,悬挂50余条宣传横幅,利用执法局宣传车在辖区巡回宣传。街道将《婺城区党员干部违法建筑自查登记表》发给400多名党员干部进行自查登记,组织人员进驻骆家塘村开展调查,制定整治方案。10月22日至10月底,先后拆除骆家塘社区童某某户在建的违章建筑、对骆家塘社区宋某某户超大面积房屋及福泰隆超市周边在建的违章建筑进行强拆,对乡村大院和全家福以及远大物流停水停电,对全家福和乡村大院进行助拆。截至年底,拆除违法建筑80处、面积71205平方米。

【重点工程建设】 街道重点工程建设项目有6项:

“南网”工程政策处理　项目新狮段总长4132米,借地4.27万平方米,涉及高村、勤俭、十里牌楼、杨家相、下裴、沙溪等6个村,涉及371户、苗木种植290户。6月份,先后完成苗木清点、土地丈量和苗木评估工作。

高压天然气项目征地　项目征地涉及下裴村2.82公顷、44户;5月底,完成发放补偿款及签约。5月31日,进行土地清表,已正常施工。

市特教中心政策处理　工程涉及康村、沙溪和杨家相3个村4.67公顷土地。7月份,完成政策处理工作。8月30日,进场清表,完成土石方工程。

杭金衢高速公路拓宽改造　工程涉及沙溪、杨家相、十里牌楼和勤俭4个村,征用土地6.4公顷。至5月底,红线放样、苗木附着物清点及土地丈量工作全部结束。11月3日,召开村书记、主任及国土等部门负责人参加的规划落实方案听证会。

后垅屋基安置后续工作　重点是方井头安置地块简易房的拆除,因简易房内有70头猪和700多株桂花树。5月下旬全部搬迁完毕,拆除了简易房。

杭长客专房屋征收　工程前期尚留4户未签约,五一社区门前屋后及夹心地未征用。至年底,除一户未签约外,其他遗留问题已得到基本解决,工程正在顺利施工。

【基础设施建设】 做好村(居)污水治理工作。投入资金130万元,完成杨家相和沙溪村污水治理工程并通过验收;投入10万元,完成下裴村村口道路硬化和新区绿化工作;投资60多万元,完成康村新区污水改线工程;芙峰街方井头地段污水治理项目列项,资金基本落实;勤俭村列入“城中村”改造试点村。

【城市管理】 开展道院塘、骆家塘和芙峰街“二塘一街”整治工作,组织近300人次为期一周的整治,效果明显。13个社区投入150余万元进行卫生清理。城北园区保洁及创卫投入资金160余万元,成立20人的保洁队伍,配备流动垃圾收集车,每天在园区对乱倒垃圾进行清理收集。组织部队1500人次对城北园区及各社区进行卫生清理,清运运垃圾200多吨。投入资金30余万元,对迎宾大道、丹光东路、玉泉东路、环城北路两侧进行整治和绿化。

【社会保障】 全年失业人员实现就业150人,新增农村劳动力转移180人,申请社保补贴672人,涉及金额180.7万元。新增城乡居民医疗保险7216人,新增城乡居民养老保险108人,发放社会保障卡6580张,完成城乡居民养老保险续领认证539人,受理被征地农民转社保2261人。进行登记录入,完成3567名企业退休人员认证工作。全年调解劳动纠纷10起。帮助6家规模以上企业成立劳动仲裁组织。112家单位列入数据库,人才总量5186人,全年新增引进人才数428人。

全年累计在生活保障线以下448户、746人次,发放保障金、物价补贴等60余万元,特困群众救助73户、127人。其中,生活贫困救助12户,助学救助9户15人,医疗救助14户18人,发放医疗救助金7.6万元,住房救助119户,为3名大中专学生申报慈祥助学救助。对驻地部队进行走访慰问,全年发放优抚补助款、军属优待金50余万元。街道76人参加市、区"慈善光明工程"义诊,查出白内障患者5人并进行复明手术。

【计划生育】 街道有育龄妇女7336人,全年出生255人,计划内243人,计生率95.3%,性别比100:125.66,已做四项手术132例。应征收社会抚养费108.17万元,已收78.49万元。抓好一年2次计生"三查"工作,育龄妇女透检率99%以上。重点加强流动人口管理和一孩、二孩长效节育措施的落实,对有关村重点对象摸底、查找。抓好人口计生宣教阵地建设,在浙师大社区和柳湖花园小区南门建成200米生育文化长廊,在柳湖花园南门设置计生宣传窗及大幅喷绘画,在下裴村开展人口和计生宣教阵地示范村创建活动,在东方前城、浙师大等社区门口设置电子滚动牌宣传计生有关政策,并在"5·29""7·11"等活动中,进行优生"两免"知识的培训和宣传,营造浓厚的人口计生宣传氛围。

【文教卫事业】 全年组织各种文艺活动27场次,到市、区文体展示表演18场次。组织村(居)文体骨干参加区文化局和老年体协举办的各类培训。10月份,举办婺剧培训班。下裴村创建市级文化示范村并通过验收。15个村(居)完成"农家书屋"建设,举办农家书屋管理员培训班。做好文化市场管理,加大对网吧监管力度。全年用于教师节慰问、校车补贴和基础设施建设资金30余万元。组织灭螺2次、面积8800平方米。新狮卫生院对7000多名参加城乡居民医疗保险人员进行免费体检。

【综合治理】 街道每季度开展1次矛盾纠纷排查,全年排查矛盾纠纷166起,化解166起,调解率100%;全年收到区转群众来信来访20件,按时调查、处理和答复。街道排查重点信访积案22起,分别落实包案领导和责任人,做好省、市、区"两会"期间辖区社会稳定工作。街道和各村(居)通过各种途径开展普法宣传活动,下发资料1万多份,解答群众法律咨询21人次。街道司法所为十六中学师生上法制教育课。20%的村居获得四星级民主法制村称号。街道先后开展"食品药品安全整治""平安小区、平安家庭、平安校园建设""安全生产整治""打击非法传销专项行动"等活动,取得预期效果。街道有矫正人员55人,归正人员60人,所有矫正人员信息全部录入矫正管理系统,做好防脱管、防漏管、防严重刑事再犯罪的"三防"工作。治安巡防队伍排查可疑人员1000多人次,抓获各类违法犯罪嫌疑人102人。其中,刑事拘留41人,治安拘留11人。协助公安机关破获各类刑事案件31起,治安案件8起,为群众挽回损失27.5万元。

【党建工作】 街道以玫瑰园社区为试点,开展党员星级评比活动。骆家塘社区书记带头拆除自己的违章建房,在党员干部和群众中树立良好形象。街道专门成立党性党风教育党支部,将有关支部中一星级党员组织关系转入党性党风教育党支部接受教育,取得初步成效。加强大学生村官队伍管理,7名大学生"村官"工作热情高涨。完成5家企业与辖区内相关村的五星联创结对。规模以上企业全部组建党支部,规模以下企业组建联合支部。6个远程教育播放站点按要求播放到位。

街道对重点工作、重点工程实行任务交办、限期办结和奖惩兑现制度、村(居)干部工作季度点评制度、班子成员联系村(居)制度,联村干部做到“五必访”“五知晓”“五服务”“五必到”。

街道建立党风廉政创建工作领导小组,加强与各村(居)的联系沟通并签订党风廉政建设责任书。以“三公开”为平台,实现村(居)务管理民主化。推行“阳光村务”,使村民对村务有知情权、参与权和监督权。确保每月党务、村(居)务、财务及时公开,下文通报检查情况。在村(居)干部中推行承诺示廉、述职述廉、民主评廉“三项”制度。实行重大问题以村两委会、党员大会、村民代表会“三会”决策。实行村级财务街道代理制度、重大事项报告制度和重大工程招投标制度。

【群团工作】 发挥街道人大代表联民工作站和政协委员工作室的作用,组织代表、委员开展学习和视察调研活动5次,助推街道重点工作。完成区人武部下达的87人民兵整组任务,参加省军区组织在舟山为期8天的双25高炮炮手训练,组织民兵30人次参加区人武部7月份的国动委演习、参加10月份区人武部组织的铁路护路分队演习,10名青年应征入伍。组织各社区(村)开展庆“三八”“六一”等活动,开展“青苹果计划”活动,为山区留守儿童献爱心。开展校园及幼儿园安全检查和“五老”网吧监督员队伍建设。开展企业工会的组建和换届工作,组建企业工会4家,有8家企业工会进行换届,走访慰问11名困难职工,发放慰问金1.43万元。11家企业组织900名职工进行免费体检。有700多名职工参加住院医院互助保险,参保率列全区前茅。

村居换届选举动员会

【换届选举】 根据区委的统一部署,街道成立换届工作领导小组,建立班子成员联系指导村(居)制度和联村(居)指导员责任到人制度。制订《新狮街道村级组织换届选举工作方案》。召开2次有村(居)两委成员参加的动员和业务培训会,使每位干部掌握操作程序。候选人全面落实“四项承诺”制度,监委会成员签订辞职承诺书,换届选举工作顺利进行。

(杨笑眉)

江南街道

【概述】 江南街道地处金华市婺城区婺江之南,东邻武义江,西接西关街道,南连三江街道,北靠婺江;占地面积3.03平方千米,人口11333户、29667人。下辖下官桥、高畈、南苑、兴学、金龙湾、中村和金钱寺7个社区,含6个城中村、封闭式小区29个、开放式住宅213幢。街道把握“稳中求进、赶超发展”总基调,围绕“美丽江南”“幸福江南”“和谐江南”总体目标,开展“六个大调查”和“百日攻坚”活动,完成年度各项工作任务。

【重点工程】 抓好高畈综合市场提档改造项目建设,年初,街道组织对高畈菜场综合楼进行整体拆除,申报相关审批手续,施工单位进行基坑支护及地下室土方开挖清运。通过招投标平台与浙江一通建设有限公司签订协议,年底前完成地下室地梁浇筑及防水施工。抓好高畈综合市场及周边环境综合整治工作,对超范围经营的早市大棚和长宁路、下官桥路两侧沿街店铺乱搭乱建进行集中拆除,修补围墙,疏通拓宽内部排水管道,配合公用事业管理处对下官桥路、长宁路进行整体改造。由街道、社区值班干部及相关部门人员组成检查组巡逻检查,发现问题就地解决。

【党建工作】 按照“照镜子、正衣冠、洗洗澡、治治病”要求,街道党工委反思工作中存在的“四风”问题,开展批评和自我批评,对存在的问题集体研究和解决。研究制定“五星争创”活动实施意见,推进新一轮星级评定工作。“七一”前,召开“五星争创”活动推进会,开展“五星管理”评比并公示结果,组织专人进行帮带教育。贯彻“有效覆盖百日集中行动”,对企业37名流动党员建立流动党员支部,新建非公企业独立党支部1个。班子领导带头执行“七个一”具体要求,细化联点干部联系群众分工。组织全体干部进行夜学、夜读,全员参与全科干部微博大赛。发放民情日记,开展夜访夜谈。在社区建立联点干部公示栏,做好群众监督。全年发展新党员27名,转正38名,组织37名积极分子参加培训,对3名严重违纪党员给予开除党籍处理。

【计生工作】 签订计划生育目标管理责任书,执行计划生育“一票否决”制度。开展计生“三查”、性别比综合治理、人口信息管理等工作。坚持生育全过程管理制度,做好基础人口信息的收集、比对和入录工作。严把一孩、二孩生育审批关,加大违法生育案件处理力度。2月初,成立计划生育专项整治行动领导小组,对历年来计划外生育对象征收社会抚养费开展清查征收工作。全年出生167人,其中一孩122人,二孩44人,多孩1人(三胞胎1人),计划内出生155人,计划外出生12人,计生率92.82%。其中女婴96人,出生性别比100:73.96。街道有已婚育龄妇女5526人,采取各种节育措施5042人,综合避孕率91.25%;新婚90人,晚婚80人,晚婚率88.89%。生育全过程应管理人员296人。其中,二孩应管理25人,均管理到位。街道计生协会组织协会理事、会员和志愿者开展宣传活动9次。深入城中村、社区和企业开展慰问活动,制作2块大型露天宣传牌和1个宣传长廊。5月底,举办主题文艺汇演。7月初,举办大型知识讲座,并多次与金华红黄蓝亲子园一起开展亲子活动。

【“三改一拆”】 建立健全组织,明确相关责任,加大监督管理,严格审批手续,落实巡查制度,防止出现未批先建、顶风违建等情况。采取张贴宣传广告、悬挂横幅、制作板报等形式,开展宣传造势,为工作开展营造氛围,全年发放宣传册1500余份,悬挂横幅12条,出黑板报25期。开展调查摸底,对摸排出的违法建筑组织拆除。全年拆除违法建筑37061平方米,任务完成率187%;完成旧住宅区改造20750平方米。

【城市管理】 改造基础设施,修复破损道路2047平方米、管网堵塞改造480米、修复侧石261米,绿化修剪4600平方米,补种各类苗木1.2万余株。发放灭蟑螂药30箱、灭蟑笔2万支、投(发)放灭鼠药90箱。街道组织7个义务巡逻队进行不定期巡查,发动社区居民、志愿者、党员干部共同参与创卫。联合职能部门,对“五小”行业、占道经营、马路市场及亚峰路酒吧街开展专项整治活动。按照“夜市排档规范经营管理公约”,加强对高畈路和明伦街夜市整治工作。

【综治信访】 安装平安综治电子显示屏,完善规章制度并做到“制度上墙”。运用信息化手段搭建网络维稳工作平台,签订信访维稳工作目标责任书,明确信访“三无”社区创建目标,主要领导包案化解,信访积案专人负责,推动“事要解决”。重点对五个方面集中组织3次矛盾纠纷大排查活动,做到早发现、早预防、早化解。在敏感时期实行滚动排查,落实“零报告”制度,确保重点人员全稳控、重点事项全跟踪、重要情况全汇报。

【安全生产】 本着责任到人、行动到边的原则,街道组织安全检查15次。开展专项活动,检查建设施工、消防、危险化学品、特种设备等重点领域,加强隐患排查。与社区签订责任书14份,与辖区企业单位、个体工商户签订责任书1121份。结合“安全生产宣传月”活动,制作宣传栏34期,黑板报46期,发放宣传资料1130份,上门宣传1916人次,悬挂横幅32条,张贴画报233幅。

【统计工作】 以提高统计能力、提高统计数据质量、提高统计公信力为主线,推进第三次经济普查工作。清查并录入个体工商户2149家,法人、产业活动单位542家,合计普查2691家,并于年底完成PDA上门数据采集工作,经济普查工作按期完成。开展2013年统计单位名录库更新调查,每季度对辖区基本单位的新增、变更、注销等情况进行摸底。在三次小普查中,上门核实工商变动单位315家,登记、录入并上报新增单位52家。街道按照上级部署,完成浙江省公共交通分担率和城市交通满意度调查、旅游出行调查、住户现住房情况调查等专项调查任务。

【劳动保障】 依托“组团式服务、网格化管理”工作体制,将7个社区划分为35个网格、106个自管小组,发挥各社区网格员作用,对辖区内企退人员、就业困难人员、高校毕业生等人员实行网格化服务。全年登记企业退休人员4767人,慰问生病住院企退人员77名,慰问死亡人员家属60人,资格认证4758人,办理城乡居民社会养老保险135人,办理城乡居民医疗保险2888人,补缴社会养老保险1129人;发放“4050”社会养老保险补贴699人、213.78万元。全年发放健康教育宣传资料16类、2240份,倡议书3000份,宣传横幅300条,开展健康教育培训12次,居民健康知识讲座72次,健康咨询活动32次,黑板报84期。

(李　春)

三江街道

【概述】 三江街道位于金华市区江南板块的核心区域,东临武义江与金东区多湖街道相望,西至双龙南街,北起宾虹路,南达330国道,面积7.65平方千米。下辖新园、江滨、雅苑、万达、阳光、东莱、何宅、姜家、洪坞、项宅、三路口、王下滩、寺前皇、天龙南国、婺江新村15个社区,托管苏孟乡定业新村社区,人口24516户、64959人,流动人口57901人。三江街道是金华市领导机关所在地,是金华市的政治、金融、文化和商业中心,区域内机关、企事业单位较多,主要有市委、市政府机关、市文化中心、市人才市场、市人民检察院、市公安局江南分局、市水利局、婺城区人民法院、婺城区人民武装部,市第15中学、东苑小学、宾虹小学,金华商城、工商城、银泰百货、江南一百、福泰隆超市、联华超市、加贝超市、苏宁电器、国美电器、五星电器、农贸市场,工商银行、建设银行、金华银行众多金融网点,交通方便,生活设施配套齐全,经济繁荣,环境优美。

【重点工作】 根据市开发区制定的年度重点工作目标任务,街道将工作任务细化分解后下发各社区、经济合作社和街道各办公室,明确工作任务和责任。成立重点工作项目攻坚小组,党政主要领导亲自抓落实,强化考核督查。通过不懈努力,确保东市大道南延工程无障碍施工;按期完成市开发区交办的湖海塘区块2家企业拆迁;协调落实市开发区重点工程洪坞菜市场建设及多湖区块17.33公顷土地征用前期准备工作。

【“三改一拆”】 街道“三改一拆”办公室会同三江行政执法大队组织10次强制拆除违章建筑行动和65次助拆行动,全年拆除违章建筑面积54872平方米,超额完成市开发区下达的年度拆违任务。拆除湖海塘北侧开发区地块违章面积3548平方米;拆除330国道北侧、电业局地块11户集体违章面积1800平方米;强制拆除330国道北侧开发区沿国道绿化带内的石灰浆厂、水泥砖厂;拆除项宅自留地上的煤饼厂、副食品仓库等3000余平方米;拆除三路口社区21户超高建筑;拆除东阳街含姜家菜场在内的8户违章简易房,面积3200余平方米。

【城市管理】 街道建立环境卫生管理长效机制,各社区按网格分片包干负责,“城中村”由街道卫生保洁中心负责,每天定时巡查,发现问题马上处理。全年累计修补围墙3000多米,修补破损道路9351平方米,绿化补种6000多平方米,清理绿化带杂草4200余处,修剪绿化带、草坪6万平方米,清理堆积物700余吨,清理生活垃圾216吨、建筑装潢垃圾1060吨,清理卫生死角3500处,更换破损垃圾桶400余只,破损窨井盖32处,确保市区顺利通过国家卫生城市复审。

加强健康教育宣传工作,发放健康教育宣传资料2000多份,悬挂横幅200条,发放“《人人参与齐动手巩固国家卫生城市》——致广大居民的一封信”2万份,每个社区新制作健康教育橱窗、黑板报,并以喷绘的形式定期更换健康教育知识内容。

街道为加强对八一南街、双龙南街“两街”的管养工作,建立“三化”整治督察队、卫生巡逻队,在督查中发现的问题整改率90%以上。东莱社区寺后皇新村试点垃圾袋装化模式,受到居民群众的欢迎,得到省考核组认可。街道设计的“健康教育考核表”“健康活动登记表”及工作宣传剪报和婺江新村社区三年“健康教育工作大事记”等资料汇编整理有创意,专家建议在全市推广。兰溪街商业步行街管理模式得到检查组的一致好评。阳光社区夜宵排档各摊位使用统一制作的摊棚、统一挂式灯箱广告等,规范夜市摊点经营。9月,市区“‘街道长’制”工作首先在雅苑社区进行试点;10月,街道率先在姜家城中村和东莱城中村推行垃圾袋装、收集试点工作。为治理水污染、城市雨污管网整治,街道率先在一环线以外的"城中村"社区进行排摸、勘察,年底前完成基础数据收集整理。

【社会服务管理】 推广"网格化管理、组团式服务"工作,各社区建设网格87个、服务团队95个、义务巡逻队7支,全年在册登记流动人口46000余人,调解矛盾纠纷2100余次,成功率96%以上。在"排查整治、强基促稳"专项活动中,做好排查整治工作,做到"五个坚决防止",确保"枫桥经验"50周年纪念大会期间的安全稳定。

【信访维稳】 围绕街道"三改一拆"等重点工作,做好摸底排查和宣传教育等前期准备工作,制定预案,在工作推进中坚持公平、公正、公开原则,做到自拆为主,助拆为辅,强拆确保稳定,全年未发生大的矛盾冲突和群体性事件。

做好特殊利益群体稳控工作,其中最突出的是转业士官群体和企业退休、下岗职工群体,通过走访宣传上级政策,引导他们理解政策,诉求要按正常渠道反映。另外,信访办配合建设主管部门,做好辖区内小区物业管理引起的矛盾纠纷协调工作。

【计划生育】 做好计划生育工作,全年出生508人。其中,计划内出生423人,男婴265,女婴243人,出生婴儿性别比为100:109。计划外社会抚养费历年应征2416421元,已征1283732元,历年兑现率53.13%。当年社会抚养费应征5817930元,已征1899545元,兑现率32.65%。开展计生专项治理月活动,解决计生工作中底子不清、基础信息不扎实和社会抚养费征收力度不够等问题。印发大批量计划生育宣传用品,建好计划生育宣传一条街。

【劳动保障】 做好劳动保障工作,全年办理失业金认领确认512人,为1163人领取社会保险补贴304.26万元;为1197人办理"4050"社保补贴申领填报,申领金额350.6万元;8872人参加城乡居民医疗保险,缴费人员8055人,完成缴费率91%。为1040名新增企业退休人员办理登记入册工作,认证企退人员5872人、转移34人、终止17人,确认率95%。

【民政工作】 坚持"以民为本、为民解困"宗旨,扩大民政工作职能,解决弱势群众生活问题。全年审批申报边缘困难群众51户、低保3户、重度残疾3户,临时救助37人,发放保障经费2.88万元;居家养老政府买单40人。重阳节慰问老年人60人,发放慰问款1.5万元。全年发放低保户最低生活补助经费241162元、重度残疾人基本生活补助经费198420元、农村籍退伍士兵生活补贴17370元、优抚金505430.5元。

【经济工作】 做好全国第三次经济普查工作,各社区从10月份开始,对所有单位和个体经营户进行入户清查、填表登记。截至11月22日,登记辖区内法人单位1071家、产业活动单位159家、个体经营户6376家、非普查对象30家,总计7636家。

按《金华市区个人出租房屋税收征收管理暂行办法》规定,做好三江街道个人出租房税款代征工作,全年征收829户,税款3283702.81元。

【党建工作】 全面开展"全科干部、全心服务"活动,街道组织全体干部轮流讲课进行夜学夜读,制定并细化街道联居干部工作制度,记好"民情手记",组织开展夜访夜谈,面对面做好群众工作。7月,街道代表市开发区参加全科干部电视大赛获得三等奖。做好党员发展工作,按上级最新文件精神重新制定党员发展计划,严要求、重品质,确保把思想品德好、政治觉悟性高、工作成绩突出的积极分子吸收到党组织中,发展党员22名。加强社区干部队伍建设,年初,街道制定下发《社区、经济合作社干部管理规定》,对社区专职工作者配备情况进行核查,组织社区干部招聘,充实社区干部配备,重新完善社区干部档案。为社区干部个人的发展创造条件,2名大学生"村官"通过考试考核,进入公务员队伍。寺前皇社区开展党建工作创新,组建社区区域"大党委",成立在职党员"假日党支部",推出社区"5150工作法",深化新居民和谐促进会工作,新建党建远程教育广场,被列为全市党建工作现场会的参观点。开展在职党员进社区活动,在职党员进社区登记2301人,市直机关党员200余人参加婺江新村社区在职党员进社区公益活动启动仪式,参与志愿服务、治安巡逻、环境卫生整治等公益活动,带头帮扶困难群众、提供便民服务。以"五星争创"推进基层组织建设活动,在第二轮"五星争创"活动中,通过自评、互评、群众评议评出4个五星级党组织、7个四星级党组织、14个三星级党组织、8个二星级党

组织和1个一星级党组织。 (吴来生)

西关街道

【概述】 西关街道位于金华市经济技术开发区境内,是金华城市迎接四海宾客的“西大门”,北邻婺江,与城西街道隔江相望,南以新300国道与湖海塘接壤,西至环城西路,与秋滨街道为邻,东以双龙南街为分界线,与江南街道、三江街道相连。辖区面积4.57平方千米,下辖西关、五里亭、婺星、寺后皇、董宅、山嘴头、金艺7个社区和4个经济合作社,有人口8768户、22069人,流动人口19426人。

辖区内拥有丰富的教育资源,包括以开创基地、招生、教学、科研、就业“五位一体”育人模式的金华职业技术学院;以培养高技能人才为主,集学历教育、职业培训、技能鉴定、就业指导等为一体的金华市高级技工学校(金华市技师学院)。西南有占地23.33公顷以茶花文化为主题的中国茶花文化园,是融山水、园林、花卉、建筑、展览等于一体的游览胜地。有金华经济开发区管委会、金华市公交总公司、金华日报社、金华市人民法院、金华农科教大楼、金华市国土资源局、金华市运输管理处、严济慈图书馆、5173等机关和企事业单位。卫生医疗机构有金华市中医院和艾克医院。

【党风廉政建设】 落实党风廉政建设责任制,强化领导干部自律意识,调整24名社区干部,劝退5名年龄到限的社区干部,3名年龄较大的同志调整到二线工作。建立社区干部激励机制,推行“基础工资+绩效工资”的结构工资制,奖优罚劣,实现考核结果与选拔任用干部及奖金相挂钩。加强“三务”公开信息平台建设,规范招投标中心工作流程,按要求组织社区居务监督委员会选举工作,保证党务、居务、财务阳光操作。加大案件查处力度,对3名工作飘浮、不思进取的街道(社区)干部进行诫勉谈话;2名违法党员给予开除党籍处分。做好纪检信访工作,五里亭村民反映农房安置不合理问题,多次责成纪工委与主要负责人进行谈话,澄清不实传闻。开发区交办的7件信访事项进行调查反馈,收到群众来信4件,处理4件,接待群众来访13人次。

【重点工作】 做好“三改一拆”工作,累计拆除违法建筑41947平方米,完成全年总任务数的140%;拆除改造旧住宅区30户、3000平方米;拆迁改造城中村26户、5000平方米。拆除1000平方米以上的大型拆违行动9次。加大对违法建设行为的日常巡查力度,建立社区为主、部门联动、条块结合、密切协作的日常巡查监管机制。改造提升西苑农贸市场,收回西苑农贸市场的承包经营权。5月底,通过市工商局国卫复查迎检工作。

【环境整治】 建立健全组织机构,完善各项规章制度。以“爱国卫生月”和国卫复审为契机,悬挂相关宣传横幅70多条,张贴国卫相关知识海报100多份、发放宣传资料2500余份;针对H7N9疫感病情,制作专题黑板报35期、墙报45期。结合“六个大调查”要求,制定《西关街道排水治理调查实施方案》,确保摸清辖区内管网现状;配合水电渎治理改造,制定水电渎河道保洁方案,遏制垃圾乱倒乱排现象。做好环境整治提升工作,配合做好“美丽江南”立面提升工程各项准备,借“三改一拆”工作之力,逐楼体、逐单位、逐门店开展门前违法临时搭建拆除、建筑立面清洗、楼道垃圾清理等。拆除天元食品公司周边违章,丹溪路延伸段进行垃圾清运、路面平整。街道社区干部与共建单位、辖区在职党员等600多人次实施环境卫生整治,清理辖区卫生死角,对小区内种菜及卫生差现象进行整改。联合行政执法、工商、交警、卫生等部门开展专项整治10余次,出动人员200多人次。重点实施婺星社区金衡街早餐点整治、五里亭社区双馨路夜市整治、西关社区双馨路流动摊贩整治。

【社会治安综合治理】 深化“网格化管理、组团式服务”工作,开展送温暖、送健康、送文化等组团式服务活动38场次。寺后皇社区社会服务管理站、五里亭“亮亮”服务队等被开发区评为十佳站(队)。召开街道社区干部大会,落实专人负责出租房税收代征工作,完成上门调查1800余户,入户催交1200户,开票560户,完成税收收入193.8万元。

保障平安建设经费,列入街道财政预算,并逐年递增。街道、村均落实政务、村务公开制度,民主法制村达标率90%。落实信访维稳工作例会制度,每星期一召开例会，每月召开工作专题会。排查各类矛盾纠纷383起，调处成功380起，其中重特大矛盾1起，得到市领导和开发区领导的表扬和肯定。

【消防安全整治】 开展消防、安全生产大检查大整治工作，组织7个检查组对辖区企业单位、公共场所、出租房、小作坊、危化品经营单位等进行大检查，并督促整改。对街道、社区、合作社干部进行“全民消防，生命至上”消防安全培训。开展第三次全国经济普查，普查3170户。

【劳动和社会保障】 街道抓好企业退休人员社会化管理工作，累计登记企业退休人员2961人，新登记392人。10月，开展对企退人员入户走访工作，重病慰问17人，死亡慰问11人。完成2013年度企业退休人员社会化管理资格认证。做好民政救济和优抚工作，全年发放低保金和物价补贴21.2万元、优抚金12.7万元。落实创业带动就业各项优惠补贴政策。

【人口与计划生育】 全年出生209人，计划内185人，计生率88.52%。加强计生宣传教育，制作“少生优生、幸福人生”主题的宣传品发放给辖区居民。强化计生工作考核，依托“三优”指导中心，推进“三优”工作，每月安排5户目标人群入户指导，受训对象500余人次。

【社会事业】 开展精神文明创建活动，发挥12支业余文化队伍作用，组织社区、单位开展邻居节活动、纪念“5·29”计生协会系列文化活动、全市舞蹈大赛活动，开展妇女维权知识培训、“八一”警民共建联欢文艺汇演及百科知识竞赛、百姓好声音大赛。加强妇女组织建设，新成立新社会妇女组织10个，新经济妇女组织14个。妇女节期间组织街道女同志到婺城区敬老院和苏孟乡敬老院慰问。组织妇女参加来料加工业务，全年发放加工费180余万元。建立1071.8平方米集文化活动室、多功能厅、乒乓球室、书画室、电子阅览室于一体的文化站，有图书阅览室一个，藏书5139册。7个社区办起图书室和文化活动室。

【组织建设】 落实“五星争创”工作，开展党员志愿者活动，街道40余支党员志愿者服务队定期、不定期到街面、小区当文明劝导员、环境治理宣传员、卫生清扫员，发挥先锋模范作用。开展夜学夜读，开设街道干部现身说法课、联点干部交流心得、专题讲座等为主要内容的“全科干部、全心服务”大讲堂。探索区域化党建试点工作，寺后皇社区36家单位纳入“区域化党建”工作试点，有支部49个，党员1840名。做好在职党员进社区工作，建立社区在职党员档案，掌握在职党员人数、特长和服务意向；建立在职党员信息库，875名在职党员进社区。开展干部形象大讨论活动，召开8次民主生活会；建立西关街道党员干部信息平台，加强与每个党员的动态联系。完善街道6项内容、18项制度汇编，规范街道社区各个方面的工作，使干部管理有章可循。

（*盛海君*）

秋滨街道

【概述】 秋滨街道位于金华经济技术开发区西南部，东北连西关街道，西和西南接婺城区白龙桥镇、长山乡，东南靠苏孟乡，北邻金华江，隔江与乾西乡相望。辖区面积29.62平方千米。人口6149户、15459人。下辖17个社区居委会、4个行政村。2013年，秋滨街道根据市开发区党工委、管委会要求，以党的十八大精神为指引，以深化基层党组织建设、提升党建科学化水平为抓手，把市委提出的“加快重点建设，推进赶超发展”指示落到实处。以支持市园区开发建设为主线，转变干部工作作风，探索创新辖区的社会管理工作，维护社会和谐稳定大局，推进社会各项事业向前发展。

【重点工程】 根据“抓重点、攻难点、促实效”的工作要求，街道围绕电子信息文化创意园建设，做好地面附着物清理工作，保障电子信息园区建设顺利推进。在开发区相关部门支持下，街道全体干部经过200多个日夜的奋战，发挥“五加二”“白加黑”的开发区精神，完成电子信息园区一期20公顷用地征用、后屋村整体拆迁工作，完成100多户青苗处理及土石方平整工程，人字形道路施工进展顺利；蟠龙安置新区18公顷土地平整完毕。完成二期蟠龙村拆迁房屋评估与资料整理，具体拆迁方案在研究制定中；完成湖海塘区块战备盐库、金色海塘餐饮会所征迁任务;张坞垅村历时9年之久的八达路16户农房8767平方米、1万多平方米厂房拆迁及9号、20号路建设涉及农户拆迁全面完成，拆除农房100户、28000平方米,三条重点道路顺利开工建设。街道配合处理秋滨污水处理厂二期、宾虹西路优化工程、交通治堵大货车停车场建设涉及的相关政策,项目正在施工中。

【“三改一拆”】 根据省、市、区“三改一拆”行动工作要求,街道把推进“三改一拆”工作作为改善辖区环境、打造和谐秋滨的重要任务。成立工作领导小组,召开动员大会,确定时间节点、目标任务,统一部署辖区“三改一拆”行动。在工作中坚持多次上门,耐心说服,以自拆为主、街道助拆为辅,加以必要的强拆原则,严格依法行政。在具体实施过程中,注意工作方法,制定预案,正确处理好依法行政与维护稳定的关系。突出重点,注重结合,拆违中坚持“违必拆,六先拆”,涉及村居书记、主任的带头先拆。旧村、旧居改造与“四边三化”整治相结合,外塑形象、内保民生。针对各项工作特点,街道坚持阳光操作、依法推进,加大宣传、巡查、整治力度。至年底,街道相继拆除姜山头、邵姜、黄元、沈天田、蟠龙等村居违法违章建筑117000余平方米。

【环境整治】 街道按照国卫复审迎检工作要求,开展城乡环境专项整治,提升辖区形象。针对辖区地处城郊结合部,城乡环境治理工作量大、涉及面广的实际,街道成立组织机构,制定工作方案,落实工作责任,做到领导到位、人员到位、工作到位、措施到位。对日常保洁工作实行“定人、定路段、定责任”的管理机制,实现“全覆盖、无缝隙”保洁,推进“四边三化”行动。广泛宣传动员,号召全民参与,对重点区块路段,集中整治。全年街道投入1720多万元,用于完善吕献塘、马鞍山、王五元、姜山头、唐宅等社区的排污、道路、水电基础设施建设;新增环卫设施投入92万元,建造19座垃圾房,新购垃圾桶3500只;日常的清扫保洁、清运费用支出132.65万元;创卫的突击性投入217万元,重点整治城中村及城乡结合部的环境卫生。

【基层党建】 街道党工委以“围绕服务抓党建,抓好党建促发展”为指导思想,加强执政能力和先进性建设。开展“全科干部,全心服务”主题实践活动。学习贯彻党的十八大精神,加强街道干部教育培训,帮助街道干部熟练掌握规划建设、法律法规、社会管理等工作实用技能,把党的群众路线教育实践活动落到实处,提高服务群众的综合能力。转变作风,密切与群众直接联系,满足人民群众多层次、多元化的服务要求。联村干部信息主动公示于各村居,持证上岗。开展“五星争创”活动,促进非公企业党建。做好基层党组织的分类定级工作,着眼于抓两头、带中间;合理设置评分标准,做到科学评星,强化对党员的“五星管理”。针对辖区企业数量众多的情况,重点解决企业党组织班子不健全、活动不正常、制度不规范、保障不到位、作用不明显等问题。以健全完善“组织建设、作用发挥、领导保障”三大工作体系为中心,列出具体菜单,引领非公企业党建走向标准化。加强党员队伍管理,把严发展党员与选拔干部的关口,重视思想上入党,确保党员质量,坚持成熟一个发展一个。严格执行干部选拔任用工作条例,切实履行廉洁监督,把好廉洁关。加强党务、党员管理,健全党员组织生活,健全干部考核评价机制和退出机制，确保干部队伍结构合理、充满活力。

【村居建设】 完成前周、黄元新区建设;姜山头社区基本完成农房建设,进入新区基础设施建设阶段;王五元新区、冠山顶新区第四期农房建设正常推进;吕塘下新区建设提速。列入2013年农房改造的蟠龙(后屋自然村)、张坞垅、下新村3个村居拆迁工作有序推进,进入扫尾阶段,张坞垅村被列为市城中村改造示范单位。各村居农户建房和基础设施投入超1.3亿元。

【社会事业】 街道落实人口计划生育目标管理责任制,对243名育龄人员实行生育全过程管理,并将其纳入年终考核范围,严格执行引流产、再生育审批制度。引导各村居修改《计划生育村规民约》,奖励重点向计生家庭、女儿户倾斜,督促群众计划生育管理走向自治。制作200米长的宣传长廊,将公益金、中考加分、生育关怀、困难计生帮扶等“关爱女孩”的利益导向措施落到实处。加强外来流动人口计划生育管理,与各村(居)出租房东签订流动人口管理协议1200份,与辖区223企业签订计划生育责任书,引导企业建立计划生育协会50家,设立园区企业计生服务员年终考核奖励基金 39500 元。加快以养老、医疗保险为内容的社会保障体系建设，新增被征地农民参加和转职工养老保险 3230 人，新参加城镇居民医疗保险 320 人，做好医保、养老保险金的续交、社会保障卡发放等日常工作。加大社会救助力度，做好重点优抚对象联系帮扶工作，上半年共发放困难救助资金 60 余万元。

【文化生活】 丰富村（居）民文化生活，投资 61400 元增加村居室外文体健身设施，申报 3 个市级体育建设村、1 个市级精品文化示范社区，组织村居文艺队伍参加省、市级文体汇演活动。

【社会管理】 宣传“平安浙江”，发放建设倡议书 3000 余份，倡导广大群众平安共创。加强安全工作，以加强安全管理体系建设为重点，建立健全各项制度，狠抓责任落实。街道与村（居）、企业、个人签订安全、消防责任书 3165 份，投入 150 多万元在 21 个村居安装出租房四小件，加大日常安全巡查力度，排查消除各类安全隐患。开展社会管理服务站提升活动，在王五元、吕献塘、吕塘下等村、居实施社会管理服务站服务提升活动，增强服务辖区群众能力。上半年，各村居社会服务站为群众办理实事 3650 余次，开展各种文艺演出 80 余场，绘制、张贴禁毒、反邪教宣传墙画 100 余米。落实“走基层、解矛盾、保平安”专项活动，每月开展矛盾纠纷大排查，排查调处各类矛盾纠纷 180 余件，成功率 99%；受理信访案件 37 件，回复 31 件，化解 16 件；做好社区 30 名矫正人员的教育管理工作，提供法律咨询服务 26 人次。加强维稳工作，春节、“两会”期间，辖区内基本保持平稳。 （杜　涵）

罗店镇

【概述】 罗店镇南与城北街道、乾西乡相接，东与新狮街道、金东区赤松镇相接，北与兰溪市马涧镇相邻，西与竹马乡、兰溪市灵洞乡相接，面积 66.58 平方千米。辖 38 个行政村和 1 个社区，人口 6978 户、17720 人，耕地面积 564.47 公顷，山林面积 3349.4 公顷。交通便利，距金华火车站 4.5 千米，市区公交车 3 路、5 路、315 路及大小中巴直达。资源丰富，林木广布，水源充足，有鹿田、双龙、跃进、长岭、山下曹等中小型水库 17 座，蓄水总量 750 万立方米，形成独特的花卉苗木栽培小气候。

境内有三旅部队、国家级双龙风景区、第一职高（罗店中学）及诸多企事业单位，文化氛围浓郁，小城镇气息较强。实现村村通公路、通市区程控电话、通有线电视。

罗店镇党委、政府以科学发展观为统领，围绕镇年初制订的各项工作目标，实施“经济转型提升年、有效投入提升年、城乡建设提升年”活动，适应宏观经济形势新变化，在转变发展方式、统筹城乡发展、保障民计民生等方面实现新突破。推进区域经济社会又好又快发展，将罗店打造成经济发展、生态良好、社会和谐、景观美丽、人气新旺的“浙中旅游名镇”“生态宜居新镇”“中国花卉之乡”。

【工业经济】 罗店镇有企业 80 家，其中规模以上企业 5 家。通过对产业平台的拓展和提升，做大做强工量具、五金铸造、机电设备、劳动防护等主导产业，改造提升茶叶加工、火腿食品、纸箱包装和矿产建材等传统行业，工业集聚优势基本形成。2013 年，实现工业总产值 7.2 亿元，完成年度预期目标的 100%。其中，规模以上工业企业产值 2.21 亿元，完成年度预期目标的 100%，规模以上企业利税总额 420 万元；工业销售收入 7.18 亿元，产销率 99%。完成外贸出口交货值 43200 万元，同比增长 3.8%；完成工业增加值 17280 万元。推进功能区整合提升，盘活土地资源，完善现有工业园区配套建设，倪西店工业功能区建设有序推进。招商引资工作进展顺利，新引进企业 7 家、8000 万元；完成工业投入 1 亿元，同比增长 25%；全镇参与来料加工农户 903 户、1005 人，经纪人 28 人，加工企业 4 个，集中加工点 5 个，发放加工费 585.3 万元，完成任务数的 97.55%。

【农业经济】 2013 年，罗店镇农作物播种面积 936.2 公顷。其中，粮食作物 349.47 公顷，农业总产值 1.86 亿元，同比增长 6.9%；农民人均收入 10910 元，同比增长 10.1%。经多年培育发展，花卉苗木种植、甲鱼养殖、高山蔬菜种植已成为罗店镇三大支柱产业，基本实现规模化、品牌化。其中，全镇花卉苗木种植面积稳定在 366.67 公顷，花卉品种有茶花、白兰、树桩盆景、园林绿化苗木和南方花卉六大类600多个;中转花卉苗木3900多车、2200多万盆(株),销售收入8000万元,同比增长33%。甲鱼养殖规模达1000万只,销售收入7000万元,在农民专业合作社带动下,改进养殖技术,提高甲鱼品质,实现生态养殖。高山蔬菜种植面积稳定在133.33公顷,销售收入800万元,受高温干旱气候影响,比去年同期相比有所减少。

【旅游经济】 依托罗店生态优势,借助双龙景区丰富的休闲旅游资源,主动接轨双龙风景区"浙中凉都"、智者寺复建等项目建设及逐步完善的经营基础条件,加强环境保护,培育景区核心村洞前、鹿田、盘前等一批农家乐专业村,农家乐经营点43家,同比增长22.86%;总投资规模4488万元,同比增长10.27%;直接从业人员136人,同比增长11.25%。

【水利建设】 加快重点水利县工程项目建设,年度计划项目4个,广塘垄、大舍塘加固改造工程和长岭水库渠道改造3个项目已完工,苗木喷滴灌工程进展顺利。应对高温干旱特殊天气,开展农业抗旱自救工作,确保全镇村民饮用水安全,尽量满足农田灌溉需求。

【林业管理】 全年举办培训班6次、500余人次,进行苗木管理、生态林管护、有害生物监测与防治、林业技术、相关法律法规等知识的培训、讲座。加强林政执法,保护生态资源,按审批程序办理采伐手续。按照区林业局要求,对罗店镇古树名木进行部分养护,建立电子档案,挂牌登记。落实森林防火责任制,加强灭火基础设施和灭火队伍建设,投入4万元购置森林消防水泵,做到严阵以待,严防死守,确保森林防火工作万无一失,先后被评为市、区森林消防先进单位。全年发生森林火警4起,过火面积1公顷。

学习、贯彻《浙江省松材线虫病防治条例》,把工作落到实处。做好每年3次马尾松毛虫调查和松材线虫监测工作;做好春季、秋季森林植物产地检疫工作,发放《森林植物产地检疫合格证》148本。开展全民义务植树活动,全年植树60000株,庭院绿化面积1公顷,道路绿化1000米,人工造林8.67公顷,新增苗木20公顷。全镇有生态公益林3205.13公顷(省级公益林),鹿村、洞前村申报创建市级绿化示范村。镇政府与区政府及各行政村签订《金华市婺城区重点公益林保护管理责任书》,配有护林员18人,所有公益林落实管护责任,面积落实到山头,档案规范齐全。

【新农村建设】 2013年,创建"洁美村庄"28个、"秀美村庄"6个。后园、鹿田、盘前、六头塔等4个村实施农房改造项目。实施省级待整治污水治理项目建设6个村。其中,鹿田、玲珑岩村已完成,林田、盘前村在施工,西旺、张家村在规划中。加强集镇垃圾清运工作,投资100万元的垃圾中转站于11月投入试运行,每天中转垃圾8吨,涉及集镇中心区域内的10个点。完善交通道路建设,完成后溪河村300米环村公路及"九后公路"建新毛村岗段500米修缮工作。建房管理更加有序,发放建设用地规划许可证27户2208.8平方米,发放建设工程规划许可证33户8804.75平方米,发放乡村规划许可证16户4290平方米。引导农民进行土地流转工作,参加土地流转农户820户188公顷。对建新、西吴等7个村进行"一事一议"项目申报,总投资500余万元,其中上级补助150余万元。

加强"四边三化"工作力度,对甲鱼养殖户违规囤积的工业垃圾进行集中清理300余吨。贯彻落实双龙风景区管委会提出的治"五乱"工作精神,成立12个巡查小组,3个督查小组,对"五乱"情况进行巡查并落实整改措施。做好退耕还林和封山护林工作,启动省森林城镇申报工作,完成森林城镇规划方案编制,并通过省专家组评审。召开2013年度罗店镇血防工作会议,组织查螺10个行政村,面积35万平方米。

【农村文化】 5月,选送9名优秀歌手参加婺城区白沙春晓青年歌唱大奖赛,陈文江入围总决赛。金华电视台《二十分可乐》栏目组到后溪河等村拍摄系列剧《茶花朵朵开》。5月31日,"美丽乡村江浙行"全国知名网络媒体采风活动走进后溪河村,对该村特色产业进行全方位报道。成立婺剧促进分会,选拔一批农民婺剧爱好者,编排系列婺剧节目。10月27日,参加婺城区第二届民俗文化艺术节婺剧展演,表现突出。

开展文化示范村、文明村创建活动,新申报创建市级文明村 3 个,新增市级文明村 1 个(前店村),区级文明村 2 个(长岭村、三甲山村),区级文明单位 1 个(金华市盛博奥园林有限公司),新增春泥计划实施村 15 个。后溪河村评为金华市“乡风评议示范村”,成为全区唯一一个获此殊荣的行政村,还被命名为“浙江书法村”,成为金华市首个“浙江书法村”。镇文化活动中心通过验收考核,专项补助资金 10 万元。还评为二星级农家书屋。詹素娟评为省农家书屋管理员工作成绩突出奖、市优秀农家书屋管理员一等奖。十里铺村王顺禄、鹿村吴晶、西吴村赵敏等人评为市本级农家书屋优秀管理员二等奖。

高唱红歌跟党走

【民生工作】 完善最低生活保障制度,按照规定完成年审换证工作,至年底,全镇有低保户 194 户、321 人,发放低保金 70.43 万元;五保户 24 户、25 人;60 岁以上退役士兵 146 人,发放老年生活费 8.74 万元;上年度士兵自主就业 26 人,发放经济补助款 24.5 万元;发放 3 万元救灾款;安居工程 14 户完成。开展系列助行、助学、助医活动,让更多残疾人共享社会发展成果。西吴、麻车、洞前等 5 个村开展居家养老工作。完善老年活动室,创办老年体育示范村 12 家。城乡居民医疗保险参保 10080 人,45~60 岁参保率 99%。利用罗店镇充分就业村平台发布企业用工信息 13 次,净增就业岗位 240 人,完成率 100%;失业人员再就业 61 人,完成率 101%;充分就业村 13 个,完成率 186%;新增农村劳动力转移 275 人,完成率 106%;农村劳动力素质培养 246 人,完成率 123%;务工农民岗位技能培训 246 人,完成率为 102%;企业劳动年检 112 家,完成率为 102%。

【计划生育】 全年出生 198 人,其中计划内出生 188 人,计生率 94.95%;应征收社会抚养费 428140 元,已征收 206300 元,征收率 48.19%;当年二孩应落实措施人数 50 人,已扎落实措施人数 24 人,当年二孩长效节育措施率 48%;当年一孩应落实措施人数 142 人,已扎落实措施人数 33 人,当年一孩长效节育措施率 23.24%;出生婴儿性别比 118:100;外来人口 2537 人,验证率 99%。开展人口计生宣教阵地示范村创建、三优试点工作。集镇所在地罗店村创建为示范村,通过区计生局验收。25 个村有计生宣传橱窗,13 个村有宣传栏,每村有宣传标语 3~5 块。5 月中旬,在全镇范围开展生育政策、法律责任及《决定》《条例》等宣传,对育龄群众集中辅导 4 次,发放墙图 450 余张,播放录像 20 次,广播宣传 40 余次,黑板报 39 期,举办咨询活动 4 次,发放计生服务信息 4 条,组织收看“三优”教育片 9 次,举办“三优”知识讲座 9 次。5 月 8 日(母亲节)举办《快乐妈妈》为主题的知识讲座。5 月 28 日,举办优生优育优教指导中心成立暨“5·29”计生协会员日活动文艺汇演。7 月 11 日,利用“人口日”开展一系列“三优”宣传,使“优生两免政策”家喻户晓、人人皆知。同时,在罗店卫生院开展“关爱妇女健康”为主题的“两癌”筛查活动,筛查 3900 余名育龄妇女,其中包括全镇计生服务员、妇女主任 50 名,增强了干部群众的优生意识。

【综治工作】 结合“平安罗店”创建活动,推进“网格化管理、组团式服务”工作,全镇划分 68 个网格,有 68 支服务团队。组织开展“两排查一促进”专项活动,掌握各行政村、企事业单位的各类矛盾纠纷,对可能影响社会稳定的苗头性、倾向性重大不稳定因素,做好疏导、化解、稳控工作,确保矛盾纠纷不升级、不蔓延、不转移、不输出。全年镇、村人民调解委员会调处矛盾纠纷 48 件,调解成功率 100%。全镇有在册社区矫正对象 17 名,未出现脱管、漏管问题,未发现重新犯罪及其他严重违法行为。年初与辖区村、企、单位签订反邪教工作责任书,建立反邪教阵地 10 个,固定宣传栏 1 块,张贴标语 260 余张,悬挂宣传横幅 6 条,掌握了解重点人口动态,加强管理。6月,集中开展“禁毒宣传月”宣传活动,制作禁毒法制专栏,在中小学校普遍开设禁毒法制讲座和禁毒知识教育课,加深对毒品危害认识,形成珍爱生命,拒绝毒品的氛围。

【安全生产】 强化防汛抗旱队伍力量,加强安全生产工作,落实山塘水库管理责任,完善应急预案和巡查报告制度。开展安全度汛大检查,及时排除安全隐患,确保水利设施安全。与全镇38个村、74家企事业单位签订“平安创建”工作责任书。6月8日,组织辖区内厂、矿企业主、安全员、镇干部召开夏季安全生产、消防安全、用电管理等知识培训会,邀请区安监局、派出所干警、用电管理所有关人员举办安全生产知识、用电常识和消防管理知识的培训。联合安监、交通、派出所等有关部门组织安全生产大检查,无重特大事故发生,确保全镇社会和谐稳定。

【重点工程】 “金品小区”项目是市重点工程,用于城市拆迁安置移民,征地35.61公顷,涉及2个行政村476户。完成小区内经济适用房、孙家里、双龙桥头、杭长高铁拆迁安置等地块工程建设、电力线架设及金二泥电力专线架设。

“尖峰山高尚休闲生活区”建设项目是市重点建设项目。征地60.11公顷,涉及童仙、石墙脚、长岭、鹿村、后园、对岳、麻车等7个行政村900多户,涉及面广,工作难度强,任务繁重。完成长岭村土地丈量、苗木清点工作,造册工作正在进行;对岳村、石墙脚村集体土地丈量评估工作业已完成,正在进行造册工作。勘定长岭、对岳、鹿村、石墙脚、麻车等各村的边界。

“浙中粮油交易中心”是省重点项目,主体工程占地17.66公顷,涉及2村1场142户。2013年,“浙中粮油中心”配套道路征地款发放完成100%。

“浙师大电力专线架设工程”需建设18个基塔,涉及罗店镇张家、推包井、六头塔、倪西店、罗大门、西吴等6个村2000多平方米。至年底,18个塔基政策处理工作及保障性施工全部处理完成。

【优化服务】 镇党委注重干部素质的培养,努力打造全科型干部。要求全体干部统一佩戴工作证,亮明身份。联村干部的姓名、照片、职务、联系方式、在村集中办公时间等信息,在各村村务公开栏或办公楼公布,并印发联村干部便民联系卡广泛告知村民群众,自觉接受村民群众监督。发放便民服务卡6000余份,每位联村干部做到一周至少一天入村夜访夜谈,通过走访,增进干群联系,及时了解基层情况,在大走访中发现问题76件全部得到及解,维护社会稳定。镇党委加强乡镇365服务平台建设,完善服务体系,提高服务水平和质量,帮助办理事项537项。

【组织建设】 2013年,罗店镇对38个村进行村级组织换届,选出新任村支书10人、副书记主持工作2名,新进委员35名。镇党委2次对全镇985名党员进行五星评定工作。通过党员自评、群众互评、支部评议,评出五星党员304名,四星党员382名,三星党员241名,二星党员58名。年初,各村结合本村实际,推行创业承诺制和辞职承诺制,制定创业办实事项目,涉及基层党建、新农村建设、农业水利、交通等基础设施建设项目112件,与各村党支部签辞职承诺书115份。至年底,镇党委对2个村书记启动辞职承诺程序,完成创业承诺实事项目112件,全镇村两委班子的战斗力得到明显提高。全年各级党组织和共建单位党组织开展为民服务活动20多次,启动镇、村经济发展项目12项,建设水、电、路等基础设施项目9项,为基层、群众办实事40余件。

(何　琪)

雅畈镇

【概述】 雅畈镇是“浙江省中心镇”“金华市生态镇”。地处金华市郊南部,武义江南岸,距市中心4.5千米。东南界武义县,东北濒武义江,隔江与金东区江东镇、多湖街道相望,西南毗邻安地镇,西北接金华经济开发区苏孟乡。镇政府驻雅畈三村,位于南二环路边,与市区东阳街相通。全镇面积74.33平方千米,下辖集镇、雅畈、华南3个管理处、37个村民委员会、209个村民小组。人口8335户、22371人。其中,农村常住人口7538户、20269人。

雅畈镇围绕“工业强镇、农业稳镇、文旅兴镇、党建固镇”战略,以九大重点工程项目为龙头,以

"三改一拆"行动为契机，开展乡镇干部队伍建设和"全科干部、全心服务"活动，推进村级组织换届选举，实施水环境治理，各项经济社会建设取得较好成绩。

【工业发展】 雅畈镇开展"双千"活动，加大对企业服务和扶持力度，帮助企业减少国内外低迷经济影响，提升经济效益。截至年底，全镇实现工业总产值 10.33 亿元，同比增长 6%；实现工业增加值 2.33 亿元，同比增长 27%；全部工业投入 6700 万元，引进区外内资 3500 万元；规模以上企业完成产值 2.47 亿元，同比增加 19%；规模以上工业新产品产值 9167 万元，同比增加 18%；完成工业出口交货值 1.94 亿元，同比增加 16%；完成来料加工 2735 万元，同比增长 3%。区级财政收入 646.9 万元，超额完成年计划。先后完成工业用地征用 13.33 公顷，竹园工业小区 6.67 公顷，原砖瓦厂 10 公顷，民兵训练基地 2.67 公顷，为发展经济提供资源保障。加强全镇工业功能区规划管理，结合实际划分为集镇、镇东和竹园三大工业功能区，研究制定控制性详细规划，为工业经济持续健康发展进行宏观把控和明确定位。

【农业农村工作】 开展美丽乡村建设申报审查工作，7 个村申报精品村、15 个村申报秀美村、15 个村报洁美村、3 个申报历史文化名村，7 个村开展农房改造，已进入规划编制阶段。加大村庄美化检查力度，全镇 37 个行政村重新明确保洁队伍、保洁工资、考核办法。组织首期 60 余人的农村劳动力培训工作。一村、二村、三村的历史文化名村通过省级审批，启动古街改造工程，完成规划设计、施工招标准备。完成集镇总规、控规编制工作，加快小城镇建设总体规划步伐。投入 7 万元完成集镇绿化、洁化改造，成立组织机构，选配人员力量，整治乱搭乱建。"三改一拆"取得初步成效，拆除违法建筑 96828.66 平方米，强制拆除严重影响市、区和集镇发展的东阳街、二环路两侧违法建筑，受到省、市、区领导和部门充分肯定。

加强水环境治理，筹措资金 10 多万元，清理后溪渠道淤泥，铲除东阳街两侧建筑垃圾，建立集镇长效管理机制。完成桥岭线过镇道路南移规划图纸制作，相关放线、拟订方案工作有序推进。省、市重点工程上六、汪家村高压架线和儿坑村金丽温输气管道工程施工顺利。利用丘陵自然资源分别建立至少百亩的蓝莓、李子、冬枣、西瓜、火龙果、葡萄和 3.33 公顷玫瑰花基地，加强村校联系，推动蓝莓特色主打产品和冬枣深加工发展。规范 22 家苗木专业合作社生产经营，苗木产销 3.5 亿元。完成 4 个重点县水利项目建设，2 个省重点水利除险加固建设项目。投资 12 万元完成芳田畈粮食功能区 1000 米水渠和道路改造，汪家村杉树坞 15.33 公顷和竹园村桐籽山 4.67 公顷土地复垦项目通过验收。投资 76 万元建设省示范性农业公共服务中心，配置农业专业器材。完成 38.8 公顷绿化造林和 153.33 公顷中幼林抚育，4 个村开展市、区二级绿化示范村创建。加强森林防火和动物防疫工作，完成 2013 年区"一事一议"项目 6 个。

【文化旅游】 雅畈镇党委、政府挖掘镇域内历史文化遗存、非物质文化遗产，用全局的、创新的视野研究旅游，做好旅游规划，强化资源整合，把文化和旅游紧密衔接，突出雅畈特色和亮点。9 月，先后编制完成《雅畈镇文化旅游总体规划》《汪家垅水库旅游总体规划》《雅畈镇历史文化村落保护利用规划》，为推进文化旅游奠定基础。文物保护工作有序推进，七家厅列入国家级文保单位，组织召开镇历史文化街区保护规划专家评审会。雅畈镇充分利用良好的文化、生态资源，以东方斗牛文化为核心，以古街区、汉灶古窑开发为重点，以庄缘谷文化观光景区、向阳谷休闲农业为龙头，以滨水游憩为特色，以休闲农业为后盾，生态度假为补充，进行合理有序开发，依托当地文脉因地制宜策划旅游产品，提升雅畈镇旅游知名度，推动旅游客源市场的拓展，把雅畈打造成国内独树一帜的东方斗牛文化主题旅游区。

【社会事业】 全年发放平安建设、反邪教等宣传资料 10000 余份，走访农户 3000 余户，收集意见建议 100 多条，排查信访件近 30 件，矛盾纠纷 40 余起，均得到有效调处。投入 20 多万元加大便民服务基础设施建设，改建镇综合性服务中心。开展中老年太极拳培训和斗牛、舞龙灯、婺剧及文化走亲演出等活动，创建市级文明单位 1 家，市级文明村 2 家，区级文明村 2 家。组织门球、乒乓球和气排球邀请赛，承办全区关工委调研工作会议，成立陈氏太极拳研究会雅畈镇辅导站。完成6个村居家安养服务照料中心建设,新建1个村避灾安置场所,2个村通过市级示范社区验收。关心残疾人生活,雅畈镇获浙江省扶残助残爱心城区创建工作先进集体。做好各类救灾救济款项发放, 开展“慈善一日捐”活动,捐助善款1.9万元。组织镇、村干部城乡医保、社保业务培训,落实农村社保参保工作,全镇应参保14738人,实际参保14092人,完成率为95.6%。抓好计划生育工作, 全镇出生人口225人, 计划生育率94.47%,性别比为100:136.84,应征社会抚养费68.66万元,已征66.39万元,征收率96.7%。

【组织建设】 落实全区干部大会精神, 制定下发《关于开展“加强干部队伍全方位建设,提高政府机关全身心服务”活动的实施方案》及镇机关干部联村住夜制度, 统一为镇干部配发民情日记工作本,制作公示牌、工作证、干部联系卡,自觉接受村民群众监督。加强干部教育管理,修订完善《镇机关干部月考核办法》,加大日常工作督导检查力度,采取通报、谈话方式,督促21名干部改正缺点,提高工作效率。在培养“狮子型”“黄牛型”干部基础工作上下功夫, 组织中层干部选拔竞聘,13名中层干部脱颖而出,实现新老衔接、搭配合理的目标。开展“五星争创”和党员五星管理活动,对二星支部以上党员进行星级管理评定。抓好村级组织换届选举工作,安排人员提早介入,摸清底数,掌握实情,收集整理影响村级组织建设的问题、建议80多条。召开2次专题党政班子会, 研究解决村级组织建设的矛盾和困难,为3个村增加1.2万余元建设资金。召开3次村级组织换届选举工作动员部署会, 为村两委上党课,开展选风选纪教育,成立3个选举观察团,协调处理20余起选举上访事件。贯彻上级纪委关于改进作风的精神,加强以“八条禁令”为主的干部作风廉政教育。执行中央有关作风纪律制度规定,开展自查自纠,减少会议,压缩行政开支,取消迎来送往等涉及“四风”的陈规陋习。加大信访案件查处力度,处理2件信访和党员违纪案件。

(陈　晨)

安地镇

【概述】 安地镇位于婺城区南部, 东与雅畈镇接壤,东南与安地镇武义县交界,西南与箬阳乡相接,北与苏孟乡毗邻。距离金华市区15千米,面积136.47平方千米, 辖37个建制村,69个自然村,人口6069户、16038人。

安地镇处金华南山核心区,水资源丰富,境内主要有梅溪、龙潭溪、外畈溪、上干溪、雅干溪等溪流,建有总库容6621万立方米的安地水库(即仙源湖)。经过10年开发,建有金华动物园、美地南山漂流、龙溪漂流、仙源谷漂流、十里桂花长廊游步道等游乐设施;开发建设“仙源欧境”“双溪源”“香溪玫瑰园”高档住宅区。2013年,获批国家级生态乡镇。

【重点工作】 完成国家级重点工程溪洛渡左岸金华±800千伏特高压直流输电线路工程政策处理工作,有18个基站,涉及石岭脚等9个村;完成连接市区与安地的自行车专用道——市级重点工程绿道,涉及的岩头、下傅等6个村都已完成政策处理,全段沥青浇筑。开展过水栈道、沿途驿站以及路边绿化建设;启动市级重点工程梅溪治理,完成河道清理和沿线河边道路驳堪;全年完成土地征用33.33公顷,保障了“桂语山居”以及喜曼安地度假酒店项目施工,完成开源二期塘头地块和开源四期“南山郡”项目13.33公顷土地清表,交付开源区块23.33公顷土地, 确保五合置业项目顺利施工。占地2.67公顷的“康盛问桂居”区块,进场施工。9月份,启动水上运动中心和金华乐园项目。其中,金华乐园征地5.2公顷,涉及安地村86户,已评估丈量68户,完成率80%;搬迁18户1.33公顷。水上运动中心项目征地13.53公顷, 涉及回坑、安地2个村156户(回坑村101户9.53公顷,安地村55户4公顷),完成苗木评估、土地丈量149户,完成率为95.5%;完成苗木搬迁9.67公顷,完成率71.5%,于12月20日开工。

【经济发展】 全年实现工农业总产值2.44亿元。其中,工业总产值1.24亿元,农业总产值1.2亿元。完成财政收入4025万元。其中,国税收入72万元，地税收入3953万元。发放来料加工费1596万元。有山林12400公顷，耕地573.33公顷，人均占用耕地0.038公顷。经济作物以花卉苗木、毛竹、食用笋、水果为主。全镇花卉苗木种植面积500公顷，品种200多个。其中，桂花占80%以上，有“中国桂花之乡”美誉。至年底，有农民专业合作社48家，其中33家苗木合作社。安地桂花销售近六年都超过5000万元，2013年实现销售产值1亿多元。建立金华市军民果蔬专业合作社、荣春家禽专业合作社、众和毛竹专业合作社、亲近自然竹笋专业合作社、郑二竹笋专业合作社、金佛手专业合作社等6家专业合作社。区委、区政府、仙源湖管委会在安地镇成功举办第五届中国仙源湖桂花节，带动桂花苗木销售，助推安地以桂花为主题的休闲旅游发展。

【农家乐旅游】 依托仙源湖开发，安地农家乐旅游获得长足发展。至年底，有农家乐32家，累计投资4000余万元，主要集中在安地村—小同村—郑宅村一线。完善小同村乡村旅游服务中心，投入30余万元，补助安地、项村、郑宅、山道、小同等村乡村旅游设施，建成户外休闲项目12个，室内娱乐项目15个，规模经营场所4家，床位1050张，可同时接待2000多人就餐。创建小九寨、仙源峡、铁皮山庄、龙溪漂流等特色景点4个，三星级农家乐16家，二星级农家乐6家。全年接待游客48.02万人次，营业额5612余万元。

【新农村建设】 启动喻斯村美丽乡村、精品村建设，雅干、寺口、项村、西周村美丽乡村、秀美村建设。启动新垅、南郭、里吴、埠头等4个村的污水处理改造。推进岩头村新农村建设，完成用地托浮和建房户预审。完成西周村4000余平方米农房拆除，规划中的33户农房基本完成建设。抓好农村集体“三资”管理工作。开展城乡居民医疗保险费收缴工作，实现到账率95.5%以上。完成133.33公顷山林病虫害防治。做好生活垃圾“村收集、镇中转”工作；开展清理河道清洁乡村专项行动和河道边洁化、绿化、美化、行动。

【综治平安】 以“平安安地”创建为核心，开展“三改一拆”、土地征用等重大事项社会稳定风险评估，落实维稳举措，抓好“排查整治、强基促稳”专项活动。深化“网格化管理、组团式服务”，推进各村网格长和网格员正常开展服务工作。做好25名社区矫正人员矫正管理和12名刑释解教人员安置帮教工作。发挥“大调解”机制，做好人民调解工作。做好公共安全工作。深入实施反邪教，做好底数大排摸和“一对一”帮教转化工作。全年收到各类信访件25件。其中，中央、省转5件、市转9件、区转11件，均及时办理。对部分重点信访案件，落实领导包案制。8890转办的7件事项，均及时办理。落实企业安全生产源头管理，组织漂流、餐饮企业安全生产大检查，下发隐患整改通知30余份；组织3批次消防、救生技能培训，有关企业安全员全部实现配证上岗。

【社会保障】 做好全镇131户低保户、8户五保户保障工作，发放低保款50万元；发放农村退役士兵老年生活补助5.2万元。关爱社会弱势群体，发放优抚金38万余元。建成居家养老照料中心1家；养老服务站4家。实施跨库移民村后期扶持项目9个，扶持资金170余万元；跨库移民结余项目11个，扶持资金100万元。

【农村水利】 全年投资56万元，完成安地村稻塘山塘除险加固，投资110万元实施寺口村寺后塘除险加固。开展“市本级小农水建设项目”建设，投资20万元建设岩头村排灌渠道600米；投资23万元建设外畈村排水渠600米。为提高防汛抗旱能力，投资25万元，完成全镇9处堰坝加固；对南郭等3个村的3座山塘启闭器进行修理；投入28万元对上傅、项村、埠头等村水毁工程进行修复。

【社会事业】 按照“属地化管理、市民化服务”要求，提升计生服务水平，做细“三查”工作，严肃处理多名计生违纪党员，突破抚养费征收和流动人口计生管理难题。全年出生162人。其中，男孩76人，女孩86人，性别比为88.37:100；计划外出生9人，计划生育率94.44%。征收社会抚养费37万元；全镇应透检育龄妇女2525人，完成透检2501人。开展镇属“两新”组织妇女组织建设工作，在壮昊五金汽配公司召开妇代会，建“立妇女之家”组织。实施“春蕾助学”，为16名困难学生发放助学款1.6万元。投入人力物力，保障各村村邮站和农家书屋正常运行，成立婺剧促进会安地镇分会。

抓好人民武装工作，完成夏季征兵任务。组织民兵预备役人员组建了民兵应急分队，在火灾等突发事故中,第一时间应急救援,发挥重要作用。在上级人防部门指导帮助下,安地镇被确定为人防重点镇,设立人防(民防)办公室,配备防空警报、民防应急器材,提高应急救援能力。

【组织建设】 完成支部换届和村委会换届工作,通过全方位宣传,教育引导党员、干部、群众自觉抵制不正之风。坚持有报必查,严防贿选以及破坏选举行为发生,保持选风选纪高压态势。本次换届选举,户代表、党员、选民参选率均在95%以上。支部换届除3个村外,34个村实现首轮成功选举,支部换届中没有出现群众举报。村委会换届,在“自荐直选”模式下,27个村实现首轮成功选举。村委会换届中,通过安装视频监控系统,加强警力巡逻,各村选举秩序好于往届,绝大多数候选人成功当选。2名符合条件的“村官”,当选村支委,5个村实现书记主任“一肩挑”。加强支部教育整顿,全镇43个支部吸收入党积极分子37人,预备党员13人,按期转正20人。

(贯　芳)

白龙桥镇

【概述】 白龙桥镇位于金华城区西郊,东临秋滨街道,东北隔婺江与乾西乡相望,南靠长山乡,西接蒋堂镇,北毗兰溪市,是婺城区政府驻地。面积92.91平方千米,辖49个行政村、7个居委会,521个村民小组,人口23557户、60703人。辖区内另有:华电新村社区6068人,华核社区3007人,玉龙社区30170人,金奥社区805人。

白龙桥镇党委、政府按照“百姓富裕、赶超崛起”总目标,打造特色发展平台,完善基础设施,提升集镇功能,增强创新能力,提升白龙桥镇在市区的首位度和影响力。突出“三个重点”,在工业经济、城镇建设、水环境治理三方面下大力气。提升“五项工作”:抓党建、促发展;抓民生、增福祉;抓服务、强保障;抓整治、优环境;抓管理、促稳定。把白龙桥建设成“两富”现代化都市核心区的首善之镇而努力。

【工业经济】 全年工业总产值160.42亿元,同比增长11.6%。其中,规模以上企业产值71.01亿元,同比增长15.8%;新产品产值43.58亿元,同比增长11.8%;新增固定资产投入17.98亿元,同比增长22.33%;引进内资16.51亿元、外资300万美元、婺商回归5.1亿元;财政收入5.3亿元,同比增长10%;来料加工6723.9万元,同比增长6.9%。

开展“千名干部下基层、进村入企解难题”活动,帮助企业解决各类难题。开展“清闲促产”活动,清理出7家低效用地企业、28家闲置用地企业。加强中小企业扶植和培育,推动“个转企”“下升上”“小上规”等工作,规模以上企业从53家增长到63家,完成“下升上”7家,“小上规”17家,“个转企”22家。参加“美丽浙江·强镇榜样”评选并获得“产业集聚模范镇”称号。

【农业经济】 全年农业产值4.16亿元。粮食种植面积3587.07公顷。投入资金1005万元抓好古方畈粮食生产功能区建设,创建省级水稻高产千亩示范片1个。全年发放惠农补贴资金806.55万元。争取资金建造白水畈抽水机埠一座,引水渠700米,缓解了东周、上邵移民、下杨、新周家等村农业生产用水。全镇创建市级农业龙头企业3家,区级8家,农业专业合作社185家,家庭农场6家,流转土地976.6公顷。培育二百亩以上种粮大户4家、一百亩以上双季稻种植大户8家。投入360多万元用于抗旱。完善水利基础设施,完成干堤加固0.9千米,河道治理4千米;完成麻吉垅、郭力垅两座水库除险加固工程并通过验收;青塘水库除险加固工程进入扫尾阶段;郭力垅中干渠、西园村东溪渠道工程完工,古城范排灌渠工程、临江村水渠相继开工建设。

【重点工程】 全镇取消双休日和节假日,集中开展“正风提效、攻坚克难”及“百日服务”等活动,重点工程、重点项目政策处理工作取得突破性进展。完成公安应急指挥中心、金华市污水处理厂二期、益塘地块、云计算、巨宏清洁能源供热管线、镇中心幼儿园、禾为工贸等项目政策处理;基本完成宾虹西路拓宽、南网、莱恩农装、时通电器、金磐机电等项目政策处理;加快意谐房产、第五监狱管线、临江变至中心综合区电缆线路等项目政策处理;开展330国道婺城区段改扩建工程政策处理工作,完成规划调整听证会、道路红线放样及红线范围内青苗清点评估等工作。

【集镇建设】推进中心镇基础设施建设，完成长安街、郑阳村至二环段道路优化改造工程；实施马海路亮化工程。组织“三改一拆”工作，拆除违法建筑141宗、21.6万平方米；改造旧厂区17.8万平方米；关停非法采砂、制砂场28家；制定金竹园村改造方案，启动城中村改造。宏腾生活广场(邻里中心)和第二人民医院项目落地叶店村，与新城老镇实现无缝对接。新区范围内残疾人服务中心、水上交通应急指挥中心投入使用；城市广场二期、伟达雷迪森酒店主体完工；浙中乐园、金华银行开工建设。老镇白沙春晓、玉龙华府、康桥别院等房产项目进展顺利，销售形势良好，完成商品房20余万平方米。完成2项农村联网公路建设，即投入60余万元的古方至翁家山头1.4千米路面硬化工程与投入100余万元的古城范虹路桥、联丰郭塘桥两座危桥改造工程。

【新农村建设】创建精品村2个、秀美村4个、示范中心村2个、洁美村30个，创建市级绿化示范村6个、区级绿化示范村8个，实施卫生改厕3个村、500户，完成农房改造建设215户、困难户危旧房改造10个。按照“四边三化”整治要求，落实保洁队伍，统一清运垃圾，每日全镇清运垃圾50余吨。每年投入近20万元进行集镇绿化养护，制定相关责任和制度，完成绿化造林10万平方米，迹地更新2.67万平方米和抚育36.67万平方米的任务。金华江治理一期工程项目筱溪段进场施工，东俞段政策处理正在加快进行。根据区“五水共治”工作统一部署，白沙溪、桐溪流域水环境综合治理工作有序开展。协同水务局对白沙溪玉山堰以下河道进行清淤；古方桥上下游城防工程顺利推进；清理桐溪流域5880米水面生活垃圾及支渠农业面源污染4000余立方米；加大水环境整治宣传力度，制作横幅25条、固定宣传标语50条、树立警示牌20块、发放倡议书3000份；镇域内三座小(一)型水库全部实施洁水养鱼。

白龙桥镇政协会办工委开展新农村建设考察活动

【综合治理】开展平安创建宣传活动，在长安街、金龙路制作灯箱，形成长1千米的平安创建宣传一条街，悬挂横幅52幅，张贴宣传标语538条，发放平安创建倡议书25165份，提高广大村民参与平安创建的知晓率、参与率与满意率。推进“网格化管理、组团式服务”工作，每年投入50多万元建立社会服务管理室，用于基础建设和巡防建设。全镇52个行政村、4个社区划分网格130个，服务团队57个、225人，志愿者队伍150人，并对全镇规上企业逐步实施社会服务管理站创建。做好流动人口服务管理工作，新登记流动人口24658人，新登记出租房屋1042家，规范落实专职协管员、房东、业主“三位一体”的流动人口居住源头登记管理，抓获网上逃犯5人，捣毁涉恶团伙2个，打击传销团伙11个。做好信访维稳工作，开展信访苗头、矛盾纠纷排查33次，排摸出各类矛盾纠纷155起，调处成功155起，调处率为100%。开展对“法轮功”邪教组织、“全能神”邪教人员教育转化工作，推进社区矫正及安置帮教工作，确保矫正人员不重新犯罪，无脱管漏管情况发生。全镇实行安全生产管理网格化管理模式，与各单位签订安全生产目标管理责任书26份，与企业签订安全生产责任书384份。开展3次拉网式安全生产大检查活动，43家规上企业通过国家安生标准化三级考评验收。对集镇周边的食品安全问题实施专项整治。

【社会保障】失地农民新参保959人，失地转社保4200余人；城乡居民医保参保31912人，参保率94.2%；完成企业退休登记4225人，走访4225人；发放“4050”人员社保补贴129人、37.78万元。政策性住房保险参保率98.7%。推广劳动争议联合调处机制，在条件成熟的60家企业建立劳动调解委员会。建立居家养老服务站8个村、照料中心2个，创建省级示范社区服务中心2家。

【文体教育】 创建区级文化示范村(社区)5个,文化大礼堂3个;实施春泥计划18个村;承办白沙春晓杯婺城歌手大奖赛;完成占地4335平方米、建筑面积2894.16平方米、总投资744.56万元的镇中心幼儿园主体工程建设;更换、修缮17个村篮球架及健身器械;新组建舞蹈表演队、太极拳、健身操队、锣鼓班、婺剧坐唱班等村级文化队伍11支;举办第三届老年运动会。

【党政建设】 白龙桥镇商会33家会员企业均建立党组织。其中,企业党委3个、企业支部30个,有党员390人。11月21日,白龙桥镇商会党委召开换届选举大会,选举产生新一届商会党委书记、副书记和委员。选举产生46名党代会代表。其中,管理层代表16名,占34.8%;青年代表11名,占23.9%;妇女代表9名,占19.6%;一线职工代表7名,占15.2%;流动党员代表3名,占6.5%。

全年共办理镇人大代表建议意见12件。提升干部执行力,开展扶危济困、化解矛盾、为企服务等系列服务活动。加强工作考核,制订考核办法,力求责任落实到位。加强工程项目监管,镇招投中心完成招投标16件、233.7万元,节约资金4.7万元。加强村务公开和民主管理,规范公开内容和公开方式,加强日常监督检查和村级"三资"管理,农村集体"三资"纳入代理中心管理的行政村51个,村级存款1.04亿元。加强村级财务管理,结合区换届选举试点工作和村级财务"三年一轮审"的工作安排,审计村级财务项目25个,分别为行政村19个,自然村1个和分项目5个,审计金额2.16亿元。

(李　苗)

琅琊镇

【概述】 琅琊镇位于金华市婺城区西南部,距金华城区18.5千米,坐落在琅峰山下,白沙溪畔。琅琊镇地处金沙兰水源涵养区,水源供金华70万人口饮用,有"金华水缸"美称。面积93.07平方千米,人口7064户、19172人,辖3个分中心,30个行政村,有43个党支部。全镇以农业为主,特色产品有畜禽、西瓜、冷水茭白、葡萄、生态鳖。有国家级文保单位铁店古窑址和省级文保单位白沙溪第二堰、杨塘下滕氏宗祠等名胜古迹。2013年琅琊镇荣获婺城区先进基层党委、宣传思想工作先进单位、基层统战工作先进集体、落实党风廉政建设责任制先进集体、人口和计划生育先进集体、来料加工先进单位、美丽乡村建设竞赛优胜单位一等奖、农业产业化工作先进集体二等奖、安全生产综合目标管理考核先进单位二等奖、社会管理创新竞赛优胜单位三等奖等荣誉,被金华市委、市政府评为金华市十大优秀乡镇、市级社会管理先进单位。

【经济发展】 2013年实现工农业生产总值7.93亿元,同比增长9%。其中,工业总产值6亿元,规上产值6350万元,引进内资3000万元(其中婺商回归内资1980万元)。实现财政税收1196万元,其中,镇级财政收入336.8万元;发放来料加工费2621万元,增长10.2%。农业总产值1.93亿元,农民人均纯收入7300元,同比增长10.6%。粮食种植面积2407.67,总产量1326吨,同比增长7.3%。抓好粮食功能区建设,8月1日,投资1248万元的大岩畈综合土地整治项目完工,完成任务土地整理593.33公顷,砌筑灌渠30千米,修建渠系建筑物300处,修建机耕路20千米,改良土壤400公顷,营造农田防护林20公顷。完成老虎头水库除险加固以及黄波兰水库除险加固主体工程,投资1803万元对白沙溪集镇段进行综合治理。同时,抓好农资直补、重大动物疫病防治、土地流转、植树造林等工作。

【新农村建设】 创建国家级生态镇,90%以上村庄创建生态村。开展沙金兰水源涵养功能区水环境综合整治,拆除27家锯板厂、6家养殖场1.36万平方米建筑。

开展土地综合治理,做好琅新村等5个村近13.33公顷土地复垦。加强生态公益林建设,建设长方林20公顷,油茶26.67公顷。投入2642万元完成5个精品村、2个秀美村、1个民族特色村、22个洁美村和2个散落历史建筑保护村创建;拆除破旧房7.8万平方米,新建村中休闲公园6个,种植景观苗木88万株,新增花坛面积11万多平方米,绿化提档投入1163万元。建设标准化垃圾房33座,配备垃圾桶3282只,垃圾车13辆;赤膊墙粉刷13.25万平方米,安装路灯 102 盏，硬化道路 1.8 万平方米。实施白沙溪防洪堤坝工程与白沙溪琅琊段溪岸景观建设工程，项目总投资 1803 万元，综合治理河长 2 千米，加固堤防 2.88 千米（其中左岸 2 千米，右岸 0.88 千米），新建堰坝 1 座，设计防洪标准 20 年一遇。同时，增设红色记忆、婺窑遗风、文台生辉等文化景观。加强集镇建设和管理，成立行政执法中队开展常态化巡查管理，拆除集镇乱搭乱建 118 处、4300 多平方米。下发《农村环境卫生长效管理机制实施意见》，结合“五水共治”和“三改一拆”对农村卫生进行彻底整治；完成白门线集镇段道路改造，建设农村联网公路 3 千米；首批“五年富村”计划项目——移民新村来料加工大楼完工。“琅峰水岸”房产项目前期工作已完成。

新农村建设

【“三改一拆”】 成立“三改一拆”领导小组，全面统筹工作有序展开，做到“一把手”亲自参与、亲自监督。以分中心为单位组成“三改一拆”工作组，由三个分中心书记担任组长，做到“四包”，即包任务、包思想、包拆除、包维护稳定。与土管、规划、供电等部门沟通合作，明确职责，强化落实，拆除 57 处违法建筑，面积 36216.88 平方米，完成区政府下达任务 103.48%，改造旧厂房 5000 平方米。

【平安创建】 推进“网格化管理、组团式服务”，将综治中心和 365 服务中心进行整合，投资 85 万元用于中心和社会服务管理室建设，规范中心办事大厅布局、窗口示意牌、电子屏幕等办公设施。按照“应进尽进，整合资源，方便群众”的原则，将公共财政、社会保障、计划生育、行政审批、社会事务、党员服务、综治信访、综合服务等 8 个方面和 26 项事项全部纳入社会服务管理中心，为群众提供综合性、一条龙、全方位的服务。30 个村全部建立村级服务管理室，其中 5 个村进行升级改造。完善治安防控系统，投入 21 万元建立治安监控室，完善治安监控设施设备。开展矛盾纠纷排查调处，全年排查调处各类纠纷 15 起，解决实际问题 200 余个。抓好信访维稳，4 名多年上访人员息诉。抓好安全生产，开展各类安全大检查 5 次。3 月 19 日下午，成立民防应急救援队，是市本级第一支乡镇民防应急救援队。有成员 20 名，分为人口疏散、抢修、保障工作、通信保障和消防防化等 9 个小组，主要职责包括群山防火、抗洪救灾和治安巡逻等方面。此外，琅琊镇还设立了民防控制室，为救援队日常工作搭建应急指挥平台。做好森林防火工作，层层签订责任书，清明节及春节期间严控野外用火，全年未发生森林火灾。调整充实防汛防旱组织，明确各山塘、水库的安全监管负责人及巡查负责人，签订责任书。

【社会事业】 抓好计划生育工作，全镇出生 178 人，计划内 168 人，性别比 100:95.6，计划生育率 94.38%，综合节育率 86.73%。开展生育全过程管理，应管 79 人，已管 78 人，管理率 98.73%，完成社会抚养费征收。推进文化建设，投入 113 万元完成浩仁、泉口、东畈、上盛村文化大礼堂“两堂五廊”建设；26 个村开展春泥计划，覆盖率 87%，惠及全镇 2300 多名未成年人。举办琅琊镇首届“榜样就在身边”评选活动。加强学校、卫生院等基础设施建设，琅琊初中操场改造进展顺利，食堂已完工，课堂教学模式改革被市教育局授予市区课改“试点学校”，是全区农村唯一列入试点的学校；投入 120 万元的卫生院公共卫生大楼投入使用。9 月 24 日，由婺城区农机总站主办、琅琊镇农机站承办的婺城区农民维修检验技能培训班在琅琊开班，上海三久机械有限公司负责主讲，婺城区种粮大户、专业合作社负责人 47 人参加培训。推进民生保障工作，城乡居民医疗保险参保率 96%，五保集中供养率 100%，农房保险率 100%，发放各类保障金 65 万元。选举产生浙江希能折叠桌制造有限公司首届妇联组织，琅琊镇第一个规范化妇女组织在企业中诞生。抓好人武工作，输送优秀青年入伍。工会、民族宗教、老年体协等工作有序开展。

【廉政建设】开展“正风肃纪抓执行、攻坚破难促发展”作风建设活动,镇班子成员领衔负责全镇20项重点工作(项目),明确工作整体目标、阶段性目标和完成时限,倒排时间,完善工作机制。2013年,琅琊镇对年度重点工作目标、实事项目、服务作风等做出公开承诺120项,机关效能和工作作风得到改善。开展“全科干部、全心服务”活动,开展联动下村服务,全年组团服务50余次,帮助解决扶贫贷款37户509万元、用电、就学等问题300余件。加强党风廉政建设,查处违纪党员案件1起。做好村级组织换届,完成村级组织换届选举工作,30个行政村选举产生村党支部委员105名,村委委员114名。其中有女支委的行政村18个,女村委30个。30个村支书中,新任村支书11人,女性1名。30个村中,书记、主任“一肩挑”的2个村。规范招投标工作,完成招投标项目21个379万元。贯彻中央“八项规定”和“二十八条要求”规范公车使用、公务接待,腾退超标办公室,全年招待费用下降30%以上。

(范雯思)

蒋堂镇

【概述】蒋堂镇地处金华西郊,位于金西产业带主轴线,东连婺城新区,南邻沙畈水库生态功能区,西靠金西开发区,北与兰溪市接壤,距杭金衢高速公路金西互通口5千米,是金衢盆地中心腹地,浙赣铁路、白汤下公路以及建设中的虹戴公路贯境而过,交通便捷。全镇面积54.24平方千米,辖35个行政村,人口7430户、19075人。其中,农业人口16354人。蒋堂镇狠抓工业经济发展,建设美丽乡村,改善民生,确保社会和谐稳定。全镇实现工农业总产值22.7亿元,同比增长7.8%。实现税收总收入5891.1万元。其中,地税收入605.1万元,国税收入584.55万元,区级财政收入1189.9万元。

【工业经济】全镇有工业企业282家,完成工业总产值20.4亿元,同比增长7.5%;规模以上企业工业产值10亿元,同比增长6.96%;新产品产值2.65亿元,同比增长39%;工业新增固定资产投入2.39亿元;引进内资1.09亿元;完成自营进出口额2000万美元。为解决工业指标紧缺难题,镇政府与金华监狱达成14公顷奶牛场置换、建设用地复垦等系列工作。5月,界首区块恢复基础设施建设。7月,施工单位进场平整土石方84.9万立方米,完成回填53万立方米,外运24万立方米,场地平整92%。完成1号、3号道路污水管道安装950米;完成该区增减挂钩新增用地出让挂牌五宗,面积12.07公顷。推动老工业园区产业转型升级,加快包装、服装、食品等优势产业技术创新。火腿品牌“山花”被省工商局认定为浙江省著名商标;完成“个转企”6家、“小上规”1家,“下升上”2家;推进晟丰包装、捷特包装、中创实业等多个技改项目实施;开展低效、闲置工业用地专项行动,3家企业被列入低效企业;结合“三改一拆”和淘汰落后产能工作,拆除金华市明日新型建材有限公司等7家企业的建筑4万多平方米。

【农业经济】完成粮食播种面积2173.33公顷,粮食总量1.33万吨。建立市级高产示范方,早稻示范方86.67公顷、晚稻示范方72.33公顷;推广早稻新品种中早39、单季新品种甬优15等,覆盖率95%;完成国家早籼谷投售2564吨,完成率100%。累计投资300多万,完成湖草塘、三樟垄、野坑垄等小(二)型水库除险加固工程;推进市级农田水利基本建设工程,开化、李塘下渠道列为市级小农水建设项目;完成市级小农水以奖代补工程3个,补贴18万元;落实水库山塘责任人,消除山塘水库安全隐患5个。完成绿化造林10公顷、森林抚育100公顷;松材线虫病农学防治面积116.93公顷;林权勘界工作完成80%。全年猪瘟免疫21.43万头、口蹄疫免疫25.4万头、蓝耳病免疫5.96万头、禽流感免疫56.5万羽;规模养殖场无害化处理病死猪2万多头,畜禽养殖场排泄物治理建造16个,累计达110个。完成93家农民专业合作社年度备案,新增土地流转面积74.73公顷,累计960公顷;农资综合补贴发放184.9万元;村级一事一议项目立项5个,省补资金109万元。

【重点工程】投资1850万元,完成区重点建设项目蒋堂镇污水管网(二期),涉及金华监狱、开化村、清水塘村、李塘下村,管网建设10.1千米。完成下山移民安置点征地(一期)清表,二期征地工作90%以上;完成金西开发区低丘缓坡试点蒋堂镇杨梅山村征地协议签订、特殊青苗清点、核对评估等工作;开展"三改一拆",拆违82处,图斑占地面积9.6万平方米,建筑面积7.5万平方米。其中,第一期拆除违法建筑28处,图斑占地面积5.1万平方米,建筑面积4.4万平方米,完成任务数的110%;第二期拆除违法建筑54处,图斑占地面积4.5万平方米,建筑面积3.1万平方米,完成任务数的112%。开展4个土地综合整治项目,面积61.07公顷,其中金华监狱造地改田新增12.07公顷已验收;胡家、莲塘、直里村等3个项目完成工程量的85%;年坑、石坑等3个综合整治项目,面积8.13公顷,项目工程通过区政府预验收。

【美丽乡村建设】 制定环境突发事件应急预案,推进"四边三化"和"双清"行动,加强公路边、河边等区域的洁化、绿化、美化,清理村庄积存垃圾、卫生死角;完成开化、蒋堂村污水治理提升建设任务,农户接入率均80%;下尹、蒋堂、浪坦塘村建成省级绿化示范村,17个村为市级绿化示范村。建成蒋堂、开化等28个村为洁美村,1个精品村(下尹村),1个秀美村(清水塘村)。基本完成泽口、胡家村农村住房改造;实施集镇垃圾清扫清运市场化运作,对垃圾中转站进行改造。检修集镇路灯83盏。加强村级食品药品安全监管协管员队伍建设,推进食品药品安全监管网格化管理,开展对农村自办宴席的备案指导管理工作。

【社会保障】 抓好农村劳动力培训转移,建立健全农村劳动力培训工作组织协调体系,培训农村劳动力320人,实现农村劳动力转移150人,完成考核指标的100%。开展年度医保工作,做好人员新参保和缴费档次变更,参保1.07万人,续保比例98%以上;实现低保工作制度化,发放低保金47万元;新增低保边缘26户,发放重度残疾人生活保障金30万元,发放临时救助和慈善救助3.2万元。完成安居工程5户、镇级居家养老服务中心1个、村级居家养老照料中心4个;完成移民项目扶持工程5个,补助金额43万元。征集兵员19名,完成94名基干民兵整组任务;发放定期定补金74万元、优抚对象补助金2.6万元、优待金26万元,年满60周岁的农村退伍军人按年军龄(10元/月)登记158人。抓好计生工作,全年出生127人,其中计划内121人,计划外6人,计划生育率95.3%,婴儿出生性别比84.06:100。当年应征社会抚养费20.3万元,征收率100%;一年两次计生"三查"透检率为99%。

【综合治理】 深化"网格化管理、组团式服务"工作,建设示范社会服务管理中心及室(站)。组织"浙江法治宣传月""深化法律六进"等主题活动,发放倡议书8000余份、标语300余条。加强信访维稳工作,全年接待来信来访18件、106人次,排查矛盾纠纷154起,调处成功152起,矛盾纠纷调处成功率达98.7%。商会成立人民调解委员会,填补企业无调解组织的空白。加强社会面防控和治安乱点整治,刑事处罚33人,行政处罚72人;社区矫正对象管控21名,归正人员39名,社区戒毒人员12名,完成4名"全能神"邪教人员教育转化。

【基层党建】 村级组织换届平稳有序,35个行政村选举产生新一届党支部委员117名,村民委员会主任33名、委员75名。开展新一轮党支部星级评定,推进党员"五星管理",加强党员先进性建设,引导党员立足本职、奋发有为,投身"两富"和谐蒋堂建设事业。以"强素质、转作风、比实绩"为目标,开办"全科干部、全心服务"大讲堂,健全镇村两级365便民服务中心建设,组建党员志愿服务队伍,深化驻村联户制度,领导干部下访接访,选派年轻干部到重点工程中锻炼,打造一支全面掌握农村基层工作知识和本领,满足人民群众多层次、多元化服务需求,善于落实党委、政府部署工作任务的全科干部队伍。落实发展党员制度,严把党员发展入口关和党员发展程序,完善党内激励、关怀、帮扶机制。

(王 桢)

汤溪镇

【概述】 汤溪镇地处金华市区以西28千米,东邻蒋堂镇、琅琊镇,南连岭上乡、莘畈,西界龙游县,北接罗埠镇、洋埠镇。2007年被省委、省政府列入省级中心镇,2003年省级经济开发区——金西开发区成立后,与周边罗埠镇、洋埠镇一起托管金西开发区,镇域面积106.36平方千米。全镇有72个行政村、1个居委会,人口17053户、45754人。汤溪镇属春秋时期姑蔑国所在地,明成化七年(1471年)设立汤溪县,1958年撤销县制。有中国历史文化保护名村——寺平村,省级风景名胜区——九峰山风景区,省级非物质文化遗产1项(抢头杵),市级非物质文化遗产4项。

【工业经济】 全年实现工业总产值40.27亿元,完成年度计划100.53%,同比增长10.8%。其中:规上企业29家,实现产值24.91亿元,完成年度计划101.89%,同比增长14.77%;规上企业新产品产值6.36亿元,完成年度计划的106.05%,同比增长181.26%;企业固定资产投资14.07亿元,完成年度计划的103.47%,同比增长29.21%;招商引资10.88亿元,完成年度计划的106.65%,同比增长1.77%。浙商回归3.43亿元,完成年度计划的92.5%,同比下降31.38%。实现财政税收9800万元,同比下降22.89%。

【农业经济】 巩固派溪李畈、黄堂畈2个粮食生产功能区建设,发放上级补助资金40余万元。2013年订单粮食种植面积稳定在1733.33公顷,订单总量9600吨。启动厚平畈粮食生产功能区建设,达到时间过半任务过半的目标。做好春耕备耕,配合区政府做好省"助农增收送服务暨春耕备耕服务月"启动仪式(寺平现场会)准备工作。完成全区示范性农业公共服务中心建设,待设备安装后可对外开放。开展动物疫病防控,出动防疫人员87人次,收集打捞死猪236头进行无害化处理,对全镇769头奶牛进行"两病"(布病和结核病)普查,鸡、鸭、猪、牛、羊、兔免疫注射率均达100%。H7N9禽流感疫情发生后,由镇防疫站牵头组织5个村级防疫员,对全镇范围内的家禽养殖户进行调查,为下步政策补助等后续工作奠定基础。督促在建除险加固水利工程——山坑坞水库、山口殿水库加快施工进度,市级小型农田水利项目——立坦堰修复工程完成建设并通过验收。开展汛前水库、山塘巡查责任制落实情况检查,不定期进行抽查,确保防汛责任落到实处。

【集镇建设】 加大资金投入,实施集镇基础设施建设,完成东湖街及管网改造和集镇4个入口改造工程,总投资1380万元。开展集镇整治,改变集镇"脏、乱、差"。8月,开展集镇整治专项行动,搬迁拆除大小钢棚302个,整改占道经营226户,取缔无证经营摊户28户,搬离拆除占道广告548块,拖离占道无主报废车辆25辆,清运垃圾300余吨,道路画线2千米,划定车位103个。通过整治,集镇面貌大有改观。

【重点工程】 年初,确定8项惠民实事重点工程,完成6项。

低丘缓坡综合开发试点项目涉及14个村、386.67公顷土地征迁,完成11个村征地清表,交地200公顷;涉及坟墓搬迁1721穴,完成803穴坟墓搬迁;金华监狱地块80公顷,完成苗木、附着物评估;高畈、宅口等村已进入征地扫尾阶段。

东湖街一、二期道路及管网改造项目投入1200万元,实施完成。

20个"美丽乡村"建设实际安排实施美丽乡村建设45个村,完成精品村4个、秀美村5个、洁美村25个。

赖头山畈66.67公顷改田造地项目投入300万元,完成仓二村8公顷造地改田任务;堰头村38.9公顷分二期施工,第一期20.13公顷完成青苗政策处理,分3个标段,其中一标段5公顷已完成。

厚大"厚平畈"200公顷粮食生产功能区建设项目完成项目基础设施建设,等待验收。

厚大片生态公墓建设项目投入200万元,建设公墓1200穴,完成墓区一期、二期工程。

【农村文化】 推进农村文化繁荣发展,改善农村文化设施条件,创新文化娱乐载体。组织"多彩三

月三”金华畲族文化风情展活动，参加市排舞大赛、区烹饪技艺比赛、区“山花节”、第二届民俗文化节、婺剧展演、老年人太极拳比赛等文体活动。完成寺平、中戴、鸽坞塔、宅口、上叶5个村文化礼堂建设，开展文明村（单位）和文化强村创建和省卫生镇复评和市级卫生强镇创建，实施“春泥计划”暨同心知联服务活动，促进社会和谐稳定。

【信访维稳】 开展“排查整治、强基促稳”活动，建立镇、村二级联动网络，完善矛盾纠纷排查、预警、调解、处置机制，排查各类矛盾纠纷37起，调处34起，成功率91.9%；刑事案件立案59起，查处38起，治安案件立案66起，查处66起。做好特殊人群转化工作，分别对重症精神病、刑释解教、矫正吸毒等重点人员和重点上访对象、利益群体，定期跟踪教育管理。8个村安装基层社会管理信息系统。注重引导息信访，全年到市、区上访6批次50余人，转来省长信箱、市长信箱人民来信7封，市、区转来人民来信33封。其中，重信重访11封，初信初访22封。8名列入重点管控人员，实行分类管理多层防范，逐一制定管控方案，落实管控责任单位、责任人，稳控、一批信访案件，化解一批陈年积访，处理一批村企矛盾。

【计划生育】 落实人口与计划生育目标管理责任制，强化人口指标生育管理，全出生357人，计划内生育325人，计划外生育32人，计划生育率为91.04%，婴儿性别比为100:111。应征社会抚养费153.66万元，已征金额88.84万元，征收率57.82%。强化生育措施管理，一孩长效节育率37.34%；落实二孩长效节育措施83人，长效节育率55.7%；二孩生育全过程管理212人，管理率100%；育龄妇女透检99.16%。同时，抓好计生业务培训，落实农村计划生育家庭奖励扶助政策。

【组织建设】 推进“五星争创”活动，评定五星支部5个，四星支部24个，三星支部45个，二星支部13个，一星以下4个。对40个经济薄弱村采取因村定案、分类指导，上报12个村发展项目，列入省扶贫工程1个、市扶贫工程5个。新培养入党积极分子89名，吸收预备党员55名，转正75名。开展以全科干部、全心服务为内容的“两全”活动，强化镇党委理论学习中心组、镇干部周三夜学等制度，加强党风廉政建设，严格公务招待审批，增强镇村干部勤政为民意识。在全市“全科干部”知识微博大赛中，荣获全科团队第一名；7月中旬，组队参加全市“全科才会赢”全科干部知识电视大赛，获第二名。做好村级组织换届选举，开展村级组织创业承诺、双述双评、清账理财等工作，组织干部下村入户宣传村级组织换届重要意义及有关法律法规，为换届选举工作打好基础。

（朱　正）

罗埠镇

【概述】 罗埠镇地处婺城区西北部，东接蒋堂镇与兰溪市，南连汤溪镇，西邻洋埠镇，北隔衢江与兰溪市相望，是浙江金西经济开发区所辖3个乡镇之一，距区政府28.4千米，面积44.33平方千米。设3个分中心，辖61个建制村、1个居民委员会，人口13300户、35006人。其中，农业人口33407人。集镇面积2449.4公顷，耕地2259.93公顷。杭金衢高速公路、浙赣铁路、46省道、白汤下公路、虹戴公路、罗蒋公路贯穿境内，衢江防洪大堤全程可通汽车，交通十分便利。

【工业经济】 全镇有企业139家，以轻纺、机电为支柱产业。全年完成工业总产值25.4亿元，其中规上企业18家，实现产值10.86亿元。新增工业投入5.92亿元，限额以上工业投入5.87亿元，规模以上企业新产品产值3.24亿元，招商引资7.2亿元，浙商回归投资5.4亿元，完成年计划的148.4%，同比增长159.9%。引进外资19.9万美元。财政税收5563.4万元。

按照“双千”活动要求，为企业排忧解难，加强规上临界企业的跟踪指导与服务。五矿金西钢贸城项目、宁电绿能等项目开工建设。完成“个转企”4家、“小上规”3家。

【农业经济】 全年农业总产值1.98亿元，增长7.1%。农民人均收入7620元，增长14.7%。全镇现有各类专业合作社77家。其中，粮食类31家，苗木类9家，水产类9家，畜禽类10家，蔬果类10家，农产品类2家。粮食种植面积3065.13公顷，棉花354.8

公顷,油料作物635公顷。发放各类惠农资金498.7万元。

加强农产品质量安全监管工作。,响应浙江省农产品质量安全"强网清源"行动,各村建立领导小组和安全信息员,开展农业技术培训,培训人员500人次。加强重大动物疫病防控和畜产品安全监管。投入10万余元建设后张村公共无害化处理池1个。开展粮食生产功能区建设,实施"黄路畈"160公顷粮食功能区建设项目;投入15万余元对后王段道路、水渠、机埠进行整修;总投资800万元的金垅水库除险加固工程,完成工程量的90%;完成浙赣铁路复垦3.33公顷、青阳郑6.67公顷改田造地工作。

罗埠镇棉花种植历史悠久,是婺城区最主要的产棉区之一。2013年农业部开展万亩棉花高产创建活动,罗埠镇成为全市首批高产棉花创建试点,万亩棉花高产示范片以罗埠镇青阳郑村和董家村为核心区,涉及61个村、农户5821户、面积733.33公顷,目标良种覆盖率100%。

【重点工作】 2013年,金西开发区交办重点工作8大项12个小项。其中,新交办征迁动迁项目9项,遗留问题3项。4项完成,2项完成90%,1项完成70%。

罗埠镇重点工作15项,3项完成,2项完成80%,1项完成75%。

完成宁电热能项目涉及湖沿村9.67公顷土地征收、北区双环地块电力、机埠、线路迁改政策处理工作;山下周3户拆迁安置任务已强制拆除1户;湖沿村土地调整和失地农民政策保险全面完成,核心矛盾基本解决。

青阳洪村拆违现场

【新农村建设】 开展"四边三化"行动,组织工作人员对全镇62个行政村"四边三化"进行不定期排查,发现问题及时清除。建立新农村建设长效管理机制,集中对明察暗访中发现的问题进行整治。金店、孙家、上潘、祝边、下杨村完成省级待整治村建设,联群村正在实施中。全年农房改造计划拆除10个村、破旧房屋459户面积38630平方米,已拆除农房面积17150平方米。完成后张、花园、下章、下郑4个村文化礼堂建设,待考核验收。

全年计划拆除违章建筑面积36000平方米,截至年底,累计拆除违章建筑面积37817.33平方米。

【集镇建设】 集镇办联合工商、行政执法、交警、路政、保洁公司等部门,开展集镇综合整治,对集镇违章搭建的钢棚、布棚等占道经营店铺进行引导、劝阻,并对部分违章临时摊位予以拆除。加强集镇卫生整治,集镇3个村划定绿化保洁包干区,落实卫生保洁员。垃圾池改为垃圾桶,由垃圾清运车24小时巡逻清运;投入40余万元改造罗埠溪孙家—董家段绿化、亮化工程,安装路灯40盏;投入28万元完成老年大学修缮工程,增加公厕一座;投入资金80万元新增绿化面积2000平方米,提升镇容镇貌。

【综合治理】 开展综治双月宣传活动,悬挂各类横幅90余条,制作橱窗宣传板70余块,发放创建"平安罗埠"倡议书1万余份,下发各种禁毒、反邪教家庭承诺卡等宣传资料1万余份。全年排查各类矛盾纠纷109起,成功调解96起,调处成功率88.07%。信访办办理来信来访件50件、190人次(群体访10件),来镇上访4件、8人次,全年信访件办结率91%。

【计划生育】 全镇育龄妇女9594人,出生279人,计划内出生257人,计划外出生22人,计生率92.11%,出生男婴146人,女婴133人,性别比109.8:100;应征社会抚养费897068元,已征407538元,征收率45.43%;当年一孩应落实长效节育措施184人,已落实长效节育措施141人,长效节育措施率76.63%;当年二孩应落实长效节育措施110人,已落实长效人数88人,长效节育措施率80%;二孩生育全过程应管理153人,已管理153人,管理率100%。

【民生保障】全镇低保对象374户、578人。其中,新批低保34户43人,核减30户58人。实施农村特困户安居工程12户,补助资金9万元;确定湖田和沙溪村为市级社区建设村。全镇有无障碍设施家庭72户,其中重残26户,一般残疾42户,残疾人无固定收入149户,贫困残疾人安居工程15户。

【劳动保障】全年累计完成净增就业190人,完成率107%,失业人员实现就业56人,完成率112%;新增农村劳动力转移210人,完成率112%;引进培养人才230人,完成率100%;全年完成农村劳动力培训100人。通过内招外联为企业招工达200多人。居民养老保险工作稳健发展,全镇参保人员21753人,参保率97.41%。

【社会事业】完成全镇61个行政村换届选举,产生村两委成员299人,调整书记、主任49人,占40%。11名大学生"村官"成功当选新一届村两委委员。依法做好区人大代表补选,发挥代表、委员参政议政、建言献策的作用,做好各类建议意见、提案、议案的回复、落实。完成上级下达的民兵军事训练任务,通过夏季民兵集中点验和冬季征兵组织工作,输送适龄青年参军服役。

完成村庄整治、农家书屋、村邮站建设61个村,污水处理55个村。推进村级便民服务中心规范化建设,下章、后张、花园村的全程代办工作得到市、区领导的肯定。以"茶文化"为依托,成立婺剧促进会罗埠分会。同时,以"省体育强镇"创建为契机,累计投入150余万元建设村级公共体育设施。举办罗埠镇首届全民运动会,组队参加排舞比赛等文体活动。

全国第三次经济普查工作有序开展,对前期排摸的660家单位进行电脑录入。注重科教文卫工作联动,实现"春泥计划"全覆盖。与医院对接开展"无偿献血"活动。

(王　静)

洋埠镇

【概述】洋埠镇地处金华西部,地处衢江南岸冲积平原,地势低平,海拔多在30~40米之间,东邻罗埠镇,西界龙游县,南毗汤溪镇,西北濒衢江,隔江与兰溪市游埠镇相望。镇政府驻地洋埠自然村,距金华市区31.5千米。面积18.11平方千米。下辖24个行政村、1个居委会,全镇5922户、15504人。其中,农业人口14943人。耕地面积7666.67公顷。

【工业经济】全镇有工业企业115家(含来料加工点),全年完成工业总产值24.57亿元,同比增长16.7%。产值2000万元以上规模企业15家,比2012年增加3家。其中,亿元企业7家,比2012年增加2家。全年完成规模以上工业产值15.70亿元,占工业总产值63.91%,同比增长10.1%;新产品产值5.79亿元,同比增长16.1%;实现出口产品交货值1.8亿元。

【新农村建设】洋埠镇推进美丽乡村"洁美村""秀美村"申报创建,抓好农村基础设施长效管理,坚持每季定期检查和每月抽查制度,全镇农村基础设施长效管理工作有较大提升。完成东十村村级社区服务中心建设、寺前杨村水渠修建、三益里村内污水工程提升和道路硬化、让宅村村民健康休闲娱乐中心建设4个项目,全部通过验收。在农房改造和污水处理工程建设中,后彰陈村完成6000平方米,大坟头村完成6000平方米,完成五二、邵家最后2个村的污水治理工程。推进建设村庄文化个性品牌,挖掘让宅、湖前、西上陈、青阳洪等村古建筑文化,省级历史古村落一般村——湖前村完成尚睦堂内部古建筑修缮总体设计和预算。扶持湖前村、让宅村文化大礼堂建设。做好文明村、文明单位创建工作,申报创建市级文明村1家、区级文明单位5家。推进生态建设,完成卫生强镇创建并通过区级验收。

【"三改一拆"】洋埠镇组织全体镇干部开展"三情三法三关"活动,要求干部知民情、村情、镇情,对工作有看法、想法、办法,工作考核要过民关、村关、镇关三关,促使镇干部深入村户,为群众办实事。按照抓重点、抓热点,对影响大、群众反应强烈、严重影响镇容镇貌的违法建筑,实行先处理、快处理的原则,启动粮食功能区、违建典型等3次强拆专项行动,以自拆、助拆和强拆3种方式推进,用心、用情做好对象思想工作,排摸全镇违建情况。根据一户一宅、未批先建、少批多建等情况以旧村改造为切入点助推“三改一拆”。第一阶段提前并超额完成2万平方米的拆改任务，第二阶段1.5万平方米正在拆改中。截至年底,全镇拆除违法建筑87宗、34931.75平方米,完成全年任务170%;拆除改造旧住宅区50户、4500平方米；拆除改造旧厂房3处、14000平方米；拆除其他各类违章建筑15000平方米。组织拆除1000平方米以上的大型拆违行动4次，包括4月18日拆除46省道两侧的违法建筑面积1400平方米、4月26日拆除青阳洲上的违章搭建2220平方米、5月14日拆除下潘粮机厂旧厂区10666方米、8月23日拆除青阳洲上妨碍重点工程的违法建筑1800平方米。

【农业基础设施建设】 洋埠镇扶持农业产业转型,发展优势特色产业。扶持省级渔业精品园项目和衢江沿岸休闲观光农业开发,重点扶持粮食加工企业新农农业和休闲渔业企业东晟渔业,提升农业产业竞争力。洋埠镇推进粮食生产功能区建设,涉及6个村、1042户、2912人，耕地面积233公顷,拥有收割机22台、大中型拖拉机127台、水稻插秧机8台、烘干机14台,大型农用机械覆盖率在98%以上,并被授予“浙江农业机械示范镇”称号。全镇投入86.85万元在大坟头、寺前杨、五三村建成粮食生产功能区44公顷,新建灌水渠860米、排水渠650米、机耕路750米,修复灌水渠1100米、排水渠970米、机耕路540米,建成下田坡16个,新购置大型农机具1台。申报高标准农田改造项目,降低生产成本。做好小型农田水利工程项目规划上报及建设指导工作，推进实施五四村机埠和渠道改造工程;完成后彰陈村农田节水管道灌溉改造工程;推进三益里灌区改造、让宅喷滴灌工程。做好早稻、大户、良种、综合等补贴发放工作,全年累计发放350万元。

【社会保障】 推进社区及居家养老工作，完成青阳洪市级农村社区建设;完成青阳洪、三益里、大坟头村等3个村居家养老日间照料中心硬件建设;完成青阳洪村省级民政避灾安置点建设。推进社会保障工作,被婺城区推荐为“市级劳动保障系统服务窗口”。截至年底,完成下潘、邵家、西上陈、戴家、下肖5个村1218人和杭长高铁涉及7个村81人的失地农民转社保工作;完成洋埠、大坟头、章家、戴家4个村371人即征即保工作。做好城乡居民医疗保险工作,全镇参保人员11186人,参保率98%。规范民政救助环境,按照应保尽保、应退尽退原则,开展低保人员核查、18~60周岁无固定收入残疾人调查等工作，落实残疾人安居工程和托安养工作,按时、正常发放民政、残疾人各类优抚救济款。做好优抚工作,关心退伍军人和优抚对象生活,开展60周岁退伍军人家庭生活状况调查,组织国防施工退伍军人体检工作。发放退伍士兵自主就业补助12人、16.4万元,兵龄补助170人、5.42万元。

【平安综治】 洋埠镇创新社会服务管理办法,制定和完善“三级排查、三色预警、三方联动”的重大不稳定因素排查分析、研判预警、风险评估、包案化解、责任控制机制,提升社会稳定控制力。全年调解处理各类矛盾纠纷85起,成功调解80起,调处率94.%。排查安全隐患18个,化解17个。做到小事不出村、大事不出镇,矛盾不上交,解决在基层。

【换届选举】 11月15日,召开村级组织换届选举动员会,明确工作方案、时间节点及工作要求。成立村级组织换届工作领导小组,落实办公室和资格审查小组职责。做好选举工作指导和督查检查,班子成员分片包村,建立党政领导班子成员联系点制度,确保每个村都有联系领导。截至12月28日,完成村党组织、村民委员会换届选举工作,实现党员干部满意、广大人民群众满意、各级组织满意的既定目标。全镇选举产生支部委员75名。其中,新当选的支委26名,新任村书记9人,女支委12名,女书记3名;选举产生村民委员会委员81名。其中,新进村委49人,新任村主任15人,女主任1人,实现村村都有女委员,大学生“村官”全部进入村两委队伍。村两委的性别、年龄、文化程度较上届有较大优化。村党组织书记和村委会主任“一肩挑”有5人,实现300人口以下的村全覆盖。

(金亚峥)

乾西乡

□□□□**【概述】** 乾西乡位于金华城区西郊,距金华铁路新客站、汽车西站仅2千米,南临婺江,西接兰溪市灵洞乡，北与竹马乡、罗店镇相邻，东与城西、城北街道相连。环城西路、二环线南北贯穿全境，面积24.35平方千米。下辖坛里郑、杨石、王店、马淤、后畈田、栅川、幸福、湖头、雅宅、下天师、黄桥头11个行政村及上陈、联合、上天师、鲍杨、西苑、移民小康村6个居委会，38个自然村。人口8649户、21697人。乡党委、政府以经济建设为中心，以富民强乡为目标，以统筹城乡发展为主线，抓住机遇，团结拼搏，开拓创新，经济建设和社会各项事业蓬勃发展。乾西乡地处婺江之畔，境内渠网纵横交错，水塘、湖面众多，土地肥沃，盛产粮食，水产丰富，素有“鱼米之乡”的美誉。根据金华城市总体规划要求，乾西乡将建成市区西郊商贸住宅副中心，“十里长湖”将成为长湖公园，成为市区的一部分。党委、政府围绕“融入主城区、发展新城区、建设强乡村”的发展主线，与时俱进，坚定信心，齐心协力，真抓实干，为乾西乡经济和社会各项事业再上一个新台阶而共同努力。

【工业经济】 乡党委、政府把握婺城新城区开发开放历史机遇，应对各类严峻挑战，主动承担新的责任使命，实施“工业强乡”“转型升级”发展战略，区域综合经济实力全面提升，结构调整和优化升级继续加快，科学发展水平显著增强。全年完成工业产值32.44亿元，同比增长24.68%，完成年度计划的100.09%。

【农业经济】 做好产业结构调整，以乾西种植传统和习惯为依据，突出重点、创造特色，发展香葱基地、景观苗木和中华鳖养殖等特色农业。新增市级农业龙头企业1家，金华市美然食品有限公司获省级著名品牌，金华市益康真菌发展有限公司获省级农业科技型企业。实施地力提升和统防统治，完成标准农田质量提升土壤培肥子项目300公顷，做好金泉畈40公顷地力质量提升工作。加大基础设施投入，投资100余万元进行村庄渠道、池塘整治、清淤工作，做好大房垅水库除险加固工程。全年实现农业总产值1.28亿，同比增长5.3%，农民人均收入10755元，同比增长9%。

【新农村建设】 乡政府高度重视美丽乡村建设，开展精美、秀美、洁美村庄创建。投入350余万元加快完善农村基础设施建设，实施农村污水治理、农房改造。加强卫生长效管理，投入70余万元进行垃圾清运，农村环境进一步优化。多方联动，形成合力，全面推进“三改一拆”工作，拆除违章建筑8.2万余平方米。加强环境卫生专项整治，投入80余万元对工贸街进行绿化、保洁。投资220余万元对湖头西湖清淤美化，启动保护长湖母亲河活动。开展违法占地违法建设专项整治，依法组织2次集中拆违，强制拆除违章建筑11处4000余平方米。完成村邮站建设，湖头村建成金华市唯一的市级村邮站。开展环境卫生专项整治，投入120多万元对工贸区路面进行改造，协调市、区有关部门多次开展公共秩序联合整治；加强工贸区、金兰中线卫生长效管理机制建设，每年投入10万余元，新增、提档绿化3250平方米，建立路面定期清洗、绿化专人管护等制度；投入3.6万元对婺江沿线易通路等卫生死角进行托管，对17个村(居)实行垃圾集中清运，改善环境卫生。

【重点工程】 以“全科干部，全心服务”活动为契机，打造“三有”(有思想、有魄力、有方法)狮子型干部，从提高主观能动性和农村工作水平入手，攻坚克难，实现各项重点工程全新突破，和谐有序推动重点项目建设进程。“南网”工程全面完成政策处理；原蚕种场厂区地块，经过1个多月攻坚克难，于6月25日顺利完成48幢房屋拆除工作；二环路绿化项目工程顺利完成；金千线改道工程(杭长客专配套工程)仅用1个月多时间，完成涉及170余户、7.33公顷土地征用，实现全面通车；杭长客专拆迁安置工程全面开展，湖头、下天师安置地基已抽签到户；粮食市场道路完成交地；高亚天然气正常施工；后畈田搬迁安置工程完成一期地基抽签，已进场施工。全面完成栅川工业园区5家企业入园政策处理和围墙建设。

【党建工作】 围绕“全科干部全心服务”这一主线，以“干部作风明显改进、服务水平明显提升、行政效能明显提高”为目标，严格要求、严格管理、严格问责，营造埋头苦干、创新实干、紧张快干的良好氛围。完善工作机制，建立健全学习、考核、培训等制度，推动干部教育培训工作走上制度化、规范化轨道。拓宽选人用人渠道，不拘一格选用人才，让一批年轻干部走上中层正、副职岗位，调动干部干事创业积极性和自觉性。顺利完成村级组织换届工作,狠抓后进村帮扶整转,配强村级组织班子和村干部队伍。深化廉政风险防控工作,推进村务监督委员会规范化建设。

3月31日,推出乾西"微播客",使政策宣传、热点播报、乡镇形象展示功能变得更加直观和立体,得到省委原组织部长蔡奇的关注和好评。

【文化宣传】 争创学习"十佳党委",年初安排理论学习计划,制定学习制度,乡党政班子成员带头,开展创建学习型党组织活动,理论学习中心组成员撰写心得体会和调研文章。结合"两全"活动,理论中心组成员每月一次集中学习,乡干部每周三晚学习,"七一"邀请区委宣传部领导给全乡党员上《幸福梦》的宣讲课。通过创建学习型党组织,树立不学习就要落后的理念,形成较浓厚的学习氛围,提高了党员干部队伍素质。

发挥基层党校阵地作用,做到师资落实,活动正常,培训到位。举办各类培训讲座7次,市、区领导授课10次,参加人员3000人次。同时,参与党教理论征文、知识竞赛、书画展等活动。乡党委书记的《科学推进信访维稳工作》一文发表于中央党校出版的《中国领导干部论坛》,宣传委员的《创先争优强作风,攻坚克难求实效》获区理论征文三等奖。重视新闻媒体报道,用好网络宣传平台。乾西乡的正面报道多次出现在电视台和报刊,并通过省文明网等网络及时宣传乾西乡信息。乡成立信息报道小组,明确信息员职责,建立信息新闻报道制度,做好热点问题的引导处置和对外宣传工作,特别是应对突发事件、负面舆情能进行有效化解。建好农家书屋,拓展新的宣传平台。乾西乡16个行政村(社区)建立农家书屋,配备管理员。其中,湖头、幸福村对农家书屋进行提档升级,分别申报五星级和四星级农家书屋,栅川、马淤村和上陈社区申报三星级农家书屋。

幸福村文化礼堂

文体事业蓬勃发展,有健身点30余个,各类文体队伍60余支,文体骨干1000余人。举办婺城区第二届民俗文化艺术节,让广大人民群众通过自己的节日,挖掘并展示民族和民间文化,展示婺城文化的独特魅力和创造活力,提升婺城的知名度和影响力。

乾西乡党委、政府发起,全体干部共同捐资成立"乾西乡贫困学生助学基金",帮助乾西乡户籍且在金华市十七中和乾西小学就读的困难学生顺利完成学业。婺州民俗文化博物馆落户乾西,丰富群众精神文化生活。重视关心下一代工作,乾西乡被评为区"五好关工委"示范单位,幸福村关工委被评为全国"五好基层关工委"先进集体。

【综合治理】 加强企业安全生产工作,建立一月一查、重大节假日前必查、化工企业重点查的制度。重视出租房消防整治工作,对全乡778余幢(户)出租房实行红、黄、绿分级管理。开展"十小"行业质量安全整治。强化校园安全工作,维护学校正常的教育教学秩序。健全突发事件处置机制,依托网格化管理,建立健全干部第一时间到场、事件原因第一时间查清、思想工作第一时间跟进及群众利益摆在首位、重视后续工作的突发事件处置机制。全年发生突发事件11起,均得到及时妥善处置。推进不稳定因素预警机制建设,建立健全"三级责任制"。加强信访工作,受理群众来信来访22件,回复率100%。做好"归正人员"安置帮教和反邪教工作,累计接收矫正人员75人,累积期满解矫42名。做好重点敏感时段的社会稳定工作,落实领导包案、干部下访制度,解决群众合理诉求,促进社会和谐稳定。全年乡领导班子接访群众20批次、150余人次。加大资金投入,推进社会管理服务中心规范化建设,建立健全制度化、常态化的矛盾纠纷排查化解机制,成功调处纠纷101起,涉及资金200余万元。

(俞小蕾)

竹马乡

【概述】 竹马乡位于婺城西北部，东与罗店镇相邻，南连乾西乡，西北与兰溪市灵洞乡接壤，面积19.58平方千米，辖16个行政村、38个自然村，人口4386户、11540人，耕地面积693公顷。铁路金千线、杭金衢高速公路及市区二环线穿境而过。

竹马乡地处金华北山山麓，南低北高，黄土丘陵占全乡面积70%。主要山涧小溪4条，较大水库有：上陈垅水库、水角垅水库、王包地水库和横垅水库，蓄水量247万立方米，全乡抗旱能力在两个月以上。竹马乡主要发展以水泥行业为主导产业的工业经济和以水稻、花卉苗木为主导产业的农业经济，工业经济走在婺城区各乡镇前列，并有"中国茶花之乡"美誉。

竹马乡坚持"工业强乡、花卉富农、生态立乡、文化聚人"的发展战略，求真务实，凝心聚力，保障各项重点工作的顺利开展，促进经济社会协调发展，人民生活水平和生活质量进一步提高。全年完成工农业产值24.15亿元，完成来料加工673.1万元，农民人均收入10626元，同比增加10.42%。财政收入2200.4万元，完成年计划102.5%，税收10937万元，其中国税6717万元、地税4220万元。

【工业经济】 全年工业总产值23.14亿元，同比增长5.64%，完成年计划的101.04%(规模以上工业企业产值16.15亿元，同比增长12.97%，完成年计划的99.12%；规模以上新产品产值10658万元，同比增长52.82%，完成年计划的39.47%)；限额以上工业投入1.6亿元，同比增长34.96%，完成年计划的112.03%；浙商回归1200万元，完成年计划的60%；引进区外内资9794万元，同比增长5.53%，完成年计划的115.22%；实际利用外资13万美元，完成年计划的32.5%。

竹马乡党委、政府通过招商引资"腾笼换鸟""汰劣换新"，为工业经济后续发展储备强大力量。除新引进的金华市利源新型建材有限公司，还引进东阳市汇港文体玩具厂、金华市国兴包装有限公司、金华市华宇管业有限公司、义乌市华川印染助剂有限公司和金华市振兴模拟器设备有限等多家企业。浙江金圆水泥有限公司和浙江虎鹰水泥有限公司脱磷脱硝项目投入运行，辖区环境质量明显改善。清理闲置土地，鼓励企业二次创业，清查出浙江南方尖峰水泥、金华市开兴炉料等公司闲置土地14.47公顷；爱尔迈斯有限公司闲置厂房4803.51平方米；推进集约节约用地工作，金华城建混凝土有限公司等11家企业投资新建扩建厂房达2.2万多平方米。推进企业转型升级，浙江一火科技有限公司、天启工具厂与科研院校合作，研发新技术、新产品，一火科技成为国家级研发中心，天启工具厂迈出"机器换人"第一步。市龙达塑胶助剂有限公司生产出助剂行业领先产品，在不到0.67公顷土地上创造7000多万元产值，成为婺城区亩产税收十强企业。金华思敏科技有限公司引进"海归"博士，研发光学显微镜成像器材。浙江六环电线电缆有限公司和福立砖瓦厂分别投资近3000万元，引进新技术，扩大生产线。有序推进"个转企""小上规""下升上"工作，扶持建勋花卉园艺场、瑞华花木场和思远五金加工厂3家个体户向企业转型升级；确定双源新型建材有限公司、申华水泥有限公司和金圆助磨剂有限公司为新增规模以上企业；新增标点化工原料有限公司为规上批零企业。安全生产常抓不懈，全乡达到国家安全生产一级标准企业2家，三级标准企业9家(其中新创建企业7家)，全年未发生大的安全生产责任事故。

【农业经济】 全年农业生产总值1.0087亿元，同比增长12%。3月11日，成功举办金华市第21届茶花展暨第4届婺城茶花节。其间，在竹马乡下张家村举行茶花苗木展销活动、5场婺剧下乡表演和一系列文化展演活动，现场签约订购花木销售额3.8亿元。现有市级农业龙头企业1家，区级农业龙头企业6家，花卉苗木专业合作社28家。建立金华市云富苗木、黄牯头苗木和玉军花木盆景3家星级农民专业合作社。新建家庭农场99家，其中：种植业54家，养殖业54家，种养结合3家。下张家村种植茶花被农业部授予"一村一品"示范村荣誉称号，其余15个村也是茶花种植示范村。6月初，竹马杜鹃花精品园列入省林业厅第五批现代林业园区精品园创建点名单。包括位于竹马乡方下店村、下张家村,乾西乡坛里郑村以及雅畈镇上岭殿村等几个育种实验、种植、观光基地,占地面积20多公顷。精品园有育种园5.33公顷,展示园8公顷,种植园6.67公顷,总投资近500万元。全乡土地流转面积253.6公顷,比2012年增加3.4公顷。

【基础设施建设】 2013年,竹马乡茶花基地新建206.67公顷的喷滴灌工程,推动苗木种植由粗放型向精品型转变。累计投入资金1552.6万元,完成里梅村横垅水库、九龙水库除险加固项目主体工程,上陈垅水库和向家源七斗垅灌区水渠改造工程,里梅村桦塘、古塘里村后山塘、姜杨头下村底池塘、里梅村黄泥塘和邵湖头应思塘整治工程,汪山头、东宅村渠道改造工程,西宅和联民村水渠改造工程,李经堂和向家源排灌水渠改造工程及向家源9.3公顷造地改田项目。

【平安建设】 乡党委、政府将社会管理综合治理列入年度工作总目标,党、政主要领导履行"第一责任人"职责。年初,乡政府与各村、规模企业及学校、卫生院签订2013年度《婺城区竹马乡维护社会稳定和社会服务管理工作责任书》30份,签订率100%。以"排查整治、强基促稳"专项活动和"进企入户"走访宣传活动为契机,以"网格化管理、组团式服务"为平台,深入排查化解矛盾纠纷,全年排查出矛盾纠纷和重点信访问题25起,化解24起,协助虎鹰、金马水泥厂成功调解两起劳资纠纷和汪山头外来务工人员贴砖坠楼死亡纠纷。做好8890便民服务平台受理办理工作,维护辖区稳定,受理8890便民服务平台交办件10件,受理办理10件,满意率100%。加强重点信访人员稳控,针对个案制定处置方案,发生问题第一时间赶赴现场处置,做好全国、省、市、区重大会议、节日期间维稳安保工作。开展"六五"普法、反邪教、禁毒等宣传以及流动人口服务管理、社区矫正和治安巡逻等工作,关注全乡12名社区矫正人员动态,顺利通过"市级无邪教"示范乡考评。

【新农村建设】 以"美丽乡村"建设为契机,开展"四边三化"及"双清"行动,加强村容村貌卫生整治,提高乡村污水垃圾处理能力。完成西宅村、白竹村的生活污水处理工程;10月,利民环卫公司承包集镇和工业区的垃圾清扫、清运工作。完成下张家村精品村创建工作,方下店和里梅村旧村改造正在进行中。修编乡集镇及工业小区规划,完善集镇及工业小区功能。"一事一议"项目完成李经堂村村级服务中心,向家源村492米道路、西宅村500米田间道路改造工程和下张家村村级服务中心正在建设中。"三改一拆"和谐推进,全年拆违3.6386万平方米。完成2.47千米公路改造工程。确定"浙中水乡"方案,计划投资300万元,对下张家河道右岸500米河道进行景观改造、护岸改造、亲水平台与游步道建设。

竹马乡党员干部整治集镇环境

【重点工程】 完成省重点工程南网工程竹马段、市重点工程高亚天然气竹马段政策处理工作。完成散堆装货场迁建前期环评、土地利用总体规划修编,推进社会风险评估、地勘工作。完成35千伏(浙师大—乾西)送电线路架线工作,涉及5个村的灵洞—乾西、双龙—乾西220千伏高压输电线路20座塔基位置确定工作,其中8座完成施工,5座正在施工,其余7座的政策处理工作正在进行中。

【文化建设】 实施农村基本公共文化服务提升计划,各村启用老年文化活动中心,完成婺城区文化礼堂先进典范姜衙村文化礼堂建设。挖掘茶花、山歌、孝道和尊师重教等乡村文化,竹马山歌被选为金华市优秀文化代表并向美国、韩国、新加坡国际友人展示,成为国际沟通交流的好桥梁。竹马乡推荐申报"春泥计划"省级先进单位。完成182人扫盲任务。探索建立校外教育长效管理机制,竹马小学被评为全市特色学校并通过省级标准化学校验收。

【社会事业】 全年出生 103 人，计划生育率 94.17%,性别比 100:110.2,征收社会抚养费 50.01 万元,征收率 100%。全乡农村低保户 130 户、216 人，发放低保金 41.4 万元。全年发放复退军人、参战人员、精减老职工定补金、残疾军人抚恤金 28.43 万元。城乡居民养老保险、城乡居民医疗保险参保工作有序进行。确定 6 户“安居工程”救助对象,救助金额 4.5 万元。下张家村、姜衙村建成并通过市级农村示范社区验收,李经堂村建成并通过区级农村示范社区验收。在金店、姜衙、向家源村建立居家养老服务照料中心,设置老年爱心食堂、休息室和活动室,让老人老有所养、老有所依。人大、政协、工、青、团、妇等各项工作有序开展,乡人大组织代表委员视察金竹公路工程建设、水利工程建设、治超治限及关爱母亲河、查找污染源等活动,发挥市、区、乡人大代表和区政协委员的积极作用。召开竹马乡第十六届第三次人民代表大会、第十三次妇女代表大会,选举产生新一届乡人大主席、妇联主席。

【基层建设】 全面完成 16 个行政村农村党员星级评定,开展支部“五星争创”活动,通过定性和定量考评,激发农村党员干事创业热情。选好配强农村当家人,完成村级组织换届工作,村党支部选举支部委员 58 名,其中,女委员 6 名,支部书记 15 名,党支部负责人主持工作 1 名;村民委员会选举委员 66 名,其中,女委员 19 名,大学生“村官”2 名;选举村委会主任 16 名,其中,邵湖头书记主任一肩挑。抓好党务、村务、财务公开工作,16 个村全面建成“三务”公开信息平台,形成乡村齐抓共管的新局面。对乡“365”便民服务中心进行提档改造,完善村级便民服务,金店村、下张家村被评为省级便民服务示范点。做好党员发展工作,竹马乡 28 个支部有入党积极分子 47 人,吸收预备党员 20 人,按期转正 22 人,为党组织补充了新鲜血液。

（朱　雯）

长山乡

【概述】 长山乡位于婺城区西南部，与市工业园区相邻。东邻苏孟乡,南交安地镇、沙畈乡,北连白龙桥镇、秋滨街道,西与琅琊镇相接壤,面积 60.35 平方千米。下辖 21 个行政村、146 个村民小组,人口 4999 户、13082 人。森林面积 4000 公顷，山塘水库 109 座。境内田园秀美,空气清新,有着悠久的历史文化底蕴,较著名的有建于北宋的玉兰亭、东村桥及 30 余口古井,2 处明清时期的牌坊，还有朱大典读书处破浪轩等文物古迹。其中,东村桥为省级重点保护文物。

【工业经济】 全年实现工业总产值 3.8 亿元,工业增加值 7600 万元，其中规模以上企业增加值 3400 万元,均与去年持平;产品产销率达到 96%;出口交货值 1.1 亿元,同比增长 15%;固定资产投资额完成 600 万元；全年来料加工户 24 户，加工人数 678 人,累计加工费 781.35 万元,同比增长 7%,完成年度计划 107%。

【农业经济】 农业总产值 1.26 亿元，同比增长 10%。早稻种植面积 147.07 公顷,完成粮食订单签订任务 655 吨,发放各种粮食补贴 72.4 万元,发放各种畜牧补助资金 82.9 万元。建立丰两优一号、百亩连片双季稻丰产方,推广甬优 9 号、甬优 17 号等 10 多个高产优质新品种,晚稻最高亩产 681 千克、单晚稻最高亩产 880.5 千克。全乡存栏猪 3.88 万头、奶牛 0.33 万头、畜禽 10.03 万羽。按国家规定开展动物防疫工作,生猪免疫率 99.6%,奶牛免疫率 100%,禽类免疫率 99.2%,病死畜禽无害化处理 100%。全年未发生重大动物疫情事故。

【基础设施建设】 全乡有山塘水库 109 座（其中小(二)型水库 11 座,列入管理的 53 座),投入资金 900 余万元,完成 2 座小(二)型水库和 10 座山塘水库的除险加固工程。小湾坞山塘和双面垅山塘列入区政府 2013 年度克难攻坚项目,工程进度分别为 90%、80%;7 千米林区道路建设工程进展顺利,为提高林业经济效益提供保障。

【美丽乡村建设】 完善三大员(保洁员、基础设施维护员、绿化员)队伍建设,健全“户集、村收、乡运”运行模式的垃圾处理网络,新置垃圾箱246只,新建标准化垃圾房15个,村内卫生状况得到改善。加强河道清理力度,组织全乡党员开展“保护母亲河党员在行动”活动,参与活动党员1600余人次。分别对石门溪、桐溪、后溪河、宋家溪进行现场水源污染清理。重点检查河溪沿线和山塘水库周边的工业、养殖业污水、生活污水排放污染问题。制定《长山乡畜禽养殖场整治工作实施细则》,针对桐溪农业面源污染、养殖场及散户粪水直排等问题,对桐溪河道两侧200米范围内的养殖场进行全面排查摸底。8月中旬,召开畜禽养殖污染排泄物治理动员会,向养殖户发放《长山乡畜禽养殖场污染排放整治告知书》。10月初,桐溪两侧已有32户落实了畜禽养殖污染物处理措施。同时,对桐溪、石道溪进行堤坝维护和淤泥清理,清理河道垃圾130吨,提高河道排水泄洪能力。耗资400余万元开展美丽乡村建设,其中秀美村3个、洁美村17个。3个秀美村完成村口绿化小品3处、村内景观节点6处、中心公园2个。17个洁美村完善生活垃圾集中收集和生活垃圾无害化处理,加大村内绿化种植,对19个露天垃圾池进行垃圾房标准化改造。宋家村被评为市级森林村庄,黄岭脚村被评为市级绿化示范村。

【重点工程】 按照“三改一拆”工作具体要求,集中精力,因地制宜,抓重点,攻难点,拆除违章建筑点113个,面积33173平方米,完成拆违任务数的104%。完成乡中心幼儿园项目立项、招投标工作,工程项目主体已经完工。完成百念亩造地改田项目、卢家井冈山造地改田项目及政策处理工作,工程进展顺利。结合美丽乡村建设,做好水环境综合整治工作。加大农村环境卫生及河道卫生整治,合理规范畜禽养殖,关停35家畜禽养殖场,面积12500平方米。督促养殖户按照“谁排放、谁治理”的原则,自行建造沼气池、化粪池、沉淀池等治污设施15立方米至20立方米。完成改造桐溪河流域邵村段护坝1600米。

【平安长山】 开展平安综治双月宣传活动,张贴宣传标语280张,悬挂宣传横幅5条,发放“平安长山”倡议书2000份、“平安婺城”宣传单5000份,营造平安创建人人争创的良好氛围。开展“排查整治,强基促稳”专项活动,排查出安全生产隐患17起,化解17起,食品安全隐患1起,化解1起。完善“网格化管理,组团式服务”工作,21个行政村划分小网格30个,组建乡服务团队13支,组建村服务团队30支。同时,开展“社会管理创新百家示范单位”创建工作,规范化社会服务管理工作室,实现全乡覆盖。做好重点人群信息收集工作,全乡55名归正对象、27名社区矫正人员,全部纳入管理,确保管控到位。对于重点信访户实行领导包案,措施落实到位。

【党风廉政建设】 对乡、村干部进行集中培训,落实“三务”公开,政府所有工程实行公开招投标制,防止暗箱操作。开展村级组织换届前财务审计工作,审计金额5577万元,未发现重大违规违纪行为,为第十届村级组织换届选举工作提供有效保障。加强365服务平台窗口建设,建立8890便民服务平台,收到投诉案件12起,成功调处12起。控制会议规模,对可用公文、电话等方式解决问题的,一律不召开会议;对可发可不发的文件,一律不发。全年各类办公用品数量,同比下降40%;乡集体办公经费开支,同比下降35%。

【社会事业】 长山乡建成5家养老服务照料中心,中心多由村老年活动中心、废弃的校舍以及农舍改造而成,每个中心一般收纳二三十位老人,惠及150多位老人,成为村民支持的“民心工程”。全年发放各种救灾救济款138.1万元;城乡居民医疗保险应保人数8612人,已保人数8256人,参保率96%,完成2013年医保收缴任务。计划生育“三查”完成率99%,征收社会抚养费28.6万元,完成征收率的71.9%。加大安全隐患排查力度,全面检查安全生产重点企业,并按期进行复查,确保安全生产。同时,做好森林防火、防汛防旱、抗台工作。

(严丹燕)

沙畈乡

【概述】 沙畈乡地处金华西南山区,东靠箬阳乡,南与武义县交界,西邻塔石乡,北接琅琊镇。面积184.94平方千米，占全区总面积的1/7，是金华市最大的纯山区乡，也是省级贫困乡。辖30个建制村、70个自然村，全乡人口4667户、12653人。耕地428.13公顷，山林15510.33公顷，主要特产是毛竹和茶叶。其中，毛竹2000公顷、茶园666.66公顷。全年气候温和湿润，无霜期在200天以上，特别适宜林业发展。金华市海拔最高的小龙葱尖、水竹篷尖、竹篷尖3座山峰在境内。白沙溪从遂昌县云峰镇门阵村北入境，是境内的主干溪流，入境后接纳银坑溪、大埔水、左别源诸水后流入沙畈水库，经沙畈水库后流至金兰水库，向城区居民提供优质水源。全乡旅游资源有山脚的福民殿、银坑粟裕将军旧居及第二次国内革命战争时期的革命根据地、石坞村东边自然村附近的五峰山及银坑村木偶戏。

沙畈乡党委、政府以"夯实基础、创新扶贫、生态富民、改善民生"为目标，理清思路谋发展，真抓实干促增长，廉洁务实保稳定。2013年，全乡工农业总产值超18017万元，同比增长6.6%。完成税收总收入414万元。完成乡财政年度收入143.6万元。

【工业经济】 2013年，工业总产值超12547万元，增长6%。

通过招商引资，投资1200万元的溪口水电站进入实际施工阶段；"相约石宫农业开发有限公司"投资1200万元，开发休闲农业观光项目和建立"野生猕猴桃种植基地"。完成区下达的"个转企"任务。

来料加工发展稳定，来料加工户35户、1378人，全年发放来料加工费1460万元。

根据"富村五年计划"要求，上报的小羊坑等3个村省级壮大"村集体经济"项目得到省里批准，进入正式实施阶段。

【农业经济】 2013年，农业生产总值5470万元，同比增长8%。根据山区特点，发展农业、林业经济以壮大村集体经济。开展"走村入户，帮困扶贫"活动，请教专家，问计于民，梳理发展难题92个，帮助8个村解决出路问题。完成低收入农户和低收入农户集中村调查认定工作，帮扶困难户21户、5万多元。

依托优势资源，发展以毛竹、茶叶、油茶、红豆杉、杭白菊、土蜂蜜、粽叶、土板栗、山地蔬菜、中草药等10个极具沙畈特色的农林产品，推动农村经济发展。发展岭脚深山冷水茭白基地3.33公顷、高儒山地大棚蔬菜2.67公顷；完成粮食功能区高儒畈24公顷建设；种植猕猴桃苗木53.53公顷、8.3万株，；新增油茶面积13.33公顷、毛竹低产林改造面积23.33公顷；红豆杉基地扩展至166.67公顷。全乡3/4农户从事红豆杉种植，1月6日，红豆杉协会揭牌成立，是全区第一个农业产业协会。5月4日，组织103位种植户到无锡红豆杉基地取经。成功举办沙畈乡第二届竹笋节。

扶贫开发成效明显，申报扶贫项目7个，市派驻村工作指导员扶贫力度较大，资金使用做到专款专用。

【新农村建设】 申报实施李兰、梧桐等7个村"老年活动中心""村级事务管理中心""新建桥梁"等项目工作，完成2个项目验收，5个待验收。

启动梧桐垅6个村、溪口带4个村、石宫、高儒等14个村"美丽乡村"规划创建工作；申报石坞、赛畈、东山等3个村农房改造；争取省、市水利项目资金近500万元，完成4条小流域治理工程；完成投资近400万元的白沙溪青草堰、山脚堰项目建设。

春季绿化造林工作显著，人工造林51.67公顷，人工更新103.33公顷，种植绿化苗木红豆杉、水杉等苗木3.5万株，育苗1.33公顷，森林抚育666.67公顷。

开展沙金兰水源涵养生态功能区项目建设，加大生态保护力度。开展"双清"行动，全乡整治清理河道8000米，清除垃圾28吨。

【社会事业】 加强计生工作，宣传"两免"政策，组织春秋两季"三查"，全乡透、检对象2016名，透检1996名，透检率99%。

加强社会保障工作落实低保户、贫困户年审工作，新增低保户12户，减少4户15人；新增边缘户23户，核减6户；新办残疾证13人。春节期间，走访慰问困难对象57人，发放慰问金3万余元；改善医疗卫生服务条件，规范村民健康体检建档率，乡卫生院争创文明单位；开展新型农村合作医疗保险和城乡居民养老保险的缴费工作。

做好电力、广电、邮电、公路养护等工作，加大国家级重点工程、涉及8个村13座塔基的溪洛渡特高压直流输变电工程及李兰至山脚2200米公路拓宽政策处理力度,为工程施工提供保障。

【"三改一拆"】 加强违章建房整治。全乡完成2批区下达的"三改一拆"任务,拆除违建面积14401平方米。在第二批拆违任务中,提前超额完成68.5%。其中,12名党员拆除1500平方米。实施下山移民村土地复垦,5个自然村增加耕地3.33公顷。

沙金兰生态功能区89家养殖场、22家锯板厂、4家采砂场全部实现关停或搬离沙畈水库。

【平安沙畈】 加强社会化管理,推进"网格化管理、组团式服务",发挥网格化社会管理服务功能,提高为民服务质量。结合全国第十二个安全生产月活动,组织对学校、医院、木材加工厂、来料加工点、采砂石点、烟花爆竹经营点等重点地域进行安全生产大检查,查出问题单位3家,整改2家;乡劳管站人员对相关企业就合同法执行、劳资纠纷等工作进行劳动监察,尚无不良影响的事件发生。加强食品药品安全监管,做好争创食品药品安全示范乡镇创建。完成畜禽春防工作和奶牛两病普查工作,确保有疫不流行,有病不成灾,畜牧业健康发展。

开展平安法制宣传教育工作和"走基层、解矛盾、保平安"专项活动,开展矛盾纠纷排查调处工作,及时处理群访维稳事件,规范特殊人群管理,保障各级"两会"期间辖区的社会稳定。全乡排查矛盾纠纷18起,成功调处18起,调处成功率100%。办理信访件14起;4名社区矫正人员顺利解矫,维护社会稳定。

【党风廉政建设】 加强领导、健全机制,落实党风廉政建设责任制,乡纪委以强组织、促公开、严管理、抓落实、转作风为工作机制,建立健全乡、村两级党风廉政建设领导小组。

完善制度、加强督查,制定村监委会主任和村代办员考核细则和《沙畈乡关于改进工作作风、密切联系群众的实施细则》。开展监督检查,明察暗访5次,查处问题3个;厉行勤俭节约,取消乡综合楼搬迁典礼和原先每年举办的经济恳谈会,节约经费6万元;开展机关作风效能检查,口头告诫3人次。重视信访工作,乡纪委处理4起信访件,对1名违反计划生育的党员立案查处,予以开除党籍处分。

落实新一轮基层组织"五星"争创活动和党员"五星"管理工作,印发《沙畈乡2013年党建工作要点》。制作联村干部去向牌、联系卡等牌卡3000余份。落实"一周一汇报""一月一考核""一季一交流""三个一"工作制,提升机关服务效率。发展新党员,各支部吸收预备党员15名;慰问贫困党员38名。

【文化宣传】 组织学习党的十八大精神,撰写学习体会20余篇。邀请区宣讲团到乡宣讲,培养宣讲骨干40余名。举办"沙畈第二届竹笋节",以节会友,以节拓市,以节富民,构建宣传和促销平台,打造沙畈竹品牌,推动全乡经济发展。

推进文化教育事业,开展群众性文娱活动,加强精神文明建设。乌云村幼儿教学点通过标准化验收;银坑村连续第五年在大年初二组织"农民春晚";寒假期间石坞等6个村开展"春泥计划"活动,芝肚坑村被评为区级"春泥计划"先进村;6月上旬,组织全乡"趣味运动会",并组团参加省趣味运动会,争创省级体育强乡。组织申报文明村(单位)创建工作,乡政府争创市级文明单位,芝肚坑、丁久村申报市级文明村,周村、高儒、青草、梧桐4个村申报区级文明村。加强公共文化服务体系建设,全乡完成27个村的"农家书屋"建设。

(江志云)

塔石乡

【概述】 塔石乡地处婺城区西南部山区,东与沙畈乡交界、南与遂昌县交界、西与龙游县交界、北与岭上乡交界。辖区面积99.63平方千米,下辖39个行政村,人口4319户、10954人。山林总面积10533公顷、耕地370.73公顷。

2013年实现工农业总产值16340.9万元,同比增长4.5%。其中工业产值5790.6万元,同比增长3.07%;农业产值10550.3万元,同比增长5.2%;农民人均纯收入6553元,同比增长7.99%。

2013年荣获婺城区农业产业化考核一等奖、森林消防工作一等奖、落实党风廉政建设责任制先进集体、人口与计划生育工作先进单位、平安乡镇(街道)、"激情婺城"文化系列活动先进单位、妇女工作先进集体、创新社会管理百家示范单位、司法行政工作先进集体、政协工作先进集体、人力资源和社会保障工作先进集体、美丽乡村建设竞赛三等奖、区级治安安全单位。

【工业经济】 全年完成工业产值5790.6万元，同比增长3%。引进内资1200万元，新增工业投入1180万元；完成“个转企”3家。

【来料加工】 培养来料加工经纪人21人，从业人数1070人，全年完成来料加工值850万元，同比增长4.5%。加工品种涉及鞋面串珠、缝纫、饰品、工艺品、装饰品、针织等多个品种。

【特色农业】 重视规模化发展，加强笋竹两用林、菜黄牛养殖、油茶等农业示范基地建设，落实反季节高山蔬菜种植166.67公顷，新种油茶20公顷、油茶低改33.33公顷，新建红豆杉基地6.67公顷，猕猴桃基地4公顷。重视现代农业发展，新建石塘、后坞两个粮食生产功能区计28公顷。

【生态建设】 围绕“森林婺城”建设要求，开展绿化示范村镇创建活动，新创建市级绿化示范村2个、区级绿化示范村5个。完成人工造林55.67公顷，是区下达计划的397.6%。其中，新种油茶基地19.47公顷，重点防护林工程造林13.33公顷，人工更新造林9.73公顷，人工促进天然更新13.13公顷。林木抚育246.67公顷，完成计划的105.7%。当年林业育苗0.34公顷，四旁植树及义务植树2.6万株，油茶、毛竹低产林改造133.33公顷，封山育林6137.47公顷。公路补植增绿2700株。是加强库区水源保护，完成莘畈库区3个规模养殖场拆除。抓好新一轮生态创建，新申报区级生态示范村4个、市级11个。

【山区旅游】 依托本乡生态景观旅游资源，加强旅游项目规划，推进山区生态休闲旅游发展。3月9日，成功举办第四届油菜花节。完善旅游基础设施，发展乡村旅游。扶持集梯田、瀑布群、古树群等景观于一体的余仓村完成五瀑峡游步道建设，完善沿厚大溪乡村休闲游憩带建设，完成高塘、塔石等村河道清淤、护堤整修、沿溪绿化，发展乡村民宿，聘请专业人士上门开展农家餐饮、客房服务培训，新建农家乐1家。筹建岱上高山蔬菜采摘与余仓峡谷瀑布观赏半日游项目，实施余仓到岱上景区青石板路面的清理与修复，新建余仓2公顷向日葵摄影基地，修建红军亭1座。7月30日余仓村顺利启动开游仪式以来，接待游客5000余人次。塔石梯田入选“中国美丽田园”的梯田景观十强，并在《金华晚报》《金华日报》等媒体推出专题报道。随着塔石梯田知名度不断提升和乡村旅游接待设施逐步完善，杭金衢及周边地区的摄影爱好者、自驾游客纷至沓来。塔石乡全年接待游客4万多人次，极大地带动了当地农家乐餐饮和农副产品销售，乡村旅游富民成效初显。

【基础建设】 完成塔石—东岭3千米公路硬化和拓宽后续工程瑶通过验收；投资100余万元，完成阳廊—塔石联网公路项目，新建上塔石桥一座。完成南坑、鱼潭、山坑、银岭、珊瑚、后坞、后塘等村林区道路9条、15.5千米。加强农村环境综合整治，完成东店等4个村污水治理工程和坟岩等5个村卫生改厕，完成山坑等7个村自来水管网提升改造。完成国家级重点工程溪洛渡高压线路占地政策性处理工作，实现无障碍施工。

【“三改一拆”】 开展“三改一拆”工作，采取责任到人、分户包干等措施，耐心说服教育，引导违建户自拆，拆除违法建筑72户、14107.8平方米，超额完成区下达的任务。按照“四边三化”整治要求，落实卫生保洁、绿化养护、公共设施维护“三位一体”基础设施长效管理机制。

【下山移民】 加快地质灾害村的整治、搬迁工作，成立2个工作组，分头深入农户家中做好思想引导，推进高田、鱼潭两个地质灾害村的移民搬迁工作。2013年第一批乾西安置9户19人，第二批报名116户275人。

【民生事业】 扶贫工作扎实有效，全年发放小额扶贫贷款14户、80万元，受助贫困户家庭经济状况得到明显改善。社会保险率不断提升，城乡居民养老保险率达98%，医疗保险率达97.84%，企业退休人员全部实现社会化管理。加强劳动力培训，努力提升就业率。依托九峰职校等教学机构，开展农村实用技术培训，全年组织各类培训3期、500人，转移就业34人。民心工作细致到位，做好访贫问苦工作，完成各类救济金和补助款的发放，配合卫生院开展免费体检、送医下乡等活动。加强人口与计划生育工作，做好计生人口查漏补缺工作，加大遗留对象的社会抚养费征收力度，做实做细“三查”工作。全年完成2次集中孕情普查，透检率99%，计划生育率91.15%。全年出生113人，男婴56人，女婴57人，性别比100:98.25，其中计划内103人、计划外10人。应征社会抚养费612783元、已征收534705元，征收率87.26%，符合区考核标准。

推进文化强乡建设，办好“三月三”传统文化节，举办油菜花节、文艺踩街、文艺汇演及乡首届残疾人运动会。开展33个村“春泥计划”行动。成功举办乡村旅游开游仪式并配合金华电视台完成“善美金华行”专场拍摄。加强文化遗产保护，完成大茗红军标语、上阳古街等历史文化遗产修缮保护。完成农家书屋全覆盖，丰富村民业余文化生活。

加强安全生产、森林防火、动物防疫、地质灾害防范、小流域防汛等工作，有效杜绝安全事故的发生。

【社会保障】 坚持“以民为本，为民解困”宗旨，完善最低生活保障、特困救助等制度，加强对低收入群众的社会救助力度。全乡重新审定低收入农户2685户、5665人，核定低保户297户、470人，助困8户、22人，助医165人，助学168人。新入院五保户8人，现有入院五保户31人，户院挂钩29人。创办4家居家养老服务中心。落实慈善助学6人，其中4名单亲、2名孤儿，发放助学金4.8万元。落实困难群众安居工程5户。做好优抚工作，落实各类优抚对象80人，其中，参战人员33人，复退定补14人，精减职工8人，伤残军人9人，在职保健4人，烈属2人，全年发放定补款60.32万元。

【基层组织建设】 完成村级组织换届选举工作，选举产生村民代表763名，村两委干部203人，其中女干部48人；选举村党支部书记36名，支委64名，村主任39名，村委79名，平均年龄47.2岁，9个300人以下的行政村书记主任一肩挑。实现党员干部满意、广大人民群众满意、各级组织满意的既定目标。推进干部人事制度改革，健全干部考评机制，加强干部培养，创新人才引进、培养、激励、使用机制。抓好大学生“村官”管理工作，发挥老干部作用，开展“全科干部、全心服务”活动。其中，新推行的“四项代理制度”不仅受到群众欢迎，而且得到市委组织部领导充分肯定。抓好党组织“五星争创”和党员“五星管理”活动，注重规范化建设、长效机制建设和党员服务平台建设。全乡评出五星党组织3个、四星9个、三星20个、二星10个、一星2个；评出五星党员117人、四星625人、三星148人、二星6人、一星党员4人，并对低星组织和低星党员落实整改措施。狠抓党风廉政建设，修订《塔石乡党风廉政责任制工作考核办法》，与各村和乡属各部门负责人签订《党风廉政管理目标责任书》，强化责任，严格落实“八项规定”和省委“六个严禁”，始终保持惩治腐败的高压态势，严肃查处违法违纪案件，坚持纠正损害群众利益的不正之风。加强对重点工作、重点任务、重点项目贯彻落实情况的监督检查，全面提升执行力。切实加强党员干部作风建设，开展重点岗位“三治三问”活动，深化机关效能建设。强化民主机制，推行“村务联席会议”“五议三公开”制度，健全议事程序和议事规则，确保重大事项均能按“一事一议”的要求进行民主决策。加强村务监督委员会规范化建设，规范农村集体“三资”管理，举办“三资”工作培训，落实“三资”管理办法，完成“三资”清查工作，对10个重点村进行财务清理，其余29个村完成财务清账，确保村级集体经济的健康发展。

(严光远)

岭上乡

【概述】 岭上乡位于区境西南部，东邻琅琊镇、沙畈乡，南接塔石乡，西界莘畈乡，北毗汤溪镇，面积60.66平方千米。辖9个村委会，2013年底，经合并后改为九峰村和桃源村2个村委会，人口3666户8707人。乡政府驻地汤溪移民安置区。

2013年，岭上乡坚持以科学发展观为统领，贯彻落实党的十八大及十八届三中全会会议精神，以安置区稳定和谐为立足点，实施富民战略，团结和带领全乡干部群众解放思想、与时俱进，团结拼搏、开拓进取，全乡经济社会事业发展取得显著成绩，各项工作任务圆满完成。

【主要经济指标】 2013年，全乡完成工业产值2215万元，同比增长1%；引进内资1010万元；财政税收任务完成率100%；实现农业产值1215万元；全年发放来料加工费 739.1 万元，同比增长 3%；农民人均收入 5650 元，同比增长 12%。

【农业产业化】 农业产业化有序推进，加强基础设施建设。投入 50 余万元，实施黄麻山、黄岩孔、里门殿、岭上、石埠头 5 个行政村 5 条计 9.5 千米的林间道路建设；加强现代农业经营实用技术培训，结合移民实际，开展各类农业技术培训，参训人数达 300 余人次；加强特色农业培育，因地制宜实施特色农业种植。岭上村、蒋畈村开展油茶种植基地建设，石埠头等 3 个村实施笋竹两用基地和低产林改造；加强土地流转，全乡流转面积 151.93 公顷，签订土地流转合同 45 份，涉及农户 1739 户，农业规模化经营力度不断加大；加强动植物防疫工作，对出现 H7N9 及其他动植物疫情，加强排查、预防、整治，将疫情扼杀在萌芽阶段；加强林地管理抚育，抓好生态公益林的建设、监督和管理，贯彻“预防为主，积极消灭”的防火方针，做好春节、清明等重点时段火情预防和文明祭祖宣传；开展土地综合整理工作，涉及东会、苏村 2 个村 6 公顷建设用地复垦工程，已完工等待验收。

【第三产业】 全乡从事旅游、餐饮等服务业 200 余家。来料加工点 28 个，从业人员 1000 余人，全年发放加工费 739.1 万元。上邵安置区的木器加工、电脑绣花，汤溪安置区的平车、饰品加工等来料加工特色产业发展势头良好，新增从业人员 100 余人，新培养 10 余名经纪人；加工品种更加多样，由单一来料加工拓宽到多品种加工，形成以木材加工、服装、圣诞用品、包装、帽子、电脑绣花等为特色的来料加工业。

【合并设村】 抓稳定，合并设村及村级组织选举工作顺利进行。12 月 20 日，根据区委、区政府工作要求，岭上乡启动合并设村及村级组织选举工作，按照区委要求，在春节前完成村级组织选举工作。乡党委、政府克服各种困难，要求全体干部发挥“五加二”“白加黑”的工作作风，按照撤并村选举程序和选举工作纪律、要求，在确保安置区和谐稳定的基础上，精心组织，稳妥推进合并设村及村级组织选举工作。12 月 20 日，全乡召开由全体党员、村民代表及村“三委”成员参加的合并设村及村级组织选举工作动员会，启动合并设村工作程序。12 月 22 日，2 个安置区 9 个行政村的村民代表会议召开，并形成了合并设村及三资处理方案。12 月 31 日，2 个新村党组织选举工作顺利完成，选举产生党总支书记 2 人、总支委员 18 人，党支部书记 8 人、支部委员 24 人。1 月 23 日，完成 2 个新村的村委会选举。年前完成监委会的选举工作。截至年底，九峰、桃源 2 个新村的“三委”干部基本到位。

【美丽乡村建设】 加快安置区美丽乡村建设步伐，在基本完成 2 个安置区宅间路硬化、排污水工程、办公用房建设的基础上，争取各部门支持，加快安置区基础设施建设步伐，抓好垃圾收集房、公厕、休闲场所、绿化亮化及综合农贸市场等工程建设。加大环境卫生整治力度，巩固整治工作成效，建立环境卫生保洁工作管理长效机制，打造环境优美、文明富裕的移民新村。

【“三改一拆”】 抓好“三改一拆”工作，全年拆除违法搭建建筑物 318 处、8474 平方米，完成区政府下达拆除任务的 121%。（第一批拆违任务为 5000 平方米，5 月 16 前拆除 311 处、5294 平方米，清除乱堆乱放 298 处、2777 平方米，完成任务的 106%；第二批拆违任务为 2000 平方米，拆除 7 户、3180 平方米，完成任务的 159%）。同时，加强宣传引导，避免“死灰复燃”，开展日常巡查，畅通举报渠道；加强整改力度，确保“改”“拆”均衡，与安置区美丽乡村建设相结合，对拆除地块抓紧时间规划利用，实施绿化建设、宅间路建设等工程；扩大排查范围，强化协调整治，加大排查力度，坚持发现一处拆除一处。

【解决遗留问题】 加大遗留问题解决力度，采取成熟 1 个解决 1 个的方法，解决遗留户的协议签订、屋基落实等工作；研究制定 2 个安置区 7‰预留地的政策处理，为遗留问题解决创造有利条件。

【计生工作】 乡党委、政府始终把计划生育工作作为一项中心工作来抓。加强组织领导，狠抓计生队伍建设，实行分村承包，层层落实责任，全乡上下齐抓共管计生工作。全年透检率 99%，计划生育率 91.3%，出生性别比 100:69.1，均达到区计划生育工作考核要求。

【民生保障】 全乡列入农村低保对象 143 户、208 人，全年发放低保金、特困补助、优抚金、救灾款 70 余万元；对低保户实行民主评议，全年取消低保 4

户,基本实现动态管理下的应保尽保。开展康复站建设和村康复协调员培训,对精神残疾需服药人员进行摸底调查,发放精神病救助卡13张;发放残疾人机动车燃油补贴3人;新农保参保率100%;五类人员医保参保率99.5%,退伍军人52人顺利办理了医保。

【劳动保障】 2013年,全乡转移就业80人,援助困难人员就业2人,完成100%;新增农村劳动力输出4人,完成120%;培育自主创业者4人,带动就业12人,完成100%。

【扶贫工作】 开展新一轮低收入农户和扶贫重点村调查工作,经群众公议公推、农户自愿申请、村内公示,认定1031户、2017人为低收入农户,认定苏村村等9个村为扶贫重点村;对有发展能力的低收入农户,在给予政策扶持、技术扶持的同时,给予资金扶持,全年发放扶贫小额贷款40万元,惠及农户150户,为他们的脱贫致富提供保障。

【队伍建设】 岭上乡结合"两全"活动,推进乡机关干部队伍建设,建立健全乡干部值班住夜、夜学夜访夜谈、季度考核等制度;通过开展民情大比武、"每周一课"等活动,创新活动载体,提高乡干部知识文化水平,激发干事热情;落实基层党建工作,开展好新一轮支部星级评定及党员五星管理工作;对制度贯彻执行情况进行监督,检查干部工作笔记、走访户情况、重点工作推进情况等,每周一报,并将其直接纳入到乡干部年度考核。

【安置区建设】 在完成桃源、九峰2个新村村级组织选举工作后,加强对当选的村级干部教育培训,增强他们的服务群众、带领群众致富能力,确保履职尽责。加强政治素质教育,学习贯彻十八大及三中全会精神,领会会议精神实质,学以致用、提高素质。完善村级工作制度,要求各村及时制定和完善岗位职责,召开创业承诺会,制定三年工作规划,强化工作责任。加强廉政建设力度,层层签订党风廉政建设责任书,全乡各村主要干部建立廉政档案,增强村干部对党风廉政建设重要性的认识以及执行党风廉政建设责任制的自觉性。

继续做好移民新村美丽乡村建设,重点抓好2个新村宅间路、垃圾收集房、公厕、休闲场所、综合农贸市场建设,开展亮化、绿化、排污工程建设。做好2个新村环境卫生整治工作,提高移民思想认识,稳固整治成果,完善环境卫生保洁工作管理长效机制。

重视民生,促进移民增收,加大民生保障力度。落实"低收入农户奔小康工程",利用部门挂钩扶贫等机遇,深化扶贫开发工作。倚靠金西开发区,"借力"发展,发挥2个新村的优越地理位置,借助婺城新城区、金西开发区大建设、大发展的辐射圈,通过转移富余劳动力,发展餐饮、住宿等方式"借力"发展。发展特色农业,引导农民通过转包、出租、股份合作等形式加快土地流转,进行农业产业化适度规模经营,走农业园区之路,以农业体制创新和提高农业科技创新为动力,引进无污染、高效益的产业。利用岭上乡大量山林资源,发展高效生态特色农业,提高经济效益,增加农民收入。扶持来料加工业,通过树立典型、政策引导、技能培训等渠道和方式,吸引更多的妇女参与来料加工,扩大来料加工覆盖面,增添经济活力。

维护稳定,全力打造"和谐岭上"。加强治保、调解等综治队伍建设,落实社会治安综合治理目标和安全生产责任制,排查各种不稳定因素,特别是重点掌握移民动态,防止群体性事件发生。畅通移民利益诉求渠道,做好移民思想工作,引导移民以合理合法的方式表达利益诉求,坚持依法办事、按政策办事,确保社会平安稳定。做好事故、灾害等防范工作,完善突发事件应急处置预案。加强农村消防和森林防火宣传教育,增强群众自我防范意识。在认真解决移民遗留问题,发展社会经济产业的基础上,落实信访维稳责任制,排查和调处社会各类矛盾和纠纷,打造"和谐岭上"。

(郑燕俊)

莘畈乡

【概述】 莘畈乡位于婺城区南山山麓,东邻岭上乡,南连塔石乡,西毗龙游县,北与汤溪镇接壤,距金华城区35千米。全乡行政区域面积73.04平方千米,下辖11个行政村,人口2228户、6159人。常住人口3489人。

辖区内莘畈水库是金西三镇和蒋堂镇的饮用水源，另有山塘水库7座，总库容19万立方米，主要河流3条，总长度22千米；森林覆盖率88%，2007年被评为省级生态乡，2010年被评为全国环境优美乡镇，是首批国家级生态乡。

莘畈乡文化底蕴深厚，乡内明清古居、祠堂、高墙大宅至今保存完好。原地下党秘密革命活动场所“林氏宗祠”，成为青少年爱国主义教育基地。抗战时期粟裕将军曾率领工农红军在境内进行革命斗争，仍保有遗址。

莘畈乡盛产有机茶、板栗、笋竹、香榧、野生猕猴桃、高山大米、水库有机鱼、红心番薯等。莘畈土鸡、生态蔬菜、溪鱼、土蜂蜜、山茶油、菜黄牛、娃娃鱼及其制品享有盛誉。

【工业经济】 全年完成工业总产值7590万元，同比增长7%；完成销售产值7483万元，产销率为98%；实现工业增加值1720万元；引入内资3000万元，引进外资16.8万美元；发放来料加工费1050.8万元，完成财政收入700万元。

【农业经济】 新引进浙江天下正方农业科技园项目，完成土地流转33.33公顷，方家农业产业园项目招商引资工作取得初步成效。同时，引进安吉白茶良种，扩大种植规模，形成以井下为中心的安吉白茶40公顷种植基地；引进良种油茶，形成以方家和井下为中心的油茶良种基地。

【乡村旅游】 3月4日，承办“畅游婺城乡村旅游发展研讨推介活动”，金华莘畈生态农业旅游发展有限公司与上海“畅游天下”旅游联盟等29家旅行社达成长期合作意向，开展“上海千人团游莘畈”“百姓大舞台走进莘畈”等活动。全乡有11家农家乐经营户，可同时接待800多人就餐住宿。有会员经营户157家，其中餐饮23家、住宿10家、土特产种植养殖户108家、农产品销售16家。全年接待上海团队游客10万人，营业额达3000万元。赏绿色林海，游碧波荡漾，品田园野趣已成为莘畈旅游金名片。2013年，通过“全国休闲农业与乡村旅游三星级”评定验收。

【重点工程】 完成区2013年重点惠民实事——莘畈水库库区规模养殖场整治工作，7月5日前42户养猪户全部签订协议；8月7日，5000头生猪全部清栏；8月15日前整治工作基本完成，年底基本完成建筑垃圾清运和土地复垦工作。全乡拆除24户违法建筑，面积10217.74平方米。其中，第二批拆违工作完成5167.11平方米，超额完成区政府下达的拆违任务。区重点农业招商引资项目——万象莘畈现代农业观光园土地流转工作全面完成，搬迁坟墓18穴，顺利进场施工。

【民生事业】 结合“美丽乡村”建设，各村开展新一轮村庄治理、美化活动。方家、大立元2个村列入“秀美村”建设，祝村列入“洁美村”建设。方家、大立元2个秀美村基本完成招标工程。完成井下村道路修建和吴村建造防洪堤坝工程；完成大坞头、吴村和祝村3个村饮用水工程；完成吴村市级河道整治示范点建设。完成乡文化创建基地一期建设，引进文创企业20余家。通过一系列的项目建设，群众生产、生活环境得到明显改善。

全乡国防教育、人民武装工作继续得到加强；围绕和谐主题，人才和劳动保障、统战、工会、共青团、妇女、老龄、残疾人、关工委等各项事业取得新进展。

【社会保障】 完成投资80余万元的省、市级扶贫项目10个；完成低收入农户和扶贫重点村调查。做好小额扶贫贷款工作，全年送批小额贷款户21户，正常贷款回收率100%。关注弱势群体，做好重要节日的走贫访苦工作，发放低保、救助、救济、救灾款累计25余万元。完成一年一度民政低保、低保边缘户年检工作，取消低保2人；落实方家、吴村和祝村居家养老工程；做好新农合、新农保工作，居民医保参保3876人，参保率95%。

【平安综治】 开展“排查整治，强基促稳”专项活动，排查调处矛盾纠纷，深化“网格化管理、组团式服务”工作，维护辖区社会稳定。同时，加大平安创建工作宣传力度，以提高安全感“三率”为抓手，通过多种宣传方式、多措并举的工作措施，将各项工作要求落到实处；实行安全生产责任制，与企业、行政村签订安全生产责任书；加大夏季森林防火宣传力度，落实护林员责任制；按照山洪防范预案要求，调整充实乡防汛防旱指挥部领导班子，组织各村抓好汛期山塘水库、水利设施的全面排查和防洪防汛工作;做好社区矫正人员各项管理工作;做好“六五”普法宣传活动,送法进乡村、送法进校园;做好动物疫情防控工作。

【人口与计划生育】 全年计划生育率93.65%,计划外出生4人,做好、做实一年两次“四查”工作,加强社会抚养费征收力度,全面落实部分计划生育家庭户奖励政策,新增7人享受奖励政策。注重计划生育宣传教育氛围建设,乡党委、政府出资2万余元,为所有行政村重新制作计划生育宣传栏,增加计划生育电线杆标语牌40余块,打造计划生育宣传一条街,创建1个计划生育宣传示范村。

【异地搬迁】 根据区委、区政府文件精神,乡党委、政府成立乡下山脱贫异地搬迁工作领导小组,排出2013年至2015年莘畈乡下山脱贫移民搬迁计划。对2013年列入计划的里东坑搬迁户进行摸底调查和搬迁动员,整个移民搬迁工作进展顺利。

【村级组织换届】 根据区委统一部署,莘畈乡村级组织换届工作于11月12日开始,截至年底,全乡11个行政村,除祝村村因村支部分工调整暂缓监委会、经济合作社换届外,其余10个行政村按期完成村级组织换届选举工作。新当选64名村两委成员(其中支委兼任村委5名)中,36~59岁的50人,占78.1%;初中、高中(中专)文化程度44人,占78.1%;妇女成员14人,占21.9%。换届后整个村级班子初步形成以中青年、初高中文化干部为主体的良好结构状况。

【基层组织建设】 开展新一轮基层组织“五星争创”工作,通过公开评定,评出五星级村支部1个,四星级2个,三星级4个,二星级3个,一星级1个。针对不同级别制定晋位升级方案。至年底,三星及以上党组织占比达70%以上。在农村党员中开展党员“五星管理”,结合评星参考内容制定本乡评定细则,评定过程公开透明,评定结果进行公示。加强党员队伍建设,引导广大党员立足本职岗位,奋发有为。

人大作用发挥明显,全年组织开展4次主席团活动。

【干部队伍建设】 开展“正风肃纪抓执行、攻坚破难促发展”系列活动和“全科干部、全心服务”主题活动,结合莘畈实际制定切实可行的活动实施方案。在全乡开展“集体经济发展竞赛、重点项目建设竞赛、社会管理创新竞赛、美丽乡村建设竞赛”活动。制定“周三服务日制度”,明确联村干部工作职责,确定干部“驻夜值班、夜学夜读、夜访夜谈”工作纪律,推进干部作风建设。

【党风廉政建设】 根据全乡人员变动情况,调整领导组织,与各村、乡属各部门主要负责人签订责任书,强化责任落实。实行“无过错预警”制度,在重点工作尤其是涉农工作开展之际对相关办事人员进行预警,严格防控廉政风险。开展专项效能督查活动,加强对重点工作、重点任务、重点项目贯彻落实情况监督检查,全面提升执行力。建立乡党委纪委、乡驻村干部、村级组织三级联动预警机制,做好纪检信访举报和案件查办工作,全年受理来信来访2件,立案查处1人。抓好乡365便民服务中心、各行政村365便民服务室提档升级,使村民办事更方便、更快捷。乡招投标中心工作逐步走入正轨,招投标工作有序进行,全年进入招投标交易中心交易项目7个,交易额达140.54万元,无违规现象发生。

(胡荣伟)

箬阳乡

【概述】 箬阳乡位于婺城区南部山区。东南与武义县交界,西靠沙畈乡,北邻安地镇,距金华城区50千米。全乡区域面积60.38平方千米,辖14个建制村,人口1444户、4061人。其地势较高,山峰险峻,常年云雾缭绕,素有金华“小西藏”之称。全乡海拔在600~1100米之间,竹蓬尖海拔1271米,为境内最高峰。年平均气温18.3℃,降水量1600毫米。自然资源较丰富,是省级生态乡。全乡以林地为主,有山林面积5933.33公顷,耕地126.6公顷(其中水田111.07公顷)。境内盛产竹、松、杉等用材林和茶叶、红豆杉、榧树等经济林。乡镇工业以竹木加工、茶叶制作、来料加工和小水电为主。全乡农民收入主要来源是茶叶、红豆杉、菜黄牛养殖、高山蔬菜四大产业。全乡完成财政税收500余万元,超额完成52.4万元年度任务数。

【促农增收】根据箬阳乡乡情，乡党委和乡政府制定《关于夯实农业农村发展基础、促进农民增收的若干意见》，依据文件兑现农业鼓励资金20余万元，提高农民发展农业经济积极性。

以省扶贫项目菜黄牛基地建设为基础，推广菜黄牛养殖。全乡有3处规模养殖场，建有牛舍400多平方米，投资完成污水处理和青贮窖建造。全乡菜黄牛饲养量1200头。

做好茶叶主导产业文章，全乡有茶叶面积280公顷。引进茶叶新品种，白茶种植面积33.33公顷。九康茶蔬、大山茶叶等合作社把箬阳茶叶推向市场，增加箬阳茶叶知名度。针对近年来红茶较为畅销，调整产业结构，邀请红茶制作老师现场指导，将箬阳红茶推向市场。

箬阳乡挖掘当地资源，根据当地气候条件鼓励村民种植红豆杉，发挥省级红豆杉之乡优势，把红豆杉种植列为绿化箬阳主打品种，全乡红豆杉种植面积96.67公顷。

【新农村建设】开展"美丽乡村"建设，深化村庄美化行动，创建洁净乡村。发动全乡党员干部群众开展"四边三化"清理河道清洁乡村专项行动，对罗坪至石井坑、茶园至琴坛、瀛头片3条15千米溪流河道进行垃圾清理，清理垃圾50余吨，改善河道卫生清洁状况。

编制箬阳乡旅游规划，打造箬阳溪沿线美丽村庄风景线，对琴坛村实施"秀美村"和农家乐建设，箬阳溪沿线茶园、南坑村以及瀛头、戴村进行"洁美村"建设。

做好下山移民工作，按照下山移民方案，对3个移民村进行全面调查。至年底，完成横坑村26户、箬阳村茶山头自然村7户33户、94人移民工作，妥善安置在乾西移民小区。

基建工程稳步推进，完成箬阳村、南坑村2个村办公楼修建工程；完成南坑村污水管网改造工程；完成瀛头村的太阳能减量化垃圾处理房建设；完成瀛头片生态公墓建设竣工，并完成验收；完成建设沙坑、罗坪2个村6千米林道和琴南公路5千米道路硬化、拆迁扫尾工作。

【工业经济】完成工业总产值3352万元，同比增长1.3%。做好来料加工工作，利用山区妇女闲暇时间，协调联系，培育来料加工经纪人11名，加工点74户、191人，全年来料加工产值达281万元，促进农民的增收。

【社会民生】箬阳乡以创建"平安箬阳、生态箬阳、秀美箬阳"为目标，把握"实事为民"宗旨，强化服务，有序推进各项社会事业。

完成换届选举工作，选举产生新一届村两委班子81名。其中，党支部成员46名，村委会成员35人，包括300人口以下书记、主任一肩挑的行政村7个，2名大学生"村官"通过选举进入两委班子，其中1名担任党支部副书记，1名担任村委会委员。开展党支部评星晋级、党员"五星管理"工作和各项活动。全乡14个农村基层党组织，评出五星级1个，四星级2个，三星级6个，二星级4个，一星级1个；其他基层党组织3个，四星级2个，二星级1个。

加强社会服务管理中心规范化建设。"网格化管理、组团式服务"稳步推进，社会管理创新初见成效。全乡有17个网格，成立17个服务团队，"网格化管理、组团式服务"团队基本形成。完善和规范社会服务管理工作制度，使"网格化管理、组团式服务"工作得到落实，逐步形成基层社会服务管理长效机制，使全乡社会管理得到加强。

推进人口与计划生育工作，落实责任制，开展计划生育知识普及宣传，制作宣传标语60条，茶园村成功创建区级人口示范村。开展"三查"工作，全乡出生人口20人，性别比100:100，计生率90%。

逐步提高社会保障水平，加强劳动力就业与再就业工作，推进信贷帮扶服务，促使创业发展。全年审批低收入农户小额贴息贷款11户、55万元，专业合作社5家、65万元，种养大户4家、20万元。做好各项政策保险宣传和参保工作，城乡居民养老保险受益人数不断增加，实现城乡农村医疗保险覆盖率98.6%。规范最低生活保障，全乡有低保户72户、116人，2013年新增6户，发放低保救助金23.74万元，发放重残救助金6.43万元，落实残疾人安居工程2户。

实施"低收入农户奔小康工程"，争取扶贫、文明结对单位支持，全年申请省级扶贫项目1个(罗坪——横块机耕路)，总投资30万元，申请补助资金10万元；市级扶贫项目4个，总投资178万元，申请补助资金68万元。

推进农村文化建设,发展文化事业,加强文化阵地、文化队伍、活动载体建设,举办庆“三八”等系列活动,丰富山区老百姓文化生活。

【中国计量学院开展新农村建设调研】 5月初,中国计量学院院长带领科技处、经管学院等相关部门教授专家,到箬阳乡就乡村休闲旅游发展情况进行实地考察指导,对全乡现有的旅游资源通过调研数据汇总、对比、剖析,为科学合理制定下一步整体旅游发展规划提供专业意见。学院心系山区教育发展,全年落实箬阳乡中心小学帮扶资金2万元,对学校多媒体教室进行设备、设施升级,更新置换20台电脑。 (周针立)

苏孟乡

【概述】 苏孟乡位于婺城区南部,东与雅畈镇为邻,西接长山乡,南和东南毗邻安地镇,西北靠秋滨街道,北与三江街道相接,东北濒武义江,隔江与多湖街道相望。南和西南部属低山丘陵,中部和东北部属冲积平原。玉泉溪、梅溪与安地水库西、东干渠穿越境域,辖区面积37.98平方千米。全乡辖34个行政村,66个自然村,人口6989户、17400人(包括石门农场)。

乡政府驻地苏孟村,距金华城市中心6千米。市区二环南路自合山头向东横贯乡域北部,经江家村跨梅溪桥入雅畈镇。金安公路自湖海塘入境,经桥儿头、苏孟、溪口下、汤店到双枧头大溪滩自然村出境入安地镇。八一南街自后山村入境,南至江家与二环路相交。乡域内有市区至安地、石门农场、雅畈镇公交车通过,各村道路水泥路面均已硬化并与公路相通,交通条件极为便利。全乡有初中1所、小学1所,图书室1所,敬老院1所,乡卫生院1所、卫生分院2所。开通程控电话240门。有省重点工程500千伏双龙变电所和石门农场、加华种猪场、万象花卉等市直企事业单位。坐落于境内的市体育中心正式开馆运营,并顺利承接浙江省第二届体育大会开、闭幕式及相关赛事。

【农业经济】 苏孟乡是以种养业为主的农业乡,耕地面积1213.4公顷(包括市石门农场235.6公顷),山林800公顷。随着土地流转和农业产业结构调整,粮食种植面积逐年减少,经济作物得到快速发展,并逐渐以效益农业为主,花卉苗木已成为全乡农民增收的重要来源。经济作物主要有苗木、花卉、茶叶、毛芋、茭白、草莓、蔬菜、瓜果和油料作物等。苏孟乡苗木种植历史悠久,2013年有苗木种植面积1828公顷,是远近闻名的苗木之乡。在保持传统销售模式的基础上,大力拓展互联网等销售渠道,农民年人均增收4000多元,花卉苗木收入占农民收入的60%以上,苗木产业已成为苏孟经济发展的支柱产业。养殖业以生猪为主,兼养奶牛、家禽和珍珠蚌、淡水鱼。2013年,消费市场畜禽供给趋于饱和,肉类、奶制品价格普遍走低,饲料成本上涨,导致一贯以传统模式饲养的养殖户较难运作,且畜禽养殖污染问题受到日益关注,辖区内生猪、奶牛等养殖户和养殖规模有所下降。全乡面临农业产业结构进一步调整。

【工业经济】 工业类型以机械、五金、针织、服装、建材、食品加工为主。乡政府重视工业园区基础设施建设,完善路面硬化和电缆、光缆、给排水管网等基础配套设施建设,改善工业园区投资环境。做好企业投融资帮扶工作,调解村企矛盾,为企业发展营造良好发展环境。乡工业总体相对薄弱,规模以上企业仅1家,产值4593.47万元。

【征迁工作】 湖海塘运动休闲区建设项目是市区七大重点区块之一,为配合市区整体规划,打造精品城市,苏孟乡围绕湖海塘区块征地拆迁工作,全体参加征迁工作人员思想统一、行动一致,发扬“5+2,白+黑”和敢打敢拼、不怕千辛万苦、不怕千言万语的开发区精神,放弃节假日休息,克难攻坚,征迁工作有序推进。

4月,圆满完成山背村整村搬迁任务,完成房屋拆迁115户、面积75080.02平方米,拆迁历时30天,创造开发区拆迁新速度。7月8日,进驻清江塘、塘上村,两村并进,合力攻坚,截至9月8日,完成房屋拆迁272户、房屋面积212167.66平方米,其中清江塘村签约率100%,塘上村签约率99%,两村房屋拆除率97%。同时,完成寺南村房屋评估、公示工作。

继续做好桥儿头、后山、清江桥村拆迁扫尾工作,后山村新增签约4户,新增拆除24户,桥儿头村新增拆除8户。启动湖海塘学校、江南公安分局用地27.71公顷土地征用及青苗、坟墓搬迁工作,完成青苗评估90%,搬迁坟墓156穴。完成电子文化创意园区块涉及合山头、新楼、淳昌村60.33公顷土地征用工作。完成清江桥村14公顷地块青苗处理、土地平整和高压线路移除等工作,达到交付条件。推进安置房建设,金桂院南区226套安置房于11月底竣工,完成部分拆迁户的安置工作。B、C地块完成青苗处理、施工单位招投标,11月中旬开工建设。做好山下、后尘村改地造田工作,完成23.2公顷“改地造田”青苗处理、土石方施工和初验工作。

【三改一拆】 贯彻落实省委、省政府“三改一拆”决策部署,狠刹抢建违建之风,掀起拆除违法建筑的高潮。乡政府在“三改一拆”工作中行动迅速,各项措施落实到位,工作推进扎实有力。通过建章立制推进体系保障,通过多轮排摸确保底数“四清”;通过监督检查和氛围营造,动员全民参与。会同行政执法、国土、建设、公安等部门,组织大规模行动10余次,每次出动150余人,对后山、塘上、清江塘、山背、雷家、江家、后徐、茶堰等村的违法建筑进行集中拆除,累计拆除面积32.5万平方米,完成开发区下达目标任务数的174%,有效扼制违法建房现象。

【新农村建设】 加大“三农”投入力度,农村面貌明显改善,农业效益持续提升,农民收入不断提高。启动苏孟乡垃圾中转站建设,建立农村洁化、美化长效管理机制,各村配备相应人员和基础设施,落实环境卫生日常保洁,结合“四边三化”“双清行动”、水环境整治工作,开展全乡范围内村庄环境卫生大整治行动、水污染调查摸底,清理河道1000余米,池塘4口,农村环境有效改善。完成后岗、朱项店、溪口下、山下村12000米渠道建设。完成竹园、下田两座危塘整治。新楼、竹园二村新建办公楼主体竣工。有序发展生态旅游,依托南山四顾屏和万象花卉人气集聚优势,发展农家乐、乡村游等项目,推进城郊观光产业。开展农民技能培训,培养一大批乡土人才和农村科技骨干,转移一大批农村富余劳动力。

【社会事业】 执行计划生育“一票否决制”。全年出生172人,计划外出生17人,计划生育率90.12%,其中出生女婴75人,出生婴儿性别比100:129.33。完善医疗保险和养老保险工作,提升社会保障覆盖面。通过印发宣传资料、张挂横幅、下乡宣传等方式,发动村民参保,参保率95%。完成城乡居民医疗保险缴费9378人次,保费152.44万元。做好医疗救助和社会救济工作,做到“困有所济,难有所帮”,发放低保金40.2万元、重度残疾人生活补助金3.3万元,发放伤残军人、定补对象优抚金16.3万元。

推进便民服务工作,全市“网格化管理、组团式服务”现场推进会在苏孟村召开,带动周边村发展。苏孟、溪口下、后尘等村先后建立365便民服务中心,实行“窗口式”服务,为村民保障服务提供平台。加大村务办公硬件设施建设投入,合山头、后尘、江家等村综合办公大楼先后投建,陆续完工。乡政府一楼办事大厅改建为标准化便民服务中心,设立一站式服务窗口,为民服务更接地气。

【平安综治】 开展社会“网格化管理、组团式服务”和矛盾纠纷大排查大化解,实施值班制度和每周一报制度。全年接待群众来信来访16件,办结15件,中央和省挂牌交办未办结信访积案。调解矛盾纠纷212件,调解成功196件,成功率93%。推进平安苏孟、品牌苏孟建设,重视安全工作,深化安全生产大排查大整治,落实“打非治违”专项行动,开展涉及工业企业、消防安全、森林防火、道路交通等方面的安全隐患排查和整治工作,签订安全责任书55份,查处各类安全生产隐患14起。加大对食品、药品安全监管力度,开展药品安全示范乡街创建工作。

【组织建设】 乡党委坚持以“齐心协力抓征迁,凝心聚力抓队伍”为总基调,以贯彻落实党的“十八大”精神为契机,开展基层组织建设年活动,以创先争优为载体,强化基层组织建设。加强制度建设,完善党委议事制度、学习制度、考评制度等制度建设。围绕岗位考核目标任务,制定《苏孟乡干部绩效量化考核实施办法》《苏孟乡机关干部联村住夜(值班)制度》等一系列行之有效的制度,在工作实践中贯彻执行。加强组织建设,抓好抓实“五星争创”活动,开展党员星级管理,每季度一次将星级评比结果张榜公布。启动村级组织教育整顿,大力整顿软弱涣散村级组织,加大对群众反映强烈问题的查处力度,对不参与和不支持政府中心工作,坚决执行“三步走”:即提出警告、诫勉谈话、劝退或除名。全年开除党员1人,留党察看1人,免去党支部书记1人,免去支委委员职务1人。加强党风廉政建设,严格落实中央“八项规定”和省委“28条办法”“六个严禁”、市委“25条意见”、开发区“20条办法”要求,弘扬艰苦奋斗的工作作风,严肃财经纪律,严管三公经费,防止铺张浪费,对所有超标准办公室进行整改。下发《关于要求全乡党员在征地拆迁工作中坚持“六带头”“十不准”规定的通知》,党员干部责任意识明显增强。加大违纪案件查处力度,查处违纪案件4起,诫勉谈话8人,营造风清气正的良好环境。在全乡开展以“树形象、比实绩、促提升”为主要内容的“全科干部、全心服务”活动,把乡干部全科业务能力培训作为活动的首要任务,开设全科业务专题辅导课、全心服务现身说法课、全科干部全心服务微课堂、乡干部轮值课堂,开展夜学夜读、轮值讲学、师徒结对等活动,提高综合服务能力。完善住夜(值班)制度,确保每周每名乡机关干部不少于2次住夜(值班),每次由班子成员带队。精心做好村级组织换届工作。认真调研,学习金东、婺城试点经验,结合本乡实际,精心抓好村级组织换届准备工作,分别于9月30日、10月10日、10月14日召开村书记会议、联村干部和两富局级指导员会议、联村干部和村书记会议,统一思想,明确任务,宣传政策,辅导方法,发放宣传册7500份,为换届选举营造良好工作氛围,确保村级组织换届稳妥实施,顺利完成。

(叶振阳)

附　录

2013年金华市婺城区国民经济和社会发展统计公报

2013年是落实“十二五”规划承上启下的关键之年，在区委、区政府的正确领导下，全区上下紧紧围绕“工业强区、商旅兴区、生态立区、城乡统筹”发展战略，按照“抓转型、重投入、优环境、兴实体、惠民生、促和谐”的工作思路，聚精会神抓发展，全力以赴促转型，克服了各种困难，实现了经济企稳向好的态势，人民生活不断改善，社会保持和谐稳定。

一、综合

全区主要经济指标(含金华市经济技术开发区)全区实现生产总值(GDP)430.42亿元，比上年增长8.9%。其中：第一产业增加值18.75亿元，增长1.6%；第二产业增加值173.62亿元，增长9.1%；第三产业增加值238.05亿元，增长9.3%。在第三产业中，交通运输、仓储和邮政业增长1.7%，批发零售业增长9%，住宿餐饮业增长3.4%，金融业增长12.4%，房地产业增长17.3%，其他服务业增长7.4%。土地总面积1391.24平方千米，年末总人口62.73万人，人均生产总值68811元，比上年增长8.6%。第一、二、三产业增加值占地区生产总值的比重由上年的4.6:40.5:54.9调整为4.4:40.3:55.3。

区属主要经济指标实现区属生产总值(GDP)264.27亿元，比上年增长8.9%。其中：第一产业增加值17.17亿元，增长1.7%；第二产业增加值90.08亿元，增长9.7%；第三产业增加值157.03亿元，增长9.1%。在第三产业中，交通运输、仓储和邮政业增长1.8%，批发零售业增长8.9%，住宿餐饮业增长4.4%，金融业增长12.4%，房地产业增长18.7%，其他服务业增长7.1%，人均生产总值55358元，比上年增长8.9%。第一、二、三产业增加值占地区生产总值的比重由上年的6.8:34.3:58.9调整为6.5:34.1:59.4。

二、农业

全年完成农业总产值29.6亿元，同比增长1.9%，完成农业增加值17.2亿元，同比增长1.7%。全年粮食作物播种面积2.31万公顷，同比增长1.1%，粮食总产量13.6万吨，同比增长1.6%。花卉苗木种植面积4133.33公顷，同比下降4%。全区油菜籽产量6246吨，同比下降7.7%；蔬菜产量8.1万吨，同比下降10.3%；水果产量1.54万吨，同比下降38.6%。全年生猪出栏51.8万头，同比增长13.7%；奶牛存栏数16019头，同比下降0.7%；牛奶产量38693吨，同比增长15.8%；水产品产量8129吨，同比下降13.1%。

全年完成造林面积824.13公顷，迹地更新面积272.13公顷，完成幼林抚育面积1720.33公顷，低产林改造面积605.53公顷，封山育林面积3.7万公顷。

三、工业和建筑业

全区完成工业增加值77.43亿元，同比增长9.8%，工业增加值占GDP的比重29.3%。其中规模以上工业企业完成总产值202.5亿元，同比增长8.2%，完成销售产值194.1亿元，同比增长7.2%。规模以上工业企业完成出口交货值41.1亿元，同比增长8.7%，占销售产值比重为21.2%。工业品产销率为95.9%。全年规模以上企业实现主营业务收入210.4亿元，同比增长6.9%；实现利税总额15.5亿元，同比增长6.7%，其中利润总额9.3亿元，同比增长7%。

全年完成建筑业总产值143亿元。全区49个三级及三级以上建筑施工企业全年房屋建筑施工面积 1731.4 万平方米,竣工房屋面积 563.6 万平方米。

四、固定资产投资

全年完成固定资产投资 112.9 亿元,同比增长 20.4%;其中,投资项目投资 69.9 亿元,同比增长 21.1%,房地产开发投资 43 亿元,同比增长 19.4%。投资项目中工业投资 47.5 亿元,同比增长 20.2%。按投资的产业分:第一产业完成投资 5208 万元,同比增长 12%;第二产业完成投资 47.5 亿元,同比增长 20.2%;第三产业完成投资 64.9 亿元,同比增长 20.7%。

五、国内贸易和对外经济

全年完成社会消费品零售总额 242.1 亿元,同比增长 12.8%。其中:批发零售业 232.5 亿元,同比增长 12.3%;住宿餐饮业 9.7 亿元,同比增长 25.6%。

全年实现外贸进出口总额 11 亿美元,同比增长 17.7%,其中自营出口额 10.5 亿美元,同比增长 16.3%;合同利用外资 2134 万美元,同比增长 12.8%;实际利用外资 1227 万美元,同比下降 29.2%。

六、财政

全区财政预算总收入 33.1 亿元,同比增长 9.3%。区级收入 8.8 亿元,同比增长 15.2%,其中区本级收入 7.1 亿元,金西开发区完成 1.7 亿元。全区财政支出 17.9 亿元,同比增长 21.2%。

七、科学技术

2013 年,科技项目立项数量增长明显。全年累计获国家、省、市各类科技立项 65 项,其中国家火炬计划 3 项、国家重点新产品 1 项;省级新产品试制计划 9 项、省重大科技专项计划 3 项、省科技特派员项目 4 项、省农业成果转化项目 1 项、企业法人科技特派员 1 人、省团队科技特派员 2 家;市科技项目 27 项(工业 12 项、农业 15 项)、市科技特派员项目 10 项、市农业科技成果转化项目 4 项。获省农业成果转化推广奖 2 人,省科学技术奖 1 项,市科学技术奖 6 项,市科技合作奖 1 项。培育创新主体能力加强。全年累计认定高新技术企业 11 家(省级 4 家、市级 7 家)、省科技型中小企业 7 家、省级农业科技企业 1 家、省创新型示范企业 1 家、省创新型试点企业 1 家、市级创新型企业 2 家、高新技术研发中心 6 家(省级 1 家、市级 5 家)、农业科技研发中心 3 家(省级 1 家、市级 2 家)。专利授权量 1158 件,其中发明专利授权量 160 件,同比增长 48%。

八、教育、文化和体育

以"创建全国义务教育均衡区"为契机,积极改善学校办学条件,促进资源优化配置,努力提升教育教学质量。深化学前教育三年行动计划,努力发展小学"特色教育",切实推广初中"高效课堂",积极推进职业教育精品化。全区小学入学率、小学毕业升初中比例均为 100%。年末,全区有普通高中 1 所,专任教师 12 人,在校学生 130 人;普通初中 20 所,专任教师 1311 人,在校学生 14749 人;职业中学 2 所,专任教师 290 人,在校学生 8816 人;小学 45 所,专任教师 1835 人,在校学生 32516 人;幼儿园 163 所,专任教师 1306 人,入园儿童 19480 人。

文化体育事业持续繁荣。文化馆和图书馆做好免费开放的前期准备,15 个乡镇街道完成综合文化站建设;开展"送戏下乡""送书下乡"以及"激情婺城"系列大型文艺活动;12 个乡镇被评为浙江体育强乡镇,1 个社区被评为浙江省城市体育先进社区。

九、卫生事业

全区有医疗卫生机构 28 个,卫生技术人员 765 人,医疗床位 411 张。2013 年参加新型农村合作医疗有 28.8 万人,参合率达到 97%。全区 22 家社区卫生服务中心(卫生院)、35 家具备运行条件的社区卫生服务站以及 163 家村卫生室实施了基本药物制度,实施率为 95.2%,达到了浙江省卫生厅的实施要求。三大类十二项基本公共卫生和重大公共卫生服务项目综合达标率达 93%。开展城乡居民健康体检,参保居民健康体检 146418 人,共体检成人 90359 人次,其中老人 44208 人次,学生儿童 56059 人次,体检结果异常 32091 人次,完成纸质健康档案 461421 份,建立了规范化电子健康档案 447186 份,户籍人口电子建档率达 93.56%,提前完成省定目标。

十、人口、人民生活和社会保障

据公安人口年报统计,年末全区户籍管理人口为 47.78 万人(非农业人口 15.97 万人)。全区人口出生率为 9.77‰,同比下降 0.59 个千分点;死亡率为 5.72‰,同比下降 3.37 个千分点;自然增长率为 4.04‰,同比上升 2.77 个千分点。

据抽样调查,城镇居民人均可支配收入 35377

元，同比增长9.6%；人均消费性支出23098元，同比增长4.1%，其中食品消费支出7637元，同比增长5.1%。据农村住户调查资料显示，2013年农村居民人均纯收入13573元，同比增长10.8%；人均生活消费支出9205元，同比增长11.5%，其中食品消费支出3713元，同比增长18.5%。

2013年，城镇低保标准每人每月524元，农村低保标准每人每月357元，家庭人均收入低于2500元，符合低保条件的农户已全部纳入低保。截至目前，全区共有5273户7679名城乡低保对象、4440户6663名低保边缘困难群众、1038名重度残疾人享受相应救助，累计发放低保、低保边缘、重残、医疗等各类救助款3000余万元；发放冬春荒生活补助69.8万元，主要用于6600余户因灾受困群众的生产自救。新增50家城乡社区居家养老服务照料中心，20家“星光老年之家”，全区2700多名老人享受到居家养老政府购买服务政策。开展“2013年慈善温暖行动”、慈善助学系列活动，发放慈善救助金300多万元；做好慈善总会筹备前期基础工作，宣传发动并开展募捐，目前共收到善款193万余元及价值100万元实物捐赠。按政策落实全区108名符合条件的孤儿基本生活费的发放，发放孤儿基本生活费及补发2012年62名困境儿童基本生活费共计120万元。做好水库移民后期扶持工作，发放直补资金639万元，全区共有21300名直补移民受益。加强区划地名管理，统一制作路门牌4442块，更新新区街路标示牌123块，完成婺城至龙游、婺城至金东行政区划界线勘界的联合检查。

劳动部门积极做好就业服务工作。今年共完成农村劳动力素质提升培训4056人，其中转移就业培训2046人，农村实用人才培训2010人。新增就业岗位4490个，失业人员实现再就业2252人，其中就业困难人员再就业228人，城镇登记失业率2.74%，远低于4%的控制目标。

注：1)本公报所列各项数据为年度初步统计数据。

2)公报中生产总值和各产业增加值绝对数按现价计算，增长速度按可比价计算。

3)本公报数据(除注明外)均包含金西开发区。

金华市婺城区统计局

全区农村基本情况

表9

指　　标	计量单位	全区		区属	
		2012年	2013年	2012年	2013年
一、农村基层组织情况					
1.乡镇个数	个	18	18	14	14
(1)乡政府	个	9	9	8	8
(2)镇政府	个	9	9	6	6
2.村民委员会个数	个	578	578	383	383
3.村民小组个数	万个	0.35	0.35	0.25	0.25
二、农村住户数、人口					
1.农村常住户数	万户	13.36	13.03	8.88	8.74
2.农村常住人口数	万人	36.03	34.97	24.06	23.41
三、农村劳动力资源总数	万人	23.21	22.23	15.81	14.95
其中：劳动年龄内	万人	21.79	21.32	14.75	14.52
四、农村从业人员数	万人	21.73	20.75	14.69	13.96

续表 9

指　　标	计量单位	全区		区属	
		2012 年	2013 年	2012 年	2013 年
其中:女性	万人	10.29	9.88	6.97	6.61
(一)按国民经济行业分					
1.农、林、牧、渔业从业人员	万人	10.85	9.48	7.27	6.39
(1)农业	万人	9.56	8.22	6.23	5.38
(2)林业	万人	0.4	0.43	0.39	0.41
(3)牧业	万人	0.74	0.71	0.54	0.52
(4)渔业	万人	0.15	0.12	0.11	0.08
2.工业从业人员	万人	4.04	4.19	2.44	2.52
3.建筑业从业人员	万人	1.47	1.44	0.87	0.81
4.其他行业从业人员	万人	5.37	5.63	4.11	4.24
五、农村用电量	万千瓦小时	20604	28114	17264	19444
六、农用化肥施用量					
1.按实物量计算合计	吨	64876	67518	34188	35978
2.按折纯法计算合计	吨	14173	15066	7334	7874
七、农用塑料薄膜使用量	吨	981	1202	762	981
八、农用柴油	吨	6060	6440	2488	2722
九、农药使用量	吨	1706	1865	897	989
十、农作物播种面积总计	公顷	39379	39214	25626	25369
(一)粮食作物合计	公顷	22977	23341	14009	14245
1.谷　物	公顷	19307	19580	11054	11206
(1)稻 谷	公顷	17172	17281	9378	9515
(2)小 麦	公顷	292	301	227	230
(3)玉 米	公顷	1707	1879	1351	1359
2.豆 类	公顷	2013	2028	1559	1595
(1)大 豆	公顷	1595	1609	1249	1276
3.薯 类	公顷	1657	1731.2	1395	1443
(1)番 薯	公顷	1266	1315.1	1069	1096
(二)油 料	公顷	4396	4181	2528	2416
#油 菜 籽	公顷	4080	3879	2363	2258
(三)棉花(皮棉)	公顷	831	795	220	210
(四)甘 蔗	公顷	188	212	90	89
(五)药 材 类	公顷	27	10	27	10

续表 9

指　　标	计量单位	全区		区属	
		2012 年	2013 年	2012 年	2013 年
(六)蔬菜(含菜用瓜)	公顷	4118	3951	3284	3197
(七)果 用 瓜	公顷	1037	1060.4	888	905
(八)花卉园艺					
# 花卉苗木	公顷	5165	5068	4006	3929
(九)其他作物	公顷	640	412	573	368
十一、茶叶生产					
(一)茶园总面积	公顷	2007	1892	1533	1518
(二)茶叶总产量	吨	3834	3323	1484	1404
十二、水果生产					
(一)果园面积合计	公顷	1430	1192	1025	849
1.柑桔园	公顷	791	682	504	458
2.梨　园	公顷	96	83	81	67
3.桃　园	公顷	87	44	82	39
4.葡萄园	公顷	195	192	161	118
(二)水果总产量	吨	42220	40720	32737	31767
1.柑桔	吨	9733	9031	5359	5055
2.梨	吨	1260	1042	1071	799
3.桃	吨	830	499	819	491
4.葡萄	吨	2269	2545	1696	1985
十三、生　猪					
1.生猪年末存栏头数(含未断奶小猪)	万头	43.16	46.67	29.88	28.2
# 能繁殖的母猪	万头	4.49	4.86	2.8	2.76
2.年内生猪出栏头数	万头	59.24	65.62	36.06	39.97
十四、牛					
1.牛年末存栏头数	头	23159	22140	20188	19525
其中:良种及改良种乳牛	头	17470	17595	16036	15943
2.年内牛出栏头数	头	10335	7045	9342	6363
十五、羊					
1.羊年末存栏只数	万只	0.83	0.8	0.57	0.54
2.年内羊出栏只数	万只	0.79	0.8	0.61	0.58
十六、家　禽					
1.家禽年末存栏只数	万只	186.52	190.69	114.44	120.05

续表 9

指　　标	计量单位	全区		区属	
		2012 年	2013 年	2012 年	2013 年
2.家禽年内出栏只数	万只	378.75	227.17	214.77	184.81
十七、兔					
兔年末存栏只数	万只	0.51	0.27	0.51	0.24
十八、养蜂年末箱数	箱	12215	13769	8866	9718
十九、畜禽产品产量					
1.肉类产量	吨	55799	58995	29616	32568
(1)猪　肉	吨	48859	51920	25242	28883
(2)牛　肉	吨	1140	839	1040	754
(3)羊　肉	吨	118	122	92	94
(4)禽　肉	吨	5663	4398	3223	2829
2.鸡鸭鹅蛋产量	吨	6728	8483	5577	6775
3.牛奶产量	吨	33477	41993	33164	38463
二十、淡水产品	吨	10122	9892	9353	5672
1.鱼 类	吨	7627	6763	3858	3535
# 淡水珍珠(公斤)	公斤	4902	4355	4902	3510
二十一、农林牧渔业总产值(当年价)	万元	306222	311613	223640	222895
1.农业产值	万元	130613	137851	96679	98466
2.林业产值	万元	11642	9680	11240	8950
3.牧业产值	万元	127983	130915	86014	89279
4.渔业产值	万元	19986	19276	15754	15035
5.农林牧渔服务业	万元	15998	13891	13953	11165

农林牧渔业总产值

表 10　　单位:万元

单位名称	合计	农业产值	林业产值	牧业产值	渔业产值	农林牧渔服务业
婺城区	222895	98466	8950	89279	15035	11165
婺城区罗店镇	18636	8407	158	761	9040	270
婺城区雅畈镇	27051	15149	852	9955	109	986
婺城区安地镇	6163	1944	1031	2537	85	566
婺城区琅琊镇	13657	7719	998	4541	131	268
婺城区蒋堂镇	24185	7676	142	15555	760	52
婺城区竹马乡	11053	5653	24	3335	1845	196
婺城区新狮街道	3791	2650	11	1017	18	95
婺城区长山乡	22958	11662	493	10520	140	143
婺城区箬阳乡	5365	4247	469	649	–	–
婺城区沙畈乡	5935	3374	1417	873	1	270
婺城区塔石乡	12230	5466	2517	4093	5	149
婺城区岭上乡	1359	785	247	327	–	–
婺城区莘畈乡	5679	2459	448	2602	95	75
婺城新城区小计	54063	20924	67	30207	2541	324
婺城区白龙桥镇	39847	13413	67	25008	1357	2
婺城区乾西乡	14216	7511	–	5199	1184	322

农林牧渔业增加值

表 11

单位:万元

指标名称	合计	农业	林业	牧业	渔业	农林牧渔服务业
一、总 产 值	222895	98469	8950	89276	15035	11165
二、中间消耗	93711	29537	4339	48130	6040	5665
(一)物质消耗	69492	19518	3502	38486	4548	3438
1.用种量	1507	1439	68			
2.饲料	20437	129		19249	1059	
3.肥料	8457	6415	2042			
4.燃料	3663	749	137	2557	220	
5.农药	942	742	200			
6.电	16525	3890	414	9766	2455	
7.农用塑料薄膜	1177	1177				
8.小 农 具	681	302	29	140	210	
9.其他	12665	4675	612	6774	604	
(二)劳务支出	24219	10019	837	9644	1492	2227
三、增加值	129184	68932	4611	41146	8995	5500
(一)固定资产折旧	16743	6995	711	7316	1068	653
(二)劳动者报酬	120692	67522	5459	34606	8258	4847
(三)生产税						
(四)生产补贴(一)	8251	5585	1559	776	331	
四、按可比价格计算的增加值	124649	68088	4805	38934	7791	5031

农村劳动力资源及主要行业分布情况

表 12

单位：人

单位名称	一、农村劳动力资源总数：合计	一、农村劳动力资源总数：其中：劳动年龄内	二、农村从业人员数：合计	二、其中：劳动年龄内	其中：外出从业人员	其中：外出从业人员：其中：出省从业人员	(一)按性别分：男	(一)按性别分：女	(二)按国民经济行业分：1.农、林、牧、渔业从业人员：小计	(1)农业	(2)林业	(3)牧业	(4)渔业	2.工业从业人员	3.建筑业从业人员	4.其他行业从业人员	附报指标：外来从业人员
婺城区	149456	145170	139572	140941	40043	3388	73432	66140	63858	53766	4064	5174	854	25204	8146	42364	15296
罗店镇	13234	12820	12761	12426	466	267	6555	6206	6171	5765	83	141	182	1734	782	4074	119
雅畈镇	13985	13150	13460	13039	2362	155	7006	6454	7682	7083	113	474	12	1578	645	3555	594
安地镇	8193	9784	7785	9383	3865	340	4160	3625	5730	4610	992	109	19	414	256	1385	809
琅琊镇	12477	12210	12298	11862	4065	148	6491	5807	5927	4826	656	425	20	2739	977	2655	283
蒋堂镇	11284	11213	10761	10804	2295	173	5634	5127	4347	3712	76	501	58	3173	482	2759	823
竹马乡	7472	7075	7046	6815	1156	223	3926	3120	3499	3337	17	81	64	1500	172	1875	470
新狮街道	4396	4337	4169	4108	665	43	2064	2105	1189	1041	6	138	4	1404	551	1025	649
长山乡	7881	8076	7075	7551	1771	158	3590	3485	3869	2869	222	566	212	574	301	2331	144
箬阳乡	1128	1082	946	903	–	–	490	456	783	604	115	64	–	34	19	110	–
沙畈乡	8187	7862	8028	7712	4339	113	4377	3651	3182	2156	905	121	–	562	245	4039	1
塔石乡	5027	4253	4776	4489	2918	547	2441	2335	2006	1438	314	254	–	621	269	1880	58
岭上乡	2824	2760	2735	2673	857	38	1512	1223	1506	1331	115	60	–	221	100	908	–
莘畈乡	2407	3505	2328	3335	1920	297	1247	1081	1147	635	312	187	13	615	566	–	–
新城区	50961	47043	45404	45841	13364	886	23939	21465	16820	14359	138	2053	270	10035	2781	15768	11346
白龙桥镇	37904	34648	33075	33664	8103	703	17315	15760	11408	9451	138	1640	179	7642	2388	11637	7553
乾西乡	13057	12395	12329	12177	5261	183	6624	5705	5412	4908	–	413	91	2393	393	4131	3793

年销售收入2000万元及以上工业企业主要经济指标

表13

单位：万元

指标名称	企业单位数(个)	亏损企业(家)	工业总产值(当年价格)	新产品产值	工业销售产值(当年价格)	出口交货值	年初存货	产成品	资产总计	流动资产合计
总　　计	164	46	1552631.1	289711.7	1492868.7	274684.7	248444.8	88393.3	1960629.5	1265729.9
一.按登记注册类型分组										
内资企业	143	37	1351056.9	258384.5	1296393.5	205802.2	211786.2	75812.9	1592436.7	1012160.1
有限责任公司	19	4	187323.9	22671.1	189170.3	1580.6	28478.5	2878.0	265235.3	125458.0
国有独资公司	2	0	32456.7	0	32668.4	0	10959.4	48.2	60865.0	24960.0
其他有限责任公司	17	4	154867.2	22671.1	156501.9	1580.6	17519.1	2829.8	204370.3	100498.0
股份有限公司	3	0	90748.0	1619.2	89403.8	0	10785.2	3322.9	45456.2	24295.8
私营企业	121	33	1072985.0	234094.2	1017819.4	204221.6	172522.5	69612.0	1281745.2	862406.3
私营独资企业	13	4	35960.1	6679.0	35041.2	5897.1	6679.3	3791.5	43319.0	37647.9
私营合伙企业	2	1	8785.6	0	8931.9	219.9	1176.0	549.0	8994.6	5245.4
私营有限责任公司	102	27	963490.6	191185.4	912773.2	194382.5	158536.6	61278.1	1119316.5	755650.7
私营股份有限公司	4	1	64748.7	36229.8	61073.1	3722.1	6130.6	3993.4	110115.1	63862.3
港、澳、台商投资公司	10	4	89278.5	0	85210.6	23714.0	11233.3	5103.4	174283.2	122033.6
内地与港澳台合资经营企业	5	1	58505.0	0	55087.3	15198.0	7234.1	4805.0	98206.1	60634.0
港澳台商独资经营企业	4	2	29868.3	0	29218.1	8516.0	3871.4	289.8	73335.9	59794.2
港澳台商投资股份有限公司	1	1	905.2	0	905.2	0	127.8	8.6	2741.2	1605.4
外商投资企业公司	11	5	112295.7	31327.2	111264.6	45168.5	25425.3	7477.0	193909.6	131536.2
中外合资经营企业	9	4	91029.5	28537.5	92577.5	29591.1	23213.7	7158.7	172699.7	117057.9
外商独资经营企业	2	1	21266.2	2789.7	18687.1	15577.4	2211.6	318.3	21209.9	14478.3
二.按企业规模(营业务收入)分组：										
2000—3000万	53	19	127363.7	13243.0	123736.9	31152.8	29177.9	16869.3	168392.1	122642.8

续表 13

指标名称	企业单位数(个)	亏损企业(家)	工业总产值(当年价格)	新产品产值	工业销售产值(当年价格)	出口交货值	年初存货	产成品	资产总计	流动资产合计
3000~5000 万元	32	8	136730.3	19207.8	128469.7	29024.6	34289.9	11195.5	172072.4	95636.9
5000~1 亿元	33	9	239399.2	13719.2	231161.1	57198.9	32569.1	12859.0	235093.6	154954.0
1 亿~5 亿元	33	5	722617.2	156686.4	711408.8	155364.4	114661.6	36788.8	932411.8	589747.4
5 亿~10 亿元	4	0	318654.0	86312.0	290129.6	0	34193.7	9899.5	414491.8	280985.9
三.按隶属关系分组										
中央属	1	0	29332.3	0	29640.3	0	2322.8	488.3	34122.7	14326.0
省属	3	0	101493.3	0	101663.2	0	15578.0	945.6	75063.7	33080.3
地(市)属	5	2	51827.1	1619.2	50282.0	0	7225.8	2451.0	68772.5	46932.0
县(市)属	2	0	36352.7	0	36846.8	0	3700.2	566.5	52780.5	13789.3
其他	153	44	1333625.7	288092.5	1274436.4	274684.7	219618.0	83941.9	1729890.1	1157602.3
在总计中:亏损企业	46	46	229248.0	12797.6	218241.6	47188.8	54561.2	21804.9	345543.7	237115.9
在总计中:国有控股企业	8	1	121495.6	1619.2	121079.6	4827.8	19330.6	3993.2	177531.5	67435.2
在总计中:集体控股企业	5	1	121573.0	18315.9	124515.1	0	13640.0	984.1	69961.0	53987.0
在总计中:私人控股企业	131	35	1134657.9	253138.7	1075321.6	217973.1	192658.0	76293.7	1441431.3	967761.7
在总计中:港澳台控股企业	8	4	76292.8	0	75570.5	15842.4	9210.0	3044.2	148223.3	114083.8
在总计中:外商控股企业	8	5	74952.6	12282.7	73778.4	35131.2	11717.8	3532.3	93164.6	51240.9
在总计中:其他控股企业	4	0	23659.2	4355.2	22603.5	910.2	1888.4	545.8	30317.8	11221.3
在总计中:轻工业	71	21	514847.7	79395.0	508310.3	173788.6	90276.3	40370.3	528471.3	344440.1
在总计中:重工业	93	25	1037783.4	210316.7	984558.4	100896.1	158168.5	48023.0	1432158.2	921289.8
在总计中:大型企业	1	0	120620.4	86312.0	90335.0	0	23444.4	8574.6	332269.6	225081.7
在总计中:中型企业	15	2	428115.8	118401.6	413184.7	80696.5	62415.4	14151.8	550976.4	359799.1
在总计中:小型企业	137	41	936249.6	79498.1	921493.2	188972.1	152267.2	61781.9	996426.8	630860.3

续表 13

指标名称	企业单位数(个)	亏损企业(家)	工业总产值(当年价格)	新产品产值	工业销售产值(当年价格)	出口交货值	年初存货	产成品	资产总计	流动资产合计
在总计中:微型企业	11	3	67645.3	5500.0	67855.8	5016.1	10317.8	3885.0	80956.7	49988.8
采掘业	3	0	17638.4	0	17625.3	0	6502.1	4390.7	45209.8	20988.2
非金属矿采选业	3	0	17638.4	0	17625.3	0	6502.1	4390.7	45209.8	20988.2
制造业	157	45	1493486.8	289711.7	1437081.4	274684.7	230578.0	83946.2	1826280.1	1223573.3
农副食品加工业	11	2	111268.9	4355.2	110666.1	6441.9	19560.9	9042.3	47483.8	31142.6
食品制造业	6	1	18837.0	2950.5	17950.0	1441.7	12627.0	9247.7	48017.0	34598.4
酒、饮料和精制茶制造业	2	0	32553.6	24345.1	36899.9	20287.7	7238.4	6097.2	40158.2	29664.8
纺织业	4	1	21017.6	4419.5	21624.2	542.3	2616.6	1088.7	15443.9	6371.2
纺织服装、服饰业	3	2	33263.5	0	30724.4	20740.8	1557.7	123.5	30666.1	22282.8
皮革、毛皮、羽毛及其制品和制鞋业	6	1	24588.1	1941.4	24498.6	13965.8	2084.6	846.0	16957.8	11928.0
木材加工和木、竹、藤、棕、草制品业	3	1	13543.3	1720.0	13317.5	7063.9	3204.4	1648.3	18524.3	12384.0
家具制造业	5	1	45183.1	2197.6	43207.3	38967.5	4893.2	607.7	45567.2	30536.2
造纸和纸制品业	3	1	37125.3	5075.5	37601.9	0	5301.3	1846.8	24605.9	16591.7
印刷和记录媒介复制业	6	4	21305.9	0	20538.5	1912.4	3398.2	448.2	44061.5	32203.0
文教、工美、体育和娱乐用品制造业	3	1	7867.3	900.0	7867.3	2816.5	974.7	239.0	4857.6	3581.0
石油加工、炼焦和核燃料加工业	1	0	3242.0	0	3242.0	0	162.0	0	476.0	397.0
化学原料和化学制品制造业	11	4	80498.1	14080.0	78019.0	8554.0	11170.7	4072.0	50109.6	30595.0
医药制造业	3	0	56019.0	19551.9	55927.6	13691.3	11003.0	4291.4	77181.1	39738.1
橡胶和塑料制品业	8	1	76855.8	5044.5	77647.5	7897.2	14736.8	8896.1	95107.6	59199.1
非金属矿物制品业	12	3	203900.2	36229.8	196284.2	4127.5	16261.4	4888.9	284648.9	142760.6
黑色金属冶炼和压延加工业	2	1	21580.5	0	20482.5	6840.8	4845.9	2541.4	19864.2	11059.3
有色金属冶炼和压延加工业	5	3	84202.6	0	82602.6	0	2880.5	1576.8	32810.4	21688.8

续表 13

指标名称	企业单位数(个)	亏损企业(家)	工业总产值(当年价格)	新产品产值	工业销售产值(当年价格)	出口交货值	年初存货	产成品	资产总计	流动资产合计
金属制品业	25	8	207573.4	9257.9	207225.8	64172.4	9470.3	3735.1	128928.0	96430.8
通用设备制造业	12	3	84737.6	1800.0	82997.1	12359.2	12479.3	3520.6	137027.7	105814.7
专用设备制造业	3	0	31627.2	28089.5	22407.3	582.4	12652.4	3443.3	85847.5	64236.9
汽车制造业	8	2	160911.4	93437.4	128820.5	5866.2	39839.0	11081.8	366469.1	251607.4
铁路、船舶、航空航天和其他运输设备制	7	4	35628.9	2000.0	33440.4	27286.1	10215.2	1479.3	66486.0	46616.5
电气机械和器材制造业	7	1	60921.1	14000.0	60979.0	9127.1	17894.0	3097.4	131387.6	110522.8
仪器仪表制造业	1	0	19235.4	18315.9	22110.2	0	3510.5	86.7	13593.1	11622.6
电力、燃气及水的生产和供应业	4	1	41505.9	0	38162.0	0	11364.7	56.4	89139.6	21168.4
电力、热力生产和供应业	3	1	34769.9	0	34947.0	0	11259.4	0	66636.5	15465.6
燃气生产和供应业	1	0	6736.0	0	3215.0	0	105.3	56.4	22503.1	5702.8

表 14

2013 年规模以上工业企业产销总值

(单位:万元、%)

企业名称	产值	2012 年同期	同比增长	销售产值	2012 年同期	同比增长	新产品产值	2012 年同期	同比增长
全区合计	**2025311.5**	**1871091.3**	**8.2**	**1941339.3**	**1810572.8**	**7.2**	**791242.9**	**638874.6**	**23.8**
城中	**32399.2**	**30377.5**	**6.7**	**30864.7**	**29992.9**	**2.9**	**1619.2**	**919.9**	**76.0**
中萤集团有限公司	13043.9	13290.1	−1.9	13043.9	13290.1	−1.9	–	–	–
浙江尖峰集团股份有限公司	19355.3	17087.4	13.3	17820.8	16702.8	6.7	1619.2	919.9	76.0
城西	**104216.9**	**104320.9**	**−0.1**	**102314.3**	**107200.3**	**−4.6**	**2000.1**	**1197.2**	**67.1**
浙江八达金华热电有限公司	10689.3	10724.8	−0.3	10689.3	10724.8	−0.3	–	–	–
浙江金华达利食品有限公司	5148.5	5079.5	1.4	5072.9	5623.6	−9.8	–	–	–
金华市企发包装印业有限公司	2677.0	3097.1	−13.6	2677.0	3097.1	−13.6	–	–	–
浙江新辰食品有限公司	2356.1	2329.4	1.1	2988.2	3018.8	−1.0	–	–	–
恒昌集团金华印染有限公司	5200.3	5011.9	3.8	5155.3	5005.2	3.0	212.1	148.8	42.5
金华东方莹石有限公司	3026.8	3026.3	0.0	3013.7	3132.4	−3.8	–	–	–
浙江金华双汇食品有限公司	71362.0	68857.0	3.6	69013.5	70162.3	−1.6	1788.0	1048.4	70.5
金华蒙牛冷冻食品有限公司	0	2574.9	−100.0	0	2854.6	−100.0	–	–	–
金华明月楼食品有限公司	3756.9	3620.0	3.8	3704.4	3581.5	3.4	–	–	–
新狮	**93997.0**	**84942.8**	**10.7**	**93598.2**	**84500.2**	**10.8**	**55152.4**	**48063.5**	**14.7**
浙江丁丁包装彩印有限公司	5439.9	5833.3	−6.7	5439.9	5833.3	−6.7	–	–	–
金华三为电力实业有限公司电力器材分公司	5739.6	6986.6	−17.8	5848.7	6941.0	−15.7	–	–	–
金华嘉瑞服饰有限公司	5042.9	3597.8	40.2	5042.9	3597.8	40.2	–	–	–
金华兴华皮件有限公司	10001.5	5959.3	67.8	10001.5	5959.3	67.8	–	–	–
金华市新桥五金厂	3538.4	3780.3	−6.4	3538.4	3698.7	−4.3	1875.0	639.6	193.2
浙江高峰控股集团有限公司	42032.8	38132.2	10.2	42137.8	38025.4	10.8	42032.8	38132.2	10.2
汇盈(金华)工艺品有限公司	1460.1	1763.2	−17.2	1524.2	1786.2	−14.7	–	–	–

续表 14

企业名称	产值	2012 年同期	同比增长	销售产值	2012 年同期	同比增长	新产品产值	2012 年同期	同比增长
金华光华印务制衣有限公司	5506.4	5740.7	−4.1	5005.2	5509.1	−9.1	5506.4	5740.7	−4.1
浙江金华威达日化包装实业有限公司	5877.5	6500.0	−9.6	5877.5	6500.0	−9.6	1166.5	2271.2	−48.6
浙江超浪新材料有限公司	3900.0	3192.9	22.1	3724.2	3192.9	16.6	2695.0	0	–
金华阜康机电有限公司	5458.0	3456.5	57.9	5458.0	3456.5	57.9	1876.7	1279.8	46.6
罗店	**23503.9**	**19106.9**	**23.0**	**23503.9**	**19106.9**	**23.0**	**6403.1**	**0**	
金华市华香包装有限公司	2938.2	2736.8	7.4	2938.2	2736.8	7.4	–	–	–
金华银河生物科技有限公司	3007.5	3146.4	−4.4	3007.5	3146.4	−4.4	903.1	0	
金华康力博润滑油有限公司	17558.2	13223.7	32.8	17558.2	13223.7	32.8	5500.0	0	
雅畈	**24740.8**	**25848.1**	**−4.3**	**22268.0**	**22113.5**	**0.7**	**8919.7**	**6397.7**	**39.4**
金华雅帅纺织有限公司	4440.6	5573.0	−20.3	4419.5	5242.4	−15.7	–	–	–
金华双宏化工有限公司	11171.2	10792.4	3.5	9508.7	9231.5	3.0	5419.7	6397.7	−15.3
金华瑞克化工有限公司	2297.7	4516.7	−49.1	2331.1	2733.6	−14.7	–	–	–
金华波卡工具有限公司	6831.3	4966.0	37.6	6008.7	4906.0	22.5	3500.0	0	
白龙桥	**710119.3**	**645925.3**	**9.9**	**658973.0**	**611309.9**	**7.8**	**435776.6**	**389860.1**	**11.8**
浙江泰祥机械有限公司	8218.7	6437.8	27.7	8016.1	6589.0	21.7	–	–	–
金华市金鹿工艺品有限公司	2184.9	2118.3	3.1	2184.9	2118.3	3.1	2184.9	2118.3	3.1
金华市申贵齿轮制造有限公司	2760.0	2434.5	13.4	2740.0	2390.0	14.6	2640.0	0	
金华金龙工具有限公司	6000.0	5951.0	0.8	6000.0	5951.0	0.8	4813.8	4456.9	8.0
金华市东联汽车变速箱厂	6685.9	6058.0	10.4	6832.2	6236.5	9.6	5370.9	4521.0	18.8
浙江爱斯曼集团有限公司	3104.9	3404.0	−8.8	2770.2	3205.4	−13.6	2265.0	1456.8	55.5
浙江润华机电有限公司	6378.3	5650.5	12.9	6200.7	5551.9	11.7	2920.0	2719.2	7.4
浙江贝奇尔医疗用品有限公司	3768.8	4068.8	−7.4	3768.8	3963.9	−4.9	2942.07	2513.4	17.1
金华市高端不锈钢复合材料有限公司	16351.8	11101.5	47.3	13873.3	9554.7	45.2	163518.2	111014.8	47.3

续表 14

企业名称	产值	2012 年同期	同比增长	销售产值	2012 年同期	同比增长	新产品产值	2012 年同期	同比增长
浙江诚德金属制品有限公司	7968.1	7967.9	0.0	7071.7	7571.9	−6.6	7968.1	7967.9	0.0
金华市日兴食品有限公司	1668.8	1988.5	−16.1	1599.2	1831.0	−12.7	1538.1	1602.7	−4.0
浙江海蜜机械有限公司	5275.9	4522.3	16.7	5042.0	4354.5	15.8	–	–	–
浙江米兰诺皮革有限公司	4827.8	5173.9	−6.7	5052.2	5220.7	−3.2	4827.8	5173.9	−6.7
金华市金万五金工具厂	1064.0	2041.3	−47.9	1064.0	2041.3	−47.9	543.3	1179.1	−53.9
浙江赛神实业有限公司	7620.9	8114.6	−6.1	7023.1	7063.1	−0.6	4368.8	4979.0	−12.3
金华欧仑催化科技有限公司	2034.8	2354.5	−13.6	1826.2	2182.5	−16.3	1482.0	2141.3	−30.8
金华市捷达商品混凝土有限公司	8255.3	5590.6	47.7	8255.3	5590.6	47.7	–	–	–
优胜美特制药有限公司	10743.8	9361.8	14.8	10454.8	9304.8	12.4	8439.7	7190.2	17.4
金华美和食品有限公司	2157.1	2106.4	2.4	2120.0	2010.5	5.4	1745.5	894.8	95.1
莱恩农业装备有限公司	27231.2	20525.6	32.7	18034.2	20360.8	−11.4	26731.2	20525.6	30.2
莱恩(中国)动力有限公司	41217.3	41192.6	0.1	41217.3	40872.3	0.8	25477.8	27335.3	−6.8
金华豪庭家具有限公司	32801.2	30068.2	9.1	32006.1	26668.5	20.0	29443.5	25949.9	13.5
金华市先锋包装有限公司	2104.0	2216.0	−5.1	2104.0	2213.0	−4.9	923.6	845.0	9.3
浙江金华欧利美工贸有限公司	8371.1	0	0.0	8153.3	0	0.0	8371.1	0	–
浙江浙能金华燃机发电有限责任公司	24080.5	23191.5	3.8	24257.6	23085.7	5.1	–	–	–
金华市远大印刷有限公司	4293.3	3517.6	22.1	4293.3	3517.6	22.1	552.7	966.2	−42.8
金华市精工工具制造有限公司	18508.7	17400.0	6.4	18508.7	17400.0	6.4	0	5420.0	−100.0
浙江远大铝业有限公司	46285.0	43372.9	6.7	46285.0	43372.9	6.7	13016.8	17282.4	−24.7
金华市永强车辆厂	2734.0	2857.8	−4.3	2734.0	2857.8	−4.3	1335.9	1461.2	−8.6
浙江巨龙管业股份有限公司	43156.3	28916.4	49.2	40338.7	27674.9	45.8	36229.8	26446.8	37.0
金华市婺城区企立合金材料厂	898.8	2822.7	−68.2	898.8	2822.7	−68.2	–	–	–
浙江天丰化学有限公司	11758.0	10460.2	12.4	11662.0	11588.0	0.6	–	–	–

续表 14

企业名称	产值	2012 年同期	同比增长	销售产值	2012 年同期	同比增长	新产品产值	2012 年同期	同比增长
金华市长征标准件有限公司	2104.2	2214.0	−5.0	1829.5	2017.4	−9.3	0	334.8	−100.0
浙江远丰装饰工程有限公司	1609.9	1866.9	−13.8	1609.9	1866.9	−13.8	–	–	–
金华市新华齿轮有限公司	5002.3	3780.6	32.3	4223.0	4299.8	−1.8	1983.3	1840.6	7.8
浙江金德阀门有限公司	0	6448.7	−100.0	0	6484.5	−100.0	–	–	–
金华市通用变速箱配件厂	2770.0	2425.4	14.2	2502.0	2046.4	22.3	2270.0	2037.8	11.4
浙江采云间茶业有限公司	30274.2	13006.6	132.8	33749.2	17928.6	88.2	24345.1	9285.1	162.2
金华市三联变速箱制造有限公司	8282.9	7768.7	6.6	7916.3	6813.5	16.2	6052.1	4304.3	40.6
浙江金德新型管业有限公司	9341.7	10238.4	−8.8	9475.5	10180.6	−6.9	5044.57	5417.04	−6.9
浙江耐司康药业有限公司	25919.9	30792.7	−15.8	27652.0	29182.5	−5.2	9492.95	14952.2	−36.5
金华市星球机械铸钢有限公司	13612.4	13093.0	4.0	13410.8	13591.1	−1.3	8366.2	8404.9	−0.5
万里扬集团有限公司	120620.4	118014.5	2.2	90335.0	93880.1	−3.8	86312.0	89044.7	−3.1
金华市宏华织物整理有限公司	9635.8	7935.0	21.4	9911.3	8031.0	23.4	7708.0	5582.7	38.1
浙江精深实业有限公司	12763.9	12735.8	0.2	12763.9	12635.8	1.0	6065.2	7546.2	−19.6
浙江金磐机电实业有限公司	17722.1	20935.7	−15.3	16110.2	19700.0	−18.2	14177.7	19486.5	−27.2
金华市新恒工具有限公司	3839.0	3570.6	7.5	3839.0	3570.6	7.5	3142.0	1981.8	58.5
浙江峰琳实业有限公司	4634.9	2096.2	121.1	3874.8	1989.2	94.8	3391.0	0	–
金华市佰龙机械厂	4746.3	2728.7	73.9	4659.7	2686.2	73.5	290.2	300.2	−3.3
金华市嘉和旅行用品有限公司	2840.0	2896.0	−1.9	2770.0	2775.0	−0.2	2840.0	2896.0	−1.9
浙江信阳实业有限公司	17242.1	15924.5	8.3	15978.9	14238.6	12.2	15336.8	13593.1	12.8
金华市莱德电动技术有限公司	2486.8	4036.1	−38.4	2006.5	3889.2	−48.4	928.3	511.22	81.6
金华中兴旅行用品有限公司	2399.3	2358.0	1.8	2303.4	2222.3	3.6	1941.4	1505.5	29.0
金华市高文画材有限公司	3420.0	3500.0	−2.3	3130.0	3470.0	−9.8	2600.0	2530.0	2.8
金华麦特尔车业有限公司	566.5	2125.9	−73.4	518.0	1726.4	−70.0	–	–	–

续表 14

企业名称	产值	2012 年同期	同比增长	销售产值	2012 年同期	同比增长	新产品产值	2012 年同期	同比增长
金华市巨龙商品混凝土有限公司	9624.9	8300.2	16.0	9624.9	8300.2	16.0	7699.96	5567.1	38.3
浙江基恒康门业有限公司	8877.0	6526.4	36.0	8877.0	6526.4	36.0	8054.0	4142.0	94.4
浙江易立刀具有限公司	2053.8	2415.9	−15.0	1799.0	2065.0	−12.9	915.9	1193.6	−23.3
浙江安盛机械制造有限公司	6939.3	6918.4	0.3	5799.3	6654.7	−12.9	–	–	–
金华市高文汽车用品有限公司	2352.5	1907.3	23.3	2352.5	1907.3	23.3	0	370.0	−100.0
金华征龙罐业有限公司	2543.1	2615.4	−2.8	2433.8	2486.1	−2.1	–	–	–
金华市白龙桥胜达汽配厂	5385.0	3761.9	43.1	5130.0	2978.7	72.2	4335.7	784.4	452.7
琅琊	**6405.8**	**11382.2**	**−43.7**	**6543.7**	**11131.1**	**−41.2**	**2217.4**	**2130.8**	**4.1**
金华金星纸业有限公司	1644.9	4737.5	−65.3	2121.5	4488.2	−52.7	–	–	–
金华金泰纸业有限公司	943.2	2300.3	−59.0	883.5	2355.8	−62.5	120.0	0	–
金华市希能折叠桌制造有限公司	3817.7	4344.4	−12.1	3538.7	4287.1	−17.5	2097.4	2130.8	−1.6
蒋堂	**100306.4**	**93775.2**	**7.0**	**98935.0**	**92568.2**	**6.9**	**26567.6**	**19111.7**	**39.0**
金华金阳铜业有限公司	22052.2	12572.8	75.4	22052.2	12572.8	75.4	–	–	–
金华市捷特包装有限公司	2466.3	8502.0	−71.0	2453.3	8485.6	−71.1	1578.2	2256.0	−30.0
浙江晟丰包装有限公司	32611.7	24856.1	31.2	32611.7	24856.1	31.2	5938.4	2848.7	108.5
浙江双香伟业食品发展有限公司	2805.0	2815.9	−0.4	2591.9	2484.9	4.3	0	1339.2	−100.0
金华市金杰铝业有限公司	11207.5	11073.7	1.2	11082.2	11054.8	0.2	3360.5	3308.3	1.6
金华永泰水电工程机械有限公司	2477.0	2657.6	−6.8	2477.0	2657.6	−6.8	–	–	–
金华一枝秀米业有限公司	7603.6	7205.4	5.5	7603.6	7164.0	6.1	1660.0	1556.8	6.6
金华市汉邦食品有限公司	4355.2	4118.6	5.7	3335.2	3319.3	0.5	4355.2	933.0	366.8
金华爱思开宝盈沥青有限公司	1113.9	2066.6	−46.1	1113.9	2066.6	−46.1	–	–	–
浙江红树林服饰有限公司	13614.0	17906.5	−24.0	13614.0	17906.5	−24.0	9675.3	6869.7	40.8
汤溪	**249130.9**	**217060.7**	**14.8**	**229358.9**	**200113.1**	**14.6**	**63631.6**	**22623.6**	**181.3**

续表 14

企业名称	产值	2012 年同期	同比增长	销售产值	2012 年同期	同比增长	新产品产值	2012 年同期	同比增长
金华八达电力铁塔厂有限公司	7971.0	5871.1	35.8	7830.9	5426.8	44.3	–	–	–
金华市诚骏建材有限公司	6999.3	2985.5	134.4	6999.3	2985.5	134.4	–	–	–
金华市恒业工贸有限公司	7773.7	6633.7	17.2	7773.7	6633.7	17.2	2577.5	0	–
浙江金汤机床有限公司	20008.5	5308.6	276.9	19128.5	5238.7	265.1	16352.0	0	–
浙江旺泰休闲用品有限公司	2951.0	2727.1	8.2	2581.4	2498.7	3.3	–	–	–
浙江鑫统领建材科技有限公司	1394.0	1744.3	−20.1	1394.0	1744.3	−20.1	0	538.7	−100.0
金华市中坚精细化工厂	7985.6	9517.8	−16.1	7680.3	9122.4	−15.8	7985.6	3451.1	131.4
金华市升阳资源再利用有限公司	2195.0	3001.0	−26.9	1776.4	2721.5	−34.7	–	–	–
金华市婺城区汤溪砖瓦厂	2106.6	2001.5	5.3	2106.6	2001.5	5.3	–	–	–
金华市依蓉皮具有限公司	14204.3	10330.4	37.5	13994.8	10020.5	39.7	0	129.4	−100.0
浙江佳宏电子科技有限公司	11977.2	2311.3	418.2	11549.6	2251.6	413.0	5767.3	0	
金华市宝利来纸业有限公司	4565.6	4368.0	4.5	3743.4	3921.9	−4.6	–	–	–
金华黎裕纺织有限公司	2735.4	2513.4	8.8	2717.1	2690.0	1.0	–	–	–
金华市欣生沸石开发有限公司	3500.5	3010.5	16.3	3451.3	2930.6	17.8	670.4	384.3	74.4
浙江汤溪齿轮机床有限公司	5851.9	6544.6	−10.6	5100.5	5372.0	−5.1	3379.1	382.0	784.6
浙江汤溪工具制造有限公司	12405.0	12325.8	0.6	12060.1	10733.4	12.4	2170.3	2052.8	5.7
金华奥升体育用品有限公司	2241.0	3419.8	−34.5	2241.0	3419.8	−34.5	2241.0	1728.2	29.7
浙江路通交通安全设施有限公司	3338.5	2459.2	35.8	3260.4	2900.3	12.4	2315.4	863.4	168.2
金华市菜篮子食品有限公司	11290.1	7346.5	53.7	11290.1	7346.5	53.7	–	–	–
金华华盈电子科技有限公司	7959.6	7215.6	10.3	7959.6	7215.6	10.3	3462.9	2355.7	47.0
金华万里扬机械制造有限公司	12380.5	13394.5	−7.6	10581.6	11448.1	−7.6	833.3	1098.7	−24.2
浙江嘉宝莉涂料有限公司	2531.0	2366.0	7.0	2526.3	2362.1	7.0	–	–	–
浙江天晟建材集团有限公司	4005.2	2638.0	51.8	4005.2	2638.0	51.8	3752.4	0	

续表 14

企业名称	产值	2012 年同期	同比增长	销售产值	2012 年同期	同比增长	新产品产值	2012 年同期	同比增长
浙江实达皮革服饰有限公司	5639.4	5937.8	−5.0	5639.4	5937.8	−5.0	4511.5	0	
金华永和氟化工有限公司	62740.9	71004.6	−11.6	50261.8	60513.4	−16.9	7572.6	9604.4	−21.2
浙江宝隆化纤有限公司	4182.5	3820.0	9.5	3719.3	3792.7	−1.9	28.5	0	
金华银尔日用制品有限公司	12072.2	10434.1	15.7	12072.2	10434.1	15.7	0	15.0	−100.0
浙江博庭制刷有限公司	1716.6	1432.7	19.8	1716.6	1432.7	19.8	11.8	19.9	−40.7
金华正华车轴有限公司	4408.8	4397.3	0.3	4197.5	4378.9	−4.1	–	–	–
罗埠	**108603.1**	**96844.4**	**12.1**	**105891.9**	**94697.0**	**11.8**	**32443.4**	**17405.8**	**86.4**
金华市天维纺织有限公司	2711.2	0	0.0	2711.2	0	0.0	2711.2	0	–
金华金丽达工艺制品有限公司	8601.0	10563.7	−18.6	8601.0	10563.7	−18.6	900.0	0	–
浙江金华爱德织物有限公司	4194.1	2678.1	56.6	4194.1	2678.1	56.6	2537.1	2359.7	7.5
金华市梦娜纺织有限公司	26711.2	25593.0	4.4	25559.0	25003.6	2.2	12572.4	7705.6	63.2
金华强尔立纺织有限公司	2920.9	2423.6	20.5	2428.1	2188.1	11.0	–	–	–
金华市华丽工艺塑料包装厂	4276.2	5181.8	−17.5	4276.2	5181.8	−17.5	1211.0	998.3	21.3
金华中胜制罐有限公司	2673.1	2810.1	−4.9	2673.1	2610.1	2.4	–	–	–
金华市锦绣纺织品有限公司	6728.7	5935.6	13.4	6728.7	5935.6	13.4	5206.5	2381.7	118.6
金华市双环钎焊材料有限公司	5950.5	6244.6	−4.7	5433.9	5543.1	−2.0	3859.3	3960.5	−2.6
金华富顺纺织品有限公司	3065.0	3096.0	−1.0	3065.0	3096.0	−1.0	–	–	–
浙江金通纸业有限公司	7220.1	5527.3	30.6	7211.2	5427.0	32.9	3038.2	0	–
金华艾丽丝化妆品有限公司	2524.0	2260.0	11.7	2524.0	2260.0	11.7	–	–	–
浙江圣力邦漆业有限公司	13002.7	7809.4	66.5	12938.4	7695.2	68.1	–	–	–
金华金久水晶钻饰品有限公司	3231.9	2521.7	28.2	3252.0	2412.8	34.8	407.7	0	
浙江好易超细织物有限公司	815.4	1163.9	−29.9	822.4	1075.1	−23.5	–	–	–
金华市信诚金属制造有限公司	3884.4	2212.3	75.6	3685.1	2212.3	66.6	–	–	–

续表 14

企业名称	产值	2012 年同期	同比增长	销售产值	2012 年同期	同比增长	新产品产值	2012 年同期	同比增长
浙江格莱特涂层织物有限公司	7150.5	8392.2	−14.8	7016.3	8383.4	−16.3	–	–	–
金华宝德非织造布有限公司	2942.2	2431.1	21.0	2772.2	2431.1	14.0	–	–	–
洋埠	**157021.4**	**142567.4**	**10.1**	**152472.4**	**136229.6**	**11.9**	**57900.82**	**49863.29**	**16.1**
浙江梦雅地毯有限公司	1453.0	0	0.0	1453.0	0	0.0	1453.0	0	–
金华越尔工艺品有限公司	10657.7	7074.4	50.7	10564.3	6837.2	54.5	7457.5	4910.3	51.9
金华双冠定时器厂	10186.1	9447.0	7.8	8771.5	8564.0	2.4	3013.41	2880.5	4.6
浙江金华丁丁实业有限公司	8678.0	12658.6	−31.4	9158.3	12199.5	−24.9	0	1860.8	−100.0
浙江伊利乳业有限公司	38535.6	41401.7	−6.9	37535.6	36871.7	1.8	16370.23	193597.3	−15.4
浙江永佳好房工贸有限公司	4084.0	2805.0	45.6	3280.5	2552.6	28.5	1727.0	0	–
浙江万福染整有限公司	20145.4	10252.5	96.5	18989.4	10007.0	89.8	15031.7	4667.5	222.1
金华生阳纺织有限公司	3249.0	2345.4	38.5	3193.5	2279.0	40.1	–	–	–
浙江江天电机有限公司	27763.1	25021.1	11.0	27763.1	24953.2	11.3	2294.0	6608.8	−65.3
金华市强宏板式家具机械有限公司	2801.5	2772.5	1.0	2720.4	2797.0	−2.7	272.8	129.6	110.5
金华恒利康化工有限公司	5377.2	3996.6	34.5	5363.9	4727.7	13.5	195.3	0	–
浙江金百合纺织有限公司	6601.7	7775.0	−15.1	6601.7	7775.0	−15.1	2161.4	2725.3	−20.7
金华金鼎织带有限公司	17489.2	17017.6	2.8	17077.2	16665.6	2.5	7924.48	6720.76	17.9
乾西	**247123.3**	**228504.2**	**8.1**	**250758.7**	**228597.8**	**9.7**	**87953.07**	**74297.5**	**18.4**
金华火腿实业有限公司	5099.2	5796.0	−12.0	5009.7	5257.3	−4.7	–	–	–
浙江时通电气制造有限公司	20974.3	24410.3	−14.1	20974.3	24410.3	−14.1	11901.86	14699.4	−19.0
金华市热镀锌厂	2604.3	2004.5	29.9	2604.3	2004.5	29.9	–	–	–
浙江八达电子仪表有限公司	18335.4	37376.7	−50.9	22110.2	38070.2	−41.9	18315.9	37373.6	−51.0
金华市程凯合金材料有限公司	15001.6	14163.6	5.9	14143.6	11883.0	19.0	2829.7	4609.2	−38.6
金华市海联铝业有限公司	1194.4	3275.4	−63.5	1047.2	3059.0	−65.8	–	–	–

续表 14

企业名称	产值	2012 年同期	同比增长	销售产值	2012 年同期	同比增长	新产品产值	2012 年同期	同比增长
浙江金祥板业有限公司	26170.0	18392.0	42.3	25123.2	18208.3	38.0	–	–	–
金华市迪尔丽化妆品有限公司	3722.1	3648.8	2.0	3722.1	3648.8	2.0	3722.11	3648.8	2.0
浙江冠达面粉有限公司	8206.5	8704.2	−5.7	8882.7	9005.7	−1.4	–	–	–
浙江八达运动服饰有限公司	14606.6	10021.5	45.8	12125.0	9179.9	32.1	–	–	–
金华市杜氏火腿食品厂	3170.3	4245.8	−25.3	3006.1	3818.5	−21.3	–	–	–
金华市信华鞋业有限公司	2205.1	2690.4	−18.0	2205.1	2690.4	−18.0	–	–	–
浙江维力塑胶有限公司	4205.0	2830.0	48.6	4634.0	3285.3	41.1	4205.0	2830.0	48.6
浙江金宇铝业制造有限公司	24574.4	29105.4	−15.6	23246.9	26304.4	−11.6	8750.0	8645.0	1.3
金华市天翔包装彩印厂	1455.7	1370.6	6.2	1455.7	1370.6	6.2	–	–	–
浙江瑞星氟化工业有限公司	8145.6	9082.9	−10.3	8228.8	8681.5	−5.2	–	–	–
浙江鹏友化工有限公司	3513.2	4341.7	−19.1	3708.4	4802.9	−22.8	–	–	–
金华昆仑润滑油有限公司	3242.0	3030.0	7.0	3242.0	3030.0	7.0	–	–	–
浙江厚鹏化工有限公司	8691.0	9528.0	−8.8	8452.4	10142.6	−16.7	–	–	–
金华市今飞轻合金材料有限公司	69576.0	31994.9	117.5	74334.3	37159.0	100.0	35788.0	0	–
金华佳利安塑料新材料有限公司	2430.5	2491.5	−2.4	2502.6	2585.6	−3.2	2430.5	2491.5	−2.4
竹马	**161559.2**	**153327.1**	**5.4**	**160952.2**	**153303.4**	**5.0**	**10657.9**	**6973.5**	**52.8**
金华市城建混凝土有限公司	9496.1	10319.4	−8.0	9496.1	10319.4	−8.0	–	–	–
浙江金华高峰新型塑业有限公司	7050.4	4220.8	67.0	7102.2	3722.8	90.8	6940.6	3290.2	110.9
浙江金华南方尖峰水泥有限公司	30613.1	28656.1	6.8	30999.5	28588.4	8.4	–	–	–
浙江六环电线电缆有限公司	5890.1	5152.0	14.3	5849.5	5118.0	14.3	2813.9	2442.9	15.2
浙江金华高峰建材实业有限公司	8567.3	8834.8	−3.0	8669.5	8447.9	2.6	–	–	–
金华市龙达塑胶助剂有限公司	7168.3	6589.2	8.8	6651.9	6090.0	9.2	–	–	–
金华市天启工具厂	6077.6	3823.8	58.9	6077.6	3823.8	58.9	903.4	1240.4	−27.2

续表 14

企业名称	产值	2012 年同期	同比增长	销售产值	2012 年同期	同比增长	新产品产值	2012 年同期	同比增长
浙江金圆水泥有限公司	57364.0	58712.9	−2.3	56465.5	60238.9	−6.3	–	–	–
浙江虎鹰水泥有限公司	29332.3	27018.1	8.6	29640.4	26954.2	10.0	–	–	–
长山	**6184.3**	**17108.7**	**−63.9**	**4904.3**	**19709.0**	**−75.1**	**0**	**30.0**	**−100.0**
金华青年曼汽车有限公司	6184.3	17108.7	−63.9	4904.3	19709.0	−75.1	0	30.0	−100.0

工业企业能源购进、消费与库存(2013 年)

表 15

能源名称	计量单位	年初库存量	全年购进量		全年消费量					期末库存量
			实物量	金额(万元)	合计	1.工业生产消费	用于原材料	2.非工业生产消费	合计中:运输工具消费	
原煤	吨	36495.95	532017.72	40588.21	504274.72	503903.32	12903.56	371.40	0.00	64354.81
其中：1.无烟煤	吨	508.11	6166.54	568.59	6696.60	6696.60	2653.99	0.00	0.00	94.05
2.一般烟煤	吨	35984.84	525832.18	40017.47	497556.12	497184.72	10249.57	371.40	0.00	64260.76
洗精煤	吨	120.00	4035.00	388.4	4155.00	4155.00	0.00	0.00	0.00	0.00
焦炭	吨	119.50	721.40	110.5	725.90	725.90	10.00	0.00	0.00	2.00
天然气(气态)	万立方米	0.00	637.06	2010.54	637.06	637.06	0.00	0.00	0.00	0.00
液化天然气(液态)	吨	0.00	37.90	31.19	37.61	33.38	5.60	4.23	0.00	0.29
汽油	吨	36.50	895.77	798.03	1002.70	383.85	4.37	618.85	401.02	3.90
煤油	吨	0.00	6.32	3.69	6.32	6.32	6.00	0.00	0.00	0.00
柴油	吨	735.52	4815.60	3810.08	4705.88	3817.66	28.65	888.22	1097.78	845.24
燃料油	吨	6310.92	7182.08	4869.71	13303.75	13303.75	0.00	0.00	0.00	189.25
液化石油气	吨	0.00	353.06	259.76	353.06	353.06	0.00	0.00	0.00	0.00
润滑油	吨	6.00	44.00	54.00	39.00	39.00	1.00	0.00	0.00	5.00

续表 15

能源名称	计量单位	年初库存量	全年购进量		全年消费量					期末库存量
			实物量	金额(万元)	合计	1.工业生产消费	用于原材料	2.非工业生产消费	合计中:运输工具消费	
其他石油制品	吨	0.00	71.85	75.58	71.85	71.85	0.00	0.00	0.00	0.00
热力	百万千焦	0.00	92410.83	967.08	92410.83	89173.78	0.00	3237.05	0.00	0.00
电力	万千瓦时	0.00	52901.70	37767.26	64067.07	63545.01	0.00	522.00	0.00	0.00
余热余压	百万千焦	0.00	0.00	0.00	777024.44	777024.44	0.00	0.00	0.00	0.00
其他工业废料用于燃料	吨	0.00	742.00	27.30	742.00	742.00	0.00	0.00	0.00	0.00
其他燃料	吨标准煤	0.00	1705.20	279.70	12578.20	12578.20	0.00	0.00	0.00	0.00
能源合计	吨标准煤	0.00	0.00	0.00	527340.04	524094.29	0.00	3245.69	0.00	0.00

工业部门能源节约量

表 16

名称	计量单位	本年	上年同期	同比增减(%)
等价能源消费量	吨标准煤	495263.34	492099.73	0.6
电力消费量	万千瓦时	64067.07	60034.18	6.7
工业总产值	万元	1507056.09	1406995.2	7.1
万元产值综合能源消费量	吨标准煤	0.2812	0.3055	−8.0
万元产值等价能源消费量	吨标准煤	0.3286	0.3498	−6.1
节能量	吨标准煤	−3163.61	6542.13	

限上固定资产投资完成额

表 17

指标名称	投资完成额
一、投资额(万元)	
1.计划总投资	3239173
其中:本年新开工项目	375312
2.自开始建设累计完成投资	1669281
3.自年初累计完成投资	771143
其中:国有投资	112551
其中:非国有投资	658592
其中:民间投资	657740
其中:房地产开发投资	419200
其中:投资项目	351943
其中:基础设施投资	112142
1. 水利、环境和公共设施管理	25177
2.电力、燃气及水的生产供应业	2730
3.交通运输、仓储和邮政业	49385
4.电信和其他信息传输服务业	28424
5.教育设施	6426
6.广播、电视、电影和音像业	–
7.文化艺术业	–
8.体育设施	–
9.卫生设施	–
其中:农村投资	215709
其中:工业投资	221904
其中:工业技术改造投资	106855
按三次产业分:	–
第一产业	5158
第二产业	221904
第三产业	544081

续表 17

指标名称	投资完成额
按登记注册类型分:	
内资企业	768761
国有企业	98833
集体企业	23425
股份合作企业	–
联营企业	–
国有联营企业	–
集体联营企业	–
国有与集体联营企业	–
其他联营企业	–
有限责任公司	79281
国有独资公司	13718
其他有限责任公司	65563
股份有限公司	43613
私营企业	519969
其他企业	3640
港、澳、台商投资企业	1530
外商投资企业	852
个体经营	–
按建设性质分	–
(1)新建	153275
(2)扩建	42857
(3)改建	128205
(4)单纯建造生活设施	–
(5)迁建	448
(6)恢复	–
(7)单纯购置	–
(8)内涵技术改造	27158

续表 17

指标名称	投资完成额
3.按构成分	-
建筑工程	463761
安装工程	51802
设备工器具购置	69949
其中:购置旧设备	0
其中:用于更新的设备	15735
其他费用	185631
其中:旧建筑物购置费	681
其中: 土地购置费	118330
按国民经济行业分 2012	-
(一)农、林、牧、渔业	5158
农业	-
林业	-
畜牧业	3658
渔业	-
农、林、牧、渔服务业	1500
(二)采矿业	0
煤炭开采和洗选业	-
石油和天然气开采业	-
黑色金属矿采选业	-
有色金属矿采选业	-
非金属矿采选业	-
开采辅助活动	-
其他开采业	-
(三)制造业	219174
农副食品加工业	605
食品制造业	5050
酒、饮料和精制茶制造业	-

续表 17

指标名称	投资完成额
烟草制品业	-
纺织业	2800
纺织服装和服饰业	6968
皮革、毛皮、羽毛(绒)及其制品业	1000
木材加工及木、竹、藤、棕、草制品业	4329
家具制造业	3520
造纸及纸制品业	3875
印刷业和记录媒介的复制业	4906
文教体育用品制造业	12460
石油加工、炼焦及核燃料加工业	4822
化学原料及化学制品制造业	9894
医药制造业	-
化学纤维制造业	-
橡胶和塑料制品业	2948
非金属矿制品业	10406
黑色金属冶炼和压延加工业	-
有色金属冶炼和压延加工业	9437
金属制品业	32202
通用设备制造业	8918
专用设备制造业	15105
汽车制造业	38889
铁路、船舶、航空航天等制造业	3278
电气机械及器材制造业	34902
计算机、通信和其他电子设备制造业	2860
仪器仪表制造业	-
其他制造业	-
废弃资源综合利用业	-
金属制品、机械和设备修理业	-

续表 17

指标名称	投资完成额
(四)电力、热力、燃气及水的生产和供应业	2730
电力、热力的生产和供应业	–
燃气生产和供应业	1530
水的生产和供应业	1200
(五)建筑业	0
房屋建筑业	–
土木工程建筑业	–
建筑安装业	–
建筑装饰和其他建筑业	–
(六)批发和零售业	0
批发业	–
零售业	–
(七)交通运输、仓储和邮政业	49385
铁路运输业	–
道路运输业	47100
水上运输业	–
航空运输业	–
管道运输业	2285
装卸搬运和运输代理业	–
仓储业	–
邮政业	–
(八)住宿和餐饮业	0
住宿业	–
餐饮业	–
(九)信息传输、软件和信息技术服务业	28762
电信、广播电视和卫星传输服务业	28424
互联网和相关服务业	–
软件和信息技术服务业	338

续表 17

指标名称	投资完成额
(十)金融业	0
货币金融业	–
资本市场业	–
保险业	–
其他金融业	–
(十一)房地产业	419200
房地产业	419200
(十二)租赁和商务服务业	8977
租赁业	–
商务服务业	8977
(十三)科学研究和技术服务业	0
研究与试验发展	–
专业技术服务业	–
科技交流和推广服务业	–
(十四)水利、环境和公共设施管理业	25177
水利管理业	6407
生态保护和环境治理业	–
公共设施管理业	18770
(十五)居民服务和其他服务业	0
居民服务业	–
机动车、电子产品和日用产品修理业	–
其他服务业	–
(十六)教育	6426
教育	6426
(十七)卫生和社会工作	0
卫生	–
社会工作	0
(十八)文化、体育和娱乐业	0

续表 17

指标名称	投资完成额
新闻和出版业	–
广播、电视、电影和影视录音制作业	–
文化艺术业	–
体育	–
娱乐业	–
(十九)公共管理和社会组织	6154
中国共产党机关	–
国家机构	6154
人民政协和民主党派	–
社会保障	–
群众团体、社会团体和其他成员组织	–
基层群众自治组织	–
(二十)国际组织	–
国际组织	–
三、本年新增固定资产(万元)	319574
四、项目个数(个)	–
1.施工项目个数	139
其中:本年新开工	74
2.本年投产项目个数	53
五、房屋建筑面积(平方米)	–
1.房屋施工面积	3254444
其中:住宅	1977073
2.房屋竣工面积	528882
其中:住宅	257416
3.房屋竣工价值	163189
其中:住宅	110850
六、本年资金来源合计(万元)	1108142
1.上年末结余资金	141245

续表 17

指标名称	投资完成额
2.本年资金来源小计	966897
(1)国家预算内资金	0
其中:中央预算资金	0
(2)国内贷款	98990
(3)债券	0
(4)利用外资	0
其中:外商直接投资	0
(5)自筹资金	489155
其中:企、事业单位自有资金	41637
其中:股东投入资金	63543
其中:借入资金	17967
(6)其他资金来源	378752
七、各项应付款合计(万元)	217579
其中:工程款	95535
八、投资项目土地征用和购置土地情况	–
1.投资项目规划用地面积(平方米)	0
2.投资项目本年实际征用和购置土地面积(平方米)	0
3.投资项目本年实际征用和购置土地成交价款(万元)	0

限额以上批发零售法人企业商品购进、销售和库存综合表

表 18

(单位:万元)

指标名称	法人企业数(个)	从业人员期末人数(人)	商品购进额	进口	商品销售额	批发额	出口	零售额	期末商品库存额
总计	106	4484	1837727.0	21855.5	3298959.2	1694081.7	40417.6	1604877.5	112186.0
一、批发业	66	2248	1169847.5	5147.2	2622667.8	1596400.1	40417.6	1026267.7	64600.1
1.按批发行业小类分									
农、林、牧产品批发	1	16	7435.8	–	7415.0	7415.0	–	–	51.7
牲畜批发	1	16	7435.8	–	7415.0	7415.0	–	–	51.7
其他农牧产品批发	–	–	–	–	–	–	–	–	–
食品、饮料及烟草制品批发	5	512	650567.0	–	871044.7	871024.4	–	20.3	38817.9
米、面制品及食用油批发	2	79	13438.2	–	13941.8	13941.8	–	–	1404.9
盐及调味品批发	1	26	4779.8	–	5886.7	5866.4	–	20.3	562.8
营养和保健品批发	–	–	–	–	–	–	–	–	–
酒、饮料及茶叶批发	1	72	13140.9	–	12498.1	12498.1	–	–	3322.3
烟草制品批发	1	335	619208.1	–	838718.1	838718.1	–	–	33527.9
其他食品批发	–	–	–	–	–	–	–	–	–
纺织、服装及家庭用品批发	5	189	30942.4	4883.3	31631.3	31631.3	12917.4	–	2152.9
纺织品、针织品及原料批发	2	12	9375.7	4883.3	9209.8	9209.8	2174.6	–	232.1
服装批发	3	177	21566.7	–	22421.5	22421.5	10742.8	–	1920.8
文化、体育用品及器材批发	1	16	2662.3	–	2776.6	2776.6	–	–	95.0
文具用品批发	1	16	2662.3	–	2776.6	2776.6	–	–	95.0
医药及医疗器材批发	3	110	16962.3	–	16097.9	16097.9	–	–	2081.2
西药批发	1	76	11362.9	–	11054.4	11054.4	–	–	515.7

续表 18

指标名称	法人企业数（个）	从业人员期末人数(人)	商品购进额	进口	商品销售额	批发额	出口	零售额	期末商品库存额
中药批发	1	11	2548.4	–	2942.5	2942.5	–	–	63.5
医疗用品及器材批发	1	23	3051.0	–	2101.0	2101.0	–	–	1502.0
矿产品、建材及化工产品批发	34	1132	377572.6	263.9	1599162.1	575491.8	–	1023670.3	17007.4
煤炭及制品批发	7	51	60564.1	–	65165.0	64741.0	–	424.0	4634.4
石油及制品批发	4	744	28521.6	–	1238820.9	215949.1	–	1022871.8	1168.2
非金属矿及制品批发	–	–	–	–	–	–	–	–	–
金属及金属矿批发	7	86	138051.6	–	138318.5	137944.0	–	374.5	4734.4
建材批发	4	28	6361.5	–	6428.2	6428.2	–	–	495.5
化肥批发	2	44	9365.3	–	10120.3	10120.3	–	–	866.5
其他化工产品批发	10	179	134708.5	263.9	140309.2	140309.2	–	–	5108.4
机械设备、五金产品及电子产品批发	15	250	69169.2	–	79312.7	76735.6	27500.2	2577.1	4214.5
农业机械批发	–	–	–	–	–	–	–	–	–
汽车批发	–	–	–	–	–	–	–	–	–
汽车零配件批发	1	12	4180.9	–	4395.2	3515.2	–	880.0	228.6
摩托车及零配件批发	–	–	–	–	–	–	–	–	–
五金产品批发	5	75	19798.7	–	19706.7	19706.7	18078.7	–	292.6
电气设备批发	4	46	19755.5	–	20878.7	20878.7	9421.5	–	435.5
计算机、软件及辅助设备批发	–	–	–	–	–	–	–	–	–
通讯及广播电视设备批发	1	50	–	–	5644.1	4257.6	–	1386.5	32.2
其他机械设备及电子产品批发	4	67	25434.1	–	28688.0	28377.4	–	310.6	3225.6

续表 18

指标名称	法人企业数（个）	从业人员期末人数（人）	商品购进额	进口	商品销售额	批发额	出口	零售额	期末商品库存额
其他批发业	2	23	14535.9	–	15227.5	15227.5	–	–	179.5
再生物资回收与批发	2	23	14535.9	–	15227.5	15227.5	–	–	179.5
其他未列明批发业	–	–	–	–	–	–	–	–	–
2.按登记注册类型分									
内资企业	66	2248	1169847.5	5147.2	2622667.8	1596400.1	40417.6	1026267.7	64600.1
国有企业	1	335	619208.1	–	838718.1	838718.1	–	–	33527.9
有限责任公司	13	206	92084.0	–	99324.0	99303.7	9521.6	20.3	5498.6
国有独资公司	–	–	–	–	–	–	–	–	–
其他有限责任公司	13	206	92084.0	–	99324.0	99303.7	9521.6	20.3	5498.6
股份有限公司	1	660	–	–	1209074.4	190767.4	–	1018307.0	–
私营企业	51	1047	458555.4	5147.2	475551.3	467610.9	30896.0	7940.4	25573.6
私营独资企业	1	12	4180.9	–	4395.2	3515.2	–	880.0	228.6
私营合伙企业	–	–	–	–	–	–	–	–	–
私营有限责任公司	49	963	441233.6	5147.2	458658.0	451597.6	30896.0	7060.4	22022.7
私营股份有限公司	1	72	13140.9	–	12498.1	12498.1			3322.3
3.按控股情况分									
国有控股	5	1037	661772.9	–	2095523.4	1077196.1	–	1018327.3	36197.0
集体控股	–	–	–	–	–	–	–	–	–
私人控股	60	1197	503666.5	5147.2	522566.6	514626.2	40417.6	7940.4	28121.9
港澳台商控股	–	–	–	–	–	–	–	–	–
外商控股	–	–	–	–	–	–	–	–	–

续表 18

指标名称	法人企业数(个)	从业人员期末人数(人)	商品购进额	进口	商品销售额	批发额	出口	零售额	期末商品库存额
其他	1	14	4408.1	–	4577.8	4577.8	–	–	281.2
4.按经营形式分									
独立门店	56	2003	1094230.3	4883.3	2544491.8	1518244.4	36417.4	1026247.4	59604.2
连锁总店	1	76	11362.9	–	11054.4	11054.4	–	–	515.7
连锁门店	–	–	–	–	–	–	–	–	–
其他	9	169	64254.3	263.9	67121.6	67101.3	4000.2	20.3	4480.2
5.按单位规模分									
大型	2	995	619208.1	–	2047792.5	1029485.5	–	1018307.0	33527.9
中型	12	529	219063.5	263.9	230937.8	224966.2	9521.6	5971.6	8859.1
小型	42	685	274573.1	–	282478.1	280863.5	30396.0	1614.6	19220.2
微型	10	39	57002.8	4883.3	61459.4	61084.9	–	374.5	2992.9
二、零售业	40	2236	667879.5	16708.3	676291.4	97681.6	–	578609.8	47585.9
1.按零售行业小类分									
综合零售	2	542	139836.7	–	138213.2	–	–	138213.2	1623.5
百货零售	2	542	139836.7	–	138213.2	–	–	138213.2	1623.5
超级市场零售	–	–	–	–	–	–	–	–	–
其他综合零售	–	–	–	–	–	–	–	–	–
食品、饮料及烟草制品专门零售	6	148	17955.5	–	19776.5	–	–	19776.5	1510.9
粮油零售	3	51	3224.5	–	3170.9	–	–	3170.9	307.6
酒、饮料及茶叶零售	1	4	135.8	–	139.2	–	–	139.2	57.7
烟草制品零售	1	28	9046.9	–	11115.2	–	–	11115.2	842.7

续表 18

指标名称	法人企业数（个）	从业人员期末人数(人)	商品购进额	进口	商品销售额	批发额	出口	零售额	期末商品库存额
其他食品零售	1	65	5548.3	–	5351.2	–	–	5351.2	302.9
纺织、服装及日用品专门零售	6	358	64346.8	–	63701.9	–	–	63701.9	2277.6
纺织品及针织品零售	1	13	457.4	–	454.2	–	–	454.2	25.6
服装零售	2	259	61414.1	–	61111.2	–	–	61111.2	1180.2
鞋帽零售	1	5	465.3	–	452.8	–	–	452.8	12.5
化妆品及卫生用品零售	1	4	399.7	–	412.2	–	–	412.2	12.0
钟表、眼镜零售	1	77	1610.3	–	1271.5	–	–	1271.5	1047.3
文化、体育用品及器材专门零售	3	50	3125.2	–	3365.0	–	–	3365.0	114.0
文具用品零售	–	–	–	–	–	–	–	–	–
体育用品及器材零售	2	20	1031.0	–	1003.2	–	–	1003.2	65.6
图书、报刊零售	–	–	–	–	–	–	–	–	–
音像制品及电子出版物零售	–	–	–	–	–	–	–	–	–
珠宝首饰零售	1	30	2094.2	–	2361.8	–	–	2361.8	48.4
医药及医疗器材专门零售	4	404	25647.1	–	27277.3	4247.7	–	23029.6	4507.4
药品零售	4	404	25647.1	–	27277.3	4247.7	–	23029.6	4507.4
医疗用品及器材零售	–	–	–	–	–	–	–	–	–
汽车、摩托车、燃料及零配件专门零售	13	473	156684.1	16708.3	163598.4	3357.9	–	160240.5	35199.5
汽车零售	8	331	139231.5	16708.3	144366.9	783.4	–	143583.5	33362.7
汽车零配件零售	1	99	7732.7	–	9232.6	2574.5	–	6658.1	1405.6
摩托车及零配件零售	1	10	616.5	–	565.6	–	–	565.6	68.8

续表 18

指标名称	法人企业数(个)	从业人员期末人数(人)	商品购进额	进口	商品销售额	批发额	出口	零售额	期末商品库存额
机动车燃料零售	3	33	9103.4	–	9433.3	–	–	9433.3	362.4
家用电器及电子产品专门零售	4	52	2055.3	–	2111.3	369.4	–	1741.9	1079.6
家用视听设备零售	–	–	–	–	–	–	–	–	–
日用家电设备零售	2	19	1187.2	–	1070.3	–	–	1070.3	150.5
计算机、软件及辅助设备零售	–	–	–	–	–	–	–	–	–
通信设备零售	2	33	868.1	–	1041.0	369.4		671.6	929.1
其他电子产品零售	–	–	–	–	–	–	–	–	–
五金、家具及室内装饰材料专门零售	1	2	1426.2	–	1455.6	–	–	1455.6	267.2
五金零售	1	2	1426.2	–	1455.6	–	–	1455.6	267.2
货摊、无店铺及其他零售业	1	207	256802.6	–	256792.2	89706.6	–	167085.6	1006.2
生活用燃料零售	1	207	256802.6	–	256792.2	89706.6	–	167085.6	1006.2
其他未列明零售业	–	–	–	–	–	–	–	–	–
2.按登记注册类型分									
内资企业	40	2236	667879.5	16708.3	676291.4	97681.6	–	578609.8	47585.9
国有企业	–	–	–	–	–	–	–	–	–
集体企业	3	70	45467.5	–	44606.5	–	–	44606.5	4152.0
有限责任公司	19	1292	266054.6	16708.3	275461.6	4247.7	–	271213.9	17977.2
国有独资公司	–	–	–	–	–	–	–	–	–
其他有限责任公司	19	1292	266054.6	16708.3	275461.6	4247.7	–	271213.9	17977.2
股份有限公司	2	306	264535.3	–	266024.8	92281.1	–	173743.7	2411.8

续表 18

指标名称	法人企业数（个）	从业人员期末人数(人)	商品购进额	进口	商品销售额	批发额	出口	零售额	期末商品库存额
私营企业	16	568	91822.1	–	90198.5	1152.8	–	89045.7	23044.9
私营独资企业	–	–	–	–	–	–	–	–	–
私营合伙企业	–	–	–	–	–	–	–	–	–
私营有限责任公司	15	262	21003.0	–	20854.8	1152.8	–	19702.0	21569.5
私营股份有限公司	1	306	70819.1	–	69343.7	–	–	69343.7	1475.4
3.按控股情况分									
国有控股	3	334	273582.2	–	277140.0	92281.1	–	184858.9	3254.5
集体控股	3	70	45467.5	–	44606.5	–	–	44606.5	4152.0
私人控股	32	1531	279827.5	16708.3	285086.2	2715.6		282370.6	39203.2
港澳台商控股	–	–	–	–	–	–	–	–	–
外商控股	–	–	–	–	–	–	–	–	–
其他	2	301	69002.3		69458.7	2684.9	–	66773.8	976.2
4.按经营形式分									
独立门店	31	1749	640904.6	16708.3	648220.9	96118.8	–	552102.1	43300.7
连锁总店	5	431	23285.1	–	24446.8	1562.8	–	22884.0	3965.1
连锁门店	1	24	425.5	–	446.4	–	–	446.4	99.5
其他	3	32	3264.3	–	3177.3	–	–	3177.3	220.6
5.按单位规模分									
大型	1	306	70819.1	–	69343.7	–	–	69343.7	1475.4
中型	11	1438	482750.9	16708.3	494357.0	96528.8	–	397828.2	12337.3
小型	22	463	110744.1	–	109151.6	1152.8	–	107998.8	33264.7

续表 18

指标名称	法人企业数(个)	从业人员期末人数(人)	商品购进额	进口	商品销售额	批发额	出口	零售额	期末商品库存额
微型	6	29	3565.4	–	3439.1	–	–	3439.1	508.5
6.按零售业态分									
有店铺零售	32	2162	663751.6	16708.3	672312.1	97681.6	–	574630.5	47286.6
超市	2	89	5973.8	–	5797.6	–	–	5797.6	402.4
大型超市	–	–	–	–	–	–	–	–	–
仓储会员店	–	–	–	–	–	–	–	–	–
百货店	3	775	198834.5	–	197128.4	–	–	197128.4	1706.1
专业店	14	804	295630.3	–	298600.8	94996.7	–	203604.1	25704.3
专卖店	12	480	161101.3	16708.3	168647.4	2684.9	–	165962.5	19298.8
家居建材商店	–	–	–	–	–	–	–	–	–
购物中心	–	–	–	–	–	–	–	–	–
厂家直销中心	1	14	2211.7	–	2137.9	–	–	2137.9	175.0
无店铺零售	8	74	4127.9	–	3979.3	–	–	3979.3	299.3
电视购物	–	–	–	–	–	–	–	–	–
邮购	–	–	–	–	–	–	–	–	–
网上商店	8	74	4127.9	–	3979.3	–	–	3979.3	299.3

社会消费品零售总额

表 19　　单位：万元

指标名称	2013	2012	累计增幅(%)
社会消费品零售总额	2421020.7	2147007.6	12.8
1.批发业	1055869.0	952449.2	10.9
限额以上企业(单位)	1050758.3	948517.1	10.8
限额以下企业(单位)及个体户	5110.7	3932.1	30.0
2.零售业	1268634.3	1117740.1	13.5
限额以上企业(单位)	605286.2	609088.0	−0.6
限额以下企业(单位)及个体户	663348.1	508652.1	30.4
3.住宿业	10688.8	15177.4	−29.6
限额以上企业(单位)	9817.3	14660.9	−33.0
限额以下企业(单位)及个体户	871.5	516.5	68.7
4.餐饮业	85828.6	61640.9	39.2
限额以上企业(单位)	8402.8	10569.4	−20.5
限额以下企业(单位)及个体户	7742.58	5107.15	51.6

国民经济产业结构

表 20

项　目	绝对值(亿元)		构成(%)	
	全　区	区　属	全　区	区　属
地区生产总值	430.12	218.71	100.00	100.00
第一产业	17.80	12.37	4.14	5.66
第二产业	160.44	61.06	37.30	27.92
第三产业	251.89	145.28	58.56	66.42

十强企业

婺城区2013年度工业综合实力10强企业

万里扬集团有限公司
浙江尖峰集团股份有限公司
浙江金圆水泥有限公司
浙江虎鹰水泥有限公司
浙江巨龙管业股份有限公司
浙江金华双汇食品有限公司
浙江高峰控股集团有限公司
莱恩农业装备有限公司
金华豪庭家具有限公司
浙江采云间茶业有限公司

婺城区2013年度区级财政贡献10强企业

浙江万里扬变速器股份有限公司
浙江浙能金华燃机发电有限责任公司
金华三为电力实业有限公司
浙江金圆水泥有限公司
浙江巨龙管业股份有限公司
浙江金华南方尖峰水泥有限公司
浙江八达电子仪表有限公司
浙江虎鹰水泥有限公司
浙江时通电气制造有限公司
金华市精工工具制造有限公司

婺城区2013年度亩产税收10强企业

金华三为电力实业有限公司
浙江八达电子仪表有限公司
浙江尖峰集团股份有限公司
浙江浙能金华燃机发电有限责任公司
金华市龙达塑胶助剂有限公司
金华中燃爱思开汇能城市燃气发展有限公司
浙江润华机电有限公司
金华市捷达商品混凝土有限公司
金华市巨龙商品混凝土有限公司
浙江时通电气制造有限公司

婺城区2013年度工业特色产业10强企业

汽摩配
万里扬集团有限公司
莱恩(中国)动力有限公司
五金工量具
浙江金磐机电实业有限公司
现代医药
优胜美特制药有限公司
食品加工
浙江金华双汇食品有限公司
浙江采云间茶业有限公司
纺织服装
金华兴华皮件有限公司
新型建材
浙江金圆水泥有限公司
浙江尖峰集团股份有限公司
包装彩印
浙江晟丰包装有限公司

婺城区2013年度纳税千万元以上企业

浙江万里扬变速器股份有限公司
浙江国贸集团金信资产经营有限公司
新世纪建设集团有限公司
金华银泰购物中心有限公司
浙江浙能金华燃机发电有限责任公司
浙江金圆水泥有限公司
浙江正方置业有限公司
金华新兴投资有限公司
浙江巨龙管业股份有限公司

浙江欧瑞房地产开发有限公司
浙江银泰百货(金华)有限公司
晟元集团有限公司
金华泰龙置业有限公司
浙江三联集团有限公司
浙江茂新房地产开发有限公司
浙江八达电子仪表有限公司
浙江虎鹰水泥有限公司
浙江金华南方尖峰水泥有限公司
金华新凯房地产开发有限公司
金华市嘉恒房地产开发有限公司
金华三为电力实业有限公司
省交通厅杭金衢分公司金华管理处
金华鸿基置业投资有限公司
金华市通济置业有限公司
金华市第一百货集团股份有限公司
浙江辛迪置业投资集团有限公司金华分公司
浙江开源置业有限公司
金华市五星房地产开发有限公司
浙江师范大学
浙江时通电气制造有限公司
浙江今飞亚达轮毂有限公司
金华市房地产交易服务中心
金华市精工工具制造有限公司
金华市婺城区万通小额贷款有限公司
金华恒瑞房地产开发有限公司
华融金融租赁股份有限公司金华分公司

婺城区2013年产值超亿元企业

表21　　　　单位:万元

企业名称	产值	销售产值	新产品	所在乡镇
万里扬集团有限公司	12.06	9.03	8.63	白龙桥
浙江金华双汇食品有限公司	7.14	6.90	0.18	城西
金华市今飞轻合金材料有限公司	6.96	7.43	3.58	乾西
金华永和氟化工有限公司	6.27	5.03	0.76	汤溪
浙江金圆水泥有限公司	5.74	5.65	0.00	竹马
浙江远大铝业有限公司	4.63	4.63	1.30	白龙桥
浙江巨龙管业股份有限公司	4.32	4.03	3.62	白龙桥
浙江高峰控股集团有限公司	4.20	4.21	4.20	新狮
莱恩(中国)动力有限公司	4.12	4.12	2.55	白龙桥
浙江伊利乳业有限公司	3.85	3.75	1.64	洋埠
金华豪庭家具有限公司	3.28	3.20	2.94	白龙桥
浙江晟丰包装有限公司	3.26	3.26	0.59	蒋堂
浙江金华南方尖峰水泥有限公司	3.06	3.10	0.00	竹马
浙江采云间茶业有限公司	3.03	3.37	2.43	白龙桥
浙江虎鹰水泥有限公司	2.93	2.96	0.00	竹马
浙江江天电机有限公司	2.78	2.78	0.23	洋埠
莱恩农业装备有限公司	2.72	1.80	2.67	白龙桥
金华市梦娜纺织有限公司	2.67	2.56	1.26	罗埠
浙江金祥板业有限公司	2.62	2.51	0.00	乾西

续表 21

企业名称	产值	销售产值	新产品	所在乡镇
浙江耐司康药业有限公司	2.59	2.77	0.95	白龙桥
浙江金宇铝业制造有限公司	2.46	2.32	0.88	乾西
浙江浙能金华燃机发电有限责任公司	2.41	2.43	0.00	白龙桥
金华金阳铜业有限公司	2.21	2.21	0.00	蒋堂
浙江时通电气制造有限公司	2.10	2.10	1.19	乾西
浙江万福染整有限公司	2.01	1.90	1.50	洋埠
浙江金汤机床有限公司	2.00	1.91	1.64	汤溪
浙江尖峰集团股份有限公司	1.94	1.78	0.16	城中
金华市精工工具制造有限公司	1.85	1.85	0.00	白龙桥
浙江八达电子仪表有限公司	1.83	2.21	1.83	乾西
浙江金磐机电实业有限公司	1.77	1.61	1.42	白龙桥
金华康力博润滑油有限公司	1.76	1.76	0.55	罗店
金华金鼎织带有限公司	1.75	1.71	0.79	洋埠
浙江信阳实业有限公司	1.72	1.60	1.53	白龙桥
金华市高端不锈钢复合材料有限公司	1.64	1.39	1.64	白龙桥
金华市程凯合金材料有限公司	1.50	1.41	0.28	乾西
浙江八达运动服饰有限公司	1.46	1.21	0.00	乾西
金华市依蓉皮具有限公司	1.42	1.40	0.00	汤溪
浙江红树林服饰有限公司	1.36	1.36	0.97	蒋堂
金华市星球机械铸钢有限公司	1.36	1.34	0.84	白龙桥
中萤集团有限公司	1.30	1.30	0.00	城中
浙江圣力邦漆业有限公司	1.30	1.29	0.00	罗埠
浙江精深实业有限公司	1.28	1.28	0.61	白龙桥
浙江汤溪工具制造有限公司	1.24	1.21	0.22	汤溪
金华万里扬机械制造有限公司	1.24	1.06	0.08	汤溪
金华银尔日用制品有限公司	1.21	1.21	0.00	汤溪
浙江佳宏电子科技有限公司	1.20	1.15	0.58	汤溪
浙江天丰化学有限公司	1.18	1.17	0.00	白龙桥
金华市菜篮子食品有限公司	1.13	1.13	0.00	汤溪
金华市金杰铝业有限公司	1.12	1.11	0.34	蒋堂
金华双宏化工有限公司	1.12	0.95	0.54	雅畈

续表 21

企 业 名 称	产 值	销售产值	新产品	所在乡镇
优胜美特制药有限公司	1.07	1.05	0.84	白龙桥
浙江八达金华热电有限公司	1.07	1.07	0.00	城西
金华越尔工艺品有限公司	1.07	1.06	0.75	洋埠
金华双冠定时器厂	1.02	0.88	0.30	洋埠
金华兴华皮件有限公司	1.00	1.00	0.00	新狮

著名商标

2013 年婺城区获省著名商标

表 22

企业名称	商 标	
浙江新辰食品股份有限公司		金珠
金华火腿实业有限公司		金都
金华市汉邦食品有限公司		山花
金华市山山烘焙食品有限公司		山山家

2013 年婺城区获市著名商标

表 23

企业名称	商 标	
浙江占士邦服饰有限公司		007
金华市寿王鳖养殖有限公司		寿王
金华市仙源山铁皮石斛种植基地有限公司		仙源山

名牌企业

2013 年婺城区浙江省名牌企业

表 24

序号	名 牌 企 业	名 牌 产 品
1	浙江江天电机有限公司	电机
2	浙江晟丰包装有限公司	纸箱
3	浙江金圆水泥有限公司	水泥
4	浙江金磐机电实业有限公司	电圆锯
5	浙江佳环电子有限公司电	电除尘器微机控制高低压供电装置
6	金华市婺城区竹马乡花卉协会	茶花
7	金华市捷达包装有限公司	木制包装箱
8	金华市伟鹏土鸡产业开发有限公司	土鸡

2013 年婺城区金华市名牌企业、名牌产品

表 25

序号	名 牌 企 业	名 牌 产 品
1	浙江高峰控股集团有限公司	聚乙烯 PE 管材、管件
2	浙江汤溪工具制造有限公司	金属切削刀具
3	浙江巨龙管业股份有限公司	预应力钢筒混凝土管
4	浙江润华机电有限公司	汽车绞盘
5	浙江虎鹰水泥有限公司	虎鹰水泥
6	浙江新辰食品股份有限公司	金华火腿
7	浙江双香伟业食品发展有限公司	牛奶饮料
8	莱恩农业装备有限公司	收割机
9	金华火腿实业有限公司	火腿
10	金华市精工工具制造有限公司	车式工具箱
11	金华市仙源山铁皮石斛种植基地有限公司	铁皮石斛
12	金华市益康真菌研究发展有限公司	灵芝孢子粉
13	金华市三龙水产专业合作社	土鲫鱼
14	金华越尔工艺品有限公司	床上用品
15	金华市周太食品发展有限公司	酱腌菜
16	金华双龙化工有限公司	染料

续表 25

序号	名 牌 企 业	名 牌 产 品
17	金华市星球机械铸钢有限公司	耐磨铸件
18	金华雅帅纺织有限公司	色织布
19	金华市新华齿轮有限公司	汽车齿轮
20	金华市方可园林景观有限公司	橡皮树
21	金华市汤溪野育鳖场	中华鳖
22	金华市汉邦食品有限公司	腌腊肉制品
23	金华美和食品有限公司	水煮笋
24	金华越尔工艺品有限公司	床上用品
25	金华市周太食品发展有限公司	酱腌菜
26	金华一枝秀米业有限公司	大米

重要文件目录

区委文件目录

关于认真学习贯彻党的十八大精神全面加快“两富”现代化婺城建设的决定

印发《关于改进工作作风密切联系群众的实施办法》的通知

关于加快旅游业发展的若干意见

关于表彰2012年度先进单位和先进个人的决定

关于表彰2012年度区人口和计划生育工作先进集体的决定

关于在全区开展“正风肃纪抓执行 攻坚破难促发展”系列活动的实施意见

关于表彰“创新社会管理百家示范单位”的决定

关于婺城区2012年度考核结果的报告

关于婺城区落实省委巡视组巡视意见整改工作情况的报告

关于印发婺城区深化行政审批制度改革工作方案的通知

关于开展以中国梦为主题的中国特色社会主义宣传教育活动的实施意见

关于全面实施创新驱动发展战略加快建设创新型城区的决定

关于开展面向急难险重一线选拔乡镇（街道）党(工)委副书记工作的通知

关于成立区委党的群众路线教育实践活动领导小组的通知

关于印发关于深化正风肃纪抓执行攻坚破难促发展系列活动的实施意见的通知

关于扶持建筑业快速健康发展的若干意见

关于区委常委分工的通知

关于成立婺城区宣传思想文化工作领导小组的通知

关于命名表彰2012年度文明单位、文明村、文明社区的决定

关于调整退出领导岗位干部分类管理和组团服务人员名单的通知

关于召开区委六届四次全体(扩大)会议暨区政府八届二次全体会议的通知

关于印发陈晓同志在区委六届四次全体扩大会议暨区政府八届二次全体会议上讲话的通知

关于命名表彰婺城区农村基层党风廉政建设“评星晋级”四星、五星级村(居)的决定

关于成立金华市婺城区国家卫生城市复审迎

检工作领导小组的通知

关于2013年度区党政领导信访接待日工作安排的通知

关于评选表彰金华市婺城区劳动模范和模范集体的通知

关于山花烂漫美丽婺城——茶花节、油菜花节、桂花节启动仪式的通知

关于调整婺城区二七新村区块改造工程领导小组及指挥部组成人员的通知

关于进一步加强乡镇街道干部队伍建设的实施意见

印发关于开展以树形象、比实绩、促提升为主要内容的全科干部全心服务活动的实施方案的通知

关于成立婺城区“三改一拆”行动领导小组的通知

关于印发婺城区2013年度信息调研保密档案工作考核办法的通知

关于印发2013年婺城区“三农”工作要点的通知

关于印发婺城区2013年主要工作任务的通知

关于公布婺城区2013年度重点建设项目的通知

关于印发2013年区领导重点调研课题的通知

关于印发金华市婺城区党政领导干部经济责任履行问题责任追究办法的通知

关于成立婺城区劳动争议调处指导委员会的通知

关于深入开展领导干部接访下访活动的实施意见

关于印发婺城区2013年浙婺商回归及引进内资工作考核办法、婺城区2013年利用外资工作考核办法的通知

关于印发2013年重点惠民实事责任分工的通知

关于实施富村五年计划发展经济薄弱村集体经济的实施意见

印发关于婺城区个体工商户转型升级为企业工作意见的通知

关于印发婺城区2013年度区级机关部门（单位)工作目标责任制等七个考核办法的通知

印发关于在急难险重一线培养锻炼干部的实施意见的通知

关于印发婺城区机关部门人口和计划生育工作职责及考核办法的通知

关于印发婺城区乡镇街道2013年人口和计划生育目标管理责任制考核评估意见的通知

关于印发婺城区2013年工业经济“转型升级提升年”系列活动实施方案的通知

关于印发婺城区2013年普法依法治理工作要点的通知

关于印发2013年第四届激情婺城文化艺术系列活动实施方案的通知

关于印发婺城区2013年度党风廉政建设责任制考核办法的通知

关于开展全区农村奔两富创建活动的通知

关于印发婺城区2013年度机关部门单位省市垂直管理部门(单位)机关效能与作风建设工作考核办法的通知

关于印发2013年婺城区机关部门(单位)重点工作、职能工作及民主评议考核细则的通知

关于印发婺城区2013年度乡镇(街道)基层建设考核办法等若干考核办法(细则)的通知

关于推进全区农村文化礼堂建设的意见

关于印发婺城区2013年城乡建设提升年活动实施方案的通知

关于召开区委六届五次全体(扩大)会议暨区政府八届三次全体会议的通知

关于印发陈晓同志在区委六届五次全体（扩大)会议暨区政府八届三次全体会议上讲话的通知

关于印发婺城区水环境综合治理工作实施意见的通知

关于印发2013年区社会主义新农村建设领导小组成员单位主要工作任务的通知

关于印发金华市婺城区党政机关停止新建楼堂馆所和清理办公用房实施方案的通知

关于调整“山花烂漫 美丽婺城”——桂花节活动方案的通知

关于印发《关于建立区社会矛盾大调解中心的实施方案》的通知

关于印发婺城区现代服务业发展综合配套改革试点工作2013年重点任务分解方案的通知

关于印发《关于深化“正风肃纪抓执行攻坚破难促发展”系列活动的实施意见任务分解表》的通知

关于加强历史文化村落保护利用的实施意见

关于印发婺城区重大项目百日服务活动实施方案的通知

关于印发《婺城区“五好”服务型乡镇(街道)考核办法》的通知

关于进一步加强党管人才工作的实施意见

关于做好8890便民服务平台受理事项办理工作的通知

金华市婺城区基本侨情调查工作方案

印发关于建立婺城区物业管理纠纷调处机制实施意见的通知

关于印发《区领导联系重点人才和重大人才工作项目制度》的通知

关于认真做好村级组织换届选举工作的意见

关于做好乡镇街道、园区和机关部门（单位）2013年岗位目标责任制考核工作的通知

区政府文件目录

关于2012年度粮食安全责任制落实情况的报告

关于推荐浙江省依法行政示范单位候选名单的报告

关于要求协调落实浙江省第二届体育大会公开水域游泳比赛场地的请示

关于要求对婺城区进行全国义务教育发展基本均衡区评估验收的请示

关于婺城区与金东区行政区域界线联合检查的报告

关于印发婺城区国家卫生城市复审迎检工作实施方案的通知

关于印发《婺城区推进精品城市建设做好国家卫生城市复审迎检重点工作任务分解方案》的通知

关于抓好2013年粮食生产的通知

关于开展新一轮低收入农户和扶贫重点村调查认定工作的通知

关于印发2013年婺城区地质灾害防治方案的通知

关于印发《婺城区2013年主要污染物总量减排计划》的通知

关于下达2013年工业经济主要计划指标的通知

关于组织申报区级农业龙头企业的通知

关于下达2013年度“三改一拆”行动工作任务的通知

关于调整婺城区2013年主要污染物总量减排计划的补充通知

关于组团参加第15届浙江投资贸易洽谈会等活动的通知

转发关于加快推进企业直接融资发展意见的通知

关于印发婺城区2013年度依法行政工作考核评分细则的通知

关于印发金华市婺城区2013年度政务分开(政府信息公开)工作考核评分细则的通知

关于在全区开展第三次经济普查的通知

关于开展安全生产大排查大整治专项行动的通知

关于开展2013年政策性农业保险工作的通知

关于开展第一次全区可移动文物普查工作的通知

关于进一步加强老年体育工作的通知

关于下达2013年婺城区“三改一拆”行动第二批违法建筑拆除任务的通知

关于下达2013年区本级部门预算的通知

关于印发婺城区2013年度畜禽养殖污染治理工作方案的通知

关于做好行政规范性文件“三统一”工作的通知

关于做好2014年政策性农村住房保险工作的通知

关于报送2014年婺城区重点招商项目的通知

关于开展婺城区第十二届“优秀企业科技人才”和“人才开发先进企业”评选的通知

关于做好2013年粮食生产功能区建设验收认

定工作的通知

关于市人大常委会开展饮用水水源保护执法检查中提出问题整改措施制定情况的报告

关于建设特色“网商一条街”有关情况的报告

关于报送2013年婺城区标准农田质量提升工程土壤培肥项目实施方案的报告

关于报送沙金兰水源涵养生态功能区环境整治工作方案的报告

关于认真做好2012年度政府信息公开数据统计和年度报告工作的通知

关于统一申报婺城区2014年度电子政务项目的通知

关于征求对《婺城区国民经济和社会发展第十二个五年规划纲要中期评估报告(征求意见稿)》修改意见的通知

关于开展环境污染大排查的通知

关于进一步规范领导干部外出审批及重要来宾来婺报告制度的通知

关于做好当前重大动物疫病防控工作的紧急通知

关于遏制重点工程建设项目征地过程中抢栽抢种行为的意见

关于“采云间绿茶”生态原产地产品保护范围的函

关于申报婺城区农业重大项目的函

婺城区2013年市场建设发展目标

关于“贯彻落实浙江省人民政府《关于加快发展现代物业服务业若干意见》有关问题的报告”的修改建议

关于加强行政调整工作的实施意见

关于进一步加强全部政府性资金审计工作的实施意见

关于印发婺城区农村集体“三资”管理工作实施方案的通知

关于印发婺城区农村集体“三资”管理工作考核办法的通知

关于印发《婺城区矿产资源规划(2011-2015年)》的通知

关于建立婺城区部门统计工作联席会议制度的通知

关于建立婺城区经济监测预警部门联席会议制度的通知

关于印发婺城区创建省知识产权示范区工作实施方案的通知

关于印发《婺城区“三改一拆”行动违法建筑拆除工作实施方案》的通知

关于印发《婺城区非法采砂专项整治行动实施方案》的通知

关于印发婺城区村邮站运行考核办法的通知

关于开展行政许可审批事项清理和规范工作的通知

关于印发《婺城区个人出租房屋税收征管工作实施方案》和《婺城区个人出租房屋税收征管工作考核办法(试行)》的通知

关于印发婺城区莘畈水库放水预警方案 (试行)的通知

关于印发《婺城区印染造纸化工行业整治提升实施方案》的通知

关于进一步明确乡镇(街道)食品药品安全监管职责的通知

关于印发婺城区保护发展森林资源目标责任制考核办法的通知

关于印发加强乡镇财政管理和促进乡镇公共财政服务平台建设试点工作实施方案的通知

关于印发婺城区政府投资项目初步设计和概算管理暂行办法的通知

关于印发婺城区政府投资项目变更管理暂行办法的通知

关于印发金华市婺城区防汛防旱应急预案的通知

关于加强政府门户网站管理和内容保障工作的通知

关于印发婺城区社会养老服务体系建设实施方案(2013年~2015年)的通知

关于印发〈婺城区违法建筑拆除以奖代补验收流程和标准〉的通知

关于支持商贸企业升级发展的实施意见

关于印发《婺城区畜禽养殖禁养区、限养区划分规定》的通知

关于进一步加强工业项目用地管理和加快清

理闲置低效工业用地的实施意见

关于印发婺城区农业面源污染整治实施方案(2013-2015年)的通知

关于进一步规范全区行政事业单位公务用车购置审批工作的通知

关于印发婺城区工贸企业安全生产标准化建设工作实施方案的通知

关于印发《金华市婺城区计划生育公益金管理实施意见》的通知

关于印发婺城区水环境长效保洁实施方案的通知

关于加强行政机关合同管理工作的实施意见

关于全面推进乡镇财政管理规范化建设的实施意见

关于印发《金华市婺城区卫生强区创建规划》的通知

关于印发《金华市婺城区生产经营单位安全生产诚信管理实施办法(试行)》的通知

关于表彰2012年度“精品社区创建竞赛”优胜单位、“优秀物业服务企业”

和“物业服务示范小区”的通报

关于表彰2012年度纳税千万以上企业的通报

关于表彰2012年度工业产值超亿元企业的通报

关于公布2013年度区强优重点骨干工业企业的通知

关于表彰2012年度工业企业纳税大户的通报

关于表彰2012年度自营出口超千万美元企业的通报

关于表彰婺城区2012年度工业综合实业10强企业等的通报

关于表彰2012年度浙(婺)商回归先进企业的通报

索 引

一 画

“一去二化”战略 234
“一点通”警务管理系统 124
一审一核制改革 84

二 画

人大代表履职服务平台 76
人口 34
人口计生 250 253
人口与计划生育 204 261 294
人口计生文艺汇演 161
人才工作 52
人事编制 180
九三学社金华市婺城区基层委员会 96
入境旅游 185
十大案例 125
十五中学 157
十项重点惠民实事 20
厂务公开 100

三 画

大事记 22
“小手拉大手交规齐遵守”队课 102
小城镇建设专项资金 184
“三改一拆” 249 252 254 257 258 262 273 279 288 289 291 297
“三治三问” 70
“三项活动” 104
“三残”儿童权益 154
三品认证 194
“三农”保险 245
三江街道 258
广告市场监管 219
个私企业 220
千名侨商进社区 85
干部
干部管理 250
干部队伍建设 51 294
土地资源 37
土地出让 213
土地利用状况 212
土地承包及流转管理 195
土壤肥料 196
“山花烂漫。美丽婺城” 160
山区旅游 289
山林纠纷 198
工业 140
工业项目 117
工业统计 144
工会慰问 233
工业经济 77 247 250 263 270 274 276 277 279 281 283 285 287 289 293 295 296
工业发展 267
工业产品区域监管 223
工商联 92
工商行政管理 219
工商联建设 统战
工商银行婺城支行 235

下山移民 289
卫生 202
卫生监督 203
卫生事业 80
乡村旅游 186 293
乡镇财政 179
H7n9 禽流感疫情防控 195
义务教育 152

四　画

水文 32
水情 32
水利 199
水利建设 199 277
水产生产 200
水政水资源 200
水电建设与管理 200
水资源 34
水果生产 193
水环境治理 217
水库移民后期扶持 177
专辑 16
专项整治 220
专业合作社建设 150
专利申请和授权量 174
专利示范和项目申报 173
文化 160
文化生活 263
文化活动 68 87
文化品牌 191
文化宣传 282 288
文化建设 284
文化旅游 267
文化旅游活动 119
文化市场管理 162
文物工作 165
文物市场监管 162
文体活动 99 110
文体教育 272
文史资料 90
文艺培训 104
文明创建 55 251
文明服务 241
文字综合工作 48
文教卫事业 255
文化艺术系列活动 55
双龙风景名胜区 119
“双精”活动 67
双拥共建 176
中等职业教育 155
中小学生三大球赛 152
中小学校排舞骨干编导培训 161
“中国梦”宣讲 54
中国银行婺城支行 237
中国计量学院开展新农村建设调 296
中国共产党金华市婺城区委员会 46
中国共产党金华市婺城区纪律检查委员会 69
中国人民政治协商会议金华市婺城区委员会 88
中国国民党革命委员会金华市婺城区总支部 92
中国民主同盟金华市婺城区总支部委员会 93
中国民主建国会金华市婺城区总支部委员会 93
中国民主促进会金华市委员会婺城区总支部 94
中国农工民主党金华市委员会婺城区总支部 95
中国人民财产保险股份有限公司金华市婺城分公司 244
中国人寿保险股份有限公司金华分公司 245
公安 124
公车管理 83
公务接待 83
公用事业 183
公益活动 245
公建项目 118
公共卫生 202
公共资源交易 85
公立医院改革 202
风险防控 236
风险防范 244
内部审计 206
内控管理 241

“五无”创建 131
五金工量具 141
六届区纪委三次全会 70
支持地方建设 239
计生协会工作 205
计生工作 257 291
计划生育 277 278 255 259 265
计划管理 144
队伍建设 61 82 83 128 135 137
163 179 203 207 225 229 231
237 244 246 292
车辆安全管理 130
从严治警 131
为民服务 248
为侨服务 111
少先队工作 101
少先队活动课程建设 102
少年儿童组织建设和思想意识教育 102
心理健康指导 156
太阳能开发利用 196
木本油料 198
木材管理 198
化解不良资产 237
元宵展演活动 161
《今日婺城》创刊六周年公益活动 57
区委常委会议 47
区委办公室工作 48
区委中心组理论学习 54
区文明委会议 55
区八届人大二次会议 73
区人大常委会会议 73
区政府办公室工作 81
区政协常委会议 89
区政协三届二次会议 89
区作家协会 105
区美术家协会 105
区书法家协会 106
区戏曲家协会 106
区舞蹈家协会 106
区音乐协会 107
区摄影家协会 107
区老干部摄影家协会 107
区诗词楹联学会 108
区丰子恺研究会 108
区民间艺术家协会 108
区第28届青少年科技创新大赛 153
区第二届民俗文化艺术节 113 161
区第三届中小学婺剧演唱大赛 113 161
区首届“与平安同行”文艺汇演 161
区首届企业文化(舞蹈)培训班 161
区第九届未成年人读书节活动 164
区劳动争议联合调处中心 181

五 画

生物资源 37
生活待遇 65
生态建设 79 289
生态创建 217
生态公益林建设 197
生态循环农业基地建设 196
生态功能区畜禽养殖场整治 195
生鲜乳专项整治 195
民政 175
民政工作 259
民生工作 265
民生事业 47 251 289 293
民生保障 63 178 247 279 291
民生服务 223
民生资金审计 206
民主管理 64
民主党派 92
民兵整组 138
民办教育 154
民族宗教工作 58
央视《星光大道》选手邵淑环回婺发布会 161
白龙桥镇 270
包装彩印 142
电信 232 234
电网建设 233

幼儿教育　83 154、
幼教队伍建设　154
节会活动　187
节能降耗　83
节约集约用地　213
对台工作　62
对外贸易　147
对外经济技术合作 148
加强队伍建设　224
加强税收征管　227
司法公开　134
司法行政　136
司法服务　135
司法廉洁　135
市政设施　183
市政建设　183
市场概况　220
市场化经营　234
市容环境整治　230
平安创建　59　273
平安综治　251 280 293 297
平安建设　284
平安长山　286
平安沙畈　288
出生人口性别比专项治理　204
业务培训　85
业务工作　242
业务创新　242 243
业务发展　245
仙源湖旅游度假区　120
矛盾纠纷调处　136
发展经济　178
“四品一械”稽查工作　208
冬季百日安全行车活动　233
主要经济指标　290
长山乡　285

六　画

地理　30
地形地貌　30
地名区域管辖　176
地质灾害防治　214
行政审批　199
行政审批与服务　84
行政许可项目审批　204
行业管理　187
机构设置　113
机要保密工作　50
机关事务管理局　82
机构编制实名制数据库　180
网点建设　235
网点软转　236
网点管理　240
“网格化”管理　132
网格化监管　208
网上技术市场交易活动周　173
妇幼保健　203
竹马乡　283
成人教育　155
成泰农村合作银行婺城支行　241
自身建设 51 66 71 80 92 93 96 97 116
西关街道　260
江北税务　225
江南税务　225
江南街道　256
创作成果　105
创牌工作　222
创新主体培育　172
创新管理模式　230
创新安全管理体系　211
创建成果　168
创建和谐劳动关系　99
创建五星级办税服务厅　225
创建省级示范文明城区活动　55
执法检查　218
执法保障　230
执法监督　60
执法监察　210
执法规范化建设 131 133

协会活动 104
“红领巾相约中国梦” 102
产业规划 122
老年体育 167
老年健身活动 168
老龄工作 177
老干部工作 65
老科学家进校园 112
优化服务 118 226 266
优化投资结构 143
优化纳税服务 224
优化纳税环境 228
优质服务 205
优抚抚恤 176
优环境促发展活动 70
产业扶贫 64
军民共建 139
企业年检 219
企业文化 237 238 243 245
企退人员社会化管理服务 181
“全科干部、全心服务”主题实践活动 53
防汛抗旱 200
安地镇 268
安保工作 83
安全经营 235
安全运行 239
安全生产 251 257 266
安全生产监督管理 210
安置区建设 292
交通安全宣传 130
交通安全管理执法 128
交通事故隐患治理 128
交通违法行为整治 130
关注民生 58
关爱邦扶 57
关爱职工 99
关爱留守儿童及外来务工子弟活动 101
关心下一代 66
“关心母亲河溪,查找水污染源,恪尽代表职责”活动 75
共享小康工程 109
共青团金华市婺城区委员会 100
收费机制 145
收费管理 145
收养登记 176
价格监管 145
价格认证 145
农业 192
农业经济 78 263 270 274 276 277 281 283 285 287 293 296
农业统计 144
农业展销 193
农业产业化 291
农业行政执法 197
农业植物检疫 197
农业农村工作 267
农业“两区”建设 193
农业银行婺城支行 236
农业基础设施建设 280
农机推广 196
农机化扶持 196
农机安全监理 196
农信担保 150
农村工作 63
农村水利 269
农村扶贫 64
农村发展 63
农村集体经济 192
农村文化 264 276
农村文化礼堂建设 56
农村涉纪信访化解 71
农村少先队达标创建 103
农村现代流通体系建设 148
农产品流通体系建设 150
农产品质量安全监管 194
农林场 199
农民信箱 197
农民负担监管 194
农民专业合作社 194
农家乐旅游 269

农家书屋建设　164
“多彩三月三”活动　59
会员卡专项清退活动　70
异地搬迁　65　294
刑事诉讼法执法检查　75
华侨归国定居　85
存折发放　87
扩面宣传　87
再生资源回收体系建设　148
“庆三八 秀创意 展风采”丁台赛
161
“寻梦仙源湖 全城健身走”活动 161
“欢乐金华” 百姓文化节--百姓才艺大赛婺城区选拔赛　161
考古发现明代古墓群　165
污水处理　184
后备母牛扶持政策　195
各地类变化情况　212
设备检修　232
负债业务　237 241
合规经营　245
合并设村　291

七　画

坚定不移深化改革，加快推进转型升级，全面加快“两富”现代化婺城建设　1
体育　152 166
体育创强　167
体育赛事　166 167
“两个阵地”建设　65
“两区”整合　115
沙畈乡　286
苏孟乡　296
汤溪镇　275
汤溪二中 156
汤溪小学 158
汤溪幼儿园　160
汤溪税务　227
园区　115
园区开发　115
园区建设　78
园林绿化　184
武装　138
批发零售业统计　144
严打严防严管　125
诉讼衔接和司法确认　135
助学行动　67
扶贫救助　110
扶贫帮困　151
扶贫工作　292
纺织服装　141
医药化工　142
医疗救助　175
汽摩配　141
来料加工　103 289
作风建设　58 83 98
作风效能　190
作风效能明察暗访　71
社会公益　66
社会管理　67 263
社会保障　80 110 181 269　271 275 280 290 293
社会民生　295
社会服务　92 93 94 94
社会事业　116 95 96 261 262 267 269 273 285 286 287 297
社会服务管理　259
社会组织管理　176
社会救助　250 253
社会管理创新　60
社会治安综合治理　260
社区建设　176
社区侨务工作　85
社区矫正管理　136
社有企业　151
社情民意　95
村居建设　262
村(居)务管理　176
村级组织换届　53 294
村级便民服务中心　84

村级“三务”公开信息平台建设 70
财政 178
财政收入 178
财政改革 179
财政监督 179
财政税收 250
财政“同级审” 206
财务管理 87
住房公积金管理 86
住房公积金归集 86
住房公积金提取 86
住房公积金贷款 86
住房公积金收益 86
位置面积 30
初信初访办理工作 61
投资项目审批代办 84
志鉴编纂 81
劳务派遣 87
劳模评选 99
劳动就业 180
劳动保障 259 257 279 292
劳动和社会保障 261
劳动人事和社会保障 180
启动规划扩容 121
利用外资 147
利益导向机制 204
改善办学条件 154
花卉苗木 197
运营规模 233
技改创新 117

八 画

学校简介 156
学校体育 166
学生“触电”横店 113
学区调整方案 153
事故处理与防控 129
表彰鼓励 67
林业 197
林业有害生物 198
林木采伐管理 198
林地保护 198
林政执法 198
矿产资源 36
矿产资源管理 213
矿产资源开发利用 213
居民生活 145
居务监督 70
罗埠镇 277
依法行政 82 209 213
侨务工作 85
图书事业 163
图书流通点建设 164
图片专辑 1~28
征迁工作 118 296
房地产 183
房地产交易 183
知识产权工作 173
知识产权宣传 173
法治 124
法院 133
法律服务 136
法律援助 137
审计 206
审计整改 206
审计管理 206
审计信息宣传 206
审执工作 134
审务公开 135
审批制度改革 84
规划审批 215
规划编制 215
规划服务 215
规范管理 190
规范运作 244
规范编外用工管理 180
规模场星级评定 195
油料生产 193
国土资源 212

国内旅游 185
国保基层基础规范化建设 124
国税 224
组队参赛 166
组织工作 51
组织网络 168
组织协调 81
组织建设 94 101 104 104 110 111 261 266 268 270 277 297
组织机构及负责人名单 38
轮岗交流 152
供电 232
供销社 150
环境保护 217
环境卫生 184
环境整治 116 118 217 260 262
环境安全评级 218
和谐稳定 151
参政议政 92 93 93 94 95 96 96 111
参加防洪抢险演练 139
招商引资 117 121 149
招商引"智" 122
招商活动 149
经济 147
经济工作 249 252 254 259
经济发展 115 268 272
经济运行 46
经济运行态势 120
经济指标 117
经济体制 143
经济与社会发展 143
经济技术协作 150
经营效益 235
经营管理 244
物价 143
物价管理 145
非遗申报 164
非遗宣传和保护 164
非物质文化遗产保护 164
非遗传承人培训与课题研究 164
质量技术监督 222
质量强区 222
构建大情报体系 125
拓展市场 120
拓展业务 242
视察活动 74
固定资产统计 145
建筑业 182
建置沿革 32
建设项目并联审批 84
建设银行婺城支行 238
服务工作 82
服务"三农" 236
服务大局 132
服务中心工作 135
服务机制改革 225
服务创新 244
服务社会 155
服务保障 83
服务经济 97 219
服务客户 234
金华市婺城区人民政府 77
金华市婺城区人民代表大会常务委员会 72
金华市婺城区总工会 98
金华市婺城区妇女联合会 103
金华市婺城区文学艺术联合会 104
金华市婺城区残疾人联合会 109
金华市婺城区红十字会 110
金华市婺城区归国华侨联合会 111
金华市婺城区科学技术协会 112
金华经济技术开发区 115
金华市婺城公安分局 124
金华市公安局交警支队直属一大队 127
金华市公安局交警支队直属三大队 129
金华市婺城区公安消防大队 131
金华银行婺城支行 240
金华市婺城区万通小额贷款有限公司 243
金华市婺城区丰银小额贷款有限公司 243
金华市第二届浙(婺)商创业创新大会 150
金融 235

金融扶贫　64
青少年教育　66
青少年民生服务　100
青少年思想道德建设　100
青少年建功动员体系　100
青春中学 157
直属机关党委工作　67
制度完善　86
乳品大王入行戏剧界　113
孤儿和困境儿童保障　175
定价机制　145
承办省二体会　166
牧业执法　195
疾病控制　202
诚信机制建设　210
其他工作　236 240
垃圾短信治理　234
岭上乡　290

九　画

测绘管理　215
城中街道　250
城北三产　117
城乡低保　175
城乡规划　215
城乡建设　79 116 182
城乡手拉手活动　66
城市交通治堵工程　128
城市管理　249 252 251 254 257 258
城东街道　247
城西街道　249
洋埠镇　279
客户拓展与服务　238
客户服务　245
退伍安置　176
信息二维码管理　125
信息工作　49
信息化产品　233
信息调研 81
“信连心”活动　125
信访工作　61
信访与建议　218
信访维稳　215 259 277
信访案件催办督办　62
信访积案专项治理　62
信贷业务　239
首期手机教练智能课堂　233
省级爱心城区创建“回头看”　109
省教育质量综合评价抽测　153
柳湖小学　157
胜利小学　159
送文化下乡　164
送温暖活动 111
送温暖联谊活动　86
“送文化、送温暖进山区”系列活动 161
便民服务　190
便民举措　134
8890 便民服务中心　234
保障诉讼权利 134
统计　143
统计工作　144 257
统战工作　57
宣传工作　54　248
宣传文化　251
宣传报道　223
宣传促销　186
宣传教育　204 208 211 218
宣传营销　121
政府工作报告　9
政府投资审计　206
政务督查　81
政策助农　64
政法及综治工作　59
政治待遇　65
政治协商制度建设　57
美丽乡村建设　64　215 275 285 291
美丽乡村旅游　120
“美德少年我争当”活动　101
茶叶生产　193

食品卫生　83
食品加工　142
食品安全示范创建　208
食品安全执法检查　75
食品安全监管　220　222
食品安全监管整治　208
食品药品监督管理　208
药械监管　208
药械专项检查　208
重大动物疫病防控　195
重点工作　258 260 268 278
重点工作问责　70
重点工程　119 189 247 250 252 260 261 266 270 274 276 281 284 286 293
重点工程建设　254
重点项目　46
重点课题调研　90
重点商贸流通项目建设　199
重要会议　47
研发机构　172
科学技术　169
科技合作　173
科技计划　171
科技成果　173
科技管理　79
科技创新　115 172
科研项目　172
科普宣传　112
科普示范　112
科普惠农　112
项目攻坚　189
项目审批　218
标准化建设　210
春运交通安全　128
“草根奖”“最美婺城人”评选　55
“春泥计划”活动　55
春季人力资源招聘大会　181
活动与公益事业　246
促农增收　295
家庭农场　194
秋滨街道　261

十　画

特辑　1
特色农业　289
特色服务　242
特种设备安地监察　222
特殊教育　154
党风廉政建设　260 286 288 294
党的建设　46
党史研究　50
党员教育　68
党政建设　272
党建　123
党建工作 68 248 255 256 259 281
校企合作　155
校园环境整治　162
资产业务　240
资源　34
秘书工作　49
值班工作　49
档案工作　50
调研工作　49
调研活动　94
调查研究　66
消防安全专项治理　131
消防安全监管　163
消防安全整治　261
消防宣传社会化　132
消费维权　219
涉氨企业专项整治　211
桥梁养护　183
浙中信息产业园区　122
浙江省等级幼儿园评估　154
宾虹小学 158
站前小学 159
旅游　185
旅游安全　187
旅游经济　264

旅游规划 185
旅游重点项目 121
旅游资源 38
获奖情况 162
获得荣誉 95
畜牧生产 195
畜禽污染整治 196
畜禽种业建设 195
畜禽标准化规模养殖示范场创建 195
“爱心圆梦”助残行动 109
耕地保护 212
莘畈乡 292
“通畅,让城市更美好”活动 102
配套工程建设 120
夏秋季征兵 138
课题申报 156
竞技体育 166
养老服务体系建设 175
被征地农民基本生活保障 181
流动人口 205
班组管理 233
换届选举 250 256 280

十一画

职业技能比武大赛 181
职称评定 152
黄大仙文化研究会 120
黄绍竑别墅维修工程 165
商标品牌注册 219
商服项目 117
商贸流通 148
商贸企业“下升上” 148
假日旅游 185
培育“三有”狮子型干部队伍 52
绿化造林 197
野生动物保护 198
领导干部接访 62
领导干部经济责任审计 206
清闲促产 117
清理规范审批事项 84
清源行动 162
移动 232 233
检察 132
检察队伍建设 133
第一次全国可移动文物普查 165
第二届浙(婺)商创业创新大会 150
基本药物制度 202
基地建设 122
基层组织工作 51
基层组织建设 290 294
基层党建 252 253 262 275
基层建设 285
基础设施 118 121
基础设施建设 125 254 284 285
基础建设 214 202 289
教育 152
教育人事管理 152
教育文体事业 79
教育科研 155
教育教学基本功大赛 153
教师招聘及培养 152
康复工作 109
乾西乡 280
综述 46 69 72 77 88
综合治理 120 255 271 275 278 282
综合服务设施建设 110
综治工作 265
综治平安 269
综治信访 257
综治维稳 249 252
继续教育 112
维权工作 110
维权与帮扶 104
维护社会稳定 60
维护职工权益 98
维护青少年合法权益 101
维稳工作 125
婚姻登记 176
救灾救济 175

救护员培训　111
随手拍　129
隐患排查治理　129
推进依法治税　224

十 二 画

景区规划　120
景区建设　185
婺城中学　156
婺城区政区图　封二
婺城区城区图　封三
婺城区婺剧促进会　113
婺城新城区　117
婺剧助阵桂花节　113
“婺剧进校园”试点幼儿园验收 113
《婺城周末》创刊　57
提升工作效能　220
提升服务　86
提高网点效能　237
提案工作　89
普法宣传　136
普法教育　67
普惠金融　242
森林消防　198
集体林权制度改革　198
集镇建设　271 276 278
强化特色　155
强化税收征管　224
强渠计划　234
街道　247
道路及给排水养护　183
道路占、挖工程审批　183
税务　224
税收征管　226
税收宣传月及优质服务月活动　228
蒋堂镇　274
塔石乡　288
琅琊镇　272
雅安地震捐款　111
雅畈镇　266
植物保护　196
棉花生产　193
编辑说明　4
骗提防范　87
黑网吧取缔行动　162
落实税收政策　224

十 三 画

概况　30
督查工作　49
新农村建设　63 264 269 271 272 278 279 281 284 287 295 297
新闻奖　57
新闻传媒工作　56
新型建材　141
新狮街道　253
廉政建设　84 242 274
禁毒宣传　163
粮食　143
粮食工作　145
粮食生产　193
粮食购销　145
粮储管理与中心库建设　146
感恩社会　97
群众文化　160
群众体育　167
群团工作　256
群团组织　98
慈善活动　175
福利企业管理　177
路口精细化管理　129
路政执法　189
零售业务　241
解决遗留问题　291
微型党课评比活动　54

十 四 画

精神文明建设 54
殡葬管理 176
演讲比赛 104
管理体制改革 146
管理体制调整 175
箬阳乡 294
箬阳小学 159

十五画及以上

履行检察职能 133
摩托车送检下乡 130
蔬菜生产 193
整改落实 87 金
整选风 70
整苗木抢种之风 70
整超概算之风 70
器官捐献工作 111
燃气管理 183
薄弱村经济扶持 194
警营文化建设 175

撰稿人名单

（按编稿循序排列）

朱德勤　朱艳萍　王　静　施永红　洪志生　叶巨擘　周江海　徐　胜　傅继跃
王俊男　蒋　涛　胡怡雯　何文斌　章丽华　孙　苗　李英昌　李静华　傅玲儿
陈雪惟　方银强　杨金凤　林　伟　徐　刚　申洪广　邵蓓蕾　罗　强　蒋　程
欧阳靖宇　单华杰　沈林华　邵旭萌　施岳良　方远伟　吴耀峰　孔爱华　郑艳球
周国忠　郑池爱　季美珍　张建红　马益君　陈　波　苏冰婵　徐美珍　張　敏
池　清　章国新　戴建东　章晓华　郑慧娜　陈　彤　叶爱莲　倪庚耀　杜时通
丰志寿　程明芝　金　婷　邱苗涵　何金峡　陆庆丰　戴增贵　王一鸥　徐　慧
钱　康　施赟赟　王杭亮　邓先辉　钱卫兵　章　进　陈　程　包大进　项丽贞
刘　啸　叶家元　任德新　胡志军　杜德洪　竺啸恒　吴　果　凌立闻　葛　飞
胡崇禄　張根友　傅宾忠　叶一平　孙傲雪　徐　斌　盛华君　陈佳丽　朱明升
徐　毅　覃亚萍　蒋晓怡　杨秀清　張伟清　陈妙君　刘慧君　王涵哲　贾玉珍
项移娟　戴爱红　王伟平　朱丽娜　王　艳　徐旱增　吴天昊　胡必祥　戴美艳
陈秀玲　朱剑锋　李　宽　郑能文　蒋敏华　胡树良　刘国强　章扬清　沈志华
应金考　问青青　方建设　徐国君　熊永忠　吴秋良　宗顺荣　尹润富　余　丽
龚亚敏　赵一帆　鲁杭燕　华白璐　沈　丹　沈　洁　張树云　吴　梦　英　应
吴丽园　余　静　徐晓捷　宗亚青　臧超艳　金慧琳　曾军左　張　乐　王　伟
吴建群　王　斌　吕爱姣　洪　峰　徐艳莉　成　龙　单霄鹏　周　蔷　卢珊珊
童金波　吕金春　吴丽娜　胡文英　杨笑眉　李　春　吴来生　盛海君　杜　涵
何　琪　陆　晨　贾　芳　李　苗　范雯思　王　祯　朱　正　王　静　俞小蕾
朱　雯　严丹燕　江志云　严光远　郑燕俊　胡荣伟　周针立　叶振阳

金华城区图

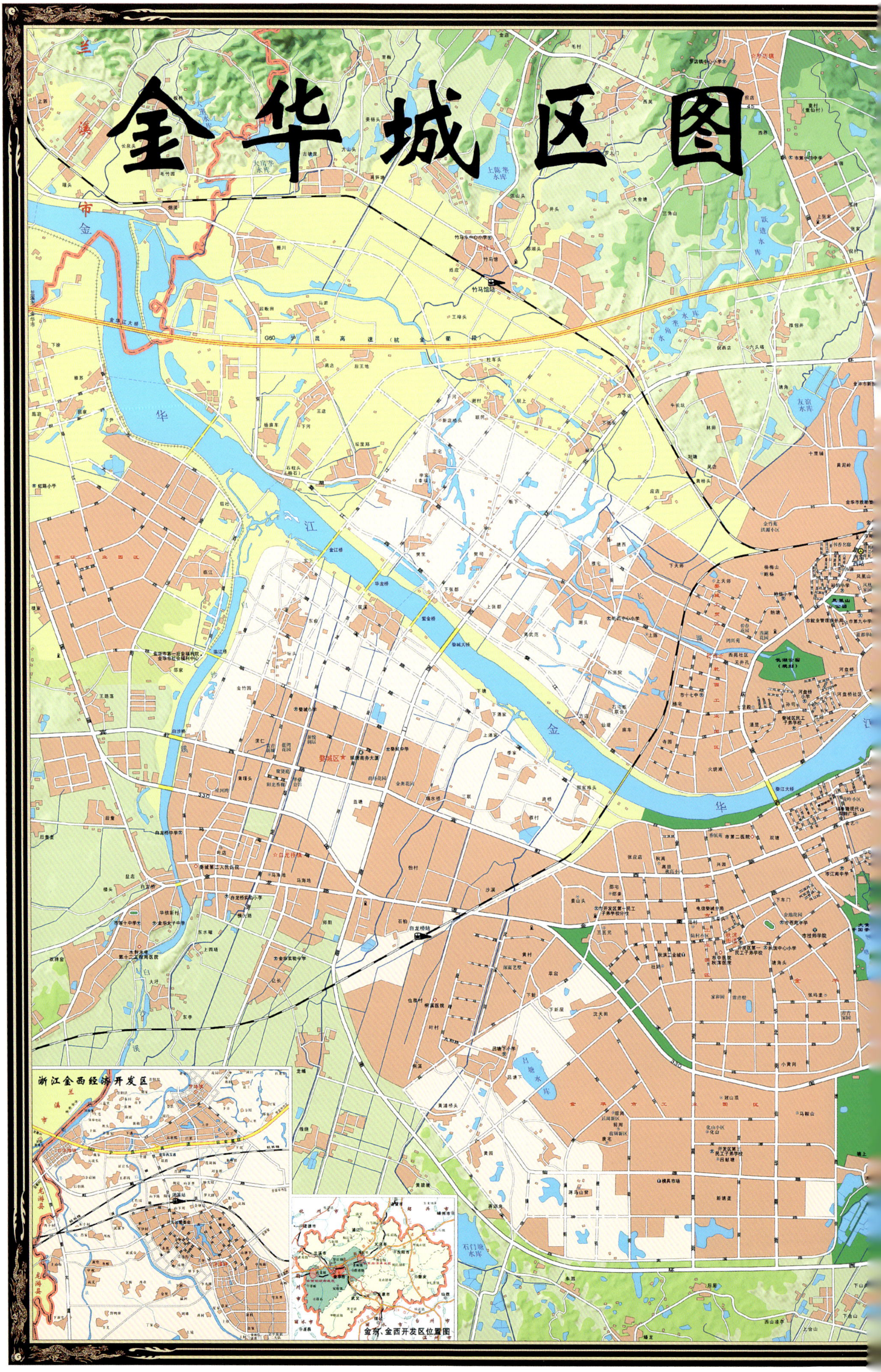

浙江金西经济开发区
金东、金西开发区位置图
G60 沪 昆 高 速（杭 金 衢 段）
竹马馆站
上陈垄水库
跃进水库
五四水库
石门垅水库
吕塘水库
长湖公园（规划）
婺城区
金 华 江